Docteur Edwige Antier

Élever
mon enfant
aujourd'hui

Fixot

À vous toutes, mamans qui m'avez confié tant de fièvres et de pleurs, tant de fierté et de bonheurs.

Abi, Agnès, Alejandra, Alexe, Alice, Alisa, Alix, Amy, Angèle, Anita, Ann, Anne, Anne-Aymone, Anne-Laurence, Anne-Marie, Anne-Sélime, Anne-Sylvie, Annick, Annie, Annie-Pierre, Annika, Ariane, Arielle, Armelle, Astrid, Aveline, Axelle, Aziza, Barbara, Barhia, Béatrice, Bénédicte, Bérangère, Bérénice, Bernadette, Brigitte, Bushra, Camille, Carine, Carmen, Carole, Caroline, Catherine, Cécile, Chantal, Christiane, Christine, Chrystelle, Claude, Claudia, Claudine, Clotilde, Constance, Coralie, Corinne, Crystelle, Dana, Danielle, Daniela, Déborah, Délia, Delphine, Denise, Diane, Dolorès, Dominique, Élaine, Éléonore, Élisabeth, Élise, Emmeline, Éna, Eugénie, Eunice, Éva, Évelyne, Fabienne, Farida, Fatima, Félicité, Florence, France, Françoise, Frédérique, Gabrielle, Gaëtane, Geneviève, Georgina, Géraldine, Ghislaine, Gilian, Gisèle, Gladys, Grâce, Graziella, Hélène, Hortense, Huguette, Ikuko, Inès, Ingi, Ingrid, Irène, Isabelle, Issa, Jacqueline, Jamice, Jeanne, Jeannette, Jeannine, Jennifer, Joelle, Josette, Julie, Laetitia, Laura, Laure, Laurence, Leïla, Lila, Liliane, Linda, Line, Lisa, Louisa, Luciana, Lydia, Maddi, Magali, Magda, Mala, Margaret, Marguerite, Marianne, Marie, Marie-Aline, Marie-Caroline, Marie-Christine, Marie-Claude, Marie-Gabrielle, Marie-Hélène, Marie-Laure, Marie-Odile, Marie-Thérèse, Marie-Virginie, Murielle, Marilyne, Marine, Marlène, Martine, Mary, Maryse, Mathilda, Mélanie, Megumi, Michèle, Michelle, Micheline, Mireille, Monique, Muriel, Murielle, Myriam, Myriem, Naoko, Naoumi, Natacha, Nathalie, Odile, Olivia, Pascale, Patricia, Pauline, Pia, Rachel, Régine, Renata, Rita, Roberta, Rosalie, Roseleine, Ryota, Sabine, Saïda, Sandrine, Ségolène, Séverine, Shahazed, Sho, Solange, Sophie, Soraya, Souad, Soumia, Stéphanie, Susan, Sylvia, Sylvie, Tatiana, Terry, Thalia, Thérèse, Tina, Valériane, Valérie, Vania, Véronique, Virginie, Viviane, Yconjoo, Yukiko, Yveline, Zaleha, Zoé, Zoubida et toutes les autres...

et plus particulièrement à Florence, mère exceptionnelle de onze enfants.

À votre compagnon aussi, nouveau père que je vois de plus en plus présent dans mon cabinet de pédiatre pour le bonheur de vos enfants : Alain, Amine, André, Antoine, Ary, Bernard, Bruno, Célestino, Charles, Charles-Michel, Chérif, Christian, Christophe, Dan, Daniel, Denys, Didier, Dominique, Eddy, Edgar, Gabriel, Gérard, Gilbert, Gilles, Giovanni, Gonzague, Gutemberg, Habib, Harry, Henri, Jacky, Jacques, James, Jean, Jean-Claude, Jean-Louis, Jean-Loup, Jean-Marc, Jean-Michel, Joseph, Luc, Lyonnel, Manuel, Marc, Maurice, Michel, Moïse, Norbert, Olivier, Patrick, Paul-Loup, Philippe, Pierre-Henri, Raphaël, René, Richard, Robert, Roger, Simon, Sinicha, Thierry, Tony, Vincent, Vladimir...

Ce livre est à lire à deux.

SOMMAIRE

CHAPITRE I
ses trois premiers mois

CHAPITRE II
si vous reprenez le travail

CHAPITRE III
de trois mois à un an

CHAPITRE IV
de un à trois ans

CHAPITRE V
de trois à six ans

CHAPITRE VI
de six à onze ans

CHAPITRE VII
l'adolescence aujourd'hui

CHAPITRE VIII
quelques situations particulières

CHAPITRE IX
les difficultés familiales

Préface

On n'élève pas un enfant aujourd'hui comme hier.

La société bouge, très vite. Et vous avez plus que jamais le désir d'être informé tout au long de la plus belle aventure de votre vie : élever votre enfant.

La science médicale et la connaissance psychologique bougent. Je suis émerveillée devant leurs découvertes.

On a beaucoup dit « le bébé est une personne ». Mais maintenant, on découvre surtout combien maman et bébé, c'est un tout. Un nouveau-né ne sait pas où son corps commence et où il prend fin. Il ne sait pas qu'il a des pieds. Mais il capte votre regard. C'est dans sa relation à sa mère, dans vos yeux qui l'observent, qu'il prend petit à petit conscience de lui. C'est dans votre regard que bébé apprend qu'il existe. Et cette maturation demande des années, pour aboutir à cette personne unique : votre enfant. Fascinée par cette interaction entre votre bébé et vous, je sais aujourd'hui combien protéger un enfant, c'est en même temps soutenir, accompagner sa maman.

On a beaucoup dit aussi qu'à la naissance, bébé avait son cerveau fini : un capital de cinq milliards de neurones qui ne se multiplient plus, les jeux étaient faits. Mais aujourd'hui, l'imagerie médicale et les études scientifiques montrent que le cerveau est « plastique » : il continue d'évoluer après la naissance et jusqu'à la puberté. Chacune des informations captées par bébé dans son environnement enrichit les connexions entre les neurones : les circuits se densifient, se spécialisent et votre enfant vous sourit, prend votre main, vous offre ses premiers pas chancelants, vous appelle maman... C'est votre enthousiasme qui donne du sens à chacun de ces progrès. Lui offrir le meilleur pour épanouir ses potentialités, voilà votre rêve, voilà l'aide que je veux vous apporter.

Pour l'élever, vous n'êtes pas seule. Et la société bouge autour de vous : les puéricultrices de la crèche, les nounous de la garderie, les maîtresses d'école, la télévision, les jeux vidéo... votre enfant est soumis à tant d'influences contradictoires que vous, maman, doutez souvent, et culpabilisez beaucoup trop !

Et vous n'êtes pas assez aidée : les mesures d'aide aux familles reculent, le travail à temps partiel reste pénalisant pour les mères.

Heureusement, il y a le nouveau père : plus tendre, plus concerné. J'espère qu'il lira ce livre avec vous, car il n'y a pas plus grande source de progrès pour votre enfant qu'un émerveillement partagé par ses deux parents...

Mon plus grand bonheur, vous l'aurez compris, est de recevoir vos lettres qui me confortent dans mon travail et me disent combien ce livre vous encourage et vous éclaire.

Edwige Antier

Ses trois premiers mois

Quand bébé vous apprend à devenir ses parents.

Votre retour à la maison

Vous avez déjà fait connaissance avec votre bébé pendant votre séjour à la maternité, vous l'avez nourri et changé avec l'aide des puéricultrices. Maintenant, vous voilà chez vous avec le couffin...

● *L'aube d'un attachement.* Depuis sa naissance, la tendresse vous a progressivement envahie. Le temps est venu maintenant de trouver les gestes justes, d'installer le cadre de cette grande histoire d'amour qui commence. Chaque page de ce chapitre a pour but de vous apporter le soutien et la complicité dont a besoin toute jeune mère qui s'installe avec son enfant.

● *D'abord, apaiser votre bébé.* À votre arrivée à la maison, votre nouveau-né est probablement endormi, sous l'effet conjugué du ronronnement de la voiture et de la tétée, ou du biberon pris avant de quitter la maternité. Aussi, dans un premier temps, savourez la joie de l'événement avec ceux qui vous entourent.

Même s'il est calme dans son couffin, votre bébé va bientôt se manifester, soit parce qu'il a faim, soit sous l'effet du changement. Surtout, n'hésitez pas à le nourrir, que les 3 heures réglementaires soient ou non écoulées. Plus vous l'apaiserez vite, plus vous-même et votre entourage resterez sereins.

☛ **Vous pouvez nourrir votre enfant à la demande, malgré certains préjugés qui font craindre – à tort – que votre bébé devienne capricieux ou que son estomac se « dilate ».**

Mettez une tenue confortable et asseyez-vous ou allongez-vous avec votre bébé :
– si vous l'allaitez au sein, donnez-lui une tétée ;

– si vous le nourrissez au biberon, donnez-lui le biberon de lait stérile, tout prêt, que vous aurez demandé à la puéricultrice avant de quitter la maternité ;

– si vous envisagez un allaitement court, vous pouvez lui donner le biberon, en sachant que plus tôt et plus souvent vous donnerez du lait artificiel, plus vite votre lactation se tarira.

● *Votre bébé découvre son univers.* L'important est que votre enfant se sente sécurisé par la succion du lait tiède (vous lirez tous les principes d'un allaitement heureux, au sein ou au biberon, *page 24* et dans *Attendre mon enfant aujourd'hui*). Dès qu'il commence à s'apaiser, le nouveau-né ouvre les yeux et découvre son nouvel environnement : il en respire les odeurs, en écoute les sons, les voix attendries de ses parents, et peut-être les exclamations excitées de ses aînés. En tétant, le bébé perçoit l'atmosphère qui règne dans la maison. Même s'il a l'air de somnoler, repu de tendresse et de lait tiède, il se met en « stratégie de recherche » et capte les informations venues de son environnement.

Vous pouvez alors vous détendre tous les trois, son père, votre enfant et vous, et profiter de cette nouvelle vie qui commence.

● *Si vous avez un animal de compagnie.* Si vous avez déjà un chien lorsque vous rentrez de la maternité, certaines précautions sont à prendre pour permettre à votre animal d'accepter plus facilement le nouveau venu. Vous pourrez faire apporter une couche du bébé pendant les jours qui précèdent votre retour ; ainsi, votre chien qui connaîtra déjà l'odeur du petit bébé, sera moins surpris. Mais il faudra rester très attentive aux besoins de votre animal.

Le chat risque-t-il d'étouffer votre bébé dans son berceau ? Cette crainte semble n'être qu'une vieille légende : je n'ai jamais entendu parler de tels accidents, ce qui ne veut pas dire qu'il soit souhaitable que votre chat s'installe dans le couffin. Respirer les poils d'un chat n'est pas sain pour un nourrisson.

Les changes et le bain

Ayez confiance en vous pour changer et laver votre bébé. C'est d'autant plus simple que votre nouveau-né préfère, de toute façon, vos mains à celles d'une professionnelle, même si vous êtes maladroite.

Mes conseils en matière de change sont simples : assurer confort et hygiène en vous simplifiant la vie ; pour ce qui est du bain, baignez le nourrisson chaque jour car, transpirant beaucoup, il se salit.

Changer votre bébé

● *Utilisez un meuble à hauteur de votre taille.* Vous pouvez vous équiper d'une table à langer, dont la meilleure place est près d'un point d'eau, dans la salle de bains par exemple. Un matelas à langer posé sur une table peut faire l'affaire, à la seule condition que celle-ci soit bien à la hauteur de votre taille. Ne changez pas votre bébé posé sur votre lit, votre dos en souffrirait rapidement.

● *Avant ou après la tétée ?* Vous vous apercevrez très vite qu'il n'y a pas de règle fixe.

Si votre bébé se réveille en pleurant, commencez par le consoler avec une tétée. En effet, il pleure beaucoup plus souvent de faim que par envie d'être changé. Le nouveau-né est habitué à vivre dans l'humidité de la poche des eaux : ses selles et ses urines ne le dérangent pas, et cela pour longtemps. Après la tétée, la toilette et le change seront bien plus agréables pour lui et pour vous.

S'il a encore faim après que vous l'avez changé, donnez-lui un supplément de tétée ou de biberon, afin qu'il s'endorme satisfait. Mais il arrive que le nourrisson se souille à nouveau : s'il ne pleure pas, vous pouvez le laisser ainsi, vous le changerez à la prochaine tétée. Un zèle intempestif rend un enfant nerveux et fatigue sa maman !

À l'inverse, il vous arrivera de changer votre enfant pour le stimuler : s'il passe quatre heures sans réclamer de lait, le changer éveillera certainement son appétit.

N'ayez pas peur de changer votre bébé alors qu'il a l'estomac plein :

– si votre nourrisson n'a pas une tendance particulière aux

vomissements, vous risquez simplement un petit rejet de lait sans importance ;

– si votre enfant est un grand vomisseur, mieux vaut éviter de le changer après une tétée ; il lui faudra avant tout un traitement adéquat *(voir pages 60 et 490)*.

☞ **Pour changer votre bébé, ne découvrez que le bas de son corps, en remontant bien haut la brassière ou le body.**

● *Avec quel produit nettoyer le siège ?* L'idéal est l'eau tiède et le savon liquide ou le gel nettoyant. Mais peut-être n'avez-vous pas un robinet à côté de la table à langer et n'aimez-vous pas tenir votre bébé à chaque change sous le jet d'eau de peur de mouiller sa petite chemise. Vous pouvez très bien utiliser du lait de toilette ou, lors de vos déplacements, des lingettes pour bébé. Dans tous les cas, et surtout après chaque selle, nettoyez soigneusement les replis des cuisses et des fesses.

● *Couches en coton ou changes complets ?* Il y a, certes, encore des adeptes des couches en coton. Néanmoins, après vingt ans d'expérience, je peux témoigner, devant la raréfaction des grands érythèmes fessiers, si fréquents autrefois, que les changes complets représentent un progrès considérable. En effet :

– la suppression des lavages et séchages autorise la mère à changer sans restriction son bébé, autant de fois que cela est nécessaire ;

– la présence dans les changes complets d'un filet tissé intercalé entre la couche absorbante et la peau laisse celle-ci sèche et protégée, du moins en partie, alors que la couche de tissu a tendance à râper les fesses lorsqu'elle est trempée ; c'est pourquoi, je vous déconseille vivement de rajouter une épaisseur d'ouate entre la peau et le change, car ce coton va pelucher dans les plis du siège, gardant les fesses du bébé mouillées ;

– rien ne permet d'affirmer qu'il y a des changes auxquels les bébés soient allergiques.

Si vous choisissez la couche en coton, simplifiez-vous la vie en utilisant la machine à laver et les lessives (les allergies du bébé à ces produits sont vraiment très rares).

Comment mettre un change complet ? C'est très simple... Repérez d'abord le dos du change (du côté des bandes adhésives), ouvrez-le et posez votre bébé dessus. Repérez la place de la taille et rabattez le devant du change sur le ventre de votre bébé. Appliquez les bandes adhésives en prenant soin de ne pas trop serrer (vous devez pouvoir aisément passer un doigt entre le change et le ventre du bébé).

Avant toutes ces opérations, il est important d'avoir bien choisi la taille du change en fonction du poids de votre enfant.

● *Les pères qui changent leur bébé sont de plus en plus nombreux.* Cette évolution est bénéfique pour tout le monde :

– pour la mère évidemment, car avoir de l'aide est une source de repos, bien appréciable en cette période (votre rétablissement physique, comme psychologique, s'en trouvera accéléré) ;

– pour le père aussi, qui, par les gestes simples du quotidien, va mieux connaître son enfant ;

– pour le bébé, car le père n'est pas une mère bis ; sa façon de changer le bébé a été bien étudiée au magnétoscope : ses mouvements sont plus vifs, plus ludiques ; le tonus de ses mains et de ses bras n'est pas le même que celui de la mère dont la manière de faire est généralement plus enveloppante, plus douce. Ces sensations différentes enrichissent l'expérience du bébé ;

– pour la triade père-mère-bébé car, le change étant fréquent, il est souhaitable que chacun des parents participe à cette opération.

Mais certains hommes ne supportent pas de changer un enfant. Il vaut mieux respecter ce refus, probablement dû à des schémas éducatifs issus de l'enfance. D'autant qu'on peut être excellent père sans changer son bébé. Il y a bien d'autres tâches quotidiennes que votre compagnon pourra partager, afin d'éviter de vous laisser envahir par une sensation de solitude, si fréquente après une naissance, ce qui irait à l'encontre de votre épanouissement maternel et conjugal.

● *Faut-il mettre de la crème sur les fesses de votre nourrisson ?* Pas obligatoirement.

S'il a des selles normales, l'idéal est de le laver à l'eau et au savon ou de le nettoyer avec du lait de toilette, et de le changer à chaque tétée ;

Si les selles sont acides, particulièrement lorsque le nourrisson a la diarrhée, la peau peut s'irriter. L'application, après la toilette, d'une crème protectrice est alors bénéfique. Il est avant tout essentiel de traiter la cause de cet érythème fessier *(voir page 401).*

● *Faut-il changer votre enfant la nuit ?* Je réponds résolument non ! Vous avez besoin de repos. Aussi, s'il s'endort paisiblement en tétant, évitez de le déranger. Autrefois, pendant les premières semaines, on ne nourrissait et on ne changeait pas un bébé la nuit, afin de régler ses horaires. Aujourd'hui, heureusement, les parents lui donnent du lait et il se rendort. Le changer risque de stimuler sa vigilance, de réveiller toute la maisonnée et de compromettre votre bien-être. Un nourrisson n'a pas les fesses plus irritées parce qu'il est seulement changé le matin, d'autant qu'il existe des couches plus épaisses pour la nuit.

Baigner votre bébé

Le moment du bain est un instant privilégié. Vous vous en faites une joie, mais, dans les premiers temps, tout un monde, même si ce n'est pas votre premier bébé ! Pour que ce soit une détente pour votre enfant et un plaisir pour vous, il faut vous organiser et bien préparer ce moment.

☛ **Avant le bain, n'oubliez pas de débrancher le téléphone.**

● *Ce que vous devez préparer.* Pour éviter tout instant de panique, une fois que vous aurez commencé la toilette de votre bébé, voici quelques conseils.

La température de la salle de bains est de 22 °C.

La serviette personnelle du bébé est posée sur le radiateur.

La baignoire du bébé, bien nettoyée après chaque bain, est placée sur une planche haute pour éviter que vous ayez mal au dos.

Un thermomètre de bain permet de vérifier la température de l'eau (36 °C).

Une table à langer est située à côté de la baignoire.

Un panier rassemble les produits indispensables :

– le savon : le savon de Marseille est le plus pur et il est tout à fait suffisant, mais bien des mamans aiment choisir un savon surgras, enrichi d'huile végétale qui peut se présenter en pain, en gel ou en crème ;

– le shampooing : vérifiez bien l'appellation « pour nourrisson », car certains shampooings dits « pour bébé » sont prévus pour les plus de 12 mois ; l'avantage de ces formules « premier âge » est que le shampooing ne pique pas les yeux et ne coule pas, étant mousseux ou crémeux ; ceci est d'autant plus nécessaire que les bébés transpirant beaucoup au niveau du crâne, il est vivement conseillé de leur laver la tête chaque jour ; il existe des « savons-shampooings » en gel pour les deux usages à la fois ;

– le sérum physiologique ;

– l'ouate prédécoupée ;

– les compresses stériles ;
– le filet pour le nombril ;
– un flacon d'alcool à 60 °C ;
– un flacon d'éosine aqueuse (attention ce produit rouge tache !) ;
– un flacon d'antiseptique ;
– des petits ciseaux à ongles ;
– des cotons-tiges.

Les couches et les vêtements de rechange doivent être à portée de la main.

Une poubelle, contenant un sac en plastique pour enfermer les couches à jeter et les compresses, est à proximité.

● *Quand baigner votre bébé ?* Peu importe le moment pourvu que votre enfant ne soit pas affamé. S'il a trop faim, vous ne pourrez goûter ni l'un ni l'autre cet instant privilégié où le nourrisson, en jouant, découvre de nouvelles sensations.

● *Comment baigner votre bébé ?* Tout d'abord, s'il s'est souillé, rincez-lui les fesses avant de le mettre dans la baignoire. Au début, vous serez plus tranquille en savonnant votre nouveau-né hors de l'eau, sur la table à langer, mais devenant très rapidement experte, vous l'immergerez doucement et directement. Le gant de toilette est particulièrement pratique pour nettoyer les plis du siège, les plis du cou, les dessous de bras et l'arrière des oreilles, que vous assécherez bien une fois l'enfant sorti, afin d'éviter tout risque de macération.

De la tête aux pieds

● *Les croûtes de lait.* Malgré leur nom, elles n'ont rien à voir avec le lait : c'est un enduit de sébum qui se forme assez souvent sur le cuir chevelu des nourrissons, du fait de la transpiration particulièrement abondante lors des tétées. Ne craignez pas de frotter le crâne à l'endroit de la fontanelle. Vous ne risquez pas de blesser l'enfant car, sous la fontanelle, il y a une membrane épaisse, la dure-mère, solide comme une toile de tente. Elle protège le cerveau tout en assurant la souplesse nécessaire à un développement très rapide.

Si votre bébé a tendance à avoir des croûtes de lait, évitez l'utilisation d'huile d'amandes douces ou de tout autre corps gras, propice au renforcement des croûtes. Je vous conseille au contraire d'appliquer, deux heures avant le bain, une lotion qui dissout la kératine, et de passer un peigne pendant le shampooing ; en renouvelant ces soins quotidiennement, les croûtes disparaîtront en quelques jours.

● *Les soins du visage.* Pour nettoyer la frimousse de votre enfant, vous pouvez utiliser, là encore, un gant de toilette et les produits « pour bébé » qui servent à la fois de shampooing et de savon. Vous pouvez ensuite effectuer les soins suivants :

– la toilette des yeux avec du sérum physiologique (substance salée dont la composition est proche de celle des larmes) en utilisant une compresse stérile différente pour chaque œil ;

– la toilette de chaque narine avec un petit coton sec, roulé sous forme d'une flammèche ;

– la toilette des oreilles avec un coton sec, en veillant à sécher tous les plis du pavillon sans omettre de bien les frotter derrière.

☞ **Un coton-tige n'est dangereux que si vous l'introduisez trop profondément, au-delà du tiers externe du conduit auditif. Son utilisation superficielle ne présente aucun danger, et il est bien commode pour nettoyer les replis du pavillon.**

Votre enfant risque de s'impatienter pendant les soins du visage, et vous pourrez vous sentir fatiguée et maladroite. Ne soyez donc pas trop perfectionniste à chaque bain ! S'il pleure, une pause pour un petit supplément de lait n'est pas interdite.

● *Les soins du nombril.* À votre grand soulagement, le cordon est parfois tombé avant la sortie de la maternité, mais ce n'est pas toujours le cas puisque sa cicatrisation peut durer deux semaines.

☞ **Le cordon ombilical tombe spontanément entre le cinquième et le quinzième jour.**

Après la chute du cordon, il faut soigner la plaie ombilicale jusqu'à ce que la compresse soit parfaitement propre et sèche.

Ces soins comportent :

– l'application avec une compresse stérile d'un produit désinfectant, de l'alcool à 60 °C, puis d'un produit asséchant, l'éosine aqueuse à 2 %. L'application de ces produits doit être faite dans les moindres replis de l'ombilic, sans craindre de bien le déplisser pour traiter efficacement la plaie ; sinon, vous risquez de voir l'ombilic suinter, ou se former un bourgeon que votre pédiatre devra cautériser avec un crayon au nitrate d'argent ;

– la pose d'une compresse stérile maintenue par un filet élastique suffisamment large. Le filet est beaucoup moins contraignant que l'antique bande ombilicale qui glissait, qu'on devait serrer et qui était très inconfortable pour le bébé.

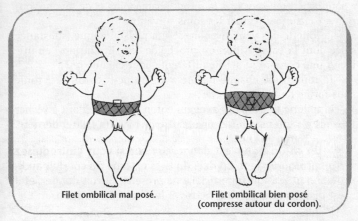

Filet ombilical mal posé.

Filet ombilical bien posé
(compresse autour du cordon).

Plus vous effectuerez ces soins fréquemment, par exemple lors de la toilette et lors du changement de couches, plus la plaie du nombril de votre bébé cicatrisera rapidement. Dès lors que la compresse est sèche, vous pouvez laisser le ventre du bébé à l'air libre.

● *Quand couper les ongles de votre bébé ?* Il est habituel d'attendre la fin du premier mois. Mais en fait, vous pouvez couper les ongles quand vous les trouvez longs, ce qui peut arriver dès la première semaine puisque les ongles sont d'autant plus longs à la naissance que le bébé est proche du terme. Dans tous les cas :

– utilisez des ciseaux pour bébé, bien propres bien sûr ;
– ne coupez pas les ongles trop ras ;
– tamponnez ensuite les doigts avec un désinfectant car les panaris ne sont pas rares chez les nourrissons.

Si le nouveau-né se griffe, la coupe des ongles n'est pas forcément la solution : ils resteront de toute façon blessants ; il est surtout important de comprendre pourquoi le bébé est si agité. En général, c'est parce qu'il a faim : assouplissez les horaires de tétées, augmentez les quantités de lait, et vous verrez que votre enfant ne se griffera plus.

Évitez de mettre des moufles à votre bébé, car il a besoin de découvrir et de développer son sens du toucher.

La toilette du sexe de votre enfant

Faire la toilette d'un garçon ou le changer n'est pas un geste ano-din pour une mère. Chaque fois, les organes génitaux, très ap-parents, rappellent à la mère que ce bébé n'est pas de son sexe ; ce qui, inévitablement, va influencer les rapports entre une mère et son fils, qui seront d'emblée différents de ceux entre une mère et sa fille.

Le sexe de votre petit garçon

Voilà un sujet qui préoccupe la plupart des mères. Il faut dire que lorsque j'entends conseiller de décalotter un nourrisson dans son bain, je comprends certaines craintes. Car maintenir d'une main le bébé qui bouge dans l'eau savonneuse, saisir de l'autre la verge en essayant de faire glisser la petite peau adhérente relève de la mis-sion impossible !

La plupart d'entre vous confient d'une façon charmante combien elles sont intriguées par les organes génitaux de leur nouveau-né garçon. Les bourses paraissent souvent très développées par rap-port au reste du corps. Cette disproportion est due à l'action de vos hormones de grossesse, qui gonflent les organes génitaux du bébé. Tout va rentrer dans l'ordre en quelques semaines.

De plus, sachez qu'un nourrisson peut avoir la verge enfouie : dans l'intimité du cabinet médical, certaines d'entre vous m'avouent parfois comparer la verge de leur bébé à celle de leur aîné, ou d'un cousin, et la trouver très petite. Mais le plus sou-vent, en comprimant la graisse du pubis, on dégage un sexe tout à fait normal. Il s'agit simplement de bébés qui ont un coussin adipeux bien rond enrobant une grande partie de leur verge.

● *Faut-il décalotter un petit garçon ?*

Il est normal que la peau adhère au gland : neuf bébés sur dix ont en effet leur prépuce, ce fourreau qui recouvre la verge, collé à la muqueuse du gland, et c'est très bien ainsi. L'orifice pour uri-ner, le méat urinaire, est libre au bout, et le bébé fait très bien pipi. Les adhérences permettent de garder la muqueuse stérile en la protégeant des souillures de la couche. Le coulissage du prépuce ne sera important qu'au moment de la puberté.

> ☛ **La toilette de la verge se fait en libérant simplement la partie qui se dégage spontanément, sans forcer.**

Mais certains parents se sentent rassurés de voir leur jeune garçon décalotté. Ils se disent que le bébé souffrira moins physiquement et psychologiquement si on règle le plus tôt possible la question. J'avoue avoir ainsi décalotté moi-même des centaines de petits garçons au cours de ma vie professionnelle, mais chaque fois j'avais le cœur serré, comme les parents d'ailleurs, de devoir faire subir cette épreuve au nourrisson : le décalottage entraîne des saignements et une douleur qui persiste pendant plusieurs jours. Aussi ai-je été très soulagée d'apprendre, par les publications des pédiatres nordiques sur le sujet, que ces manœuvres agressives étaient inutiles.

Le décalottage se fera le plus souvent tout seul avant la puberté : en effet, le nourrisson a déjà de petites érections spontanées qui permettent d'élargir petit à petit le prépuce et de le décoller progressivement. Dès l'âge de 1 an, il commence à jouer avec son sexe, à empoigner vigoureusement sa verge ; ce faisant, il distend encore le fourreau et décolle les adhérences. Voilà pourquoi le décalottage est obtenu chez la plupart des garçons bien avant la puberté.

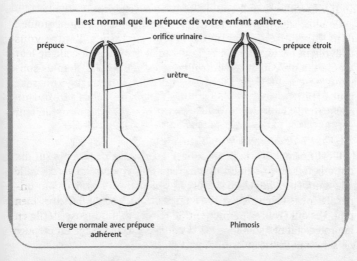

Il est normal que le prépuce de votre enfant adhère.

prépuce — orifice urinaire — prépuce étroit

urètre

Verge normale avec prépuce adhérent

Phimosis

Si aucun glissement n'a été obtenu à l'âge de 10 ans, une petite intervention est nécessaire. Mais, alors, l'enfant participe au geste qui consiste à libérer les adhérences. Demandez à votre pédiatre d'appliquer une pommade anesthésique deux heures avant la manipulation. Ainsi, la manœuvre n'est pas douloureuse, ni pendant, ni après.

Il ne faut pas confondre les adhérences (le prépuce est large mais collé) avec le phimosis (le prépuce est trop étroit) ; une petite intervention (on la pratique entre 3 et 12 ans) pourra élargir le prépuce sans enlever de peau.

● *Des sécrétions blanches ne sont pas synonymes d'infection.* Ne pensez pas que le sexe est infecté si vous voyez des sécrétions blanches comme de la craie : il s'agit d'une substance naturelle, le smegma, qu'on voit par transparence sous les adhérences. Il se libère au fur et à mesure que le prépuce se décolle. Le smegma est parfaitement stérile.

● *La circoncision : un geste rituel.* C'est une intervention que les parents font pratiquer pour des raisons religieuses et culturelles. Elle consiste à couper tout ou partie du prépuce. La technique la plus courante se fait par traction du fourreau puis incision et rétraction jusqu'à la base du gland.

Voici quelques recommandations :

– faites faire auparavant un bilan de coagulation et confiez l'opération à une personne parfaitement compétente. Il existe en effet un nombre non négligeable de complications possibles lors de circoncisions ;

– certains praticiens font une anesthésie de la verge, je vous le conseille. Une étude, publiée dans le *Journal of the American Medical Association*, en 1997, a comparé les réactions de nouveau-nés circoncis sous anesthésie générale à celles de ceux qui n'en ont pas bénéficié : les bébés opérés sans anesthésie ont une grande angoisse, mesurable à l'accélération de leurs battements cardiaques et à l'intensité de leurs cris.

– quelle que soit la date rituelle pour la circoncision, ne faites

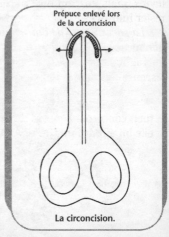

Prépuce enlevé lors de la circoncision

La circoncision.

pratiquer l'intervention que si votre bébé est en bonne santé, avec une courbe de poids ascendante ;

– après l'opération, vous pouvez nourrir immédiatement votre enfant pour l'apaiser ;

– les pansements se font avec du tulle gras, mais avant de mettre le tulle, étalez une pommade antibiotique pour éviter que le pansement ne s'incruste sur la muqueuse à vif. La cicatrisation se fait en quelques jours.

☛ Il n'y a pas plus d'infection chez les enfants non décalottés que chez ceux dont le prépuce découvre bien le gland.

Le sexe de votre petite fille

Les hormones de grossesse déclenchent une hypertrophie parfois impressionnante des lèvres pubiennes et du clitoris ; elle s'accompagne en général d'un écoulement de mucosités blanchâtres par le vagin et même de petites règles, et d'un gonflement des seins. Mais ces manifestations disparaissent au bout de quelques jours. Le sexe du bébé fille devient alors discret. Sa toilette vous paraît plus naturelle.

● *La toilette de la fille se fait d'avant en arrière.* Il est recommandé de laver la vulve avant l'anus, de façon à ne pas souiller les parties génitales. L'eau et le savon sont tout à fait indiqués. N'hésitez pas à aller jusque dans les plis entre les petites et les grandes lèvres, mais en frottant doucement, car ces muqueuses doivent rester lubrifiées.

● *La surveillance de l'ouverture des petites lèvres.* Vérifiez régulièrement que les petites lèvres s'ouvrent et laissent voir l'orifice du vagin. Lorsqu'elles se collent l'une à l'autre, il s'agit de la coalescence des petites lèvres, qui doit être traitée *(voir page 380)*.

☛ Ne confiez pas à vos amies ou à la famille vos soucis éventuels concernant le sexe de votre enfant. Il s'agit de son intimité, elle lui appartient. Réservez vos confidences à votre médecin.

Nourrir votre bébé aujourd'hui

L'expérience prouve que pour bien réussir le mode d'allaitement que vous choisissez, il est nécessaire d'avoir compris les avantages, pour vous et pour votre bébé, des quatre méthodes possibles.

L'allaitement au sein

Pourquoi choisir de donner votre lait à votre bébé ? Vos raisons sont multiples : vous savez que le lait maternel le protégera des infections et que ses protéines sont spécifiquement humaines ; vous voulez favoriser le lien charnel et affectif ; ou encore vous trouvez touchant un bébé au sein de sa mère.

☞ **Votre lait est le meilleur moyen d'apporter à votre bébé les anticorps dont il a besoin pour être immunisé. Dans les pays chauds, l'allaitement maternel doit être prolongé le plus possible.**

Pendant les jours qui suivent le retour à la maison, certaines d'entre vous ont l'impression de ne rien pouvoir faire entre les tétées et de vivre comme une recluse. Soyez patiente, cette période est de courte durée puisqu'au bout de trois semaines vous pourrez très bien commencer à donner quelques biberons afin de vous libérer et de vous aérer un peu.

● *Les grands principes de l'allaitement au sein.* Vous devez bien les connaître afin d'être mieux armée pour faire face à toutes sortes de pseudo-conseils de votre entourage : « tu vas être trop fatiguée », « tu vas rendre ton bébé capricieux », « de toute façon, personne n'a de lait dans la famille ». Oui, c'est souvent ainsi qu'on décourage les jeunes mamans, et il leur faut volonté et esprit de décision pour entreprendre un allaitement.

Voici donc les « douze commandements » de l'allaitement au sein. Ils ont un double objectif : apaiser votre bébé, le rendre heureux et éprouver du bonheur à le nourrir (vous trouverez plus de détails dans *Attendre mon enfant aujourd'hui*).

– Donnez le sein à la demande. C'est la seule méthode qui permet d'avoir suffisamment de lait. Elle n'empêchera pas votre bébé de régler ses horaires.

– Évitez de compléter avec des biberons si la courbe de poids est satisfaisante et si vous désirez allaiter longtemps.

– Donnez le sein une demi-heure ou une heure après la tétée précédente si le bébé pleure encore.

– Ne minutez pas la tétée.

– N'hésitez pas à mettre votre bébé au sein s'il pleure entre les tétées. En deux jours, votre lait sera certainement plus abondant.

– Ne pesez jamais votre bébé avant et après les tétées pour savoir quelle quantité de lait il a bue.

– Mangez de tout, mais supprimez les excitants : vous pouvez boire, à la rigueur, une tasse de café, une coupe de champagne, mais guère plus.

Évitez de fumer car la nicotine passe dans le lait.

– Si vous avez des douleurs, des crevasses ou une lymphangite, vous trouverez les méthodes pour vous soulager ainsi que les médicaments qui vous sont permis et interdits dans *Attendre mon enfant aujourd'hui*.

– L'allaitement au sein n'abîmera pas votre poitrine si vous portez un bon soutien-gorge dans la journée, si vous donnez assez souvent à téter pour que votre sein ne subisse pas de trop brusques modifications de volume et si vous ne sevrez pas brutalement votre enfant *(voir page 74)*.

– N'hésitez pas à tirer votre lait, soit pour vous permettre de sortir et de laisser un biberon à la personne qui garde votre nouveau-né, soit, s'il est hospitalisé, pour qu'il continue à boire votre lait ; ou encore, si vous en avez beaucoup, pour en offrir au lactarium.

– En période de sevrage, commencez par supprimer les tétées de jour avant celles de nuit, de loin la préférée des parents décontractés, car vous pouvez sommeiller en allaitant, sans risquer d'étouffer votre bébé.

☛ **Le lait maternel est toujours bon, sauf cas très rare.**

● *Allaitez, oui… mais pas au prix d'une dépression !* Si votre bébé est un peu lent à boire ou ne stimule pas suffisamment votre lactation, et si votre compagnon vit difficilement votre fonction nourricière, ou encore si vous êtes physiquement dérangée par la tétée au point de ne pas la supporter, n'hésitez pas à donner le biberon ! Il est tellement plus important pour un nouveau-né d'avoir une maman heureuse et une famille épanouie.

● *Préparez la suite de votre allaitement.* L'allaitement au sein vous oblige à être très souvent présente et disponible. Pendant les premières semaines, cela ne vous gênera pas car vous avez besoin de repos. Au bout de trois semaines, l'énergie revenant, vous supporterez peut-être difficilement les contraintes de l'allaitement. Sachez qu'à partir de ce moment, vous pouvez déjà donner (ou faire donner) un biberon, un jour sur deux, pour habituer le bébé à boire avec une tétine, et commencer un allaitement mixte. Vous pouvez même, à ce stade, commencer le sevrage *(voir page 74).*

L'allaitement mixte

Donner le sein à son bébé sans en supporter les servitudes, voilà un désir bien compréhensible étant donné les défis que doit relever une jeune mère d'aujourd'hui. Dans notre société occidentale, il lui faut souvent donner l'image d'une femme active, désirable, en même temps que celle d'une mère irréprochable.

● *Des craintes légitimes.* Beaucoup d'entre vous se sentent tiraillées entre l'envie d'allaiter et la crainte de ne plus pouvoir quitter le bébé, même peu de temps, la crainte de ne pas avoir suffisamment de lait, la crainte d'abîmer sa poitrine, la crainte enfin de voir le père les bras ballants sans biberon à donner. Lisez cependant les principes concernant l'allaitement au sein de façon à ne pas renoncer à un allaitement complet à cause d'appréhensions injustifiées. Mais si, après cette lecture, vous pensez toujours que l'allaitement mixte est la meilleure solution, retenez les modalités suivantes :

– attendez, si possible, que votre bébé ait 3 semaines pour commencer l'allaitement mixte, de façon à bien installer votre lactation ;

– ne dépassez pas ce cap de la troisième semaine pour proposer le premier biberon ;

– introduisez les biberons progressivement ;

– réservez le sein pour la nuit, si vous savez allaiter en dormant.

☛ **Conservez le plus longtemps possible les tétées du matin et du soir, qui sont les plus reposantes, et, dans la mesure du possible, quelques « tétées câlins » en cas de chagrin dans la journée.**

L'allaitement court

Il consiste à substituer très vite, dès votre retour de la maternité peut-être, les biberons aux tétées. Votre lactation va alors se tarir rapidement. Il suffit d'adapter les tétées à vos montées de lait ; de plus, donner encore une petite tétée de temps en temps n'est pas désagréable.

L'allaitement au biberon

● *Les principes essentiels.* Vous trouverez toutes les informations sur les nouveaux laits, les nouveaux biberons et la conduite actuelle de l'allaitement artificiel dans *Attendre mon enfant aujourd'hui (voir page 275 et suivantes).* Je vous en rappelle les principes essentiels :

– choisissez de préférence des tétines en silicone. Certaines tétines de caoutchouc ont été testées comme trop riches en nitrosamine, substance peut-être cancérigène. Elles ont été retirées de la vente même si cette toxicité n'est pas prouvée ;

– bien stériliser les biberons pendant les six premiers mois, plus longtemps encore si vous vivez dans un pays chaud ;

– donner un biberon à température ambiante n'est pas nocif, mais le lait est certainement plus digeste légèrement tiédi (26 °C environ) ;

– utiliser alternativement lait en poudre et lait liquide ne présente aucune contre-indication, à condition qu'ils soient de la même marque et portent le même nom ;

– pour faire un biberon avec du lait en poudre, mieux vaut éviter, jusqu'à l'âge de 6 mois, l'eau du robinet, bien souvent trop riche en nitrates. La législation européenne impose aux bouteilles d'eau portant la mention « convient pour la préparation des aliments des nourrissons » une faible teneur en nitrates et en nitrites. Mieux vaut utiliser les eaux minérales naturelles conseillées pour les nourrissons, telles que Évian, Volvic ou Valvert ;

– ne jamais modifier les proportions de lait en poudre indiquées par le fabricant : une mesurette de lait pour 30 g d'eau ;

– ne pas hésiter à être généreuse avec les rations, voire à augmenter le nombre de biberons si le bébé le réclame et le supporte ;

– ne pas oublier de desserrer légèrement le pas de vis de la tétine avant de donner un biberon, pour permettre à l'air de remplacer le lait du biberon, sinon le bébé risque d'avoir du mal à téter par effet de vide ;

– ne pas interrompre votre bébé en pleine tétée, même s'il semble boire goulûment, sous prétexte qu'il ne doit pas téter trop vite. Faites plutôt confiance à votre nourrisson : lorsqu'il tète vigoureusement, c'est que son estomac le lui permet. Si la déglutition doit être ralentie, mieux vaut modifier l'épaisseur du lait que de gêner un bébé dans la tâche la plus vitale et la plus agréable qu'il connaisse : la succion ;

– pour faciliter la sortie du rot, placer l'enfant contre l'épaule et lui tapoter doucement le dos. Vous allez ainsi favoriser la vidange de la « poche à air », cette bulle qui coiffe le lait dans l'estomac. Et si malgré tous ces conseils, le bébé s'endort sans roter, n'hésitez surtout pas à le coucher sur le dos, avec un petit coussin de mousse (« cale-bébé ») ;

– allier souplesse et régularité dans les horaires de repas, sans vouloir que votre enfant soit réglé à telle date. Il le sera lorsque le moment sera venu.

● *Emportez toujours un biberon lors de vos déplacements.* Même si vous prévoyez de revenir avant l'heure, un contretemps est possible. Ayez toujours un biberon de dépannage avec vous.

● *Quelle marque de lait choisir ?* Beaucoup de parents sont tentés de vouloir changer de marque de lait, soit pour mieux rassasier leur bébé, soit parce qu'ils ont l'impression que celui-ci a mal au ventre. Un changement de lait est peut-être indiqué, mais il faut alors bien connaître les caractéristiques des différents types de lait existant sur le marché, et ils sont légion ! Aussi, je vous conseille de demander l'avis de votre pédiatre.

Voici quelques indications qui vous aideront à repérer à quelle famille de lait appartient celui que vous donnez à votre enfant.

Les laits pour « nourrissons », appelés aussi « premier âge » sont utilisés jusqu'à 4 mois. Ils ont fait l'objet de transformations qui les rendent assez proches du lait maternel. Une partie des graisses est remplacée par des huiles végétales pour fournir des acides gras insaturés, absents du lait de vache. Le sucre ajouté n'est plus végétal (saccharose), mais provient du lait (lactose). La teneur et la proportion des protéines sont les plus proches possible de celles du lait maternel.

Les laits spéciaux, sans lactose ou enrichis au bifidus, sont souvent plus faciles à digérer que les précédents. Ils soulagent bébé des ballonnements et des douleurs abdominales, si souvent à l'origine de coliques. Ils régulent la flore intestinale et améliorent le transit.

Les laits hypoallergéniques (laits HA) contiennent des protéines hydrolysées, c'est-à-dire coupées en petites chaînes de molécules, donc moins allergisantes. L'intestin du nouveau-né laisse en effet pénétrer les protéines dans l'organisme jusque vers l'âge de 3 mois. Or le lait industriel étant fabriqué à partir du lait de vache, ses protéines peuvent être allergisantes. Si vous avez des antécédents d'allergie, ou si vous voulez compléter votre allaitement, votre pédiatre aura une préférence pour un lait HA jusque vers l'âge de 3 mois, voire parfois plus longtemps.

Les **hydrolysats** se délivrent sur ordonnance et sont même, parfois, remboursés par l'assurance maladie. Les protéines y sont découpées en chaînes de molécules encore plus petites, afin d'éviter toute intolérance aux protéines de vache. Cette intolérance se manifeste surtout par des vomissements, avec de la diarrhée et un teint gris.

Les **laits antirégurgitation**, dits laits « AR ». Jusqu'à présent, si bébé rejetait le lait, il vous fallait épaissir celui-ci. Soit le lait gélifiait trop, et vous vous battiez avec les tétines ; soit il restait trop fluide, et les rejets continuaient. Il existe actuellement des laits pré-épaissis, appelés « AR ». Ils sont vraiment très pratiques, même s'il vous faut parfois revenir aux préparations « maison » lorsque le transit de bébé demande un traitement personnalisé.

Les vitamines, le fluor

Les études montrent que leur prise quotidienne limite les risques de rachitisme (vitamine D), de saignements (vitamine K1) et de caries dentaires (fluor).

La vitamine D

● *À quoi sert la vitamine D ?* Elle permet l'absorption intestinale du calcium contenu dans le lait et la fixation de ce calcium sur les os et les cartilages de votre bébé. La vitamine D prévient donc la maladie des os mous qu'est le rachitisme et diminue le risque des jambes arquées. N'oubliez donc pas de donner de la vitamine D à votre enfant, d'autant qu'elle va renforcer sa résistance aux infections, en particulier aux bronchites.

● *Où se trouve naturellement la vitamine D ?* Elle est fabriquée par la peau sous l'influence des rayons du soleil puis est stockée dans le foie afin d'être disponible pour l'organisme, même si l'ensoleillement est faible. Il y en a peu dans l'alimentation, sauf dans le foie de poisson ; c'est pourquoi nos grand-mères affectionnaient tant l'huile de foie de morue, mais elle est bien difficile à administrer en quantité suffisante à un nourrisson. Depuis, on a réussi à synthétiser la molécule pure de vitamine D, qui se présente sous forme de gouttes au goût plutôt agréable.

> ☞ **Votre enfant a besoin chaque jour de 1 000 à 2 000 unités de vitamine D (selon les conditions d'ensoleillement et la pigmentation de sa peau) jusqu'à l'âge de 18 mois, âge à partir duquel vous lui donnerez une dose annuelle de 300 000 unités jusqu'à 6 ans.**

● *Et si vous allaitez ?* Vous devez également donner de la vitamine D à votre bébé, car le lait maternel est pauvre en vitamine D du fait de nos conditions de vie. Il faudrait que vous viviez toute l'année nue sous les tropiques pour que votre peau synthétise suffisamment de vitamine D. La vitamine D est donc devenue indispensable sous tous les cieux, et plus la peau du bébé est pigmentée, plus ses besoins sont grands.

● *Les laits enrichis en vitamine D.* Ils ne vous dispensent pas de donner des gouttes, car leur teneur en vitamine D est rarement suffisante. Selon la quantité moyenne de lait bu par votre bébé, votre pédiatre complétera ou non l'apport vitaminé.

● *Les dangers de la vitamine D.* Dans tous les cas, respectez bien la posologie, un excès de vitamine D pouvant entraîner des calcifications rénales.

La vitamine K1

Elle est un complément primordial si vous nourrissez votre bébé au sein. L'administration de 2 mg par semaine est devenue systématique tant que l'allaitement est complet. La vitamine K1 est indispensable à la coagulation sanguine. Les laits pour biberons sont systématiquement complétés en vitamine K1.

Le fluor

● *À quoi sert le fluor ?* Il diminue le risque de caries dentaires qui, on le sait, perturbent la vie entière. Si les prescriptions sont bien appliquées, on constate que les caries diminuent de 50 % ; aussi, je vous recommande de donner régulièrement du fluor à votre enfant.

● *Où se trouve naturellement le fluor ?* C'est en constatant l'inégalité de santé dentaire selon les régions du globe qu'on s'est aperçu de sa présence et de ses bienfaits ; en effet, dans certaines régions où les enfants ont peu de caries, l'eau de source est naturellement fluorée.

L'objectif du traitement par le fluor, administré soit sous forme de comprimés, soit sous forme de gouttes, est donc de placer votre enfant dans ces conditions naturellement favorables.

● *Et si vous allaitez ?* Le fluor donné pendant la grossesse se fixe déjà sur les bourgeons dentaires du fœtus ; si vous prenez du fluor tout en allaitant, il semble qu'il en passe très peu dans le lait maternel. C'est pourquoi il vaut mieux en donner directement à votre bébé dès sa naissance.

☞ **La dose préventive quotidienne de fluor est de :**
– 0,25 mg de la naissance jusqu'à l'âge de 2 ans ;
– 0,50 mg de 2 à 4 ans ;
– 0,75 mg de 4 à 6 ans ;
– 1 mg de 6 à 16 ans.

● *Les dangers du fluor.* Il faudrait un surdosage très important pour provoquer une fluorose : le double de la dose habituelle pendant plusieurs années peut donner des taches brunes sur les dents. Et il faudrait multiplier par vingt la dose normale pour altérer les os.

Devez-vous le peser régulièrement ?

J'entends souvent déconseiller d'avoir une balance à la maison, la surveillance du poids de l'enfant pouvant rendre les mamans anxieuses. Néanmoins, constater que votre bébé grossit, qu'il soit nourri au sein ou au biberon, peut à l'inverse vous tranquilliser et vous rendre plus autonome.

Combien de fois ai-je pu rassurer une mère, simplement par téléphone, dès lors qu'elle me décrivait la courbe de poids de son bébé ! La balance est donc utile pendant 3 mois. Mais ne devenez pas pour autant une maniaque du pèse-bébé, au point de dresser une courbe de poids sur papier millimétré...

● *Vous avez opté pour le pèse-bébé à la maison.* Je vous conseille alors de peser votre enfant un jour sur deux, tout au début, puis deux fois par semaine pendant les trois premiers mois. Vous pourrez reporter le poids de votre bébé sur la courbe commencée à la maternité ou sur celle du carnet de santé de votre enfant.

En général, un nouveau-né prend en moyenne :
– 50 g tous les 2 jours, le premier mois ;
– 40 g tous les 2 jours, le deuxième mois ;
– 30 g tous les 2 jours, le troisième mois.

Mais il peut grossir plus vite, sans risquer pour autant de devenir obèse. Il ne faut pas suivre la courbe à 10 g près. Le moment où vous pesez votre bébé entraîne une certaine imprécision : si vous le pesez après une émission d'urine ou de selles, avant une tétée, vous risquez de croire qu'il a maigri !

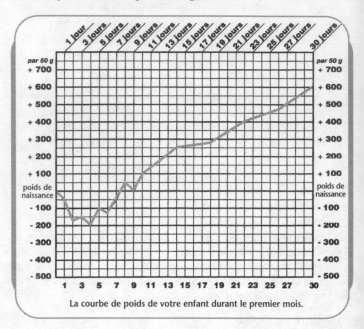

La courbe de poids de votre enfant durant le premier mois.

Se procurer un pèse-bébé ? Un pèse-bébé peut se louer pour trois mois, soit chez votre pharmacien, soit auprès d'organismes livrant à domicile, dont les maternités ont généralement les adresses.

Lorsque votre nouveau-né a des troubles digestifs le jour de la sortie, le pédiatre vous laissera plus facilement rentrer à la maison si vous avez demandé la livraison et le réglage de la balance la veille de votre sortie de la maternité. Il sait aussi que vous pourrez lui indiquer par téléphone, très rapidement, le poids de votre enfant.

● *Vous n'avez pas de pèse-bébé à la maison.* Au cours des trois premiers mois, allez peser régulièrement votre enfant chez le pharmacien, ou si votre bébé semble grossir normalement et que vous n'êtes pas inquiète, attendez la visite mensuelle chez le pédiatre, puisque celle-ci est obligatoire les premiers mois.

☛ **Si votre bébé perd plus de 100 g en 24 heures ou s'il ne prend pas de poids pendant 3 jours consécutifs, appelez votre médecin.**

Quel plaisir d'habiller son bébé !

Au début, vous avez l'impression d'être quelque peu maladroite pour habiller votre bébé. Peu importe, car ce dont votre enfant a besoin, c'est de douceur et de communication. Respectez seulement ses moments d'impatience, et tout ira bien.

Trois principes de base

Le confort pour l'enfant, la simplicité pour sa maman et une certaine élégance pour les autres, voilà les trois principes qui feront de l'habillage une petite fête.

● *Le confort pour l'enfant*

Règle numéro un : choisissez le bon moment pour la séance d'habillage. Le nourrisson doit être détendu, aussi évitez l'instant où votre bébé crie famine.

Règle numéro deux : privilégiez les vêtements aux encolures et aux emmanchures très larges : un nouveau-né n'apprécie pas du tout de sentir sa respiration entravée, sa tête comprimée par le passage d'une encolure, ses petits bras enserrés dans les manches. Le plus simple est d'enfiler les brassières les unes dans les autres avant de les mettre au bébé (il peut s'agir également d'une brassière et d'un lainage), puis de placer trois doigts dans la manche droite pour attraper la main droite du bébé, et d'en faire autant avec sa main gauche.

Règle numéro trois : veillez à ne pas trop couvrir votre enfant. À la maison, deux épaisseurs de vêtement sont généralement suffisantes. Pour les promenades, comptez une épaisseur de plus que pour vous-même.

● *La simplicité pour sa maman.* Elle réside beaucoup dans le choix des vêtements. Ainsi, mieux vaut privilégier les fermetures type velcro que celles aux rubans à nouer, et surtout adopter le body. Très prisé des mamans, il remplace l'ensemble brassière-culotte et se boutonne entre les jambes. Il présente l'avantage de maintenir les reins au chaud. Seule contrainte : il impose de changer souvent la couche, sinon le body se trouve vite mouillé et le déshabillage-rhabillage devra alors être complet.

● *Une certaine élégance, déjà, pour les autres.* Au premier abord, ce principe peut vous paraître un peu superficiel. Eh bien, non ! Un bébé habillé avec joie et harmonie le ressent et, très vite, il devient sensible aux compliments des mamies, des commerçants ou des amis sur sa tenue. C'est un moyen de le socialiser. Ne croyez pas pour autant qu'il faille vous ruiner. Les vêtements les plus simples et les plus économiques sont souvent les plus charmants. Habillez dès la naissance votre bébé de manière sexuée, la fille en fille, le garçon en garçon ; vous éviterez ainsi qu'on dise « quel beau petit garçon ! » à votre petite fille... et vice versa.

Le premier trousseau

Il comporte :
- 6 grenouillères en éponge ;
- 6 bodys en coton, ou 6 brassières et 6 culottes ;
- 3 paires de chaussettes ou de chaussons ;
- 3 brassières de laine ;
- 1 combinaison pour sortir ;
- 2 bonnets ;
- 1 gigotière, c'est-à-dire 1 sac-pyjama ;
- 6 bavoirs ;
- 6 couches en tissu pour protéger le drap ou vos vêtements ;
- 1 châle pour envelopper le bébé.

Préférez les matières synthétiques à la laine naturelle car les produits animaux (laine, plume...) sont parfois allergisants ; ayez soin de mettre des sous-vêtements en coton, à même la peau de votre enfant.

● *Bien choisir la taille.* La taille « naissance » correspond à un nouveau-né à terme, mesurant entre 48 et 52 cm, et pesant entre 3,2 et 3,8 kg. Elle convient donc très peu de temps, d'autant que votre bébé étant plus à l'aise dans des vêtements amples, vous utiliserez une taille « 3 mois » dès le deuxième mois, en retournant les manches au besoin.

☞ **Règles de sécurité de l'habillage :**
– pas de ruban aux encolures ;
– pas d'épingle de nourrice ;
– pas de brassière angora, dont le bébé
pourrait aspirer les longs poils.

● *Des vêtements lavables en machine.* Ne vous compliquez pas la vie et achetez des vêtements lavables en machine. Ma pratique médicale m'autorise à dire que les allergies aux lessives ou aux adoucissants sont très rares. En revanche, si vous ou votre mari présentez une allergie de ce type, utilisez préventivement des produits en paillettes ou « spécial-bébé », sans adoucissant.

Son sommeil, vos nuits

Tous les nouveau-nés ne dorment pas pendant le même nombre d'heures. L'important est que votre bébé fasse la différence entre le jour et la nuit, et il trouvera son rythme spontanément.

La durée de son sommeil

● *Pendant la journée.* Pendant la journée, les périodes de sommeil sont rythmées par les tétées. Au cours des six à huit premières semaines, votre bébé sera généralement éveillé le temps de la tétée et de l'arrivée du petit rot magique, puis il s'endormira. Sachez que ces périodes de sommeil sont entrecoupées de périodes d'éveil, imprévisibles, pendant lesquelles le nouveau-né observe son environnement.

Ne le mettez pas dans une chambre obscure et silencieuse qui ne l'aiderait pas à faire la différence entre le jour et la nuit. Il peut très bien dormir, entouré du bruit normal d'une maisonnée, conver-

DURÉE MOYENNE DE SOMMEIL PENDANT LES TROIS PREMIERS MOIS			
Âge	Nuit	Jour	Total
1 semaine	8 h 30	8 h	16 h 30
1 mois	8 h 30	7 h	15 h 30
3 mois	9 h 30	5 h 30	15 h

sations ou musique, à condition, bien sûr, de ne pas dépasser un seuil acoustique raisonnable.

À partir de 2 mois, les temps d'éveil s'accroîtront (de 1 h à 2 h), et votre bébé aura beaucoup de plaisir à passer un peu de temps dans son petit siège relax.

● *Pendant la nuit.* Au cours des six à huit premières semaines, la régularité d'horaire d'un enfant est très précaire. Ce n'est pas parce qu'il ne s'est pas éveillé au cours d'une nuit qu'il est réglé définitivement. En moyenne, neuf bébés sur dix ont encore besoin de téter la nuit pendant les deux premiers mois, en général vers 1 heure et 4 heures du matin. Ensuite, l'horaire se décale vers le matin et votre enfant dort de 10 heures du soir à 6 ou 7 heures du matin. Si, passé 2 mois, votre bébé continue à réclamer au milieu de la nuit, vous pouvez ajouter un peu de céréales sans gluten dans le dernier biberon, celui de 22 heures.

Il y a encore peu de temps, certains conseillaient de laisser pleurer les nouveau-nés la nuit pour leur donner l'habitude du sommeil. Mais on s'est aperçu qu'ils avaient vraiment besoin de lait ; l'allaitement à la demande a certainement concouru à augmenter de 6 cm, en une génération, la taille moyenne des adultes.

De plus, l'expérience montre que les nourrissons se règlent dans les mêmes délais, qu'on les ait laissés ou non pleurer la nuit. Alors pourquoi les contrarier ? Je parle des nouveau-nés jusqu'à 2 mois. Plus tard, les choses vont changer.

☛ Votre bébé se calmera d'autant plus vite la nuit que vous l'aurez nourri à la demande pendant la journée.

Choisir son berceau

● *Un vrai berceau qui berce.* Il devient de plus en plus difficile de trouver de vrais berceaux qui bercent, et c'est dommage. Pauvres bébés qui n'ont plus droit au bercement pour s'apaiser ! Et pauvres parents qui n'ont plus cette possibilité pour calmer tendrement leur enfant ! Si vous n'avez pas les moyens d'acheter un berceau, mieux vaut, pendant les trois premiers mois, utiliser un couffin qu'un lit : un bébé a besoin de sentir son espace bien délimité, comme in utero. Il existe également des petits hamacs pour bébé que vous pouvez fixer dans le lit.

● *Où installer le berceau ?* Pendant les trois premiers mois, je vous conseille de laisser dormir votre nourrisson dans votre chambre. Cela vous permet de le nourrir sans trop de dérangement, et également de vous rassurer. Mieux vaut cette organisation que l'installation d'un dispositif électronique pour entendre à distance sa respiration.

Quelques conseils pour une bonne nuit

● *Comment coucher votre bébé ?* Je vous recommande formellement de le coucher sur le côté, en alternant le côté droit et le côté gauche, pour éviter tout risque de torticolis. On ne pense plus, comme autrefois, que la position à plat ventre évite d'éventuelles fausses routes (c'est-à-dire le passage de lait dans les voies respiratoires) lors de régurgitations, car on s'est aperçu qu'il y avait davantage d'accidents lorsque l'enfant était sur le ventre, parce que la respiration n'est pas vraiment libre dans cette position. De plus, le plat-ventre prolongé peut être responsable de déformations des pieds. Enfin, cette position limite le champ visuel de votre bébé.

Vous installerez donc votre bébé couché sur le côté. Si vous craignez qu'il se retourne sur le dos et qu'il vomisse, sachez que les fausses routes ne sont pas plus fréquentes sur le dos. Ne soyez donc pas « suspendue » au-dessus du berceau, restez sereine.

● *Comment préparer son petit nid douillet ?*

Certains principes sont à respecter :

– évitez les draps, couvertures ou couettes. Votre bébé glisse facilement dessous et peut alors avoir des difficultés à respirer. Mieux vaut l'habiller chaudement pour la nuit, au besoin avec un surpyjama. Cette mesure de prudence est nécessaire jusque vers l'âge de 3 ans ;

– ne mettez pas d'oreiller dans le lit ;

– disposez sur le matelas une alèse recouverte d'un drap housse ;

– évitez les peluches, même lavables, car ce sont des attrape-poussières, qui pourraient le prédisposer aux allergies.

● *La température de la chambre.* L'idéal se situe entre 18 °C et 20 °C. Ne surchauffez pas les pièces : vous risquez de rendre votre enfant frileux et sensible aux refroidissements. N'oubliez pas d'installer un saturateur ou un bol d'eau sur les radiateurs pour que l'air ne soit pas sec.

● *Si vous allaitez votre bébé.* Restez allongée dans votre lit pour la tétée de nuit et mettez votre enfant au sein sans allumer la lumière. N'ayez pas peur de vous endormir : les humains, comme les animaux, ont un instinct qui les empêche d'étouffer leur nourrisson. Au petit matin, vous vous réveillerez à trois dans le lit, tout surpris et heureux. Il sera temps de rendre votre bébé indépendant la nuit, vers l'âge de 3 mois ; vous le changerez alors de chambre.

● *Si vous le nourrissez au biberon*. Préparez le biberon avant de vous coucher et conservez-le au réfrigérateur. Ainsi vous ne laisserez pas attendre trop longtemps votre bébé, car moins il aura pleuré, plus vite il se calmera.

● *Attention au piège de la sucette*. La plupart des parents essaient ce « pacificateur » (comme disent les Anglais) pour calmer les pleurs, parfois incompréhensibles, de leur bébé, mais c'est souvent un véritable piège, car :

– le seul fait d'avoir la sucette qui tombe de sa bouche va d'abord réveiller le bébé en sursaut, et ensuite le faire pleurer ;

– votre enfant deviendra vite dépendant de la sucette et la réclamera de jour comme de nuit ; la sucette sera la solution à tous les pleurs, gênant une véritable communication.

Il vaut mieux la supprimer avant qu'il soit trop tard. Si c'est déjà le cas ou si des raisons particulières, une hospitalisation par exemple, vous ont contrainte à adopter la sucette, qu'elle serve seulement à endormir votre enfant.

Sa respiration, ses hoquets

● *Sa respiration*. Vous êtes souvent impressionnés par la respiration de votre bébé. Le nouveau-né a, en effet, un rythme respiratoire qui oscille entre 35 et 50 mouvements par minute, avec de petites pauses qui vous inquiètent, alors qu'il ne s'agit que d'une immaturité des centres respiratoires. Il respire avec le ventre et, pendant les premières semaines, l'air entre uniquement par le nez.

S'il est enrhumé, tant que vous le voyez bien rose, tonique, buvant avidement ses biberons, vous n'avez aucune raison de vous inquiéter, mais si ses mains et ses pieds vous paraissent bleus et s'il vous semble se fatiguer vite en tétant, consultez d'urgence votre médecin.

● *Le hoquet*. Probablement lié à une immaturité du diaphragme, le hoquet, qui est extrêmement fréquent chez les nouveau-nés, se calme spontanément au bout de quelques semaines. N'établissez pas systématiquement un lien entre le hoquet de votre enfant et un rot mal fait ou la rapidité avec laquelle il a bu son repas : en fait, votre bébé avait déjà le hoquet in utero. Vous constaterez d'ailleurs que cela ne le dérange pas outre mesure : il ne pleure pas... Vous n'avez rien de particulier à faire, si ce n'est d'attendre tranquillement que les secousses se calment.

L'éveil des cinq sens – Ses premiers sourires

Beaucoup de parents sont convaincus que les nouveau-nés entendent mais ne voient pas à la naissance... Qu'en est-il exactement ? Des chercheurs se sont penchés sur les berceaux, en France, au Japon et aux États-Unis. Et tous en sont venus aux mêmes conclusions tout à fait passionnantes.

Ce qu'il entend

Dès le septième mois de grossesse, le fœtus entend en fond sonore les bruits de votre respiration et de votre abdomen, et, par-dessus, il perçoit les sons les plus graves, en particulier les voix masculines. Il a probablement une mémoire auditive puisque, après sa naissance, l'écoute des morceaux de musique perçus in utero le détend particulièrement.

● *Votre bébé reconnaît d'abord votre voix*. Une fois né, l'enfant reconnaît très vite la voix de ses parents, d'autant plus vite que vous lui parlez doucement, à lui tout seul, dans ses moments d'éveil. Vous vous demandez souvent pourquoi vous « bêtifiez » : en fait, vous adoptez instinctivement la hauteur de ton et la répétition chantante des syllabes que le bébé aime. Ce sont vos paroles, moyen de communication avec lui, qui l'intéressent. Alors que, lorsque vous conversez avec des amis, même tout près du berceau, il ne se sent pas concerné et n'entend alors qu'un bruit de fond. On peut donc dire que le nouveau-né est en quelque sorte programmé pour entrer en relation avec ses parents, en particulier par la voix ; cette relation est d'autant plus précoce que vous multipliez les petits dialogues avec lui, encourageant ainsi fréquemment la relation par la voix.

D'où l'importance, si votre enfant est transféré dans un centre de prématurés *(voir page 294)*, d'aller souvent le voir pour développer avec lui la communication par la voix, qui fait partie de ce qu'on appelle aujourd'hui l'interactivité mère-enfant.

● *Votre bébé est programmé pour intégrer le langage humain*. Il distingue mieux qu'un adulte les différences de prononciation.

Des expériences menées par des chercheurs au Japon démontrent qu'un adulte japonais ne fait pas la différence entre le *re* et le *le*, alors que le nouveau-né japonais fait encore très bien la distinction.

Voici comment la recherche a été conduite : un nouveau-né est installé dans un petit transat. Il peut sucer une tétine qui est reliée à un appareil mesurant la force et la rapidité des mouvements de succion. Si on prononce un *re*, il s'excite et tète vigoureusement. Au deuxième *re*, il est un peu moins intéressé. Au troisième, il réagit à peine car c'est maintenant un son qu'il connaît... Alors, on prononce un *le*, et voilà le bébé qui se réveille et tète de nouveau avec enthousiasme.

Le nouveau-né, à la différence des adultes, a donc la capacité de distinguer des sons très voisins, capacité qu'il perdra très vite si on ne le met plus en situation d'entendre ces sons, c'est-à-dire si on n'active plus cette fonction. Le cerveau humain ressemble à un ordinateur très sophistiqué, rempli de circuits. En fonction des impératifs vitaux du moment ou de la disponibilité, le cerveau va en délaisser certains pour assurer le bon fonctionnement d'autres, jugés plus nécessaires. C'est ce qui explique qu'un nourrisson a une faculté innée pour l'apprentissage des langues étrangères *(voir page 204)*.

● *Votre bébé s'exerce très tôt à parler*
Dès l'âge de 1 mois, il pousse des petits cris gutturaux et s'écoute.

À 2 mois, il s'immobilise dès qu'il entend une voix familière et gazouille. Ses premiers *arrheu* vous attendrissent complètement. « Peut-être me dit-il *heureux*? » me disait une jeune mère, ravie. Votre bébé devient souriant et entre dans « l'âge de la bonne humeur chronique ».

À 3 mois, il vocalise et émet des cris de joie. Il est capable d'anticiper les actions. À la vue du biberon par exemple, il s'agite de plaisir et ne pleure pas, ayant compris qu'il allait téter.

● *Vous reconnaissez la voix de votre bébé.* Lorsqu'on enregistre les cris des bébés la nuit en nursery et qu'on les diffuse aux jeunes accouchées, presque toutes reconnaissent ceux de leur bébé, dès le quatrième jour.

☞ **Pour éveiller votre bébé, répétez-lui des mots doux !**

● *Faites tester l'audition de votre nouveau-né.* La réaction de votre enfant au claquement d'une porte ne prouve pas que votre bébé entend bien. En effet, les vibrations provoquées par un bruit fort ne sont pas les mêmes que celles de la voix. Seul le comportement à l'écoute de sons vocaux est significatif.

Le test de l'audition du nouveau-né doit être effectué, pendant le premier mois, par une personne compétente, en général un orthophoniste, qui saura allier patience et expérience. Si un membre de votre famille a un trouble d'audition congénital, demandez à faire tester votre bébé dès le premier mois, car à cet âge, un test simple suffit. Les réactions du nourrisson plus âgé deviennent tellement riches qu'il faudra recourir à des examens plus complexes.

Ce qu'il voit

Le nouveau-né voit ! Bien des parents, et surtout des grands-parents, ont du mal à le croire. Et pourtant... Des chercheurs ont observé au magnétoscope, image par image, les mouvements des globes oculaires du bébé naissant. En proposant à son regard des cibles différentes, ils ont établi des données révolutionnaires.

● *Votre bébé voit dès la naissance*

Il distingue à partir de 20 cm et jusqu'à 40 cm, n'accommode pas, et voit flou plus loin ou plus près. Or, lorsque vous prenez tout naturellement votre nouveau-né dans les bras, pour lui parler ou le nourrir, son visage est justement à cette distance. Vous vous apercevez que sa mobilité diminue lorsqu'il se concentre pour vous regarder, qu'il est capable de suivre le mouvement d'un objet que vous déplacez, mais pas sur une grande distance.

À 1 mois, votre bébé s'intéresse en priorité à votre regard, dans lequel il perçoit vos états d'âme : la tendresse que vous lui portez, ou la fatigue lorsque votre regard est distrait. Ainsi, si on vous demande de le regarder sans expression, votre bébé est mal à l'aise et se détourne. À cet âge, il ne voit toujours pas de manière précise à distance. Il lit dans vos yeux que vous l'aimez, alors qu'il ne sait pas encore que vous avez des pieds et qu'il est un petit être délimité, séparé de vous.

À 3 mois, il commence à voir plus loin, à accommoder. Son regard s'éloigne progressivement pour se fixer sur les motifs de la tapisserie, le mobile au-dessus de son lit, le lustre pendu au plafond. Couché sur le dos, il suit des yeux une personne sur 180 degrés et tourne le regard vers un jouet que vous faites passer dans son champ de vision. Si on approche brutalement un objet, il cligne des paupières.

☛ **En cas de doute, n'hésitez pas à emmener votre bébé chez l'ophtalmologiste, même tout petit.**

● *Est-il normal que votre nouveau-né louche ?* Il faut distinguer le vrai strabisme d'une petite convergence intermittente, ou d'un œil tournant en dedans lorsque le bébé regarde trop près. La convergence intermittente est due à l'impossibilité d'accommoder, c'est-à-dire de régler sa vision de très près et de loin. Dans la mesure où votre bébé a habituellement une vision normale, sans défaut de parallélisme des yeux, le fait qu'il louche de temps en temps est naturel et transitoire.

En revanche, si le strabisme est quasi permanent, un œil tournant en dedans ou en dehors, consultez un ophtalmologiste spécialisé pour les enfants. Il vérifiera que ce strabisme n'est pas dû à une anomalie de l'œil qu'il faudrait traiter rapidement *(voir page 462).*

Son odorat
S'il a été en contact avec vous, se nichant contre votre cou et tétant votre sein, votre bébé peut distinguer votre odeur dès le troisième jour. Il la reconnaît même sur un linge qui en est imprégné.

Son goût
Dès la naissance, votre nouveau-né déguste sa nourriture. Ses papilles gustatives, plus nombreuses que chez l'adulte, sont prêtes à découvrir toutes les saveurs. Déjà, in utero, le fœtus déglutit votre liquide amniotique qui a le goût de vos aliments. Contrairement aux idées reçues, si vous avez l'habitude d'épicer vos mets d'ail ou de curry, vous pouvez continuer, même si vous allaitez. Votre lait transmet au bébé les saveurs de vos repas et l'habitue ainsi à des goûts variés, ce que ne peut faire le lait industriel, dont le goût est toujours identique. C'est pourquoi, si vous nourrissez votre bébé au biberon, nous diversifierons plus tôt son alimentation *(voir page 76).*

Communiquez avec votre bébé par tous ses sens
Les pages précédentes vous ont permis de mieux connaître les compétences sensorielles de votre enfant. Profitez-en sans retenue pour découvrir le plaisir de communiquer avec votre bébé :
– laissez-vous aller à lui sourire et à le regarder tendrement ;

– laissez-vous aller à lui raconter les « petites bêtises » qui vous viennent à l'esprit ;

– ne changez pas de parfum pendant les premières semaines ;

– vos caresses et les massages, lors du bain par exemple, lui apprennent à découvrir son corps ;

– mangez de tout si vous l'allaitez.

☛ **Que vous l'effleuriez légèrement ou que vous jouiez avec ses pieds, par exemple, il réagit toujours, sauf s'il est dans une phase de sommeil profond.**

Autant de modes de communication qui vont agir sur votre nouveau-né comme de merveilleux stimulants intellectuels. Ainsi, vous allez favoriser les nouveaux apprentissages qui le passionnent, tout en sachant qu'il ne peut se développer pleinement que lorsqu'il est parfaitement serein, c'est-à-dire lorsqu'il a le ventre plein.

Ses premiers sourires

« Docteur, est-ce qu'il sourit aux anges ou vraiment à moi ? » Voilà l'une des questions les plus fréquemment posées par les jeunes mères. On leur répond que le bébé sourit à ses parents à 6 semaines. Mais cet événement n'arrive pas subitement, du jour au lendemain. Il est le résultat de votre propre sourire. En effet, devant ce petit être si dépendant de vous, qui sourit à la moindre sensation de bien-être pour manifester sa satisfaction, vous souriez vous-même en toute simplicité.

Le nouveau-né fait progressivement le lien entre sa propre action de sourire et le beau sourire de sa mère, qui le stimule immédiatement. Ainsi le tout petit bébé a-t-il enclenché un programme qui transforme rapidement un sourire-réflexe en sourire-réponse volontaire. Voilà pourquoi les chercheurs disent que le nouveau-né est un « spécialiste des relations publiques » !

Le développement moteur de votre bébé

En lisant ce passage, amusez-vous à observer votre bébé en détail. Retrouver, chez son enfant, les attitudes et les progrès qu'on peut normalement attendre en fonction de son âge est toujours rassurant pour de jeunes parents.

● *À l'âge de 1 mois.* Il ne tient pas encore bien sa tête, qui a tendance à s'incliner lorsque vous le redressez ; mais si vous le couchez à plat ventre, il est parfaitement capable, par moments, de la relever vigoureusement et ébauche déjà des mouvements pour ramper avec ses orteils.

Si vous tenez votre nouveau-né, assis face à vous, en enroulant bien son dos et ses jambes et en soutenant sa tête, il est dans la meilleure position pour observer les personnes et les objets.

On a très bien montré, en le filmant, que le bébé de 1 mois peut fixer attentivement du regard un jouet rouge vif à 20 cm de lui et tendre la main pour l'attraper. Cela étant, ne pensez pas que votre enfant est en retard s'il ne le fait pas. À cet âge, l'important est de bien lui tenir la tête et de le placer dans un confort physique facilitant ses découvertes.

Si vous laissez brutalement tomber sa tête en arrière, il ouvre les bras et crie. Ce réflexe (on dit que cette réaction est réflexe car elle n'est pas volontaire) témoigne d'une sensation désagréable ; c'est pourquoi, quand vous l'habillez, essayez de ne pas trop laisser sa tête ballotter.

Si vos doigts ou vos cheveux longs, sont à portée de sa main, il a le réflexe de les agripper.

Si vous le tenez debout contre un plan dur, il a le réflexe de la marche automatique : il place ses pieds l'un devant l'autre et fait un mouvement de marche. Ce réflexe disparaîtra vers l'âge de 6 semaines.

● *À l'âge de 2 mois.* Il a déjà fait des progrès considérables. À plat ventre, il est capable de soulever sa tête et sa poitrine au-dessus du lit, pouvant maintenir sa tête face à vous et non sur le côté comme auparavant.

Lorsque vous le tenez assis, il garde la tête droite, avec quelques mouvements d'oscillation.

S'il est couché sur le côté, il est capable de se tourner sur le dos, ce qui ne doit pas vous inquiéter *(voir page 37).*

Il tient pendant un court moment le hochet que vous lui mettez dans la main. Il peut porter son poing à la bouche pour le sucer.

● *À l'âge de 3 mois.* Il peut avoir des gestes volontaires, en suivant bien un ordre logique : je vois, je tiens, je suce.

C'est volontairement qu'il tient l'objet que vous lui avez mis dans la main. Spontanément, ses mains ne sont plus fermées, mais presque ouvertes. Lorsque vous lui tendez un jouet, il n'est pas vraiment capable de diriger son bras pour le prendre, mais il replie ses deux mains devant sa poitrine en ébauchant le geste de préhension.

Il regarde ses mains et ses doigts et en étudie les mouvements : c'est l'un de ses passe-temps favoris.

Il replie volontiers ses jambes sur son ventre et aime donner des coups de pied en l'air.

Il redresse bien sa tête lorsqu'il est à plat ventre, en soulevant le buste avec ses avant-bras ; mais si vous le relevez par les bras, il a encore tendance à laisser sa tête partir en arrière.

Seules les personnes attentives perçoivent la rapidité incroyable de ces progrès. L'émerveillement des parents vient de ce que le tout petit bébé, communiquant avec eux, leur renvoie comme dans un miroir leur joie de l'élever. Ces progrès sont tellement gratifiants que la maman la plus indépendante avant sa grossesse, et même pendant, devient souvent de plus en plus réticente à l'idée de devoir confier son bébé.

La complicité avec son papa

Le lien entre un enfant et son père peut naître dès la première minute ou beaucoup plus tard. Ce délai dépend du père lui-même, des rapports qu'il a eus avec ses propres parents, mais également de la place que vous, la mère, lui laissez prendre auprès de l'enfant.

Vos mots, vos attitudes, vos gestes introduisent plus ou moins votre compagnon dans son rôle de père. De façon caricaturale, si vous l'apostrophez d'un : « Attention, ne le prends pas comme ça ! Regarde comment tu tiens sa tête ! », il risque fort de se sentir immédiatement incompétent et d'aller se réfugier dans son journal. À l'inverse, si vous lui dites combien vous avez besoin de lui pour vous occuper du bébé, si vous lovez le nouveau-né entre vous deux pendant que vous regardez la télévision, vous constaterez que le père perçoit très vite ce petit être comme faisant partie de lui-même. Leur complicité et celle de votre couple s'en trouveront renforcées. Proposez-lui de venir avec vous lors de la visite chez le pédiatre : la mise en évidence des talents de son bébé va le rendre très fier d'avoir un nouveau-né déjà si compétent.

● *Le père doit-il donner le biberon ?* Beaucoup de pères pensent que s'ils donnent le biberon, ils seront plus proches de leur bébé. Je n'en suis pas certaine. Le père n'est pas une deuxième mère. Qu'il le fasse pour vous aider lorsque vous êtes fatiguée, bien sûr, mais cela ne doit pas vous conduire à ne plus allaiter, uniquement pour que votre compagnon puisse nourrir votre bébé la nuit. De plus, le fait de vous retrouver à trois, dans votre grand lit, lorsque vous allaitez, vous permet de créer, tous les deux, des liens irremplaçables avec votre enfant.

● *Certains pères n'osent pas s'occuper de leur bébé.* Votre compagnon est peut-être de ces hommes qui annoncent la couleur : « Moi, les enfants ne m'intéressent que lorsqu'ils parlent ou lorsqu'ils savent taper dans un ballon... » Ne vous méprenez pas ! Ces pères un peu lointains devant leur jeune enfant sont souvent des hommes pudiques. Lorsque vous les laissez seuls dans une pièce avec le bébé, vous pourrez les surprendre en train de gazouiller tendrement. Aussi n'hésitez pas à laisser le père avec son enfant : c'est bénéfique pour leur relation. Même si votre compagnon proteste, s'il est gêné par ces tête-à-tête, il se rendra vite compte que les rapports avec son bébé deviennent plus enrichissants, qu'il n'est pas une pièce rapportée dans une dyade mère-enfant qui fonctionnerait sans lui, et il y prendra goût. Et lorsque l'enfant grandira, entrera dans la période des caprices, puis de l'adolescence, son père, se sentant plus complice, sera plus compréhensif. Des études menées aux États-Unis indiquent très clairement que les pères qui se sont occupés de leurs enfants lorsqu'ils étaient petits étaient plus ouverts et respectueux des autres.

☛ **Quelle que soit l'attitude de votre compagnon, ce qui importe pour votre enfant c'est de ressentir l'amour que vous avez l'un pour l'autre. Cet amour lui a donné la vie et reste, pour lui, la plus grande source de progrès.**

● **Beaucoup de pères restent distants.** Les statistiques des socio-logues montrent que, en vingt ans, si le temps que les pères consacrent à leur enfant a augmenté, il est encore très inférieur à celui que les mères leur consacrent. Si vous sentez que, malgré vos efforts, votre compagnon reste plutôt distant, essayez de chercher dans quel domaine il se sentira le plus à l'aise pour exercer sa paternité : ce peut être, par exemple, assurer la protection financière, transmettre des valeurs culturelles ou encore, jouer avec l'enfant. Même si ces rapports sont un peu fragmentaires, encouragez-les. C'est le meilleur moyen pour que, grâce à ce mode de communication, aussi limité soit-il, petit à petit, il découvre les mille facettes des relations père-enfant.

Ses premiers jouets

Bien que le plus beau des mobiles pour un jeune bébé soit le visage de sa mère, la plus belle musique, la voix de ses parents, certains jouets peuvent stimuler son éveil.

● **Les grands classiques.** Il est de plus en plus difficile de faire un choix dans l'immense panoplie de jouets proposés sur le marché. Voici, cependant, les jouets de base qui vont enrichir son univers et lui apporter des sensations intéressantes :

– à 1 mois, le mobile qui tourne au-dessus du berceau est le grand classique du genre. La combinaison des couleurs, du mouvement et de la musique est très stimulante pour le bébé ;

– à 2 mois, il découvrira avec joie le hochet posé à côté de sa tête ; il n'aura de cesse de l'attraper, un peu plus tard ;

– les 3 mois marquent l'heure du tableau de découvertes, véritable « encyclopédie du bébé ». Au début, l'enfant regarde : il est étonné par son reflet dans le miroir, surpris par les différents bruits qui jaillissent lorsqu'il heurte le jouet par hasard... Bien qu'il ne soit pas encore capable de découvrir toutes les utilisations de son tableau, il prend déjà du plaisir à apprendre et réfléchit beaucoup ;

– le tapis d'éveil sur lequel vous posez votre bébé lui permet de faire des découvertes avec le toucher et la vue ;

– le boulier tendu en travers du berceau, avec plusieurs anneaux colorés.

● *La musique dans l'environnement du nourrisson.* Le son le plus intéressant pour votre enfant, c'est votre voix. Rien ne la remplacera. Mieux vaut la comptine que vous lui chantez que la voix d'un chanteur professionnel. L'un n'empêche cependant pas l'autre, et un environnement musical est bon pour les bébés, à certaines conditions. Les morceaux de musique ne doivent pas être délivrés en continu. En effet, le cerveau de bébé a besoin de pauses, pendant lesquelles il ne percevra que le silence, la voix des humains, le chant des oiseaux, le bruit de la pluie… L'intensité sonore doit être du même niveau que celle de la voix humaine, car trop de décibels peuvent compromettre l'audition future de votre enfant.

☛ **Dès l'âge de 1 mois, vous pouvez installer pendant quelques heures, chaque jour, votre bébé sur un transat. C'est la position idéale pour qu'il observe ce qui l'entoure.**

● *Votre bébé et la télévision.* La télévision faisant partie aujourd'hui de notre environnement, il est intéressant d'en parler dès les premiers mois. Si vous avez l'habitude de laisser la télévision allumée presque toute la journée pour vous tenir compagnie, je vous conseille de modifier quelque peu cette habitude en réservant le petit écran pour des programmes bien choisis *(voir page 214)* : même si le son n'est pas intense, votre bébé sera à son tour conditionné et, plus tard, ne pourra plus se passer d'allumer la télévision dès qu'il sera à la maison.

Pendant les trois premiers mois, installez votre bébé le dos tourné à l'écran ; ensuite, nous utiliserons la télévision comme un moyen non pas d'asservissement mais de développement de votre enfant.

Vos aînés et le nouveau venu

Les réactions de vos grands enfants varient selon leur âge à l'arrivée du bébé. Voici quelques conseils pour vous aider à mieux comprendre les attitudes de vos aînés.

Quelques réactions types

L'arrivée du nouveau-né peut entraîner, selon l'âge de votre aîné, différentes réactions.

● *Avant 4 ans.* Le nouveau venu est rapidement ressenti comme prenant une part de la maman, surtout pour un enfant âgé de 1 à 3 ans, et plus encore s'il s'agit d'un second : il peut lui être difficile de trouver sa place entre le premier, dominateur, et le nouveau-né, exigeant soins et protection.

● *Entre 4 et 12 ans.* Un sondage a montré récemment que si l'on demande aux enfants de cet âge ce qu'ils préfèrent recevoir de la part de leurs parents, console de jeux électroniques, maison avec un jardin..., ils répondent en majorité : « Un petit frère ou une petite sœur ! » Aussi, lorsque le bébé est là, ils ont généralement tendance à le materner avec vous et ne le perçoivent pas vraiment comme un rival.

● *À la puberté.* L'adolescent est troublé par ce témoin de la sexualité de ses parents. Il est perplexe devant ce regain de leur vitalité, correspondant de plus en plus souvent aujourd'hui à un nouvel amour après un divorce. Tous ces sentiments chez les très grands enfants se traduisent souvent par des avertissements tels que : « Ne compte pas sur moi pour jouer les baby-sitters ! » Mais ce serait faire fi du charme du bébé, qui séduit en général très vite ces adolescents.

Amour et jalousie

● *La jalousie, un sentiment très humain.* Elle fait partie de la vie. En s'y frottant enfant, l'être humain se prépare aux rivalités qu'il devra subir pendant sa vie d'adulte. Un enfant unique a une vision artificielle de l'existence : peu d'injustices, peu de frustrations. Lorsqu'il sera confronté aux autres, il risque de mal supporter les réalités de la vie en groupe. L'aîné qui apprend à dominer son sentiment de jalousie, à vivre avec l'idée de partage souffrira moins à l'école, puis en société, des injustices inévitables.

● *L'agressivité.* Bien des parents sont désemparés devant la violence d'un bambin de 3 ans envers un nouveau-né, ses baisers étouffants, ses caresses trop appuyées, ou une investigation du corps un peu poussée... Les enfants peuvent avoir des gestes dangereux pour un nourrisson, aussi ne laissez pas le bébé seul avec le grand, tant que vous n'avez pas vérifié ses réactions et soyez vigilants. Cette agressivité vient plutôt de l'ennui que de la rivalité. Parfois l'agressivité de l'aîné se porte sur vous : il est adorable avec le bébé mais odieux avec vous. Parce que vous avez craint qu'il ne soit jaloux s'il entrait à l'école ou s'il partait avec sa grand-mère au square, vous le confinez parfois exagérément entre une maman occupée par les tétées et les changes et un bébé qui pleure un peu trop souvent. Il faut donner à votre aîné un statut de grand, avec ses privilèges : le droit de sortir, le droit d'avoir une institutrice, des copains... sont des plaisirs auxquels le petit n'a pas encore accès. Plus votre aîné mène une vie autonome, bien à lui, moins il est agressif avec le bébé.

● *Ne vous privez pas d'allaiter votre deuxième enfant au sein.* Ne craignez pas de rendre le grand jaloux ; profitez plutôt du calme apporté par la tétée pour lui raconter une histoire (« Tu vois, il nous laisse tranquille pendant ce temps-là, profitons-en ! ») ; ce moment deviendra pour lui un temps de plaisir et de complicité.

● *Les tendances régressives.* Elles sont favorisées par l'idolâtrie dont fait l'objet le nouveau-né. En effet, l'aîné a du mal à comprendre pourquoi ce minuscule être qui souille sa couche, hurle pour téter, ne parle pas et ne marche pas, suscite l'admiration, alors que lui, le grand, parle, marche, fait pipi dans son pot, essaie de ne pas hurler sans raison, de dire « bonjour » et « merci ». Comment ne pas régresser dans ces conditions ?

Aussi, vous pouvez, par exemple, dire à votre aîné : « Tu sais, ce bébé, il ne sait rien faire, il ne peut pas parler, ni marcher, ni manger, ni aller sur un pot, ni avoir de copains. Il ne peut que pleurer pour dire que quelque chose ne va pas, et sourire pour exprimer qu'il est content. Nous le protégeons, c'est parce qu'il est tout petit ; nous savons que cela va l'aider à apprendre et à devenir comme toi. » Vous verrez alors le grand retourner à ses centres d'intérêt, tout en devenant protecteur envers le bébé.

Les grands-parents

Un nouveau style de grands-parents se profile aujourd'hui, leur rôle auprès de leurs petits-enfants et de leurs enfants est plus essentiel que jamais. Un rôle pas facile, très subtil, fait d'humilité et de discrétion.

Les nouveaux grands-parents

Le temps des grand-mères conseilleuses, qui savaient tout parce qu'elles avaient déjà eu plusieurs enfants, est révolu. Les nouvelles grand-mères sont en général ouvertes, pertinentes, pleines de curiosité, et respectueuses de la sensibilité de leur fille en matière d'éducation. Les rapports s'en trouvent d'autant plus riches, et l'aventure passionnante pour tout le monde.

Les grands-pères se sentent généralement beaucoup plus concernés.

●*La grand-mère maternelle.* Même si le comportement de la grand-mère maternelle a beaucoup changé, elle reste souvent attachée au bien-être de sa fille tout autant qu'à celui de son petit-enfant. C'est elle qui s'inquiète le plus de savoir si l'allaitement ne fatigue pas la jeune maman.

●*La grand-mère paternelle.* Même si elle est moins intime avec vous, elle n'est pas la « belle-mère » d'autrefois ; elle est souvent une véritable amie pour sa bru, et un réel soutien pour la jeune maman, même parfois en cas de séparation du couple.

●*Les nouveaux grands-pères.* Comme les pères, eux aussi ont évolué et découvrent souvent, avec leurs petits-enfants, les plaisirs auxquels ils n'avaient pas participé lorsqu'ils étaient pères. C'est un « plus » pour les bébés, car les hommes, quel que soit leur âge, sont toujours plus joueurs que les femmes.

De l'art d'être grand-parent

Chaque bébé a son histoire particulière, et, chaque fois, les grands-parents devront trouver leur place de façon différente. C'est pourquoi, même si être grand-mère ou grand-père pour la première fois est une joie unique dans une vie, la naissance du nouveau petit-enfant peut être à son tour un événement.

La grand-mère joue un rôle très subtil et complexe, qui demande beaucoup d'humilité, particulièrement au moment du retour de la maternité. Les jeunes parents ont besoin d'aide, mais aussi d'intimité, et doivent se sentir confortés dans leurs talents de parents. Aussi, à l'arrivée du nouveau-né, je ne peux que conseiller aux grands-parents d'être une aide précieuse pour l'intendance, mais de rester plutôt en retrait quant aux soins à donner au bébé. Rôle discret, qui laisse à la mère le temps de prendre confiance en elle et d'avoir du plaisir à échanger ses sentiments avec ceux de la grand-mère.

☞ **Lorsque l'enfant paraît… la première marque de respect que la famille lui doit est de faire la paix au-dessus du berceau.**

● *Règles d'or pour les grands-parents*

Règle n° 1 : rendez-vous disponibles le plus possible pour vous occuper de vos petits-enfants ; cela créera des liens avec eux et rendra service au jeune couple.

Règle n° 2 : si vos petits-enfants ne viennent pas vous voir, au lieu de rejeter la faute sur leurs parents, demandez-vous ce que vous avez fait – ou pas fait – pour qu'ils ne vous aient pas adoptés. La situation peut toujours évoluer, mais il faudra d'autant plus de temps que vous la laisserez s'installer plus longtemps.

Règle n° 3 : le rôle des grands-parents est de chérir, non d'éduquer.

Règle n° 4 : l'éducation est la part des parents. Laissez-les faire sans les critiquer. Chaque génération a ses impératifs.

Règle n° 5 : en cas de divorce, ne soyez pas négatifs envers votre gendre ou votre bru, qui représente, quelle que soit la situation, la moitié de la vie de vos petits-enfants.

Règle n° 6 : si vous voulez être aimés de vos petits-enfants, ne critiquez jamais leurs parents.

Règle n° 7 : sortez les albums de photos, racontez votre époque à vos petits-enfants, emmenez-les au cinéma, enregistrez des émissions de télévision qui vous semblent pouvoir les intéresser.

☛ **Plus vous donnez d'affection et de temps à vos petits-enfants lorsqu'ils sont jeunes, plus vous créez une complicité qui ensoleillera votre quatrième âge.**

Mais cette attitude ne portera vraiment ses fruits que si les parents respectent aussi certaines règles à l'égard des grands-parents.

● *Règles d'or des parents envers les grands-parents*

Règle n° 1 : ne les excluez pas ; vos enfants ont besoin de leurs racines. Vous-mêmes ne pouvez pas assumer seuls les multiples facettes de la vie enfantine.

Règle n° 2 : n'en abusez pas. Les grands-parents sont souvent encore actifs aujourd'hui, mais aspirent aussi à un repos mérité. Sachez toujours cependant leur donner une place auprès de votre enfant.

Règle n° 3 : n'hésitez pas à demander de l'aide. Bien des grands-parents ont peur de s'imposer et, uniquement par délicatesse, n'osent dire qu'ils meurent d'envie de garder leurs petits-enfants.

Règle n° 4 : ne vous inquiétez pas si les méthodes éducatives des grands-parents ne sont pas les mêmes que les vôtres. L'enfant fera très bien la part des choses : « Chez grand-mère, je me fais bercer pour m'endormir, mais chez maman, une histoire et au lit ! »

Les promenades et les voyages avec votre bébé

Pour ses premières sorties, inutile de déployer le grand landau anglais. Comme toutes les étapes de la vie d'un nourrisson, la promenade s'organise progressivement.

Les promenades

Vous vous faites une joie à l'idée de faire des promenades avec votre enfant. L'image est forte de la mère et du père poussant amoureusement le landau dans un parc. Mais à quel âge commencer ? Est-ce vital ? Le bébé ne risque-t-il pas d'avoir froid ?

● *Le premier mois.* Dans la mesure où votre enfant est né à terme, à environ 3 kg et que le temps n'est ni caniculaire, ni glacial, les promenades ne sont pas contre-indiquées. Mais vous n'êtes pas obligée de promener votre bébé les jours où vous n'en n'avez pas envie : il suffit d'aérer correctement la maison ou, tout simplement, de sortir avec votre enfant pour aller acheter le pain ou dire bonjour à une amie. Le premier mois, un nouveau-né a besoin, avant tout, de lait et de l'amour de ses parents.

Le sac porte-bébé sur le ventre, dit « kangourou », est l'idéal. Il permet de porter le bébé au chaud, au rythme de votre pas, l'oreille collée sur votre cœur qu'il connaît si bien. Il n'est pas encombrant et vous laisse les mains libres pour porter votre sac à provisions. Vous pouvez même l'utiliser à la maison lorsque votre bébé est énervé et que le biberon ne le calme pas.

☛ **Le port en sac « kangourou » n'est pas dangereux pour la colonne vertébrale du bébé. On porte ainsi les prématurés dans les centres spécialisés.**

● *Dès le deuxième mois.* Les vraies promenades en landau permettent au bébé de découvrir le monde extérieur.

Le choix du landau dépend de la place dont vous disposez pour le ranger, des trottoirs et des parcs qui environnent votre logement et du budget que vous pouvez y consacrer.

Si vous avez beaucoup de place pour le garer et pour le faire circuler, ainsi qu'un budget important, choisissez le landau anglais classique. La célèbre suspension à la Daumont amortit les chocs pour l'enfant ; la hauteur du landau l'isole des gaz d'échappement et du bruit des voitures.

Si vous voulez une formule plus fonctionnelle, plus économique, qui fera un usage prolongé, vous pouvez choisir parmi les nombreux modèles de landaus-cannes : ce sont des landaus transformables en poussettes et en porte-bébé.

Les qualités que vous devez exiger d'un landau :
– une parfaite stabilité ;
– un bon frein ;
– une nacelle légère ;
– un système d'amarrage de la nacelle au châssis simple, mais solide ;
– un guidon qui doit vous permettre une prise sûre grâce à son épaisseur ;
– un revêtement intérieur facile à nettoyer ;
– un emplacement pour un sac de promenade.

Ce que votre sac pour la promenade peut contenir :
– un biberon de lait dans une bouteille Thermos ;
– un biberon d'eau ou de jus de fruit ;
– un change complet et des lingettes ;
– un paquet de mouchoirs jetables ;
– un lainage supplémentaire ;
– un chapeau ou un bonnet.

● *Quand ne doit-on pas sortir un nouveau-né ?* Il peut sortir dans toutes les circonstances à condition, essentiellement, de ne pas se refroidir. En effet, la température de son corps dépend de la température extérieure, car ses centres de régulation thermique sont encore immatures.

En dessous de 0 °C, si vous devez absolument sortir :
– couvrez bien chaudement la tête du bébé, car c'est surtout par le crâne que le nouveau-né se refroidit ;
– protégez-le du vent et ne le laissez pas longtemps dehors.

L'idéal lorsqu'il fait froid est de ne quitter votre maison que pour monter directement dans une voiture préchauffée. En prenant ces précautions, vous pouvez vous déplacer ensemble, même en plein hiver.

● *Attention au coup de chaleur.* Ne laissez pas votre jeune enfant trop longtemps au soleil, dans un compartiment de train, dans une voiture arrêtée au soleil, ou sous la capote d'un landau.

Méfiez-vous du coup de chaleur, les signes ne sont pas faciles à détecter : au début, le nourrisson paraît seulement un peu abattu. En voyage, emportez toujours dans un sac de l'eau et des solutions de réhydratation (un sachet pour 100 g d'eau). N'attendez pas la fièvre et les vomissements pour le faire examiner. Si vous ne l'hydratez pas à temps, il va se mettre à somnoler, sa température va monter jusqu'à 41 °C, ses yeux vont devenir creux. À ce stade, bien souvent, il ne peut plus boire et il vomit. Si son état est alarmant, foncez à l'hôpital le plus proche !

Les voyages

En voiture : oui, dès les premiers jours. Dès la première sortie, votre nourrisson sera installé dans un siège-auto spécialement conçu pour bébé *(voir page 127)*. La position ne comporte aucun risque pour son dos. (Il y sera plus en sécurité que dans un lit-auto, même recouvert d'un filet anti-éjection et amarré aux points d'ancrage des ceintures de sécurité.) Pas question de prendre votre bébé dans vos bras à l'avant, même si vous portez votre ceinture de sécurité.

Ainsi, vous pouvez vous déplacer avec votre nouveau-né si, l'hiver, la voiture est bien chauffée et si, l'été, vous évitez de circuler aux heures chaudes, surtout s'il y a risque d'embouteillages.

En avion : votre nouveau-né peut prendre l'avion dès la sortie de la maternité. Pensez à emporter des lainages car les avions sont fraîchement climatisés.

Le train, le métro : pendant les six premiers mois, évitez les moyens de transport à forte concentration humaine, comme le train et surtout le métro, et cela, jusqu'à ce que votre enfant ait reçu tous ses vaccins. Pensez à le dévêtir si l'atmosphère est surchauffée.

Ses petits problèmes digestifs

« Docteur, mon bébé a mal au ventre » ou « mon bébé régurgite » sont les motifs les plus courants de vos appels pendant les premières semaines.

Essayez de bien analyser les symptômes avant de téléphoner :
– s'agit-il de diarrhées, c'est-à-dire de selles liquides, ou de coliques, c'est-à-dire de maux de ventre ?
– s'agit-il de constipation ? Et, dans ce cas, pendant combien de jours votre enfant n'a-t-il pas émis de selles ?
– s'agit-il de régurgitation, c'est-à-dire de petite remontée de lait ?
– s'agit-il de vomissement, c'est-à-dire de rejet du biberon entier ?

Les selles normales du nourrisson

Les jeunes parents ne savent pas toujours comment sont les selles normales d'un bébé.

Théoriquement, les selles d'un nouveau-né nourri au sein sont jaune d'or, petites, liquides, et elles sont émises à chaque tétée. S'il est nourri au biberon, elles sont plus compactes, et produites deux à trois fois par jour. Mais la réalité est souvent bien différente.

● *Ce que vous devez savoir pour ne pas vous inquiéter inutilement*
Un bébé allaité au sein peut très bien rester plusieurs jours sans émettre de selles. S'il émet des gaz, ne vomit pas, boit bien et grossit normalement, il n'est pas en occlusion, tout va bien.

Les selles d'un bébé, surtout nourri au biberon, peuvent être vertes, et non jaunes, sans que cette couleur ait une signification pathologique : il suffit que la selle ait un peu fermenté dans le tube digestif ou que le lait soit enrichi en fer.

En revanche, il vous faut connaître les troubles digestifs qui doivent être traités, et parfois en urgence.

Les diarrhées

● *La diarrhée accompagnée de perte de poids.* Elle doit vous faire consulter rapidement votre médecin.

Généralement, la perte de poids est à peine ébauchée : 50 ou 100 g. Vous devrez alors arrêter le lait artificiel, pour le remplacer pendant 24 heures par une solution de réhydratation, qui se présente sous forme de poudre à diluer dans l'eau du biberon. Il faut que votre enfant boive autant de liquide qu'il perd d'eau par ses selles.

☞ **Un nourrisson qui a perdu 10 % de son poids doit être vu en urgence. Le plus souvent, il sera réhydraté par perfusion à l'hôpital. L'hospitalisation s'impose aussi s'il ne veut pas boire ou s'il vomit.**

Vous lui présenterez le biberon réhydratant toutes les deux heures, y compris la nuit, jusqu'à ce que la diarrhée se calme, et vous surveillerez son poids. Votre pédiatre vous prescrira en relais un substitut de lait, spécial pour la diarrhée, qui nourrit sans irriter l'intestin. Après 3 à 6 jours, vous pourrez réintroduire progressivement le lait normal, mais je vous conseille, à la suite d'une forte diarrhée, de ne donner que des laits hypoallergéniques pendant les trois premiers mois. Sinon, la diarrhée risque de recommencer. La prescription de régimes spéciaux pourrait alors devoir être prolongée jusqu'à l'âge de 1 an.

Les causes les plus fréquentes de ces diarrhées sont :

– l'infection intestinale par un virus (le plus fréquent est le rotavirus), qui décape l'intestin et peut entraîner une diarrhée très liquide ;

– l'intolérance aux protéines de lait de vache qui survient avec tous les laits courants, même maternisés, puisque les protéines ne sont pas hydrolysées.

Ces diarrhées avec perte de poids *(voir également page 135)* ne surviennent presque jamais si vous allaitez votre enfant : les protéines du lait maternel sont bien supportées puisqu'elles sont d'origine humaine ; les anticorps du colostrum, puis du lait maternel, détruisent les virus de l'intestin. C'est pourquoi il est bénéfique d'allaiter au sein pendant plusieurs mois, surtout si vous vivez dans un pays tropical.

☞ **Tant que votre bébé prend du poids, les selles liquides ne sont pas inquiétantes.**

● *La diarrhée sans perte de poids.* Elles n'ont pas du tout le même caractère de gravité. Elles concernent, en particulier, les nouveaunés nourris au lait maternel : les selles sont liquides, fréquentes, mais la courbe de poids est ascendante. Certains laits industriels peuvent aussi donner des selles liquides et vertes.

Les maux de ventre

Au cours des premières semaines, alors que votre bébé est bien tonique, visiblement en pleine forme, il peut avoir des coliques : il refuse un supplément de lait et hurle de façon incompréhensible. L'examen médical est parfaitement normal. Ces crises de pleurs sont généralement accompagnées de hoquets, d'éructations et d'émissions de gaz impressionnantes chez un si petit être. Il faut d'abord faire la part des troubles bénins.

● *Le hoquet.* Il est tout à fait normal pendant les premières semaines de la vie. Votre bébé hoquetait déjà dans votre ventre. Le hoquet n'a aucun rapport avec un problème digestif et, aussi violent soit-il, il ne dérange pas vraiment votre bébé. Il n'est pas la cause des pleurs de votre enfant et disparaît spontanément au cours du deuxième mois.

● *Le rot.* Il arrive souvent que vous ne parveniez pas à faire roter votre bébé qui s'endort ; vous le recouchez mais après un petit sommeil, il se met à hurler, puis émet une grosse éructation une fois redressé. Vous pensez alors facilement qu'un rot mal émis est la cause de ses souffrances. Mais il faut savoir qu'un nouveau-né n'a pas toujours un volume suffisant d'air dans son estomac pour produire un rot après chaque repas, surtout s'il est au sein, parce qu'il avale très peu d'air en tétant. Il en est de même lors d'un biberon si vous avez laissé le lait reposer, une fois la poudre mélangée, ou si vous utilisez du lait liquide tout prêt : le biberon contient alors très peu d'air. Tenir votre bébé contre votre épaule pendant une dizaine de minutes en tapotant son dos est donc suffisant. S'il ne rote pas, c'est qu'il a peu d'air dans son estomac.

Pourquoi le bébé émet-il un gros rot lors de sa crise de pleurs ? En hurlant, il avale une grande quantité d'air, et le rot n'est alors que la conséquence des pleurs, pas leur cause. D'ailleurs, après avoir rejeté son air, votre nouveau-né reprend en général ses cris.

● *Les émissions de gaz.* L'émission de gaz vient de la digestion par fermentation du lait, elle est signe de vie. C'est plutôt si votre enfant n'a pas de gaz que vous devez appeler le pédiatre, car on peut se demander alors s'il n'entre pas en occlusion.

● *Les véritables coliques.* On parle de coliques lorsque le bébé pleure sans avoir faim, en repliant ses jambes. Leurs causes sont multiples. Tout au début, les fonctions digestives du nourrisson ne sont pas bien réglées. Elles génèrent des distensions abdominales avec émission de nombreux gaz. Le reflux gastro-œsophagien *(voir page 450)* est courant, entraînant une acidité au niveau de l'œsophage. Le lait artificiel n'est pas toujours bien toléré. Quant au lait maternel, il peut aussi provoquer des coliques, surtout lorsque la mère est stressée. Il y a enfin un facteur psychologique certain à l'origine des coliques : les tensions familiales sont perçues par le bébé, qui les ressent dans son corps. Ce sont les bébés les plus toniques qui supportent le moins bien ces désagréments, surtout si ceux-ci coïncident avec la tombée du jour. De plus, il faut savoir que les filles sont généralement plus sujettes aux coliques que les garçons, qui n'en sont pas exempts pour autant.

Comment soulager ces coliques ? Vous pouvez améliorer le confort digestif de votre enfant avec :

– les poudres que l'on rajoute dans le biberon et qui absorbent les gaz intestinaux : elles diminuent les flatulences ;

– pour le bébé nourri au lait maternel, la traditionnelle eau de chaux du codex que vous pouvez vous procurer chez votre pharmacien : à raison d'une cuillerée à café avant chaque tétée, elle calme particulièrement les douleurs gastriques, diminuant l'acidité des repas. Il existe aussi un gel framboisé à donner après le repas, pour tapisser la muqueuse œsophagienne ;

– les sirops antispasmodiques diminuent les contractions intestinales ;

– les sirops antireflux améliorent les coliques s'accompagnant de régurgitations ;

– les laits hydrolysés utilisés en cas d'intolérance au lait de vache ont souvent une action spectaculaire ; on peut également essayer un lait adapté à la place du lait maternisé.

☛ **Évitez de changer de lait sans l'avis de votre médecin. De trop fréquents changements de lait seraient source d'anxiété pour vous et d'inconfort pour votre bébé.**

Enfin, rassurez-vous, si votre bébé est bien portant, ces petites coliques vont disparaître, au plus tard vers l'âge de 3 mois.

La constipation

● *La fausse constipation.* On vous a tellement dit que le nouveau-né avait une selle après chaque tétée que, lorsqu'il reste plus de deux jours sans salir sa couche, vous vous tracassez beaucoup. Ne vous inquiétez pas... Si le nourrisson a des gaz, s'il boit bien et ne vomit pas, la conjonction de ces éléments prouve que le bébé n'est pas en occlusion. Il produira sans doute au bout de 3 à 4 jours, voire 6 jours parfois pour un bébé nourri au sein, une selle très abondante, souvent liquide, ce qui prouve qu'il ne s'agissait pas d'une véritable constipation.

● *La vraie constipation.* Votre enfant émet des selles dures, gênant la vidange intestinale et entraînant parfois un petit saignement de l'anus par écorchure. Dans ce cas, vérifiez que votre bébé a émis son méconium dès les premières 24 heures à la maternité. Si ce n'est pas le cas, il faut en parler à votre pédiatre : la constipation peut entraîner la recherche d'une maladie précise de l'intestin *(voir page 381).*

● *Comment aider votre bébé à avoir ses selles*

Si vous allaitez : mangez des aliments riches en fibres, ainsi que des fruits.

Si vous le nourrissez au biberon :

– préparez un ou deux biberons par jour, avec de l'eau riche en magnésium (Hépar) à la place de l'eau minérale habituelle : le magnésium régule la motricité intestinale ;

– ou donnez-lui une cuillerée à café de jus d'orange ou de jus de pruneau dans 30 g d'eau une fois par jour ;

– ou faites-lui prendre une cuillerée à café d'huile de paraffine en sirop.

Dans tous les cas de constipation, évitez les aides répétées au niveau de l'anus (stimulation par le thermomètre ou administration de suppositoires de glycérine). Elles risquent de conditionner votre bébé à avoir régulièrement besoin de ces artifices pour aller à la selle. Il doit apprendre petit à petit à pousser pour vider son intestin, ce qui, immanquablement, le fera devenir un peu rouge.

☞ **La constipation chez un bébé qui ne grossit pas, n'émet pas de gaz ou vomit, impose une consultation rapide.**

Les régurgitations et les vomissements

La distinction peut paraître ténue mais, dans la pratique, vous découvrirez une différence évidente entre les petites remontées fréquentes du nouveau-né régurgiteur et les grands vomissements qui semblent éliminer le biberon tout entier.

● *Les régurgitations.* Elles peuvent être minimes, accompagnant de temps en temps un petit rot.

Si elles sont rares et peu abondantes, elles ne demandent pas de traitement particulier. Vous redoutez souvent le risque de fausse route, c'est-à-dire de passage de lait dans les voies respiratoires. Sachez que les accidents sont rarissimes. Aussi, soyez sereine, car la surprotection due à une angoisse permanente est nuisible à l'équilibre du bébé ainsi qu'au vôtre.

Les régurgitations fréquentes exigent cependant un traitement. Elles peuvent déclencher des spasmes respiratoires et irriter le bas de l'œsophage. Un traitement antireflux améliorera considérablement le confort et la santé de votre enfant (vous trouverez les détails sur le reflux gastro-œsophagien et sur son traitement *page 150*)

● *Les vomissements.* Ils sont fréquents chez le nourrisson. Le liquide rejeté dépend de l'étape de la digestion et de la nature du lait

– Le lait est d'autant plus fluide qu'il est rejeté rapidement après la prise du biberon ; c'est le premier temps de la digestion qui le fait cailler.

– Le lait maternel flocule en petits caillots à peine visibles.

– Le lait artificiel forme un caillé aux grumeaux plus importants.

– L'estomac renvoie de la bile s'il est vide au moment du vomissement.

Si les vomissements sont épisodiques, ils ne relèvent pas d'un traitement particulier. Vous pouvez très bien redonner un biberon de lait après, même éventuellement dans la demi-heure qui suit, si votre bébé semble avoir de nouveau faim.

Si les vomissements sont fréquents, on évoque un important reflux gastro-œsophagien *(voir page 450)*.

Si les vomissements sont de plus en plus importants, le bébé ne pouvant plus rien avaler, il faut vérifier qu'il ne s'agit pas d'une sténose du pylore *(voir page 462)*.

● *Le traitement de ces troubles digestifs.* Il est tout à fait efficace aujourd'hui, mais cette efficacité dépend d'une bonne analyse de chaque situation, selon les repères que je viens de vous donner. Une fois le diagnostic établi, votre pédiatre choisira la thérapeutique. Comprendre ce qui se passe vous permettra de soigner au mieux ces maux qui peuvent faire souffrir votre bébé, même lorsqu'ils sont bénins.

Ses crises de pleurs

Elles surviennent en général au crépuscule. Juste au moment où vous êtes lasse, où vous êtes heureuse de retrouver votre compagnon et où vous voudriez bien tous les deux vivre une soirée de détente avec votre bébé.

Certains prétendent qu'une mère sait vite pourquoi son nouveau-né pleure. Rien n'est moins évident. Si une mère reconnaît dès les premiers jours le cri de son bébé parmi celui d'autres enfants, elle ne sait pas toujours pour autant pourquoi son nouveau-né pleure. Voici quelques repères pour trouver la bonne réponse aux cris de votre enfant.

Pourquoi pleure-t-il ?

● *Il a tout simplement faim.* Si vous avez un enfant à terme et bien portant, vous pouvez faire confiance à son appétit. Si vous l'allaitez, vous admettrez avec moi que les seins ne sont ni transparents, ni gradués, et qu'ils ne comportent pas de minuterie… Votre bébé dispose ainsi du privilège de se nourrir selon son désir. On peut discuter l'existence de l'instinct maternel, on ne peut en tout cas pas nier l'instinct de vie du nouveau-né : son cri est si strident que la mère la plus affairée, la plus fatiguée, la plus préoccupée ne peut l'ignorer. Chercher à calmer son bébé en lui donnant le sein est la réponse la plus simple. La nature est ici bien faite, pourquoi la contrarier et refuser ce qui apaise l'enfant et ses parents : un supplément de lait… !

– Il n'est pas obligatoire d'attendre trois ou quatre heures entre chaque tétée.

– Votre bébé ne risque pas de vomir ou d'avoir la diarrhée parce que vous lui aurez donné trop de lait.

– Il ne deviendra pas capricieux parce que vous l'aurez nourri généreusement.

– Le lait ne rend pas obèse…

● *Il a mal.* Les pleurs de douleur se reconnaissent si votre bébé crie de façon soudaine et inhabituelle, sans que la tétée parvienne à le consoler.

– Une otite doit être recherchée s'il est enrhumé.

– La cystite est très fréquente chez le nourrisson ; ce sont les brûlures urinaires qui le font pleurer. Seule une analyse d'urine confirmera l'infection.

– Si c'est un garçon, regardez ses bourses. Deux incidents peuvent le faire souffrir et requièrent un geste médical urgent : la torsion du testicule *(voir page 468)* et la hernie étranglée *(voir page 409)*. Dans les deux cas, l'une des bourses est généralement grosse, tendue, ne diminue pas lorsque vous exercez une légère pression, et le bébé pleure au moindre attouchement.

– Si c'est une fille, elle peut avoir un ovaire descendu qui s'étrangle, ou une hernie : on observe alors une masse douloureuse au niveau du pubis.

– Le reflux de liquide gastrique dans l'estomac est une cause fréquente de pleurs *(voir page 450)*.

– L'occlusion est rare, suspectée si l'enfant vomit, n'a plus de selles ni de gaz.

– Enfin, si votre bébé geint, paraît faible, vomit ou présente un teint marbré, consultez votre médecin de toute urgence. Les pleurs peuvent être alors le signe d'une infection grave, parfois d'une méningite.

● *Le bébé est une boule d'énergie.* Le plus souvent, toutes ces causes éventuelles de cris ont été éliminées. On peut alors avancer sans hésiter que les pleurs sont simplement dus à un trop-plein d'énergie, incontrôlable dans l'immédiat par le bébé. Nous en reparlerons souvent au sujet de la maturation de votre enfant : la vie est source de pulsions qu'il faut apprendre à canaliser dans un sens positif pour soi-même et pour autrui. C'est très difficile lorsqu'on est si petit, et c'est tout le sens de la maturation, aidée par l'éducation, que d'apprendre à rassembler cette énergie pour la diriger vers un objectif positif.

Le bercer, le consoler, que faire ?

● *N'hésitez pas à bercer votre bébé quand il pleure.* Bercer votre enfant, le coucher dans un hamac ou dans un vrai berceau qui se balance, le promener façon « kangourou » sont les sédatifs les plus naturels, ceux qui aident l'enfant à s'apaiser grâce à un lien sécurisant avec l'adulte.

Sachez que vos bras, en revanche, ont l'inconvénient de transmettre parfois une certaine tension au nourrisson : n'ayant pas les mains libres pour faire autre chose, vous allez inconsciemment vous impatienter et contracter vos muscles, ce qui n'échappera pas à votre bébé.

● *Faut-il chercher à consoler un nouveau-né chaque fois qu'il pleure ?* Il n'y a pas de réponse toute faite. Ne vous laissez, en tout cas, surtout pas influencer par les conseils péremptoires des personnes de votre entourage.

Si vous prenez souvent votre bébé dans les bras, il risque de devenir exigeant, voire tyrannique... C'est tellement bon d'être dans les bras de papa ou de maman. Mais, en grandissant, cet enfant sera votre complice, un enfant communicatif, mais plutôt dépendant.

Si vous laissez pleurer votre bébé jusqu'à ce qu'il trouve lui-même la solution à ses pleurs, il deviendra plus autonome. On le constate dans les grandes familles ou en observant les couples de jumeaux. Le nourrisson prend en effet l'habitude de trouver en lui-même les ressources nécessaires à la maîtrise de son énergie explosive. La vie de famille en est simplifiée, voilà un bébé que tout votre entourage trouve adorable. Mais, si vous le laissez systématiquement résoudre tout seul ses états d'âme, il ne vous racontera pas grand-chose en sortant de l'école et fera ses petites bêtises en douce.

Voilà des portraits extrêmes, bien sûr. Les aînés ont souvent le premier profil, les suivants le second. Selon votre disponibilité, vous aurez tantôt la première attitude, tantôt la seconde. Vous ferez ce que vous pourrez. La personnalité de votre enfant se forgera en fonction de son énergie et de vos sensibilités, la vôtre et celle de votre compagnon, à cette période donnée de votre histoire.

Un dernier conseil : surtout, ne qualifiez pas votre enfant de « nerveux ». On dit souvent d'un bébé, par exemple, qu'il est « coléreux comme l'oncle Jules » dès qu'il pleure de façon incompréhensible. Si vous vous arrêtez à un tel jugement, il sera difficile de trouver la vraie raison de ses pleurs. De plus, vous risquez d'enfermer votre enfant dans un trait de caractère qui risque de lui rester, et qui peut aliéner à terme sa personnalité.

Et puis, vous êtes peut-être tendue vous-même. Il semble que la fatigue et la tension nerveuse des parents aggravent l'état de surexcitation du bébé. Aussi, n'hésitez pas à vous reposer. C'est ainsi que bien des bébés très agités les premiers mois deviennent tout à fait placides par la suite, quand leur maman est plus sereine.

La succion du pouce, la sucette et autres consolateurs

Pour certains, un bébé qui suce son pouce ou sa tétine a l'air « bêta ». Je n'ai pour ma part aucun *a priori* esthétique ou social. Ce qui m'importe, c'est que l'enfant soit heureux. Mais l'est-il vraiment avec son pouce ou sa tétine ?

Dans notre civilisation occidentale, la succion du pouce par le nourrisson semble aller de soi, alors que dans d'autres civilisations, en Afrique ou en Asie par exemple, le nourrisson suce très exceptionnellement son pouce. Il semble bien que le bébé allaité à la demande en ait moins besoin. Lorsque sa mère le fait attendre afin de lui donner le sein à une heure précise ou lorsqu'elle mesure de façon restrictive sa ration de lait, un bébé recourt davantage à son pouce.

☞ **L'allaitement à la demande diminue le besoin de sucer le pouce.**

Il n'en reste pas moins qu'il y a des suceurs précoces et obstinés et que la sucette devient alors l'auxiliaire indispensable si votre bébé pleure beaucoup.

● *La succion du pouce*

Les suceurs de pouce précoces : lors des échographies, on voit quelquefois le fœtus sucer son pouce, avec des mouvements de déglutition significatifs. On peut imaginer qu'il en tire déjà quelque plaisir. Peut-être est-ce le cas de votre bébé, qui, dès la tétée terminée, suce son doigt.

Le risque de déformation du palais : il est pratiquement inéluctable. Les nourrissons qui tètent, un, deux ou quatre doigts, déforment leurs maxillaires. Je vous conseille cependant de prendre la chose avec philosophie. N'attachez pas les mains de votre nourrisson, ce qui pourrait avoir des conséquences psychologiques néfastes. Lorsque votre enfant sera âgé de 4 à 8 ans, vous pourrez, si la déformation semble importante, consulter un orthodontiste *(voir pages 136 et 200)*.

● *La sucette : consolateur ou piège ?*

La sucette déforme-t-elle peu le palais ? Rien n'est moins sûr.

Certains bébés tètent si fortement que pouce ou sucette provoquent autant de déformations, mais de nature différente.

En **situation de crise**, la sucette soulage le bébé et ses parents. Si votre enfant a des coliques douloureuses et si vous êtes certaine qu'elles ne sont pas dues à la faim (il laisse du lait dans ses biberons, vous lui donnez le sein à la demande, et il grossit), la sucette lui apportera un moment de sérénité. Mais vous calmerez au moins aussi efficacement votre nourrisson en le berçant tendrement.

☛ **Ne proposez pas le pouce ou la sucette à un bébé calme. Si votre bébé suce spontanément son pouce, ne l'en empêchez pas. Si vous avez opté pour la sucette, limitez son usage aux grosses crises de pleurs et aux périodes d'endormissement.**

● *La sucette peut devenir un « bouchon de bébé ».* Au lieu de remplir sa fonction première d'apaisement, la sucette risque, avec le temps, d'empêcher le bébé de s'exprimer. Craignant de la perdre s'il ouvre la bouche, votre enfant préférera éviter de parler, désignant les objets de la main *(voir aussi page 38)*. L'utilisation de la tétine en continu peut entraîner un retard de langage, un repli sur soi, et freiner la communication avec autrui.

Les petites taches sur sa peau

Il faudra souvent plusieurs semaines pour que votre nouveau-né ait la jolie peau de bébé qu'on vante si souvent. Au début, les taches cutanées et les petits boutons sont assez fréquents.

● *L'aigrette du front.* Si votre enfant a le teint clair, il risque de porter l'aigrette du nouveau-né *(voir aussi page 77)*. Cette tache rose, bien connue des parents de bébés blonds, est d'autant plus fréquente que leur teint est plus clair. Elle est constituée de petits vaisseaux dilatés, commençant à la racine du nez et s'étendant au milieu du front comme une aigrette d'oiseau. Elle se prolonge souvent sur les deux paupières supérieures et descend parfois vers les narines. C'est un angiome médian et symétrique, qui, généralement, disparaît complètement au bout de 1 à 3 mois, sans traitement spécifique. Si vous soulevez les cheveux qui recouvrent la nuque de votre bébé, il se peut que vous découvriez une tache rose cachée au milieu du cuir chevelu *(voir aussi page 77)* : elle aussi va s'effacer avec le temps.

● *La tache mongoloïde.* Si votre enfant est brun, il a souvent une plaque brun-bleutée plus ou moins étendue au bas du dos, au niveau du sacrum : c'est la tache mongoloïde *(voir aussi page 77)*. N'associez pas ce qualificatif à la trisomie 21 : on la nomme ainsi parce que les enfants des tribus mongoles ont cette même pigmentation. Elle signifie qu'il y a beaucoup de mélanine dans la peau de votre enfant. Plus il est brun et plus la tache est étendue, remontant parfois vers le milieu du dos. Elle s'estompera aussi avec la croissance, sans intervention particulière.

● *Le milium.* Il est fait de petites perles blanches sur le nez du bébé, semblables à des grains de mil. Il disparaît en quelques jours.

● *L'acné.* Personne ne connaît exactement l'origine de l'acné des nouveau-nés, faite de petits boutons rouges terminés par une pointe blanche. Peut-être est-ce une manifestation de l'imprégnation des hormones maternelles. Si vous trouvez que les boutons sont très rouges et disgracieux, consultez votre pédiatre qui pourra prescrire une pommade anti-inflammatoire.

● *Le pemphigus.* Si votre enfant a des bulles jaunâtres sur le ventre, il peut s'agir d'un pemphigus, maladie infectieuse. Ces bulles, assez grandes, se présentent comme de petites brûlures de cigarettes. Leur liquide jaunâtre contient des staphylocoques, bactéries dangereuses pour votre bébé. Consultez rapidement votre médecin qui prescrira un traitement antibiotique.

● *Les nævi plans.* Presque une personne sur deux a ce type de taches brunes. En découvrant cette petite plaque, légèrement marron, sur une cuisse ou sur le ventre de votre nouveau-né, vous vous exclamez souvent, en souriant tendrement : « J'ai la même ! ». Ces taches sont peu gênantes. Les nævi plans peuvent n'apparaître qu'au bout de quelques mois, au fur et à mesure de la pigmentation de la peau. Leur surface, généralement petite, ne va s'étendre qu'en proportion de la croissance du bébé.

● *Les angiomes plans.* Ce sont les « taches de vin », autrefois si redoutées des parents. Aujourd'hui, l'utilisation du laser améliore considérablement leur traitement *(voir page 363)*.

● *Les angiomes saillants.* Ils ressemblent à de petites fraises, bien rouges et rondes, qui se forment pendant les mois qui suivent la naissance. Plus la petite fraise est saillante, plus il est probable qu'elle va disparaître avant l'âge de 2 ans sans laisser de marque.

Le gonflement des seins du bébé

Le gonflement mammaire est normal chez le nouveau-né, garçon ou fille. Il disparaîtra spontanément.

Vous êtes souvent étonnée que votre bébé, fille ou garçon, ait les seins gonflés, parfois pendant tout le premier mois. C'est l'une des manifestations de ce qu'on appelle la crise génitale, due à l'influence de vos hormones de grossesse.

● *Ce qu'il ne faut pas faire.* Ne pressez pas les seins du bébé pour les désengorger, en faisant sourdre parfois quelques gouttes de lait que certaines grand-mères appelaient « le lait de sorcière ». La pression, qui ne résoudra rien, risque en revanche de déclencher un abcès du sein.

Ne bandez pas non plus la poitrine de votre bébé, et surtout pas en utilisant une solution camphrée. Le camphre est toxique pour les nouveau-nés, et le bandage ne fera que gêner leur respiration. Soyez tout simplement patiente, le gonflement mammaire disparaîtra spontanément.

● *Ce qu'il faut faire.* Si l'un des seins devient plus rouge que l'autre, un traitement antibiotique est nécessaire. En effet, des bactéries ont pu pénétrer dans la glande mammaire. En l'absence de traitement, un furoncle se forme, qui pourrait laisser une cicatrice sur le sein. En cas de rougeur asymétrique d'un sein, consultez donc rapidement votre médecin.

● *La crise génitale peut susciter d'autres manifestations*
Chez la petite fille :
– une vulve très enflée ;
– de petites pertes blanches au niveau de la vulve. Ce filet de mucus, provenant du vagin, est très fréquent ; en général, vous ne vous en apercevez pas car ces pertes se produisent pendant le séjour à la maternité, et restent discrètes ;
– des pertes de sang, semblables à de petites règles. Parfois impressionnantes chez une petite fille qui vient de naître, elles vont disparaître spontanément au bout de 8 jours.

Chez le petit garçon :
– un gonflement des organes génitaux, notamment des bourses, ce qui donne parfois au sexe du nouveau-né un aspect surprenant ; les organes génitaux prendront un volume normal en une quinzaine de jours.

Votre pédiatre

Témoin privilégié du développement de votre enfant, à la fois physique et psychologique, votre pédiatre deviendra, au fil du temps, un allié précieux pour votre famille.

Le médecin de votre enfant doit-il vraiment être pédiatre, ou bien un généraliste peut-il être tout aussi compétent ? L'expérience prouve que l'idéal est de faire appel à un pédiatre et à un généraliste qui savent coopérer, de façon à bénéficier de leurs compétences complémentaires. Le généraliste vous sera en effet indispensable : sa disponibilité, sa connaissance globale de votre famille, sa possibilité de venir à domicile, son entente avec votre pédiatre sont extrêmement précieuses.

Comprendre son rôle

Étant moi-même pédiatre, je vais vous décrire, en quelques lignes, ce beau métier.

● *Le pédiatre, un médecin spécialiste des enfants.* Sa visite est obligatoire pendant votre séjour à la maternité.

La pédiatrie est une spécialité complexe qui demande au minimum onze ans d'études. C'est pourquoi le pédiatre est particulièrement apte à s'occuper de votre nouveau-né et à remarquer très tôt les petits signes avant-coureurs de maladies chez le nourrisson : carence en fer, tonus un peu mou, etc. En plus de la santé physique, le pédiatre peut vous aider pour tout ce qui concerne l'éducation de votre enfant. Sa formation en psychologie et son intérêt pour le comportement infantile feront de lui un conseiller précieux. Il saura consolider le lien entre vos enfants et vous au moment des colères vers l'âge de 18 mois ou des difficultés de l'adolescence.

L'emploi du temps d'un pédiatre est très chargé. Ses consultations en cabinet ne représentent qu'une partie de toutes ses occupations. En voici une liste non exhaustive :

– suivre les nouveau-nés à la maternité ainsi que dans les centres de prématurés ;

– être réanimateur de nouveau-né et venir en urgence pour les accouchements à risques ;

– suivre les enfants à l'hôpital ;

– visiter les bébés dans les crèches ;
– donner des cours dans les écoles d'infirmières.

Ces multiples activités rendent souvent difficiles à votre pédiatre les visites à domicile. En revanche, la plupart ne refuseront jamais de prendre votre enfant en urgence à leur cabinet. Si les symptômes ne sont pas alarmants, ils vous donneront des conseils par téléphone.

● *Un choix qui dépend de la sensibilité de chacun.* Parce qu'il va suivre l'évolution à la fois physique et psychologique de votre enfant, de sa naissance à son adolescence, votre pédiatre doit être choisi avec soin. Vous pouvez demander à votre accoucheur, à votre pharmacien et à vos amies de vous conseiller dans ce choix. Il est important que vous vous entendiez bien avec lui et que votre enfant se sente à l'aise en sa présence. La sensibilité de chacun est à prendre en compte et à respecter.

C'est souvent à la maternité, ou juste après la sortie, que vous faites connaissance. L'idéal serait d'avoir un entretien avec votre futur pédiatre avant même la naissance. Vous sauriez alors si le courant passe bien entre vous, si vos sensibilités se rapprochent quant à l'éducation des enfants. Si cette rencontre n'a pas eu lieu avant la naissance, fiez-vous à votre impression à la maternité ou lors de vos premières visites. Lorsque vous aurez choisi le pédiatre qui vous convient, je vous conseille de le conserver sauf pour des raisons impérieuses, car le suivi régulier de votre enfant par le même médecin permet une appréciation plus fine de ses progrès de mois en mois.

La première visite

Après les visites du pédiatre à la maternité, le premier examen médical a lieu vers la fin du premier mois. La consultation sera d'autant plus agréable et positive pour tous que le père et la mère de l'enfant auront pu venir ensemble pour y participer. Chacun sera ainsi conforté dans son rôle, dès le début et pour la suite de votre relation avec votre bébé.

● *Préparer la visite chez le pédiatre.* Mieux vous préparerez cette consultation, plus vous en tirerez profit.

Ce que vous devez apporter

– Le carnet de santé remis par la mairie au moment de la déclaration de naissance (à ne pas confondre avec le carnet de maternité que vous avez depuis le début de votre grossesse). Véritable histoire de la santé de votre enfant, ce carnet contiendra toutes les observations notées par les différents médecins visités, ce qui permettra de connaître une allergie éventuelle, une particularité de développement, une maladie infantile, etc. Si vous avez oublié le carnet de santé, pensez à noter, dès votre retour chez vous, le résultat de la visite. Si vous le perdez, demandez à la mairie du lieu de naissance de votre enfant de vous en envoyer un autre.

– Le carnet de maternité, dont vous devrez faire remplir un feuillet chaque mois pendant le premier semestre.

– Votre liste de questions. Le mieux est de remettre cette liste au médecin ; ne soyez pas inquiète si elle est mal écrite et ne craignez pas que les questions paraissent ridicules : le pédiatre est en général plutôt attendri par vos griffonnages et ravi d'y répondre. Plus vos questions sont précises, plus la visite vous apportera d'informations.

– Un biberon : il est indispensable si vous n'allaitez pas votre enfant au sein ; n'hésitez pas à nourrir votre bébé dans la salle d'attente s'il commence à s'agiter, quitte à anticiper sur l'heure de la tétée. L'examen d'un nourrisson calme et repu permet une meilleure auscultation du cœur, des poumons et une meilleure étude du comportement ; il pleurera moins, en cas de vaccination. La fin du biberon pourra être donnée pendant la rédaction de l'ordonnance ; ainsi, la visite se passera agréablement pour votre bébé.

– Deux changes complets, car il est possible que votre enfant se salisse en attendant la consultation, puis à nouveau pendant l'examen (mais beaucoup de pédiatres disposent aujourd'hui de changes).

● *Le déroulement de la première visite.* Pour faire le point sur l'appétit, la prise de poids du nourrisson, son éveil, son sommeil et autres problèmes éventuels, le médecin vous demandera de faire une rétrospective de la naissance et de lui décrire la vie de votre bébé depuis le retour à la maison.

Puis il l'examinera, ce qui vous permettra de mieux découvrir l'extraordinaire répertoire de possibilités dont dispose votre nouveau-né.

Vous remarquerez combien le praticien obtient davantage d'attention de votre bébé s'il le tient de façon à empêcher les influx physiques désagréables. Le nouveau-né est plus disponible pour s'intéresser à son environnement lorsqu'on le tient assis, le dos un peu enroulé, la tête bien maintenue et légèrement fléchie, les bras et les jambes rassemblés vers la poitrine – position qui se rapproche de celle qu'il a in utero. Vous pourrez essayer de le grouper ainsi chaque fois qu'il pleurera de façon incontrôlable pendant les premières semaines.

L'examen physique est très méthodique. Le bébé peut être en sommeil profond ou au contraire en état d'alerte, ou même en pleurs : selon le degré de vigilance du nourrisson, le pédiatre choisira l'ordre dans lequel procéder à son examen physique pour passer en revue tout son corps.

– Le cœur et les poumons sont auscultés pour vérifier l'absence de souffle anormal ; les artères sont palpées au pli de l'aine.

– Les mains sur le ventre longent le bord du foie et s'assurent qu'on ne sent ni la rate ni les reins.

– La plaie ombilicale est examinée. Si elle suinte encore, vous devrez alors poursuivre les soins désinfectants avec de l'alcool à 60 °C et de l'éosine aqueuse à 2 % et, si l'ombilic saigne un peu, l'assécher avec une poudre cicatrisante. Parfois, le pédiatre pourra détecter la formation d'un bourgeon ombilical, petite excroissance suintante à l'intérieur du nombril, qu'il cautérisera avec un crayon de nitrate d'argent (ce soin ne fait pas souffrir le bébé).

– Les pieds sont examinés. Des séances de kinésithérapie peuvent être prescrites, s'ils tournent en dedans ou en dehors.

– Les hanches sont mobilisées, à la recherche d'un ressaut, signe d'une instabilité, particulièrement fréquente chez le bébé né par le siège (voir *Attendre mon enfant aujourd'hui*).

– La bouche et le palais sont examinés à la lampe, pour voir s'ils sont bien constitués, et si le bébé n'a pas de muguet, petit champignon blanc assez fréquent à l'intérieur des joues.

– Le tonus et les réflexes sont appréciés par l'intermédiaire des réactions de votre enfant. Aujourd'hui, cet examen peut être encore affiné grâce à une nouvelle échelle d'évaluation du comportement du nouveau-né mise au point par un pédiatre américain, le docteur Brazelton (voir *Attendre mon enfant aujourd'hui*).

– L'échange des regards tout au long de la visite permet d'estimer les capacités visuelles du nouveau-né, ainsi que la symétrie du reflet dans les deux yeux, preuve qu'il n'existe pas de strabisme permanent. C'est aussi le moment où il est en général possible de prévoir la couleur définitive de ses yeux *(voir page 76)*.

– L'ouïe est vérifiée en faisant tinter de petits jouets sonores.

– Le pédiatre palpe la fontanelle de votre bébé, le pèse, mesure sa taille et son périmètre crânien *(voir page 90)*.

Voilà venu le moment, pendant que vous rhabillez et calmez votre bébé, de faire le point sur sa prise de poids, son alimentation, sur votre nouveau rythme de vie.

L'ordonnance du pédiatre. Elle comporte :

– les vitamines *(voir page 29)* ;

– le fluor *(voir page 29)* ;

– le lait, dont les rations sont très approximatives puisqu'aujourd'hui la méthode d'allaitement à la demande, au biberon comme au sein, permet une grande souplesse dans les quantités comme dans le nombre de biberons ; en revanche, le pédiatre vous dira, peut-être, de prendre un lait mieux adapté, si votre bébé a des troubles digestifs *(voir pages 29 et 56)* ;

– les conseils de mixage si vous voulez commencer un allaitement mixte *(voir page 26)* ;

– des médicaments, en cas de troubles particuliers de votre nouveau-né ;

– un vaccin, en prévision de la prochaine visite (vous trouverez toutes les informations sur les vaccinations *page 330*).

☞ **N'hésitez jamais à appeler votre pédiatre : il est important que vous soyez rassurée !**

Le pédiatre résume la consultation sur le carnet de santé. Il va noter la mesure du périmètre crânien, le poids et la taille (voir le tableau récapitulatif, *page 88*), et indiquer tout ce qu'il a prescrit et conseillé.

Le prochain examen de votre bébé aura lieu, en général, un mois plus tard. Mais entre-temps, le pédiatre peut vous répondre par téléphone en cas de problèmes.

Les signes nécessitant un appel en urgence

L'une de vos préoccupations, en rentrant à la maison, est de savoir si vous reconnaîtrez les symptômes qui justifieraient un traitement médical. Voici les principaux cas méritant un appel en urgence :

– une diarrhée, c'est-à-dire des selles liquides, avec perte de poids ;

– une stagnation de poids pendant plusieurs jours ;

– une perte de 10 % du poids, qui impose une hospitalisation de toute urgence ;

– une constipation chronique ;

– des difficultés à boire le lait, un manque d'appétit ;

– des vomissements répétés ;

– une température anormalement élevée, au-dessus de 38 °C ;
– une hypotonie (c'est-à-dire l'impression d'un bébé mou) ;
– une cyanose (l'enfant est bleu).

Du biberon à la cuillère

Quand et comment sevrer votre bébé

Vous pouvez sevrer votre nourrisson quand vous voulez, à 7 jours, à 2 mois, à 7 mois, ou même plus tard encore. Le tout est de respecter deux impératifs :

– le sevrage doit être progressif, pour faciliter l'adaptation du bébé et pour préserver la bonne involution de votre poitrine ;

– la décision doit tenir compte de votre vie de couple.

● *Si vous optez pour un allaitement court.* Évitez simplement d'arrêter brutalement entre le troisième et le sixième jour un allaitement bien commencé : c'est le moment où les seins sont le plus gonflés, une interruption brutale de leur fonctionnement vous ferait souffrir.

En revanche, vous pouvez sevrer votre bébé dès la sortie de la maternité. Il vous suffira d'introduire un biberon tous les 5 jours pour que votre lait diminue sans prendre aucun médicament. Le sevrage se fera de manière progressive avec, par exemple, pour un nouveau-né demandant 6 tétées de jour (toutes les 3 heures) et une de nuit :

– de J6 (J indiquant le jour de la naissance) à J10 : 6 tétées + 1 biberon ;

– de J11 à J15 : 5 tétées + 2 biberons ;

– de J16 à J20 : 4 tétées + 3 biberons, et ainsi de suite.

Le sevrage pourra être complet lorsque le bébé aura 6 semaines. Si votre lactation se tarit plus vite, vous augmenterez le nombre des biberons plus rapidement ; si vous pouvez et désirez garder deux ou trois tétées au sein, vous ralentirez le rythme des biberons. Ainsi, malgré un sevrage précoce, vous n'aurez pas été privée de donner le sein. De plus, même une seule semaine d'allaitement est importante pour un nouveau-né, puisque l'allaitement protège contre les gastro-entérites auxquelles tous les bébés, y compris ceux qui ont un bon poids de naissance, sont sensibles.

● *Si vous voulez sevrer votre bébé avant de reprendre votre travail.* Substituez un biberon à une tétée tous les 7 jours. Pour savoir quand commencer, faites un compte à rebours à partir du jour où vous allez devoir faire garder votre bébé toute la journée. En général, à l'âge de 2 mois et demi, le nourrisson prend 6 repas par jour :

– jour T (reprise du travail) : 4 biberons + 2 tétées ;
– T - 7 jours : 3 biberons + 3 tétées ;
– T - 14 jours : 2 biberons + 4 tétées, etc.

Ainsi vous savez quand vous devez introduire le premier biberon. Seul problème éventuel : votre enfant refuse la tétine. Passé l'âge de 6 semaines, certains bébés rechignent en effet à boire du lait au biberon s'ils n'y ont pas été habitués. C'est le goût de la tétine qui les dérange, que celle-ci soit physiologique, en silicone, ou en caoutchouc. Parfois, le bébé accepte le jus de fruit avec la tétine, mais pas le lait, même si vous tirez le vôtre.

☛ **Si vous vivez dans un pays chaud, poursuivez votre allaitement le plus longtemps possible et complétez-le, à partir de 4 à 5 mois, par une nourriture variée. L'allaitement maternel est vital si vous ne disposez pas du matériel nécessaire à une bonne stérilisation des biberons.**

Si vous prévoyez de cesser votre allaitement avant que votre enfant puisse s'alimenter à la cuillère (6 mois), vous devez habituer votre bébé à la tétine dès l'âge de 3 semaines, en lui donnant un biberon tous les 2 jours. Si votre bébé le refuse, demandez à une autre personne de lui donner le biberon et quittez la pièce ; ou bien proposez-lui le biberon, avant la tétée, lorsqu'il a très faim. Avec de la patience, votre enfant prendra goût à la tétine.

● *Si vous souhaitez allaiter totalement votre bébé jusqu'à 3 mois et plus.* Vous y prenez du plaisir, le papa est heureux de cette situation ? Vous allez continuer l'allaitement au sein. Pour le sevrage, vous procéderez avec la même progression que ci-dessus.

Quand varier son alimentation

Lorsque le pédiatre annonce que le bébé peut manger des légumes ou de la compote, c'est souvent une fête pour les parents. Il faut toutefois veiller à n'introduire que petit à petit les premiers aliments variés dans l'alimentation de votre bébé.

● *S'il est nourri au sein, il n'y a pas d'urgence.* Votre enfant connaît déjà des saveurs diverses, car votre lait a le goût de votre alimentation. Le nouveau-né au sein fait donc travailler toutes ses papilles gustatives et deviendra probablement un gourmet. Il n'a pas besoin d'une diversification précoce. Vous pourrez lui donner un peu de potage ou de compote à la cuillère à l'âge de 3 mois. L'important est de varier votre alimentation pour éviter que votre lait soit carencé. Demandez éventuellement un supplément de fer à votre médecin.

● *Si votre bébé est nourri au biberon, variez son alimentation.* La diversification doit se faire plus tôt car le lait industriel a toujours le même goût. Le bébé qui s'y habitue pendant les six premiers mois peut avoir du mal à s'adapter à une alimentation variée, car ses papilles gustatives n'ont pas été suffisamment stimulées. Mieux vaut donc préparer votre nourrisson en introduisant, dès l'âge de 2 mois, le goût des légumes, par exemple en ajoutant une ou deux cuillerées de purée en petit pot dans le biberon de lait. À l'âge de 3 mois, vous lui donnerez un vrai biberon de potage et quelques cuillerées de compote *(voir page 112)*.

● *Les céréales sont-elles indispensables?* Pas de manière systématique avant l'âge de 3 mois. En effet, le lait maternel contient tout ce dont le nouveau-né a besoin, et la composition des laits industriels est suffisamment proche de celle du lait maternel pour qu'il soit inutile d'ajouter systématiquement des céréales.

Quelques cuillerées de céréales peuvent être bénéfiques, si votre enfant continue de vous réveiller la nuit après l'âge de 1 mois, même avec des rations de lait à volonté. Vous pouvez alors introduire entre une et trois cuillerées à café de céréales diastasées sans gluten dans le dernier biberon du soir. L'onctuosité des céréales et les sucres à digestion lente qu'elles apportent peuvent donner une sensation de satiété et de confort digestif au nourrisson. Vous pouvez aussi utiliser les céréales pendant la journée, si votre bébé digère vite et réclame souvent, mais ne dépassez pas une cuillerée par biberon.

De quelle couleur seront ses yeux?

« L'œil est la fenêtre ouverte sur le cerveau. »

Les yeux du bébé changent parfois de couleur vers l'âge de 6 mois, ce qui étonne souvent ses parents. Or, au fil des années, je me suis rendue compte qu'en observant attentivement un certain nombre de caractéristiques du nouveau-né, je pouvais prédire en quelques minutes si la couleur de ses yeux allait changer. Lorsque le nourrisson fêtait ses 6 mois, les parents me confirmaient que je ne m'étais pas trompée.

Pour plus d'objectivité, je notais sur le coin de ma fiche, la couleur que j'avais prévue. Le suivi de plus de quatre cents dossiers m'a confirmé que mes prévisions étaient justes à 80 %. J'ai donc analysé les éléments sur lesquels je fondais mon jugement, et j'ai mis au point une méthode utilisable par tout parent un peu observateur.

Pour prévoir dès les premiers jours la couleur définitive des yeux de votre bébé, avec une très forte probabilité d'exactitude, vous pouvez vous amuser à calculer ce que l'on peut appeler son « indice de pigmentation ».

Vous allez observer différents caractères de votre bébé auxquels vous attribuerez les chiffres que je vous indique ci-après.

● *La couleur des cheveux se note :*
– cheveux très blonds : 1,
– cheveux blonds : 2,
– cheveux roux : 3,
– cheveux châtain clair : 4,
– cheveux châtain foncé : 5,
– cheveux noirs : 6.

● *La couleur des sourcils se note :*
– sourcils blonds : 1,
– sourcils châtains : 2,
– sourcils noirs : 3.

● *L'aigrette du front.* C'est une tache rosée qui part entre les sourcils à la racine du nez et remonte en triangle vers le front, sur la ligne médiane. Vous notez :
– si elle est très nette : 1,
– si elle est discrète : 2,
– si votre bébé n'en a pas : 3.

● *Les taches rosées des paupières.* Elles siègent sur les deux paupières à partir de la racine du nez. Vous notez :
– si elles sont très apparentes et diffuses : 1,
– si elles sont discrètes : 2,
– si elles sont absentes : 3.

● *La tache rose de la nuque.* Vous la verrez en soulevant les cheveux au milieu de la nuque. Vous notez :
– si elle est nette : 1,
– si elle est discrète : 2,
– si elle est absente : 3.

● *La tache bleue*. De couleur bleu-gris, elle se trouve en bas de la colonne vertébrale, au niveau du sacrum, peut remonter plus haut le long de la colonne, ou s'étendre plus latéralement vers les fesses. Vous notez :

– si elle est absente : 1,
– si elle est discrète : 2,
– si elle est nette : 3.

Vous pouvez calculer l'indice de pigmentation en additionnant les chiffres obtenus. Le total vous donne une fourchette prévisionnelle étroite pour la couleur définitive des yeux.

● *La note totale indique la couleur définitive probable :*

– 6 à 7 : yeux bleu très clair,
– 8 à 9 : yeux verts,
– 10 à 11 : yeux gris,
– 12 à 13 : yeux bleu foncé,
– 14 à 15 : yeux marron clair,
– 16 à 18 : yeux marron foncé,
– 19 à 21 : yeux noirs.

Les résultats sont d'autant plus fiables qu'ils concernent les couleurs extrêmes : bleu clair, marron foncé et noir. La difficulté de choisir entre le gris et le vert par exemple vient du fait que, même à l'âge adulte, la couleur oscille entre ces tons, selon la luminosité ou la tonalité des vêtements. Mais vous saurez au moins que votre bébé aura des yeux dans cette gamme claire, marron-vert, ou bleu-gris.

Je voudrais ajouter ceci : la couleur de l'iris n'est pas l'essentiel. La forme des yeux, la longueur des cils, et surtout le regard sont tout aussi importants que la couleur elle-même. Vous donnerez à votre bébé, par votre tendresse et toutes vos attentions, le plus beau des regards.

Quant à la transmission héréditaire de la couleur des yeux, souvenez-vous qu'un papa et une maman aux yeux marron peuvent avoir un enfant aux yeux bleus (voir *Attendre mon enfant aujourd'hui*).

Si vous reprenez le travail

Quelques conseils pour tout concilier avec amour.

Concilier travail et vie de famille

Vous allez recommencer à travailler. L'essentiel, maintenant, est de vous organiser au mieux pour votre bien-être et celui de votre bébé.

Aujourd'hui, il est difficilement concevable pour une jeune femme de ne pas travailler hors de la maison, en général pour des raisons financières. Mais aussi parce que la société tend à valoriser davantage l'activité professionnelle que celle de mère au foyer. Votre travail peut donc vous apporter un intérêt mais aussi une certaine identité sociale. Pourtant, même lorsque cette décision s'impose à vous, vous avez souvent du mal à la vivre dès lors que vous avez un bébé. Notre éducation ne nous a pas toujours préparées à confier notre enfant et les entreprises ont parfois du mal à accepter les impératifs des mères de famille. Votre bébé est là, vous avez goûté aux joies de vous en occuper, et vous sentez qu'il ne va pas être toujours simple de concilier travail et vie de famille.

Un choix éclairé

Pour vous aider à faire vôtre le choix de la reprise, prêtez-vous au petit exercice suivant. Inscrivez sur une feuille de papier les aspects positifs et les aspects négatifs de votre décision. Cet exercice va, d'une part, vous conforter dans le bien-fondé de votre choix, si la liste des « + » dépasse celle des « – », d'autre part, il va faire apparaître plus nettement les côtés les plus négatifs pour lesquels il vous faudra trouver des solutions. Vous vous apercevrez alors que vous aurez moins de mal à mettre votre décision en pratique et qu'il vous sera plus facile de confier votre enfant en toute sérénité. Soyez certaine que votre bébé le sentira et donc l'acceptera, lui aussi, d'autant mieux.

Organisez votre rythme de travail

Le congé légal de maternité (voir *Attendre mon enfant aujourd'hui*) vous paraît bien court. Aussi, je vous conseille de faire profiter votre enfant de tous les aménagements octroyés par le système social auquel vous appartenez : congés d'allaitement, par exemple, lorsque la convention collective a obtenu cet avantage.

Nous, les femmes, avons un rôle très important à jouer dans l'évolution des mentalités vis-à-vis de la maternité : l'éducation des enfants est de la plus haute importance et, pour cette raison, les congés de maternité devraient être allongés sans pénalisation de carrière. Quel avenir pour notre société si les femmes hésitent à avoir des enfants, et si tout est fait pour les détourner de leur rôle d'éducatrice ? On constate que la situation professionnelle des femmes devient d'autant plus fragile que le nombre d'enfants augmente, alors que la carrière des hommes n'est en rien gênée par le fait d'avoir des enfants. Il y a donc encore un grand pas à faire dans le domaine de l'égalité professionnelle des sexes !

● *Le travail à temps partiel.* Recherché par un grand nombre d'entre vous, il permet aux mamans de conserver leur emploi tout en consacrant du temps à l'éducation de leur enfant. Mais il est difficile, dans notre pays, d'obtenir un poste à temps partiel et de garder un emploi gratifiant (alors qu'en Angleterre le *part time job* est systématiquement proposé aux jeunes mères pendant les trois premières années, sans que leur carrière en souffre).

Le travail à temps partiel – que j'ai personnellement expérimenté – devrait plutôt être appelé « travail à temps double », car les femmes désirent réussir aussi bien leur vie professionnelle que leur vie privée et ce n'est pas de tout repos. Mais voir grandir ses enfants tout en travaillant est très enrichissant.

● *Le travail à domicile.* Lorsqu'il est possible, il a des avantages. Les jeunes mères membres de professions libérales (avocates, médecins, kinésithérapeutes, journalistes, photographes, etc.) hésitent trop souvent à s'installer professionnellement chez elles ; et pourtant, dès que vous avez des enfants, cette formule vous permet d'être présente en supprimant les trajets entre le travail et la maison. Il vous faudra cependant embaucher une personne qui s'occupera du ménage et des petits, et apprendre à vos enfants à respecter votre espace de travail.

Choisir un mode de garde

Voilà un problème difficile à résoudre, auquel vous pensez depuis que vous êtes enceinte.

Confier votre bébé à ses grands-parents

Cette solution est généralement une garantie de confort affectif pour votre enfant. Cependant, ce n'est pas toujours l'idéal, car nombreux sont les obstacles d'ordre psychologique ou social.

N'hésitez pas à demander l'avis des grands-parents avant de choisir un système de garde hors de la famille. Ils seront contents que vous les ayez consultés, et même s'ils ne peuvent pas vous offrir une garde à plein temps, ils pourront vous dépanner lorsque votre enfant sera malade, pendant les vacances scolaires ou le soir, lorsque vous voudrez sortir.

Mais beaucoup de grands-parents travaillent encore ou veulent, enfin, profiter d'une retraite bien méritée. Quant aux arrière-grands-parents, aujourd'hui plus nombreux, ils ne peuvent pas toujours assumer des gardes longues et fatigantes. Enfin, les distances ont fait éclater les familles.

Des difficultés psychologiques peuvent naître avec des grands-parents possessifs et dont les conseils permanents vous irritent. Aussi est-il très important que les rôles soient bien définis dès le départ (relisez les règles d'or pour les grands-parents et pour les parents, *page 52*). Si vous craignez des anicroches, ne retenez pas cette solution. La cassure serait inévitable à terme, ce qui serait une perte, pour les grands-parents, pour votre enfant et pour vous.

☛ **Aujourd'hui, un bébé sur trois dont la mère travaille est confié à ses grands-parents et deux couples sur trois trouvent un mode de garde professionnel et s'en préoccupent dès le début de la grossesse.**

L'inscrire à la crèche collective

● *Où vous adresser ?* Si votre entreprise ne dispose pas d'une crèche, vous devez vous rendre à la mairie de votre domicile ou de votre lieu de travail. L'assistante sociale vous remettra la liste des crèches proches disposant de places disponibles. Demandez-lui également la liste des assistantes maternelles ou nourrices agréées.

Dès votre déclaration de grossesse, une inscription provisoire peut se faire. Elle ne sera définitive qu'après la naissance du bébé. N'oubliez pas de vous manifester régulièrement et, dès la naissance, d'aller présenter le carnet de santé de l'enfant. Un document justificatif de votre domicile ainsi que les bulletins de salaire des deux parents doivent être fournis, car le tarif est calculé en fonction de vos revenus.

● *Les avantages de la crèche collective*

– Le personnel est compétent et travaille en équipe, ce qui est une garantie très appréciable. C'est obligatoirement une puéricultrice diplômée qui dirige la crèche, avec l'aide d'une auxiliaire de puériculture (une pour cinq bébés, une pour huit lorsque les enfants sont en âge de marcher) et d'une éducatrice. L'ensemble du personnel et des enfants est suivi par un pédiatre attaché à la crèche, qui vient faire une visite, en général hebdomadaire.

– Les locaux sont spacieux et bien aménagés, le matériel éducatif est de bonne qualité, les repas servis sont sains et équilibrés.

– Pour faciliter la transition avec la vie à la maison, une phase d'adaptation est proposée. Pendant cette période, de deux semaines en général, vous pouvez rester chaque jour à la crèche avec votre enfant, en diminuant progressivement votre temps de présence. Ainsi les lieux et les personnes lui seront familiers lorsque vous devrez le confier pour la journée entière.

– Beaucoup de crèches acceptent que vous veniez allaiter votre bébé dans la journée.

● *Les inconvénients de la crèche collective*

– Les bronchites et les rhumes sont fréquents chez la plupart des nourrissons qui vivent en collectivité, à tel point qu'il m'est généralement possible de dater l'entrée en crèche, au vu du dossier médical du bébé. Cette entrée correspond en effet, souvent, à la première rhino-pharyngite nécessitant un traitement antibiotique. On parle de « maladie d'adaptation ».

– Les changements fréquents de personnel risquent de perturber votre enfant. On essaie de remédier à cela en affectant, si possible, la même puéricultrice à un bébé donné, y compris, parfois, lorsqu'il passe en section des grands.

– Dans certaines crèches les horaires sont rigides, et la priorité est donnée aux enfants devant y passer de longues journées.

– Les bébés dont la mère travaille à temps variable ne sont pas acceptés : ce règlement n'encourage pas la disponibilité vis-à-vis de son enfant. Cependant, avec la tendance au travail à temps partiel dans l'entreprise, on assiste à un certain assouplissement des horaires : le père et la mère peuvent alors s'organiser pour déposer leur bébé tard le matin ou le reprendre tôt le soir.

● *Vos craintes.* Vous craignez parfois de voir votre enfant trop s'attacher à la puéricultrice, et moins vous aimer. Rassurez-vous, un enfant ne confond jamais sa mère avec une autre personne, aussi aimante soit-elle. Et le besoin affectif est tellement immense lorsqu'on est si petit que deux ou trois personnes ne sont jamais de trop. Au contraire, réjouissez-vous d'un tel attachement qui vous permet de travailler en toute quiétude, en sachant que votre bébé est heureux et choyé.

● *À quel âge mettre un bébé à la crèche ?* On dit souvent que l'âge critique est celui où naît l'angoisse de la séparation, le huitième mois. Mais il faut aussi savoir que plus le bébé est petit, plus les journées lui paraissent longues et plus il ressent votre absence. Pour certains enfants très sensibles, l'idéal serait d'attendre 1 an, mais le système est tel qu'il est très probable que vous n'ayez pas de place si vous n'avez pas mis votre enfant à la crèche dès les premiers mois. Alors, faites confiance aux puéricultrices et... à votre bébé.

● *Soyez attentive aux puéricultrices.* Bien que faisant un travail remarquable, elles sont peu valorisées socialement. Aussi, je vous recommande d'être sensible à leur dévouement ; il est si simple et agréable de dire quelques mots en arrivant, d'apporter un petit bouquet pour décorer la crèche, de donner des jouets ou du linge pour les bébés, d'envoyer une carte postale lorsque vous partez en vacances, et surtout de respecter les horaires du personnel.

☞ **Prix moyen d'une journée de crèche à Paris :
selon votre revenu, entre 11 francs et 160 francs par jour.**

Les crèches parentales

Ce sont des lieux d'accueil organisés par les parents eux-mêmes regroupés en association loi 1901, sous l'accord et avec l'agrément sanitaire de la DDASS (Direction départementale des affaires sanitaires et sociales). Si vous voulez en créer une, vous devez trouver cinq ou six familles bien décidées et capables de mener à bien cette entreprise à long terme.

Il vous faudra :

– choisir un local. Adressez-vous à votre commune. Si sa réponse est négative, cherchez un appartement en sachant que la surface légale minimum est de 5 m^2 par enfant. La commission de sécurité et le médecin de la PMI doivent vous donner leur accord avant l'autorisation d'ouverture.

– engager un salarié professionnel, puéricultrice, éducateur de jeunes enfants, infirmière ou auxiliaire de puériculture.

– trouver des parents prêts à assurer des heures de garde, pendant lesquelles ils s'occuperont de tous les enfants de la crèche ; prêts à tenir la comptabilité, à faire les courses... ; à payer une cotisation mensuelle et à participer à des réunions.

Car le plus important, c'est que chacun se sente concerné et s'engage pour plusieurs années.

La préfecture vous donnera un modèle de statuts. La DDASS vous octroiera une aide au démarrage. Pour le fonctionnement, la CAF (Caisse d'allocations familiales) versera environ 38 F par jour de présence et par bébé. Le conseil général et la mairie pourront éventuellement vous verser des aides complémentaires.

Réussir à faire fonctionner une crèche parentale demande donc persévérance et talent. Mais c'est certainement l'une des plus belles réussites pour des parents !

Trouver une assistante maternelle

Vous optez en général pour cette solution lorsque vous n'avez pas de place en crèche collective, lorsque vos horaires ne sont pas compatibles avec ceux du personnel de crèche, ou encore parce que vous voulez éviter à votre bébé des bronchites et des rhumes répétés.

● *L'assistante maternelle agréée.* Contrôlée par une puéricultrice et une assistante sociale dans le cadre de la crèche, elle a reçu une formation et dépend d'un centre de PMI (Protection maternelle et infantile). Elle bénéficie d'un statut officiel, reçoit votre enfant chez elle et n'a pas le droit de garder plus de trois enfants de moins de 3 ans (les siens compris). Elle peut les accueillir de 7 heures à 19 heures, mais elle peut aussi, par exemple, garder votre enfant un soir où vous devez sortir.

Vous contribuez à son salaire en fonction de vos revenus. La Caisse d'allocations familiales complète la rémunération et vous remboursera les charges sociales. C'est une formule plus souple que la crèche, moins génératrice de maladies infectieuses et beaucoup moins coûteuse pour la société. C'est pourquoi elle a eu la préférence des responsables des pouvoirs publics ces dernières années. Les assistantes maternelles ne sont, malheureusement, pas assez nombreuses et, pour l'instant, leur mode de sélection et de contrôle est insuffisant. Soyez donc vous-même de vrais partenaires, à la fois vigilants et gratifiants.

● *Les nourrices non agréées.* Encore nombreuses, elles ne sont soumises à aucun contrôle administratif. C'est à vous de vous assurer de la compétence et des qualités de la nourrice, en passant chez elle à l'improviste, par exemple.

Sachez que le choix d'une assistante maternelle non agréée ne vous permet pas de bénéficier des avantages fiscaux aujourd'hui liés à l'emploi d'une assistante maternelle déclarée.

● *Prendre du temps pour choisir.* Pour arrêter votre choix, il est très important que vous rencontriez la nourrice chez elle afin de vous assurer du sérieux de la personne à qui vous allez confier votre enfant, et de la qualité de l'environnement dans lequel il va vivre.

☛ **Avant de vous décider pour une assistante maternelle, ayez plusieurs entretiens avec elle et rendez-vous à son domicile.**

Ce qu'il faut observer, par exemple :
– les produits d'entretien ne doivent pas être à la portée des petits ;
– la télévision ne doit pas être allumée tandis que les bébés sont retenus sur leur chaise ;
– un enfant réveillé ne doit pas rester dans son lit ;
– une maison très rangée, dénotant un ordre maniaque, est aussi inquiétante qu'un intérieur négligé.

En discutant avec l'assistante maternelle, vous saurez très vite si son caractère est affectueux ou au contraire rigide : ses premières questions ont-elles porté sur les habitudes et le caractère de votre enfant, ou sur la rémunération et les horaires ?

Les horaires doivent être fixés de manière claire et précise, et vous devez les respecter. Il en est de même des dates de vacances. Il serait dommage qu'un conflit d'ordre matériel interfère avec les soins donnés à votre enfant.

Enfin, venez rendre visite à la future nounou de votre enfant à l'heure où ses grands enfants et son mari sont présents, car c'est souvent à une famille entière que vous confiez votre bébé.

☞ **Prix minimal d'une assistante maternelle à Paris :
100 francs par jour et par enfant.**

Prendre une personne à la maison

C'est une solution encouragée fiscalement *(voir page 87)*, et c'est aussi la plus pratique. Votre enfant ne quitte pas sa maison, vous n'avez pas à le bousculer pour l'habiller et le sortir le matin, ni à courir pour le reprendre le soir. Vous êtes dégagée du travail ménager, ce qui vous permet d'être plus disponible. Les horaires sont plus souples, mais vous devez tout de même respecter les heures de liberté demandées au départ et veiller à vous y tenir.

La sécurité est d'employer une personne déclarée. Avant l'embauche, un examen médical est obligatoire. Il permet de détecter une éventuelle maladie contagieuse, notamment la tuberculose. L'inspection du travail vous demandera de renouveler cet examen chaque année, ou chaque trimestre s'il s'agit d'une jeune fille de moins de 18 ans.

Le salaire net minimal d'une employée de maison logée et nourrie travaillant 39 heures par semaine est de 4 800 francs par mois. Vous pouvez bénéficier de l'allocation de garde d'enfant à domicile (voir *Attendre mon enfant aujourd'hui, page 369*).

La jeune fille au pair

C'est une aide d'appoint, car elle ne doit pas travailler plus de cinq heures par jour, six jours par semaine. Elle a généralement entre 18 et 30 ans, n'est chargée que du ménage, du linge et de la nourriture de votre enfant.

Vos obligations vis-à-vis d'une jeune fille au pair. Vous devez la loger et la nourrir, et lui assurer le remboursement de sa carte de transport. Ses horaires doivent lui permettre de suivre des études dans un établissement reconnu par l'Administration. Sa rémunération doit atteindre environ 1 600 francs par mois pour 30 heures de présence par semaine. Vous devez la déclarer à la Sécurité sociale et cotiser vous-même, pour elle, à l'URSSAF. La formule « jeune fille au pair » est à retenir lorsque votre enfant ira à l'école, surtout si vous travaillez à plein temps. Elle est d'autant plus bénéfique que, si la jeune fille est étrangère *(voir page 205)*, elle préparera votre enfant au bilinguisme. Avant de clore ce paragraphe, je vous encourage à la vigilance. N'hésitez pas à vérifier, en arrivant à l'improviste, vous-même ou un membre de votre famille, que tout va bien. Le premier devoir des parents est d'être exigeants envers la personne qui aura la charge de leur enfant, tout en la respectant et en instaurant des rapports de confiance.

☞ Si la confiance n'est pas totale, mieux vaut changer de nou-nou ou de jeune fille. Un enfant s'habitue très vite à une nouvelle personne si elle est affectueuse.

Votre aide à l'emploi d'une assistante maternelle

Pour en bénéficier, vous devez :
– faire garder votre enfant de moins de 6 ans par une assis-tante maternelle agréée dont vous êtes employeur ;
– déclarer son embauche à l'URSSAF ;
– lui verser un salaire ne dépassant pas 201,10 francs. Votre CAF réglera à l'URSSAF vos cotisations sociales correspondantes.
En plus, vous recevrez une allocation de :
– 2 447,70 francs par trimestre si votre enfant est âgé de moins de 3 ans ;
– 1 223,85 francs s'il est âgé de 3 à 6 ans.
Elle vous sera versée chaque trimestre.

Votre aide fiscale

Si vous avez des frais de garde, vous pouvez bénéficier, depuis 1995, d'une réduction d'impôt égale à 50 % du montant de la dé-pense, plafonnée à 22 500 francs par an et par enfant âgé de moins de 7 ans. L'aide fiscale étant en évolution permanente, vous pouvez vous renseigner au Centre interministériel des ren-seignements administratifs (tél. : 01 40 01 11 01). Si vous avez une employée de maison ou une jeune fille au pair déclarée à l'URSSAF, vous pouvez bénéficier d'une réduction d'impôt égale à 50 % de la dépense, plafonnée à 12 500 francs par an.

☞ Vous trouverez toutes les informations utiles concernant votre protection sociale et les aides familiales dont vous pouvez bénéficier dans *Attendre mon enfant aujourd'hui*.

De trois mois à un an

L'âge des plus grands progrès.

Sa taille et son poids

Vous pouvez continuer à suivre la croissance de votre bébé chaque mois sur sa courbe de poids, ce qui vous permet de vous repérer par rapport au développement moyen. Mais chaque bébé suit son propre développement.

Laissez votre enfant grandir à son rythme. Autrement dit, ne le forcez pas à manger sous prétexte que sa taille et son poids sont un peu en dessous de la moyenne ; vous risqueriez de le dégoûter de la nourriture. Vérifiez simplement avec votre pédiatre que votre enfant est en bonne santé. Surveillance ne veut pas dire obsession.

Les valeurs indiquées dans le tableau ci-dessous doivent être

LA CROISSANCE DE L'ENFANT DE 1 À 12 MOIS (chiffres moyens*)					
Âge	Poids en kg		Taille en cm		Périmètre crânien en cm
	garçon	fille	garçon	fille	
1 mois	4	3,7	53	52	36
2 mois	4,9	4,6	56,5	55,5	38
3 mois	5,7	5,4	60	58,5	39,5
4 mois	6,5	6	62,5	61	41
5 mois	7,1	6,6	65	63	42
6 mois	7,6	7,1	66,5	65	43
7 mois	8	7,6	68	66,5	43,5
8 mois	8,5	8	69,5	67,5	44
9 mois	8,8	8,1	70	69	44,5
10 mois	9,2	8,7	72	70	45
11 mois	9,5	9	73	71	46
12 mois	9,8	9,2	75	73	47

* Ces chiffres sont donnés à titre indicatif.

pondérées en fonction des mensurations à la naissance : un nouveau-né de 53 cm et de 4 kg à la naissance sera plus grand et plus lourd à 1 mois qu'un bébé qui, à la naissance, mesurait 49 cm et pesait 2,8 kg. Ce qui compte, c'est la progression.

De même, les moyennes du tableau sont celles d'un enfant né à terme. Si votre bébé est né prématurément, vous devez tenir compte, pendant la première année, de son âge réel compté à partir de la conception : né à 36 semaines, il a les normes d'un bébé de 1 mois, alors qu'il a 2 mois pour l'état civil.

● *Son poids.* Un bébé joufflu et un peu gros n'est pas forcément en bonne santé.

Aussi préfère-t-on aujourd'hui un bébé aux proportions harmonieuses, et qui prend régulièrement du poids en suivant sa courbe personnelle. En revanche, s'il reste un mois sans grossir, parlez-en au pédiatre, et signalez-lui les troubles qui pourraient justifier ce manque de progression (diarrhée, vomissements, manque d'appétit, etc.).

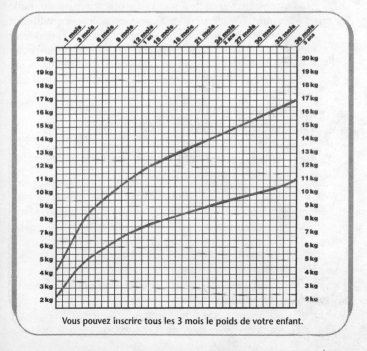

Vous pouvez inscrire tous les 3 mois le poids de votre enfant.

● *Sa taille.* Votre enfant sera-t-il parmi les grands ou les petits ? C'est une question qui vous préoccupe souvent. Tant que les mesures ne se font pas debout, c'est-à-dire jusqu'à l'âge de 2 ans, la prévision est très imprécise. En effet, la façon dont nous mesurons un bébé, couché sur le lit d'examen, ne donne pas sa taille exacte au millimètre près. Il suffit que votre nourrisson rentre la tête dans les épaules, torde le cou en arrière ou pointe ses pieds, et nous avons vite fait de lui attribuer un centimètre de plus ou de moins. Bien sûr, si le bébé est très petit ou très grand, sa place sur la courbe peut déjà nous renseigner, mais elle ne nous permet pas d'établir un pronostic précis pour l'avenir. La courbe sera plus fiable entre 1 an et 3 ans *(voir pages 133 et 134).*

● *Son tour de tête,* ou périmètre crânien (PC). Il est important de le noter chaque mois sur le carnet de santé pour vérifier que sa progression est normale :

– son augmentation soudaine, après une chute violente, pourrait indiquer un hématome à traiter d'urgence ;

– son augmentation trop rapide, au fil des semaines, témoignerait d'un trouble de circulation du liquide céphalorachidien.

☛ **Ne vous laissez pas impressionner par la grande fontanelle : elle se referme entre l'âge de 6 et 18 mois.**

Ses poussées dentaires

L'apparition de la première dent est toujours un événement familial, mais aussi une cause d'inquiétude.

Vous redoutez les mille petits maux (poussées de fièvre, otites, etc.) qui, vous a-t-on dit, accompagnent chaque poussée dentaire. Sachez que votre nourrisson peut très bien « faire ses dents » dans la joie.

Sa première dent

● V*otre bébé met ses poings dans sa bouche et salive.* N'en déduisez pas qu'il a mal aux dents.

– Un bébé salive et porte ses mains à la bouche dès l'âge de 3 mois, même si la première dent ne doit sortir que vers 6 mois, ou même plus tard. Car mettre ses doigts dans la bouche et baver est un formidable moyen de découverte pour votre enfant : en effet, dans le cerveau humain, les surfaces représentant la main et la bouche sont les plus grandes ; ce sont les plus précocement matures chez le bébé. En suçant son poing, il explore, il réfléchit, il se passionne, mais il ne souffre pas.

– Votre nourrisson de 3 mois dort parfaitement la nuit, ce qui ne serait pas le cas s'il était dans une période de poussée dentaire.

● *Ne confondez pas dent et perle épithéliale.* Lorsque des parents me conduisent un nourrisson de 3 mois, convaincus de voir une dent, il s'agit généralement d'une petite boule blanche sur la gencive, grosse comme une tête d'épingle, ronde comme une perle ; ce n'est pas une dent, c'est une petite excroissance de la gencive que l'on nomme perle épithéliale. Elle se résorbe en quelques semaines, bien avant l'apparition de la dent.

● *Quand apparaît la première dent ?* En général, à l'âge de 6 mois. Mais ce peut-être à 8 ou 10 mois, et même à 12 mois, sans que cette apparition tardive soit un signe de mauvais développement. Votre pédiatre vérifiera simplement que les autres étapes de la croissance et de l'éveil du bébé sont normales. Si exceptionnellement, il constatait des anomalies associées du tonus, il demanderait un bilan pour vérifier, notamment, l'absence de maladie du squelette ou de maladie hormonale.

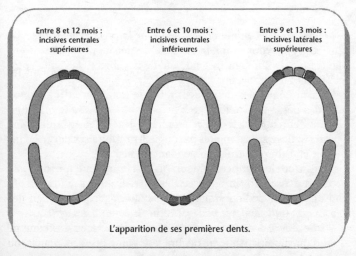

Entre 8 et 12 mois : incisives centrales supérieures

Entre 6 et 10 mois : incisives centrales inférieures

Entre 9 et 13 mois : incisives latérales supérieures

L'apparition de ses premières dents.

Chez certains bébés, la première dent apparaît dès l'âge de 4 mois. C'est assez rare et, quelle que soit votre fierté, cela ne signifie pas une précocité sur le plan du développement. Il arrive même que le nouveau-né porte une ou deux petites dents à la naissance. On attribue cette précocité à Louis XIV, à Napoléon. Mais avoir des dents à la naissance n'est absolument pas un signe de génie, il s'agit d'une anomalie. Ces dents sont mal constituées : elles ont souvent une forme étrange et sont peu implantées. Le pédiatre vous proposera généralement de les extraire car elles représentent une gêne lors de la tétée, et l'enfant risque de les avaler si elles sont mal insérées dans la mâchoire.

● *Quelle est la première dent à venir ?* C'est presque toujours une incisive médiane inférieure, le plus souvent la droite ; plus rarement une incisive médiane du haut ou une incisive latérale.

L'ÂGE D'APPARITION DES DENTS DE LAIT*

	Éruption		Chute	
	maxillaire supérieur	maxillaire inférieur	maxillaire supérieur	maxillaire inférieur
Incisives médianes	6-8 mois	5-7 mois	7-8 ans	6-7 ans
Incisives latérales	7-10 mois	8-11 mois	8-9 ans	7-8 ans
Canines	16-20 mois	16-20 mois	11-12 ans	9-11 ans
Premières molaires	10-16 mois	10-16 mois	10-11 ans	10-12 ans
Secondes molaires	20-30 mois	20-30 mois	10-12 ans	11-13 ans

* À titre indicatif.

● *Quels sont les maux occasionnés par la poussée dentaire ?* Le plus souvent, vous aurez la surprise de découvrir le petit liseré blanc, long de 2 millimètres, au bord de la gencive, sans que votre enfant ait été importuné.

Mais la venue des dents peut aussi le déranger et lui provoquer des petits ennuis tels que :

– une fébricule, c'est-à-dire une fièvre légère (moins de 38 °C) ;

– des selles un peu molles avec une irritation du siège ;

– un état un peu grognon pendant 48 heures.

Si ces troubles sont contemporains de l'éruption d'une dent, ils peuvent être dus à la poussée dentaire. Sinon, il convient de consulter votre pédiatre sans plus attendre.

● *Ce que vous ne devez pas mettre sur le compte des dents*

– Une fièvre à 39 °C, avec des pleurs toute la nuit accompagnés d'un rhume, risque fort d'être due à une otite.

– Une diarrhée très liquide et abondante peut révéler une gastroentérite avec risque de déshydratation.

– Des vomissements répétés, accompagnés de fièvre, peuvent être le signe d'une maladie infectieuse.

– Des rhinopharyngites répétées peuvent témoigner d'une allergie.

Le bébé, pendant la première année, a une immunité encore faible ; il est donc particulièrement vulnérable aux virus et aux bactéries, qu'il soit en poussée dentaire ou non. Les maladies infectieuses sont d'autant plus fréquentes qu'il vit en collectivité, par exemple en crèche. Traiter celles-ci correctement lui permettra de grandir sans séquelles. Devant ces symptômes, mieux vaut donc consulter.

Comment le soulager

La sortie des dents étant un phénomène naturel, faites d'abord confiance à votre bébé : en portant un jouet à la bouche, en suçant ses doigts, il prépare tout seul sa gencive et la calme.

Vous pouvez aider votre enfant en demandant au pharmacien :

– un sirop ou un baume. Très efficaces, ils ont un effet anti-inflammatoire et sédatif ; de plus, l'application du baume est l'occasion d'un petit massage que le bébé apprécie beaucoup ;

– des produits homéopathiques destinés à calmer l'énervement du nourrisson pendant les poussées dentaires.

Mais, surtout, évitez d'inciser la gencive ou de la frotter avec du sucre. Ces gestes peuvent en effet provoquer une stomatite, c'est-à-dire une inflammation de la bouche, avec des aphtes parfois sanguinolents et une perte d'appétit pendant plusieurs jours.

● *Protégez-le contre les caries.* Donnez-lui du fluor : chaque jour, 0,25 mg en comprimé ou en gouttes diluées dans un peu d'eau ou de jus de fruits (mais pas dans du lait). L'émail de ses dents sera plus résistant.

De son premier rire à ses premiers pas

Il n'y a pas de plus grand bonheur pour les parents que de suivre, mois après mois, les progrès de leur bébé.

Avant 1 an, le développement cérébral est très important, comme en témoigne l'augmentation très rapide du périmètre crânien. Le bébé met en jeu toutes ses capacités motrices et psychologiques pour communiquer avec ses parents. Ses progrès, immenses en cette première année, le conduisent, en bien peu de temps, à l'acquisition du langage, spécifique à l'espèce humaine.

« Quand va-t-il parler ? », nous demandent bien des parents, curieux d'entendre les premiers mots intelligibles de leur enfant. On peut dire que le bébé parle dès l'âge de 3 mois. Si vous en prenez conscience et l'encouragez quand il vous sollicite, vous verrez que ses balbutiements deviendront très rapidement significatifs.

Mais chaque bébé a sa personnalité, le développement est variable d'un nourrisson à l'autre. Aussi faut-il manier les comparaisons avec prudence. Je connais, par exemple, bien des enfants qui n'ont jamais rampé à quatre pattes et qui ont marché précocement. Peu importe qu'une étape survienne tardivement, c'est l'évolution harmonieuse qui compte.

☛ **Il existe, entre les bébés, des différences de développement tout à fait normales.**

Vers 4 mois, il découvre et vocalise

● *Se redresser pour mieux voir.* Couché sur le dos, il soulève la tête pour regarder autour de lui. Couché sur le ventre, il s'appuie sur les avant-bras et relève la tête bien droite, avec quelques dodelinements involontaires ; ses jambes sont en extension.

Il arrive à se retourner partiellement, passant du dos sur le côté, ou même complètement. La première fois, vous serez surpris ! La vigilance est de rigueur pour éviter la chute de la table à langer.

Lorsque vous le tirez par les mains pour l'asseoir, sa tête suit le mouvement avec un petit décalage. Il aime rester assis contre un support, mais ne tient pas tout seul ; n'abusez pas encore de la position assise, sauf si vous pouvez bien soutenir son dos. Le siège type « baby-relax » permet au bébé de découvrir son environnement et, à vous, de l'emmener de pièce en pièce. Sa colonne vertébrale peut reposer contre le dossier incliné lorsqu'il est fatigué.

Il sait garder l'objet que vous lui avez mis dans la main, l'observe et l'agite pour faire du bruit, mais il ne prend pas encore les jouets lui-même.

Il s'amuse à recouvrir son visage avec son drap. Il bave par jeu et fait des bulles, mais ses dents sont encore bien loin de sortir.

Il vous reconnaît dans le miroir, mais ne se reconnaît pas lui-même.

Il adore que vous le mainteniez debout : vous pouvez lui offrir ce plaisir sans craindre les jambes arquées, à condition de lui donner chaque jour ses gouttes de vitamine D.

● *Gazouiller pour répondre.* Il s'agit d'une véritable communication, d'une réponse à vos stimulations : il découvre l'échange vocal, le pouvoir de déclencher une réponse chez l'autre par l'émission de sons. Même s'il ne s'agit pas encore de mots convenus pour désigner un objet, c'est vraiment le début du langage. De votre enthousiasme à lui répondre, dépendra, en partie, le tempérament plus ou moins communicatif de votre enfant.

Il n'est pas ridicule de « parler bébé » à votre nourrisson. Les jeunes parents sont très étonnés de se surprendre à répondre d'une voix aiguë et enfantine à leur bébé, à reprendre ses *arrheu*, à prononcer des *coucou-bobo-toutou*, alors qu'ils s'étaient promis qu'on ne les y prendrait pas. C'est que le bébé réagit mieux à la voix aiguë, aux petits mots de comptine qu'il adore. Voilà pourquoi les parents attentifs, à l'affût des réactions de leur nourrisson, adoptent spontanément ce registre. Laissez-vous aller, amusez votre enfant avec les mots qu'il aime !

Il vous faudra aussi grandir avec lui, ne pas prendre plaisir à l'entretenir dans son statut de bébé. Ce qui est navrant, ce n'est pas de gazouiller avec le nourrisson, c'est de continuer à « parler bébé » à un enfant de 3 ans !

● *Rire et sourire.* Quatre mois est l'âge des rires aux éclats, acquisition spécifiquement humaine. Votre bébé est souriant et joyeux. Il se montre sociable, aime être entouré d'étrangers, apparaît radieux sur les photos : c'est « l'âge du photographe ».

Il réagit à son nom et aux chatouilles en riant.

Vers 5 à 6 mois, il attrape et sait protester

L'âge de 5 mois marque le début de l'autonomie. L'enfant recherche les occasions de découvertes et multiplie les apprentissages.

Ses vocalises reproduisent de mieux en mieux les sons produits dans sa langue maternelle. S'il entend parler plusieurs langues, il acquiert la possibilité de mieux les comprendre et de mieux les prononcer plus tard. Nous en reparlerons *page 204*.

● *Il attrape les objets.* Il s'étire pour prendre les jouets hors de sa portée et les saisit de mieux en mieux : il utilise sa main comme un râteau, en serrant surtout les quatre derniers doigts, sans se servir du pouce. Il peut avoir un objet dans chaque main, en laisser tomber un pour prendre l'autre. Il peut frapper le rebord de son lit avec les jouets. Il attrape ses pieds et les porte à la bouche. Il tient parfois lui-même son biberon. Si c'est un vrai gaucher, vous pouvez déjà remarquer qu'il tend plutôt sa main gauche vers les objets.

● *Il exprime de mieux en mieux sa volonté.* Si vous lui enlevez son jouet préféré, il proteste en criant. Couché sur le dos, il tend les bras pour que vous le releviez, en soulevant la tête, qu'il peut maintenir bien droite ou balancer volontairement.

● *Votre bébé diversifie son apprentissage*

Il met ses mains à la bouche, ainsi que des jouets, ce qui vous fait souvent croire qu'il a mal aux dents. En réalité, il est en train de les analyser, la bouche étant une région très innervée.

Il répond à votre voix par un sourire et cesse son occupation lorsque vous lui parlez.

Il sourit à son image dans le miroir, mais il croit qu'il s'agit d'un autre bébé.

Il sait déjà compter. Telle est l'extraordinaire découverte faite par des psychologues qui ont suivi le regard de bébés devant des cibles peintes en dominos. Les bébés font très bien la différence entre le cadran trois et le cadran cinq, par exemple.

Il distingue bien un visage étranger d'un visage familier. Aussi, lorsque je me penche sur un bébé de cet âge pour l'ausculter, j'évite de le regarder dans les yeux pour ne pas faire naître en lui un sentiment d'insécurité.

Vers 7 mois, « pa-pa » est au bout de ses lèvres

● *Saisir un objet est devenu facile.* C'est se déplacer vers l'objet convoité qui devient son objectif. Ainsi, il essaie d'aller à la rencontre de son image dans la glace, et de la toucher.

Il trépigne joyeusement lorsqu'on le tient debout. Il commence à faire passer un jouet d'une main dans l'autre. À plat ventre, il prend appui sur une seule main et commence parfois à ramper.

● *Son langage se précise.* Lorsqu'il pleure, il répète plusieurs fois le même son, par exemple « mum-mum-mum ». Est-ce le début de « maman » ? Si vous y croyez, si vous arrivez en disant « Maman vient ! Maman vient ! », il sera ravi du résultat de ses vocalises, et prononcera de mieux en mieux le mot magique « maman » pour vous voir arriver. Quelle extraordinaire découverte humaine que celle du pouvoir des mots sur les événements !

Il émet des suites de syllabes se terminant par « a » : da-da, pa... L'écho que vous y faites va l'encourager à désigner son grand camarade de jeux, l'adulte le plus joueur, son papa, par son nom. Quelle joie !

● *Son univers se différencie.* Maman est différente de papa, et votre bébé fait bien la distinction entre les visages féminins et les visages masculins. C'est à cette période qu'il commence à avoir peur des inconnus, sentiment qu'il vous faut respecter.

Vers 8 mois, il tient assis et devient farouche

● *Il peut rester assis sans appui,* pendant une dizaine de minutes, mais il ne s'assied pas encore tout seul. Il arrive à glisser sur ses fesses pour attraper un jouet loin de sa portée. Il prend appui sur ses jambes lorsque vous le redressez. Il suit très bien le geste de sa main avec son regard. Dans sa chaise haute, fixez-le avec un harnais.

Il oppose maintenant son pouce aux autres doigts, pour former une pince.

● *La peur des inconnus.* Il ressent ce qu'on appelle l'angoisse du huitième mois. Elle peut être un peu plus précoce ou un peu plus tardive.

Cette peur est tout à fait compréhensible. Le bébé, qui a découvert ses pieds depuis quelques semaines, puis appris à ramper, donc à s'éloigner de sa mère, prend conscience qu'il est un corps fini, indépendant du corps maternel. Tout en étant grisé par l'élargissement de son espace, il est aussi affolé à l'idée de s'éloigner de vous. Sachant instinctivement qu'un étranger peut être dangereux, il a tendance à hurler lorsqu'une personne inconnue veut le prendre ou même simplement le toucher.

Toute personne nouvelle, même les amis ou les grands-parents, devra d'abord se présenter à l'enfant et l'apprivoiser, par exemple en l'intéressant à un jouet, mais sans le toucher. Le bébé sera alors rassuré sur les intentions de la personne. Mais s'il est farouche, il est aussi affectueux et tend les bras quand on a su gagner sa confiance.

Il passe de plus en plus rapidement des pleurs aux rires. Cette instabilité émotive va s'amplifier à la fin de cette première année. Sans doute est-il difficile d'être à la fois si dépendant et, progressivement, si dégourdi...

Vers 9 mois, il rampe, comprend plusieurs mots

À 9 mois, les capacités de votre bébé ont atteint un stade caractéristique.

● *Il rampe en général « à deux pattes »*, en tirant son corps vers l'avant par l'action de ses bras, entraînant ainsi ses jambes. Il commence à les faire participer en faisant des ruades. Il se tient debout en s'appuyant des deux mains. Il s'assied tout seul. Il commence à rapprocher des cubes et les observe longuement.

● *Il peut manger une bouillie à la cuillère* et aime parfois tenir son biberon. Il commence à jouer à des jeux de mains, comme « les petites marionnettes ».

● *Il comprend des mots familiers :* « donne », « tiens », son nom et le vôtre. Il aime déjà que vous lui parliez, que vous lui racontiez des histoires. Il vous répond, à sa façon.

● *Il pleure si vous le grondez.* Aussi, n'habituez pas votre bébé à vivre dans les cris, il deviendrait endurci et limiterait son éventail de réactions.

L'âge de 9 mois est le moment choisi par les Allocations familiales et la Sécurité sociale pour un bilan de santé obligatoire ; c'est l'occasion d'une visite chez votre pédiatre. Celle-ci permet de vérifier l'absence d'anomalies fines. Le médecin remplit le formulaire qui est dans la couverture du carnet de santé de votre enfant. Il comprend deux volets :

– le certificat de santé, que votre médecin envoie dans un délai de huit jours au médecin coordinateur de la Protection maternelle et infantile du département ;

– l'attestation signée par votre médecin, que vous devez envoyer à votre Caisse d'allocations familiales, et qui vous permet de recevoir vos prestations.

Vers 10 mois, il est bipède

● *Il se redresse.* Il aime en général marcher à quatre pattes vers un meuble, puis s'agripper avec les mains pour se hisser en position debout. Avec appui, il peut même lever un pied.

Il passe de la position assise à la position à plat ventre.

Il sait manger seul un biscuit, et souvent boire à la tasse ou à la timbale. Il commence à participer à l'habillage en tendant sa jambe ou son bras.

● *Il saisit un objet entre le bout de l'index et le bout du pouce.* C'est la pince pouce-index, celle qui va permettre l'écriture. Cette performance est spécifique à l'être humain : aucun animal, aucun singe, même le plus avancé dans l'échelle du développement, n'y parvient.

Il séduit tout le monde en faisant bravo et au revoir. Il comprend lorsque vous lui dites « non ». Il répète un son entendu.

Devant un miroir, il prend conscience que le « petit copain » d'en face bouge en même temps que lui. Bizarre, bizarre !

Vers 11 mois, il vous imite

● *Il se tient debout.* Il ne peut pas encore se lâcher. Il se tient maintenant debout s'il est tenu d'une main, et marche s'il est tenu des deux mains. Il se déplace de côté, en crabe, le long des meubles et continue son chemin à quatre pattes.

● *Il vous imite.* Il aime vous faire rire, en recommençant un geste qui vous amuse. Il est capable de cligner des yeux pour vous imiter.

Il aime que vous lui désigniez des images.

Vers 1 an, il commence à parler

Il se tient debout sans appui, et marche en général avec le soutien d'une seule main. Il « danse », c'est-à-dire qu'il se balance au rythme de la musique. Il joue à faire rouler sa balle vers vous.

Il peut s'asseoir tout seul et se retourner lorsqu'il est assis.

Il peut tenir un crayon et gribouiller.

Il ne bave presque plus, bien qu'il soit maintenant en pleine poussée dentaire.

● *Son langage commence à devenir intelligible.* Grâce à votre compréhension admirative, il peut dire de deux à six mots, souvent déformés. Les premiers ne sont pas toujours papa ou maman. N'en concluez pas que vous n'êtes pas la personne la plus importante à ses yeux, mais plutôt que vous êtes suffisamment disponible pour qu'il n'ait pas à vous désigner.

Beaucoup de bébés de cet âge ne prononcent pas encore de mots signifiant quelque chose, mais un jargon reproduisant la musique de la conversation adulte. C'est une période où il faut vous adresser souvent à votre enfant, avec des mots simples concernant ses centres d'intérêt. Vous trouverez des conseils sur la façon d'encourager votre enfant à développer son langage *page 146*.

● *Il comprend les questions et les ordres* simples concernant son environnement : « où sont tes chaussures ? », « donne-moi le pain ». Il vous embrasse lorsque vous lui réclamez un baiser.

● *Il commence à faire des colères,* et vous vous demandez comment réagir. Nous en reparlerons *page 177*.

Voilà comment, en seulement douze mois, votre bébé s'est mis debout, marche, comprend de nombreux mots et commence à parler. Ce déroulement du développement psychomoteur peut cependant varier d'un enfant à l'autre, chacun évolue à son rythme. Certains bébés sautent des étapes qu'ils n'accompliront jamais. D'autres feront tout avec un petit décalage, ce n'est pas pour autant qu'ils seront en retard.

Aussi, gardez-vous d'étiqueter votre enfant, positivement comme négativement. Vous risqueriez de susciter des blocages préjudiciables pour son avenir. Encouragez ses progrès.

Les jouets qui l'éveillent

Votre bébé trouvera d'autant plus d'intérêt à ses jouets que vous les découvrirez avec lui. Lorsqu'il se retrouvera seul avec eux, il se souviendra des gestes et des mots dont vous avez accompagné ses jeux, et s'exercera à les reproduire.

Introduisez progressivement les jouets dans son univers. Si vous en rangez certains, pensez à les ressortir un peu plus tard : l'enfant leur trouvera de nouveaux usages. Conservez, si cela vous est possible, ses jouets préférés : lorsqu'il sera grand, il sera content de les retrouver.

● *Le parc, lieu d'éveil et de jeu.* Lorsque je vous propose de mettre votre bébé dans un parc à l'âge de 4 mois, vous êtes souvent étonnée, craignant qu'il ait l'impression d'une contrainte faite pour le retenir au moment où il pourra se déplacer.

Bien au contraire, le parc, à cet âge, est un lieu d'éveil, une sorte de petite salle de sport pour bébé. Il représente un complément par rapport au tapis d'éveil car, d'une part, le tapis plisse et glisse maintenant que le bébé bouge et se retourne ; d'autre part, vous ne pouvez rien suspendre autour du tapis.

Je vous conseille le **modèle de parc classique, carré et à barreaux.** Il laisse passer plus librement le regard que le parc à filet, et offre plus d'espace que le parc rond. Vous pourrez ensuite le plier pour en faire une barrière d'escalier.

Le lit, même s'il est spacieux, ne présente pas les mêmes avantages que le parc : le bébé a plus d'amplitude de mouvements sur le tapis du parc que sur son matelas. Et puis il a besoin de changer régulièrement d'espace : tantôt le lit, tantôt le parc, tantôt le transat, tantôt vos bras...

☛ **Les jouets sont d'autant plus stimulants pour le bébé que vous jouez avec lui. Il développera ainsi plus rapidement ses capacités d'observation et son langage.**

● *Deux jeux essentiels à tout âge*
Le jeu de cache-cache :
– à 4 mois, il s'amuse à tirer ses vêtements sur sa figure ;
– à 6 mois, il rit aux éclats lorsque vous le cachez sous une serviette ;
– à 8 mois, il aime jouer à « Coucou, le voilà ! » ;
– à 11 mois, il enlève la serviette sous laquelle vous avez complètement caché un jouet.
Le journal :
– il aime chiffonner le papier dès l'âge de 5 mois ;
– à 7 mois, le déchirer le passionne ;
– à 12 mois, il commence à s'intéresser aux images, si vous les lui montrez pendant un temps bref.
Hormis ces deux jeux que vous partagerez avec votre enfant, à sa plus grande joie, voici les jouets qui l'intéressent particulièrement selon son âge.

De 4 à 6 mois
● *Le tableau de découvertes.* Il reste l'« encyclopédie pour bébé ». Il permet d'établir de multiples relations de cause à effet, d'actionner la clochette, de se découvrir dans le miroir, etc. C'est le plus merveilleux jouet inventé pour la première année qui, d'ailleurs, intéresse encore les enfants de 5 à 6 ans lorsqu'ils le redécouvrent dans mon cabinet.
● *Les hochets qui font du bruit.* Ils ont un grand succès. Faire la relation de cause à effet entre l'impulsion donnée par la main et ses conséquences sonores enchante le bébé.
● *Le miroir.* Il déclenche des fous rires. Votre enfant se reconnaît-il ? On pense que non ; il est cependant amusé par ce compagnon en face de lui *(voir page 149).*
● *Le tapis d'éveil.* Très apprécié du bébé, vous pouvez le placer dans le parc.

● *Les jouets en caoutchouc ou en plastique souple à mordre.* Ils permettent à l'enfant de jouer avec sa salive et sa bouche. La girafe Vulli, grand classique du genre, est plébiscitée par la plupart des bébés depuis des décennies.

● *Les jouets tendresse.* La poupée souple et la petite peluche sont de vrais compagnons.

● *Le portique.* Il permet au bébé de se soulever dans son lit ou dans son parc.

De 7 à 9 mois

● *La boîte à musique.* Elle lui plaisait déjà, mais maintenant c'est le lien entre la corde qu'il tire et le résultat produit qui l'intrigue.

● *Les casseroles et les cuillères le passionnent.* Que c'est bon de faire du bruit !

● *Les jouets qui roulent, et notamment le ballon, le fascinent.* Ils peuvent être poussés et suivis, maintenant que votre bébé rampe.

● *Les cubes de couleur.* Ils permettent des observations intelligentes. Le bébé rapproche deux cubes pour les comparer. Il est médusé si vous faites une tour devant lui, puis l'effondrez en riant. Il vous dira bientôt « encore ! », souvent le premier mot des enfants avec lesquels on joue beaucoup.

De 10 à 12 mois

● *Un petit camion à pousser.* Il aide votre bébé à se déplacer, mais gare au sol glissant qui laisse le jouet filer trop vite devant lui.

● *Les cubes.* Il s'y intéresse de plus en plus. Il est capable de les prendre pour les ranger un à un dans un panier.

● *Les jeux d'encastrement.* Votre enfant adore les boîtes, ou pots de yaourt, ou gobelets gigognes qu'on rentre les uns dans les autres. Il n'est pas encore capable de les emboîter par ordre croissant ou décroissant, mais si vous le faites devant lui, il observe et analyse vos gestes de plus en plus finement.

Son alimentation

Nourrir votre bébé est une source d'échanges quotidiens entre lui et vous, généralement très gais au cours de la première année.

Mes conseils ont pour but de vous aider dans le choix des quantités et de vous préparer à conserver votre bonne humeur lorsque votre enfant deviendra plus difficile dans ses goûts alimentaires.

☛ **Le lait reste l'aliment de base jusqu'à l'âge de 6 mois.**

Dans le premier chapitre, je vous ai indiqué les bases du sevrage *(voir page 74)* et de l'introduction des aliments variés *(voir page 75)*.

Rien ne vous empêche, encore une fois, d'allaiter votre enfant jusqu'à 2 ans, tout en introduisant des repas à la cuillère. Mais, s'il est nourri au biberon, quelles quantités donner à votre enfant ? Comment s'y prendre s'il ne veut que du lait ?

Quelle quantité lui proposer

Elle peut se déterminer selon la formule suivante : le dixième du poids du bébé plus 200 g par jour.

Cette ration n'est bien évidemment qu'une moyenne, dont certains nourrissons ne se satisfont pas et que d'autres trouvent trop abondante. En fait, il convient de prévoir une quantité supérieure aux besoins théoriques de l'enfant et de le laisser se rassasier. Encore une fois, l'important est la prise de poids régulière :

– il grossit en moyenne de 700 g par mois les cinq premiers mois ;
– et de 500 g par mois les sept mois suivants.

C'est pourquoi, même si les menus que je vous indique *page 112* vous proposent des repas généreux, votre nourrisson peut n'en prendre que la moitié dès lors qu'il grossit bien.

Le nourrir pour son plaisir

● *Ne forcez jamais votre bébé à manger.* S'il n'a pas faim, s'il n'aime pas un aliment habituellement introduit à cet âge, soyez patiente afin de ne pas déclencher des blocages alimentaires qui aboutiraient à l'effet inverse du résultat recherché.

Tenez compte de la stature initiale de votre bébé pour estimer

ses besoins. Une « petite puce » née à terme à 2,5 kg et 48 cm n'a pas les mêmes besoins nutritifs qu'un « gros père » de 4 kg et 53 cm. En forçant votre enfant parce que vous vous inquiétez pour son développement, vous risquez de déclencher une anorexie (manque chronique d'appétit). Vous pouvez, pour faciliter sa croissance, utiliser les petits moyens que je vous indique *page 198*.

● *Ne privez pas de lait un nourrisson qui réclame.* Même si la dose dépasse la ration habituelle de son âge, le lait ne risque pas de le rendre trop gros : il est nécessaire à sa croissance et l'enfant connaît ses propres limites.

☞ **De 6 à 12 mois, votre bébé a besoin d'au moins 500 ml de lait maternel ou deuxième âge par jour.**

● *Évitez de transmettre à votre bébé vos habitudes ou vos aversions alimentaires personnelles.* L'être humain est omnivore, ce qui veut dire qu'il doit manger de tout. Le risque de carences, lié à certains régimes alimentaires, est d'autant plus grand que l'organisme est en pleine croissance. Il m'est arrivé de traiter deux enfants, âgés de 1 an et de 3 ans, atteints d'une anémie grave parce que leur mère était « pro » régime végétalien (sans protéines animales). Le régime végétarien est, quant à lui, moins carencé puisqu'il apporte les protéines, grâce aux œufs ou au lait ; il est cependant généralement pauvre en fer, qui est indispensable à la croissance. Évitez donc ce type d'alimentation restrictive. Prenez garde inversement à la surconsommation de viande, très courante en Occident : elle fatigue la fonction hépatique.

● *Donnez suffisamment à boire à votre bébé.* Si le bébé est hydraté, urine bien, et s'il n'est pas exposé à une chaleur inhabituelle, il trouve toute l'eau qui lui est nécessaire dans son lait. Mais s'il fait chaud, s'il a de la fièvre ou de la diarrhée, vous devez lui proposer des biberons d'eau, de préférence minérale pour nourrisson, entre les repas.

Des aliments diversifiés

● *Les céréales.* Dans le premier chapitre, je vous ai conseillé de proposer des céréales à votre bébé à partir de l'âge de 4 mois. Ses intestins ne sont pas prêts à les digérer avant. Il s'ensuivrait des ballonnements. Utilisez des céréales prédigérées (diastasées), car le système enzymatique du bébé ne lui permet pas d'absorber de trop grandes quantités d'amidon pendant les premiers mois de sa vie.

☛ **Votre enfant en pleine croissance a besoin d'une alimentation diversifiée et omnivore.**

Une cuillerée à café rase de céréales, c'est-à-dire environ 1,5 g, procure au plus 6 calories, soit à peine l'apport énergétique du quart d'un morceau de sucre. C'est dire que les céréales, utilisées à dose raisonnable (pas plus de 8 cuillerées à café par jour), ne peuvent pas être responsables d'embonpoint. Elles jouent un rôle dans l'équilibre alimentaire du bébé, en lui apportant :

– de l'amidon (sucre d'assimilation lente qui procure une énergie durable) ;

– des protéines ;

– des vitamines du groupe B.

En outre, les céréales facilitent le passage du biberon à la petite cuillère. Mélangées aux fruits et aux légumes, elles en rendent l'introduction particulièrement savoureuse.

Lisez bien les étiquettes sur le paquet :

– les céréales instantanées s'utilisent sans cuisson préalable, étant déjà cuites industriellement ;

– les céréales à cuire nécessitent entre 1 et 5 minutes de cuisson pour être bien digérées par le bébé ;

– le gluten pouvant être mal supporté par l'intestin du nourrisson *(voir page 422)*, les céréales avec gluten ne sont pas recommandées avant l'âge de 5 mois ;

– les céréales avec ou sans lait : cette précision est primordiale si votre enfant ne supporte pas les protéines du lait de vache *(voir page 416)* ; elle vous permet aussi de savoir si vous devez ou non ajouter des mesures de lait dans le biberon ;

– les céréales avec ou sans sucre. Dans le premier cas, vous éviterez d'en ajouter.

Autre type de céréale, la farine de riz. Particulièrement digeste, elle peut être utile chez le bébé diarrhéique à partir de l'âge de 2 mois.

● *Les semoules.* Elles sont obtenues par broyage du blé. Elles sont bien tolérées à partir de 5 mois, mais il ne faut pas en abuser.

● *Les biscuits ou les petites croûtes de pain.* Après 5 mois, votre bébé aime les tenir à la main et les mâchonner. Il peut parfois avoir du mal à les avaler, aussi utilisez de préférence, jusqu'à l'âge de 1 an, des biscuits pour bébé.

☛ **Ne donnez pas à votre bébé un biscuit chaque fois qu'il pleure : il risque de devenir un « grignoteur » de gâteaux.**

● *Les légumes*

Quel est l'intérêt des légumes pour le nourrisson ? Ils lui apportent des éléments minéraux (du fer, du potassium, des oligo-éléments) et des fibres qui favorisent le transit intestinal. Ils ne sont pas indispensables dès l'âge de 4 mois. Mais en les introduisant alors dans l'alimentation du bébé nourri au biberon, vous l'habituez à des goûts variés.

À quel âge commencer à donner des légumes ? Vous pouvez introduire quelques cuillerées de purée de légumes en petit pot dans le biberon de lait dès l'âge de 4 mois, et remplacer progressivement toute l'eau minérale du biberon par un vrai potage bien liquide.

Je vous conseille d'y ajouter les mesures de lait habituelles jusqu'à ce que, plus tard, vous donniez de la viande, car les légumes n'apportent pas les protéines et le calcium nécessaires à la croissance des premiers mois.

Que faire si votre bébé refuse les légumes ? Cela arrive rarement si vous commencez assez tôt. Sachez que les fruits, qui sont aussi des végétaux, apportent tout autant d'éléments nutritifs que les légumes.

Comment préparer un potage de légumes frais ? La pomme de terre sert de base à partir de l'âge de 4 mois. Chaque jour, ajoutez un ou deux légumes différents (carottes, poireaux, épinards, courgettes, haricots verts). Faites-les cuire de préférence dans de l'eau minérale « recommandée pour l'alimentation des nourrissons » pendant 20 minutes, puis ajoutez une pincée de sel et mixez.

Les légumes, bien frais, doivent être bien épluchés et lavés. Afin d'éviter l'effet nocif des nitrates, dont des légumes vieillis peuvent être riches, ne donnez pas à votre enfant un potage préparé depuis plus de douze heures.

Il est possible de congeler du potage bien frais, l'idéal étant d'utiliser des bacs à glaçons : vous pourrez ainsi mélanger, pendant un mois, au gré de votre fantaisie, un cube de carottes, avec un cube de poireaux ou un cube de pommes de terre.

☞ **Si vous ne préparez pas de potage de légumes frais ou si vous ne pouvez pas suivre ces consignes, vous trouverez beaucoup d'avantages aux petits pots.**

● *Les fruits*

Les jus de fruits. Ils apportent des vitamines, surtout la vitamine C, et des fibres (si vous laissez la pulpe), mais ils sont acides.

Je vous conseille donc de préférer les jus de fruits préparés pour bébés, entre 4 mois et 5 mois ; ce n'est qu'après 5 mois que vous pourrez donner des jus de fruits mixés dans une centrifugeuse, après les avoir soigneusement lavés et épluchés. Si votre enfant a une tendance au reflux gastrique, ne lui faites pas boire de jus de fruits.

Enfin, sachez que le lait d'une mère qui mange une ou deux oranges par jour apporte les vitamines des fruits sans leur acidité, et que les laits industriels contiennent aujourd'hui un supplément de vitamines, en particulier C. C'est pourquoi les jus de fruits ne sont pas indispensables à votre bébé.

Les compotes de fruits cuits. Moins acides que le jus pressé, elles peuvent être introduites dès l'âge de 4 mois, en respectant les préférences de votre enfant. Ne l'habituez pas à des compotes trop sucrées ; si vous lui donnez des compotes du commerce, choisissez les produits portant la dénomination « aliment adapté à l'enfant ».

☞ **Si votre bébé refuse la compote à la cuillère, il l'acceptera probablement au biberon, diluée dans un peu d'eau.**

Les fruits crus. Ils sont riches en fibres. Au début, vous préférerez la banane bien mûre, écrasée. Puis, selon le goût du bébé, vous râperez des fruits de plus en plus variés avec un peu de sucre. Vers 6 à 8 mois, l'enfant aime bien participer au repas des grands en suçant un quartier de melon ou de pêche, par exemple. Encouragez-le, même s'il se salit un peu. N'oubliez pas d'enlever les pépins et les noyaux, et d'éplucher le fruit.

● *La viande, le poisson et les œufs.* Ils apportent, comme le lait, les protéines animales nécessaires à votre bébé. Une protéine est une chaîne d'éléments essentiels, les acides aminés. Les protéines végétales ne sont pas composées des mêmes acides aminés et ne peuvent donc longtemps suffire à l'édification du corps humain.

Ces aliments sont riches en oligo-éléments, en iode, en vitamine B. Le poisson peut remplacer la viande, mais la viande est particulièrement riche en fer.

Ne donnez pas trop de viande à votre nourrisson. La quantité quotidienne idéale est :

– entre 5 et 6 mois : de 10 à 15 g ;
– entre 6 et 8 mois : de 15 à 20 g ;
– entre 8 et 12 mois : de 20 à 30 g ;
– entre 12 et 24 mois : de 30 à 40 g.

☛ **Une cuillère à café contient 5 g de viande hachée, une cuillère à soupe rase 15 g, et une cuillère à soupe bombée 20 g. Manger trop de viande est nocif pour le foie et les reins.**

Quelle viande choisir ? Vous utiliserez des viandes maigres : le bœuf, le veau, le blanc de poulet, le maigre de jambon.

Vous éviterez jusqu'à 8 mois le mouton, le canard, l'oie et la langue de bœuf, qui sont des viandes trop grasses.

Hachez vous-même la viande à la maison et nettoyez immédiatement le hachoir. N'achetez pas de viande hachée à l'avance chez le boucher (les bactéries s'y développent très vite) ou demandez qu'elle soit hachée devant vous.

Vous pouvez ajouter de la viande en pot pour bébé à un potage maison.

Comment faire cuire la viande ? L'idéal est de faire cuire la viande à la vapeur dans le panier de la Cocotte-Minute ou, à la rigueur, au gril sans ajouter de matières grasses. Elle doit être bien cuite, surtout si c'est de la viande fraîche qui n'a pas été congelée, car seules la cuisson et la congélation détruisent les parasites comme le ténia et le toxoplasme. Il faut donc éviter de donner de la viande saignante à un jeune enfant.

☛ **La viande rouge n'est pas plus riche en protéines que la viande blanche. Le jus de viande apporte très peu d'éléments nutritifs au bébé.**

Peut-on faire manger des abats à un bébé ? Le foie (de génisse, de veau ou de poulet) est très riche en fer. Faites-le cuire dans la poêle à feu doux. Les abats (la cervelle, par exemple) sont formellement déconseillés aujourd'hui.

Quels poissons choisir? Donnez des poissons maigres (truite, daurade, limande, sole, raie, carrelet, etc.), évitez les poissons gras (maquereau, hareng, thon, sardine, saumon) jusqu'à l'âge de 1 an. Les quantités sont les mêmes que pour la viande.

Les œufs. L'œuf est un excellent aliment. Choisissez l'œuf « extra frais ». Pour vous assurer de sa fraîcheur, plongez-le dans un verre d'eau salée :

– l'œuf frais tombe au fond, le bout pointu en bas ;

– l'œuf périmé flotte ; il surnage d'autant mieux qu'il est plus vieux.

Le jaune d'œuf est excellent pour le bébé ; vous le lui donnerez d'abord dur, puis mollet.

Attendez que votre enfant ait atteint l'âge de 8 mois pour lui donner le blanc, car il peut provoquer des allergies.

● *Les fromages.* Ils sont particulièrement riches en calcium. Vous commencerez, dès l'âge de 4 mois, par les petits-suisses à 40 %, puis vous proposerez les yaourts et le fromage blanc.

Vous pouvez faire goûter tous les fromages à votre bébé dès l'âge de 6 mois, en pensant à enlever la croûte.

● *Les graisses, l'huile, le beurre.* Il ne faut pas en abuser, mais ils contiennent des éléments essentiels au développement : les acides gras.

Une noix de beurre apporte une dose bénéfique de vitamine A.

Les huiles végétales assaisonneront très bien les légumes à partir de 6 mois.

☞ **Il faut éviter les graisses cuites et les fritures jusqu'à l'âge de 1 an.**

Les petits pots

Entre vos occupations privées et professionnelles, et votre désir de passer de riches moments à jouer et à parler avec votre bébé, vous avez envie de simplifier la préparation des repas. Vous pouvez parfaitement le faire aujourd'hui grâce aux petits pots.

● *Une solution pratique.* Les petits pots sont d'un usage très simple. Ils vous permettent d'avoir sous la main en toute circonstance un repas complet bien conservé. Pour les pots de légumes et de viande ou de poisson, il suffit d'en faire tiédir le contenu.

☛ **Un petit pot ouvert peut être conservé 48 heures au réfrigérateur.**

● *Une qualité exceptionnelle.* Seuls les produits de qualité sont retenus pour la fabrication des petits pots. Aussi, les agriculteurs doivent-ils satisfaire aux exigences fixées par les industriels spécialisés en diététique infantile. Des contrats, dits « de culture », limitent l'usage des engrais et demandent que la production soit effectuée dans des conditions très écologiques. De plus :

– les petits pots ne contiennent ni colorant ni conservateur ;

– ils sont bactériologiquement purs ;

– des contrôles permanents vérifient leur qualité et leur équilibre diététique.

Un équilibre diététique parfait pour l'organisme en croissance est assuré par des proportions bien calculées : en sucre et en sel ; en vitamines ; en fer ; en fibres ; en énergie ; en protéines ; en lipides.

Une texture adaptée à l'âge. Les mélanges légumes-viande pour les bébés de 4 à 8 mois sont parfaitement lisses, tandis que de petits morceaux mous permettent aux bébés de 8 à 12 mois de découvrir très progressivement une consistance nouvelle.

Dans les petits pots prévus pour 12 mois, les morceaux sont plus gros, mais toujours onctueux, car le bébé n'a pas de molaires pour mâcher.

Une saveur qui progresse. Les pots de compote et de dessert sont délicieux. Il n'en a pas toujours été de même pour les pots de légumes et de légumes-viande. Actuellement, leur goût s'est considérablement amélioré, et certains sont de vrais régals, même pour un palais averti. Ainsi votre enfant, dont les papilles sont plus nombreuses que chez l'adulte, va développer ses capacités gustatives.

La législation impose des normes précises aux industriels spécialisés en diététique infantile. La garantie d'une nourriture saine vous est donnée par la dénomination « aliment adapté à l'enfant ». N'achetez pas des aliments de consommation courante sans cette dénomination : les compotes ordinaires sont généralement trop sucrées et les conserves chargées en additifs.

☛ **Avant d'utiliser un petit pot :**
– vérifiez la date limite indiquée sur le pot ;
– par mesure d'hygiène, lavez le couvercle avant de l'ouvrir ;
– écoutez bien le « pop » à l'ouverture du couvercle,
c'est une garantie de fraîcheur.

Les surgelés

Les légumes et les fruits surgelés n'ont pas été soumis aux mêmes exigences de culture que les produits utilisés pour les petits pots, car ils ne sont pas spécialement adaptés à l'enfant. Ils présentent néanmoins des avantages par rapport aux produits frais :

– ils offrent un complément très pratique. Présentés en paillettes ou en petits galets, ils permettent d'avoir toujours au congélateur une base de légumes pour un repas ;

– surgelés sur le lieu de récolte, ils ne subissent pas la même déperdition en vitamines, ni la même dégradation par les nitrates que celle des produits du marché, qui vous parviennent après un long transit ;

– leur goût n'est généralement pas dénaturé, sauf pour les fruits, qui peuvent devenir plus acides.

● *Quelques principes à respecter*

– La chaîne du froid ne doit pas avoir été rompue entre le distributeur et votre congélateur.

– Un produit décongelé ne doit jamais être recongelé.

– Ne congelez pas votre potage de légumes mélangé à la viande, mais seulement les légumes ; ajoutez la viande fraîche, ou en pot, au dernier moment.

– Ne faites aucune de ces fautes d'hygiène, car votre bébé risquerait une très grave infection. De plus, ne croyez pas que le four à micro-ondes détruit les bactéries.

Si votre bébé n'accepte que le lait

● *Sa croissance suit son cours.* Sa courbe de taille et de poids est régulièrement ascendante. Soyez donc rassurée : les tétées à la demande ou le grand biberon de lait qu'il boit généralement au moins deux fois par jour lui suffisent. Peu importe que l'enfant mange du bout des lèvres à table ! Même si c'est désagréable pour vous qui lui préparez avec amour de bonnes purées, n'oubliez pas que :

– il ne faut jamais forcer un bébé à manger plus qu'il ne le veut ;

– il ne faut jamais forcer un enfant à manger un aliment qui lui déplaît ;

– le lait est un aliment complet pour la croissance.

● *Sa croissance semble se ralentir.* Votre pédiatre vérifiera que l'enfant n'a pas une maladie qui freine son développement. Voilà pourquoi la pesée et la mesure régulière de la taille sont à consigner, chaque mois, sur son carnet de santé.

Les menus de votre bébé mois par mois

Je vous propose ici des exemples de menus, avec des indications de quantités théoriques. Vous les adapterez au comportement alimentaire de votre enfant et aux besoins qu'il manifestera.

Certains bébés ne terminent aucun biberon. Si leur courbe de croissance est harmonieuse, c'est qu'ils boivent assez. D'autres ne sont pas rassasiés avec des biberons pleins. N'hésitez pas à leur en proposer un deuxième, d'autant que la capacité de la plupart des biberons (240 g) n'a pas varié depuis une trentaine d'années, alors que les enfants sont plus grands aujourd'hui et ont des besoins accrus.

☛ **Continuez d'utiliser l'eau minérale pour nourrissons jusqu'à 6 mois au moins, en particulier pour sa faible teneur en nitrates** *(page 27).*

À 3 mois

Ne soyez pas étonnée si je n'introduis pas encore les légumes ou la compote de fruits : les différentes études sur la diversification alimentaire du nourrisson ont montré que l'introduction trop précoce, avant 4 mois, d'aliments autres que le lait pouvait favoriser l'apparition ultérieure de manifestations allergiques (asthme, eczéma). En effet, la muqueuse de l'intestin du nouveau-né est sans protection devant les grosses molécules allergisantes des fruits, des légumes, du poisson, du gluten des céréales, etc. Le caractère hypersensible de la muqueuse intestinale entraîne un afflux d'allergènes et provoque la fabrication d'anticorps par le bébé. Cette stimulation trop précoce prédispose l'enfant aux allergies et à la survenue d'eczéma qui peuvent le gêner des années durant. C'est pourquoi, aujourd'hui, je vous conseillerai de n'introduire ni jus de fruits, ni compote, ni légumes avant l'âge de 4 mois.

☞ **L'introduction des fruits et des légumes est aujourd'hui déconseillée avant 4 mois, devant l'augmentation des allergies. Ne soyez pas trop impatiente !**

● *Premier repas*
Un biberon de 210 ml de lait premier âge.
● *Deuxième repas*
Un biberon de 210 ml de lait premier âge.

☞ **Le lait reste l'aliment essentiel et suffisant pour le développement du bébé. Vous pouvez donc continuer un allaitement au sein à la demande. Le lait maternel est complet jusqu'à 5 à 6 mois.**

● *Troisième repas*
Un biberon de 210 ml de lait premier âge.
● *Quatrième repas*
Un biberon de 210 ml de lait premier âge.
● *Cinquième repas*
Un biberon de lait aux céréales : 210 g de lait premier âge. Et, si bébé ne semble pas repu, 2 cuillerées à café de céréales instantanées nature, sans gluten et sans vanille.

☞ **N'oubliez pas de donner à votre nourrisson sa vitamine D, prescrite par le médecin, et son fluor** *(voir pages 29 et 93)*.

À 4 mois
Vous pouvez continuer d'allaiter votre bébé au sein ou commencer le lait deuxième âge liquide ou en poudre, toujours à raison d'une mesure pour 30 g d'eau minérale pour nourrissons.
● *Premier repas*
Un biberon de lait aux céréales : 210 g de lait deuxième âge et 3 cuillerées à café de céréales sans gluten, éventuellement parfumées aux fruits.
● *Dans la matinée*
Un jus de fruits : 50 g de jus de fruits pour bébé. Il en existe en

mini-biberons tout prêts. (À éviter si votre bébé régurgite).

● *Deuxième repas*

Un mélange de légumes au lait :

– 210 g de potage de légumes très peu salé (carottes, pommes de terre, petits pois, haricots verts, navets, persil, salade, tomates, épinards, poireaux... – ces deux derniers sont laxatifs), avec une noix de beurre ou une cuillerée à café de crème fraîche ; ou un pot de légumes, ou un potage instantané,

– additionné de 5 mesures de lait en poudre deuxième âge.

Vous pouvez remplacer l'ensemble par un mélange tout prêt : petit pot de légumes qui peut être donné à la cuillère, ou dans un biberon, additionné de 50 g de lait pour nourrissons afin de le rendre plus liquide.

Et un dessert de fruits : 50 g de compote de fruits (pommes, poires, pêches, abricots, fraises, bananes...) faite à la maison et très peu sucrée, ou en petit pot (cocktail de fruits ou mélange fruits-céréales), ou encore 50 g de fruits mûrs écrasés, que vous donnerez à la cuillère ou dilués dans de l'eau au biberon.

● *Troisième repas*

Un biberon de 210 g de lait deuxième âge.

● *Quatrième repas*

Un biberon de lait aux céréales :

– soit 210 g de lait avec 3 cuillerées à café de céréales sans gluten, aux céréales simples ou aux fruits, au miel, aux légumes ;

– soit un « minipack » de céréales lactées à la banane ou au miel.

☛ **Je vous propose de grandes quantités de lait mais la moitié du biberon peut lui suffire, pourvu que sa croissance soit satisfaisante.**

À 5 mois

Que bébé soit nourri au biberon ou au sein, c'est l'âge où il adore découvrir les goûts nouveaux, à la cuillère ou à pleines mains.

● *Premier repas*

Un biberon de lait aux céréales : 240 g de lait et 5 cuillerées à café de céréales variées (céréales « croissance », 5 céréales).

● *Dans la matinée*

Un jus de fruits : 50 g de jus de fruits.

● *Deuxième repas*

Un potage avec, au choix, viande, poisson, fromage ou œuf :

– 200 g de potage de légumes préparé à la maison, ou en pot, ou en brique pour nourrissons, au biberon ou à la cuillère, selon la préférence du bébé ;

– quatre fois par semaine : 10 g de viande maigre hachée de bœuf, veau, poulet ou agneau ;

– une fois par semaine : un demi-jaune d'œuf dur écrasé ;

– une fois par semaine : 10 g de gruyère râpé ;

– une fois par semaine : 10 g de poisson maigre haché (colin, limande, sole, daurade, merlan, truite, bar, cabillaud, carrelet, congre, églefin, raie) cuit au court-bouillon.

Un dessert de fruits ou un laitage : 100 g de compote de fruits à la cuillère, ou 2 petits-suisses à 40 % de matières grasses, coupés d'un peu d'eau et légèrement sucrés.

● *Troisième repas*

Un biberon de lait ou un dessert :

– 240 g de lait deuxième âge ;

– ou, si le bébé préfère, un biscuit pour bébé et un petit pot de mélange fruits-céréales.

● *Quatrième repas*

Un biberon de lait aux céréales : 240 g de lait et 3 mesures de céréales deuxième âge simples, ou aux fruits, au miel, à la vanille ou aux légumes.

De 6 à 7 mois

Il est souhaitable de donner le lait deuxième âge jusqu'à l'âge de 1 an, car :

– il est enrichi en fer, dont le bébé a grand besoin pour se protéger, en particulier des infections ;

– sa composition en protéines évite la surcharge apportée par le lait de vache.

● *Petit déjeuner*

Un biberon de lait aux céréales : 240 g de lait et 5 cuillerées à café de céréales.

● *Dans la matinée*

Un jus de fruits : 100 g de jus de fruits.

● *À midi*

Un repas de légumes et de viande, de poisson ou de jambon :

– 200 g de potage de légumes, ou une purée de pommes de

terre (qui existe en sachets pour nourrisson) additionnée de 50 ml de lait deuxième âge, selon la préférence du bébé ;

– trois fois par semaine : 10 g de viande maigre hachée de bœuf, veau, poulet ou agneau ;

– une fois par semaine : un demi-jaune d'œuf dur écrasé ;

– une fois par semaine : 10 g de gruyère râpé ;

– une fois par semaine : 10 g de poisson maigre écrasé (colin, limande, sole, daurade, merlan, truite) cuit au court-bouillon.

– une fois par semaine : du jambon maigre haché (évitez les jambons vendus prédécoupés en sachet) ;

Vous pouvez aussi donner un pot de mélange légumes-viande ou légumes-poisson.

Un dessert de fruits ou un laitage : 100 g de compote de fruits ou 2 petits-suisses à 40 % de matières grasses coupés d'un peu d'eau et légèrement sucrés.

● *Au goûter*

Un laitage ou un dessert :

– soit un yaourt au lait entier avec une demi-cuillerée à café de sucre, ou 2 petits-suisses à 40 % de matières grasses coupés d'eau et mélangés à de la compote si l'enfant préfère, ou 50 g de fromage blanc sucré ;

– soit un petit pot céréales-fruits.

● *Au dîner*

Soit un potage de légumes épaissi et un dessert : un potage de légumes avec 30 g de vermicelle, de tapioca ou de floraline, ou une purée de pommes de terre additionnée de 50 ml de lait deuxième âge, et un dessert lacté.

Soit un mélange de lait et de céréales à la cuillère, 200 g de lait liquide avec 2 cuillerées à soupe bombées de céréales à cuire ; ou au biberon avec 3 à 4 cuillerées de céréales instantanées.

☛ **Quelques « tétées-câlins » sont encore souvent appréciées par certains bébés et leur maman.**

De 8 à 10 mois

● *Au petit déjeuner*

Un biberon de lait aux céréales : 240 g de lait deuxième âge et 3 cuillerées à café de céréales deuxième âge. Vous pouvez utiliser des céréales au caramel ou au cacao, pour préparer l'introduction prochaine du vrai petit déjeuner.

● *Au déjeuner*

Un plat principal avec de petits morceaux onctueux :

– 200 g de purée de légumes variés ou de pommes de terre, ou des petites pâtes avec du beurre ou une noix de crème fraîche ;

– et 20 g de viande hachée, ou de poisson maigre écrasé, ou un œuf à la coque, ou, une fois par semaine, 20 g de foie grillé et haché ; vous pouvez aussi donner un pot de légumes-viande avec morceaux.

Un dessert de fruits ou un laitage : une compote de fruits, ou des petits-suisses, ou un fromage à pâte molle, ou un entremets.

● *Au goûter*

Un biberon de lait ou un dessert : un biberon de lait deuxième âge si le bébé en manifeste toujours le besoin, ou une banane pochée et légèrement sucrée, ou 130 g de compote de fruits accompagnée de biscuits, ou un pot de céréales aux fruits.

☛ Ne donnez pas à votre enfant l'habitude de grignoter entre les repas. Trois repas et un goûter sont généralement suffisants à partir de 8 mois.

● *Au dîner*

Un potage ou un vrai repas :

– 250 g de potage au lait et un dessert,

– ou un repas complet comme à midi.

Si votre enfant a besoin d'être apaisé pour s'endormir, vous pouvez, à cet âge, compléter le repas par un biberon de lait tiède au moment du coucher, ou le remplacer par une bouillie à prendre à la cuillère : 200 g de lait deuxième âge avec 2 cuillerées à soupe bombées de céréales à cuire.

De 10 à 12 mois

● *Au petit déjeuner*

Un biberon de lait aux céréales : 240 g de lait deuxième âge et 4 cuillerées à café de céréales pour bébé, au cacao ou au caramel.

● *Au déjeuner*

Un vrai plat avec des petits morceaux fondants :

– soit une purée de légumes ou de pommes de terre, ou des petites pâtes, avec du bœuf haché, ou du foie grillé haché, ou un œuf à la coque ou du poisson maigre écrasé ;

– soit un petit pot de 200 g de légumes-viande avec morceaux ou une purée instantanée garnie avec morceaux.

Un dessert de fruits ou un laitage :
– soit un petit-suisse ou un yaourt ;
– soit une compote de fruits, un fruit mûr écrasé ou un petit pot de fruits-céréales.

● *Au goûter*
Des fruits ou un laitage :
– soit une banane pochée et légèrement sucrée, une compote de fruits peu sucrée, ou un pot de fruits ;
– soit un fromage blanc et un biscuit pour bébé, ou un biberon de lait.

● *Au dîner*
Des légumes :
– soit un potage de légumes fait maison ou en brique, épaissi avec des pâtes, du tapioca ou du riz ;
– soit une purée agrémentée d'une cuillerée à café de gruyère râpé.
Un dessert de fruits : des fruits en compote ou un petit pot de fruits-céréales.

Le dîner peut encore, à cet âge, être remplacé ou complété au coucher par un biberon de lait tiède avec quelques cuillerées de céréales.

☞ **Jusqu'à quel âge devez-vous stériliser les biberons ? En théorie, tant que vous en donnerez, car il reste toujours dans un biberon, même lavé, et dans la brosse de nettoyage, des particules microscopiques de lait (excellent milieu de culture pour les bactéries). Vous pouvez cependant cesser la stérilisation à 6 mois, à condition de très bien laver le biberon, avec une brosse à biberon propre, et de le sécher parfaitement.**

Bien dormir lorsqu'on est bébé, cela s'apprend

Un bébé qui s'endort bien et qui dort bien, c'est un grand bonheur, pour lui et pour ses parents. Cette bonne hygiène de sommeil, c'est à vous de la préparer en aidant votre enfant à prendre de bonnes habitudes dès la première année.

Où coucher votre nourrisson ? Combien de temps doit-il dormir ? Faut-il le consoler quand il pleure ? Les cauchemars sont-ils fréquents ? Autant de questions auxquelles il est bon de répondre dès maintenant, pour éviter les troubles du sommeil ultérieurs : à partir de 2 ans, sept enfants sur dix ne veulent pas aller se coucher et un enfant sur deux réveille ses parents toutes les nuits.

Sa chambre
Pendant les trois premiers mois, vous avez généralement gardé le berceau dans votre chambre. À 3 mois commence l'apprentissage de l'autonomie pour votre bébé : c'est le moment de l'installer dans une autre pièce.

● *Température et habillement.* Une température de 18 à 20 °C est idéale pour une chambre d'enfant. Plus vous chauffez la chambre et couvrez le bébé, plus vous le rendez frileux.

Comme la température, le degré d'humidité de l'air doit être modéré. Chaud et sec – comme c'est souvent le cas dans les pièces surchauffées –, l'air fragilise les muqueuses respiratoires ; une trop grande humidité n'est pas saine non plus. Placez simplement sur le radiateur un saturateur contenant de l'eau en permanence ou un bol d'eau.

● *Ni drap ni couverture.* Le nourrisson risque en effet de glisser sous la couverture ou de s'entortiller dans le drap. Transpirant beaucoup, il aura tendance à se découvrir et risque de prendre froid. La meilleure solution est de le vêtir, le soir, d'un ample surpyjama dans lequel il aura chaud en toute sécurité.

Ses cycles de sommeil
● *De 3 à 9 mois.* C'est l'âge béni où le bébé dort toute la nuit. C'est donc bien le moment privilégié pour l'installer dans sa chambre. Vous l'habituerez ainsi à ne pas sentir votre présence juste à côté de lui, pendant la nuit, et à devenir autonome en réglant ses cycles de sommeil.

● *De 9 à 12 mois, une période charnière.* À partir de 7 mois, le nourrisson commence à connaître l'angoisse de la séparation *(voir page 97)*. Dans la journée, il a envie de voler de ses propres ailes, mais il aimerait aussi se coller contre ses parents pendant son sommeil. Voilà pourquoi, vers 9 mois environ, la plupart des nourrissons peuvent se réveiller plusieurs fois par nuit.

● *Les cycles de sommeil.* Tout comme celui des adultes, le sommeil de votre bébé connaît différentes phases :

– le sommeil lent, pendant lequel ses yeux ne bougent pas. C'est la phase de sommeil réparateur, durant lequel le cerveau et le corps se reposent, les rythmes respiratoire et cardiaque sont réguliers ;

– le sommeil paradoxal, au cours duquel il a de nombreux mouvements oculaires, respire irrégulièrement, ébauche de petits sourires et rêve.

Au fur et à mesure que l'enfant grandit, les cycles de sommeil deviennent plus longs.

● *Les rêves.* Ils commencent bien avant la naissance puisque, dès le septième mois de grossesse, le fœtus a déjà un sommeil paradoxal. Un prématuré passe 80 % de son temps à dormir, et le nouveau-né à terme 50 % en sommeil paradoxal animé de rêves. Il faut savoir que l'adulte n'est en sommeil paradoxal que pendant 25 % de son temps de sommeil.

● *Le temps de sommeil.* À titre indicatif, je vous donne les durées de sommeil habituelles. Mais chaque enfant est différent : certains nourrissons dorment peu et sont en parfaite forme, d'autres dorment beaucoup tout en étant de tempérament plutôt vif.

LA DURÉE HABITUELLE DE SOMMEIL SELON L'ÂGE DE VOTRE ENFANT			
Âge	Durée par 24 heures	Nuit	Sieste
1 semaine	16h30	8h30	8h
1 mois	15h30	8h30	7h
3 mois	15h	10h	5h
6 mois	14h30	11h	3h30
9 mois	14h	11h	3h
12 mois	13h45	11h	2h45

Que faire, la nuit, s'il se réveille ?

Il ne faut jamais donner une fessée, crier ou culpabiliser un enfant parce qu'il se réveille la nuit. Il n'en reste pas moins que votre réaction sera déterminante pour les nuits à venir.

● *Ne pas créer d'habitudes.* Si vous vous précipitez chaque fois dans la chambre pour donner un biberon, chercher sa sucette ou lui caresser la tête, vous le conditionnez à avoir besoin de vous pour se rendormir. Ses réveils deviendront de plus en plus fréquents, ses pleurs de plus en plus impérieux, il sera bientôt dépendant des rites que vous aurez installés à chaque endormissement.

Il est souhaitable d'aller voir un bébé qui se réveille la nuit de façon inhabituelle pour vérifier qu'il n'est pas malade. Mais si vous assistez systématiquement les brefs réveils d'un bébé qui pleure quelques minutes chaque nuit dans un demi-sommeil, alors que pendant la journée il est visiblement en pleine forme, vous faites vraiment un choix éducatif, dont il faudra assumer ensuite les conséquences. Nous en reparlerons *page 164*.

● *Prendre votre bébé dans votre lit est-il nocif pour lui ?* Ce n'est pas un choix critiquable en lui-même : l'enfant dort avec sa mère dans la case en Afrique ou sur le lit de ses parents dans l'unique pièce de la paillote en Asie, il dormait dans la chambre de ses parents dans la seule pièce chauffée de la ferme, en Europe, au siècle dernier. Mais, dans nos sociétés européennes de la fin du XXᵉ siècle, il est difficilement envisageable que votre enfant dorme avec vous, dans votre lit, toutes les nuits et cela jusqu'à l'âge de 7 ans environ, puisque c'est seulement à cet âge qu'il revendiquera son espace personnel.

Il est souhaitable pour que le couple reste uni et qu'aucun des membres du trio père-mère-enfant n'ait à souffrir, que les parents d'un côté et l'enfant de l'autre (à partir de l'âge de 3 mois environ) disposent de leur propre espace. Ainsi sera assuré l'équilibre aussi bien physique que psychologique de chacun des membres de la famille.

● *Est-il dangereux de laisser pleurer un bébé ?* Si vous avez choisi de ne pas vous lever au moindre pleur (sauf, bien sûr, si les pleurs sont plus forts et durent plus longtemps que d'habitude) et si votre bébé est bien portant et joyeux pendant la journée, ces cris nocturnes cesseront au bout de 10 à 20 minutes et votre bébé acquerra un bon sommeil.

Sachez que les pleurs ne provoquent pas de convulsions. Alors, s'il est primordial de ne pas être sévère avec votre enfant, de ne pas crier ou lever la main sur lui, de l'élever sans violence et dans le respect de sa personne, il l'est tout autant de savoir parfois résister à 20 minutes de pleurs.

Il est important pour votre enfant qu'il apprenne à organiser lui-même son sommeil, à ne pas toujours être assisté par ses parents et donc à maîtriser peu à peu son énergie pour se rendormir seul. Il fait ainsi ses premiers pas vers l'autonomie.

☞ **Pendant la première année, les pleurs nocturnes sont généralement de courte durée (moins de 10 minutes). Mais si les troubles du sommeil s'installent, l'enfant pourra pleurer très longtemps. Il faudra alors l'aider à retrouver un bon sommeil par une méthode progressive (*voir page 163*).**

● *Quand le cauchemar devient réalité...* Vous serez tentée d'attribuer les réveils nocturnes aux poussées dentaires. Mais elles ne sont généralement pas en cause puisque les grands de 2 ans, dont toutes les dents sont sorties, se réveillent aussi souvent.

Les cauchemars existent très tôt (probablement dès la naissance). Rêves effrayants, ils font partie du processus normal de la croissance. Là encore, ne dramatisez pas : un nourrisson qui trouve rapidement en lui la force de se rendormir après un cauchemar deviendra bientôt plus serein qu'un bébé trop assisté par des parents surprotecteurs.

● *Des petites recettes pour favoriser le sommeil.* Nombreux sont les parents qui aimeraient trouver le produit miracle, léger, qui va résoudre le problème des pleurs nocturnes... Non pas par recherche de leur confort personnel, mais pour ne pas sentir leur bébé en désarroi. Seulement voilà... il n'y a pas de « petit sirop » qui fasse dormir. Si un médicament endort, c'est un somnifère, par définition. Et les somnifères sont nocifs pour le cerveau en plein développement de votre bébé.

Les petites recettes qui pourront vous servir :

– un biberon de lait tiède au coucher, même après un bon repas : c'est le plus naturel des somnifères ;

– les tisanes à base de fleur d'oranger ou de passiflore (20 gouttes au coucher dans un demi-verre d'eau) ;

– l'homéopathie : par exemple, Belladona 9 CH pour les difficultés d'endormissement, ou Chamomilla 9 CH en cas de réveils nocturnes.

Bébé-fille, bébé-garçon
Le rôle précoce du père

Le comportement maternel est toujours, de manière inconsciente, différent selon le sexe de l'enfant. Ce qui souligne l'importance du temps que le père consacre à son bébé entre 3 mois et 1 an.

On remarque statistiquement que les garçons parlent un peu plus tard que les filles, communiquent moins et réussissent un peu moins bien à l'école. Ce ne sont que des statistiques, et je ne pense pas qu'il faille attribuer ces particularités à quelque inégalité anatomique et biologique du cerveau, mais peut-être sont-elles dues à notre attitude sensiblement différente selon qu'il s'agit d'une petite fille ou d'un petit garçon.

Mère d'une fille et mère d'un garçon

● *La mère est influencée par le physique de son bébé*. En donnant les soins à son enfant, elle se trouve face aux organes génitaux, discrets chez la petite fille et très apparents chez le petit garçon. Cette différence influe sur son comportement.

Avec la petite fille, qui lui est semblable, la complicité ira de soi, et la mère aura tendance à lui confier volontiers ses états d'âme, comme si la petite fille était d'emblée ressentie comme une amie. Comment s'étonner dès lors qu'elle soit plus précoce pour parler, plus fine pour deviner les situations affectives?

Avec le petit garçon, en revanche, la mère peut se placer inconsciemment un peu en retrait devant cet être si différent d'elle. Bien souvent, elle se sent incompétente pour laver la verge du bébé (j'espère vous avoir rassurée *page 20*), elle a peur de ne jamais le comprendre tout à fait, surtout si elle n'a pas eu de frère. Une certaine distance, physique et psychologique, s'impose donc parfois, entre la mère et son garçon. Comme c'est elle, et non le père, qui passe le plus de temps avec son petit garçon, celui-ci bénéficie parfois moins de complicité que la fille.

● *La mère est influencée par sa propre histoire*. Si vous avez eu des frères, si vous étiez proche de votre père, si votre mari est un être sensible, vous risquez d'avoir une image complice du garçon; alors que si vous avez eu des rapports difficiles avec l'autre sexe, si votre mari est plutôt « macho », la relation entre le bébé garçon et vous peut être plus distante. On peut donc présumer que plus votre compagnon vous entoure de tendresse et de compréhension, plus il vous rend affectivement compétente envers votre fils.

Le nouveau père : le partage des tâches

La participation du père aux soins est certainement une chance, et pour la petite fille, et pour le petit garçon.

On s'aperçoit que plus tôt le père s'intéresse à son fils, plus il stimule son langage et plus l'enfant communique par la suite. Réciproquement, des études de psychologues américains montrent que, lorsque le père partage à égalité les tâches domestiques, ses filles développent, tout autant que ses garçons, des qualités réputées masculines, et ont un esprit plus ouvert vers l'extérieur. C'est pourquoi on ne peut que se réjouir de la volonté de participation des pères actuels.

Souvent, après l'enthousiasme des débuts avec le premier enfant, les « nouveaux pères » reprennent cependant un mode de vie plus traditionnel, au fur et à mesure des nouvelles naissances : ils participent souvent moins aux tâches domestiques et à l'éducation des enfants, les rôles familiaux se redistribuant progressivement d'une façon plus classique. Mais si le couple se sépare, on voit généralement le père revendiquer vigoureusement son rôle ; nous en reparlerons *page 310*.

Des vêtements pratiques
Des cheveux sains

Nous avons vu précédemment comment habiller un nouveau-né avec une layette confortable *(voir page 33)*.

Je vous rappelle quelques principes essentiels, toujours valables à cet âge :
– les vêtements doivent être simples à enfiler ;
– choisissez des textiles lavables en machine, et faciles, voire inutiles à repasser ;
– évitez la laine à poils, et surtout le duvet, qui peuvent être allergisants et misez sur le synthétique ;
– préférez les grenouillères sans pieds : elles laisseront plus de liberté à la croissance de votre bébé ;
– ne couvrez pas trop votre enfant. À la maison, un body à même la peau et un pull, plus ou moins chaud selon la saison, suffisent généralement ; avec un manteau et un bonnet d'hiver pour sortir.

De plus, sachez que, dès l'âge de 6 mois, votre bébé commence à prendre conscience de son identité et que ses goûts vestimentaires se forment déjà.

Des vêtements personnalisés

● *Habillez votre bébé selon son sexe.* Vous pouvez, bien sûr, mettre un jean à votre petite fille, mais à cet âge où les cheveux sont souvent très courts, l'idéal est de choisir le petit détail, empiècement fleuri, bandana ou bandeau à ruban qui indiquent, au premier regard, que c'est une fille. Ainsi, vous éviterez les compliments du genre : « Oh ! Le beau petit garçon ! »

● *Habillez vos jumeaux différemment*. Ne jouez pas sur la ressemblance de vos jumeaux : un enfant toujours confondu avec un autre est dépersonnalisé *(voir page 299)*. Aussi, faites en sorte qu'on les identifie facilement. La coupe de cheveux peut vous y aider.

Les cheveux du nourrisson

Les nourrissons ne perdent pas leurs cheveux d'un seul coup ! Le plus souvent, le fin duvet des premiers mois se renouvelle progressivement, pour faire place à de vrais cheveux. Une tonsure se produit parfois par frottement à l'arrière du crâne ; elle s'estompera lorsqu'il passera la plus grande partie de la journée assis.

Même si une petite fille avec une petite couette est tout à fait jolie, mieux vaut ne pas laisser ses cheveux trop pousser la première année. Coupez-les très courts, tant qu'ils sont si fins : ce sont ces coupes précoces qui assurent une chevelure vigoureuse à l'avenir.

Votre bébé et l'eau

Les joies du bain

Il arrive qu'un enfant éprouve subitement une crainte de l'eau, alors qu'il adorait le bain jusque-là. Il n'est pas toujours facile de comprendre ce qui a fait naître cette peur : un peu de savon piquant dans les yeux, un déséquilibre dans la baignoire, une eau un peu chaude ou trop froide. N'hésitez pas, alors, à faire marche arrière, comme toujours lorsque l'évolution connaît un blocage. Asseyez votre bébé à côté d'une cuvette d'eau contenant des jouets, et lavez-le avec un gant pendant qu'il joue. S'il refuse le shampooing de manière catégorique, n'utilisez que des formules « spécial-bébé » qui ne piquent pas les yeux. N'utilisez en aucun cas la force. Lorsqu'un bébé joue dans son bain, il réfléchit et il apprend, car l'eau est source d'observations. Tous les petits enfants se demandent un jour, pourquoi on ne peut pas attraper l'eau qui ruisselle, pourquoi le jet fait un drôle de bruit, pourquoi le savon fait des bulles... Ce sont de vraies questions de science physique auxquelles le bébé réfléchit d'autant plus tôt qu'il est habitué à manipuler des objets dans son bain.

Les bébés-nageurs

Les parents sont aujourd'hui très impatients d'aller à la piscine avec leur nourrisson. Il est cependant prudent d'attendre que votre enfant ait reçu ses trois injections de vaccin antipoliomyélitique, c'est-à-dire au plus tôt à 5 mois. Et ce n'est pas du temps perdu car c'est à partir de 5 à 6 mois que le nourrisson commence à apprécier la piscine. Enfin, vous devez vous assurer auprès de votre pédiatre que votre enfant ne présente pas de contre-indications.

● *Votre bébé devient « amphibie » par étapes.* Dès les premiers mois, il flotte dans l'eau ; il a un réflexe de blocage respiratoire et acquiert très vite l'art de toujours mettre ses voies respiratoires à l'air par le retournement ; entre 10 et 14 mois, il trouve les mouvements lui permettant d'avancer vers le bord.

☞ **Quelle que soit l'autonomie de votre bébé dans l'eau et hors de l'eau, ne le perdez jamais de vue, ni au bord de la piscine, ni dans la piscine.**

● *Quelques conseils pour que votre bébé soit comme un poisson dans l'eau :*
– vérifiez que l'eau de la piscine est bien à 28 °C, celle de l'air ambiant à 30 °C ;
– donnez une douche tiède à votre bébé avant et après le bain ;
– refusez qu'on lui apprenne à flotter à l'aide de bouées ou brassards ;
– soyez décontracté(e), souriant(e) et rassurant(e) pendant la leçon ; encouragez votre bébé et jouez avec lui ;
– restez en permanence à côté de lui, les accidents en piscine, par défaut de surveillance, sont de plus en plus nombreux ;
– pratiquez, dans la mesure du possible, une séance de bébés-nageurs chaque semaine jusqu'à l'âge de 3 ans.

● *Les avantages pour votre bébé :*
– les jeux nu dans l'eau lui permettent de mieux connaître l'image de son corps ;
– la flottaison et les glissades le rendent tellement joyeux qu'on est tenté de penser qu'il revit un état connu pendant sa vie intra-utérine ;
– si, jusqu'à l'âge de 3 ans, vous allez une fois par semaine à la piscine, hiver comme été, votre enfant n'aura jamais peur de l'eau et n'aura besoin ni de bouée ni de brassards ;

– enfin, si c'est le père qui conduit son bébé à la piscine, sa manière de jouer favorise le lien avec son enfant.

Les parents me demandent souvent si un bébé-nageur sera plus doué pour la natation en grandissant. Mon expérience me permet de dire que, même s'il ne sera pas forcément un champion, il restera à l'âge adulte plus à l'aise dans cet élément, plongera sans crainte et se sentira en sécurité.

En voyage

● *En voiture.* Ne voyagez jamais avec votre bébé à l'avant sur vos genoux, ou couché dans un couffin non fixé. Plusieurs centaines de bébés et de jeunes enfants sont tués chaque année en voiture, faute d'avoir été bien installés.

Il faut savoir que, en cas de choc à 60 km/h, le poids d'un bébé, posé sur les genoux ou dans un couffin non fixé, équivaut, en cas de projection lors d'une collision, à une tonne. Aussi, attachez-le correctement :

– le lit-auto est moins sûr que le siège-auto, même si le lit est recouvert d'un filet anti-éjection et fixé avec la ceinture de sécurité de la voiture ;

– le siège-auto est aujourd'hui recommandé, en position inclinée, dès la première sortie.

☞ **Ne posez jamais d'objets lourds sur la plage arrière de la voiture : ils pourraient devenir de dangereux projectiles.**

Choisissez un modèle agréé par la prévention routière, ce qui vous garantit la conformité aux normes de sécurité, et vérifiez que la fixation ne peut pas être défaite par l'enfant lui-même. Fixez le siège à la voiture par les ceintures de sécurité prévues pour le passager adulte (fixations trois points).

Le siège-bébé à l'avant, dos à la route, offre une meilleure protection. Il vous permet de jeter des coups d'œil rapides sur votre enfant sans tourner la tête et sans perdre le contrôle de votre trajectoire. Mais assurez-vous avant de l'installer ainsi que la voiture n'est pas équipée d'un « air-bag » à cette place, qui propulserait le siège en cas d'accident.

● *À la montagne.* Contrairement aux idées reçues, un bébé peut aller jusqu'à 1 800 mètres d'altitude à condition de :

– faire vérifier que le nourrisson n'est pas anémique et n'a pas de maladie de cœur, ce qui perturberait son adaptation à la baisse de pression en oxygène due à l'altitude ;

– faire contrôler les tympans si le bébé est enrhumé avant le départ ;

– observer un palier d'acclimatation entre 1 200 et 1 400 mètres, le temps d'un dîner ou d'une nuit à l'hôtel, par exemple ;

– donner un biberon à téter pendant la montée et pendant la descente ;

– humidifier l'air du logement à la montagne (le degré d'humidité est plus faible en altitude et le chauffage intense aggrave la sécheresse de l'air) ;

– ne pas faire de longues promenades avec votre bébé dans un sac à dos, car il se refroidit beaucoup plus vite que vous et le sang circule mal dans ses petites jambes ;

– ne pas monter en téléphérique avec un nourrisson, car la baisse brutale de la pression atmosphérique peut provoquer une lésion du tympan.

Votre bébé peut être excité en altitude et mal dormir. Cette agitation se calme si vous-même n'êtes pas trop énervée par les préparatifs et les complications du voyage...

Sachez aussi que l'air de la montagne est surtout bénéfique chez l'enfant en âge de vivre une partie de la journée dehors. Pour un bébé, le seul avantage est de ne pas être séparé de ses parents pendant les vacances.

● *En pays tropical.* Contrairement aux idées répandues selon lesquelles la chaleur est nocive pour les bébés, vous pouvez très bien partir sous les cocotiers avec votre nourrisson. Le risque du coup de chaleur existe autant en pays tempéré, dans une voiture en plein soleil ou dans une chambre sous les combles sans aération suffisante, que sous les tropiques. Mais, pour avoir pratiqué la pédiatrie pendant sept ans dans ces régions, je vous recommande de respecter les consignes suivantes :

– ne pas exposer votre bébé directement au soleil ;

– le faire vivre dans une pièce bien ventilée ;

– lui donner abondamment à boire ;

– ne pas trop le couvrir.

● *Votre pharmacie de voyage sera bien utile.* Demandez à votre médecin une ordonnance de voyage pour parer à certaines situations (diarrhée, vomissements, fièvre) surtout si vous partez dans un pays chaud. Vous trouverez des indications utiles dans le dictionnaire des médicaments, *page 484*.

Contre les piqûres de moustiques, appliquez une lotion faisant fuir les moustiques puis une crème calmante (toutes deux recommandées par votre pédiatre ou votre pharmacien). Équipez le lit de votre enfant d'une moustiquaire imprégnée de produit antimoustiques.

Pour protéger du soleil, appliquez un lait écran spécial pour bébé.

En cas d'agitation, habituelle pendant le voyage, vous pourrez donner un sédatif doux *(voir page 501)*.

Vous séparer de votre bébé

Votre bébé peut supporter votre absence pour une courte durée. À condition de prendre quelques précautions, cette petite séparation aura même parfois des effets bénéfiques.

Lorsque le bébé grandit, la complicité amoureuse entre ses parents est parfois difficile à préserver. Une indifférence peut s'installer sournoisement, chacun vaquant à ses activités, soit professionnelles, soit domestiques, pendant la journée, tandis que, le soir, vous vous consacrez à votre enfant.

Pour préserver la communication au sein de votre couple, je vous propose une « ordonnance-complicité », idéale dès le troisième mois après la naissance de votre premier enfant :

– dîner dehors, une fois par semaine, en tête à tête. Dehors, parce qu'à la maison vous risquez de vaquer à vos occupations domestiques, au lieu de vous parler vraiment. Et en tête à tête pour pouvoir parler plus intimement de vos problèmes professionnels, de vos états d'âme, de vos sentiments, ce que vous ne pouvez pas faire lorsque vous dînez avec des amis ;

– passer un week-end par mois à deux jusqu'à ce que votre bébé ait 6 mois ;

– réserver, ensuite, une semaine par semestre de vacances conjugales.

Le reste du temps, vous vous consacrerez vraiment, tous les deux, à votre enfant.

Vous ne pourrez probablement pas suivre cette ordonnance à la lettre, mais voilà en tout cas de quoi vous déculpabiliser si vous ressentez le besoin d'être un peu seuls, tous les deux, alors que vous aimez tant votre petit.

● *À qui le confier?* La personne à qui vous confiez votre bébé a beaucoup d'importance.

Si c'est une grand-mère ou une nounou à laquelle il est parfaitement habitué, la séparation n'entraînera aucun problème psychologique, elle peut même être enrichissante pour le bébé. Vous serez peut-être contrariée d'apprendre, au retour, que la grand-mère s'est levée toutes les nuits pour bercer votre enfant, alors que vous lui aviez donné de bonnes habitudes de sommeil. Ne vous inquiétez pas... après quelques jours de réajustement, si vous restez fidèle à vos propres méthodes, votre bébé comprendra que les règles de vie ne sont pas les mêmes dans l'une et l'autre maison. Il s'adaptera facilement.

En revanche, évitez si possible de confier dans la précipitation votre nourrisson à une personne qu'il ne connaît pas, ou à une grand-mère éloignée qu'il connaît peu. Prévoir une période de transition, pendant laquelle vous habituerez votre bébé à cette personne, est nécessaire. On a filmé des nourrissons déposés en garderie pendant une huitaine de jours, sans adaptation préalable : leur désespoir est parfois profond, et les séquelles psychologiques peuvent être lentes à s'effacer.

● *Sera-t-il contrarié?* Après une absence de sa mère, il arrive souvent qu'en la retrouvant le bébé détourne la tête et ne la regarde pas pendant un ou deux jours, ou bien qu'il se mette à hurler comme s'il avait peur ; cette attitude peine généralement la maman, qui a tant pensé à lui et qui est si heureuse de le retrouver.

Cette réaction est commune aux enfants de 6 à 24 mois. Il ne faut pas croire que votre bébé « fait la tête ». Le nourrisson n'a pas de règle morale. Pour lui, tout ce que font les adultes de son environnement est normal (ni bien, ni mal, mais tout simplement normal). Il ne porte donc pas de jugement et ne vous en veut pas, mais il trouve la situation étrange. Vous voilà qui réapparaissez après une absence plus ou moins longue, avec un sourire, un regard, une voix qu'il connaît bien, mais vous aviez disparu. Il ne sait plus où il en est...

Le même type de réaction est fréquent si vous changez radicalement de coupe ou de couleur de cheveux : votre bébé pourra vous regarder fixement, puis se mettre à hurler, en se demandant si c'est bien vous qu'il voit. Parfois le nourrisson évitera votre regard pendant quarante-huit heures, puis tout rentrera dans l'ordre.

Aussi, à votre retour, ne rentrez pas brutalement dans l'univers de votre enfant. N'arrivez pas avec les bras tendus pour le prendre à sa nounou. Commencez plutôt à parler avec elle, il vous observera à la dérobée, réentendra votre voix si familière, et bientôt vous tendra, lui, ses bras pour un gros câlin !

● *Y a-t-il un âge où il faut éviter la séparation ?* On évoque souvent l'angoisse de la séparation du huitième mois, mais cet âge n'est pas particulièrement critique. Un nourrisson de 5 mois peut ressentir un désarroi tout aussi grand, mais ne pas l'extérioriser, ce qui ne veut pas dire que la séparation le marque moins.

☛ **Bien plus que l'âge de la séparation, ce sont les conditions dans lesquelles elle se passe qui importent : personne familière et temps d'adaptation sont nécessaires.**

● *Y a-t-il une durée de séparation critique ?* Plus un bébé est jeune, plus le temps est long pour lui, et plus la séparation doit être courte. C'est pourquoi, comme le stipule mon « ordonnance-complicité », un week-end par mois, avant 6 mois, et ensuite une semaine, sont sans conséquences négatives sur votre bébé, s'il est confié à une personne qu'il connaît bien.

Bien sûr, tous les parents ne ressentent pas le besoin de repos si fréquents ou n'en ont pas les moyens. Mais, si j'insiste sur la nécessité de prendre du temps pour cultiver votre complicité de couple, c'est que votre bonheur futur et celui de votre enfant en dépendent : ce qu'un bébé souhaite le plus au monde, c'est avoir des parents qui s'entendent bien.

De un à trois ans

Bébé le conquérant.

Sa taille et son poids

●*Peut-on prévoir sa taille définitive?* C'est vers l'âge de 2 ans que la taille peut être mesurée avec précision. Votre enfant commence à prendre goût à la visite médicale, ce moment dont il est le centre d'intérêt, où l'on s'occupe de lui. Si on lui explique clairement le pourquoi de chaque geste, éventuellement devant un miroir, en utilisant une poupée ou son ours qui, bien sûr, a aussi besoin d'être examiné, votre petit s'en fera même une fête. On peut alors le mesurer précisément, debout sous la toise, les genoux bien droits, les pieds posés à terre.

La vieille croyance selon laquelle il suffit de doubler la taille d'un enfant de 2 ans pour connaître sa taille adulte ne donne pas de chiffres exacts. Ainsi, un garçon moyen de 2 ans qui mesure 85 cm mesurera statistiquement 1,75 m à 22 ans (et non 1,70 m); une fille mesurant 84,5 cm à 2 ans atteindra 1,63 m sa croissance finie (et non 1,69 m).

Voici comment prévoir la taille adulte à partir de la courbe de croissance : posez un point à l'endroit de la courbe correspondant à la taille de votre enfant à 2 ans, et poursuivez la trajectoire de la courbe ; vous lisez alors la taille qu'atteindront généralement les enfants de même grandeur. Cette progression peut

LA CROISSANCE DE L'ENFANT DE 1 À 3 ANS
(chiffres moyens)

Âge	Poids en kg		Taille en cm	
	garçon	fille	garçon	fille
13 mois	10	9,5	75,5	74
15 mois	10,5	10	77,5	76
18 mois	11	10,5	80,5	79
21 mois	11,5	11	83	81,5
24 mois	12	11,5	85,5	84
30 mois	13	12,5	90	88,5
36 mois	14	13,5	95,5	94

connaître cependant quelques variations, en particulier en fonction de l'âge de la puberté : plus celle-ci aura lieu tardivement, plus votre enfant continuera à grandir longtemps. En continuant cette courbe tous les 6 mois jusqu'à 6 ans, puis tous les ans, pour sur-

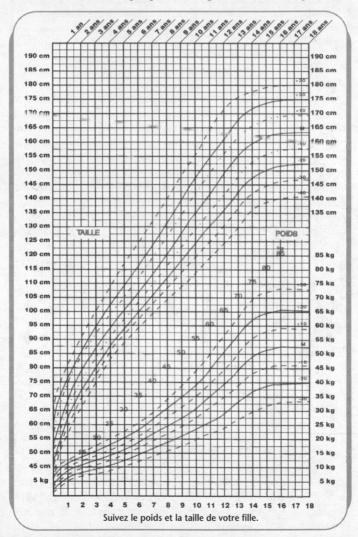

Suivez le poids et la taille de votre fille.

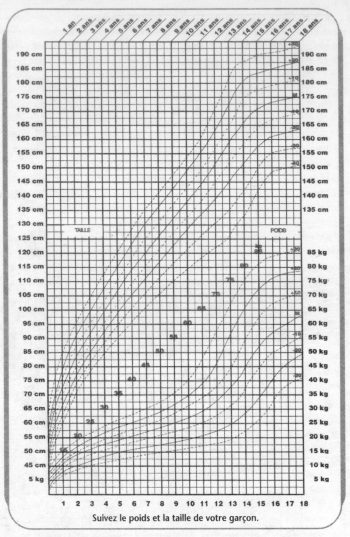

Suivez le poids et la taille de votre garçon.

veiller la vitesse de croissance, vous pouvez avoir une approximation plus fine de la taille définitive de votre enfant. La radiographie du poignet donne une bonne indication de la maturité et permet éventuellement d'affiner le pronostic.

● *Surveiller la croissance d'un enfant est important.* Si votre enfant a une taille qui reste, d'année en année, dans le couloir où elle se situait à 2 ans, cela signifie qu'il a un taux normal d'hormone de croissance. Même s'il est petit, sa taille est constitutionnelle ; elle ne relève probablement pas d'un traitement qui serait aussi inopportun qu'inefficace.

Si, à un certain moment de la croissance, la courbe de la taille passe dans le couloir inférieur, un bilan s'impose pour détecter un retard de croissance et évaluer les possibilités thérapeutiques. Vous trouverez à ce sujet toutes les informations *page 451.*

● *Le peser de temps en temps.* L'idéal est de noter son poids environ tous les 3 mois. Fini le temps où les rondeurs des bébés faisaient honneur à leurs parents ; ceux d'aujourd'hui n'ont plus du tout cette conception. Un enfant menu est souvent un enfant bien portant

La courbe de poids a un double intérêt :

– si votre enfant ne grossit pas régulièrement, il faut rechercher les déperditions digestives : une diarrhée chronique, avec trois selles molles par jour, peut retentir sur la construction des tissus, il faut la traiter ;

– si, au contraire, votre enfant devient trop gros, il peut s'agir des prémices d'un embonpoint dont il aura bien du mal à se débarrasser plus tard : vous devez alors interdire que les bonbons entrent à la maison et demander à toute personne ayant la garde de votre enfant de ne pas proposer un gâteau ou un morceau de pain comme lot de consolation chaque fois qu'il pleure ; ces mesures suffisent bien souvent à cet âge, sans autres privations.

☞ **Ne transformez pas une surveillance épisodique en un contrôle maniaque : la joie de vivre et un minimum de décontraction alimentaire sont en effet indispensables au bon développement du petit enfant.**

Ses dents, ses cheveux, ses ongles

● *Ses dents.* C'est entre 1 an et 3 ans que votre enfant complète sa denture temporaire. Ensuite, entre 3 et 6 ans, il n'aura plus de poussées dentaires.

L'ordre d'apparition des dents. Comme vous l'avez constaté, l'apparition des dents peut être quelque peu fantaisiste. À titre de repère, vous trouverez *pages 92 et 137* les dates d'éruption les plus habituelles.

Un retard de quelques mois dans ce programme n'indique pas particulièrement que votre enfant a un problème de santé. Votre pédiatre ne demandera des examens complémentaires que si d'autres stades évolutifs sont également en retard.

Les douleurs des poussées dentaires. N'attribuez pas systématiquement aux dents les pleurs ou les fièvres de votre bébé. Il n'en reste pas moins que l'éruption des grosses prémolaires peut faire souffrir le nourrisson. Il se soulage en mordillant un jouet de caoutchouc, et vous pouvez l'aider en appliquant avec votre doigt un gel calmant *(voir page 93)*. Je vous rappelle que vous ne devez jamais inciser la gencive ni la frotter avec un sucre. C'est souvent au moment de l'éruption des prémolaires que votre bébé peut avoir une stomatite *(voir page 93)*.

L'implantation de la première denture. Ces jolies petites perles ne sont pas toujours bien alignées, loin s'en faut ! Vous pouvez déjà deviner qu'un traitement effectué par un orthodontiste (spécialiste qui corrige les déformations de la denture) sera nécessaire et lui demander son avis :

– s'il y a un décalage entre les deux maxillaires, en particulier sous l'effet de la succion du pouce, des doigts, de la tétine ;

– si les dents sortent de biais, du fait d'un maxillaire à l'évidence trop petit : il est alors très probable que les dents définitives, encore plus grosses, seront à l'étroit.

En soulevant délicatement la lèvre supérieure de votre bébé, vous voyez qu'elle est retenue à la gencive par un bourrelet charnu, le frein de la lèvre. Si ce frein descend très bas, jusqu'au bord de la gencive, vous pouvez prévoir que les incisives seront séparées par un espace d'autant plus large que le frein est épais : ce sont les « dents du bonheur ». Votre enfant et vous-même pourrez trouver cette fantaisie pleine de charme, mais il se peut aussi que vous préfériez que les dents du milieu se rejoignent ; votre orthodontiste décidera peut-être alors de couper ce frein.

À quel âge commencer le brossage des dents ? Dès l'âge de 18 mois, votre bébé aime vous imiter avec la brosse à dents. Installez-le sur un tabouret devant le lavabo et laissez-le jouer avec le dentifrice dans la bouche. C'est ainsi qu'il apprendra le plaisir d'avoir la bouche

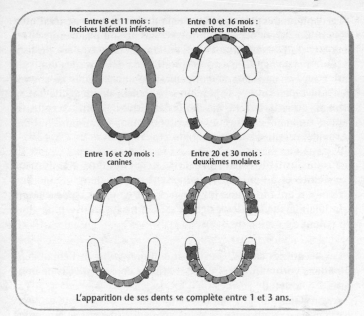

Entre 8 et 11 mois :
Incisives latérales inférieures

Entre 10 et 16 mois :
premières molaires

Entre 16 et 20 mois :
canines

Entre 20 et 30 mois :
deuxièmes molaires

L'apparition de ses dents se complète entre 1 et 3 ans.

propre et fraîche. Si sa salive entraîne déjà des dépôts, vous pouvez frotter ses dents avec une compresse imbibée de dentifrice.

C'est entre 2 et 3 ans que l'enfant commence à se brosser les dents avec des gestes dirigés. Apprenez-lui à le faire de haut en bas, en allant bien dans le fond de la bouche, et à frotter la face interne des dents. Soyez ferme, à cet âge enthousiaste, pour que le brossage ait lieu au minimum matin et soir, et donnez-lui l'exemple en vous brossant les dents en même temps que lui. Une habitude quotidienne bien ancrée avant 3 ans a de fortes chances de rester une nécessité ressentie par l'enfant, même à l'âge où la toilette ne sera peut-être pas sa priorité.

La prise du fluor. Elle doit être poursuivie tous les jours si vous voulez que l'émail des dents de votre enfant soit protégé. C'est en quelque sorte une assurance contre la carie. Respectez la dose exacte.

☞ **Le fluor se prend à raison de :**
- **1 comprimé de 0,25 mg ou 4 gouttes jusqu'à 2 ans ;**
- **2 comprimés de 0,25 mg ou 8 gouttes entre 2 et 4 ans.**

La couleur des dents. Si les dents de lait sont en général bien blanches, il arrive cependant que l'émail ne soit pas très beau : il peut être uniformément gris ou jaunâtre. Si cette couleur persiste après le nettoyage (il n'est pas question de détartrer les dents de lait), c'est une particularité congénitale à laquelle vous ne pouvez rien. Mais n'en soyez pas inquiète : la couleur des dents de lait ne présume en rien de celle des dents définitives. Et puis, si celles-ci étaient également grises, les dentistes proposent aujourd'hui des revêtements splendides. Mais bien plus tard !

☛ **Les antibiotiques prescrits actuellement à la femme enceinte et à l'enfant ne jaunissent pas les dents. Seule une famille d'antibiotiques, les cyclines, entraîne une couleur jaune indélébile sur les deux dentures. On ne les utilise plus chez l'enfant de moins de 8 ans.**

Les premières caries. Quelle que soit la fragilité de l'émail dentaire dans votre famille, si votre enfant ne consomme pas de bonbons, il y a peu de risques qu'il ait des caries.

Avant d'incriminer l'hérédité, commencez, dès cet âge où vous avez encore de l'influence, à ne pas acheter de sucreries et à interdire aux grands-parents et aux amis d'en offrir. Le plaisir d'en déguster ne vaut pas les souffrances et l'inconfort qui en résulteraient.

Si, malgré cette précaution, votre jeune enfant a des caries sur ses dents de lait, elles doivent être soignées rapidement. Même si c'est une dent provisoire, il est important de stopper le plus rapidement possible sa dégradation.

● *Ses cheveux.* Au même âge, certains enfants ont déjà une toison épaisse et fournie, d'autres ont encore des cheveux duveteux dans lesquels vous avez bien du mal, par exemple, à faire tenir une barrette. Cela ne préjuge pas de l'avenir si vous suivez ce conseil : plus tôt et plus souvent vous couperez ou ferez couper court les cheveux de votre enfant, plus sa chevelure sera belle.

● *Ses ongles.* Ils sont encore souvent très fins et friables. Parfois les ongles des orteils sont recouverts par la peau, et vous craignez qu'ils ne deviennent incarnés. Rassurez-vous, ils vont pousser et se frayer leur chemin. Il est inutile de conduire votre enfant chez un pédicure ; mettez-lui des chaussures suffisamment larges et ouvertes dès que la saison le permet ; utilisez des pyjamas sans pieds, avec des chaussettes.

La friabilité des ongles ou la présence de taches blanches ne sont pas le signe d'un mauvais état de santé général.

De la marche à la course

Vers l'âge de 1 an, votre bébé a appris à se déplacer, que ce soit à quatre pattes, en rampant, debout avec appui ou même en marchant déjà sans être tenu. À lui maintenant la belle vie et les découvertes, mais à lui aussi les dangers et les interrogations nouvelles.

À vous la période que j'estime la plus fatigante pour les parents, car la curiosité incessante de votre enfant va maintenant vous demander une grande disponibilité. Mais que de joies devant chacun de ses émerveillements et de ses progrès !

☛ **Les progrès sont chronologiquement variables d'un enfant à l'autre : certains ne marcheront seuls qu'à 18 mois tandis que d'autres se lâchent dès 10 mois ; cela n'a aucune signification quant à leur niveau d'éveil dans la mesure où le reste du développement suit son cours.**

Il vous faut considérer les différents domaines du développement, tant sur le plan moteur que sur le plan verbal *(voir page 145)*, avant d'envisager l'éventualité d'un retard. N'hésitez pas à confier vos interrogations à votre pédiatre, qui pourra procéder à un examen détaillé.

● *À 13 mois*

Le bébé rampe ou se déplace, généralement à quatre pattes.

Il marche debout avec le soutien d'une seule main et se tient debout sans appui pendant quelques instants.

Il peut s'asseoir tout seul.

Il fait des traits avec un crayon.

● *À 15 mois*

Il marche tout seul, un peu pataud, les jambes écartées.

Il se lève seul. Il monte les escaliers à quatre pattes et sait s'agenouiller.

Il aime lancer les objets, les ramasser et recommencer ; il ouvre des boîtes et enlève ses chaussures si elles ne sont pas lacées.

● *À 18 mois*

Il peut boire seul en portant la tasse à sa bouche, vous la rend ou la laisse tomber par terre. Il met la purée dans sa cuillère, mais retourne souvent celle-ci en la portant à sa bouche.

Il marche de façon plus assurée, parfois de côté ou en arrière ; il court et tombe de temps en temps. Il grimpe sur une chaise et se retourne pour s'asseoir ; il monte les escaliers debout en joignant ses pieds à chaque marche et en se tenant à la rampe. Il lance une balle sans tomber.

Il tourne les pages d'un livre en les laissant groupées. Il trace des traits vigoureux avec un crayon.

Il construit une tour haute de deux cubes.

● *À 21 mois*

Il monte les escaliers en posant les pieds alternativement sur chaque marche. Il ramasse un objet et se relève sans tomber.

● *À 2 ans*

Il ne retourne plus la cuillère en la portant à sa bouche. Il boit dans un verre qu'il tient d'une seule main.

Il court et tape dans un ballon sans perdre l'équilibre. Il commence à sauter, mais avec une tendance à tomber en avant. Il descend l'escalier en se tenant à la rampe, en groupant les pieds à chaque marche.

Il feuillette un livre page à page. Il sait ouvrir une porte en se servant de la poignée, mettre ses chaussettes et son pantalon, et ses chaussures si elles n'ont pas de lacets.

Il se lave les mains et les essuie. Il mange seul.

Il construit une tour haute de 6 à 7 cubes.

● *À 2 ans et demi*

Il se tient debout seul sur un pied, il sait marcher sur la pointe des pieds et sauter à pieds joints.

Il sait lancer un ballon, défaire un paquet.

Il tient son crayon avec les doigts groupés et peut reproduire par imitation une ligne verticale et une ligne horizontale.

● *À 3 ans*

Il sait porter les assiettes et aide à mettre le couvert. Il aide à essuyer la vaisselle.

Il danse au son de la musique, pédale sur un tricycle.

Il peut se servir de ciseaux à bouts ronds.

Il s'habille seul, à condition qu'on lui présente en bonne position la chaussure gauche et la droite, le devant et le derrière du pull. Il ne sait pas encore boutonner ses vêtements. Il se déshabille seul.

Il s'agit là de repères généraux : tout comme certains bébés marchent debout sans avoir jamais connu le stade du quatre-pattes, d'autres – et parmi les plus éveillés – ne veulent pas tenir leur cuillère jusqu'à 2 ans et plus. Ce programme ne doit vous servir qu'à vérifier l'absence de retard important qui porterait sur plusieurs acquisitions, motrices et verbales.

Lui préparer de belles jambes et de bons pieds

De belles jambes bien droites

● *Les jambes arquées* (ou *genu varum*) témoignent en général d'un manque de vitamine D. N'oubliez pas les gouttes quotidiennes de vitamine D jusqu'à l'âge de 18 mois, puis l'ampoule annuelle de 300 000 Unités jusqu'à 6 ans, et assurez-vous qu'il n'y a pas de malentendu entre le personnel de la crèche ou la nounou et vous, chacun croyant que l'autre donne les vitamines. Un enfant bien vitaminé a pratiquement toujours les jambes droites.

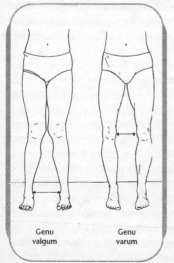

Genu valgum — Genu varum

Exceptionnellement, il peut cependant y avoir une tendance constitutionnelle au genu varum. Des mesures thérapeutiques peuvent alors être utiles (port de semelles orthopédiques entre 2 et 7 ans ; très rarement, gouttières plâtrées pendant la nuit, pour redresser les jambes petit à petit).

● *Les jambes en « X »* (ou *genu valgum*) ont souvent un caractère héréditaire. Des chaussures bien adaptées sont alors souhaitables pour éviter ou atténuer ce phénomène. Le port de semelles orthopédiques peut être ensuite bénéfique entre 3 et 7 ans.

●*Les pieds qui tournent* représentent l'une des inquiétudes les plus fréquentes des mamans. Il est tout à fait normal que le pied tourne un peu entre 1 et 2 ans, en dedans ou en dehors. Mais si la position vous semble exagérée, il peut s'agir d'un pied varus ou d'un pied valgus *(voir page 444)*, nécessitant le port de semelles. Celles-ci peuvent aussi être utiles à la voûte plantaire, si elle ne se forme pas vers l'âge de 3 ans.

●*Les doigts de pieds qui se chevauchent.* Il arrive fréquemment que le deuxième orteil, et parfois le quatrième, chevauche le suivant. Cette anomalie est parfois héréditaire ; elle provoquera des douleurs et des durillons à l'âge adulte. Vous pouvez essayer de la corriger, au moins partiellement, par l'application d'un sparadrap (demandez à un kinésithérapeute de vous montrer comment faire). Mais il faut le faire tôt et pendant plusieurs mois.

Quand et comment chausser votre enfant

S'il y a un objet qui fascine les bébés, ce sont bien ses chaussures, à tel point que, comme le fait remarquer le célèbre pédiatre américain T. Berry Brazelton, si l'on veut éviter qu'un bébé pleure pendant l'auscultation, il suffit de commencer par ausculter ses bottines ! Le plus amusant est que les parents aussi adorent ces petites chaussures. Vous êtes en général très pressés de lui acheter sa première paire, peut-être parce qu'il s'agit d'un symbole : votre bébé est devenu bipède, il se tient debout, il marche. Parents et grands-parents se font une fête du petit modèle de chaussures tout cuir, montantes, « à l'anglaise ». Oui, mais...

●*Ne le chaussez pas trop tôt.* La cheville recouvre un assemblage d'osselets qui forme une sorte de roulement à billes. S'encastrant de façon très complexe, ces petits os doivent disposer d'une grande mobilité pour donner la souplesse nécessaire à l'équilibre du nouveau bipède. Si vous rigidifiez le système avant que le bébé marche bien, vous ne lui donnez pas un meilleur appui. Bien au contraire, vous lui créez une grande difficulté : il a la même impression que vous lorsque vous vous déplacez avec des chaussures de ski.

En attendant, vous pouvez lui acheter des petites chaussures légères et souples, pour qu'il ne glisse pas sur le parquet et n'ait pas froid. Ses chevilles ne vont pas se déformer. Laissez-le donc jouer de ses petits pieds ronds et souples jusque vers 14 mois (pour un enfant marchant sans appui à 12 mois). C'est alors que vous pourrez lui mettre de vraies chaussures.

● *Chaussez-le bien.* Vous allez sans doute recevoir des conseils contradictoires. Il y a en effet deux écoles sur la question : certains préconisent de chausser les jeunes enfants, d'autres de les laisser marcher pieds nus.

J'ai longtemps fait partie des pédiatres qui, avec la majorité des orthopédistes, conseillent de laisser les pieds du bébé libres le plus longtemps possible. Tout enfant en âge de marcher a les pieds ronds et sans voûte plantaire, de petits pieds plats qui se formeront tout seuls et marcheront naturellement très bien. Lorsque l'on grandit pieds nus, on n'en devient pas moins très bon marcheur. Le problème est que nous vivons la plupart du temps, et majoritairement, en ville.

Le suivi de nombreux enfants sous différentes latitudes m'a montré que, chez ceux qui marchent avec des tennis ou des sandalettes, la voûte plantaire, qui permet de porter la chaussure de ville sans souffrir, ne se forme que rarement. Mes amis rhumatologues m'ont fait remarquer combien ces pieds restés plats et étalés souffrent ensuite dans les mocassins. Avec leur passion pour la bottine anglaise, nos grand-mères n'avaient donc pas tout à fait tort.

Quand votre enfant marchera sans appui depuis deux mois, vous lui achèterez un modèle en bon cuir, pas trop souple, avec un contrefort qui maintient le pied sur une semelle dessinant la voûte plantaire.

☞ **Ne le chaussez pas de bottines rigides avant qu'il marche seul depuis au moins deux mois.**

Ces chaussures doivent être portées une grande partie de la journée, et non pas seulement pendant les deux ou trois heures de sortie en hiver. L'enfant ne doit pas les garder pour dormir (ce qui paraît évident, mais j'ai vu des nourrices coucher pour la sieste des enfants chaussés). En tout cas, si vous avez acheté de bonnes chaussures à votre enfant, ne le laissez pas déambuler pieds nus sur la moquette pendant toute la journée : les bottines ne serviraient pas à grand-chose ! Sans compter qu'un enfant habitué à se déchausser dès son arrivée à la maison acceptera difficilement de rester chaussé par la suite.

Au printemps, vous trouverez des sandales du même type, montant vers la cheville, avec un contrefort et une voûte. En plein été, vous opterez pour plus de fantaisie et de liberté, avec tennis et nu-pieds en tout genre.

Vingt ans d'expérience avec les deux systèmes, pieds nus et pieds chaussés, me permettent d'affirmer que si vous chaussez correctement votre enfant jusqu'à 4 ans, il n'aura certainement pas les pieds plats.

● *Choisissez bien la taille de la chaussure.* Une méthode simple : mettez votre enfant pieds nus, debout sur une feuille de papier, et dessinez le contour de ses pieds. Découpez et appliquez la découpe sur la semelle de la chaussure : celle-ci doit dépasser le dessin du pied de 1 cm.

☛ **Si votre bébé a les ongles incarnés, ce qui est fréquent, mettez-lui le plus possible des chaussures ouvertes au bout avec une chaussette, pour laisser l'ongle se développer librement. Et ne le faites pas dormir avec une grenouillère à bout fermé.**

La naissance du langage

Vous connaissez certainement des enfants qui disent plusieurs mots à 1 an, d'autres qui s'expriment de façon incompréhensible à 2 ans et demi, d'autres qui n'ont rien dit jusqu'à 2 ans, puis se sont mis à parler comme des livres.

Ces exemples, souvent à l'intérieur d'une même fratrie, donnent aux parents une certaine sérénité devant le développement du langage, leur évitant de vouloir faire de leur enfant un singe savant. Une telle attitude est souhaitable car l'enfant qui sentirait ses parents avides de prouesses de sa part répondrait en général par un blocage dommageable.

Il est cependant important d'encourager la communication langagière, qui est le propre de l'humain, non seulement parce que l'enfant peut alors plus facilement s'exprimer, demander ce dont il a besoin, mais aussi parce que le fait de pouvoir parler stimule la construction de la pensée et le raisonnement, et développe les relations affectives.

Bien des parents me disent : « Il ne parle pas mais il comprend tout. » Certes, il comprend en général les ordres et les situations simples ; mais l'enfant qui connaît des mots signifiants développe sa pensée abstraite, comprend les sentiments et les déductions, et aura souvent plus de facilités ensuite pour répondre aux consignes d'un adulte à l'école, pour se concentrer sur une histoire et pour apprendre à lire. Je vais donc vous indiquer d'abord les étapes habituelles du langage. Ce ne sont bien sûr que des étapes moyennes, avec de larges variantes d'un enfant à l'autre. Je vous donnerai ensuite quelques conseils pour encourager votre enfant dans ses progrès.

Les différentes étapes du langage

● *Entre 1 an et 15 mois.* L'enfant comprend quatre à six mots, connaît son nom et le sens du mot « non ». Son vocabulaire va dès lors s'accroître progressivement.

●*À 15 mois.* Il comprend une vingtaine de mots. Il utilise en général un jargon dont les sons ne désignent pas un objet ou une action, mais peut dire 6 ou 8 mots vraiment signifiants ; non seulement il comprend le mot « non », mais maintenant il le dit lui-même volontiers.

●*À 18 mois.* Il prononce une dizaine de mots. Il comprend et exécute des ordres simples : *donne à ton papa, prends le pain...* Il montre un objet, ainsi que son nez, ses yeux, sa bouche.

Il vous imite dans vos travaux domestiques. Il est capable d'actions qui demandent une capacité de déduction, par exemple tirer sur la nappe pour faire venir l'objet qui est trop loin.

C'est un âge d'inquiétude, avec une recrudescence de la succion du pouce, un grand besoin du nounours.

●*À 21 mois.* Il assemble deux mots, répète ce que vous dites, sait demander à boire ou à manger. Il commence à exiger des rituels pour s'endormir.

La phase d'opposition, pendant laquelle vous serez souvent désemparée par les « non ! » catégoriques et répétés de votre enfant, s'étend de 18 mois à 3 ans. Elle permet à l'enfant d'affirmer sa personnalité. Ne vous attendez pas à ce qu'elle s'arrête d'un coup. Pour éviter que la personnalité de votre petit se fige dans une opposition permanente, il va vous falloir de la diplomatie et de la confiance ; je vous en reparlerai en traitant des caprices *(voir page 177).*

●*À 2 ans.* Il parle volontiers et n'utilise plus de jargon ; il connaît la signification de 300 mots environ (ce qui ne signifie pas qu'il les utilise) et s'appelle par son prénom. Il fait des phrases de trois ou quatre mots, qui peuvent être négatives ou interrogatives. Il aime que vous lui racontiez des histoires et il les suit grâce aux images.

C'est un âge où il apprécie la compagnie des autres enfants mais sans vraiment jouer avec eux. Il ne veut pas prêter ses jouets, ayant parfaitement conscience de ce qui est à lui (mais pas de ce qui est aux autres). C'est l'âge des jeux parallèles, les enfants aimant jouer les uns *à côté* des autres mais pas les uns *avec* les autres. Les relations consistent surtout à se tirer les cheveux, à se mordre, à se donner des coups de pied et à se prendre les jouets. Par ailleurs, l'enfant a horreur de quitter ses parents, aller à la garderie ne le rend pas toujours heureux. Nous en reparlerons *page 175.*

● *À 2 ans et demi.* Il aime répéter des chiffres comme s'il comptait : « 5, 6, 2 ». Il sait dire son nom et son prénom. Il aide à ranger les jouets.

● *À 3 ans.* Il parle couramment, connaît la signification d'environ 900 mots, emploie le pluriel, a une petite idée du passé, du présent et du futur. Il pose de nombreuses questions. Il commence à dire « je ».

Il commence à utiliser les articles, les pronoms et les adverbes, il compte jusqu'à 10. Il sait quel est son sexe.

Il commence à jouer avec les autres enfants de manière interactive.

Il connaît les quatre couleurs principales. Avec un crayon, il trace un cercle...

Ces acquisitions, qui permettent à votre enfant de s'adapter à l'école maternelle, ont fait dire au pédiatre américain Gesell : « L'âge de 3 ans est une sorte de majorité. »

Encouragez votre enfant à parler

N'oubliez jamais que vous élevez votre enfant par amour et non par amour-propre, pour son épanouissement et non pour être fier de lui. Le jeune enfant qui sent une pression de ses parents quand il s'agit d'accomplir tel ou tel progrès entre dans une attitude de refus, qui se pérennisera d'autant plus que l'attente parentale sera plus forte.

Si votre enfant ne parle pas, n'essayez jamais de l'obliger à dire les mots ou à les répéter après vous ; il se découragerait et se fermerait au langage pour un bon bout de temps.

S'il ne dit que la fin d'un mot (« -sson » au lieu de « poisson » par exemple), ne lui demandez pas de rectifier ; encouragez-le en lui montrant que vous avez compris et que vous êtes ravie qu'il puisse ainsi se faire comprendre. Répétez avec enthousiasme : « Oui ! Le poisson ! » Votre bébé sera heureux que vous ayez compris, mais également conscient de la différence de prononciation, et il corrigera rapidement lui-même.

Lorsque vous parlez avec vos amis ou votre mari en présence de votre enfant, il n'entend que la musique du langage et il ne comprend pas encore le sens de chaque mot. Il vous imitera par le jargon : « balabalabala », ce qui n'est pas un langage à proprement parler. En revanche, le petit qui dit « vroom, vroom » pour désigner une voiture a un vrai langage.

Lorsque vous jouez avec votre enfant et que vous nommez l'action par un mot simple, toujours le même (par exemple le mot *recule* pour une voiture qu'il fait reculer), il écoute et établit peu à peu la relation entre le mot *recule* et le mouvement de la voiture. Alors vous lui dites : « Toi, recule la voiture », et vous voyez qu'il a compris. Ensuite il essaiera de dire le mot. Et vous applaudirez, même s'il le déforme.

On a trop dit, je crois, aux parents de ne pas « parler bébé » aux enfants. Dès la naissance, les parents prennent spontanément une voix différente pour communiquer avec leur nouveau-né, et le nourrisson aime les comptines avec leur répétition de petits mots rigolos. Votre enthousiasme est bien légitime lorsque vous comprenez qu'en faisant « wouah ! wouah ! », votre enfant veut dire le mot chien, et vous encouragez votre bébé en reprenant ce mot. Ensuite, au-delà de 3 ans, l'enfant est capable d'enrichir son vocabulaire et vous ne devez pas vous complaire à entretenir ses expressions de bébé, même si elles sont attendrissantes. C'est alors qu'il ne faut pas continuer à « parler bébé ».

● *Si votre enfant parle peu pour son âge*

Réfléchissez à son mode de garde : peut-être ne bénéficie-t-il pas d'une compagnie stimulante ? Le langage naît d'un échange ; la personne qui éduque l'enfant doit prendre le temps de jouer et de parler avec lui, et y trouver de l'intérêt. Si la nounou communique peu parce qu'elle est de langue étrangère ou qu'elle est débordée par un trop grand nombre d'enfants à garder, ou si elle est timide, introvertie, ou encore si elle est plus préoccupée de ménage que de jeux avec votre enfant, il ne serait pas étonnant, dans ces conditions, qu'il tarde à bien parler. Il faudrait alors que vous compensiez ce manque en consacrant le plus de temps possible à jouer avec votre bébé.

Vérifiez son audition. Des otites à répétition peuvent être la cause d'une baisse de la faculté d'entendre et donc de communiquer. N'hésitez donc pas à consulter un médecin ORL habitué aux jeunes enfants.

Si le retard de langage n'est pas isolé, s'il est accompagné d'un retard moteur, votre pédiatre demandera sans doute un bilan plus approfondi.

Si vous voulez être bien conseillée et avoir un exemple de conduite favorisant la découverte du langage par votre enfant, un orthophoniste pourra aider votre enfant à apprendre à parler avec plaisir et sans contrainte.

● *Les erreurs que les parents risquent de commettre en voulant stimuler le langage de leur enfant.* Pleins de bonne volonté, vous risquez d'utiliser par impatience ce qu'on appelle les stratégies négatives.

– Ne demandez pas à votre enfant de prononcer correctement les mots qu'il déforme : par exemple, s'il dit « le petit crain », ne lui dites surtout pas : « Non, répète : le petit train. » Répondez-lui : « Mais oui ! » (ce qui veut dire : j'ai compris, c'est formidable, tu sais parler) et répétez correctement : « Le petit train ! » Il remarque alors qu'il n'a pas prononcé le mot exact, mais que vous avez compris et, comme il ne cherche qu'à vous faire plaisir, il essaiera de recommencer en corrigeant.

– Ne harcelez pas votre enfant de questions telles que : « Qu'est-ce que c'est ? Comment cela s'appelle ? » Vous risquez de le mettre en situation d'échec parce que, s'il ne sait pas, il peut penser : « Je suis vraiment idiot, je n'arrive pas à faire ce que demande maman. » À l'inverse, s'il sait, il s'interroge : « Vraiment, pourquoi me demande-t-on tout le temps cela ? ». Dans les deux cas, la situation est négative pour l'enfant.

– N'interdisez pas systématiquement : « Ne fais pas de bruit ! », « Tais-toi ! ». Ces ordres négatifs provoquent chez l'enfant un repli sur soi et ne lui donnent pas l'envie de s'exprimer. Certains petits auraient bien envie de parler, mais juste à ce moment-là, on leur dit : « Arrête de bouger tes pieds. » Sans nous en rendre compte, il arrive que nous les assaillions de consignes contradictoires. Évitez donc d'exercer une trop forte pression sur votre enfant en croyant bien l'éduquer : si vous le laissez vivre avec spontanéité, il vous parlera sans craindre de mal s'exprimer ou de faire une bêtise.

– Évitez les petites phrases inachevées que l'enfant est censé terminer, comme : « Les feuilles sont... », « Après lundi c'est... ». L'exercice n'intéresse pas les tout-petits.

– N'insistez pas avec des menaces comme : « Tu vas répéter : gâteau. Si tu ne le dis pas... »

– Attention aux remarques sans logique. L'enfant se promène dans la rue avec sa maman et dit : « Maman, l'est méchant le chien ? » et la mère, l'esprit ailleurs, lui répond : « Ne mets pas les pieds dans le caniveau ! » Il faut essayer, malgré ses soucis, de rester attentif à ce que dit l'enfant, et disponible pour répondre à la question qu'il a posée.

– Évitez les attitudes négatives qui lui feraient perdre confiance en lui : ne vous moquez pas de votre enfant s'il prononce mal un mot, ne le grondez pas en lui disant : « On ne dit jamais cela, je te l'ai déjà dit cent fois. » Ne le forcez pas à parler. Ne le traitez pas de paresseux.

Un enfant qui prend goût à jouer avec les mots, à les utiliser pour se faire comprendre, à en apprendre de nouveaux, s'offre de grandes possibilités d'épanouissement. À condition, comme toujours, que vous ne cherchiez pas à le soumettre à votre propre volonté, mais à l'accompagner dans sa communication avec les autres.

Devant le miroir,
la naissance de son identité

● *De 12 à 18 mois.* L'enfant prend son reflet pour un autre enfant qui bouge en même temps que lui. Il s'étonne cependant en découvrant que les mouvements de l'autre se font en même temps que les siens. Il observe le reflet suçant sa main en même temps qu'il suce la sienne ; il effectue des jeux de mains devant le miroir, va vers l'image qu'il ne sait pas être la sienne.

● *À 18 mois.* Le reflet dans le miroir est toujours « un autre », mais un autre vraiment étrange : il ne prend pas le jouet qu'on lui tend ! Cette image le met mal à l'aise : votre enfant l'évite en détournant le regard.

☞ C'est vers l'âge de 2 ans qu'un enfant se différencie des autres sur une photo ou un film vidéo. Vers 3 ans, il joue avec son ombre en ayant parfaitement compris qu'elle est son double.

● *À 2 ans.* Il se reconnaît avec plaisir. Le fait de jouer devant un miroir accélère-t-il la perception de soi-même ? Il semble que non. Des études faites sur des tribus vivant sans miroir montrent qu'il ne faut que 7 minutes d'exploration à un enfant de 2 ans pour s'identifier. Ce qui compte, c'est la maturité des structures mentales.

Est-il gaucher ou droitier ?

Les individus ne se répartissent pas en deux catégories, les droitiers et les gauchers, mais en quatre.

Les **droitiers homogènes** se servent préférentiellement et plus habilement de leur main droite pour saisir, de leur pied droit pour taper dans un ballon, de leur œil droit pour regarder (environ 50 % de la population).

Les **gauchers homogènes** utilisent le côté gauche pour tout faire (environ 5 % de la population).

Lorsqu'un enfant est gaucher (ou droitier) franc, vous pouvez vous en apercevoir dès l'âge de 5 mois. Il n'aura généralement aucune difficulté à parler, à lire ou à écrire, pourvu que vous le laissiez se débrouiller avec son côté habile.

On explique la latéralisation par la dominance de l'hémisphère gauche chez les droitiers, et inversement. Il est très troublant de voir comment un gaucher copie en général le mot *papa* la première fois : exactement comme si on lisait le mot dans un miroir. C'est dire qu'il perçoit son environnement à l'inverse du droitier.

Les **droitiers ou gauchers partiels** tendent la main droite, par exemple, mais regardent avec l'œil gauche, ou inversement.

Les **ambidextres** se servent indifféremment des deux côtés.

Ces deux derniers types d'enfants, mal latéralisés, représentent 45 % des individus. Ce sont les plus difficiles à repérer. Il vous faudra attendre que votre petit ait 2 ans et demi pour savoir quelle main il utilise préférentiellement. Ce sont ces enfants, mal latéralisés, qui peuvent poser quelques problèmes : vous laissant longtemps dans l'incertitude quant au côté qu'ils préfèrent, ils peuvent encore changer de dominance jusqu'à 6 ans. Avec eux, les parents doivent être observateurs, de façon à encourager leurs capacités sans contrarier leurs tendances naturelles.

● *Comment savoir si votre enfant est gaucher ?* Ce n'est pas la fréquence avec laquelle l'enfant se sert plus volontiers de la main gauche qui est probante, mais l'utilisation de cette main pour les mouvements fins et précis : attraper une miette, tourner les pages d'un livre, placer un cube sur un autre, placer un objet dans un

trou, prendre des ciseaux. Si votre enfant préfère nettement la main gauche, observez aussi :
- le pied avec lequel il tape dans une balle ;
- l'oreille qu'il tend vers votre montre ;
- l'œil qu'il met devant un carton troué pour vous regarder.

Vous saurez ainsi s'il est gaucher homogène ou seulement gaucher manuel.

La vie est un peu plus complexe pour les gauchers. Tout est conçu sur le plan pratique pour les droitiers : les ciseaux, le couvert dressé à table avec le couteau à droite, le sens d'ouverture des robinets, et surtout le sens de l'écriture, de gauche à droite, permettant au seul droitier de voir ce qu'il vient d'écrire.

Mais rassurez-vous, le gaucher nettement et précocement latéralisé à gauche s'adapte très vite et peut devenir aussi adroit que le droitier, comme le prouvent des exemples célèbres, de Michel-Ange à Platini.

Le gaucher n'est ni un génie ni un dyslexique. Pour éviter tout problème, il est cependant essentiel de bien repérer son côté préférentiel, en particulier pour le graphisme, afin de ne pas contrarier sa main la plus habile au moment des dernières années de maternelle.

N'essayez pas de le faire changer de main, vous le rendriez maladroit et le perturberiez dans toutes ses acquisitions.

● *Quelle main faut-il encourager chez les enfants ambidextres ?* Si la latéralisation de votre enfant ne vous paraît pas encore évidente, s'il se sert indifféremment de ses deux mains, ne faites rien pendant ses trois premières années pour orienter ses gestes avec la main droite. Accompagnez-le dans ses progrès naturels, ne le contrariez pas. Au cours de sa sixième année, un bilan précis fait par un orthophoniste permettra d'analyser finement l'habileté de chaque main et de savoir, en particulier, avec laquelle on doit lui apprendre à écrire.

Les jeux qui l'éveillent

Il n'y a pas de plus grande joie pour les parents et pour les grands-parents que de chercher le jouet merveilleux qui va faire long-temps plaisir au jeune enfant et lui permettre d'exercer sa curio-sité incessante.

Mais vous êtes parfois tout à fait étonné de le voir plus occupé par l'emballage de certains jouets que par les jeux eux-mêmes, sans attrait ou trop complexes pour son âge.

● *Quelques principes de base*

– C'est en jouant vous-même avec votre enfant que vous lui don-nez du goût pour son jouet ; ensuite, il l'utilisera tout seul à sa manière.

– Ce n'est pas en lui offrant un grand nombre de jouets que vous ferez son bonheur.

– Les jouets ne vous dispensent pas d'être le plus disponible possible pour votre enfant.

☛ **Mieux vaut aller chercher votre bébé plus tôt à la crèche pour feuilleter avec lui un magazine, que de le laisser une heure de plus pour aller lui acheter le dernier jouet d'éveil !**

Il n'en reste pas moins que certains jeux vont vous rendre très heureux ensemble. La curiosité de l'enfant est telle entre 1 et 3 ans, il passe si vite d'un centre d'intérêt à un autre, que lorsqu'il vous semble lassé d'un jouet, vous pouvez ranger celui-ci hors de sa vue pendant quelques semaines. Quelle joie de le redécou-vrir ensuite pour une autre utilisation, souvent éloignée de celle prévue par le fabricant ! Car il y a toujours quelque chose de se-cret et de très personnel dans la relation de l'enfant avec son jouet. La plupart des jouets dont je vous ai parlé pour sa première année gardent ainsi encore tout leur intérêt.

À chaque âge, ses jouets préférés

Ils favorisent le sens de l'observation et la créativité de l'enfant.

● *À 15 mois :*

– un camion, un chariot, une brouette à pousser ou à tirer ;

– des jouets flottants pour le bain ;

– une boîte percée dans laquelle on peut faire facilement entrer un cube ;
– une poupée de chiffon ;
– des cubes.

● *À 18 mois :*
– un objet roulant à traîner derrière lui avec une ficelle ;
– un ballon qu'il pousse avec les mains.

● *À 21 mois :*
– des gobelets gigognes à encastrer ou à empiler ;
– des jeux pour le bord de mer ou le tas de sable : seau, pelle et tamis ;
– une balle, qu'il peut lancer sans tomber ;
– des cartons perforés dans lesquels on enfile des lacets de couleur ;
– un berceau pour sa poupée.

● *À 2 ans :*
– de grosses perles à enfiler ;
– une ferme et ses animaux ;
– un chariot à tirer dans lequel il peut empiler ses cubes ;
– un téléphone.

● *À 2 ans et demi :*
– un cheval à bascule, qui lui donne une impression de puissance ;
– de grosses pièces de construction qui s'encastrent ;
– des puzzles simples de dix à vingt gros morceaux ;
– un ballon, dans lequel il sait donner un coup de pied sans tomber ;
– une ferme avec ses personnages.

● *À 3 ans :*
– un garage ;
– un tricycle ou un vélo avec des roues stabilisatrices, car c'est l'âge où l'enfant commence à pédaler ;
– un établi de menuisier en bois, avec des chevilles et un marteau ;
– une dînette ;
– un camion sur lequel il peut s'asseoir et se pousser ;
– des ustensiles de ménage.

Ses grands complices

● *La poupée intéresse les filles et les garçons dès l'âge le plus tendre.* Jusqu'à 5 ans, c'est surtout pour imiter leur maman. Ensuite, la poupée aura une autre fonction, dont nous reparlerons. À 1 an, l'enfant aime les poupées bien souples ; à 2 ans, il aime en avoir plusieurs, avec lesquelles il joue en même temps ; à 3 ans, il est capable d'habiller et de déshabiller ses poupées.

● *L'ours en peluche.* Ce n'est pas seulement un jouet. C'est aussi un véritable ami, un substitut de sa mère, qui permet à l'enfant de se séparer d'elle progressivement. Entré dans le lit de votre bébé, il pourra rester son compagnon pendant des années et bientôt, peut-être, l'accompagner à l'école.

● *Les crayons de couleurs, les feuilles de papier et la pâte à modeler.* Ils sont à donner à votre enfant sans modération.

● *Pourquoi aiment-ils tant Babar ?* Babar a été inventé par une maman pour ses fils. Madame de Brunhoff endormait chaque soir ses trois garçons en inventant une nouvelle péripétie du roi Babar. Un bon gros roi des éléphants, débonnaire et rassurant, mais bien viril, avec une grande trompe. Les petits garçons étaient si fascinés que leur papa eut l'idée de dessiner Babar et sa femme Céleste, qui eux aussi avaient trois enfants. Il fallut beaucoup de temps pour qu'un éditeur s'intéresse à ces belles histoires et en fasse profiter des milliers d'enfants. Puis l'un des fils de Madame de Brunhoff devint à son tour éditeur et s'installa aux États-Unis : pour Babar, ce fut la gloire internationale.

Je vous conseille de raconter les histoires de Babar, si bien construites pour les jeunes enfants. Outre le plaisir qu'ils en retireront, elles leur donneront certainement envie de lire les lettres car elles y sont parfaitement calligraphiées.

● *Les livres pour enfants, l'imagier :* ils doivent être simples et joliment illustrés, ni trop savants, ni trop esthétisants. Soyez attentive à la sensibilité de votre enfant : les magazines, en particulier ceux qui montrent des objets usuels comme les catalogues de vente par correspondance, passionnent les enfants.

Ces laboratoires où nos enfants conçoivent leurs jouets

Tous les parents savent que les enfants sont des juges très sévères vis-à-vis des jouets. Tel jouet qui vous avait paru attractif et instructif les intéresse moins que son emballage, alors qu'un monstre horrible à vos yeux deviendra son compagnon quotidien. C'est pourquoi les plus grands fabricants de jouets disposent aujourd'hui de véritables laboratoires où les bébés et les enfants testent les idées qui leur sont soumises.

● *Un exemple, le children center de Mattel.* Le children center, installé à Los Angeles, comporte des salles de jeux dotées de vitres sans tain, qui permettent d'observer et de filmer le comportement spontané des enfants face aux jouets : des psychologues et des concepteurs de jouets étudient ensuite les images – au besoin au ralenti – pour savoir ce que préfèrent l'enfant selon son âge, quelle fonction du jouet il utilise, quels mécanismes l'intéressent, ce qui l'attire et le laisse indifférent. Les bébés sont accueillis avec leur mère. On pose ensuite des questions aux mères et aux enfants en âge de répondre pour connaître leurs suggestions. Ces « focus groups », qui comprennent une dizaine d'enfants par séance, permettent d'adapter les projets en gestation aux besoins réels des enfants. Il en jaillit souvent des idées nouvelles.

Les enfants sont aussi des juges a posteriori : 200 à 300 d'entre eux sont interrogés chaque année (ou leur mère lorsqu'il s'agit de jouets pour des enfants de moins de 6 ans) pour savoir quels reproches ils font aux jouets qu'ils ont utilisés et quel type de jeu ils aimeraient avoir à leur disposition. Grâce à ces études, des jouets de plus en plus adaptés à l'imaginaire enfantin sont mis au point.

Dans leur laboratoire destiné aux enfants, les fabricants de jouets essaient d'anticiper sur le mystère de cette alchimie, afin de proposer aux petits un jouet modifié et corrigé selon le goût des bébés testeurs, et aux parents des indications d'utilisation selon l'âge de l'enfant... dictées par les enfants eux-mêmes.

● *Les qualités essentielles que les enfants attendent des jouets* sont d'après ces études en laboratoire :
– la possibilité de transformation ;
– la possibilité de simuler la vie des adultes ;
– la possibilité de rêver à des situations extrêmes.

Pour les petits, ce sont les qualités de contact avec la matière, de couleur et de simplicité d'usage qui priment. Mais personne ne saura jamais pourquoi la girafe Vulli, parmi tant d'autres créations, reste un best-seller auprès des bébés, après cent ans d'existence...

Déjà fasciné par la télévision

Votre enfant a certainement compris comment fonctionne la télécommande du téléviseur avant de savoir faire des pâtés de sable… c'est un enfant de son temps! Mais quel est l'impact de la télévision sur des bébés à peine sortis du berceau ?

● *Votre bébé est fasciné par la télévision.* Dès qu'il se tient assis, il distingue les couleurs, aime la mobilité de l'image. C'est surtout la publicité, avec ses films courts, qui l'intéresse, mais son attention visuelle va augmenter considérablement entre 1 et 2 ans.

● *Ne l'habituez pas à vivre avec la télévision allumée.* Remarquez bien que je n'ai pas dit *devant*, mais *avec* : en bruit de fond, même si l'enfant n'est pas devant l'écran, la télévision donne de mauvaises habitudes. Elle empêche le cerveau de laisser libre cours à la pensée. Le bébé en permanence dans une ambiance télévisuelle – le jour chez sa nourrice, le soir à la maison – ne pourra plus se passer du poste allumé lorsque plus tard il fera ses devoirs. Sa concentration en pâtira.

Les nounous doivent donc se faire une obligation de ne pas laisser la télévision allumée toute la journée lorsqu'elles ont un jeune enfant à charge. Et les parents ne devraient la regarder que le temps du « journal ». Ensuite, l'enfant couché, ils seront libres d'occuper leur soirée à leur façon.

Si l'assistante maternelle ou les grands-parents ne peuvent se priver de regarder la télévision en présence de votre enfant, demandez-leur de se limiter à 2 heures par jour : le cerveau d'un enfant bien portant a des mécanismes de défense qui lui permettent de se protéger contre des stimuli agressifs, s'il n'y est pas soumis de façon trop prolongée.

Vous lui apprendrez même bientôt à utiliser intelligemment la télévision *(voir page 214)*.

L'apprentissage de la propreté

Huit enfants sur dix deviennent propres spontanément vers 2 ans et demi le jour, et vers 3 ans la nuit.

Les parents ont simplement à proposer un pot, à montrer comment s'en servir et à attendre que le petit ait envie de l'utiliser. Il ne faut jamais se fâcher à ce propos, ni humilier l'enfant, ni lui donner une fessée. La méthode à suivre est simple : laissez votre enfant évoluer à son rythme, sans être obnubilé par cet apprentissage.

En effet, la plupart des enfants refusent un jour les couches la journée en demandant tout naturellement le pot ou les toilettes, puis deviennent propres la nuit. L'acquisition de la propreté ne se fait cependant pas toujours aussi simplement : à l'âge de 3 ans, environ un enfant sur cinq n'apprécie pas qu'on ne lui mette plus de couches et n'a pas acquis la maîtrise de ses sphincters. L'entrée à l'école maternelle approchant, la patience des parents ne sera que plus nécessaire.

Les étapes habituelles de la propreté

Chaque enfant ayant son rythme propre, je ne vous donne ici que quelques repères qui vous permettront de savoir ce que vous pouvez proposer (et non imposer) à votre enfant selon son âge : la couche ou pas, le pot ou pas ?

● *Le nouveau-né a déjà un instinct de propreté.* Combien de fois, quand vous déshabillez le bébé sur ma table d'examen, vous vous excusez d'un pipi spontané de votre enfant ! Cette miction est provoquée par la sensation de fraîcheur et de nudité.

Si nous observons bien le nourrisson, nous remarquons que ses traits se figent parfois à l'instant où sa vessie se vide. Il a donc certainement déjà une perception de l'émission d'urines. Ainsi, un bébé qui a souvent les fesses nues lorsqu'il urine a probablement une sensibilité plus fine que le nourrisson élevé en couches « antifuites », bien emballé dans ses urines et ses selles jusqu'au prochain change. Bien sûr, cette protection est nécessaire, mais c'est une nécessité qui atténue les sensations corporelles. Nous devons donc ensuite être indulgents devant la perplexité du jeune enfant : le pot, pour quoi faire ?

☞ **On considère ainsi que le pipi au lit (énurésie) ne mérite un traitement qu'à partir de 5 ans.**

● *À 15 mois.* Le bébé sait prévenir sa mère lorsqu'il est mouillé.
● *À 18 mois.* Il est propre le jour, mais quelques « accidents surviennent encore ». Il joue parfois avec ses selles.
● *À 2 ans et demi.* Il est propre le jour et commence à s'intéresser à ses organes génitaux. Il va aux toilettes, s'assoit sur le siège des W.-C. sans aide, mais ne sait pas s'essuyer. Il commence à être propre la nuit.
● *À 3 ans.* Il ne se mouille plus la nuit.

Attention, ce sont des comportements que votre enfant peut avoir, mais non qu'il doit avoir. Si votre enfant ne progresse pas selon ce calendrier, ne le grondez pas, ne lui faites pas honte.

Quelques conseils pour devenir propre sans drames

● *Halte aux mauvaises méthodes.* Au siècle dernier, on exigeait souvent que l'enfant soit propre vers l'âge de 1 an. Pour obtenir ce résultat, on l'habituait à aller sur le pot dès qu'il se tenait bien assis, entre 8 et 10 mois, parfois même dès le troisième ou le quatrième mois. On obtenait ainsi un résultat passif, surtout pour les selles, qui sont souvent évacuées selon un horaire précis, juste après un repas. La mère montrait alors sa satisfaction. Elle ne devenait exigeante qu'après l'âge de 1 an. Le lavage à la main des couches de coton, des culottes et des vêtements l'incitait à une certaine pression éducative. Tant d'enfances ont été marquées négativement par ces comportements familiaux que les pédiatres ont incité les parents à respecter la maturation spontanée de l'enfant en ce qui concerne le contrôle des sphincters.

L'enfant étant en période d'opposition entre 1 et 3 ans, les discours, récompenses ou punitions concernant la propreté ne font que renforcer les blocages psychologiques. On en est donc venu à une attitude de tolérance et de respect de l'enfant. Pour y parvenir, il faut connaître ses sensations et sa maturité.

● *Ne pas laisser trop longtemps votre enfant emballé dans son urine et ses selles.* L'industrie vous propose des produits de plus en plus performants, les changes complets. Ils ont l'avantage non seulement de se jeter, mais d'être imperméables : les urines et les selles ne salissent plus les vêtements. Mais cet emballage en couches scotchées ne doit pas être prolongé trop longtemps : il prive votre jeune enfant de la sensation d'être fesses nues dans une culotte sèche.

● *Quand proposer le pot ?* Quand votre enfant est prêt. Il n'y a pas d'âge précis. Un enfant peut être prêt dès 1 an (dès qu'il marche avec stabilité) ou attendre 2 ans. Si vous voulez qu'il devienne propre avant qu'il ait atteint cette maturité, il risque de s'enfermer dans un refus obstiné et vous mettrez alors beaucoup plus de temps pour obtenir un résultat. À l'inverse, si, alors que votre enfant veut enlever ses couches et fait pipi dans le pot lorsque vous l'y installez, vous préférez, pour des raisons de commodité, le laisser en change complet toute la journée, il risque de régresser et de se complaire à être ainsi humide.

☞ **Achetez un pot simple, parfaitement circulaire, à bords ronds et larges (pour le confort), sans relief sur le devant : les têtes de canard, lapin ou autre animal posent parfois problème à l'enfant : dans quel sens s'asseoir !**

Vous devez proposer le pot à votre enfant :
– lorsqu'il demande d'enlever ses couches ;
– s'il émet un signal lorsqu'il va se salir ;
– s'il répond de façon concluante lorsque vous l'asseyez sur le pot.
Vous ne devez pas insister :
– si votre enfant pleure pour s'y asseoir ;
– s'il se lève régulièrement sans avoir rien émis ;
– si ces séances infructueuses vous énervent.
La maîtrise des selles et des urines se fait à peu près simultanément, même si vous avez l'impression d'un résultat plus facile avec les selles, du fait d'une prévisibilité de leur horaire.
L'enfant comprendra d'autant mieux l'utilité du pot si vous ne lui mettez pas de couches en permanence. Bien sûr les « accidents » sont inévitables au début. Ne commencez pas cette éducation au moment où vous venez d'installer une moquette neuve dans toute la maison. Choisissez plutôt une période de vacances dans une maison carrelée, en saison chaude, où laver le linge est facile.
Les règles d'or de l'usage du pot :
– ne jamais vous fâcher pour que l'enfant s'y assoie ou y reste assis ;
– réserver une boîte de jouets pour le moment du pot ;
– jouer avec lui au début, en vous asseyant à côté.

● *L'éducation « à la couche ».* « Il ne fait rien dans son pot, et il suffit que je lui mette sa couche pour qu'il fasse pipi... » Cette réflexion de beaucoup de mères m'a amenée à la conclusion suivante : le pot ajoute une contrainte supplémentaire à un apprentissage déjà complexe.

Sur le pot, l'enfant, très actif à cet âge, doit rester immobile alors qu'il a envie de se lever, d'aller et venir. Apprendre dans ces conditions à percevoir sa vessie pleine et à commander son sphincter au bon moment est une difficulté supplémentaire.

On peut simplifier le problème en ne proposant plus le pot mais la couche elle-même, dont l'enfant connaît déjà l'usage. Vous le laissez alors en petite culotte et ne lui mettez la couche que toutes les heures et demie ou toutes les deux heures. Bien souvent, le petit comprend et en profite pour se soulager. Vous lui laissez la couche environ 10 minutes, puis vous la retirez et vous en posez une propre sur une chaise. Au bout de quelques jours, l'enfant vous l'apportera lui-même pour uriner. Il est devenu continent, et peu importe qu'il se serve de la couche plutôt que du pot. Lorsqu'il maîtrisera bien ses deux sphincters, il n'aura alors aucune difficulté à utiliser le pot, ou même directement les toilettes avec un adaptateur. Cette méthode n'est sûrement pas universelle, mais bien des mamans m'ont dit avoir résolu ainsi le problème en douceur.

☛ **Si votre enfant n'est pas prêt pour l'apprentissage de la propreté, n'insistez pas, vous referez un essai 3 mois plus tard.**

● *La nouvelle culotte absorbante.* Les nouvelles couches-culottes pour grands représentent-elles un progrès pour l'acquisition de la propreté ? Sceptique au début – il s'agit tout simplement d'une couche absorbante en forme de culotte –, j'ai été ensuite favorablement influencée par l'enthousiasme des mamans, heureuses de franchir ce qui leur semble être une étape – parce qu'il s'agit tout de même d'une vraie culotte s'enfilant par les pieds, parce qu'elle est moins absorbante qu'un change complet. Cette impression de progrès, ressentie par l'enfant lui-même, l'encourage peut-être. J'attends cependant d'avoir un certain recul pour évaluer cette nouvelle pratique...

● *La propreté nocturne.* Elle s'acquiert en général peu de temps après la propreté de jour. Dès que votre enfant ne se souille plus lorsqu'il est éveillé, ne lui mettez plus de couche pendant la sieste :

vous constaterez souvent qu'il se retient, dès lors qu'il se sent libéré de sa couche. Puis vous l'enlèverez la nuit. Ne tardez pas si vous le sentez prêt pour ces étapes, sinon il pourrait régresser. À l'inverse, si vos tentatives sont infructueuses, c'est qu'il n'a pas encore acquis la maturité nécessaire au contrôle de ses sphincters. Il est possible qu'il ait besoin d'une couche la nuit jusqu'à 5 ans. À partir de cet âge, l'aide du pédiatre est souhaitable, car on peut alors parler d'énurésie *(voir page 399)*.

● *Et s'il n'est pas propre le jour à 3 ans ?* La date fatidique d'entrée à la maternelle rend souvent impatients des parents jusque-là très détendus quant à l'éducation de la propreté. Sachez cependant que l'envie d'imiter ses petits camarades qui se rendent aux cabinets a de grandes chances de déclencher chez votre enfant la maîtrise de ses sphincters. Ainsi, il me semble que l'acquisition de la propreté ne devrait pas être une condition pour l'entrée en première année de maternelle.

L'âge des réveils nocturnes

Vous êtes peut-être de ces parents heureux qui dorment bien, leur enfant reposant, paisible, dans sa chambre ; mais il se peut aussi que vous fassiez partie de ceux (huit parents sur dix) qui ne savent plus quelle attitude adopter la nuit, devant un petit qui se réveille en pleurant :

– aller le consoler : oui, bien sûr, mais voilà des semaines que vous vous levez toutes les nuits ;

– le prendre dans votre lit et vous rendormir avec lui : c'est contraire à tous vos principes, mais vous le faites parce que vous êtes très fatigués ;

– quant à le laisser pleurer, vous avez déjà essayé, mais très vite ses larmes ne peuvent vous laisser indifférents.

Et les réveils se font de plus en plus nombreux... Voici donc quelques repères qui pourront vous aider.

Combien de temps votre enfant doit-il dormir ?

Le besoin de sommeil est très variable d'un enfant à l'autre. Je ne peux donc vous donner qu'une durée habituelle, qui est une moyenne statistique concernant tous les enfants de cet âge.

LA DURÉE HABITUELLE DE SOMMEIL SELON L'ÂGE DE VOTRE ENFANT			
Âge	Durée par 24 heures	Nuit	Sieste
12 mois	13 h 45	11 h	2 h 45
18 mois	13 h 30	11 h	2 h 30
2 ans	13 h	11 h	2 h
3 ans	12 h	11 h	1 h

Il s'agit là de durées moyennes. Votre enfant a peut-être besoin de plus ou bien de moins de sommeil que le « bébé moyen ».

● **Déterminez la durée de sommeil dont votre enfant a besoin.** Observez l'heure à laquelle il se réveille spontanément le week-end ou en vacances, lorsque nulle contrainte ne modifie son sommeil spontané. Calculez le nombre d'heures qui lui sont nécessaires. Vous connaîtrez alors l'heure à laquelle votre enfant doit s'endormir en semaine, pour qu'au moment du lever imposé il ait bénéficié du repos qui lui est nécessaire.

● **La sieste est-elle obligatoire ?** L'enfant fait en général deux siestes par jour jusqu'à 12 mois, ensuite il ne ressent plus le besoin de dormir le matin. La sieste de l'après-midi diminue en durée, tout en restant nécessaire jusqu'à 3 ans. Cependant certains enfants de plus de 3 ans sont grognons s'ils ne se sont pas reposé l'après-midi, d'où l'habitude de la sieste pendant la première année de maternelle.

Si votre enfant est un petit tonique pour lequel se retrouver dans son lit après le déjeuner est une punition, mieux vaut ne pas le contraindre et le coucher plus tôt le soir.

Apprenez-lui à s'endormir

C'est souvent au cours de la deuxième année que les rites d'endormissement se compliquent : il faut une histoire, puis deux, revenir au salon faire un baiser, boire un verre d'eau... Toutes ces demandes sont charmantes, mais elles peuvent transformer vos soirées en épuisantes séances de négociations. Je pense que vous devez rester parents, c'est-à-dire maîtres du jeu. Je veux dire par là que si vous êtes, au fond, heureux tous les deux de profiter de votre enfant le soir parce que vous ne le voyez pas assez pendant la journée, gardez-le avec vous sans scrupules et sans idées préconçues sur l'heure de coucher théorique. Il peut vivre la soirée avec vous ; s'il a besoin de sommeil, il fera une sieste le lendemain. Et s'il s'endort sur le canapé du salon pendant que vous regardez la télévision, je ne suis pas convaincue qu'à cet âge ce soit vraiment nocif.

Si, au contraire, vous avez besoin, le soir, d'intimité et de repos, expliquez à votre enfant qu'on raconte une histoire, oui, mais pas deux ; on boit un verre de lait, oui, mais pas deux... N'hésitez pas à choisir un moment précis, par exemple la fin du repas familial ou, si vous regardez la télévision, les publicités après le journal de 20 heures, qui sera l'heure habituelle du coucher. L'idéal est que, une histoire racontée, un baiser donné, le jeune enfant arrive à s'endormir sans votre assistance. Comme l'écrit le pédiatre américain Richard Ferber, « pour que votre enfant dorme bien la nuit, il doit apprendre à s'endormir seul dans son berceau ou son lit, et il doit le faire dans des conditions ne dépendant pas de votre venue, des conditions qu'il peut rétablir lui-même, s'il se réveille. »

● *Les difficultés d'endormissement.* Vous avez peut-être déjà raconté trois histoires, proposé un verre de lait et quelques biscuits, donné trois fois des baisers, il est 22 h 30, vous êtes épuisés, et vous voyez votre enfant revenir au salon, son oreiller et son ours à la main.

Que faire ? D'abord réfléchir à ce que vous voulez, vous, ses deux parents, et vous mettre d'accord. Tant que vous êtes partagés entre le besoin de repos et le désir de voir votre enfant, il est bien naturel que votre petit en profite. Laissez alors votre envie de le garder pendant la soirée prendre le dessus, jusqu'au jour plus ou moins lointain où vous aurez vraiment décidé de donner la priorité à votre soirée de couple.

Si vous souhaitez des soirées en tête-à-tête, alors soyez fermes. Ce qui ne veut pas dire crier, se fâcher, et encore moins donner des fessées. Non, vous devez simplement apprendre, petit à petit, à votre enfant à s'endormir par ses propres moyens, selon la méthode progressive inspirée de l'expérience du Centre pédiatrique des troubles du sommeil de Boston : expliquez-lui que vous êtes fatigués et laissez-le pleurer un peu avant de venir le voir. Votre intervention auprès de lui ne dure alors que 2 ou 3 minutes, juste pour le rassurer, pas forcément pour l'endormir ni arrêter ses pleurs. La durée avant laquelle vous allez intervenir va augmenter progressivement, de 5 minutes le premier jour à 35 minutes le septième (on ajoute 5 minutes chaque soir). Au septième soir, il est très probable que votre enfant ait appris à dormir sans aide.

Les réveils en pleine nuit

Ils s'installent parfois dès l'âge de 9 à 10 mois, ou bien commencent seulement vers 2 ans. Bien rares en tout cas sont les enfants qui n'appellent pas leurs parents la nuit pendant cette période.

Si votre enfant vous réveille de façon exceptionnelle, allez voir s'il n'est pas malade. La tranquillité de son sommeil nocturne dépend en grande partie de votre sérénité. Si vous réagissez chaque fois qu'il s'agite en vous précipitant, en l'assistant, le consolant, le caressant et le portant, vous conditionnez votre enfant à avoir de plus en plus besoin de vous pour chaque rendormissement. Son sommeil deviendra léger, ses réveils de plus en plus fréquents, et vous passerez des nuits debout.

Mieux vaut, si vous ne supportez pas qu'il pleure, ce qui est tout à fait compréhensible, le prendre dans votre lit ; au moins, dormirez-vous un peu plus longtemps. Mais sachez que, dans ce cas, votre enfant aura du mal à se passer de ce contact avec ses parents pendant la nuit.

Afin de ne pas dormir avec votre enfant ni passer vos nuits debout, apprenez-lui à se rendormir sans assistance. Cet apprentissage du sommeil doit se faire sans cris et sans fessées. Utilisez la méthode progressive que je vous ai expliquée pour l'endormissement.

● *Si votre enfant sort de son lit.* Il vous faudra lui apprendre à y rester. Bien rares sont les parents qui savent faire comprendre à leur enfant leur besoin de repos, leur désir de ne pas être obligés de se lever quand on les réveille. Les discours culpabilisants sont inefficaces. Seule votre attitude compte. Si vous êtes convaincus que la meilleure solution pour le sommeil de votre petit, le vôtre et la solidité de votre couple, est de laisser l'enfant dans sa chambre, voici ce que vous pouvez faire.

– D'abord lui parler. Expliquez-lui que vous êtes fatigués, que maintenant vous allez dormir ; qu'il peut pleurer, c'est son droit, ce n'est pas grave. Mais il ne doit pas sortir de sa chambre.

– Si, malgré des propos tranquilles et fermes, l'enfant sort de sa chambre, pouvez-vous fermer sa porte ? La plupart des parents aujourd'hui craignent que la porte fermée crée un traumatisme psychologique chez l'enfant. Mais votre fatigue, l'absence d'intimité la nuit et, à moyen terme, le désaccord entre les parents épuisés finissent souvent par des gronderies, voire une fessée, qui me semblent tout aussi perturbants pour un petit. Se confronter à la limite de la porte fermée, chacun chez soi la nuit, peut être constructeur.

– Si les pleurs de votre enfant paraissent trop intenses et pro-longés, vous pouvez, comme pour l'endormissement, l'habituer à ce que vous ne vous précipitiez pas dès ses premiers cris : la première nuit, attendez 1 minute avant de venir ouvrir la porte ; la deuxième nuit, 5 minutes ; en allant ainsi jusqu'à 30 minutes en 8 jours. Cette méthode progressive apprend en général à l'enfant à trouver son sommeil lui-même. Mais elle n'est efficace qui si les deux parents sont convaincus que la tranquillité de leurs nuits est indispensable.

☛ **Entre 1 et 3 ans, l'enfant a envie d'être blotti contre ses parents lorsque son sommeil passe par des phases légères. À vous de l'aider à conquérir son autonomie nocturne.**

● *A-t-il des cauchemars ?* Certainement, mais cela n'impose pas une assistance immédiate de votre part. Les rêves et les cauchemars ont une fonction bien précise, celle d'évacuer les tensions suscitées par des émotions fortes pendant la journée ; ils sont donc positifs. Si vous donnez l'habitude à votre enfant de venir immédiatement le réconforter, vous risquez d'amplifier la dimension dramatique de ses cauchemars : « C'est grave puisque maman doit venir me consoler. » Si vous ne bougez pas, le cauchemar se termine généralement dans un demi-réveil, puis l'enfant se rendort, la tension déchargée.

● *A-t-il peur du noir ?* Peut-être vous souvenez-vous de vos propres terreurs nocturnes ? Évitez de les transmettre à votre enfant. Un petit n'a pas peur de l'obscurité jusqu'à l'âge de 4 ans environ, sauf si vous le conditionnez en ce sens. Si vous lui donnez l'habitude de dormir la lumière éteinte et la porte fermée, la crainte des monstres, voleurs et autres diables imaginés dans le noir ne surviendra pas à cet âge-là. Mais si vous multipliez les rites de portes ouvertes et de lampes allumées, votre enfant aura très vite une impression de malaise lorsque vous voudrez éteindre la lumière ou fermer la porte.

Ainsi, c'est souvent la transposition de nos souvenirs d'enfance sur l'imaginaire de notre bébé qui nous empêche d'adopter un comportement serein, auquel s'ajoute la surprotection – due au fait que nous avons peu d'enfants (et donc pas le droit d'échouer) – et la culpabilité (pas assez de temps à leur consacrer). L'ensemble crée un climat d'anxiété ressenti par nos petits. Soyez sereins, et votre enfant sera plus paisible et plus joyeux.

● *A-t-il mal aux dents ?* Peut-être... Pourtant, pendant la journée, le même enfant qui pleure toutes les nuits va très bien ; et dès que vous lui parlez, il se calme. Lorsque vous lui apprenez à se rendormir tout seul, il prend vite l'habitude de ne plus se réveiller. Il semble donc que, sauf dans les cas précis où l'on voit la dent percer et le bord tuméfié de la gencive, la poussée dentaire ne soit pas la cause d'une insomnie, mais, là encore, une interprétation d'adultes.

● *Soyez cohérents.* Rien n'est pire pour un petit que de se voir reprocher une faiblesse qui vient de ses parents, de se faire gronder alors que ses parents entretiennent ses réveils par leur comportement, de voir son père et sa mère se disputer à cause de lui, l'un reprochant à l'autre de ne pas se lever, l'autre se demandant si une « bonne fessée » ne calmerait pas cette manie de hurler la nuit. Il suffit pourtant que les parents choisissent ensemble une attitude précise et l'appliquent avec sérénité pour que l'enfant s'y adapte.

● *La propreté la nuit.* C'est souvent vers 3 ans, ou parfois avant, que l'enfant devient propre la nuit. Vous craignez alors au moindre appel qu'il ne soit malheureux de se mouiller, vous vous levez pour l'accompagner aux toilettes, et l'habitude des réveils nocturnes s'enclenche. Je vous conseille de mettre un pot dans sa chambre avec une petite veilleuse, et de le laisser s'occuper de sa propreté sans votre aide. Mieux vaut d'ailleurs qu'il régresse un peu sur ce plan, plutôt que de favoriser l'installation de pénibles insomnies. Votre enfant ne peut pas progresser dans tous les domaines en même temps.

● *Évitez les sirops pour dormir.* Même si on nomme « sirop » un produit qui provoque l'endormissement, c'est, par définition, un somnifère. Or les somnifères suppriment ou diminuent les rêves et les cauchemars, nécessaires à l'équilibre psychique. Les sirops pour dormir empêchent l'enfant de trouver la solution en lui-même. Aussi, dès que vous arrêtez la « potion magique », les pleurs reprennent. De plus, l'administration d'un somnifère n'est pas souhaitable pour un cerveau en plein développement. On a même démontré que les enfants qui ont pris l'habitude de ne trouver le sommeil qu'à l'aide de médicaments sont souvent les mêmes qui, adolescents, ont tendance à prendre des produits pour dormir. Le bon sommeil d'un enfant dépend essentiellement de l'atmosphère familiale, et non d'une quelconque chimie du cerveau. À la rigueur, un léger somnifère de temps en temps peut être utile... mais pour les parents, afin qu'ils trouvent la sérénité suffisante et laissent leur petit régler ses cycles de sommeil avec sa propre énergie.

Des remèdes plus naturels. Le lait tiède, légèrement sucré, est un bon calmant. Nos grand-mères préparaient du « lait de poule » en battant vigoureusement un jaune d'œuf avec du sucre en poudre, du lait entier et un peu de vanille. Donné au moment du coucher, de préférence tiède, cette préparation favorise l'endormissement.

Les tisanes légèrement sucrées (20 gouttes de teinture de passiflore ou de valériane) peuvent aider à trouver le sommeil.

Les remèdes homéopathiques se choisissent en fonction du tempérament de l'insomniaque, dormant avec ou sans lumière, coléreux ou sujet à des cauchemars... Ils doivent donc être prescrits par le médecin homéopathe.

Les caprices de son appétit

Votre enfant a grandi de 25 centimètres pendant sa première année. Il ne grandira plus que de 10 centimètres par an entre 1 et 3 ans ; aussi ses besoins alimentaires se ralentissent-ils considérablement.

Cet âge est la période du grappillage, pendant laquelle vous avez souvent l'impression que votre petit ne mange rien. Vous avez beau constater qu'il est plein d'énergie, grossit et grandit normalement, vous êtes inquiète de le voir sauter un ou plusieurs repas et se nourrir d'un morceau de pain. Préparer des menus équilibrés et voir son enfant n'en avaler que deux cuillerées est un peu décourageant. Rien d'alarmant cependant...

● *Comparons avec d'autres cultures.* Les enfants d'Océanie jouent, courent, vont et viennent pendant le repas, et picorent de-ci delà dans le bol de leurs parents. Ils ne s'assoient pas, mangent de petits morceaux, puis repartent jouer. Leur mère ne sait pas précisément ce qu'ils avalent vraiment. C'est l'instinct qui prévaut, et les enfants se développent très bien.

Dès lors que les courbes de poids et de taille de votre enfant évoluent normalement, vous devez faire confiance à son appétit spontané. Le forcer à manger, c'est préparer pour l'avenir un surpoids, avec cellulite ou cholestérol, ou bien entraîner un blocage alimentaire total, l'anorexie *(voir page 364).*

Vous pouvez le faire manger tant qu'il ne porte pas correctement la cuillère à sa bouche, mais n'insistez pas et ne le suppliez pas pour qu'il se nourrisse.

● *La corpulence de l'enfant conditionne ses besoins alimentaires.* Une petite fille menue qui mesure 82 centimètres à 2 ans n'a pas le même appétit qu'un garçon très carré mesurant 90 centimètres au même âge.

Dire que de 1 à 3 ans les besoins sont de 1 300 à 1 400 calories par jour, c'est donner une moyenne ; ces besoins varient d'un enfant à l'autre.

● *Les aliments interdits aux jeunes enfants.* Tous les toxiques, l'alcool, le café, les épices fortes sont interdits. Les abats d'origine bovine (cervelle, thymus, foie) sont formellement déconseillés. En revanche, votre enfant peut digérer les légumes secs, les conserves, les cornichons, le citron ou la moutarde car ses enzymes sont au complet.

☞ **Utilisez de préférence les laits portant l'appellation « de croissance », enrichis en fer.**

● *Les besoins en calcium.* C'est l'une de vos principales questions. Pour couvrir les besoins en calcium, il faut chaque jour :
– soit un demi-litre de lait ;
– soit 3 yaourts de 125 g ;
– soit 150 g de fromage à pâte cuite ;
– soit 50 g de gruyère ;
– soit 50 g de parmesan ou de comté.

● *Mange-t-il trop de viande ?* Comme les fabricants de petits pots, vous éviterez la viande bovine d'origine britannique. La viande libère lors de la digestion des produits que le foie va détoxiquer ; il ne faut donc pas en abuser. Mais elle apporte du fer et des protéines animales indispensables à la construction des organes humains.

L'apport idéal en viande est de :
– 25 à 30 g par jour entre 1 an et 2 ans ;
– 30 à 50 g par jour entre 2 et 3 ans.

● *Peut-il manger des œufs tous les jours ?* Oui. L'œuf n'est pas toxique pour le foie et la qualité nutritive de ses protéines est excellente. En alternance avec le poisson et complété par le lait, l'œuf peut remplacer la viande si votre enfant n'aime pas celle-ci. Il faudra alors vous assurer auprès de votre pédiatre qu'il ne manque pas de fer.

● *S'il n'aime pas les légumes verts.* Rassurez-vous, ils ne sont pas indispensables. Les légumes verts peuvent parfaitement être remplacés par des fruits cuits ou crus. N'insistez pas pour que votre enfant mange des légumes : vous risqueriez de provoquer des blocages. Quant à la soupe traditionnelle, elle n'est pas obligatoire...

● *S'il ne veut pas de morceaux.* En ce qui concerne la nourriture plus ou moins mixée, chaque enfant a ses préférences, selon l'avancement de sa dentition. Les dents de lait, en particulier les secondes molaires, ne sortent qu'à 2 ans en moyenne. Elles ne sont pas très efficaces pour broyer. En outre, certains enfants ont un gosier très sensible et le passage de grumeaux leur donne la sensation d'étouffer. Vous devez respecter leur aversion pour ce qui n'est pas parfaitement onctueux : l'acceptation des morceaux se fera naturellement.

Les petits pots permettent au nourrisson de se familiariser progressivement avec le solide : la purée, parfaitement homogénéisée les premiers mois, évolue avec les capacités de déglutition. Les petits morceaux sont généralement appréciés à partir de 8 mois (lamelles de fromage, petites pâtes, semoule ou tapioca, petits morceaux de légumes ou de viande). Leur onctuosité évite de rebuter les gosiers délicats.

☞ **N'oubliez pas qu'il est très important que votre enfant prenne sa vitamine D, parce qu'elle permet au calcium de se fixer sur les os.**

● *S'il ne prend que deux biberons de lait et de céréales, et rien d'autre.* Je connais beaucoup d'enfants qui ne se nourrissent que de deux biberons de bouillie entre 2 et 3 ans. Pendant la journée, ils se contentent d'une petite crème ou de quelques biscuits. Ce sont en général des enfants assez menus et très toniques, au développement moteur précoce. Ils ont besoin de téter pour se rassurer. Mon expérience m'a montré qu'ils ne manquent de rien, se développent très bien et délaissent naturellement les biberons dès qu'ils prennent plaisir à participer à votre repas. C'est pourquoi il n'est pas nécessaire de vouloir à tout prix modifier son alimentation. Préférez alors un lait enrichi en fer.

Mais laisser un enfant vivre en permanence avec son biberon est souvent une solution de facilité pour l'adulte qui veille sur lui. Cette habitude peut s'accompagner d'un retard de langage chez l'enfant : la succion constante de la tétine le coupe du monde et l'empêche de communiquer.

● *Habituez-le à un certain rythme alimentaire.* En ne lui offrant à manger qu'au moment de vos propres repas, vous préparez votre enfant à participer à vos déjeuners et à vos dîners, qui pourront avoir une réelle valeur éducative. Dès l'âge de 1 an, ne lui donnez pas à manger à n'importe quelle heure sous prétexte qu'il n'a pas assez déjeuné. Il attendra alors son goûter.

● *Ne lui demandez pas de se tenir comme un petit lord.* À cet âge où l'enfant est très mobile, vous transformeriez les repas en corvée pour lui et pour vous. Laissez-lui un minimum de liberté. Il a le temps d'apprendre à rester assis.

● *Ne l'habituez pas aux sucreries.* Interdisez tant que vous le pouvez les bonbons et gâteaux en dehors des repas. Non seulement l'abus de sucre (surtout les bonbons) favorise les caries, mais il prédispose à l'embonpoint. Il sera difficile ensuite à votre enfant de se débarrasser non seulement du poids superflu, mais aussi de cette habitude du grignotage.

Évitez les boissons très sucrées, grenadines et autres sirops. Rien ne vaut le lait ou l'eau pure.

☛ C'est la fête ! Un jour d'anniversaire, bonbons, orangeade et sucreries de toutes sortes seront permis.

Ses menus

Un bébé doit manger en respectant les besoins que lui signale son organisme, et non pour faire plaisir à ses parents.

À partir de 1 an, l'enfant prend trois ou quatre repas par jour, selon son appétit. N'insistez jamais pour qu'il mange : votre rôle est de faire le marché, de préparer et de disposer le repas, non de faire manger un petit qui n'a pas faim ou n'aime pas un aliment. Essayez, en revanche, de manger en même temps que lui, car la convivialité ouvre l'appétit. Ne lui donnez pas de friandises à grignoter ; il aurait ensuite du mal à prendre des repas réguliers.

Pendant leur deuxième année, certains enfants préfèrent encore un biberon de lait-céréales à la place du repas du soir ou en complément pour s'endormir. Laissez-leur ce plaisir, ils s'habitueront peu à peu à d'autres nourritures.

Les menus proposés sont très abondants. N'insistez pas sur les quantités ni sur le nombre des repas : ne soyez pas rigide.

De 12 à 18 mois

● *Au petit déjeuner :* du lait avec des céréales.

– du lait aromatisé avec un petit déjeuner spécial bébé, chocolaté ou à la vanille, accompagné de pain avec du beurre, de la confiture ou du miel ;

– ou des fruits cuits ou crus avec un verre de lait ;

– ou des pétales de maïs ou de blé complet, sur lesquels vous versez le lait froid ; les préparations pour juniors facilitent la transition entre la bouillie de bébé et les corn flakes des grands.

Quel lait ? L'idéal est le lait « de croissance », enrichi en fer, en acides gras essentiels et en vitamines, surtout si votre enfant est fragile ou de petit appétit. À défaut, vous pouvez utiliser du lait frais ou UHT demi-écrémé.

Le lait peut être bu au biberon ou à la tasse. Mais attention : un grand biberon de lait rassasie certains enfants, qui n'auront alors absolument pas faim au déjeuner.

● *Dans la matinée :* un jus de fruits.

● *Au déjeuner*

Un hors-d'œuvre :

– tomates, carottes, betteraves, salade verte, assaisonnés avec huile et citron.

Un plat... :

– de la viande (pas plus de 30 g) ; vous pouvez maintenant introduire porc et lapin rôtis (mais non en ragoût) ;

– ou du poisson, excellent pour la santé ; si votre enfant l'aime, vous pouvez lui en proposer chaque jour ;

– ou un œuf : à la coque ou en omelette ; il n'est pas préjudiciable de manger un œuf frais tous les jours.

...accompagné de légumes : offrez-en une grande variété à votre enfant pour former son goût.

Par exemple, une fois par semaine :

– du chou-fleur accompagné d'une sauce béchamel ou en gratin ;

– des poireaux en salade (avec de l'huile et du citron) ou avec une sauce béchamel ;

– des courgettes et des aubergines en ratatouille, mais sans piment, ni ail ;

– des pommes de terre, le plus souvent bouillies, ou bien sautées ou frites.

Une fois par mois :
– des petits pois frais ;
– des endives en gratin ou accompagnées d'une sauce béchamel ;
– des lentilles ;
– des pois cassés ;
– des haricots.

☛ **Les petits pots pour « grands » vous proposent des plats cuisinés complets avec des morceaux de plus en plus savoureux.**

Un fromage ou un dessert :
– un fromage fondant (le roquefort et le camembert sont permis) ;
– ou une compote de fruits.
● *Au goûter :*
– un verre de lait chaud, aromatisé ou non, accompagné de pain d'épice ou de pain avec de la confiture ou du beurre, ou bien de biscuits de boulangerie dits « à la cuillère » écrasés dans le lait ;
– ou une banane, ou une compote ou une pomme cuite au four ;
– ou un fromage blanc à 40 % de matières grasses.
● *Au dîner :*
– un potage de légumes et un dessert lacté ; vous pouvez utiliser les potages en briques ou en paillettes portant la mention « adapté à l'enfant » ;
– ou une soupe au lait, épaissie avec du tapioca, et une compote.

☛ **Si votre enfant n'aime pas le potage, vous pouvez choisir parmi les mêmes plats qu'au déjeuner.**

De 18 mois à 3 ans
● *Au petit déjeuner :*
– un bol ou un biberon de lait de « croissance » avec une poudre chocolatée ;
– ou des pétales de céréales au miel, au chocolat ou à la banane sur lesquels on fera couler du lait froid ;
– ou des pétales de céréales avec des fruits au sirop ;
– ou un jus d'orange avec un croissant, un pain au chocolat ou une tartine ;

– ou un fromage blanc à 40 % de matières grasses.

Votre enfant ne veut rien manger le matin ? Deux conseils : prenez votre petit déjeuner avec lui, devant une table bien disposée, en vous donnant le temps de bavarder ; ou bien achetez-lui un petit pain au chocolat sur le chemin de l'école.

Votre enfant veut toujours boire un biberon ? Pourquoi pas... Mais ne vous étonnez pas s'il n'a pas faim à midi : un grand biberon de lait enrichi de céréales apporte une ration calorique qui suffit à certains enfants pour une douzaine d'heures ! Pour qu'il ait faim à l'heure du déjeuner, coupez le lait du biberon matinal avec de l'eau.

● *Dans la matinée.* Un jus de fruits frais (orange ou autre fruit, jus de carottes ou de pommes) Évitez le grignotage : biscuits, pain...

● *Au déjeuner.* Des recettes variées pour le plat principal :

– un œuf poché et une purée de fonds d'artichaut ;

– ou un poisson en papillote avec du riz au beurre ou une purée de pommes de terre ;

– ou du jambon finement coupé avec une jardinière de légumes ;

– ou du veau rôti coupé en morceaux très fins avec une purée de céleri recouverte de fromage râpé ;

– ou un filet frais de cabillaud ou de sole avec une pomme de terre beurrée ou persillée ;

– ou du veau grillé avec une tomate et/ou des carottes cuites et persillées ;

– ou du rosbif ou du gigot d'agneau grillé avec de la purée, des légumes verts ou du riz.

☛ **Les petits pots vous proposent des plats complets – spaghettis bolognaises, riz pilaf ou pâtes à la viande – qui sont généralement très appréciés.**

Un dessert :

– une banane cuite écrasée ;

– ou une pomme cuite au four sucrée à la confiture ;

– ou un yaourt et un biscuit sec ;

– ou une pomme râpée sucrée au miel ;

– ou un petit suisse à 40 % de matière grasse mélangé à de la compote.

☛ Votre enfant n'aime que les frites, les pâtes et le bifteck ? Ne vous inquiétez pas : c'est extrêmement banal et il suffit de compenser par un complément de lait enrichi. Moins vous insisterez, plus tôt votre enfant aura envie de varier sa nourriture.

● *Au goûter*
Si votre enfant est de corpulence moyenne :
– des biscuits « à la cuillère » dans du lait ;
– ou un pain aux raisins, un pain au lait ou un pain au chocolat.
Si votre enfant a tendance à l'embonpoint :
– un yaourt et une compote ;
– ou un petit suisse à 40 % de matière grasse et un fruit.
● *Au dîner*
Un potage :
– un potage de légumes avec du beurre, ou une soupe au lait épaissie au tapioca ;
– ou un potage à la tomate avec une tranche de jambon ;
– ou un potage de légumes avec du vermicelle ;
– ou une soupe aux légumes coupés en dés avec une cuillerée de crème fraîche.
Un dessert :
– un yaourt à la gelée de groseilles ;
– ou du gruyère ou du cantal ;
– ou une compote de pommes ou de poires fraîches ;
– ou un gâteau de semoule au miel ;
– ou une poire pochée.

☛ Votre enfant a encore besoin d'un biberon de lait pour s'endormir ? Laissez-lui ce plaisir, soit à la place, soit en complément du repas. Vos nuits n'en seront que meilleures.

Vers l'autonomie

« Mon enfant n'est-il pas trop attaché à moi ? » C'est l'une des questions les plus fréquemment posées aux pédiatres par les parents d'enfants de 1 an à 3 ans.

Vous, sa mère, vous demandez si vous n'en avez pas « trop fait » car, à cet âge, votre enfant est en général accroché à vos jupes, vous suivant partout, jusqu'aux toilettes ! Vos amies vous reprochent volontiers de trop vous occuper de lui et de le rendre ainsi dépendant. Pour peu que votre compagnon entende ces commentaires, il en vient peut-être à douter de vos méthodes et à se demander s'il ne faudrait pas mettre plus souvent l'enfant à la halte-garderie. Vous n'en êtes pas vraiment convaincue : si votre petit fréquente déjà la crèche, cette habitude de la collectivité ne l'empêche pas de revendiquer votre compagnie avec insistance ; ses hurlements lorsque vous le déposez en garderie vous font hésiter sur le bien-fondé de cette séparation. Alors qu'en penser et que faire pour que votre bébé devienne bientôt un enfant autonome ?

● *Pourquoi le jeune enfant est-il souvent si dépendant de sa mère ?* Le bébé a compris, vers l'âge de 8 mois, qu'il était un individu séparé physiquement du corps maternel et que mille aventures lui étaient possibles, comme ramper à travers toute la maison en explorant les recoins interdits. Depuis, en même temps qu'il est enthousiasmé par ses découvertes, il a peur de cette nouvelle indépendance : qui répondra à ses besoins, qui le comprendra si sa maman disparaît de son champ de vision ? Alors il vous suit partout et hurle dès que vous vous éloignez. Il s'agit de ce que l'on appelle l'angoisse de séparation, et cette étape est naturelle.

● *Le bébé qui passe ses journées à la crèche est-il plus autonome que celui qui est élevé par sa maman ?* C'est une idée répandue. La crèche ou la halte-garderie proposent à l'enfant des activités qui lui permettent de s'ouvrir à d'autres centres d'intérêt, d'apprendre des jeux de groupe comme la ronde et la chanson, de faire des travaux auxquels la maison ne se prête pas toujours, comme la peinture. Sans compter les quelques heures de disponibilité qu'elle vous donne et qui sont si précieuses lorsqu'on élève un petit. Mais je ne pense pas que le mode de garde collectif soit la recette infaillible pour rendre un enfant autonome. Certains vont être très dépendants, craignant chaque jour d'être séparés de leur mère. D'autres, à l'inverse, vous quittent joyeusement. Tout dépend de la sensibilité de chaque enfant, de son rang dans la fratrie (le second est souvent plus autonome que le premier), de la relation entre l'enfant et ses parents, et entre l'enfant et la personne qui s'occupe de lui. Ainsi, la complicité qui règne entre vous deux est déterminante : si vous jouez, parlez avec votre enfant, si vous l'intéressez à tous les événements qui surviennent autour de vous, il est captivé par votre compagnie et veut rester avec vous. En revanche, si vous êtes prise par mille occupations, si vous n'avez pas le temps de commenter toutes les petites choses de la vie, il sera plus sensible à la disponibilité de sa nounou ou de sa puéricultrice.

Est-ce à dire pour autant qu'il est plus sociable ? Pas vraiment. Simplement, l'appétit de découverte est tel à cet âge qu'il demande le concours de plusieurs personnes : puéricultrice, grand-mère, nounou, en plus du père et de la mère, personne n'est de trop. Mais il est tout à fait normal que le jeune enfant veuille avant tout rester avec celle qui le comprend le mieux : sa maman.

☞ **Pour devenir sociable, crèche ou maison, peu importe : ce qui compte c'est de se sentir aimé et d'avoir plaisir à communiquer avec les autres.**

● *Devez-vous mettre votre enfant à la halte-garderie à partir de 1 an ?*

Oui, si :

– vous avez trouvé une halte-garderie proposant des activités intéressantes ;

– vous avez pu y rester un long moment les premiers jours avec votre enfant et constater que les autres enfants semblaient heureux ;

– votre petit vous dit au revoir joyeusement ;

– vous êtes vous-même fatiguée et avez besoin d'être un peu disponible.

Non, si :

– votre enfant pleure plusieurs jours de suite lorsque vous l'y conduisez ;

– c'est plus une « halte » et une « garderie » qu'un véritable atelier proposant des activités ;

– vous faites déjà des activités très intéressantes avec votre enfant ;

– vous ne ressentez pas le besoin de vous libérer.

Voici les normes imposées à une halte-garderie :

– les enfants peuvent avoir entre 2 mois et 6 ans, selon les garderies ;

– ils sont au nombre de 20 au maximum ;

– ils peuvent rester à la garderie de 9 à 18 heures ;

– la directrice doit être titulaire d'un diplôme d'État de puéricultrice, de sage-femme, d'infirmière ou d'éducatrice de jeunes enfants.

● *Vive l'atelier !* Ce système me paraît idéal, car l'enfant a un rapport direct avec l'adulte dans le cadre d'activités précises. Son intégration au groupe est alors plus facile. Malheureusement, dans les grandes villes, les structures sont bien insuffisantes et vous pouvez rarement y conduire votre enfant chaque matin, mais certaines haltes-garderies ont un atelier (peinture, collages, musique, gymnastique, etc.).

Définir des limites

Favoriser l'épanouissement de votre petit, tout en imposant des limites à son énergie parfois dévastatrice, voilà un art bien délicat au quotidien…

Les caprices et les colères

Votre bébé si facile et si souriant pendant sa première année commence bien souvent à vous déconcerter : il peut se mettre à hurler et à se rouler par terre s'il n'obtient pas ce qu'il veut, et même vous frapper ou vous mordre, comme les petits copains du jardin public. Heureusement, lorsque la crise est finie, il redevient adorable et vous fait fondre de tendresse. Mais vous vous demandez malgré tout les raisons de ces colères et de ces caprices. N'avez-vous pas fait fausse route au cours de cette toute première année d'éducation ? Votre petit aurait-il un caractère difficile ? Le doute s'empare d'autant plus de vous qu'il y a souvent quelqu'un pour insinuer qu'il y a « des fessées qui se perdent ».

● *Mettons-nous à la place de l'enfant*

C'est dur d'être bébé… surtout dans un appartement. Le jeune cerveau avide de découvertes est en exploration permanente. Le tour des jouets est vite fait, même en comptant les emballages et les utilisations originales.

Heureusement, il y a le combiné téléphonique, la télécommande, le magnétoscope, la chaîne haute-fidélité, la terre des plantes, les prises des lampadaires, la batterie de cuisine... Autant d'objets rigoureusement interdits ! Comment dépenser, alors, les trésors d'énergie dont on déborde ? En provoquant. Lorsque votre enfant tend la main pour la troisième fois vers le magnétoscope et que vous lui dites, une fois de plus, « non » d'un ton grondeur, c'est beaucoup plus divertissant pour lui que de s'ennuyer avec les jouets qu'il connaît déjà et qui, eux, ne sont pas interdits. Il est certain que vous allez finir par vous fâcher, lui donner une tape sur la main. Le petit va pleurer et vous allez ensuite le consoler : c'est pour lui une façon d'exister. Même si la tape fait un peu mal, il recommencera. Tout vaut mieux, à cet âge, que l'ennui.

D'ailleurs, qu'est-ce qu'un caprice ? D'après le dictionnaire, c'est une « volonté subite qui vient sans aucune raison ». Dire d'un enfant de 2 ou 3 ans qu'il fait des « caprices » ne me semble pas convenir, ou alors devrait-on ajouter sans aucune raison... apparente ! Car l'enfant, lui, a de fortes motivations pour désirer impérativement ce que vous lui interdisez : le plaisir de l'investigation, la découverte d'un instrument nouveau, le besoin impérieux de faire marcher son cerveau. Il s'agit pour lui d'urgence dès qu'il s'ennuie. C'est donc en l'occupant, en détournant son désir obstiné vers un autre centre d'intérêt que vous arrêterez son caprice. Et non en inventant quelque punition...

Votre enfant n'est pas « méchant », votre éducation ne fait pas fausse route, les colères sont compréhensibles à cet âge. Elles peuvent prendre des proportions dramatiques, allant parfois jusqu'au spasme du sanglot. Lorsque son énergie fuse de toutes parts, l'enfant doit apprendre à se reconstituer, se regrouper, à retrouver un sens à son comportement, et il faut l'y aider.

Quand votre enfant vous mord, vous craignez qu'il ait des tendances agressives. Pourtant, un tel comportement est banal : au moins un enfant sur cinq essaie un jour ou l'autre ; je dis bien « essaie », il ne recommencera pas s'il reçoit la réponse adéquate.

Pourquoi un grand bébé tout à fait charmant mord-il ? « Certainement pas par méchanceté », me dites-vous généralement. D'ailleurs, il est capable de vous donner un baiser aussitôt après la morsure.

Mais l'agressivité existe en tout être humain. Les enfants ne sont pas des anges, ce sont des êtres humains complets, avec des pulsions négatives et positives. L'éducation consiste à leur apprendre à maîtriser les premières pour valoriser les secondes. Entre 1 an et 3 ans, votre enfant teste vos réactions lorsqu'il plante ses petites dents dans votre peau. Selon votre réponse, cette tentative va se pérenniser en un jeu plutôt malsain, ou au contraire être rapidement dominée.

☛ **Ce qu'il ne faut pas faire : crier ; frapper l'enfant ; lui dire qu'il est méchant, vilain, affreux ; le mordre en retour ; parler de ses caprices à toute la famille ; être passive et assister sans rien dire à ses colères.**

• *Comprendre ne veut pas dire laisser tout faire.* Vous allez donc aider votre enfant à garder son calme, ou à le recouvrer quand il a laissé libre cours à son agressivité.

Ne multipliez pas les occasions de conflits. Laisser à la portée d'un enfant tout ce qui est interdit est une provocation. Ne pensez pas que c'est ainsi que vous allez lui apprendre à ne pas y toucher. Les conflits répétés risquent, au contraire, de l'endurcir. Mettez hors de sa portée ou sous clef ce qui lui est strictement interdit.

Multipliez les centres d'intérêt. Un enfant occupé, parce qu'il va à l'atelier, à la piscine, se promène, parce que vous jouez avec lui ou lui racontez des histoires, prendra moins l'habitude de vous provoquer à tout bout de champ. Mais, bien sûr, vous ne pouvez pas passer toute votre journée à l'amuser ; après toutes ces occupations, il peut malgré tout entrer dans des colères terribles, et tous vos efforts pour le distraire peuvent rester vains.

Réagissez calmement et fermement. Quand votre petit se met en colère, laissez-le retrouver tout seul son sang-froid, c'est la meilleure solution. Il n'y a aucune raison pour que vous soyez le souffre-douleur de votre enfant, ce ne serait pas un bon exemple pour lui et ne lui donnerait pas envie de devenir grand, puisqu'il croirait que les adultes subissent les colères des petits.

Mieux vaut lui dire : « Tu dois être fatigué pour crier autant. Ce n'est pas grave, tu es un très gentil petit enfant que j'aime, mais tes hurlements me fatiguent. Tu vas te reposer dans ta chambre, où tu peux crier si tu veux parce que c'est chez toi. Moi, je vais dans la mienne écouter de la musique. Nous nous reverrons plus tard, quand nous serons reposés tous les deux. » Le petit pourra alors crier très fort, mais il apprendra à se calmer, à dominer ses pulsions. Vous l'aurez aidé à grandir bien mieux qu'en assistant impuissante à ses hurlements ou en vous énervant vous aussi.

S'il vous mord, vous frappe, vous griffe ou vous pince, ne réagissez surtout pas en faisant la même chose : vous êtes l'exemple, le modèle. Si vous le mordez, il en conclura, bien sûr, que cela fait mal, ce qui, en fait, lui est égal. En revanche, il pensera que mordre est permis puisque sa mère le fait.

Montrez-lui tout de suite que vous n'êtes pas d'accord (« Oh ! Je n'aime pas ça ! ») et mettez-le calmement dans un endroit à lui : son parc, sa chambre, son lit, non par punition mais pour vous protéger. Parlez-lui comme je vous l'ai conseillé en cas de colère, calmement, sans attendre, sans répéter plusieurs fois « non ! », ce qui deviendrait un jeu. Même si l'enfant fait généralement un câlin ensuite, l'exclusion doit être effective. J'ai toujours constaté qu'ensuite, dès que l'envie de mordre lui vient, l'enfant se retient par crainte d'être isolé. Il a appris que vivre en société répondait à un minimum de règles, dont le respect de l'autre.

Vous devez rester calme : être adulte, c'est savoir maîtriser son énergie vitale pour l'orienter positivement vers la création, les services rendus aux autres, la découverte intellectuelle, les progrès sportifs... Si vous hurlez ou frappez à votre tour, vous retombez en quelque sorte vous-même en enfance et n'apprenez pas à votre enfant à se maîtriser.

● *Gardez confiance en votre enfant.* À cet âge de caprices et de colères, ne vous demandez pas si finalement, après une première année sans conflits, vous n'allez pas être obligée de devenir très sévère ou même d'en venir aux fessées pour éviter d'être bientôt complètement dépassée. Renoncez à cette idée, restez calme et sereine, c'est la meilleure façon d'aider votre enfant à maîtriser son agressivité. Et montrez-lui que vous avez confiance en lui, il va devenir grand !

Les fessées

Rester calme et sereine, voilà qui semble plus simple à dire qu'à faire. Vous me confiez souvent, confuse : « Je ne pensais pas devenir ainsi, mais je crie ! Comment se faire obéir autrement ? Je donne parfois même une bonne fessée. Il règne maintenant un climat très tendu à la maison. »

Je comprends que l'on puisse s'énerver ainsi. J'ai moi-même deux filles, qui ont un caractère bien affirmé (elles ont 24 et 21 ans), mais je n'ai jamais eu recours aux cris et aux fessées comme méthode d'éducation. Je crois pourtant avoir rencontré les mêmes obstacles que la plupart des parents. J'ai pu constater autour de moi que la manière violente, apparemment efficace parfois à court terme, est généralement néfaste pour l'avenir, quelles que soient les raisons que trouvent les parents pour crier ou frapper. Quant à la méthode de la douche froide, encore utilisée par certains parents, elle ne devrait plus avoir cours en cette fin de XXᵉ siècle.

● *Il est possible d'élever un enfant sans lever la main sur lui.* J'en ai toujours été convaincue, mais j'ai rencontré bien des sceptiques. C'est maintenant, après avoir suivi tant de familles et éduqué mes propres enfants, que l'expérience me permet de l'affirmer : il est tout à fait possible – et souhaitable – d'élever des enfants sans crier ni donner claques, gifles, petites tapes ou fessées. Quant à l'utilisation de mots humiliants, elle est très dangereuse pour l'enfant, parce qu'elle peut le déstabiliser et lui faire perdre toute confiance en lui. Si vous dites à votre petit (ou devant lui) qu'il est incapable et decevant, mechant ou capricieux, il en sera convaincu – ses parents ont toujours raison – et se conformera au rôle que vous lui imposez. À l'inverse, le persuader de ses qualités lui donnera envie de ne pas vous décevoir, même s'il n'y arrive pas toujours, si petit !

● *Y a-t-il de « bonnes fessées » ?* La fessée peut être « bonne » pour les parents parce qu'elle les soulage. Mais pour l'enfant, j'en doute. La perception de la fessée n'est évidemment pas la même des deux côtés. Tous les enfants ont reçu une fessée ou une punition mémorable qui a marqué leur histoire : elle n'était peut-être pas très forte du point de vue des parents, mais ce jour-là, pour ce motif-là, de cette façon-là, elle a marqué l'imaginaire de l'enfant. S'il est nécessaire à chaque enfant de connaître quelques moments symboliques marquants à partir desquels il se construit, il n'est, en revanche, pas indispensable qu'il s'agisse d'une punition corporelle.

La plupart des enfants qui ont reçu de nombreuses gifles, claques et fessées en gardent un mauvais souvenir et en deviennent de farouches adversaires. Mais j'ai aussi rencontré des adultes qui n'en conservaient aucune rancœur et qui pensaient avoir été ainsi bien élevés. Cela dépend de la façon dont est donné le châtiment. Si les parents sont francs, aimants, sans méchanceté ni sadisme, l'enfant peut concevoir que leur réaction est même bénéfique. Si, au contraire, les parents sont froids, durs, incohérents, perçus comme injustes ou sadiques, alors la personnalité de l'enfant risque de se trouver très destructurée par les coups reçus. Au pis, les enfants battus deviennent même des parents battants. Les mots peuvent par ailleurs être tout aussi nocifs que les châtiments corporels et enfermer l'enfant dans une image négative de lui-même.

☞ **Deux principes indissociables :**
– respectez votre enfant en faisant appel à la confiance
et non à la violence ;
– respectez-vous vous-même
en vous faisant respecter de votre enfant.

Il est impossible de dire *a priori* que la fessée qu'on s'apprête à donner sera une « bonne fessée ». Qu'elle vous soulage, vous, de la tension nerveuse provoquée par les difficultés éducatives, c'est probable. Elle donne même souvent le résultat opposé au but recherché : plus les parents crient et tapent, plus les enfants s'endurcissent. Le bruit et la violence deviennent leur climat habituel de vie. Ils en font rapidement autant, hurlent sans arrêt, provoquent leurs parents et ne redoutent guère les coups, même s'ils semblent calmés pendant un court moment. Cet effet « boomerang » des fessées, dont je vous parlais dans mes précédentes éditions, a été prouvé aujourd'hui par l'équipe américaine du docteur Murray Strauss dans 807 foyers. Mais la fessée ne sera jamais une méthode éducative.

● *Comment maintenir un minimum de discipline dans la maison sans lever la main ?* Le laisser-faire total est tout aussi pernicieux que les coups et les cris. Si vous êtes passive, perdue dans vos pensées pendant que votre enfant fait un bruit infernal et mille bêtises, vous ne l'aidez pas à canaliser son énergie et à se maîtriser pour devenir un être sociable et créatif. Il risque d'avoir ensuite des problèmes d'attention et de concentration.

Je pense à un petit garçon de 2 ans et demi, qui a passé tout le temps de la consultation à faire « broum ! broum ! » avec des voitures de pompiers. Sa mère et moi avons dû élever la voix pour nous entendre. La maman m'a expliqué qu'il pouvait ainsi faire du bruit toute la soirée, interdisant toute conversation entre adultes, et qu'elle et son mari ne savaient que faire. Lui dire de cesser ne l'empêchait pas de recommencer, donner une fessée non plus. Quant à l'envoyer faire du bruit dans sa chambre et non au salon, les parents craignaient que cela ne fasse de la chambre un lieu de punition. La maman était lasse de ces soirées bruyantes, et le papa rentrait de plus en plus tard du bureau...

Cette idée qu'il ne faut pas que la chambre ou le lit de l'enfant servent à punir est légitime. Mais il ne s'agit pas de punir. La chambre est le domaine de l'enfant. Il est normal que vous lui demandiez d'y rester lorsque son activité vous dérange. Si vous le faites calmement, en expliquant que vous ne voulez pas supporter des cris durant toute la soirée, votre enfant comprendra qu'il doit respecter les autres comme on le respecte. S'il sort de sa chambre pour revenir au salon renouveler son chahut, rien de plus normal que de fermer la porte. Bien des parents ne conçoivent pas de limiter ainsi l'activité de leur enfant, mais c'est pour en venir ensuite aux cris et aux fessées. Je pense que si vous donnez à votre petit quelques limites, y compris d'espace, pour exprimer ses pulsions, il apprendra à mieux les contrôler.

• *La véritable discipline se fonde sur des relations de confiance.* Si vous jouez avec votre enfant, si vous parlez avec lui et partagez le plus possible vos promenades, courses, repas, vous lui transmettez une façon de vivre bien plus sûrement qu'avec des méthodes disciplinaires. Il n'aura alors aucune raison de faire de grosses bêtises derrière votre dos. Il sera très éveillé et discutera volontiers vos décisions : vous aurez peut-être l'impression de négocier en permanence, ce sera plus fatigant que de donner des ordres sans appel comme on le faisait avant, mais vous aurez finalement une véritable autorité, celle qui est fondée sur la confiance et la complicité.

Les relations avec la famille

Avoir un petit frère ou une petite sœur, c'est la plus belle chose qui puisse arriver à votre aîné. Bien sûr, il sera jaloux par moments.

Mais pour votre enfant, personne ne peut, comme un autre petit, son intime, faire de bêtises aussi follement amusantes, de jeux de mots aussi peu appréciés des adultes, de cabrioles aussi excitantes et de confidences aussi importantes.

À côté de cette extraordinaire complicité, nous, les parents, sommes des gens bien raisonnables, auxquels l'enfant veut plutôt faire plaisir, quitte à cacher ses pensées les plus dérangeantes.

L'aîné, la jalousie
L'aîné a ceci de commun avec l'enfant unique qu'il est porteur de vos espoirs et de vos inquiétudes. Sa naissance, qui vous a rendu parents, a été un événement primordial. Vous vous êtes

tant occupé de lui, il a tellement accaparé votre attention que vous me dites bien souvent : « J'hésite à avoir un deuxième enfant, car je ne pourrai jamais être aussi disponible pour lui. » Ne vous inquiétez pas, écoutez la formule classique en pédiatrie : « Le cœur d'une mère grandit avec le nombre de ses enfants. » Vos rapports avec le second ne seront pas les mêmes qu'avec l'aîné, mais ils n'en seront pas moins riches. Vous vous occuperez peut-être moins directement de votre deuxième enfant, mais votre aîné se fera une joie de lui transmettre son savoir tout neuf. Le plus grand sera libéré d'une partie de l'investissement parental, il partagera avec le petit les problèmes que lui posent ses parents, chacun respirera plus librement et aura davantage droit à l'erreur.

L'arrivée d'un deuxième bébé est donc le plus merveilleux événement pour votre aîné.

● *Bien sûr, il sera jaloux !* La jalousie est inéluctable dans les rapports entre enfants d'une même fratrie.

● *Ne dramatisez pas les disputes.* Entre frères et sœurs, les coups et les pleurs ne sont pas le signe qu'ils ne s'aiment pas ou que vous éduquez mal vos enfants.

Si vous observez une portée de petits chiots, vous les voyez se poursuivre, se mordre les oreilles, se bousculer ; les chatons grimpent au rideau, se tirent sur la queue et tombent, mais comme ils s'amusent ! La vie serait triste sans ces jeux, même violents. Je me souviens d'un petit garçon dont les frères et sœurs se moquaient sans retenue. Sa maman me disait : « Je me reproche de ne pas parvenir à les faire taire. » Puis, un jour, les aînés étant partis en vacances, elle dit à son cadet : « Ouf ! Tu es tranquille aujourd'hui ! » L'enfant a regardé sa mère avec étonnement et lui a répondu : « aujourd'hui, je m'ennuie ! »

● *Il y a des limites à l'agressivité entre frères et sœurs.* Bien qu'elle soit compréhensible, l'agressivité doit être canalisée. Les enfants peuvent en effet être cruels ; un aîné peut gâcher l'enfance du plus jeune par un autoritarisme exagéré, ou abuser de sa force physique. En tant que parents, vous devez veiller à un bon équilibre des forces entre vos enfants.

● *Ne vous croyez pas obligée de faire les mêmes cadeaux à l'un et à l'autre.* C'est une démarche bien compréhensible de la part des parents, qui ne veulent pas faire de jaloux. Mais si vous avez plusieurs enfants, il vous sera rapidement difficile de faire toujours autant de cadeaux à chacun, qui plairaient autant à l'un qu'à l'autre.

Cette recherche de l'égalité est très artificielle : la vie ne comblera pas vos enfants au même moment. Mieux vaut les préparer à recevoir des présents chacun à leur tour, à savoir se réjouir du bonheur de l'autre. Voilà en quoi vivre dans une grande fratrie prépare à la réalité, avec ses bons et ses mauvais jours.

● *Ne vivez pas toujours en famille complète.* Favorisez les relations à deux : de temps en temps, allez faire une course avec votre aîné en laissant le père en tête-à-tête avec le cadet, ou bien demandez à votre époux de sortir avec le grand tandis que vous pouponnez le petit. Enfin, offrez-vous le plaisir de ces sorties en amoureux que je vous ai déjà conseillées. Ces relations duelles sont indispensables pour que ne s'établisse pas un esprit de groupe chez les enfants au détriment de leur personnalité propre.

Et souvenez-vous que la vie entre frères et sœurs est beaucoup plus amusante qu'avec les parents seuls, même si elle est bien moins rationnelle et parfois tout à fait déconcertante.

L'enfant unique

Si vous n'avez qu'un enfant, sans avoir l'intention – ou la possibilité – d'en avoir un autre, vous craignez peut-être que la situation d'enfant unique soit difficile pour lui.

L'enfant élevé seul par ses parents peut être mal préparé aux déconvenues et injustices inhérentes à la vie sociale. Confronté au groupe, par exemple dans la cour de l'école, l'enfant unique se demande parfois si ce n'est pas lui qui est un extra-terrestre pour souffrir autant de l'agressivité des autres. Mais être enfant unique a aussi ses avantages. Bien sûr, il rêvera parfois d'avoir des frères et sœurs, avec lesquels il pourrait tisser une complicité différente de celle offerte par ses parents. Mais il sait en regardant autour de lui que les disputes sont le lot des enfants, et qu'il y a des fratries où règne bien peu de solidarité. Plutôt que d'idéaliser une situation inaccessible, mieux vaut développer dès l'enfance une relation privilégiée avec des cousins, des voisins ou amis que vous inviterez souvent. L'enfant unique bénéficie alors de la disponibilité particulièrement grande de ses parents et d'une complicité avec d'autres enfants familiers.

La véritable difficulté pour un enfant unique peut venir du fait qu'il porte sur ses seules épaules le projet de ses parents. Entendez par là vos espoirs, vos ambitions, vos inquiétudes. Vous êtes certainement conscients de ne pas devoir lui imposer vos choix, mais il est parfois difficile, lorsqu'on a un seul enfant, de ne pas transférer sur lui ses réussites ou ses échecs, en espérant qu'il imitera les premières et qu'il évitera les seconds. L'enfant perçoit toujours ce contrat implicite ; il risque alors de ne pas se donner le droit à l'erreur et de s'en trouver anxieux. De telles relations ne s'installeront pas si vous êtes heureux, si votre couple est très uni, et si vous vivez entourés de parents et d'amis. Mais si vous êtes insatisfaits, si votre couple est fragile, ou si vous vivez seul(e) avec votre enfant, vous risquez d'investir trop sur son avenir. Il ne doit pourtant pas se sentir responsable du bonheur ou du malheur de ses parents. Essayez de ne pas vivre uniquement en fonction de lui, tout en restant attentifs et respectueux de ses besoins.

La famille nombreuse

Vous rêvez peut-être d'une famille qui compterait plus de trois enfants. La famille la plus courante aujourd'hui (père-mère-deux enfants) peut paraître en effet un peu réduite. Pour avoir suivi des familles de huit et même dix enfants, je peux dire qu'il y règne le plus souvent joie et dynamisme : il se passe toujours quelque chose, les problèmes de l'un sont vite bousculés par le nouveau problème d'un autre, et personne ne prend vraiment au sérieux ce qui, finalement, ne l'est pas. Dans les moments de tristesse, chacun trouve à qui se confier. C'est pourquoi ce sont souvent des parents ayant fait partie d'une famille nombreuse qui en fondent une à leur tour.

Plus rarement, certains enfants de telle famille se jurent à l'inverse qu'on ne les y prendra pas... car tout n'est pas toujours rose, selon eux, dans les grandes fratries. L'un des enfants peut être le mal aimé du groupe, le souffre-douleur, sans que les parents s'en aperçoivent. L'éducation d'un enfant, son accompagnement dans ses découvertes, sa scolarité demandent aujourd'hui une grande disponibilité parentale et peuvent durer de nombreuses années – les enfants ne quittent souvent le toit familial que vers 25 ans. Il faut beaucoup d'aide et de moyens matériels pour personnaliser l'éducation de chaque enfant lorsqu'on en élève plus de trois.

Le « premier troisième » ou le « premier quatrième »

J'appelle ainsi le nouveau venu de votre nouveau couple, alors que vous avez déjà deux ou trois enfants d'un premier mariage, situation devenue assez courante. Ce bébé est le fruit d'une nouvelle histoire pour le couple, mais il a des frères et sœurs, souvent avec une grande différence d'âge. Cette famille élargie peut être un atout, à condition que lui-même et ses frères et sœurs ne servent pas de supports aux difficultés affectives des adultes, qu'ils ne soient pas les porteurs des souffrances antérieures. Si vous faites preuve de savoir-faire et de générosité, en sachant louvoyer entre les sensibilités et les rivalités, qui ne sont pas les mêmes selon les âges, votre enfant aura la chance d'être très entouré. Il n'y a jamais trop de personnes pour nous aimer !

Organisez sa sécurité à la maison

Mes conseils sont valables pour toute maison où viennent de jeunes enfants, même si c'est pour un bref séjour.

Les trois quarts des accidents domestiques touchent les enfants âgés de 1 à 5 ans. C'est un âge d'exploration. Aussi devez-vous organiser votre maison pour éviter les risques d'intoxication et connaître les premiers gestes nécessaires en cas d'accident *(voir page 416)*.

●*Les médicaments, les produits ménagers ou destinés au jardinage.* Ils sont responsables de la plupart des accidents.

Les médicaments. Installez l'armoire à pharmacie hors de portée de l'enfant et fermez-la à clé. Un simple tiroir de table de nuit sera vite découvert par un petit. Attention à votre sac à main : l'enfant adore fouiller dans les trésors de sa maman ! Attention aussi au sac de sa grand-mère, souvent riche en pilules colorées et donc magiques... La poubelle sera aussi explorée par le curieux. Ne vous débarrassez de vos médicaments qu'en les proposant à votre pharmacien ou en les emballant dans un sac hermétiquement clos jeté dans le vide-ordures ou dans une poubelle hors de portée de l'enfant.

☞ **Il ne faut jamais perdre de vue un jeune enfant dans un endroit inconnu.**

Les produits ménagers. Mettez un verrou au placard destiné aux produits ménagers. Apprenez à toute personne susceptible de s'en servir qu'elle ne doit pas les laisser à la portée de l'enfant. Faites particulièrement attention aux produits caustiques : un berlingot d'eau de Javel est extrêmement dangereux.

☞ **Ne mettez jamais un produit d'entretien dans une bouteille d'eau minérale vide.**

Les produits pour le jardin (engrais, insecticides) doivent également être rangés dans un placard fermé à clef.

Vos commentaires (« Oh ! C'est dangereux ! Il ne faut pas y toucher ! ») doivent être immédiatement suivis d'un jeu accaparant l'attention de l'enfant. Ainsi, il prend l'habitude de se détourner du toxique. Ne lui donnez pas une tape sur la main en le laissant s'ennuyer devant le flacon, il pourrait alors vouloir vous braver en contournant l'interdit dès que vous aurez le dos tourné.

☞ **Apprenez à votre enfant à se méfier des produits qu'il ne connaît pas.**

● *Les risques de brûlures et d'électrocution.* Apprenez très tôt à votre enfant à se méfier d'une source de chaleur (four, fer à repasser, plaques de cuisson). Le fer à repasser doit toujours être hors de portée de l'enfant et systématiquement débranché après utilisation.

La cuisine est une source de dangers. Attention aux casseroles posées sur les plaques de cuissons, et dont les poignées dépassent et attirent le petit ! Recouvrez les plaques de cuisson après utilisation afin que votre enfant ne se brûle pas la main, par exemple.

En règle générale, tout appareil électrique doit être convenablement branché, si possible, les fils, l'interrupteur et l'appareil lui-même hors de portée d'un enfant. Faites-lui craindre les prises de courant, mais couvrez-les tout de même d'une protection spéciale.

● *Attention aux piscines.* Avec la multiplication des piscines privées, on déplore une augmentation de cas de noyade d'enfants entre 1 et 5 ans. Non seulement il faut être attentif dans votre propre jardin, mais surtout lorsque vous êtes invités à la campagne, chez des amis. C'est alors que votre vigilance risque de se relâcher.

Vous trouverez toutes les indications sur les gestes à accomplir en cas d'accident domestique *(page 416)*, de noyade *(page 432)*, de brûlure *(page 376)*.

En voyage et en vacances avec votre enfant

Partir en vacances avec votre enfant, à cet âge où il va de découverte en découverte, est passionnant.

C'est pour vous une occasion de passer beaucoup de temps avec lui, surtout si vous travaillez au-dehors. Mais c'est aussi entre 1 et 3 ans que les voyages avec lui demandent une véritable organisation *(voir aussi pages 127 et 338).*

● *Les longs trajets.* En voiture, ils seront plus simples de nuit puisque votre enfant dormira. Votre enfant doit être impérativement attaché dans un siège-auto homologué, fixé grâce à la ceinture de sécurité.

En avion, si votre enfant a encore l'habitude de téter, emportez un biberon pour les montées et les descentes : la succion évite les maux d'oreilles. Si votre enfant est sujet aux rhumes et aux otites, faites vérifier ses tympans par votre médecin 2 ou 3 jours avant le départ.

En train, emportez des jeux et quelques biscuits, qui l'occuperont.

☛ **Exceptionnellement, vous pourrez utiliser un sirop somnifère, selon les conseils de votre médecin.**

● *Le mal des transports.* Il ne commence généralement pas avant l'âge de 2 ans. Il faut en effet une certaine maturité au système de l'équilibre pour réagir lors des déplacements involontaires de la tête.

Pour éviter que votre enfant soit malade, vous devez :

– faire en sorte qu'il se repose avant de prendre la route car la fatigue augmente le risque de mal au cœur ;

– ne pas le laisser le ventre vide (les vomissements bilieux sont les plus désagréables) ;

– limiter les mouvements brusques de la voiture (freinage, virages, accélération, etc.) ; si vous avez un enfant sensible, mieux vaut circuler sur autoroute ;

– lui donner des médicaments contre le mal des transports une demi-heure avant le départ *(voir « Antiémétiques », page 490).*

● *Aller dans un pays chaud.* C'est tout à fait possible, même avec un jeune enfant. Vous demanderez à votre médecin une ordonnance particulière pour que votre trousse à pharmacie comporte les médicaments nécessaires en cas de diarrhée, de vomissement, de maux de tête, de fièvre, de piqûre de moustique, de mal des transports et d'agitation pendant le voyage. Vous trouverez les indications utiles dans le dictionnaire des médicaments *(voir page 484).*

● *La formule « baby-club » dans un club de vacances.* Elle vous permet de vous reposer et de vous distraire tout en emmenant votre jeune enfant. Mais elle convient surtout aux enfants âgés de plus de 4 ans, car le système de garderie pour les plus jeunes présente plusieurs inconvénients : difficulté à s'adapter rapidement à une collectivité qui leur est étrangère et risque de contagion dû au brassage de population, inévitable malgré le certificat médical exigé pour chaque enfant. Fièvres et diarrhées peuvent compromettre votre séjour.

Et votre vie personnelle...

Quel que soit le bonheur que vous éprouvez à vivre avec votre enfant, vous parvenez souvent, au cours de la troisième année, à un cap important pour votre couple.

Les occupations de la journée vous séparent de votre compagnon, les soirées sont bien remplies par ce petit qui profite de ses parents le plus longtemps possible, les réveils nocturnes sont fréquents ; le dimanche matin, il est en pleine forme quand vous avez encore sommeil, les week-ends lui sont entièrement consacrés, le plus souvent sans aide, et, finalement, les moments d'intimité à deux sont rares. Cette description est à peine caricaturale... Aussi je vous conseille de prendre le temps de la réflexion et de décider certaines mesures indispensables à votre bonne entente. Le cap critique du couple n'est plus celui des 7 ans de mariage comme on le disait autrefois, mais celui des 3 à 4 ans de l'enfant. Ce cap peut être passé dans l'harmonie si vous ne vous immolez pas sur l'autel des parents parfaits. Il est merveilleux pour un enfant de grandir entre deux parents qui s'aiment, et cela mérite bien que l'on prenne quelques dispositions.

Voici donc mon ordonnance « couple qui s'aime avec enfant » :
– un dîner en tête-à-tête une fois par semaine : vous pourrez

parler de vous, de votre travail, de vos projets, de vos soucis, pleurer même ; vous existerez à nouveau à deux ;

– une grasse matinée le dimanche matin sans enfant : une jeune étudiante pourra venir lever le bébé, lui donner son petit déjeuner et l'emmener au square ; à vous le sommeil, les câlins, le petit déjeuner à deux ;

– une semaine de vacances en amoureux par semestre : merci aux mamies, tantes ou marraine qui s'occuperont de votre enfant.

Les contraintes matérielles, financières et familiales ne permettent pas toujours un programme aussi attrayant. Inspirez-vous cependant de ces suggestions pour vous octroyer des moments de véritable intimité. Les parenthèses réservées à votre couple sont nécessaires pour une respiration affective. Le reste du temps, vous vous consacrerez complètement à votre enfant. Des parents amoureux et joyeux, c'est le plus bel exemple de vie que vous pouvez lui donner.

L'entrée à l'école maternelle

À quel âge ?

Dans la mesure des places disponibles, on accepte, en France, les enfants à l'école dès leur deuxième année (ils doivent avoir soufflé leurs deux bougies avant le 31 décembre suivant la rentrée scolaire). Votre enfant peut alors entrer en première année de maternelle, dans la « section des petits ». Mais la scolarisation n'étant pas obligatoire avant l'âge de 6 ans, vous pouvez décider qu'il n'ira à l'école qu'à 3, 4 ou 5 ans.

● *L'école maternelle le prive-t-elle de son enfance ?* La maternelle, que l'on appelait autrefois « jardin d'enfants », n'est pas l'école primaire. Votre petit y fera de la peinture, des rondes, confectionnera un cadeau pour la fête des mères et des pères, participera à l'anniversaire de ses camarades et préparera le spectacle de fin d'année, sans oublier les sorties à la piscine ou au jardin botanique. Toutes ces activités seront beaucoup plus animées que si, même disponible et pleine d'idées, vous les organisez vous-même. Voilà pourquoi aller à l'école dès l'âge de 2 ans et demi peut être source de grandes joies, à condition que votre enfant soit bien préparé et que l'école soit accueillante.

Comment préparer son entrée à la maternelle ?

● *Ne dites pas à votre petit qu'il va jouer avec des copains* : c'est une erreur très répandue. Une grande assemblée d'enfants ressemble plutôt à une horde intimidante, pour lui encore plus que pour vous. Les autres enfants lui paraissent étranges, violents, ils peuvent le bousculer, prendre ses affaires : rien de très engageant ! Les petits de 3 ans ne jouent pas ensemble, ils ont ce qu'on appelle des jeux parallèles, chacun pour soi, tout en s'observant. Même si votre enfant se montre très sociable au square lorsqu'il est avec vous, il est souvent intimidé lorsque vous le laissez seul dans cette jungle qu'est la cour de l'école.

● *Parlez-lui plutôt de la maîtresse qui va s'occuper de lui.* L'enfant de 3 ans a besoin d'un adulte auquel se référer. La maîtresse d'école est la personne la plus importante, celle vers laquelle il sera heureux d'aller chaque matin. Les mots « école maternelle » se réfèrent à la maternité, et non « l'école des copains ». Bien sûr, votre enfant se fera vite des amis, mais il aura d'abord besoin de nouer une relation confiante avec sa maîtresse. Lorsque je veux savoir si un petit se plaît à l'école, je lui demande : « Comment s'appelle ta maîtresse ? » Si son visage s'illumine et s'il me répond sans hésitation : « Catherine ! », je suis certaine qu'il est heureux.

● *Pour éviter qu'il pleure à la rentrée :*

– dites-lui qu'il va avoir une maîtresse (et non des copains, la camaraderie viendra après) ;

– montrez-lui sa classe avant le jour de la rentrée, si possible ;

– présentez-le à la maîtresse en arrivant ;

– mettez-lui des vêtements faciles à enlever, en particulier pour faire pipi ;

– donnez-lui un jouet familier qu'il emportera avec lui et un petit objet vous appartenant, qui le rassurera ;

– surtout, ne dites pas devant lui : « Le pauvre petit, il entre à l'école ! »

● *Toute la journée ou à mi-temps ?* L'école maternelle à mi-temps est sans doute l'idéal pendant la première année. Bien sûr, ce n'est pas un substitut du mode de garde, et elle ne fera sans doute que compliquer votre emploi du temps. Les trajets du matin, la préparation du déjeuner, la garde de l'enfant l'après-midi demandent une organisation plus serrée que la journée complète de crèche ou de nourrice.

Évitez, si vous le pouvez, de laisser votre enfant à l'école toute la journée : classe le matin, cantine à midi, sieste et classe l'après-midi, étude jusqu'à 18 heures... C'est long et difficile pour un enfant si jeune ! Passer 3 heures le matin à l'école, puis se détendre à la maison pour le déjeuner, faire une bonne sieste dans son lit, et sortir au square ensuite, représente le programme le plus adéquat, du moins pour la première année de maternelle. Pendant les deux années suivantes, l'enfant peut rester à l'école jusqu'à 16 h 30.

Cette règle générale doit être adaptée : si votre petit réclame l'école l'après-midi dès la première année, ne l'en privez pas. Si vous ne pouvez pas le confier l'après-midi à une personne avec qui il se sent bien, mieux vaut qu'il aille à l'école. Il faut donc vous organiser en conciliant vos propres impératifs et les besoins de votre enfant, sans oublier que de longs moments de liberté, de détente et d'intimité avec sa famille sont nécessaires à son équilibre affectif.

☞ **Prenez l'habitude de vous conformer aux horaires et aux jours de classe, c'est une forme de respect du travail éducatif.**

● *Et s'il a l'habitude de dormir tard le matin ?* Vous pouvez commencer par le conduire à l'école seulement l'après-midi. C'est d'ailleurs un bon moyen pour obtenir une place lorsque les classes sont surchargées. Mais cette situation doit évoluer assez rapidement :
– les activités de la première année de maternelle sont réduites l'après-midi, les petits faisant une sieste, ce qui risque d'imposer un temps d'immobilité trop long à un enfant qui s'est levé tard ;
– le rythme biologique de l'enfant est plus favorable aux apprentissages le matin, et l'on apprend des choses très importantes à l'école maternelle : écouter, chanter, ranger, s'habiller, etc. ;
– les camaraderies se nouent souvent pendant les activités du matin.

Pour avancer l'heure d'éveil matinal de votre enfant sans le fatiguer, couchez-le, le soir, en faisant le calme dans la maison, un quart d'heure plus tôt que d'habitude, pendant cinq jours, puis encore un quart d'heure plus tôt pendant les cinq jours suivants. Vous l'habituerez ainsi à se réveiller deux heures plus tôt en six semaines environ.

● *L'école favorise-t-elle le développement du langage ?* Si votre enfant ne parle pas encore bien, ne comptez pas sur l'école pour stimuler son langage. Les enfants qui communiquent et s'expriment déjà bénéficieront de l'environnement scolaire, mais celui qui parle peu s'intéressera davantage à des activités physiques au lieu de se concentrer sur les consignes de la maîtresse. Je vous conseille donc dans ce dernier cas de chercher la cause de ce retard de langage et d'utiliser les aides appropriées *(voir page 452)*.

Quelle école choisir ?

● *Une école proche de votre domicile.* C'est le premier impératif, pour vous comme pour lui, trop petit pour subir de longs trajets. La proximité de l'école a aussi l'avantage de faciliter les liens avec les copains et copines, qui peuvent venir le voir chez lui ou l'inviter chez eux. Elle rend également l'école plus familière, plus familiale.

● *L'école communale.* La qualité pédagogique et la facilité des rapports avec les enseignants dépendent beaucoup de l'orientation générale donnée par le directeur ou la directrice. Si elle vous paraît chaleureuse et à l'écoute des parents et des enfants, les enseignants auront souvent le même état d'esprit. Ces enseignants, des femmes le plus souvent, entièrement dévouées à l'éducation de nos enfants, malgré des classes surchargées et des moyens parfois insuffisants, forcent en général l'admiration. N'hésitez pas à aider l'institutrice lors des sorties éducatives et à donner certains de vos livres à l'école.

● *L'école privée.* Vous pouvez préférer une école privée, pour plusieurs raisons :

– vous recherchez une éducation conforme aux traditions religieuses de votre famille ;

– vous pensez que l'école privée transmet des valeurs plus conformes à votre projet éducatif ;

– vous désirez un enseignement plus international, par exemple un enseignement bilingue anglais-français *(voir page 204)*, ou même une école se voulant européenne ;

– vous recherchez une école à petits effectifs, avec une méthode personnalisée pour que les premières années de scolarisation de votre enfant respectent ses propres rythmes et soient adaptées à ses particularités.

Les avantages d'une école sous contrat, c'est-à-dire en partie contrôlée et subventionnée par l'État : le niveau et le respect des programmes assurent un minimum de garanties ; en outre, si vous voulez plus tard changer votre enfant d'école, il n'aura pas d'examen à passer pour être admis dans la classe de même niveau d'un établissement public.

L'avantage éventuel d'une école hors contrat tient à la pédagogie particulière qui y est appliquée. Vous pouvez d'ailleurs choisir ce type d'école jusqu'à 6 ans, puis opter pour l'école « sous contrat » à partir du cours préparatoire : votre enfant y entrera d'office en fonction de son âge.

Les écoles Montessori, par exemple, ont pour ambition de permettre un meilleur développement de l'enfant, plus souple et plus personnalisé. Fondées sur les principes de Maria Montessori, psychiatre italienne, elles utilisent de multiples jeux pour les apprentissages, ont des classes à faibles effectifs, où les enfants sont répartis en petits groupes, et offrent des activités adaptées à leur rythme. Leur environnement (mobilier, instruments pour apprendre) tient compte de l'imaginaire enfantin. Vérifiez cependant que l'école proche de chez vous qui se dit montessorienne applique bien cette personnalisation des activités.

● *Les écoles bilingues.* Il existe des écoles bilingues depuis longtemps dans de nombreux pays : être bilingue aujourd'hui constitue un atout.

Votre enfant peut apprendre une langue étrangère dès ses premières années, à condition de bien comprendre certains mécanismes d'apprentissage *(voir page 204)*.

● *Scolariser un enfant handicapé.* C'est une grande difficulté dans notre pays et, en tant que pédiatre, j'estime que notre société n'aide pas suffisamment les parents qui ont un enfant handicapé. Aussi, j'essaierai de vous apporter le maximum d'idées afin que vous puissiez mieux comprendre, entourer et faire progresser votre enfant s'il a un handicap *(voir page 303)*.

Quand bébé s'amuse à lire

Vous avez sans doute entendu dire que l'on pouvait apprendre à lire à un tout petit enfant, mais vous pensez peut-être qu'il ne faut pas ennuyer votre petit en l'initiant à la lecture dès le berceau.

Vous avez raison, il n'y a aucun intérêt à se fixer comme objectif une sorte de dressage, qui aboutirait à l'acquisition précoce de performances flattant l'orgueil des parents au détriment de l'épanouissement de l'enfant.

Vous pouvez, en revanche, connaître les principes sur lesquels repose la compréhension précoce des mots écrits, car ils sont applicables à bien des étapes de progrès chez le petit enfant. Si vous les respectez, vous pouvez faire découvrir la lecture à votre petit de façon attrayante, sans le prendre pour un singe savant. Le jeune cerveau est doué de capacités surprenantes, en recherche perpétuelle. Le bébé aime apprendre en s'amusant dès le berceau. Tout jeu est un travail de découverte. Pourquoi pas la lecture ?

● *Les principes à respecter :*

– ce doit être, pour lui comme pour vous, une distraction ;

– il ne faut jamais faire pression sur lui pour qu'il apprenne ;

– soyez gaie (il s'agit d'un jeu) ;

– les séances doivent toujours prendre fin avant que votre enfant désire s'arrêter ;

– n'interrogez pas l'enfant sur ce qu'il a appris, et ne lui demandez pas de répéter ses apprentissages devant vos amis ou votre famille ;

– prenez soin de répondre à toutes les questions que pose votre enfant ;

– n'introduisez pas deux nouveautés à la fois.

Si ces principes sont respectés, l'enfant, très jeune peut avoir envie de lire.

● *Pourquoi lire des mots dès ses premières années ?* Si la découverte de la lecture se fait avec plaisir, il en tirera un bénéfice dans ses autres activités. C'est pourquoi, à la suite des travaux de Glenn Doman, spécialiste de la rééducation des enfants à l'hôpital de Philadelphie, on utilise de plus en plus ces méthodes dans les établissements pour enfants handicapés, dans les écoles où des enfants socialement défavorisés éprouvent des difficultés, dans les écoles de sourds-muets. Il semble que la stimulation précoce des connexions cérébrales dynamise les capacités d'apprentissage dans tous les autres domaines.

Mais, si vous imposez maladroitement à votre enfant l'objectif de savoir lire précocement, cette contrainte risque d'inhiber son désir d'apprendre, et pour longtemps.

● *À quel âge commencer la lecture de mots ?* Le langage doit être déjà riche et aisé, il faut donc attendre que l'enfant ait environ 3 ans.

L'essentiel, à cette période de sa vie, est de ne pas laisser un enfant s'ennuyer : au moment où le cerveau est dans sa plus grande phase de développement, le manque d'attention, de stimulation et d'amour serait un véritable gâchis. Il existe, d'ailleurs, bien d'autres façons passionnantes de communiquer avec votre enfant et de répondre à son insatiable curiosité. S'il ne manifeste pas une attirance particulière pour les mots écrits, attendez l'âge habituel de 6 ans. Il apprendra alors très vite à lire, et d'autant plus facilement que vous lui aurez raconté des histoires pendant ses premières années.

De trois à six ans

Une période plus calme.

Un corps harmonieux

Sa taille

Continuez à mesurer votre enfant tous les six mois et reportez sa taille sur les courbes des *pages 133 et 134*. Les traits supérieurs et inférieurs délimitent une zone qui correspond à une moyenne statistique. Les enfants des générations précédentes étaient plus petits que ceux d'aujourd'hui ; probablement parce que la qualité des aliments et l'équilibre de leurs composants étaient inférieurs.

Peut-on faire grandir un enfant petit ? Deux situations imposent un bilan, qui peut parfois aboutir à un traitement par l'hormone de croissance :

– la courbe de croissance s'infléchit vers le bas ;
– la taille est très nettement inférieure à la moyenne.

Vous trouverez tous les détails utiles dans le paragraphe concernant le retard de croissance *(page 451)*.

Mais si la courbe croît harmonieusement, avec une taille assez proche de la moyenne, c'est qu'il n'existe pas de carence en hormone de croissance, et il serait inutile d'en administrer.

☛ **Si votre enfant est de petite taille, aidez-le à prendre confiance en lui et à développer d'autres qualités : vivacité, aptitudes à communiquer...**

Quelques moyens pour favoriser une croissance harmonieuse.

– Assurez à votre enfant un temps de sommeil suffisant : la glande hypophyse sécrète l'hormone de croissance, surtout pendant la première moitié de la nuit.

– Offrez-lui une alimentation variée (sans exagérer sur les quantités, ce qui ne le ferait pas grandir pour autant).

– Veillez à lui faire prendre ses vitamines, sans dépasser la dose prescrite : un supplément de vitamines ou les ancestrales cuillerées d'huile de foie de morue ne sont pas un facteur de croissance supplémentaire.

– Favorisez les sorties en plein air, voire le sport : rester confiné dans un appartement devant la télévision n'est pas le meilleur moyen de se développer. La pratique sportive épanouira votre enfant, même si elle ne le fait pas grandir.

Âge	Poids (en kg)		Taille (en m)	
	garçon	fille	garçon	fille
3 ans	14	13,5	0,95	0,94
4 ans	16	15,250	1	0,99
6 ans	20	19	1,14	1,12

Son poids

Si vous trouvez votre enfant maigre, reportez son poids sur la courbe. Vous constaterez alors qu'il est normal d'être mince de 4 à 12 ans, surtout pour un garçon. Sachez qu'à la puberté, il s'étoffera.

Il faut tout de même vérifier, sur la courbe, que la progression de son poids est normale. Elle est souvent fonction de son poids de naissance : il est fréquent qu'un bébé pesant 2 kg à la naissance reste menu.

À l'inverse, si vous vous apercevez que la courbe de poids de votre enfant s'envole vers le haut, vous devez réagir. Interdisez les sucreries, les gâteaux, le grignotage, limitez le pain. Attention aux nounous et aux grands-mères « gâteaux ». Signalez-leur quel mauvais service elles rendent à l'enfant en lui constituant un excès graisseux. Mieux vaut lui raconter des histoires, lui acheter des petits jouets plutôt que des sucreries.

☛ **La plupart des obésités de l'âge adulte se constituent avant 6 ans. Alors, attention au surpoids !**

Ses jambes et ses pieds

C'est une période où vous pouvez encore corriger des défauts inesthétiques. Jusqu'à 7 ans, le *genu valgum* (jambes en X) et le *genu varum* (jambes arquées) peuvent être rectifiés par des semelles.

Ses pieds peuvent être plats, si la voûte plantaire ne se forme pas, ou bien tourner en dedans. Ces petits problèmes peuvent aussi être corrigés jusque vers l'âge de 7 ans, par le port de semelles bien adaptées.

Ses dents

Entre 3 et 6 ans, vous êtes théoriquement tranquilles : toutes les dents de lait sont sorties, la première dent définitive fera son apparition vers l'âge de 6 ans. Les dents de l'enfant continuent cependant à se développer et peuvent être le point d'ancrage de microbes, susceptibles de provoquer une inflammation des gencives.

L'hygiène dentaire est importante. Vous devez apprendre à votre enfant à se brosser les dents, matin et soir, avec une brosse souple, que vous changerez tous les trois mois. Préférez un dentifrice pour enfants. La prise de fluor par voie buccale est bénéfique. Elle préserve le capital dentaire de votre enfant en le protégeant des caries.

☛ **Dose de fluor recommandée :**
   – de 3 à 4 ans : 0,50 mg ;
   – de 4 à 6 ans : 0,75 mg.

Si vous cumulez les apports de fluor en utilisant :
– du dentifrice fluoré,
– du sel fluoré,
– et des comprimés ou des gouttes,
vous diminuerez la dose avec l'avis de votre médecin, pour éviter un surdosage. (Celui-ci pourrait provoquer une « fluorose » : de petites taches blanches apparaissent sur les dents de façon symétrique.)

Les bonbons. Proscrits à la maison, ils seront réservés aux occasions exceptionnelles. La prise de fluor et le brossage des dents ne sont, en effet, pas totalement suffisants pour empêcher la formation de caries.

Si un décalage important apparaît déjà entre les deux maxillaires, vous pouvez consulter un orthodontiste. Il arrive qu'une rééducation au niveau du placement de la langue de votre enfant soit bénéfique dès l'âge de 4 ans.

Son sommeil

Si vous avez appris à votre enfant comment bien dormir, vous êtes maintenant dans une période de nuits plutôt paisibles.

S'il reste éveillé toute la soirée ou s'il se réveille chaque nuit, relisez mes conseils *(page 161)*.

☞ **Durée moyenne de sommeil par 24 heures :**
– entre 3 et 4 ans : 12 heures
(11 heures la nuit, 1 heure le jour) ;
– entre 4 et 5 ans : 11 heures et demie la nuit ;
– entre 5 et 6 ans : 11 heures la nuit.

L'enfant cesse en général de faire la sieste vers 4 ans, âge auquel il entre en moyenne section de maternelle. Mais il se peut que votre petit n'ait plus envie de faire de sieste dès l'âge de 3 ans. En ce cas, ne l'obligez pas à rester au lit. À l'inverse, il a peut-être encore besoin de se reposer l'après-midi après 4 ans : l'école lui permettra de s'allonger une heure, dans le calme.

L'enfant doit avoir des horaires réguliers de coucher, de lever, de repas et de bain, pour que ses rythmes biologiques s'installent. Si vous le laissez se coucher à n'importe quelle heure, manger sans horaires précis, son horloge interne n'arrivera pas à bien se régler.

● *Des horaires réguliers supposent une entente familiale.* Les parents doivent être d'accord sur le rythme de vie du foyer pour pouvoir régler celui de leur enfant.

Si vous estimez qu'il doit être couché de bonne heure, arrangez-vous l'un et l'autre pour le voir un peu le soir ou pour prendre le petit déjeuner avec lui le matin. Mais, surtout, mettez-vous d'accord sur les horaires, sinon le petit profitera de votre mésentente pour retarder son heure de coucher, et donc rompre son rythme, ô combien précieux, de sommeil.

☞ **L'important pour un enfant de 3 à 6 ans est de vivre dans une atmosphère d'affection et de calme, avec un rythme journalier régulier et des repères de temps l'aidant à organiser son sommeil.**

● *Votre enfant se trouve peut-être en décalage avec vos horaires*

Un décalage au coucher : votre enfant s'endort et se réveille trop tôt par rapport à votre organisation familiale. Retardez alors son coucher de 15 minutes supplémentaires par paliers de cinq jours.

Un décalage au lever : couchez votre enfant 15 minutes plus tôt par paliers de cinq soirs.

Le principe est également valable lorsqu'un voyage introduit un décalage horaire. Le décalage des rythmes de vigilance touche toutes les fonctions : le sommeil, mais aussi l'appétit, le transit intestinal, l'humeur. En effet, le rythme de vigilance dépend du fonctionnement de glandes dont les sécrétions se font en alternance selon les cycles de veille et de sommeil. Il en est ainsi pour les sécrétions d'hormone de croissance, de cortisone, d'adrénaline. Il faut donc une lente réorganisation des habitudes de vie pour retrouver un rythme régulier.

● *Les câlins et l'histoire au coucher.* Raconter une histoire chaque soir est un moment de complicité, qui vous permet de communiquer à votre enfant l'envie d'échanger et le goût de la lecture.

● *Les rêves et les cauchemars.* Ils troublent parfois la nuit de votre enfant, mais jouent un rôle vital pour son monde imaginaire. Nous en parlerons en détail plus loin *(voir page 234)*.

Le développement de son langage et de sa pensée

Le langage est le support de la pensée et de la réflexion.

Sont exposées ci-dessous les possibilités habituelles d'expression orale d'un enfant âgé de 3 à 6 ans, mais sachez que chaque enfant a son rythme. La comparaison peut simplement vous permettre d'aider à temps votre enfant s'il a un réel problème, en demandant conseil à votre pédiatre.

Nous avons vu qu'habituellement le petit de 3 ans parle couramment *(voir page 146)*. Je vous ai indiqué ce que vous pouvez faire pour l'encourager à parler et ce que vous ne devez pas faire pour éviter de créer un blocage. Si, à 3 ans, il ne possède pas les acquis courants, vous trouverez d'autres conseils pour l'aider *page 453*.

Ce qu'il dit et ce qu'il conçoit

● *À 4 ans*

– Il connaît au moins quinze verbes et nomme quatre couleurs.

– Il sait dire son âge et commence parfois à parler de la mort.

– Il emploie des adjectifs de nuances, des mots de liaison, et compare ce qui est grand et ce qui est petit.

– Il aime jouer avec les termes scatologiques.

– Il sait copier un carré.

● *À 5 ans*

– Il commence à conjuguer les verbes ; il utilise *hier* et *demain*, des pronoms relatifs, des conjonctions simples (*et*, *puis*, etc.).

– Il peut compter quatre objets.

– Il pense que deux rangées de jetons de même longueur contiennent le même nombre d'unités alors que ce sont les jetons qui sont plus espacés dans l'une des rangées que dans l'autre.

● *À 6 ans*

– Il définit les objets par leur usage : « Une savonnette... c'est pour laver ».

– Il sait copier un losange, et apprend à lire et à écrire.

– Il distingue sa droite de sa gauche, le matin du soir, et indique le jour de la semaine.

– Il réussit l'exercice des jetons.

● *La pensée de l'enfant.* Jusqu'à 7 ans, il considère que tout ce qui bouge est vivant, une voiture, son ombre, des nuages. Il prête à ces objets une intention : s'ils bougent, c'est qu'ils ont un but, généralement celui de rendre service aux humains.

Il n'a pas la même logique que l'adulte : par exemple, si vous mettez la même quantité d'eau dans un vase fin et long et dans un vase large et court, il pense que le premier en contient davantage. C'est seulement vers 11 ans qu'il se rendra compte que deux récipients de formes différentes peuvent contenir le même volume de liquide.

Il lui faut donc une certaine maturité pour acquérir des notions qui lui paraîtront évidentes à mesure qu'il grandira.

☛ **Ne soyez pas impatients si votre enfant n'assimile pas ce qu'il n'est pas encore capable de comprendre.**

Si l'institutrice vous signale que votre enfant éprouve certaines difficultés à l'école, n'hésitez pas à en parler à votre pédiatre ; un bilan orthophonique, et éventuellement psychologique est peut-être nécessaire. Nous en reparlerons *page 246*.

Peut-il déjà apprendre une langue étrangère ?

Un très jeune enfant peut-il apprendre une langue étrangère sans perturber ses autres acquisitions ? C'est une question que les parents posent souvent aujourd'hui, parce qu'ils estiment que leurs enfants, pour avoir toutes leurs chances dans la société de demain, doivent parler couramment, en plus de leur langue maternelle, au moins une langue internationale, l'anglais le plus souvent.

● *Plus un enfant est jeune, plus il lui est facile d'apprendre une langue étrangère.* Dans le premier chapitre, nous avons vu que le bébé est capable de distinguer les sons de toutes les langues. C'est sa mère et son entourage qui vont le spécialiser dans les phonèmes de sa langue familiale, et il perdra alors petit à petit la capacité de reconnaître des sons ne faisant pas partie de cette langue. C'est pourquoi plus un jeune enfant entend des langues différentes, plus il garde de compétences linguistiques, tant pour la compréhension que pour la prononciation.

Un enfant de couple bilingue parlera facilement les deux langues parentales.

L'introduction à l'école, dès 2 ans et demi, d'une langue étrangère ne pose aucun problème, si, et seulement si, l'enfant maîtrise déjà bien sa langue maternelle. L'expérience des écoles bilingues le prouve : les enfants n'y ont pas plus de difficultés pour apprendre à lire et à écrire, et même plutôt moins. Ils sont le plus souvent en avance dans les domaines touchant à l'abstraction, au raisonnement et à la généralisation.

Apprendre plusieurs langues enrichit la pensée. La langue ne sert pas seulement à manier des mots. Elle véhicule des cultures différentes, avec un mode de pensée et un humour particuliers à chaque culture.

● *Risque-t-il de bégayer ?* Une longue expérience auprès de couples bilingues me permet d'affirmer qu'il n'y a pas plus de bégaiement chez leurs enfants que chez les autres. Ce qui peut perturber un petit, c'est que l'un de ses parents ne s'exprime pas naturellement. Ne vous transformez donc pas en enseignants. Un enfant se rend compte que sa mère ou son père fait un effort pour parler dans une langue étrangère et en ressent un malaise qui peut entraîner un blocage (plutôt qu'un bégaiement). Mieux vaut donc qu'il apprenne en jouant avec une jeune fille de langue maternelle étrangère, l'anglais par exemple.

☛ **Le bilinguisme ne provoque ni bégaiement, ni retard de langage. Si votre enfant a ce type de difficultés, il faut en rechercher la cause ailleurs.**

● *Risque-t-il de confondre les deux langues ?* Non, à la seule condition que chacun lui parle dans la langue qui lui est propre. Il passera alors très bien de l'une à l'autre selon son interlocuteur.

● *Quelques principes*

– Ne parlez pas à votre enfant dans une langue qui n'est pas la vôtre. Vous devez parler dans la langue que vous utilisez pour penser, donc le plus souvent dans votre langue maternelle. C'est votre naturel qui soutient toute relation affective, et donc la faculté d'apprendre de votre enfant.

– Encouragez sa nounou à parler dans sa langue maternelle : la personne dont on respecte la culture sera beaucoup plus ouverte et souriante, et donnera à votre enfant le goût de communiquer.

– Il est possible de mélanger deux langues en parlant à votre enfant, l'important étant de le faire de façon naturelle et avec plaisir.

– Si vous utilisez le français avec votre petit seul, puis l'anglais avec votre époux anglo-saxon, par exemple, votre enfant s'y retrouvera très bien : il parlera français lorsque vous serez seuls, anglais lorsque son père sera là.

– N'obligez jamais un enfant à vous parler dans une langue étrangère, même si vous voulez vérifier l'influence de telle crèche, école, ou d'une jeune fille étrangère.

– Ne lui faites pas répéter ce qu'il a appris devant d'autres personnes, fussent-elles de la famille. Laissez votre enfant répondre dans la langue de son choix.

● *En pratique.* Immergez le plus tôt possible votre enfant dans un environnement bilingue. Voici quelques manières de procéder, à retenir selon vos moyens financiers et votre organisation :

– choisir une école bilingue ;

– demander à une étudiante de langue étrangère de venir trois après-midi par semaine jouer avec votre enfant ; il est alors possible de regrouper plusieurs de ses camarades, afin de partager les frais ;

– inscrire votre enfant dans un atelier bilingue, deux après-midi par semaine (c'est la durée minimale pour être bien initié).

Cette organisation sera poursuivie pendant plusieurs années car, pour devenir bilingue, un enfant doit être imprégné de la langue étrangère choisie durant toute son enfance.

L'apprentissage de la politesse

Comment réagir au « caca-boudin » que votre enfant de 4 ans vous lancera un jour ?

Tous les enfants du monde le clament dans toutes les langues et avec la même joie. Les travaux de la psychanalyse font apparaître l'universalité du « caca-pipi-popo », à un âge que Freud a qualifié de « stade anal » et qui se situe entre 3 et 5 ans. C'est l'âge où l'enfant, constatant l'impact de ce mot magique auprès de ses copains, le répète à ses parents pour juger de l'effet produit.

L'âge du « caca-pipi-popo »

C'est vers 18 mois que l'enfant découvre sa selle lorsqu'il l'émet. Il se rend compte progressivement qu'il peut, consciemment, l'expulser ou la retenir, provoquant ainsi des sensations diverses dans son corps et des réactions de la part de son entourage :

– soit sa mère est inquiète parce qu'il est constipé ;

– soit elle est ravie parce qu'il a « fait dans le pot », et la selle apparaît comme une offrande ;

– soit elle est contrariée parce qu'il ne veut pas faire au bon endroit.

La selle apparaît donc pour l'enfant comme un moyen de pouvoir sur son entourage. Dans tous les cas, les sensations physiques et psychologiques sont fortes et imbriquées.

Entre 18 mois et 2 ans, l'enfant peut aimer manipuler ses excréments, et surtout les voir. Puis l'entourage va lui apprendre que c'est sale ! Il doit donc retenir son envie de jouer avec ses selles et apprendre à contrôler ses sphincters. C'est alors que naissent les pulsions agressives, normales chez tout être humain ; l'enfant cherche à les exprimer en jouant avec les gros mots.

Le garçon est plus sensible que la fille aux questions de « caca », établissant, semble-t-il, un rapprochement entre la forme de son pénis et celle du boudin fécal. Le garçon fait plus souvent dans sa culotte alors qu'il a dépassé l'âge habituel de la propreté (c'est l'encoprésie, *voir page 397*) et il éprouve un plaisir plus vif à jouer avec les gros mots.

● *Le comportement des parents* joue un rôle dans l'apprentissage de la propreté et du contrôle harmonieux des pulsions :

– une passivité complaisante devant l'absence totale de contrôle sphinctérien peut être à l'origine d'un laisser-aller moral sans garde-fou ;

– à l'inverse, des exigences trop rigoureuses quant à la propreté peuvent être source d'intolérance vis-à-vis de la fantaisie, du désordre, de l'originalité d'autrui et entraîner une agressivité contre soi-même.

● *La notion de possessivité apparaît au stade anal,* quand l'enfant sent qu'il peut donner ou garder ; toute possession d'objet est liée symboliquement à la possession des matières fécales. De l'apprentissage serein de la propreté semble donc dépendre la capacité future à équilibrer dépense et économie. Alors qu'un apprentissage laxiste favorisera une tendance dispendieuse, une éducation très rigoureuse de la propreté peut induire un tempérament avare.

Comment réagir aux gros mots ?

Même si vous comprenez pourquoi votre enfant aime jouer avec les termes scatologiques et s'en servir pour provoquer les adultes, vous ne devez ni approuver ni subir. Ce conseil est valable pour chaque étape éducative : l'enfant a ses raisons, mais il est très important qu'il sache que vous avez les vôtres et qu'il vive dans une atmosphère de respect mutuel.

Ne pas gronder, ni punir, ni culpabiliser : vous risqueriez de pousser votre enfant à vous provoquer encore plus grossièrement, et même à devenir sournois.

Ne pas faire semblant de ne pas entendre les gros mots : c'est l'attitude fréquemment adoptée par les parents d'aujourd'hui. Mais l'enfant sait que vous entendez, et que vous n'êtes pas content. Il peut d'ailleurs faire monter la pression en insistant jusqu'à ce que vous réagissiez, ou en vous provoquant en public. Évitez donc cette attitude et ne subissez pas, sans réagir, des comportements de votre enfant qui vous mettent mal à l'aise.

Rester serein et répondre en adulte. Vous pouvez, par exemple, dire à votre enfant : « Si tes gros mots amusent tes copains, tu peux en dire lorsque tu es avec eux. Mais pas avec moi, mes oreilles n'aiment pas ça. Si tu as envie d'en dire à la maison, va le faire aux toilettes (comme le suggérait parfois la psychanalyste Françoise Dolto) ou, à la rigueur, dans ta chambre, mais porte fermée. »

Tous les parents souhaitent avoir des enfants bien élevés, c'est plus agréable en société et surtout très utile pour l'avenir des enfants eux-mêmes. En même temps, ils désirent ne pas étouffer la personnalité de leur enfant. La solution n'est donc pas simple. En matière d'éducation, la sérénité de parents qui se respectent autant qu'ils respectent leur enfant est toujours la condition pour trouver la meilleure solution.

La politesse s'apprend par l'exemple

N'exigez pas l'application stricte de règles mal adaptées à une situation précise. Un excès d'autoritarisme rend souvent les enfants menteurs, nous en reparlerons.

● *Les attitudes inefficaces :*

– vouloir « dresser » son enfant ;

– donner des ordres inapplicables, par exemple : « Arrête de pleurer ! » ;

– menacer : « Si tu continues, tu vas recevoir une fessée ! » ;

– être négatif : « Tu es stupide ! » ;

– laisser entendre que vous approuvez un comportement incorrect, en riant ou en souriant ;

– lui faire honte : « Tu n'es qu'un bébé. »

Alors, comment faire ? Apprenez à écouter votre enfant en lui disant : « Si tu ne veux pas venir saluer mes invités, c'est que tu as sans doute une raison... » Dès lors qu'il peut s'expliquer, il se sentira en confiance et viendra dire bonjour une autre fois, si ce n'est le jour même.

Expliquez-lui que son comportement peut parfois vous contrarier, sans lui adresser de reproches : « Je suis fatiguée parce que tu as été très désagréable. Je n'ai donc pas envie de jouer. » Ne cherchez pas à « gagner la partie » contre l'enfant, à le « faire plier ». C'est sans intérêt et, à ce petit jeu, comme il a moins de préoccupations à long terme que vous, il risquerait de devenir très entêté.

● *Le « bonjour ».* Un enfant ne dit pas « bonjour » spontanément. Dire « bonjour » heurte souvent la timidité naturelle des enfants et peut devenir une véritable hantise si l'insistance se fait trop forte, entraînant une connotation négative : « Tu n'es pas poli. » En revanche, si, dans le cadre de ma consultation je dis à tel enfant : « Bonjour Antoine ! » sans insister pour obtenir une réponse, le petit me lance un regard joyeux : il m'a dit bonjour avec les yeux. L'enfant se sent alors compris, montre fièrement sa dernière paire de baskets, ce qui équivaut à une salutation, et monte allègrement sur la table d'examen. De consultation en consultation, l'enfant se met spontanément à dire bonjour. Tous les apprentissages concernant la politesse procèdent ainsi par imitation plutôt que par ordre.

● *Les impolitesses normales chez le jeune enfant :*

– jusqu'à 5 ans, il est normal de prendre les jouets des autres : la notion de vol n'existe pas, ni celle de générosité ;

– le mensonge n'a pas de sens jusqu'à 7 ans, la fabulation est donc courante ;

– entre 3 et 5 ans, l'enfant aime les gros mots, et les termes scatologiques.

● *Les parents sont un modèle absolu pour leurs enfants.* Leur comportement exprime les valeurs auxquelles ils croient. Si vous insultez un automobiliste, puis reprochez à votre enfant de proférer des gros mots (les mêmes que les vôtres) ou si vous critiquez vivement votre belle-mère, puis enjoignez à votre petit de respecter les personnes âgées, votre enfant saisira ces incohérences. Vos paroles ne valent rien si elles ne correspondent pas à votre façon d'agir.

Sachez reconnaître que vous n'êtes pas infaillible. Admettre que l'on s'est trompé montre à l'enfant que les adultes ont, eux aussi, des moments de faiblesse, ce qui le rassure sur lui-même. Il ne faut pas cependant se complaire dans l'autocritique ou se montrer trop indécis, car l'enfant perdrait son sentiment de sécurité et sa confiance en votre jugement.

☞ **La politesse est avant tout la manifestation du respect de l'autre. C'est un langage du cœur.**

● *Les enfants d'aujourd'hui sont plus spontanés que ceux d'hier.* C'est sans doute un peu plus fatigant pour leur entourage, mais c'est aussi le gage d'un plus grand épanouissement de leur personnalité. Pouvant exprimer et tester, dès l'enfance, ses propres opinions et façons d'agir, l'enfant va acquérir davantage d'assurance, qualité indispensable dans la société d'aujourd'hui.

La voie reste étroite et délicate pour les parents entre ce qu'il est souhaitable d'inculquer à leur enfant et l'excès ou l'insuffisance de dressage. C'est, encore une fois, votre propre comportement avec les autres qui lui permettra d'accomplir naturellement les actes de politesse indispensables à la vie sociale et à la communication : dire bonjour et merci, ranger ses affaires et vous aider à la maison, selon son âge, respecter le repos ou la tranquillité des autres, etc.

● *Les enfants de votre conjoint.* Si vous avez une famille recomposée après un remariage ou à la suite d'un veuvage, d'un divorce ou d'une séparation, souvenez-vous que ce n'est pas à vous de critiquer l'éducation des enfants « de votre conjoint(e) ».

Il est parfois difficile de se montrer compréhensif avec un enfant que l'on n'a pas caressé, choyé, langé et nourri quand il était bébé. Il arrive que l'on souligne sans indulgence toutes les erreurs de comportement de ces enfants. Le climat risque alors de devenir insupportable entre les membres de cette famille recomposée.

Si vous ne devez pas critiquer l'éducation des enfants de votre conjoint(e), vous devez tout de même protéger votre territoire. Et respecter le leur. Là encore, donnez l'exemple et montrez-vous respectueux à l'égard de l'éducation qu'ils ont reçue et de leurs parents.

Le complexe d'Œdipe
La nudité

Personnage de la mythologie grecque, Œdipe est le fils de Laïos, roi de Thèbes, et de la reine Jocaste.

À la suite d'un oracle prédisant qu'il tuerait son père et épouserait sa mère, il est abandonné dans la campagne et recueilli par le roi de Corinthe. Le destin le conduit sur le chemin de Laïos, qu'il tue après une querelle. Puis, ayant réussi à débarrasser Thèbes du Sphinx, il est proclamé roi par les Thébains reconnaissants, et Jocaste devient sa femme. Mais il ignorait qu'il s'agissait de ses parents. Lorsqu'il apprend la vérité, Œdipe se crève les yeux et se condamne à l'errance.

Le complexe d'Œdipe

D'après Freud, le complexe d'Œdipe se manifeste entre 3 et 5 ans par l'apparition d'un désir sexuel pour le parent de sexe opposé, accompagné de tout un jeu d'approches de séduction et, parfois, de désir de mort du parent du même sexe, considéré comme un rival.

● *Le petit garçon.* En pleine situation œdipienne, il insiste pour dormir la nuit aux côtés de sa maman, ou veut assister à sa toilette. Dans le même temps, une rivalité s'instaure entre le fils et le père ; elle va normalement se déplacer du plan sexuel au plan sportif ou intellectuel, poussant sainement le garçon à devenir comme son père. Ainsi se construit en partie l'identité sexuelle du garçon : virilité et recherche de séduction tournées vers les personnes du sexe féminin.

● *La petite fille.* Elle éprouve une tendre affection pour son père et veut inconsciemment écarter la rivale, sa mère. Elle cherchera en grandissant à acquérir le même pouvoir de séduction qu'elle, en mettant des bijoux, en se maquillant, pour conquérir ainsi le « sexe fort ».

● *L'équilibre du couple parental : un bon repère pour l'enfant.* Si votre vie de couple est fondée sur l'amour et le respect mutuel, et si vous donnez à votre enfant une affection sereine, celui-ci trouvera naturellement sa place dans le trio, le complexe d'Œdipe permettant à sa personnalité de se structurer et à ses désirs sexuels de s'orienter dans le bon sens.

Si vous élevez seule votre enfant ou si votre couple est fragile, il vous faudra une plus grande force psychologique pour aider votre petit à se construire. Un enfant a besoin de penser qu'il a été conçu par amour, il faut donc qu'il sache que ses parents se sont aimés à ce moment-là. Il doit savoir qu'il ne remplace pas le père auprès de sa mère, même si elle vit seule. De même, la petite fille ne doit pas se sentir la compagne indispensable de son père, ni même de sa mère.

C'est pourquoi, dans ces situations, vous ne devez pas donner à votre enfant l'habitude de dormir dans votre lit. Lorsque, par exemple, il va chez son père le week-end, ne montrez pas à votre petit une figure de sacrifiée, dites-lui au contraire combien vous avez besoin de vivre votre vie d'adulte, même si vous l'aimez tendrement.

☞ **Pour que ne s'installe aucune ambiguïté, vous devez être très clair quant au fait que papa est le mari, l'amoureux de maman, et réciproquement.**

Ces conseils sont tout aussi valables pour le père, lorsqu'il est seul avec ses enfants. L'essentiel dans cette relation parents-enfant est que votre petit sache qu'en aucun cas il ne peut être le partenaire sexuel de l'un de ses parents.

Si le couple se sépare, vous devez garder votre place de parents pour que l'enfant ne puisse pas imaginer qu'il va apporter le même amour à sa mère que son père absent. Il doit comprendre que les rapports entre adultes n'ont rien de commun avec les rapports entre parents et enfants. En respectant ainsi sa position dans la famille, vous lui donnerez envie de devenir un grand.

La masturbation

L'enfant remarque, plus ou moins tôt, qu'il peut éprouver du plaisir à caresser ses organes génitaux. La fréquence avec laquelle il le fait est très différente d'un enfant à l'autre, certains semblant ne jamais s'y intéresser, d'autres donnant l'impression de s'y adonner dès qu'ils en ont la possibilité.

● *À quel âge l'enfant prend-il conscience de ses organes génitaux ?*
Le petit garçon est beaucoup plus précoce que la fille car son sexe est apparent. Dès les premières semaines, la toilette, à chaque change, stimule déjà la peau de ses bourses et sa verge, qui se met parfois en érection lors des applications de pommade. Dès l'âge de 5 mois, il attrape sa verge et joue avec elle. À 8 mois, non seulement il la saisit, mais il peut aussi la regarder puisqu'il sait se tenir assis. À 18 mois, alors qu'il commence à s'asseoir nu sur le pot, il perçoit ses modifications lors de l'émission d'urines. Vers 4 ans, il comprend vraiment qu'il a un pénis comme son père, alors que sa mère n'a pas de sexe visible. C'est alors, selon la théorie freudienne, que naît l'angoisse de la castration : le petit garçon a peur de perdre son pénis, puisque sa mère, elle, n'en a pas.

La petite fille découvre entre 1 an et 18 mois sa vulve et son clitoris. Elle ne comprendra qu'elle a un vagin que bien plus tard, à la puberté. D'après Freud, la petite fille voudrait acquérir un pénis, comme le garçon.

☞ **La masturbation est tout à fait normale chez l'enfant de 3 à 4 ans, mais elle doit être limitée à des moments d'intimité, surtout après l'âge de 5 ans.**

● *Comment réagir à la masturbation ?*
Il ne faut surtout pas culpabiliser l'enfant, le gronder, le punir, proférer des menaces. Ces comportements ont provoqué bien des énurésies (pipi au lit), des problèmes psychologiques et sexuels.

Il faut apprendre à l'enfant à rester pudique. Si votre enfant se masturbe devant le cercle familial ou des amis, vous pouvez lui dire : « Ton sexe, c'est ton petit secret. Tu peux aller le caresser dans ta chambre si tu veux, tout seul, mais pas devant les autres ; c'est gênant pour eux et pour toi. » L'enfant comprendra ainsi que la masturbation ne lui est pas interdite, que ce n'est pas « mal », mais qu'il doit la pratiquer « chez soi » (de même que vous, ses parents, ne faites pas l'amour devant lui). En adoptant cette attitude, vous soulagez votre enfant qui avait envie de vous provoquer, et attendait une réaction lui indiquant la bonne maîtrise de ses pulsions. Réagir naturellement en disant : « Je suis gêné(e) » correspond donc à son attente.

●*La période de latence.* Vers 5-6 ans, l'enfant entre dans la période dite de latence. Elle lui permet de reporter sa curiosité sur les acquis sociaux, sportifs et intellectuels. Il va refouler son intérêt pour la sexualité et diriger son énergie vers les apprentissages fondamentaux d'une vie de relation avec les autres. C'est pourquoi, en lui demandant de cantonner ses plaisirs masturbatoires à sa vie intime, vous l'aidez à se diriger vers d'autres centres d'intérêt.

Après 5 ans, la masturbation devant des tiers est un signe de repli sur soi, et peut faire l'objet, si elle persiste, d'une consultation chez votre pédiatre.

Pudeur et nudité

La nudité est naturelle, et l'entrée inopinée de votre enfant dans la salle de bains, où vous êtes nu(e), ne mérite pas de réactions particulières. Il y a cependant un juste milieu entre la pudibonderie et l'exhibitionnisme, un juste milieu très important, car il marque le respect que nous devons à nos enfants.

●*La pudeur est naturelle à partir de 4 ans.* Lorsque, à cet âge, l'un de mes petits patients vient en consultation pour la première fois, devoir se mettre « tout nu » le met toujours mal à l'aise. Il suffit que je lui dise « tu gardes ta culotte », pour que son visage se détende et qu'il se prête volontiers à l'examen, même si celui-ci comporte un contrôle des organes génitaux.

En respectant cette pudeur naturelle, vous protégez votre enfant des agressions sexuelles : s'il n'a pas l'habitude d'exposer ses organes génitaux, s'il considère qu'ils lui appartiennent en secret, il laissera moins facilement un étranger pratiquer des attouchements sur lui.

●*Respecter la période de latence.* Même si, comme nous l'avons vu, l'enfant a une sexualité propre, il a besoin qu'elle soit refoulée jusqu'à la puberté. Aussi, après ses 4 ans, mieux vaut éviter de vous promener trop souvent nus dans la maison. Son émoi, son élan vers une vie de couple se construiront d'autant plus facilement qu'il n'aura pas la mémoire encombrée d'images parentales trop précises et trop récentes : la comparaison des anatomies ou des caresses parasiterait son imaginaire.

☛ **Vous pouvez prendre un bain nu avec votre enfant jusqu'à ce qu'il ait 4 ans. Au-delà, respectez sa sensibilité et sa pudeur naturelle. La nudité n'est pas un état honteux, mais un état d'intimité personnelle.**

Du bon usage de la télévision

Votre enfant va-t-il regarder la télévision un peu, beaucoup, pas du tout ? La réponse dépend pour une bonne part de votre influence et de votre comportement.

La télévision apprend ou abêtit ?

La réponse réside dans le « comment » et le « pourquoi » on la regarde...

● *Les différentes manières de regarder la télévision.* Il y en a trois pour un enfant, selon François Mariet, professeur d'université :

– la « télé-passion », quand le programme a été choisi et qu'il est regardé d'un bout à l'autre avec intérêt ;

– la « télé-tapisserie », quand l'enfant joue et s'occupe sans vraiment la regarder ; il tourne seulement la tête lorsque des sons ou des paroles attirent son attention ;

– la « télé-bouche-trou », que l'enfant regarde parce qu'il s'ennuie.

Ces différentes manières de regarder la télévision n'ont pas les mêmes effets sur votre enfant. L'écran comme toile de fond, qui n'est regardé que par intermittence, tout en faisant autre chose, disperse l'attention : l'enfant ne se concentre longtemps ni sur son occupation, ni sur l'émission.

Le « zapping » est une école de déconcentration. Si vous changez de programme trop souvent, votre enfant ne peut pas concentrer son attention. Beaucoup d'émissions ou de films semblent être construits sur le principe du « zapping » dans la mesure où, pour capter l'attention des spectateurs, leurs auteurs imposent une cadence infernale à l'action. À long terme, cette succession permanente d'événements risque de faire désirer la même chose à l'enfant dans la vie quotidienne et de le rendre impatient.

La télévision, facteur d'instruction et de réflexion. Si votre enfant ne regarde que ce que vous avez choisi ensemble, si vous partagez ce moment de détente, si chacun écoute les commentaires de l'autre, si vous prolongez, parfois, l'émission par une lecture, la télévision devient amusante et intéressante.

La télévision, facteur d'abêtissement. Regardée passivement, longtemps, sans choix précis, elle va l'empêcher de pratiquer d'autres activités plus stimulantes.

Si votre enfant est souvent seul devant le poste, la télévision appauvrit sa réflexion. Si les émissions sont choisies et regardées avec des parents disponibles, c'est une source d'enrichissement intellectuel. Essayez donc de vous libérer de temps en temps.

☛ **La télévision est une activité parmi d'autres, jamais une récompense ou une occupation par défaut.**

● *La télévision et la violence*

Sur le degré de violence des émissions ou des films que regarde votre enfant. Si vous l'autorisez à suivre un programme comportant une part de violence, rappelez-lui souvent qu'il ne s'agit que d'une fiction. Cela remplacera le « Il était une fois... » placé au début de tout conte de fées et informera les enfants que l'histoire n'est pas réelle.

Le journal télévisé. Soyez, là encore, vigilants : toutes les images ne sont pas systématiquement bonnes à voir par les enfants. Si jeunes, ils n'ont pas à partager en direct tous les malheurs de l'humanité. La sensation de sécurité, tant psychique que physique, est nécessaire à la croissance.

La télévision et la santé de votre enfant

Les moments passés devant le petit écran peuvent avoir des conséquences sur son sommeil, son poids et sa vue.

● *La télévision et le sommeil.* La télévision ne doit pas contribuer à raccourcir la durée de sommeil de votre enfant. En effet, si vous n'avez pas établi clairement, dès le début, que la télévision était interdite après le dîner, il se peut que certaines émissions provoquent des négociations qui n'en finissent plus.

La violence des émissions vues dans la journée peut entraîner des cauchemars nocturnes, avec des réveils et des difficultés pour se rendormir. Pour pallier ce problème, demandez à votre enfant, pendant le dîner ou avant qu'il s'endorme, ce qui l'a intéressé à la télévision pendant la journée ; il vous confiera alors ses angoisses s'il en a eu, ce qui diminuera les risques de cauchemars.

Les **dessins animés dès le lever** poussent l'enfant à s'éveiller de plus en plus tôt, si vous lui laissez prendre cette habitude.

● *La télévision et les kilos.* Aux États-Unis, on appelle les petits téléspectateurs, des « couch-potatoes » (« patates de canapé »), parce qu'ils restent des heures durant à regarder des émissions, avachis sur un divan, tout en grignotant des chips ou des sucreries. Les kilos s'accumulent peu à peu, proportionnellement aux heures passées devant le petit écran.

☛ **Entre 3 et 6 ans, un enfant peut regarder la télévision : environ une demi-heure par jour en semaine, une heure par jour le week-end.**

Beaucoup de mamans m'ont dit combien il leur était difficile de s'en tenir à ce programme dès l'âge de 3 ou 4 ans. Je pense sincèrement que, si vous choisissez avec votre enfant les émissions intelligentes et non violentes, si vous les partagez avec lui en leur donnant un sens, vous pouvez doubler le temps devant l'écran. Tout dépend donc si votre enfant subit la télévision ou la regarde avec votre participation...

● *La télévision et la vue.* Pour le confort des yeux de votre enfant, la distance entre l'écran et le visage doit être comprise entre cinq fois la largeur de l'écran et cinq fois sa diagonale. Pensez à régler la couleur et la luminosité, et à placer le téléviseur dans une pièce pouvant être légèrement éclairée.

● *Devenir le maître de l'écran.* Apprenez très tôt à votre enfant à sélectionner avec vous les émissions qui vont l'intéresser. Ce sont ces émissions qu'il regardera, pas toujours en direct d'ailleurs : l'utilisation du magnétoscope permet d'être indépendant de l'heure de programmation souvent incompatible avec les activités extérieures ou le temps de sommeil.

Chaque fois que cela vous est possible, regardez les émissions avec lui, commentez-les, prolongez-les éventuellement, pour les plus grands si l'émission s'y prête, par une sortie, ou une discussion en famille. La télévision est alors, pour votre enfant, une ouverture sur des mondes qu'il ne connaît pas et lui donne déjà l'occasion de comparer et de se poser des questions. Bien sûr, cet usage de la télévision exige un peu de vigilance et une persévérance certaine, mais ses conséquences sont positives. Et lorsque votre enfant échappera à votre autorité, ces habitudes d'utilisation influenceront son comportement, et l'aideront à rester un téléspectateur sachant tirer le meilleur profit et le plus grand plaisir de cet outil.

Élever une fille
Élever un garçon

Vos efforts pour développer la curiosité, l'intelligence et la culture de votre enfant ne doivent pas être entravés par des schémas d'éducation sexiste.

● *N'attribuez pas trop vite les particularités du caractère de votre enfant à son sexe.* Les clichés comme : « Vraiment, les garçons, c'est balourd... » ou « Les filles, c'est plus précoce ! » sont beaucoup trop généraux pour s'appliquer à un enfant en particulier. Le rang dans la fratrie, les différences d'éducation (chaque enfant arrive à un moment particulier de l'histoire de la famille) sont souvent plus déterminants pour le comportement de l'enfant que ne l'est son sexe.

Votre attitude est inconsciemment différente selon que vous avez un bébé-fille ou un bébé-garçon *(voir page 122)*, et que vous êtes son père ou sa mère. Cette différence influe inévitablement sur le développement de votre enfant, même si les jeunes parents ont une conception plus égalitaire de leur rôle auprès de leurs enfants.

Il n'en demeure pas moins vrai que le père est généralement moins présent que la mère, et, comme il est le complice naturel du petit garçon, ce dernier peut s'en trouver défavorisé ; c'est certainement en partie pourquoi certains garçons parlent plus tard.

Si votre compagnon est accaparé par ses activités professionnelles, soyez d'autant plus communicative et tendre avec votre petit garçon. Vous verrez alors qu'il fera preuve de la même finesse dans ses réflexions qu'une petite fille.

● *Garçon et sensibilité.* Les parents sont parfois un peu inquiets lorsqu'ils voient leur fils jouer à la poupée. Mais les jeux ne sont pas déterminants en ce qui concerne la virilité de votre garçon ; c'est l'absence de modèle fort d'un père aimé qui pourrait gêner le garçon pour affirmer son identité masculine.

Si vous élevez votre enfant seule, ou si votre compagnon est dévalorisé à ses yeux. Votre garçon risque de ne pas savoir à qui s'identifier en tant que futur homme. Votre fille, elle, risque de se forger une image négative de l'homme.

Si votre petit garçon a un père auquel il peut s'identifier, et un père attentif à sa mère, il a toutes les chances de bien percevoir son identité masculine.

☛ **Démythifier la violence est indispensable dans notre société et contribue à instaurer un climat serein dans les écoles et collèges.**

● *Garçon et bagarre.* Si votre fils est de ceux qui n'aiment pas se battre, vous êtes peut-être perplexe et vous demandez comment il saura se défendre dans la vie. Rassurez-vous, ces enfants qui ne donnent pas facilement de coups de poing ne deviennent pas les victimes des autres. Vous ne devez pas déprécier votre enfant parce qu'il ne se bat pas, ni l'encourager à répondre aux coups par les coups. Incitez-le plutôt à développer ses qualités propres et à ignorer les bagarreurs.

Quant aux parents très troublés de recevoir des plaintes multiples, pour les coups et morsures infligés par leur fils aux copains de classe ou du square, ils peuvent expliquer à leur enfant que celui qui frappe n'est pas le plus fort. L'homme réellement fort, par exemple son père, ou toute autre personne que l'enfant estime, ne frappe pas. Il utilise sa force à autre chose. Pendant longtemps, la force des poings était importante ; maintenant, c'est en pensant, en sachant bien parler, calculer, qu'on devient fort.

Votre garçon veut un pistolet. Rien de plus normal : votre petit garçon sait bien que ce n'est pas une arme « en vrai » et, lorsqu'il vous dit : « Tu es morte », il s'attend à ce que vous vous releviez aussitôt. Jusqu'à 5 ans, la mort est réversible pour l'enfant, et ce jeu guerrier l'amuse. Posséder un pistolet est pour lui un symbole de sa virilité, dont il ne faut pas le priver. En revanche, si ce jeu vous est désagréable, n'hésitez pas à l'envoyer jouer avec ses copains.

● *Jeux de garçon et jeux de fille.* « Papa lit et maman coud », voilà ce qui figurait dans mes manuels de petite fille. Cette phrase a été retirée, car on l'accusait de perpétuer les schémas sexistes des rôles conjugaux.

Il n'en reste pas moins qu'outre les modèles imposés par les traditions, comme les pistolets et les poupées, les jeux des enfants sont sexués. Même l'ordinateur et le jeu vidéo sont naturellement préférés des garçons. Il suffit d'aller dans un magasin spécialisé pour s'en rendre compte. Après un mouvement de curiosité commun aux filles et aux garçons, ce sont les garçons qui restent fervents de l'ordinateur. Les filles l'utilisent *(voir page 247)*, mais, en général, elles sont moins passionnées.

● *Intéressez votre fille au monde extérieur.* Les schémas ont la vie dure, qui poussent encore quelques rares parents à ne pas développer les qualités mathématiques et politiques de leur fille. Ne suivez pas ces schémas réducteurs et encouragez votre fille à s'ouvrir au monde qui l'entoure.

Quand faut-il dire la vérité sur le Père Noël ?

De nombreux parents se demandent s'il est bon, encore aujourd'hui, de raconter aux enfants « des histoires » à propos d'un bonhomme qui n'existe pas.

Nous avons tous de beaux souvenirs concernant Noël et le Père Noël. Quoi de plus merveilleux, en effet, que ce Monsieur avec une superbe barbe blanche, tout habillé de rouge, qui vient par la cheminée pour apporter des jouets aux petits enfants ? C'est le symbole du bonheur soudain... Il va dans toutes les maisons déposer un cadeau que l'on n'est pas allé acheter dans un magasin, qui n'est pas la récompense d'un effort, que l'on n'a pas choisi précisément, et, en plus, il ne demande pas de remerciements. C'est une extraordinaire bonne surprise.

Le mythe de l'amour gratuit

Mais, à notre époque où l'on ne dit plus que les bébés naissent dans les choux, où l'on explique ses origines à un enfant adopté, où l'on parle déjà un langage vrai aux nouveau-nés, pouvons-nous encore transmettre cette fable du Père Noël ? Oui, nous pouvons conserver cette tradition parce que le Père Noël s'adresse d'abord à l'imaginaire de l'enfant, dans ce qu'il a d'universel et d'éternel, et qu'il est le symbole du don.

● *Pourquoi le Père Noël?* Les questions sur le Père Noël surviennent entre 5 et 7 ans, parfois plus tard chez les aînés. Le mieux est alors d'expliquer que le Père Noël est un symbole de générosité, destiné aux enfants : les êtres humains, grands et petits, ont besoin de savoir que, dans la vie, de bonnes surprises peuvent arriver. Comme pour les enfants de moins de 6 ans, le mot générosité n'a pas de sens, on l'a appelé « le Père Noël ». Ce n'est donc pas un mensonge, c'est un mythe. Lorsqu'on grandit, le besoin de cette expression gratuite des sentiments demeure, mais on l'appelle simplement la fête de Noël.

☞ **Le Père Noël rend un éminent service à l'équilibre psychique de l'enfant : ce symbole de la générosité lui permettra d'affronter avec plus d'optimisme les épreuves de la vie.**

● *La révélation de cette légende,* vers l'âge de 6 ans en général, peut provoquer des réactions très diverses.

Si votre enfant comprend et intègre le mythe. Votre petit réalise bien que le Père Noël n'est pas une personne, mais le symbole de la généreuse surprise que nous avons envie de faire à ceux que nous aimons. Lors du Noël suivant, il aura préparé ses cadeaux, et sera prêt à perpétuer cette légende auprès des plus petits.

Si votre enfant est triste, voire choqué. C'est qu'il tient encore à y croire et a du mal à concevoir une abstraction. Pour l'aider, dites-lui que, bien sûr, le Père Noël existe : c'est un symbole enfantin de l'esprit de générosité, un symbole de l'offrande, en tant que gage d'amour ; tous les petits enfants ont besoin de cette belle légende pour devenir des femmes ou des hommes heureux.

Si nous privons trop tôt l'enfant de ce mythe, avec ses connotations magiques, la fête ne sera plus aussi merveilleuse, réconfortante et enrichissante.

Évitez le chantage

L'affirmation que le Père Noël « voit tout » peut-elle être un moyen d'obtenir un peu plus de sagesse pendant l'année ? Certainement pas ! On entend beaucoup dire aux enfants qu'ils devront être très sages, avoir bien travaillé, cessé de sucer leur pouce pour avoir une chance que le Père Noël leur apporte des cadeaux.

Mais à partir du moment où l'on connaît la symbolique de Noël, on comprend combien il est dommage d'en détourner la générosité pure vers un moyen de chantage chargé de remédier à nos difficultés éducatives. En tant que parents, vous avez bien d'autres occasions d'exiger que les présents soient mérités. Les mêmes parents qui utilisent les cadeaux de Noël comme moyen de pression finiront d'ailleurs toujours par les offrir, percevant bien qu'il serait regrettable de priver leur enfant de cette fête. Pourquoi amoindrir ainsi le mythe de l'offrande pure ?

☞ **Lorsqu'au moment des fêtes de fin d'année votre petit s'étonne de rencontrer des Pères Noël à tous les coins de rues, expliquez-lui que, bien sûr, ce sont des personnes déguisées. Le « vrai », lui, est dans un pays lointain.**

● *Si votre enfant a découvert les jouets cachés dans le placard.* Dites-lui que le Père Noël vous les a confiés, car il voulait être tout à fait certain que votre enfant les aurait à temps. S'il vous croit facilement, c'est que le mythe est encore important pour lui. S'il est sceptique, c'est qu'il est prêt à passer au stade suivant, l'idée abstraite de l'amour gratuit.

L'initiation artistique

L'enfant est très tôt sensible aux œuvres d'art. Le faire vivre dans un univers où elles sont présentes, c'est lui donner une chance d'accès précoce à la culture. Tous les parents peuvent initier leur enfant.

Ensemble, allez découvrir les grandes œuvres de la peinture et de la musique. Cette approche est d'ailleurs enrichissante pour les adultes, car le regard d'un enfant est libre de tout préjugé.

L'initiation à la peinture
Les tableaux de maîtres intéressent les enfants dès la deuxième année. Jouer avec des reproductions, avoir des livres d'art, est le meilleur moyen pour que votre petit ait envie de comprendre les œuvres et de connaître les peintres.

● *Emmenez votre enfant au musée au moins une fois par an.* Laissez-le jouer et regarder en flânant. Ou bien présentez-lui auparavant quelques-unes des œuvres exposées grâce à des reproductions, racontez-lui des histoires auxquelles le tableau se rapporte, puis emmenez-le voir les originaux et laissez-le les reconnaître tout seul. Donnez-lui des crayons ou des feutres pour dessiner ce qu'il veut après la visite.

☛ **Évitez d'imposer votre goût personnel en matière d'art à votre enfant.**

● *Offrez-lui un espace pour dessiner.* Installez un petit coin de bureau où il ne craindra pas de salir, avec du papier, des feutres, des crayons, des peintures lavables et non toxiques. Ne jetez pas vous-même ses coloriages, mais laissez-le choisir ceux qu'il souhaite conserver. Apprenez-lui à ranger après chaque séance. Ne cherchez pas à interpréter systématiquement ses dessins car votre enfant perdrait sa spontanéité.

L'initiation à la musique

Nous avons vu que le bébé entend la musique très tôt. Il est capable de mémoriser un morceau comme, par exemple, celui du basson de Pierre et le Loup, dès la vie *in utero*. On peut aussi créer un environnement musical dès la naissance, en sachant cependant qu'une musique permanente avec un niveau sonore élevé est perturbante pour un jeune enfant *(voir page 48)*.

● *Les cours de musique.* À l'âge de l'éducation musicale proprement dite, certains parents sont déçus lorsque leur petit refuse les cours de piano, l'enseignement classique étant souvent rébarbatif ! Les méthodes Suzuki et Marthenot évitent en général cet écueil :

– elles s'adressent aux enfants à partir de 3 ou 4 ans ;

– elles reposent sur la participation des parents, sur le plaisir de jouer un morceau retenu par l'oreille et sur l'imitation. Déchiffrer les gammes, introduire le rythme et les nuances ne viennent qu'ensuite.

Quelques conseils

– Ne dites jamais à votre enfant qu'il chante faux : c'est le meilleur moyen pour qu'il ne parvienne jamais à chanter juste.

– Chantez vous-même à la maison, même si vous trouvez que vous ne chantez pas très bien.

– Offrez-lui, dès 2 ans, un magnétophone et des cassettes.
– Ne lui donnez jamais un faux instrument de musique.
– Racontez-lui l'histoire des grands musiciens de façon passionnante pour lui.

L'entrée au cours préparatoire

Beaucoup de parents s'interrogent sur l'âge d'entrée au cours préparatoire. Faut-il vraiment attendre que votre enfant ait les 6 ans réglementaires ?

Pour que votre enfant soit accepté en première année d'école primaire, la classe de cours préparatoire (CP), appelée aussi onzième, il faut, en principe, qu'il ait 6 ans avant le 31 décembre de l'année en cours. On estime qu'à cet âge, l'intelligence enfantine a assez de maturité pour acquérir facilement la lecture, puis l'écriture.

● *Peut-il entrer en CP en avance ?* Votre enfant aura peut-être 6 ans en janvier ou en février. Vous pouvez raisonnablement vous demander si ces quelques semaines qui lui manquent légalement justifient vraiment une année supplémentaire de maternelle, dans le cas où il a parlé de bonne heure, possède déjà un vocabulaire étendu et écoute attentivement lorsque vous lui racontez des histoires. Il sait reproduire non seulement un cercle (ce qui est acquis à 3 ans), un carré (ce qui est acquis à 4 ans), mais aussi un losange (ce qui s'acquiert à 6 ans et témoigne d'une capacité d'abstraction suffisante pour apprendre à lire).

À l'inverse, si votre enfant a parlé tard, s'exprime encore peu, déforme certains mots, ne se concentre pas longtemps, il risque de se trouver en difficulté au cours préparatoire. Il faut non seulement lui laisser du temps, mais prendre des mesures d'accompagnement pour qu'il acquière l'aisance et la concentration nécessaires.

Pour savoir si votre enfant est apte pour le cours préparatoire et prendre ainsi la bonne décision, il faut d'abord prendre l'avis de son instituteur. En cas d'hésitation, il vous conseillera de faire procéder à une évaluation de son développement grâce à un bilan psychologique et orthophonique avant de demander une dérogation.

Intelligence et maturité

Un bilan psychologique peut aider non seulement à évaluer les aptitudes intellectuelles de votre enfant, mais aussi à mieux cerner sa personnalité.

● *Le quotient intellectuel (QI)*. Il ne mesure qu'une forme d'intelligence parmi d'autres : l'intelligence de type scolaire, c'est-à-dire les capacités à comprendre les problèmes posés au cours d'une scolarité.

Ne vous étonnez donc pas si, à l'issue du bilan, le QI ne vous est pas communiqué. Il demeure confidentiel pour éviter tout risque d'étiquetage qui pourrait être nuisible à votre enfant : seuls le psychologue et le pédiatre peuvent y avoir accès afin de vous conseiller au mieux pour favoriser l'épanouissement de votre petit, et vous permettre de comprendre pourquoi, parfois, il a des difficultés.

Les tests pour déterminer le QI. Le QI s'obtient en rapportant l'âge mental à l'âge réel de l'enfant (QI = âge mental x 100/âge réel). Par exemple, un enfant réussissant les performances habituelles à 7 ans, alors qu'il en a 6, a un QI de 7 x 100/6 = 117. Pour établir le QI, le psychologue choisit parmi une batterie de tests, qui comprennent une liste d'épreuves mises au point d'après l'étude statistique de milliers d'enfants et permettant de situer le niveau de compréhension d'un enfant par rapport à la moyenne des enfants de son âge.

Le QI fournit-il une bonne évaluation des capacités scolaires ? La seule mesure du QI ne garantit pas que l'enfant atteindra un niveau d'études précis. Il montre simplement s'il en a la possibilité au départ. Restent son équilibre affectif et son accompagnement familial qui peuvent dynamiser ou, au contraire, inhiber ses capacités intellectuelles.

Le QI moyen se situe entre 90 et 110 : 45 à 60 % de la population est dans ce cas. C'est un niveau d'intelligence qui permet, en théorie, une scolarité normale jusqu'au baccalauréat, et souvent au-delà.

Lorsque le QI est supérieur à la moyenne, on peut distinguer :

– les enfants bien doués, dont le QI se situe entre 110 et 120 (17 % de la population) : leur intelligence leur permettra, si l'environnement est favorable, de suivre de bonnes études universitaires ;

– les enfants intellectuellement précoces dont le QI se situe entre 120 et 140 (3,5 à 10 % de la population) sont particulièrement brillants ;

– les surdoués dont le QI est supérieur à 140 (moins de 1 % des enfants) : ils requièrent une approche éducative particulière *(voir page 228)*.

Lorsque le QI est inférieur au QI moyen :
– autour de 90, on peut parler de lenteur d'esprit ;
– autour de 70 à 80, on parle de débilité légère ;
– au-dessous de 70, on parle de déficience intellectuelle.

☛ **Pour les enfants qualifiés de déficients intellectuels, les tests mentaux traditionnels ne sont pas fiables. Il faut utiliser d'autres tests** (*voir page 301*).

Le QI évolue-t-il avec les années ? On établit le QI d'enfants depuis le début du siècle. Avec le recul, on peut dire que le QI évolue peu avec les années. Cependant, un enfant bien entouré et stimulé avec amour pourra progresser de 10 points, un autre, privé d'échanges intelligents et d'affection, pourra reculer de 10 points.

Le QI est-il héréditaire ? Il est difficile de répondre à cette question, qui rejoint l'éternel débat concernant la part d'inné et la part d'acquis. On observe que :
– les enfants conçus à partir du sperme de pères ayant reçu un prix Nobel ne se sont pas montrés plus intelligents que la moyenne de la population ;
– des jumeaux élevés dans des familles différentes ont chacun un niveau intellectuel plus proche de celui de leur milieu éducatif que de celui de leur milieu de naissance.

C'est pourquoi il est évident que :
– pour un enfant normal, l'environnement éducatif joue un rôle certain ;
– dans le cas particulier où le capital génétique de départ comporte une anomalie, par exemple en cas de trisomie 21 (mongolisme), l'environnement familial a également une influence, mais ne permet pas de dépasser un seuil d'intelligence imposé par l'anomalie congénitale.

● *L'étude de la personnalité.* Elle est réalisée par un psychologue qualifié qui, à partir de tests, étudie la sensibilité, l'agressivité, le repli sur soi, la méfiance, l'anxiété, l'insatisfaction, l'impossibilité de se concentrer ; il étudie également leur retentissement sur le fonctionnement intellectuel de votre enfant.

Le test de Rorschach. Une série de 10 planches montrant des taches d'encre, faites sur une feuille pliée en deux puis ouverte, est donnée à observer à l'enfant, qui doit dire ce que chaque tache représente pour lui.

Les réponses permettent au psychologue de mieux comprendre la personnalité de l'enfant (adaptation à la réalité, qualité d'attention, imagination créative) et son fonctionnement affectif.

Le dessin du bonhomme. Il est particulièrement instructif, aussi bien en ce qui concerne le niveau de maturité intellectuelle que les problèmes affectifs.

On remarque que tous les enfants du monde dessinent le même bonhomme aux âges suivants :

– 3 ans est l'âge du « bonhomme têtard » : un cercle représentant à la fois la tête et le tronc, auquel sont attachés deux bâtons, les jambes, et deux autres, les bras ; au fur et à mesure que l'enfant grandit, le bonhomme s'enrichit de détails : dans le cercle viennent se placer de petits points pour les yeux, la bouche, le nombril ;

– vers 4 ans environ, le tronc du bonhomme apparaît sous la forme d'un deuxième cercle ;

– vers 5 ans, le corps est complet et articulé : les deux bras horizontaux portent des doigts en rayons de roue, dont le nombre ne deviendra exact que vers l'âge de 6 ans ; il est rare que les organes génitaux figurent d'une façon réaliste chez l'enfant.

L'évaluation de la maturité intellectuelle de l'enfant à travers le dessin du bonhomme doit être pondérée par le fait que c'est lui-même qu'il représente. Aussi, un petit souffrant de problèmes affectifs ou d'un handicap physique peut dessiner un bonhomme incomplet alors qu'il est d'une intelligence normale (par exemple, un enfant hémiplégique peut oublier une partie de son corps).

● *Quelle attitude adopter au terme de ces tests ?* Ils vous aident à respecter la personnalité de votre petit :

– un enfant très précoce, voire surdoué, devra suivre un cursus différent de celui qui se situe dans la moyenne *(voir page 328)* ;

– un enfant lent aura besoin d'un soutien spécialisé, d'encouragements, et non de gronderies qui ne feraient qu'amplifier son problème ;

– un enfant diagnostiqué intelligent, mais vivant de grandes difficultés affectives, mettra en avant la nécessité d'aide dont lui et sa famille ont besoin.

Mais ces bilans ont leurs limites... Une longue pratique de la pédiatrie m'a réservé bien des surprises. Combien d'enfants considérés comme incapables sont devenus des adultes créatifs, brillants et épanouis ! Pour cela, il a fallu qu'ils soient aimés d'abord pour eux-mêmes, et non selon un schéma éducatif préconçu.

Aussi, n'hésitez pas à rechercher, pour un enfant un peu hors norme, l'environnement scolaire le plus favorable à l'exploitation de toutes les richesses qu'il porte en lui.

L'âge d'entrée en CP

● *Le plus souvent,* votre enfant entrera au cours préparatoire dans sa sixième année (il aura 6 ans avant le 31 décembre qui suit la rentrée). C'est l'âge idéal où tout enfant normalement éveillé apprend à lire sans difficultés.

● *Si le bilan psychologique a été utile,* plusieurs possibilités se présentent.

Si le bilan indique une précocité et si votre enfant répond aux critères énoncés plus haut, pourquoi ne pas demander une entrée en CP avec quelques mois d'avance ? La maturité qui, contrairement à l'intelligence scolaire, ne se mesure pas, viendra de toute façon, et tout aussi bien en compagnie des plus grands du CP qu'au milieu des « bébés » de maternelle.

D'ailleurs, si l'on regarde les différents parcours scolaires au lycée, on constate que ce sont les enfants les plus jeunes qui redoubleront le moins souvent et feront les meilleures études. L'essentiel est que l'enfant progresse dans la joie, qu'il se sente en harmonie avec ses petits camarades de classe.

Si le bilan psychologique confirme certains retards ou lenteurs, ne vous entêtez pas, par amour-propre, à le faire entrer en CP. Il lui sera utile de refaire une troisième année de maternelle. Mais demandez conseil à votre pédiatre pour savoir comment l'aider ; un soutien orthophonique sera, dans bien des cas, bénéfique pour préparer l'enfant à l'apprentissage de la lecture et lui apprendre à se concentrer. Vous pourrez également décider de choisir une école adaptée à votre petit.

☞ **La question n'est pas tellement de savoir si votre enfant doit passer à tel ou tel âge en CP, mais de comprendre comment l'aider à aimer lire et aimer apprendre toute sa vie.**

L'enfant surdoué. Tout le monde a entendu parler des enfants surdoués, tel ce berger capable de résoudre des équations mathématiques alors qu'il n'était jamais allé à l'école. Le surdoué, le génie, fait plutôt peur. Il n'est pas toujours facile de reconnaître la précocité de son enfant. Il est pourtant souhaitable d'être lucide, afin de mieux l'accompagner dans son développement. Pour cela, il faut distinguer deux cas.

– Votre enfant est un vrai surdoué, son QI est très élevé, peut-être autour de 160. Comme cela arrive fréquemment chez les enfants surdoués, il est possible que le vôtre brille dans une discipline (la peinture, la musique, l'astronomie...), alors qu'il est en retard sur d'autres plans. Ne dit-on pas, par exemple, qu'Einstein a parlé très tard ? Le surdoué est souvent rêveur, mal adapté au groupe d'enfants de son âge, et peut avoir un retard affectif ou moteur du fait qu'il n'affectionne pas les jeux communs aux autres enfants.

Son éducation demande donc une approche particulière. Vous devez à la fois chercher à le comprendre pour ne pas entraver l'épanouissement de ses extraordinaires capacités, et l'encourager à développer les qualités qui lui permettront de s'adapter en société. Dans certains pays, il existe des écoles spécialisées pour ces enfants ; elles sont rares en France.

– Votre enfant est intellectuellement précoce : son QI se situe entre 120 et 140. En général, le développement de cet enfant est plus harmonieux que celui des vrais surdoués. Prendre une année d'avance ne lui posera généralement pas de problèmes, car sa prédisposition à se mêler à toutes les conversations accélère le développement de sa maturité affective.

Il pourra cependant rencontrer quelques difficultés s'il est de petite taille. Son intégration au groupe des enfants plus âgés sera d'autant plus difficile que ces élèves n'accepteront peut-être pas facilement son côté « premier de la classe ». Il vous faudra lui expliquer que chaque enfant a ses dons, même si ce ne sont pas les siens, de façon à le rendre tolérant. Invitez régulièrement un petit camarade à la maison, pour favoriser son ouverture aux autres et ses relations. Encouragez-le à pratiquer un sport qui pourrait le mêler à ses camarades sur un mode égalitaire.

☛ **Deux erreurs à ne pas commettre : manifester une admiration démesurée pour l'intelligence scolaire de son enfant ; ne pas respecter son tempérament en l'obligeant à pratiquer des activités qu'il n'aime pas.**

Le poids du cartable

De l'entrée au CP à l'entrée en classe de sixième, le poids du cartable va augmenter dangereusement. Le rapport poids du cartable/taille de l'enfant atteint des proportions insupportables pour 20% des élèves. Pour l'éviter, des directives ont été données aux enseignants :

– choisir des cahiers de 50 pages au lieu de 200,
– utiliser un classeur pour toutes les matières.

Les établissements qui permettent aux élèves de disposer d'un casier fermant à clé reçoivent une aide financière du rectorat. Les enseignants sont encouragés à ne pas faire changer les élèves de classe inutilement.

Mais, dès le CP, vous, les parents, devez aider votre enfant à préparer son cartable sans l'encombrer de livres inutiles. Vous lui donnerez déjà de bonnes notions d'organisation, l'une des clés de sa réussite !

L'allocation de rentrée scolaire

Vous bénéficierez de l'allocation de rentrée scolaire si vous avez un enfant à charge entre 6 et 18 ans inscrit dans un établissement d'enseignement. Son montant dépend de vos revenus, il est calculé sur la base de vos allocations familiales.

De six à onze ans

La période où il est le plus disponible pour les acquisitions intellectuelles, morales et sociales.

Sa taille, son poids, son dos

● *Sa taille*. Votre enfant grandit maintenant d'environ 6 centimètres par an. Continuez de reporter sa taille sur les courbes des *pages 133 et 134*. Prévenez votre médecin si sa croissance ralentit *(voir page 451)*.

Âge	Taille (en m)		Poids (en kg)	
	garçon	fille	garçon	fille
7 ans	1,20	1,18	22	21
9 ans	1,31	1,29	27,5	26
11 ans	1,41	1,39	33,5	33

TAILLE ET POIDS MOYENS ENTRE 6 ET 11 ANS

● *Son poids*

Est-il trop maigre ? Si vous vous reportez aux courbes des *pages 133 et 134*, vous verrez qu'en général à cet âge le poids moyen d'une fille ou d'un garçon est faible pour sa taille ; c'est la période où l'enfant a les omoplates décollées et où vous pouvez compter ses côtes. Si son poids suit la courbe régulièrement, ne vous inquiétez pas : votre enfant s'enrobera et ses muscles se développeront à la puberté. Son capital minceur lui sera alors très précieux. Il sera satisfait de sa silhouette et n'aura pas à se priver.

Devient-il trop gros ? Une tendance à l'embonpoint peut également se dessiner à cet âge. Elle est souvent due au grignotage entre les repas, notamment lorsque l'enfant regarde la télévision. Essayez de limiter cet apport calorique en installant sur la table du salon un panier de crudités épluchées, plutôt que des chips, et, surtout en imposant une durée maximale de station devant le petit écran *(voir page 215)*.

Ne devenez cependant pas obsédée par la courbe de poids de votre enfant... À l'adolescence, il pourrait à l'inverse ne plus vouloir manger suffisamment.

● *Son dos.* C'est l'âge où une scoliose peut s'installer, pour évoluer rapidement au moment de la puberté. Regardez votre enfant de dos, les bras symétriquement allongés le long du corps. Si une omoplate vous semble surélevée, parlez-en à votre médecin. Une gymnastique appropriée, après un bilan radiologique, peut être souhaitable.

La mode du cartable à bretelles est une bonne chose, à condition que votre enfant enfile réellement les bretelles sur les deux épaules, ce qui n'est pas toujours le cas. À cet âge plutôt facile, donnez-lui de bonnes habitudes, qui lui resteront ou lui reviendront vite, comme celle de travailler bien assis en face de son bureau, sous un bon éclairage.

Ne l'ennuyez pas trop avec les sempiternels « Tiens-toi bien ! » de nos grand-mères. Ou bien son dos est droit, ou bien il faut qu'il s'adonne à un sport et à des séances de musculation lui permettant de rester droit sans y penser. Les rappels à l'ordre dans le cas d'une musculature insuffisante sont inefficaces.

Son sommeil :
nuits calmes et cauchemars

Si vous avez appris à votre enfant à s'endormir et, surtout, à se rendormir, de façon autonome, vous passez des nuits paisibles. Si ce n'est pas le cas, il doit apprendre maintenant à respecter votre repos.

Je vous rappelle que votre sérénité est essentielle dans cet apprentissage. Si vous rassurez votre enfant avec calme et lui laissez un petit délai avant d'accourir lors de ses réveils nocturnes, il trouvera sûrement en lui-même la manière d'acquérir un sommeil autonome. Si, au contraire, vous veillez très attentivement sur chacune de ses insomnies, votre assistance permanente risque de le conditionner à ne plus gérer son sommeil et ses réveils lui-même. Votre enfant a besoin de protection, mais pas de surprotection.

De toute façon, lorsque le cap des 7 ans arrive, il revendique généralement son territoire personnel la nuit.

Dort-il suffisamment?

La durée de sommeil nécessaire entre 6 et 11 ans est, en moyenne, de 10 à 11 heures par nuit, mais elle varie d'un enfant à l'autre.

Pour connaître les besoins spécifiques du vôtre, notez l'heure de son réveil spontané le matin pendant les vacances. En sachant combien il a dormi, vous connaissez son temps idéal de sommeil. C'est à partir de cette donnée que vous saurez à quelle heure il doit aller se coucher. S'il a besoin de 10 heures de sommeil et se lève à 7h30 pour aller à l'école, il doit être endormi à 9h30, ce qui suppose un coucher à 9 heures, de façon à avoir une demi-heure pour se détendre.

● *Ne tombez pas dans le culte du sommeil.* N'ennuyez pas votre enfant en lui imposant un temps de sommeil exagéré et, surtout, ne lui donnez pas de somnifères. Certains enfants n'ont besoin que de 7 à 8 heures de sommeil. L'essentiel est qu'ils se réveillent facilement le matin.

Par contre, faites en sorte que votre enfant reste au calme dans sa chambre le soir, car il ne doit pas lutter contre le sommeil, en regardant, par exemple, un programme de télévision excitant; de plus, il doit respecter votre besoin d'intimité conjugale.

Les rites d'endormissement

S'asseoir près du lit de votre enfant, lui raconter une histoire, même après 6 ans, est une occasion de confidences et de complicité. Cela lui permet d'apaiser ses tensions et de faire le point sur les conflits et les peurs qu'il a connus dans la journée. Vous pouvez également lui offrir une boisson apaisante (lait ou tisane) avant la nuit.

● *Lorsque le rite du coucher n'en finit plus.* Votre enfant, redoutant le moment de se trouver seul, multiplie les rites. Il réclame une histoire, puis une autre, un gâteau, l'installation soigneuse de ses peluches, une veilleuse, la porte ouverte... pour, finalement, venir vous retrouver dans la salle de séjour. Cette situation est aujourd'hui de plus en plus fréquente, parce que les parents rentrent souvent tard de leur journée de travail et que le temps passé ensemble est donc assez court. Veillez cependant à temporiser votre éventuel sentiment de culpabilité dû à votre retour tardif à la maison, pour ne pas encourager ces mauvaises habitudes. Si vous vous sentez épuisée et inquiète par les difficultés d'endormissement de votre petit, voici quelques petits conseils:

– précisez d'emblée que vous raconterez une histoire mais pas deux, que vous lui donnerez sa boisson, que vous laisserez sa veilleuse allumée, mais que c'est à lui de s'endormir tout seul, qu'il a le droit de s'occuper tranquillement dans sa chambre, mais qu'il lui est interdit de revenir dans la salle de séjour ;

– veillez à ne pas être bruyants : la télévision doit être discrète ;

– n'hésitez pas à lui dire combien une soirée en tête-à-tête avec votre compagnon vous est précieuse.

Si vraiment il s'entête pour rester avec vous, c'est qu'il doit éprouver une sensation d'insécurité tout seul. Peut-être êtes-vous partis discrètement, un soir, après son endormissement, sans l'avoir prévenu ? En ce cas, rassurez-le, puis appliquez la méthode progressive *(voir page 162)*, en lui demandant d'attendre chaque soir quelques minutes de plus avant de vous rejoindre. Petit à petit, il apprendra à rester seul et, bientôt, à s'endormir paisiblement.

☞ **L'installation de bonnes habitudes de coucher est fondamentale pour la croissance d'un enfant. En effet, c'est au cours du premier sommeil, pendant la première moitié de la nuit, que se situe le point le plus élevé de sécrétion de l'hormone de croissance.**

● *Quand vous sortez.* Bien souvent, les enfants protestent lorsque leurs parents sortent. Il faut leur expliquer que ces sorties sont importantes pour vous et que vous en avez besoin.

Se montrer heureux. La joie de vivre des parents est indispensable à l'équilibre de l'enfant. Un enfant qui voit ses parents se réjouir à l'idée d'aller au restaurant ou au cinéma, être gais et amoureux, a hâte de grandir pour avoir le même privilège ; alors que, s'il sent ses parents sombres et malheureux, soit parce qu'ils renoncent progressivement à toute sortie, soit parce qu'ils partent culpabilisés, l'enfant trouve qu'il est bien difficile d'être grand. Certains enfants me disent parfois : « Je n'aurai pas d'enfants plus tard, c'est trop difficile d'être parents. » Manifestez donc votre joie de partir pour cette soirée qui vous attend.

Si votre enfant pleure, expliquez-lui qu'il a le droit d'exprimer son chagrin, mais que vous, ses parents, vous avez besoin de vous distraire. Dites-lui qu'une personne familière va veiller sur lui (c'est préférable jusqu'à l'âge de 11 ans) et qu'elle va respecter ses rites d'endormissement. N'hésitez pas à téléphoner au cours de la soirée pour demander si tout va bien. Vous apprendrez, le plus souvent, que votre petit a cessé de pleurer quelques minutes après votre départ et s'est endormi calmement.

Si ses pleurs sont inconsolables, vous devrez alors espacer le plus possible les sorties pendant quelques mois, le temps d'instaurer un endormissement serein et autonome en votre présence.

Les réveils nocturnes

Les réveils d'un enfant au cours de la nuit peuvent avoir deux causes : les cauchemars et les terreurs nocturnes.

● *Les cauchemars.* Ils émaillent naturellement le sommeil de l'enfant, au moins deux ou trois fois par semaine. Indispensables à sa vie affective, ils lui permettent d'évacuer pendant la nuit les angoisses mal résolues au cours de la journée.

En effet, l'enfant est naturellement tourmenté : ses mauvaises pulsions, ses envies de faire des bêtises l'inquiètent et réapparaissent, la nuit, sous forme de monstres plus ou moins terrifiants. Vous ne le convaincrez donc pas en lui expliquant qu'il n'y a pas de bandits dans la maison, mais en lui disant que tous les enfants rêvent des impressions désagréables qu'ils ont éprouvées pendant la journée, et que vous comprenez que cela puisse être pénible.

Si son cauchemar ne le réveille pas, ne vous manifestez pas trop : la simple sensation de votre présence peut déclencher son réveil, alors qu'il aurait pu continuer à dormir malgré le travail de son imagination. D'ailleurs, dans ce cas, il ne se souviendra de rien le matin.

S'il se réveille inquiet, en pleurant, écoutez-le vous raconter ses visions désagréables. Consolez-le pour qu'il se rendorme paisiblement. Le matin, il pourra vous parler de son rêve car il s'en souviendra alors certainement.

● *Les terreurs nocturnes.* Elles posent un problème plus difficile à résoudre. Elles se différencient des cauchemars par le fait que l'enfant hurle dans la nuit, assailli par des hallucinations beaucoup plus terrifiantes. Il n'est pas réveillé, ne vous reconnaît pas, s'accroche à vous ou veut s'enfuir. Il n'a pas conscience du caractère imaginaire des monstres qui le hantent subitement. Le lendemain, il ne se souviendra de rien.

Rassurer un enfant en proie à des terreurs nocturnes est plus long et plus difficile que lorsqu'il s'agit de cauchemars. Cherchez à savoir s'il n'est pas culpabilisé par quelque trop lourd secret familial qu'il ne comprend pas, ou par une trop grande exigence éducative à laquelle il ne peut répondre parfaitement. Votre pédiatre ou un psychologue peut l'aider.

Quel sport choisir ?

6 ans est l'âge où un enfant est le plus apte pour l'apprentissage d'un sport. Le moment est donc venu de choisir une activité sportive qui lui convienne et ne présentant aucune contre-indication.

La pratique d'un sport bien adapté et sans contrainte excessive permet à l'enfant d'acquérir des capacités à la fois physiques et morales qu'il gardera toujours. Apprenant à surmonter les difficultés par l'effort, il prend confiance en lui, ce qui facilite ses rapports avec les autres. De plus, il trouve, grâce au sport, des satisfactions et des contacts en dehors de l'école.

S'il ne veut pratiquer aucun sport et demande une dispense pour l'éducation physique à l'école, un entretien particulier peut alors révéler pourquoi ces activités le mettent mal à l'aise. Le pédiatre n'a généralement pas de mal à démasquer la peur de moqueries, dues à l'embonpoint, par exemple. Dans ce cas, il conviendra peut-être de le dispenser de cours collectifs en piscine, le temps qu'il maigrisse un peu. Ainsi, la conversation avec le médecin peut aider l'enfant à tirer le meilleur parti de lui-même et à trouver un sport dans lequel il se sentira à l'aise. Mais s'il résiste à toutes vos propositions, mieux vaut respecter son tempérament et limiter ses activités physiques à celles imposées par l'école.

Les sports possibles selon l'âge

Pour chaque sport, il y a un âge idéal pour commencer. C'est pourquoi, j'ai résumé les sports les plus pratiqués par les enfants avec l'âge correspondant.

Si votre famille est adepte d'un sport particulier, vous pourrez initier votre enfant plus tôt, en veillant à ne pas malmener son organisme en pleine croissance et à respecter ses goûts.

● *Un choix concerté.* Les bénéfices que votre enfant pourra retirer de la pratique d'un sport ne dépendent pas seulement de son attirance pour ce sport, mais aussi de ses aptitudes physiques, de la pédagogie du professeur, des camarades avec lesquels il va au cours. Autant d'éléments difficiles à apprécier au moment de l'inscription. C'est pourquoi, dans la mesure du possible, je vous recommande vivement de faire participer votre enfant à trois ou

QUEL SPORT À QUEL ÂGE ?		
Sport	Âge habituel de l'initiation	Âge habituel de l'apprentissage
Basket-ball	8 ans	12 ans
Danse classique	6 ans	8-9 ans
Danse rythmique	3 ans	6-7 ans
Équitation	4-6 ans	11 ans
Escrime	8 ans	12 ans
Football	6 ans	14-15 ans
Hockey sur gazon	8 ans	10-11 ans
Judo	6 ans	12 ans
Natation	6 ans	10 ans
Patin à glace	3-5 ans	8-9 ans
Ping-pong	5 ans	8 ans
Ski alpin	2-3 ans	6 ans
Ski nautique	8 ans	12 ans
Tenis	6 ans	11 ans
Voile	8-9 ans	12-13 ans
Volley-ball	11 ans	14-15 ans

quatre cours avant de prendre une décision pour l'année. Il pourra ainsi se faire une idée de l'activité en question et faire son choix plus librement.

Les contre-indications

● *La visite médicale avant l'inscription.* Bien des parents n'y voient qu'une simple formalité, alors qu'elle a pour but de vérifier l'absence de contre-indication en fonction du sport choisi. Au cours de cette visite, le médecin vérifie tout particulièrement :

– l'état du cœur et la tension artérielle ;

– la capacité respiratoire ;

– l'état de la colonne vertébrale et des articulations, surtout dans le cas de la danse, du judo et de l'équitation ;

– l'état des tympans : une perforation résiduelle après des otites répétées impose des précautions pour la natation ;

– l'acuité visuelle, pour l'escrime par exemple ;

– l'état de la peau, dans le cas de sports en piscine.

● *Les maladies contre-indiquant formellement tous les sports :*

– la glomérulonéphrite aiguë ;

– certaines maladies neurologiques ou musculaires en évolution ;

– certaines maladies congénitales du cœur : dans ce cas, seuls le pédiatre et le cardiologue sont bons conseillers en la matière. En effet, il faut se garder d'exclure des activités sportives un enfant qui a un petit souffle, dit physiologique, il serait plus pénalisé par cette exclusion que par sa simple particularité, qui n'est pas une maladie.

● *Les maladies aiguës imposant une contre-indication provisoire.* Pendant la durée de ces maladies, il est préférable que votre enfant ne pratique pas ses sports habituels afin d'éviter une fatigue supplémentaire. Quelques exemples :

– les angines, ainsi que toute maladie infectieuse avec de la fièvre ;

– les maladies virales ou parasitaires fatigantes, comme la mononucléose infectieuse ou la toxoplasmose ;

– les maladies de croissance du squelette, comme l'apparition de décalcification sur certains os : dans ce cas, on doit prendre garde aux sports qui sollicitent particulièrement la colonne vertébrale, comme la danse ou l'équitation, et les articulations, comme le judo ou le karaté.

● *Les maladies imposant des mesures particulières.* Pour préserver l'équilibre psychologique de certains petits malades, il est important de les laisser pratiquer leur sport en prenant certaines précautions :

– le diabétique doit porter sur lui des morceaux de sucre et une ampoule de Glucagon® à injecter en cas de malaise *(voir page 388)* ;

– l'épileptique doit bénéficier d'une surveillance attentive lorsqu'il nage ;

– l'asthmatique doit savoir prévenir ses crises, au besoin par une inhalation de bronchodilatateur *(voir pages 367 et 502)* ;

– l'hémophile ne doit pas choisir de sport violent, sauf s'il reçoit un facteur de coagulation chauffé avant la séance.

Le sport de compétition

Si votre enfant manifeste quelques dons pour le sport qu'il pratique, laissez-le prendre son temps, réfléchir et expérimenter avant de se lancer dans la compétition : l'entraînement est intensif et le titre de champion... rare !

S'il désire vraiment accéder à la compétition, sans influence excessive de l'entraîneur ou de la famille, accompagnez-le dans sa passion, en en acceptant les inconvénients, mais en en partageant aussi les joies.

Et pour les jeunes danseurs et danseuses, attention au culte de la minceur, qui les pousse à demander – parfois avec la complicité de leurs parents – des médicaments souvent toxiques.

L'éducation artistique

L'essentiel est de respecter les goûts de votre enfant et de chercher à déceler ses talents personnels

● *La peinture.* S'il aime visiter les musées, allez-y régulièrement avec lui. Laissez-le apprécier les œuvres en toute liberté, ne le lassez pas par des visites trop longues et trop conformistes.

Vous pouvez aussi participer aux sorties culturelles de l'école, puis en parler avec lui grâce, par exemple, à des cartes postales achetées sur place.

Et, si cela vous intéresse, faites-lui découvrir le plaisir de chiner et de dénicher des objets, beaux ou insolites, à des prix modiques, que vous aurez obtenus, peut-être, en marchandant. Ou bien encore commencez avec lui une collection dont il aura choisi le thème.

Si vous le pouvez et s'il le souhaite, inscrivez-le à un cours de peinture : il passera ainsi des après-midi plus enrichissants et plus créatifs que s'il reste devant la télévision.

● *La musique.* L'important est de trouver un cours agréable, à l'ambiance pas trop austère ; après un temps d'initiation, votre enfant pourra choisir le domaine qui l'intéresse.

Apprendre à lire

Apprendre à lire est une aventure fabuleuse.

La lecture est le prolongement du langage, spécificité de l'être humain. Ce n'est pas seulement le déchiffrage des lettres et des mots, c'est aussi le plaisir de feuilleter un livre, d'y découvrir une histoire, d'accéder à la connaissance.

Pour amener votre enfant à ce plaisir, pas besoin de discours sur les bienfaits de la lecture. Ce qui lui donnera l'envie de lire, c'est avant tout votre propre exemple, votre goût pour la lecture, les histoires à raconter, les journaux et les magazines auxquels on s'abonne.

Est-il prêt pour la lecture ?

Certains petits s'amusent à lire dès l'âge de 3 ans, ce qui explique le succès du livre *J'apprends à lire à mon bébé* (voir la bibliographie). Je vous ai déjà indiqué les précautions à prendre en ce cas *(voir page 161)*.

La plupart des enfants apprennent à lire au cours de leur sixième année ; c'est l'âge où les acquisitions sont les plus rapides dans ce domaine.

On s'aperçoit que l'âge d'apprentissage est très variable :

– beaucoup d'enfants de 4 à 5 ans sauront déchiffrer les publicités ou lire les lettres des jeux télévisés, sans qu'on leur ait appris quoi que ce soit ;

– d'autres, de plus de 6 ans, auront de grandes difficultés à apprendre à lire.

Nous allons voir les différents problèmes qui se posent et comment éviter qu'un enfant se trouve en situation d'échec.

● *Donnez-lui le goût des livres.* L'intérêt pour les livres commence dès la première année, lorsque votre bébé feuillette les journaux avec délectation et que vous lui désignez des objets familiers. Plus vous lui commentez les images qu'il aime, plus il appréciera les livres et le langage. Il prendra rapidement conscience que vos idées viennent du fait que vous pouvez, vous, lire ce qui est écrit à côté des images ; il trouvera alors tout naturel de chercher à en faire autant. Voilà pourquoi raconter des histoires, encore et encore, est la meilleure initiation à la lecture.

Le développement du langage est également un facteur déterminant pour l'apprentissage de la lecture. Un enfant qui a parlé dès 18 mois, qui est bavard, qui communique facilement et pose souvent des questions, apprendra généralement à lire facilement.

Un enfant qui a parlé plus tard, et qui est plutôt solitaire éprouvera peut-être d'avantage de difficultés dans l'apprentissage de la lecture *(voir page 394)*. Commencez par l'encourager dans l'expression orale et donnez-lui, si cela est nécessaire, un soutien orthophonique précoce. Et puis essayez de lui consacrer le plus de temps que vous pouvez pour lui transmettre le plaisir de communiquer.

La dernière année de maternelle est une préparation importante, puisqu'elle introduit, de plus en plus, une initiation à la lecture. C'est l'une des raisons pour lesquelles je vous conseillais de faire entrer votre enfant en maternelle, entre l'âge de 2 ans et demi et 3 ans. Ayant alors suivi les trois sections, il sera généralement bien prêt pour le cours préparatoire.

Les différentes méthodes

Alphabétique, globale, semi-globale... Vous trouverez de fervents défenseurs de l'une ou de l'autre méthode.

● *La méthode syllabique.* Elle commence par apprendre à l'enfant que le langage écrit est un code, les lettres s'assemblant en syllabes, les syllabes en mots, puis les mots en phrases.

● *La méthode globale.* Elle apprend à l'enfant à reconnaître les mots avant d'en décortiquer les syllabes et les lettres. Son promoteur a d'abord voulu intéresser l'enfant au sens d'un mot familier, avant qu'il en apprenne les lettres de façon abstraite.

● *La méthode semi-globale.* Synthèse des deux précédentes, elle est aujourd'hui adoptée par la plupart des enseignants. L'enfant découvre que la lecture lui permet de déchiffrer des mots complets ayant un sens pour lui ; en même temps, elle lui apprend à en analyser la construction et les éléments de base, afin de lui permettre de composer de nouveaux mots.

Il existe d'autres méthodes, inspirées de l'orthophonie par exemple...

● *Une méthode est-elle meilleure que l'autre ?* Non. Les statistiques l'ont montré, il n'y a pas plus d'échecs ni de réussites avec une méthode de lecture qu'avec une autre. Un enfant qui communique facilement, qui aime que vous lui lisiez des histoires, apprendra facilement à lire quelle que soit la méthode, à condition de ne pas le placer devant un obstacle infranchissable tout en le traitant de paresseux.

À l'inverse, celui qui n'a pas résolu certaines difficultés risque d'échouer en méthode alphabétique comme en méthode globale.

Savoir lire n'est pas seulement savoir déchiffrer les mots, c'est aussi comprendre ce qu'on lit. Au fur et à mesure de l'apprentissage, il faudra intéresser l'enfant à la phrase qu'il a lue, en lui faisant bien comprendre ce qu'elle signifie.

☞ **Racontez des histoires à votre enfant le plus souvent possible, même lorsqu'il sait lire.**

Lire par plaisir

Ne cherchez pas à imposer à votre enfant les lectures qui ont fait la joie de votre enfance. Les petits d'aujourd'hui sont rarement attirés par Jules Verne, par exemple. Laissez-le choisir des livres attrayants, faciles à lire, situés un peu en dessous de son niveau de lecture.

● *Pour l'inciter à lire*

L'abonnement à une revue. Ce peut être une revue spécialisée pour enfants, mêlant des textes de plusieurs lignes avec des bulles de quelques mots, ou des revues, comme *Trente millions d'amis*, qui ne lui sont pas directement destinées, mais qui passionnent généralement les enfants.

Les bandes dessinées. Elles ne sont pas préjudiciables à la lecture d'autres livres. J'ai vu de nombreux enfants passer facilement de la lecture des bulles à celle des livres classiques. Celui qui aime lire s'intéressera à tout (magazines, BD, « vrais » livres). L'essentiel est que lire soit un plaisir pour lui.

La bonne utilisation de la télévision. Si votre enfant s'installe passivement devant l'écran dès qu'il a un moment de loisir, et regarde tout ce qui se présente tandis que vous en profitez pour vaquer à vos propres occupations, la télévision ne l'incitera pas à lire.

En revanche, si vous décidez avec votre enfant du choix du programme et du temps passé devant le petit écran, et surtout si vous regardez l'émission avec lui pour la commenter ensemble, il prendra l'habitude de considérer la télévision comme une source d'informations et de réflexions. Vous pourrez même, si vous disposez de suffisamment de temps, prolonger ensemble l'émission par une lecture.

Comment l'aider

Si votre enfant n'assimile pas les notions de lecture au rythme proposé par son instituteur, aidez-le à progresser.

● *Comment encourager votre enfant ?* Ne le grondez pas, ne le traitez pas de paresseux, ne le forcez pas à lire ce qui, visiblement, est trop compliqué pour lui.

L'écolier réagit comme un cheval devant l'obstacle : le cheval aime sauter, mais si vous placez l'obstacle trop haut, il se dérobe. Non pas qu'il soit paresseux, mais parce que la barre est trop élevée. Abaissez-la, il reprendra ses sauts, et vous pourrez progressivement remonter la barre. Il en va de même pour votre enfant : ne vous entêtez pas à vouloir lui faire franchir une difficulté trop grande, retournez au plus simple et revenez très progressivement à ce qui lui est plus difficile.

Un environnement chaleureux et communicatif est primordial pour donner à votre enfant le goût de la conversation, puis de la lecture.

Malgré cela, il peut se heurter à des difficultés d'apprentissage dont les origines sont diverses.

☞ **Si votre enfant a du mal à apprendre à lire, ne le découra-gez pas, ne le grondez pas, ne le forcez pas, mais cherchez d'où viennent ses difficultés.**

● *Si les difficultés s'installent, votre pédiatre demandera :*
– un contrôle de l'audition, surtout si votre enfant a eu des otites à répétition, et si la difficulté pour apprendre à lire fait suite à un retard de langage ;
– un bilan orthophonique.

Ce bilan va permettre de mieux analyser où se situent ses difficultés :
– au niveau de certains sons, de l'inversion de phonèmes : au maximum, il peut s'agir d'une dyslexie vraie *(voir page 394)* ;
– ou bien, s'il s'agit de difficultés à fixer son attention, à se concentrer.

Les séances de rééducation orthophonique permettront à l'enfant d'acquérir les mécanismes qui lui manquent. Elles seront d'autant plus efficaces que vous demanderez conseil à l'orthophoniste pour éviter certaines erreurs à la maison. Un rythme minimal de deux séances par semaine doit être respecté pendant le temps nécessaire. Vous pourrez même demander d'assister à certaines séances si l'orthophoniste ne juge pas que votre présence déconcentre votre enfant. Ainsi comprendrez-vous mieux comment l'encourager ensuite.

Votre pédiatre demandera éventuellement un bilan psycho-logique, qui peut alors mettre en évidence :
– soit un problème affectif, inhibant les possibilités d'apprendre ;
– soit un manque de maturité imposant un ralentissement dans les apprentissages ;
– soit, beaucoup plus rarement, un problème de capacités mentales, pour lequel un enseignement spécifique sera plus efficace que des sanctions.

Le dépistage précoce de ces difficultés permet d'apporter à votre enfant une pédagogie appropriée.

Les difficultés scolaires

Mieux vaut prévenir les difficultés scolaires que les découvrir tardivement. C'est pourquoi je vous encourage à être lucide et à réagir dès que les premiers signes de difficultés apparaissent.

Contrairement aux idées reçues, tout ne se joue pas avant 6 ans. Si le nombre de cellules du cerveau (les neurones) est maximal à la naissance et ne se multiplie pas ensuite, les connexions entre les neurones (les synapses) se développent pendant toute l'enfance, sous l'influence des stimulations de l'environnement. Aussi ne faut-il négliger aucun soutien.

● *Les signes d'appel.* Votre enfant a besoin d'aide si :

– il n'aime pas aller à l'école et ne vous parle jamais de sa journée ;

– il a des maux de ventre le matin avant de partir ;

– il a du mal à s'endormir le soir ;

– il cache ses notes, oublie son cartable, ment sur le travail à faire ;

– il choisit ses amis parmi les élèves en échec ;

– il est très turbulent et perturbe la classe.

Regardez le cahier de devoirs, qui vous est généralement remis en fin de semaine, sans attendre un commentaire négatif de l'institutrice. Vous saurez alors si votre enfant obtient de bons résultats ou s'il accumule des lacunes. Les problèmes de comportement sont bien souvent la conséquence, et non la cause, de ses difficultés. S'en apercevoir à temps permettra de lui apporter une aide appropriée.

● *Les réactions à éviter devant de mauvais résultats.* N'oubliez pas qu'un enfant ne demande qu'à faire plaisir à ses parents et qu'à leur montrer de bonnes notes. S'il échoue à l'école, vous devez en chercher les raisons. Surtout :

– ne traitez pas votre enfant de paresseux ou de nul ;

– ne lui dites pas qu'il vous fait honte ;

– ne le punissez pas, ne le frappez pas ;

– ne pensez pas qu'il manque d'intelligence ;

– ne lui faites pas de cours de morale sur l'intérêt de bien faire son travail. C'est un discours trop abstrait, son avenir lui paraît si lointain ;

– ne pensez pas systématiquement que c'est la faute de la maîtresse.

Ce type de réactions risque fort d'enfermer votre enfant dans son échec, de le persuader qu'il est un cancre, qu'il vous fait honte et qu'il mérite des fessées. Ne voyant pas de solution, il se résignera à endosser pour longtemps ce triste rôle.

Cherchez plutôt ce qu'il n'a pas compris, essayez de le lui expliquer. L'aide d'une jeune étudiante ou d'une enseignante peut être précieuse.

Les causes de l'échec scolaire

L'organisation de notre système éducatif est contraignante, mais elle n'est pas la seule source de difficultés pour l'enfant.

● *Un environnement scolaire parfois inadapté.* Quels que soient le dévouement et la compétence de la plupart des enseignants, il ne leur est pas toujours possible d'adapter leur pédagogie à la personnalité de tel ou tel enfant. Vous devez le savoir pour compléter leurs efforts.

Des classes surchargées. Elles ne favorisent pas l'apprentissage, surtout si votre enfant a du mal à se concentrer. Insistez pour qu'il ne s'installe pas au fond de la classe avec un petit groupe de copains faisant les pitres.

Des rythmes scolaires trop soutenus. En France, les journées de classe dans le primaire sont les plus longues d'Europe. Elles sont prolongées par des devoirs à la maison ; cette pratique, qui s'est instaurée pour répondre à une pression très forte des parents, est pourtant l'objet d'un interdit ministériel !

La France détient un autre record, celui des vacances les plus longues d'Europe. C'est pourquoi la pratique des cahiers de vacances est devenue un rituel, les parents ayant peur de voir leurs enfants tout oublier du fait de cette coupure importante.

Aussi s'aperçoit-on que, dès le cours préparatoire, les enfants font l'objet d'une série forcenée d'apprentissages, guère favorable à leur équilibre.

Il serait sans doute préférable qu'ils bénéficient de journées d'école plus courtes, avec, comme en Allemagne par exemple, des après-midi sportifs ou créatifs organisés par les communes ; de moins de travail à faire à la maison et de vacances moins longues. Mais, apparemment, la mise en place de ces rythmes se heurte à bien des difficultés d'organisation pour les parents, les enseignants, les professionnels du tourisme, etc.

Le besoin d'une pédagogie adaptée à votre enfant. L'instauration des groupes de niveau et des cours de soutien vont dans ce sens, car il peut arriver que les méthodes appliquées par tel ou tel enseignant ne conviennent pas à votre enfant. Qu'on le change de groupe, et le voilà qui prend un nouveau départ. Je pense qu'il serait souhaitable de procéder ainsi plus souvent. Il est vrai que l'organisation de l'école pourrait pâtir de ces changements s'ils devenaient trop fréquents.

Les enseignants seront d'autant plus ouverts à votre point de vue de parent que vous suivrez attentivement le travail scolaire de votre enfant, que vous participerez aux activités de l'école, que vous respecterez le calendrier scolaire. La participation du père et de la mère est souhaitable étant donné la disponibilité nécessaire.

● *Un soutien familial indispensable*

Une présence affectueuse au moment des devoirs est importante dans le climat actuel de surcharge scolaire. Mais « faire ses devoirs » devient parfois un cauchemar pour l'enfant, soit parce qu'il ne reçoit aucun soutien familial, soit parce que les exigences de ses parents le rendent anxieux.

Des difficultés relationnelles et affectives au sein de la famille sont propices au repli de l'enfant sur lui-même et peuvent l'empêcher de s'investir dans les acquis scolaires.

● *Un enfant apparemment pas intéressé.* Je voudrais ici mettre en question le sempiternel « trouble de concentration ». On disait autrefois que les enfants étaient paresseux, aujourd'hui on dit qu'ils manquent de concentration, mais ces mêmes enfants sont, par ailleurs, capables de jouer une heure entière avec un jeu électronique. Ce qu'on appelle hâtivement « manque de concentration » n'est généralement qu'un manque d'intérêt pour le sujet proposé, qui vient d'une difficulté à comprendre le sens de l'exercice. Bien souvent, dès que l'écolier comprend ce qu'on lui demande, son attention revient.

Votre enfant peut encore présenter des difficultés du fait :

– d'une fatigue générale, qui peut être le symptôme d'un état pathologique : un examen médical est alors souhaitable ;

– de difficultés spécifiques, comme la dyslexie *(voir page 394)* ;

– d'une inadaptation entre le niveau de la classe et ses capacités.

Que faire pour l'aider à réussir ?

Voici quelques conseils pour mettre votre enfant sur la bonne voie ou le « remettre sur les rails » :

– valorisez ses réussites, ne le découragez pas devant ses échecs ;

– ne vous lamentez pas devant une mauvaise note, mais cherchez-en la cause ;

– analysez chaque semaine le cahier de classe, pour voir avec votre enfant ce qu'il n'a pas compris ;

– repérez les défaillances dans la construction de son raisonnement, et essayez de les combler ;

– lorsqu'une notion est comprise, faites-lui faire quelques exercices supplémentaires pour créer des automatismes ;

– ne dépassez pas sa faculté de concentration : mieux vaut répéter plusieurs fois dans la journée de petits exercices que lui imposer un long effort d'attention ;

– utilisez, si possible, un programme d'enseignement assisté par ordinateur, c'est une méthode plus attrayante pour certains enfants *(voir page 248)* ;

– partagez le soutien avec son père ;

– si vous vous énervez, déléguez ce travail à une tierce personne (une étudiante, l'un des grands-parents, une amie) ;

– si vous rentrez tard, faites-le travailler de préférence le week-end, deux fois une heure, pendant les trois dernières années du primaire.

● *Pour une aide efficace.* L'aide que vous allez apporter à votre enfant ne doit pas le pousser au surmenage, les journées de classe étant déjà assez longues en France : le travail du soir ne devrait pas excéder une demi-heure pour les enfants en CP, CE1 et CE2, une heure pour ceux en CM1 et CM2. Il doit se faire dans une atmosphère calme et agréable.

Cela étant, je constate que les enfants qui bénéficient d'un accompagnement, en dehors de l'école, suivent plus facilement et ont une image d'eux-mêmes plus valorisante. L'effort commun parents-enfants crée souvent une complicité familiale autour du plus grand des plaisirs pour un enfant, celui d'apprendre.

● *Si l'échec persiste, deux écueils peuvent se présenter*

– Votre enfant devient passif, attendant votre dixième injonction pour se mettre à ses devoirs. Il vaut mieux alors le laisser gérer lui-même son travail du soir et essayer de cultiver son esprit par d'autres moyens, jeux de société, histoires que l'on raconte, etc.

– Votre enfant a de réelles difficultés, ses devoirs n'en finissent plus. Il faut alors faire un bilan sérieux en consultant, d'une part, un psychologue qui déterminera si ses capacités sont adaptées aux exigences de son année scolaire, d'autre part, un orthophoniste, un ORL et un pédiatre, pour rechercher une cause curable à ses difficultés.

La télévision, l'ordinateur, ses jeux préférés

L'utilisation « intelligente » de la télévision

La télévision fascine les enfants et accapare toute leur attention. Son impact est aujourd'hui certainement plus important que celui de l'école. Mais attention à la passivité de votre petit téléspectateur ! Si vous n'y veillez pas, il deviendra un « téléphage » forcené, au détriment de sa santé, de sa faculté de réfléchir et de son sommeil.

Aux États-Unis, 40 % des enfants de plus de 6 ans sont encore devant la télévision entre 21 et 22 h ; 25 % entre 22 et 23 h ; 10 % entre 23 h et minuit, sans aucun contrôle des parents.

Tous les principes exposés à la page 214 restent valables entre 6 et 11 ans. Seul peut être modifié le temps passé devant la télévision : en âge scolaire, votre enfant ne devrait pas rester devant le poste allumé plus de 1 heure par jour en semaine et 5 heures pendant le week-end, soit, en tout, 10 heures par semaine.

☞ **La meilleure solution est d'enregistrer les émissions que vous jugez de qualité afin de les regarder avec votre enfant, si vous avez le temps, le week-end.**

L'ordinateur

L'idéal serait de pouvoir installer, dès que l'enfant a 4 ans, un ordinateur et son imprimante dans la maison, comme autrefois on disposait d'un piano – l'un n'empêchant pas l'autre, bien sûr.

● *Pourquoi un ordinateur très tôt ?* Parce que le clavier, avec ce qu'il permet de faire apparaître sur l'écran, puis sur une feuille de papier, multiplie les possibilités intellectuelles de votre enfant. Lire et écrire deviennent un jeu. C'est ainsi que les plus grands pédagogues, telle Rachel Cohen, ont appris à lire à des enfants de 5 ans issus de famille étrangère, parlant à peine notre langue, et jugés « en retard ».

L'ordinateur est interactif. Il offre des conditions particulièrement favorables aux apprentissages. Il permet à l'enfant de maîtriser rapidement les effets de ses gestes, de tâtonner sans lui donner l'impression d'échec, de faire ses expériences tout seul et d'en voir immédiatement le résultat. Ainsi, l'enfant apprend vite, et avec plaisir, à écrire en commençant ses lignes du bon côté, à ne pas inverser les lettres, à séparer les mots.

☞ **« Écrire » avec l'ordinateur est attrayant pour un enfant, qui passera aisément du clavier au stylo.**

L'ordinateur, un stimulant très actif. Avoir un ordinateur ne signifie pas apprendre l'informatique à votre enfant, ce que croient parfois certains parents et enseignants. S'il est attiré par l'informatique, il pourra bien sûr s'y intéresser et devenir capable plus tard de programmer un ordinateur. Mais l'essentiel est d'abord qu'il se serve de l'ordinateur pour augmenter sa rapidité de pensée et stimuler sa réussite. Comme votre voiture, dont vous ne connaissez pas nécessairement le fonctionnement, augmente vos capacités d'exécution en facilitant vos déplacements, l'ordinateur stimule l'activité intellectuelle de l'enfant en facilitant son expression. Point n'est donc besoin de comprendre l'informatique, l'essentiel est d'en connaître les fonctions indispensables. Vous pouvez d'ailleurs faire confiance à votre petit : il découvrira chaque jour de nouvelles possibilités, tout seul. Le cerveau apprend d'autant plus vite que l'enfant est plus jeune.

Voilà pourquoi je vous conseille cet achat, dès que vous en avez la possibilité financière. Favorisez également cette activité si votre enfant a un petit copain bien équipé en matériel informatique.

● *Les logiciels pédagogiques.* Ils peuvent être utilisés pour aider l'écolier dans les matières où il a des difficultés. Mais si vous voulez que leur utilisation soit bénéfique, choisissez-les avec soin et découvrez-les avec votre enfant. L'ordinateur doit être un instrument convivial et dynamisant. Ne le transformez pas en repoussoir !

Les jeux électroniques

Ils passionnent les enfants, surtout les garçons. Ils ne sont pas inintéressants car ils font appel à des qualités précises : l'envie de se dépasser, la concentration, la compréhension d'une situation, la rapidité des réflexes.

● *Les inconvénients.* Du fait du caractère répétitif et stéréotypé des épreuves proposées par les jeux vidéo et de la tendance à une trop grande durée d'utilisation, l'esprit de l'enfant n'en tire pas un réel bénéfice. C'est pourquoi, selon un rapport de la Commission de sécurité des consommateurs, il faudrait suivre les recommandations suivantes, lors de l'utilisation de jeux vidéo :

– s'installer à distance suffisante de l'écran (au moins 5 fois la diagonale de l'écran) ; lorsque le matériel peut être raccordé à la télévision, s'assurer que la longueur du cordon est supérieure à 3 mètres ;

– jouer dans une pièce correctement éclairée ;

– ne pas dépasser 30 minutes de jeu, et savoir s'arrêter en cas de fatigue.

La Commission souhaite que les logiciels soient équipés de sauvegardes ou de mots de passe permettant d'arrêter le jeu toutes les demi-heures au minimum.

● *Les jeux vidéo et les crises d'épilepsie.* Les crises d'épilepsie *(voir page 400)* pendant ces jeux sont rares et ne semblent ne survenir que chez des enfants photosensibles, c'est-à-dire chez ceux pour lesquels la stimulation lumineuse déclenche des crises. On pense actuellement que le jeu vidéo ne rend pas épileptique, mais peut révéler une épilepsie latente.

Il n'est cependant pas question d'interdire ces jeux à un enfant épileptique. Cela le marginaliserait étant donné leur impact social ; mais il faut être d'autant plus strict sur l'application des recommandations précédentes.

☞ **Au-delà d'une demi-heure de jeu, l'utilisation d'une console vidéo est préjudiciable. Faites comprendre à votre enfant que c'est en sachant éteindre de lui-même, qu'alors, oui, il est vraiment plus fort que le héros !**

Les poupées, encore et toujours...

Les filles, après 6 ans continuent de jouer à la poupée, mais le gros poupon dans son berceau ne les intéresse plus beaucoup. En revanche, le succès des poupées-mannequins, qui est international, surprend les mères, intriguées devant la passion de leurs fillettes âgées de 5 à 10 ou même 12 ans.

Ce phénomène d'engouement ne date pas d'hier ! Il existait déjà au siècle dernier, avec peut-être moins d'enthousiasme, les habits de taffetas, la tête et les bras de porcelaine rendant les manipulations plus délicates. Quant à moi, je me souviens encore comment, petite fille, je découpais des poupées en carton, ainsi que leurs vêtements qui se fixaient grâce à de petites pattes pliables en papier. Les modèles proposés ne me suffisant pas, je déchirais en cachette la page de garde de beaux livres pour embellir mes modèles de nouvelles tenues.

● *La poupée-mannequin est un mythe.* Comme les princesses de contes de fées, elle est un superlatif : les petites filles l'aiment hyper-blonde, avec des cheveux hyper-longs, des tenues hyper-sexy, des talons hyper-fins, des robes hyper-gonflantes, des étoiles plein les cheveux et une voiture qui s'apparente, sur un mode plus actuel, au carrosse de Cendrillon.

Cet excès en tout permet à la fillette de se placer sur le mode imaginaire. Lorsqu'elle joue avec ses poupées, leur prêtant des répliques qu'elle a entendues dans la bouche de sa mère, elle peut leur donner un ton théâtral et s'évader du réel.

Il en est de même dans les contes de fées, où les paillettes éblouissantes, les tenues luxueuses, l'abondance et la beauté signifient que l'histoire n'est pas réelle. Cela permet à l'enfant de jouer avec ses fantasmes, en n'attribuant pas à ses propos trop de réalité.

● *Les symboles véhiculés par les poupées-mannequins.* Les féministes ont été particulièrement virulentes contre la poupée-mannequin, ne voyant que son côté « superficiel » et « sexy » !

Mais à bien regarder jouer les fillettes, vous comprendrez qu'en réalité il s'agit plutôt d'une « super-woman ». Elle utilise, certes, tous les atouts de la séduction, mais elle domine, c'est une femme libérée. Qu'il s'agisse de « sa » maison ou de « sa » voiture, aucune petite fille ne doute qu'elles lui appartiennent et que c'est elle qui prend toutes les décisions. Le compagnon de la poupée, lorsqu'elle en a un, apparaît bien falot auprès d'elle, et aucun petit garçon ne rêverait de prendre sa place ; il n'est là que pour la mettre un peu plus en valeur. La poupée-mannequin symbolise donc une maîtresse-femme qui permet à la fillette de s'exprimer dans ses jeux avec une grande liberté.

● *Quelle influence pour les fillettes ?* Bien des mamans m'ont confié leur hésitation à offrir ces poupées provocantes, avec la crainte que leur fille ne les prenne pour modèle. Ne vous inquiétez pas… Tout comme les illustrations des contes de fées ne nous ont pas conduites à nous habiller comme des princesses, le recul montre que les fillettes de la génération Barbie sont, aujourd'hui, ces jeunes filles qui s'habillent d'un jean, d'un blouson et de chaussures de garçon.

● *L'engouement pour la poupée-mannequin s'arrête à la puberté.* D'après mon expérience, toutes les jeunes filles rangent leurs poupées-mannequins au plus tard vers 12 ans. C'est un cap aussi habituel que les premiers pas, la chute de la première dent de lait ou la mise en place du verrou dans la salle de bains ! Aussi, si votre fille joue encore avec sa poupée-mannequin à 13 ans, je vous conseille de consulter un psychologue.

Ce qu'il vous dit dans ses dessins

Les dessins de votre enfant sont riches de sens et de symboles. Il y exprime ses joies et ses craintes, s'y représente avec ses forces et ses faiblesses du moment, et vous dessine, vous ses parents, tels qu'il vous voit.

Il n'est pas question de chercher à interpréter l'imaginaire de votre enfant chaque fois qu'il vous tend un dessin, car il perdrait alors rapidement toute spontanéité, mais il est intéressant d'y dépister éventuellement les signes évidents d'un « mal-être » méritant une attention particulière.

Les repères que je vais vous indiquer relèvent du bon sens autant que de la psychologie la plus fine. Mon expérience m'en a prouvé le bien-fondé. Ils permettent d'entrevoir les problèmes affectifs d'un enfant à un moment précis, ce qui peut être précieux. Dès que ces problèmes se résolvent, le dessin évolue.

C'est pourquoi, avant un entretien avec un médecin (pédiatre ou psychologue) pour des raisons psychologiques, il est intéressant d'apporter quelques dessins récents de votre enfant : les représentations les plus significatives sont celles d'un bonhomme, d'une famille, d'une maison et d'un arbre. Mettez à sa disposition des feuilles blanches et des feutres et des crayons de toutes les couleurs. Laissez-le donner libre cours à son imagination et, surtout, n'influencez pas ses dessins. Peu importe leurs qualités artistiques.

● *Ses dessins selon son âge.* Les dessins de tous les enfants du monde présentent des caractéristiques identiques, en fonction de l'âge de leurs petits créateurs.

L'enfant commence par faire des taches. À partir de 1 an, il gribouille. Entre 2 et 3 ans, il griffonne en essayant d'imiter l'écriture de l'adulte. C'est vers 3 ans qu'il dessine vraiment, en donnant un sens à ses représentations. Vous avez vu précédemment *(page 226)* l'évolution du bonhomme avec la maturité intellectuelle de l'enfant.

● C*omment lire les dessins ?* Les dessins peuvent donner un bon nombre d'informations. Il suffit de les regarder attentivement, de les comparer avec des dessins plus anciens.

Le bonhomme. Quand votre enfant dessine un bonhomme, c'est lui-même qu'il représente, tel qu'il se voit et tel qu'il imagine que les autres le voient.

Si votre enfant a « oublié » les mains du bonhomme, vous pourrez vous demander s'il ne se sent pas exagérément coupable de quelque acte ou pensée cachés. S'il lui dessine de grandes oreilles, serait-ce parce qu'il cherche à deviner un secret familial ? S'il le barde de pistolets ou emplit sa bouche de grandes dents, ne serait-il pas très agressif ? S'il le dessine tout petit, manquerait-il de confiance en lui ?

La famille. Lorsqu'un enfant dessine une famille, il se représente dans sa famille telle qu'il la ressent et à la place qu'il s'y attribue. Aussi, demandez un entretien à votre pédiatre si, de façon répétée, votre enfant :

– oublie de se dessiner ;

– représente son petit frère beaucoup plus grand que lui ;

– oublie l'un de ses parents ;

– se dessine dans un petit coin de la feuille, loin du reste de la famille.

La maison. En général, l'enfant dessine la façade principale de la maison. Elle est bien centrée sur la feuille, avec des fenêtres, généralement ouvertes et, jusqu'à 6 ans, plaquées dans l'angle des murs. La porte donne sur un chemin. Le toit est agrémenté d'une cheminée. L'environnement est souvent orné de fleurs, d'arbres, d'oiseaux, de nuages...

Des fenêtres grillagées ou une maison représentant un château fort peuvent témoigner d'un besoin de se protéger.

☛ **Lorsque votre enfant fait un dessin qui vous donne une évidente impression de malaise, consultez votre pédiatre. Si celui-ci confirme vos craintes, quelques entretiens avec un psychologue seraient les bienvenus.**

L'arbre. Il fournit des renseignements intéressants.

– Le haut, appelé la couronne, représente la zone intellectuelle, spirituelle : l'enfant qui attribue une grande importance aux acquis scolaires et au respect des règles sociales dessine volontiers un feuillage luxuriant. Sa joie de vivre se traduit par des fruits et des fleurs. L'enfant anxieux trace des branchages nerveux, anguleux et hachure la couronne.

– Les racines expriment les instincts, la vie érotique plus ou moins refoulée : lorsque les préoccupations concernant la vie sexuelle sont lourdes, les racines sont souvent épaisses et peuvent occuper la moitié de la page.

– Le tronc représente la personnalité. Si l'enfant est stable, il figurera le tronc au milieu de la page, bien large et solide. Il semble que l'existence d'un « accident » sur le tronc (trou dans l'arbre, branche cassée) soit le témoin d'un traumatisme, d'autant plus récent qu'il est plus près de la couronne. Il m'est souvent arrivé d'apprendre une séparation des parents, la perte d'un aîné, un changement d'école mal vécu grâce à la présence d'un tel « accident ».

La situation générale du dessin sur la feuille est assez révélatrice : les enfants placent généralement leur dessin au milieu, vers le bord inférieur de la page, et remplissent volontiers tout l'espace dont ils disposent.

Le déplacement du dessin complètement à gauche de l'observateur semble témoigner d'un attachement primordial au passé, à sa vie de bébé.

Le déplacement extrême vers la droite est plutôt le reflet d'un enfant tourné vers l'avenir et attiré par la vie sociale.

La couleur. Un enfant qui fait un dessin tout noir ou recouvert de traits noirs, alors qu'il a à sa disposition toutes les couleurs de l'arc-en-ciel, est évidemment angoissé : il voit la vie en noir.

Le soleil est un symbole bien connu de la présence paternelle. Un soleil d'un beau jaune, aux rayons en couronne, est le signe de bonnes relations avec le père ; par contre, si le père est redouté, le soleil peut être d'une couleur agressive (rouge) ou même chargée d'anxiété (noir).

● *Walt Disney dessinait pour les tout-petits.* En observant des enfants feuilleter des bandes dessinées, j'ai été frappée par l'attrait universel des tout-petits pour Mickey et ses amis. J'ai alors remarqué que la proportion entre la tête de la souris et son corps était très éloignée de la réalité (Mickey a une grosse tête, alors qu'une souris en a une toute petite), mais conforme au bonhomme représenté par le jeune enfant. De là m'est venue l'idée d'analyser les personnages de Walt Disney comme s'ils avaient été dessinés par l'un de mes petits patients. J'ai retrouvé en Mickey les signaux que nous adressent les enfants à travers leurs dessins. Je ne crois pas que Walt Disney en ait eu conscience, mais son héros exprime une foule de symboles, parfaitement compréhensibles pour un tout petit.

Ainsi, lorsque l'un de mes petits patients dessine un bonhomme :
– avec des yeux immenses : c'est toujours un grand curieux ;
– avec des pupilles très grandes : il est confiant et intrépide ;
– sans dent : il n'est pas agressif ;
– avec de grands pieds reposant bien sur la ligne de base : il vit dans la stabilité ;
– avec des bras ouverts : il est sociable.

Vous reconnaissez les caractéristiques physiques et psychologiques de Mickey. Voilà pourquoi, à mon avis, d'un seul coup d'œil, le petit enfant qui ne sait pas lire est déjà attiré par ce héros.

Ses questions sur la mort

Quand un jeune enfant pose avec insistance des questions sur la mort, ses parents ressentent souvent un immense malaise et sont très embarrassés. Voici quelques réflexions pour vous aider à lui répondre.

Jusqu'à 7 ans, l'enfant pense que la mort est un état réversible. Il s'amuse donc sans scrupule à tirer sur ses camarades avec son pistolet de plastique en criant : « Tu es mort ! Tu es mort ! » Lorsque son compagnon de jeu fait semblant de tomber, il est ravi, mais trouve normal de le voir se relever aussitôt.

C'est seulement vers 7 ans que la notion d'irréversibilité de la mort apparaît. Alors surviennent les grandes interrogations.

● *Est-ce que tout le monde peut mourir ?* Voilà une question qui vous trouble, car il vous est difficile de dire à votre enfant qu'il est mortel.

L'enfant ne craint pas de mourir. Des milliers d'heures passées à l'écoute de jeunes patients, dont certains atteints de longues maladies, m'ont appris que l'enfant ne se soucie guère de sa mort à lui. Ce qu'il craint, c'est la séparation d'avec ses parents. C'est pourquoi, lorsqu'un enfant est hospitalisé pour une maladie grave, la présence chaleureuse et constante de sa famille est indispensable. Elle lui donne tous les courages pour supporter les lourdes thérapeutiques. Et le petit ne pose alors presque jamais de questions concernant sa vie ou sa mort. De même, lorsqu'un enfant bien portant vous pose des questions sur la mort, c'est de la vôtre qu'il veut parler. Même si, avec un tact naturel, il ne vous le demande pas directement, la question est : « Que deviendrais-je si vous disparaissiez ? » ; question tout à fait naturelle lorsqu'on songe à l'extrême dépendance affective et matérielle d'un enfant.

● *Et si vous mouriez ?* L'adulte a tendance à dire que seuls les vieux peuvent mourir et que la disparition de jeunes parents est peu probable. Mais l'enfant voit des accidentés de la route, entend parler de malades jeunes et se rend vite compte que la disparition de ses parents est possible. Il faut donc lui répondre de façon pragmatique : vous devez l'assurer que vous avez pris toutes vos dispositions pour son avenir. Quelqu'un qu'il chérit (sa grand-mère, sa marraine ou une amie) pourra s'occuper de lui. Le seul fait d'aborder ainsi le problème va le tranquilliser. Tout en étant bien conscient que vous lui êtes indispensable, il ne craint plus d'être complètement abandonné, comme le Petit Poucet, par exemple.

● *Lorsqu'un proche parent décède.* Vous avez tendance à différer la nouvelle auprès de votre enfant. Votre entourage vous y pousse d'ailleurs souvent, et vous conseille d'envoyer le petit chez des amis le temps des funérailles. Le désir de vouloir lui éviter un si grand chagrin est bien légitime, mais l'enfant perçoit qu'un événement grave est survenu et que les adultes chuchotent. La disparition devient alors encore plus douloureuse. Il se sent coupable de ne pouvoir soulager le parent restant, de ne pouvoir pleurer avec lui.

L'aider à faire son deuil. Les rites funéraires ont pour fonction d'aider les adultes à faire le deuil, de leur apporter le soutien des autres membres de la famille et des amis. Les pleurs, les témoignages, le cimetière, les faire-part, tout vous aide à prendre conscience de la solidarité familiale et en même temps de la séparation.

L'enfant exclu de ces manifestations de chagrin aura bien du mal à admettre ensuite qu'il a vraiment perdu définitivement un être cher. Un maillon manquera dans son histoire, ce qui entravera son développement. Je ne dis pas qu'il faille lui annoncer la nouvelle de manière brutale, ni lui en parler tous les jours, ni le faire participer à toutes les étapes de l'enterrement. Mais l'informer en temps réel, ne pas lui mentir et l'emmener déposer des fleurs sur la tombe est indispensable pour que, lui aussi, fasse son deuil et puisse se construire en intégrant cette souffrance inévitable, en pouvant l'exprimer et la partager.

Ce n'est ni un menteur, ni un voleur

Le mensonge et le vol n'existent pas, à proprement parler, chez un tout petit, qui a tendance à mélanger le réel et l'imaginaire et n'a pas le sens de la propriété.

C'est vers 7-8 ans que ces actes prennent toute leur signification et que vous devez agir. Ne le sermonnez pas. Essayez plutôt de comprendre pourquoi votre enfant vous a menti ou pourquoi il a volé.

Si votre enfant a menti

● *Avant 8 ans, il ne s'agit pas de mensonge.* Jusqu'à 4 ans, on parlera plutôt de fabulation, l'enfant invente une situation imaginaire qu'il présente comme une réalité : « je suis pompier », ou « j'attends un bébé dans mon ventre, comme toi ». L'enfant mélange le réel et l'imaginaire, il y croit vraiment et ne ment pas.

L'attitude à avoir n'est ni celle de la complaisance consistant à l'appeler « Monsieur le pompier » ou à scruter les mouvements du bébé dans son ventre, ni celle de la contradiction brutale. Dites-lui tout simplement : « Si tu veux penser que tu es un pompier, pourquoi pas ? Mais moi, je sais que ce n'est pas vrai, tu es mon petit garçon. » En lui exposant clairement le principe de réalité, vous développez chez lui une pensée logique. En lui donnant ainsi l'exemple de la franchise, les affabulations disparaîtront rapidement.

Entre 4 et 8 ans, votre enfant considère que mentir c'est mal, mais il ne se rend pas compte qu'il le fait parfois. Il confond erreurs non intentionnelles avec erreurs intentionnelles. Se tromper, faire une erreur, c'est pour lui la même chose que mentir.

● *À partir de 8 ans.* Le mensonge prend toute sa dimension, devenant utilitaire. C'est un moyen pour l'enfant de se protéger de l'immixtion des parents ou d'autres personnes dans son jardin secret.

Cherchez d'abord à comprendre pourquoi il a menti. Un jeune enfant a toujours envie de faire plaisir à ses parents. Aussi, la crainte d'être puni, de vous décevoir ou de vous voir très contrarié, le pousse à mentir. Mais il en sera tourmenté, au point d'être triste le jour et de mal dormir la nuit.

Les attitudes qui risquent d'en faire, vraiment, un menteur :
– forcer l'enfant à avouer ;
– lui dire qu'il est un menteur ;
– l'humilier ;
– faire semblant de croire le mensonge ;
– mentir vous-même.

Comment agir pour qu'il ne recommence pas ? Montrez-lui que vous avez deviné le mensonge et que vous êtes étonné que lui, un enfant aussi franc, ait pu cacher la vérité.

Sans doute était-ce parce qu'il avait peur de remontrances ? Par exemple, de mauvaises notes à l'école seront d'autant plus difficiles à avouer que cet aveu est inexorablement suivi de punitions, de fessées ou de sermons prolongés. Mieux vaut alors lui dire que vous ne le gronderez pas et que vous essaierez de lui expliquer ce qu'il n'a pas compris. Il est alors fort probable que votre enfant ne recommencera pas à mentir.

Si votre enfant a volé

Les mécanismes du mensonge et du vol sont un peu les mêmes.

● *Avant 8 ans, il ne s'agit pas de vol.* Le tout jeune enfant n'a aucun sens de la propriété. Il ne sait pas vraiment ce qui lui appartient ou non. Quand un objet le tente, il le prend naturellement, sans arrière-pensée.

● *À partir de 7 ou 8 ans.* C'est à cet âge qu'on peut parler vraiment de vol, car l'enfant a acquis la notion de respect du bien d'autrui. On observe que les garçons volent dix fois plus souvent que les filles, uniquement par besoin d'acquérir de la puissance, pour ensuite mieux accaparer l'affection des autres.

Cherchez d'abord à comprendre pourquoi il a volé. Même si vous trouvez des motifs en apparence variés (il a volé de l'argent pour s'acheter un objet, pour collectionner des images autocollantes, pour punir un camarade qui lui a fait du mal), dans tous les cas, il s'agit d'un manque d'amour ressenti par votre enfant. Et pourtant, vous l'aimez, le gâtez, aussi avez-vous bien du mal à y croire. Mais la fréquence avec laquelle l'enfant vole pour faire des cadeaux ou « épater la galerie », pour acheter en quelque sorte l'affection et l'estime des autres, témoigne d'une recherche d'amour et d'un besoin de se valoriser.

Ce qu'il ne faut pas faire si votre enfant a volé :

– le traiter de voleur ;

– en parler à toute la famille, à plus forte raison à des personnes extérieures au cercle familial ;

– lui dire que vous avez honte de lui.

☛ **Il faut toujours rendre l'objet volé avec l'enfant, sans lui faire honte.**

Ce que vous pouvez dire à votre enfant qui a volé : « Je suis étonnée que tu aies pris quelque chose qui ne t'appartenait pas, toi qui es si honnête. Je sais que tu n'es pas un voleur. Heureusement, car la confiance est la plus belle chose dans une famille, dans une école, avec les amis. Savoir que je peux laisser mon sac ouvert et que personne à la maison n'y touchera sans me le demander, c'est formidable. Nous allons rapporter l'objet que tu as pris, en expliquant que c'était un accident. Et, dorénavant, tu seras plus fort que tes mains : lorsqu'elles auront envie de prendre quelque chose qui ne t'appartient pas, tu sauras les retenir. Je t'aime, et cela c'est la chose la plus importante dans la vie. »

Quand recourir au psychologue ?

Votre pédiatre vous accompagne bien souvent depuis la naissance de votre enfant, il vous aide dans son éducation. Il peut demander le concours d'un psychologue.

● *Pourquoi aller chez un psychologue ?* Aujourd'hui, et fort heureusement, le psychologue fait de moins en moins peur aux parents. Il vous sera précieux :

– pour un bilan de développement, lorsque l'enfant semble en décalage net par rapport aux étapes habituelles ;

– pour une évaluation de ses facultés intellectuelles et de ses problèmes affectifs si l'enfant est en difficulté scolaire ou, à l'inverse, s'il paraît précoce et susceptible de s'ennuyer dans la classe correspondant à son âge ;

– pour une étude de comportement si vous craignez des anomalies : par exemple, une tendance au repli sur soi, avec des gestes répétitifs et une indifférence vis-à-vis des autres ; ou si votre enfant pleure très souvent ; ou s'il a des problèmes graves avec les questions de propreté ;

– pour des conseils éducatifs si vous souffrez de difficultés relationnelles avec lui, si vous avez l'impression de devoir régulièrement crier ou donner des fessées, si votre enfant fait de nombreuses colères compliquant la vie familiale, s'il souffre d'une énurésie *(voir page 399)*, s'il souffre de terreurs nocturnes, s'il a de gros problèmes d'appétit.

● *Un premier entretien sans l'enfant est généralement souhaitable.* Cela vous permettra d'expliquer les difficultés dont souffre votre enfant et de parler de vos relations avec lui. Si possible, essayez de venir avec son père, car sa participation est indispensable pour la réussite complète d'une psychothérapie.

Le psychologue ne porte pas de jugement sur votre mode de vie et sur l'éducation que vous donnez à votre enfant. Son objectif est d'aider chacun à être en bonne santé mentale, c'est-à-dire capable de vivre en société, d'aimer l'autre et de s'intéresser à son travail. Il suffira souvent de quelques entretiens pour que vous retrouviez de bons rapports avec votre enfant. Mais la psychothérapie peut aussi demander plusieurs années.

La psychanalyse, inspirée des théories de Freud et fondée sur l'écoute, peut offrir des possibilités thérapeutiques supplémentaires. Il faut savoir qu'aujourd'hui, grâce à l'observation du jeu, le psychanalyste peut également aider les nourrissons.

Le psychologue ou votre pédiatre peuvent juger utile que ce soit un psychiatre d'enfants (pédopsychiatre) qui prenne en charge le suivi de votre petit.

Il veut un animal

Il n'est pas toujours facile de refuser, surtout s'il semble en avoir vraiment besoin : dans cette vie de béton, c'est une sorte de retour à la nature. Je vais donc essayer de voir avec vous comment le choisir au mieux et sans trop vous compliquer la vie.

Une décision mûrement réfléchie

Au moment de choisir un animal, il est utile de se poser certaines questions.

– « Suis-je certain de pouvoir le prendre en charge tout au long de sa plus ou moins longue existence ? » En effet, un chien, qui vit environ 15 ans, représente un choix à long terme. Si votre enfant a 11 ans, vous savez que, l'adolescence venant, il va bientôt vouloir sortir le soir, partir le week-end et en vacances. Alors, qui s'occupera du chien ?

– « Puis-je offrir à cet animal un cadre de vie agréable ? » Si votre enfant déjeune à l'école, va à l'étude, si vous-même rentrez tard, un chien sera malheureux sans sorties et sans compagnie. Mieux vaut alors choisir un chat ou un hamster. Il en va tout autrement si vous vivez à la campagne.

Les bonnes habitudes réciproques

Dès l'arrivée du chiot ou du chaton, fixez les règles du jeu pour donner de bonnes habitudes à tout le monde. Car rien n'est plus tentant pour un enfant que d'installer son nouveau compagnon dans sa chambre, voire dans son lit. Or, c'est au cours des premiers jours que le petit animal va marquer son territoire ; il sera bien difficile ensuite de changer ces rites.

☞ **Apprenez à votre enfant à donner tout de suite de bonnes habitudes à son compagnon, qui ne doit pas monter sur son lit, ni dormir dans sa chambre.**

• *L'apprentissage de la propreté.* Pour un chien par exemple, cet apprentissage demande la même patience que pour un enfant : il faut, dès l'âge de 3 mois, le sortir très souvent, environ toutes les 3 heures. Normalement, il doit devenir propre entre 5 et 6 mois.

• *L'apprentissage du comportement vis-à-vis de l'animal.* Les gestes de votre enfant doivent être doux. Il ne doit en aucun cas lui faire de mal.

☞ **Apprendre à votre enfant à respecter les animaux, c'est le préparer à être respectueux des humains.**

Un enfant ne doit jamais effrayer un animal. Même l'animal le plus gentil peut devenir agressif si on lui fait peur. Ainsi, si le chien se blottit sous un meuble, l'enfant ne doit pas aller le chercher, car la bête, se sentant acculée, risque de le mordre. Les morsures de chiens sont malheureusement très fréquentes : des milliers d'enfants sont mordus chaque année (vous trouverez la conduite à tenir en cas de morsure *page 426*). Les réactions de certains chiens sont particulièrement imprévisibles. Aussi apprenez à votre petit à ne jamais caresser un animal qu'il ne connaît pas.

Son compagnon privilégié

Un animal est pour votre enfant son compagnon privilégié. Il est le confident de ses chagrins, celui qui le comprend toujours parce qu'il est dépendant et joueur comme lui, et qu'il fait aussi des bêtises pour lesquelles il est grondé. Votre enfant s'identifie tellement à son animal que si vous lui offrez un hamster dont il ne connaît pas le sexe, il ne cherchera généralement pas à le savoir : le hamster aura d'office le même sexe que son maître ! Selon le même processus d'identification, si l'on demande aux enfants ce que préfère un chien, ils répondent : la compagnie des enfants, et non pas la compagnie des autres chiens.

Oui, pour lui, cet animal est son compagnon, son complice, son *alter ego.* Ce sera merveilleux de le trouver là pour jouer en rentrant de classe, de lui confier des chagrins dont on n'ose pas parler à ses parents. L'animal, c'est un peu le gardien du jardin secret de l'enfant.

• *Un animal donne-t-il le sens des responsabilités ?* Pas forcément, c'est à vous de l'inculquer. Si votre enfant pense que son animal est heureux de jouer avec lui, il ne pense pas obligatoirement qu'il a faim, qu'il a besoin de sortir, d'avoir une litière ou une cage propre. Aussi, malgré les mille promesses du départ, il ne faudra pas vous étonner s'il oublie rapidement de partager toutes les astreintes matérielles. Vous devrez lui apprendre à se responsabiliser en partageant ces tâches avec lui, et en lui montrant comme sa petite bête se sent bien si elle est nourrie et propre. C'est ainsi que, petit à petit, il deviendra responsable, mais il faudra du temps.

● *La confrontation à l'idée de la mort.* La perte de son chien ou de son hamster (qui ne vit que 3 ans en moyenne) va confronter l'enfant à l'idée que nous ne sommes pas immortels. La disparition de l'animal chéri provoque l'un des plus grands chagrins d'enfant. Vous risquez alors d'être bien désemparé.

Ne cachez pas la mort de son animal à l'enfant. Sa disparition resterait pour lui une énigme jamais résolue, ce qui est pire que la mort elle-même. Expliquez-lui ce qui est arrivé, dites-lui où l'animal est enterré si c'est le cas. Ces vérités paraissent pénibles, mais le jeune maître les vivra moins mal qu'un lourd secret. Partagez son chagrin, laissez-le pleurer contre vous. Vous pouvez alors faire ensemble le projet d'adopter un autre animal, mais le premier restera toujours présent dans son cœur. C'est souvent à cette occasion qu'il vous demandera : « Est-ce que tout le monde meurt ? » *(voir page 254).*

Les maladies transmises par les animaux

Elles sont heureusement pour la plupart parfaitement curables si le diagnostic est fait à temps, et mieux encore, évitables par des vaccinations.

Vous trouverez plus de détails concernant les maladies citées ci-après dans le chapitre « Petites et grandes maladies ».

● *Les maladies de peau* sont assez nombreuses.

– La gale provoque des démangeaisons chez l'animal. Si votre enfant l'a attrapée, elle sera très légère car le parasite du chien ne se reproduit pas sur l'être humain.

– La teigne est une mycose qui provoque une perte de poils, contamine facilement l'enfant : elle se manifeste par des plaques arrondies sur la peau ou sur le cuir chevelu accompagnant une chute de cheveux *(voir page 430)* ; la griséofulvine est alors un médicament très efficace ;

– l'eczéma du chien n'est pas contagieux s'il n'est pas surinfecté.

● *Les parasitoses intestinales*

– Le chien véhicule souvent de la terre dans laquelle se trouvent des œufs d'ascaris *(voir page 365)* ou d'oxyures *(voir page 439).*

☛ **Apprenez à votre enfant à se laver souvent les mains.**

– Le toxocara canis est un ver dont la larve peut atteindre gravement les organes de l'enfant. Il peut polluer les bacs à sable si ceux-ci sont accessibles aux chiens.

– Le tænia échinocoque pond des œufs dans l'intestin du chien ; si l'enfant porte ses mains souillées à la bouche, il peut être contaminé et développer dans son foie un kyste hydatique.

Rassurez-vous, ces maladies sont rares avec les chiens d'appartement régulièrement vermifugés.

● *Les infections bactériennes.* Elles peuvent également se transmettre de l'animal à l'enfant.

– La leptospirose du chien peut atteindre l'enfant lorsque le chien lèche ses mains. Elle se manifeste par une gastroentérite et une jaunisse. Votre chien doit être vacciné.

– La tuberculose peut être transmise par un chien atteint qui tousse, ou par les excréta d'un chat contaminé par le bacille bovin, s'il est nourri au lait cru, par exemple.

– La yersiniose du chat provoque des ganglions dans l'abdomen de l'enfant avec des douleurs pouvant faire croire à une appendicite.

● *Les virus des oiseaux.* Ils peuvent provoquer deux maladies pulmonaires qui guérissent avec des antibiotiques précis :

– la psittacose, transmise par les perroquets et les pigeons ;

– l'ornithose, transmise par les déjections d'oiseaux, en particulier les pigeons.

● *Les autres maladies*

La maladie des griffes du chat. Elle provoque une fatigue générale et des ganglions. Elle guérit grâce à un traitement antibiotique bien adapté.

La toxoplasmose. Elle est bénigne en dehors de la grossesse. Exceptionnellement, elle peut donner des lésions oculaires, qu'il faut traiter.

La rage. Elle est à craindre après toute morsure de chien. Un protocole bien précis s'impose pour éviter cette maladie *(page 426).*

● *Vous devez faire vacciner régulièrement votre animal.* Une visite annuelle chez le vétérinaire est le minimum pour un chien ou un chat d'appartement.

Choisissez un animal sain (méfiez-vous des chenils mal tenus) et demandez conseil à un vétérinaire avant l'achat.

En voiture

Les mesures de sécurité que je vous ai indiquées lorsqu'il était plus petit doivent être adaptées.

Votre enfant est installé impérativement à l'arrière. Le coussin rehausseur devient trop petit, mais un coussin normal reste souhaitable pour que la ceinture de sécurité de la voiture se positionne bien sur son corps. Il faut atteindre une stature de 1,45 m pour voyager sans coussin, assis à l'arrière, avec la ceinture de sécurité.

Quelques conseils :

– ne faites jamais descendre votre enfant du côté de la route ;

– verrouillez bien les portières arrière avant de rouler et laisser en permanence le verrouillage « sécurité-enfant ».

On constate que ces mesures de sécurité sont beaucoup mieux appliquées par les jeunes enfants lorsqu'elles leur ont été enseignées à l'école ou à la télévision. Ce sont alors eux qui insistent pour que leurs parents mettent bien leur propre ceinture de sécurité.

L'adolescence aujourd'hui

Passionnante si vous gardez confiance en vos capacités réciproques.

C'est à l'adolescence que vous allez recueillir les fruits de la tendre complicité qui s'est établie entre votre enfant et vous pendant ses jeunes années. Ne vous laissez pas impressionnés par tous les mauvais augures qui vous ont annoncé une période difficile et restez à l'écoute de votre enfant.

Par souci de ne pas rendre la lecture pesante, « il » désigne, dans ce chapitre, l'adolescent fille et garçon.

● *Quand, et jusqu'à quand, est-on adolescent ?* Selon la définition du dictionnaire, l'adolescence est « l'âge de la vie qui succède à l'enfance ». Vaste période, que le Larousse situe entre 10 et 18 ans chez la fille ; entre 12 et 16 ans chez le garçon.

Cette période est encore plus longue dans notre société moderne, si l'on considère que n'est plus adolescent celui qui est devenu adulte. Alors que son corps est arrivé à maturité, l'adolescent d'aujourd'hui est loin d'être socialement adulte : il faut, en effet, de plus en plus de temps au jeune homme ou à la jeune fille pour s'assumer matériellement, avoir sa propre maison, construire sa nouvelle famille ; la longueur des études, la difficulté à s'insérer professionnellement diffèrent l'autonomie. Adulte physiquement à 15 ans, votre enfant ne le sera socialement que cinq voire dix ans plus tard ! Les nombreuses tensions psychologiques qui vont apparaître entre l'adolescent et ses parents ne sont donc pas à mettre sur le compte de la seule puberté, elles proviennent aussi de sa difficulté à vivre dépendant tout en étant physiquement mûr.

Les transformations physiques de la puberté

Chez le garçon

● *À quel âge commence la puberté ?* Vers 11 ou 12 ans, en moyenne, mais cet âge varie, selon les garçons, de 10 à 13 ans.

● *Les signes de la puberté.* En général, c'est d'abord l'accroissement des organes génitaux : pénis, scrotum et testicules.

Ces organes connaissent une transformation en 5 phases :

La **phase 1** va de la naissance au début de la puberté : les organes génitaux sont petits, infantiles, l'enfant n'a pas de pilosité pubienne.

La **phase 2** marque le début de la puberté (vers 12 ans) : les testicules deviennent plus gros, le scrotum, plus lâche et plus ridé, commence à descendre.

La **phase 3** débute vers 13 ans. Le pénis grandit, devient plus long et plus large. Les testicules commencent à grossir ; l'un d'eux, le gauche en général, descend plus bas que le droit. Les premiers poils pubiens apparaissent à la base du pénis : encore peu nombreux, à peine visibles, ils ne sont ni très frisés, ni très foncés.

La **phase 4** commence vers 14 ans. Le pénis devient non seulement plus gros et plus grand, mais le gland aussi est plus développé. Les testicules grossissent encore. Les poils pubiens sont abondants, plus frisés, plus épais et plus foncés. Ils remontent parfois vers le nombril, descendent vers le scrotum et l'anus.

La **phase 5** est la période de pleine maturité. À 16 ans, les testicules mesurent environ 45 mm de diamètre. Le pénis est complètement développé, il mesure entre 8 et 11 cm, pour atteindre en érection entre 12,5 et 18 cm. Plus le pénis est petit au repos, plus il s'allongera en érection. Le garçon doit savoir que sa capacité à faire l'amour n'a aucun rapport avec la longueur de son pénis.

● *La barbe.* La moustache, les favoris et la barbe apparaissent en général au cours de la phase 4, c'est-à-dire entre 14 et 16 ans, en commençant par la lèvre supérieure, avec un développement complet vers 18 ans (parfois bien plus tard). La plupart des garçons ont hâte de se raser : le premier rasoir est un événement important dans leur vie.

● *Le gonflement des seins.* Il survient chez plus d'un garçon sur deux. C'est un gonflement plus ou moins visible ; il dure entre un an et dix-huit mois, et va ensuite régresser complètement.

● *La voix.* Elle change vers 14 ou 15 ans, sous l'effet de la testostérone sur les cordes vocales. Avant de devenir plus sourde et plus grave, la voix varie de façon incontrôlable en étant par moment aiguë, perchée.

● *La silhouette se modifie.* Le bas du visage s'allonge, les épaules s'élargissent, les muscles se développent, les bras et les jambes grandissent, les pieds aussi, mais leur croissance cesse avant l'ensemble du corps.

Chez la fille

● *À quel âge commence la puberté ?* Vers 9 ou 10 ans, en moyenne, parfois plus tôt ou plus tard, de 8 à 12 ans.

Les organes génitaux se développent aussi en 5 phases :

La phase 1 : de la naissance jusqu'à la pré-adolescence, il n'existe pas de pilosité pubienne, le sein est juste porteur de la petite saillie du mamelon.

La phase 2 : entre 10 et 13 ans, en moyenne, quelques poils pubiens apparaissent, épais et longs, au bord des grandes lèvres. Le mamelon se développe sur la glande mammaire, que l'on commence à percevoir. Cette saillie au niveau des seins est asymétrique, elle prédomine souvent au début d'un seul côté.

La phase 3 : vers 13 ans, les poils deviennent plus abondants sur le pubis, ils sont épais. Les seins commencent à prendre du volume et l'aréole s'élargit.

La phase 4 : vers 14 ans, la pilosité pubienne a presque atteint l'étendue adulte, les contours des seins sont nets, l'aréole est saillante.

La phase 5 : vers 15 ans, les poils dessinent le triangle pubien. Les seins ont leur volume et leur forme adultes.

● *Les premières règles.* Elles surviennent en moyenne vers 12 ans et demi, mais avec une variation normale, de 10 ans au plus tôt à 15 ans (si elles ne sont pas apparues à cet âge, consultez un médecin). L'apparition des règles est souvent précédée d'une période de pertes glaireuses plus ou moins abondantes.

☞ **Les règles surviennent généralement tous les 28 à 30 jours, mais durant les premiers mois, elles peuvent être plus espacées ou plus rapprochées, ou franchement irrégulières, le temps que l'horloge biologique soit vraiment réglée.**

Si la plupart des adolescentes considèrent les règles comme un peu gênantes, elles n'en sont pas moins fières de devenir des femmes, capables d'avoir des enfants.

Une jeune fille vierge peut-elle utiliser des tampons hygiéniques? C'est l'une des premières questions que vous posera votre fille au moment de ses règles. Il faut savoir que l'hymen est naturellement perforé d'un ou plusieurs petits orifices. Il est donc, le plus souvent, parfaitement possible d'introduire un petit tampon (il faut toujours lire attentivement la notice d'utilisation).

● *Rasage ou épilation*. Bien sûr, les adolescentes peuvent se raser les jambes pendant les premières années. Mais le rasoir a l'inconvénient de provoquer, à la longue, une repousse plus dure. L'épilation chimique ou à la cire ne présente pas cet inconvénient et laisse les jambes plus douces. Il ne faut jamais raser le duvet de la lèvre supérieure. S'il gêne l'adolescente, un dermatologue pourra brûler définitivement chaque poil par électrolyse.

Les boutons sur le visage (acné)

Ils sont provoqués par une sécrétion excessive de sébum dans les pores de la peau, stimulée par l'excès de testostérone. Si le sébum obstrue les pores, il provoque des points noirs; s'ils s'infectent, c'est l'acné. Une hygiène rigoureuse et un savonnage consciencieux du visage matin et soir diminuent considérablement le risque d'acné. Les traitements mis au point sont aujourd'hui fiables et aucun adolescent ne devrait souffrir d'acné de façon prolongée *(voir page 360)*.

Quand parle-t-on de puberté retardée?

Lorsqu'aucun signe de puberté n'est apparu à 15 ans chez la fille, à 16 ans chez le garçon. Un bilan médical s'impose alors et, souvent, un traitement.

Quelle sera la taille définitive de votre enfant?

Nous avons suivi sa croissance depuis ses premières années sur une courbe *(voir pages 133 et 134)*. S'il suit régulièrement le même couloir entre deux courbes, avec des signes de puberté correspondant à l'âge moyen, il arrivera, selon toute probabilité, à la taille indiquée en haut de sa courbe personnelle. Si, en revanche, la courbe s'est infléchie ou s'est emballée par rapport à la moyenne, un bilan de croissance s'impose. La date de la puberté conditionne la taille définitive : plus la puberté est précoce, plus vite votre enfant s'arrêtera de grandir. Il est possible de prévoir la maturité hormonale avant les signes de puberté par une radiographie du poignet, c'est « l'âge osseux ».

N'oubliez pas les vaccins à l'adolescence

C'est le moment de protéger votre enfant contre l'hépatite B. Il faut également penser aux rappels DTPolio et à celui contre la rubéole *(voir page 330).*

Ses questions sur la sexualité

En répondant avec franchise et simplicité à ses questions d'enfant : « d'où viennent les bébés ? », « comment fait-on un enfant ? », vous avez commencé l'éducation sexuelle de votre enfant, dès ses premières années.

Maintenant qu'il entre dans l'adolescence, la pudeur réciproque rend parfois la communication plus difficile. Mais si vous êtes disponible, vous vous apercevrez que votre enfant teste votre jugement indirectement, en vous parlant de ses amis par exemple. C'est l'occasion pour vous de lui donner des explications mais aussi de lui transmettre vos valeurs. Dire à nos enfants combien le rapport sexuel est avant tout un acte d'amour, une rencontre affective qui doit se passer dans le respect mutuel, est plus important que jamais. Réduire la question à des schémas d'anatomie ou à un discours sur les maladies sexuellement transmissibles est vraiment plutôt triste ! Même si ces sujets sont d'actualité.

La contraception à l'adolescence

Pour ne pas être enceinte en cas de rapports sexuels, les jeunes filles peuvent utiliser la pilule, qui bloque l'ovulation, prescrite par le gynécologue.

Les garçons et les filles peuvent utiliser les préservatifs, qui barrent la route aux spermatozoïdes. Ce sont les méthodes les plus fiables.

Mais il apparaît qu'une fois sur deux, la jeune fille ne programme pas son premier rapport sexuel. Elle ne se protège pas contre une grossesse non désirée, et cela plusieurs mois après le premier rapport amoureux. Votre fille doit donc être avertie qu'un seul rapport sexuel peut suffire pour être enceinte d'un bébé non désiré mais qu'il existe des pilules du lendemain.

Il est peu probable, à chacun son jardin secret, que votre enfant se confie à vous juste après sa première relation sexuelle. Aussi, vous demandez-vous souvent comment aborder la question de la contraception : ni trop tôt ni trop tard ! La meilleure méthode pour une fille est certainement de lui proposer un rendez-vous chez une gynécologue après ses premières règles. Elle saura ainsi à qui s'adresser en cas de besoin. La plupart des adolescentes apprécient cette possibilité. Mais le garçon doit également être responsabilisé à ce sujet. L'un comme l'autre peuvent s'adresser à l'infirmière de leur lycée, au centre de planning familial, à leur médecin de famille ou encore à leur pédiatre : tous sauront les conseiller dans le respect absolu du secret médical. Ainsi devrait-on, grâce à un entourage bien organisé, éviter les grossesses des adolescentes : elles s'aperçoivent souvent trop tardivement qu'elles sont enceintes, or l'interruption volontaire de grossesse n'est légale que jusqu'à dix semaines après les dernières règles.

☛ **Toute jeune fille doit consulter le gynécologue, dès lors qu'elle a ses premières règles, et d'urgence dès qu'elle a eu un premier rapport sexuel si elle n'a pas pu appliquer une méthode contraceptive.**

La prévention des maladies sexuellement transmissibles (MST)

Ces maladies se transmettent lors des rapports sexuels, par la verge, le vagin ou l'anus.

Le sida, dû au virus VIH, est la plus grave et la plus connue des MST. La blennorragie, due à une bactérie, le gonocoque, est la plus banale. Elle est aussi appelée « chaude-pisse » parce qu'elle entraîne des brûlures en urinant. L'infection par les chlamydias provoque peu de symptômes, parfois des pertes vaginales, mais elle peut entraîner une stérilité si elle reste longtemps méconnue. D'où l'intérêt des visites médicales biannuelles dès lors que l'adolescent a une vie sexuelle, d'autant qu'à part le sida, les autres MST sont aujourd'hui accessibles aux traitements antibiotiques adaptés.

La seule prévention absolue contre les MST est l'usage du préservatif, de plus en plus familier aux jeunes. Le nombre de préservatifs vendu croît très rapidement en France. La fidélité entre partenaires, l'absence de rapports anaux (l'intromission anale multiplie par 5 le risque de sida), font partie des mesures de prévention relatives.

Les transformations psychologiques

Contrairement à ce qui est souvent dit, votre enfant vivra cette période de façon très positive si vous cherchez à le comprendre.

Même si certains vous prédisent que vos rapports vont nécessairement se gâter au moment de son adolescence, la mésentente entre parents et enfant n'est pas une fatalité. Il faut garder confiance en vous et en lui, et respecter son évolution.

L'âge des provocations

L'adolescent traverse une crise entre 15 et 17 ans. Elle peut commencer parfois plus tôt s'il est précoce et durer souvent plus longtemps du fait de sa dépendance matérielle prolongée. Cette dépendance accentue les pulsions agressives ou au contraire la nonchalance paresseuse du jeune, qui peut ainsi se mettre à hiberner pour attendre son heure d'autonomie, le moment où il pourra enfin décider pleinement de ses actes. La plupart des parents d'aujourd'hui, plus attentifs qu'autrefois, se montrent tolérants envers ce malaise qu'ils savent percevoir. Cette tolérance est parfois accompagnée d'une certaine souffrance, devant la passivité de ce « grand dadais » qui, à la maison, « ne lève pas le petit doigt » et ne travaille pas très ardemment à la préparation de son avenir. Pour lui redonner de l'énergie, un comportement juste a toutes les chances d'être plus efficace que de beaux discours...

● *La crise du verrou.* Bien souvent, à l'adolescence, votre enfant s'enferme, d'abord dans la salle de bains, puis dans sa chambre. Certains parents sont désemparés devant l'installation d'un verrou. Pourtant, le besoin de secret est presque aussi naturel que la sortie de la première dent : c'est un symbole dont il faut se réjouir. Le fait de rechercher un peu d'isolement vient d'un sentiment de différence par rapport aux autres. L'adolescent est convaincu que personne ne peut ressentir ce qu'il ressent. Il a besoin de trouver tout seul son identité. Vous l'aiderez en respectant ce besoin d'intimité, qui durera d'ailleurs moins longtemps si vous ne dramatisez pas la situation.

● *Il critique tout.* Voilà que votre enfant, si proche de vous auparavant, critique maintenant votre façon de tenir la maison, de parler, de vous habiller... Pour devenir adulte, l'adolescent a besoin, dans un premier temps, de se dégager de l'emprise familiale : en dévalorisant votre image, il cherche à prendre ses distances. Si vous n'attachez pas trop d'importance à ses critiques lorsqu'elles sont infondées, cette période de dénigrement permanent sera transitoire.

Les parents sont souvent déconcertés, parfois déçus, en voyant leur enfant mettre des vêtements qu'ils jugent ridicules, leur fils se laisser pousser les cheveux, ou leur fille baisser la tête sans sourire et montrer une mine renfrognée devant de nouvelles connaissances.

● *Restez philosophe.* Les valeurs que vous lui avez transmises avec beaucoup d'affection pendant les quinze premières années de sa vie ne vont pas disparaître : elles sont provisoirement remises en question, mais pas oubliées.

● *Ne confondez pas tolérance et complaisance.* Votre enfant a besoin que vous gardiez votre personnalité et votre statut de parent pour mieux se construire. Mais discuter avec lui et tenter de nuancer ses jugements à l'emporte-pièce risque, à la longue, de vous entraîner sur un terrain de conflits permanents. Plutôt que de chercher à lui faire entendre raison, mieux vaut, lorsque vous n'êtes pas d'accord, le lui faire gentiment savoir, lui dire, par exemple, que vous êtes fatigué par ces discussions et vous tourner alors vers vos activités personnelles. La réflexion mûrit davantage lorsque l'enfant est confronté à lui-même et lorsque ses parents ne lui donnent pas l'occasion d'une incessante escalade verbale.

Montrez-lui les aspects positifs de votre personnalité et soyez attentifs aux détails de la vie quotidienne, par exemple, à l'élégance de votre allure : votre exemple l'entraînera.

● *Tenez compte de la façon dont il se comporte lorsque vous n'êtes pas là.* Avant de vous lamenter sur la paresse et l'impertinence de votre enfant, soyez à l'écoute des compliments qu'on lui adresse à l'école ou chez des amis. L'adolescent teste sur vous les réactions du monde extérieur, évacue son agressivité, mais son comportement vis-à-vis des autres montre qu'il a fait siennes vos valeurs, après les avoir contestées.

●*Il a besoin d'être rassuré.* Tout en se montrant critique envers son entourage, votre enfant, qui n'est pas encore adulte, est envahi de doutes sur son physique, sur ses capacités. C'est en mettant en valeur ses qualités que vous l'aiderez à s'épanouir, à retrouver le sourire, à avoir confiance en lui. Jusqu'au prochain moment de doute...

Maintenez le dialogue à tout prix

Le plus grand danger qui menace un adolescent est de ne plus avoir de communication avec ses parents, parce qu'il risque alors d'aller chercher du réconfort auprès de personnes moins fiables. Il vous faut donc être le plus disponible possible et maintenir coûte que coûte le dialogue. Négociations et compromis sont inévitables ; l'important est que vous preniez en compte son opinion et même que, parfois, vous reconnaissiez vos torts.

Essayez de conserver le plus longtemps possible des moments de tendresse : le baiser du soir qui permet de bavarder un peu, le petit déjeuner pris ensemble...

●*Sachez demander l'aide de votre pédiatre ou d'un psychologue devant certains signes de détresse.* Ces signes peuvent être très divers : changement brutal d'attitude, repli permanent sur lui-même, niveau scolaire qui s'effondre de façon inexplicable, agitation incessante, désintérêt pour tout ce qui se passe autour de lui, refus de dire où il va, perte d'appétit ou boulimie. Autant de signaux devant lesquels vous pouvez avoir besoin d'un tiers. Le pédiatre reste pour un temps encore la meilleure courroie de transmission entre l'adolescent et ses parents. N'oubliez pas que votre enfant peut s'adresser directement à son médecin, lui parler seul à seul, sous le sceau du secret médical. Sachez profiter du lien qui s'est tissé entre votre enfant et son pédiatre, devenu peu à peu son ami. Bien des situations peuvent se dénouer grâce à cette relation privilégiée. Le respect avec lequel le médecin considère l'adolescent aide celui-ci à mieux se connaître lui-même, tout en se confiant. Beaucoup de parents seraient rassurés en entendant les propos que leur enfant tient au pédiatre, propos où il exprime souvent son estime pour eux. C'est en lui-même que l'adolescent doit arriver à trouver son équilibre. Un entretien qui se déroule dans un climat de confiance peut l'y aider.

Si le malaise perdure, le pédiatre fera appel à un psychologue, dont les compétences sont souvent nécessaires pour passer un cap difficile et éviter des désordres psychiques graves (*voir page 258).* Il apportera, à un moment précis, un excellent soutien à vous-même comme à l'adolescent.

● *Lorsque l'enfant fugue.* La fugue est une protestation contre une situation insupportable à l'adolescent. Elle témoigne d'une impossibilité à communiquer avec son entourage familial. Elle expose le jeune à des rencontres dangereuses, sans la protection parentale.

Il ne faut pas répondre à la fugue par une attitude punitive : la fugue récidiverait ou des comportements, plus lourds encore de conséquences, pourraient paraître à l'adolescent comme seule solution accessible. La fugue est un appel au secours, tout doit donc être fait pour que l'adolescent retrouve une communication avec son entourage. L'intermédiaire d'un psychologue est presque toujours indispensable.

Un conseil pour l'adolescent fugueur : s'adresser rapidement à un médecin, un service hospitalier spécialisé en pédiatrie (comme le centre hospitalo-universitaire du Kremlin-Bicêtre à Paris, spécialisé dans la médecine des adolescents).

La puberté de leur enfant exige beaucoup d'attention de la part des parents. Avoir des parents aimants est le meilleur tremplin pour réussir le passage vers l'âge adulte.

Son alimentation

L'adolescent ne se préoccupe que de son avenir immédiat, il ne s'intéresse donc pas du tout aux conséquences lointaines de son alimentation sur sa santé. Le problème est donc de l'aider à bien se nourrir en évitant de le chapitrer quotidiennement.

Les besoins nutritionnels pendant l'adolescence

Les besoins caloriques de votre enfant sont plus élevés, car il est en période de pleine croissance. Mais ils varient selon la constitution de l'enfant.

Le plus grand besoin quotidien se situe, pour un garçon, à 16 ans, autour de 3 000 kcal ; pour une fille, à 13 ans, au moment de ses premières règles, autour de 2 400 kcal.

Les protéines sont particulièrement nécessaires. Ce n'est donc guère le moment de se nourrir de sucreries et viennoiseries pauvres en protéines entre les repas !

Le calcium et la vitamine D sont absolument indispensables pour fortifier le squelette. Le fromage (associé à l'administration systématique d'une ampoule de vitamine D, chaque hiver, comme entre 18 mois et 6 ans) permet d'édifier un squelette solide pour le reste de la vie.

Le fer est particulièrement important pour la jeune fille, après les premières règles. Elle le trouve dans la viande et surtout dans le foie.

La vitamine C favorise l'absorption du fer. Un supplément en vitamines doit donc être donné car les aliments actuels en contiennent assez peu.

Les nouvelles habitudes alimentaires

Souvent pressés, nous avons pris l'habitude d'écourter le petit déjeuner. À midi, la plupart des parents ne rentrent pas chez eux. Pour l'enfant, la cantine est donc devenue le lieu normal du déjeuner. Le repas du soir reste aujourd'hui le seul vrai repas familial. Voilà pourquoi, il est si important, quand l'enfant a entre 6 et 12 ans, d'instaurer de bons rythmes de repas en famille.

Il est vrai que l'adolescent a tendance à manger n'importe quoi. Il aime bien se contenter de tablettes de chocolat, de paquets de biscuits, de saucisson, et bien sûr d'un hamburger arrosé de coca...

● *Apprenez-lui à choisir correctement ses fast-foods.* Les McDonald's, Quick ou autre Burger peuvent fournir une ration tout à fait équilibrée à qui sait composer son menu. Le poisson ou la viande du hamburger apportent les protéines nécessaires. Dans les grandes maisons, le hamburger est contrôlé (100 % de bœuf), conservé par la chaîne du froid, servi aussitôt préparé, avec une hygiène de salle d'opération ! Bien des restaurants « traditionnels » n'assurent pas cette rigueur...

Si vous choisissez un hamburger nappé de fromage, vous augmentez judicieusement la quantité de protéines et de calcium ; accompagné d'un milk-shake (plutôt que d'un coca), il couvrira vos besoins en calcium. Si vous constatez qu'il n'y a pas une épaisseur suffisante de tomates, de crudités et d'oignons (apportant les fibres), complétez avec une salade. Évitez de terminer votre repas par une pâtisserie ; elle entraînerait un excédent de sucre, la sauce du hamburger étant généralement sucrée.

Les pizzas doivent être choisies à pâte fine. C'est là l'essentiel, car le contenu peut aussi être équilibré, en mélangeant fromage, jambon et légumes...

Il est donc possible de faire un repas équilibré au fast-food.

Bien sûr, il n'est pas pour autant recommandé d'y aller plusieurs fois par semaine (les papilles gustatives, du reste, se lasseraient).

● *Organisez des repas conviviaux.* Alimentation rime avec affection, tout au long de la vie. Voici quelques conseils pour passer d'agréables moments diététiques avec votre enfant :

– levez-vous un peu plus tôt et préparez un petit déjeuner appétissant ;

– essayez de déjeuner avec lui, le midi, chaque fois que possible ;

– préparez un panier de légumes et de fruits crus épluchés et coupés pour qu'il puisse grignoter en rentrant de classe ;

– ne faites pas de chaque repas l'occasion d'un cours de morale ou de maintien ; évitez aussi de vous lamenter sur vos difficultés matérielles ou de santé ;

– pendant le repas, intéressez-vous à la vie de votre enfant ; racontez-lui les anecdotes amusantes de votre journée ;

– invitez de temps en temps des amis, retenez les siens pour un « dîner de pâtes », fêtez les anniversaires, tirez les rois, faites que les repas soient gais ;

– ne forcez pas l'adolescent à vous rejoindre : si l'ambiance est agréable, la période de réclusion dans sa chambre ne s'éternisera pas !

Même si vous ne suivez qu'une partie de ces conseils, votre enfant et vous-mêmes en tirerez grand profit.

Ses besoins de sommeil

C'est la période couche-tard–lève-tard. Le temps est loin où votre enfant était le premier réveillé. Maintenant, il a souvent du mal à se lever, alors que l'attendent travail scolaire et activités diverses.

Le couche-tard…

Bien des raisons retardent le coucher de votre enfant : la pression scolaire est très forte, en France particulièrement, avec un lourd travail à faire le soir. L'angoisse de l'échec pèse aussi sur les jeunes. Et puis ils ont besoin de se détendre en rentrant du collège ou du lycée, se mettent un peu trop tard à leurs devoirs, qui se prolongent dans la soirée… Apprenez-lui donc à s'organiser, intéressez-vous à son travail. Même à cet âge, l'intérêt des parents pour la vie scolaire reste un grand soutien pour l'adolescent. Cela requiert de votre part une certaine subtilité car votre enfant revendique, malgré tout, l'envie de gérer lui-même son travail. S'intéresser n'est donc pas diriger.

La télévision empêche souvent l'adolescent d'aller au lit. Savoir éteindre le poste pour passer une soirée en famille est une mesure de sauvegarde.

☞ **N'installez pas de poste de télévision dans la chambre d'un enfant avant l'âge de 18 ans.**

● *Les moyens dont dispose l'adolescent pour trouver un meilleur sommeil :*

– organiser une soirée calme (y introduire, en particulier, une lecture agréable) ;

– se coucher dès que l'envie de dormir se fait ressentir, car la prochaine phase d'endormissement ne se manifestera que deux heures plus tard ;

– ne pas prendre de boissons excitantes après 17 heures (café, coca) ;

– ne pas commencer à regarder un film après le dîner : il sera difficile de l'abandonner ;

– n'utiliser ni somnifère ni autre subterfuge pour dormir car leur action est nocive pour le fonctionnement des cellules cérébrales : la disparition ou, au contraire, l'exacerbation artificielle des rêves causées par des modificateurs chimiques (naturels ou pas) du fonctionnement cérébral provoquent à la longue un ralentissement de la pensée et un état de dépression ; mieux vaut qu'il occupe sa soirée à lire, écrire, téléphoner à un copain, plutôt que de vouloir absolument dormir artificiellement. Plus un adolescent est habitué à prendre des somnifères, plus il risque de consommer des stupéfiants.

– récupérer pendant le week-end le nombre d'heures de sommeil perdues au cours de la semaine ; mieux vaut cependant se coucher et se lever à des heures régulières.

...et le lève-tard

Les adolescents éprouvent souvent des difficultés à se lever tôt. C'est l'occasion de bien des conflits entre parents et enfants.

● *Les solutions pour faciliter son lever*

Prendre un petit déjeuner convivial en famille. C'est facile si l'habitude est prise depuis des années. Mais si votre enfant a plutôt tendance à déjeuner seul rapidement sur la table de la cuisine, vous pouvez encore vous mettre à préparer un vrai petit déjeuner pour le reste de la famille. L'envie d'y participer le fera sûrement sortir du lit.

Organiser des activités intéressantes le dimanche. S'il a pris l'habitude de se lever tôt le week-end pour une activité sportive ou pour une autre distraction, ce rythme s'instaurera plus facilement en semaine.

Lui laisser la responsabilité de son lever. En aucun cas vous ne devez aller plusieurs fois lui intimer l'ordre de se lever. Le jeune finit par attendre votre intervention, au lieu de se prendre en charge. Comme pour beaucoup d'apprentissages, il est important que votre enfant prenne l'habitude d'assumer les conséquences de ses actes. Vous l'équiperez donc d'un réveil dès l'âge de 12 ans, et le laisserez décider de l'heure de son lever. S'il est en retard, il sera pénalisé à l'école et adaptera progressivement son comportement pour respecter les horaires de ses cours.

Aménager un lieu de toilette attrayant. Essayez de rendre la salle de bains disponible pour lui, et d'y placer des produits agréables qui lui donneront envie de se laver. Faites en sorte qu'il ait toujours des vêtements propres à sa disposition.

● *Réunir les meilleures conditions pour favoriser sa réussite scolaire.* À cet âge, le fait de se sentir à l'aise dans son collège ou son lycée est le plus sûr moyen de l'inciter à se lever à l'heure. L'idée de retrouver des camarades sympathiques, de remettre un devoir bien fait, d'espérer des notes encourageantes, de suivre un cours intéressant le pousse à sortir du lit. Aussi, si votre adolescent manque vraiment d'enthousiasme, n'hésitez pas à lui proposer un soutien scolaire ou même un changement d'établissement.

Les études à l'adolescence

Les adolescents ont conscience que leurs études sont très importantes pour eux. Même s'ils rechignent à travailler, préfèrent sortir et regarder la télévision, deux jeunes sur trois estiment que leurs parents ont raison de les pousser sur le plan scolaire.

Selon une enquête réalisée par le magazine *L'Étudiant* en 1988, voici par ordre d'importance les préoccupations des adolescents :
– les amis ;
– la scolarité ;

– les loisirs ;
– les conditions de vie ;
– l'amour ;
– les relations avec les parents.

Ce dernier point les tourmente donc beaucoup moins que vous. L'adolescent est en pleine mutation physique, et ses enjeux scolaires et sociaux sont tels que, généralement, les quelques conflits qu'il peut avoir avec vous, s'il reste sûr de votre soutien, le tracassent peu. Finie la période où votre enfant, entre 8 et 12 ans, voulait avant tout vous faire plaisir. Maintenant, il doit penser à lui-même, se concentrer sur son avenir.

Stimuler ses intérêts

Ce ne sont pas les cours de morale qui peuvent le décider à travailler. Il va falloir accompagner sa scolarité de façon plus solidaire, car si ses difficultés scolaires le font souffrir, il aura tendance à se détourner du travail au lieu de se prendre en main.

● *Témoignez-lui votre admiration et votre confiance.* Les parents désirent tellement le bien de leur enfant qu'ils soulignent souvent ses défauts : « tu te tiens mal », « tu ne travailles pas assez »... Et pourtant, vous lui reconnaissez, malgré la période difficile qu'il traverse, de nombreuses et grandes qualités. Ce sont elles qu'il faut mettre en valeur. Votre admiration est un véritable stimulant, qui aide l'adolescent à développer sa personnalité. C'est votre confiance qui le fera progresser, qui lui donnera envie d'apprendre.

● *Partagez ses centres d'intérêt.* C'est au cours des conversations en famille sur les copains et les sorties que vous découvrirez, par bribes le plus souvent, sa vie à l'école. Si vous savez qu'il a une dissertation à faire, vous pourrez éveiller son intérêt pour le sujet, lui proposer de l'aide, notamment par la recherche de documents. Vous êtes très occupée ? Certes, mais la réflexion sur un devoir est tellement plus riche lorsqu'elle est partagée. Pas question, bien sûr, de faire son travail. L'adolescent ne le supporterait d'ailleurs probablement pas. Mais vous pouvez discuter avec lui des sujets qui l'intéressent : le racisme, l'écologie, les ressorts d'une guerre... C'est pourquoi regarder la télévision pendant le dîner n'est pas forcément néfaste : s'il s'agit du journal télévisé, les différentes interventions de chacun peuvent être l'amorce de conversations intéressantes, au cours desquelles vous et votre enfant exprimerez vos points de vue.

● *Aidez-le à découvrir et à faire fructifier ses talents.* Sous la pression de l'élitisme mathématique, certains parents sont inquiets dès que leur enfant n'est pas sur la voie « royale » des études dites prestigieuses. Or chaque être humain, bien sûr, apporte sa spécificité à la société : que votre enfant soit artiste, bricoleur ou littéraire, encouragez-le, vous lui donnerez ainsi toutes les chances d'être brillant dans son domaine de prédilection. La qualité de vie d'un restaurateur de meubles anciens, d'un journaliste, d'un électricien, d'un professeur de piano ou d'un chef d'entreprise est équivalente si, pour chacun, l'activité qu'il exerce le passionne.

Un avenir grand ouvert

Donnez-lui des raisons de vouloir devenir adulte. Nous avons souvent beaucoup trop tendance, nous, parents, à montrer la vie d'adulte sous un jour sombre. Quelle vision peut avoir de l'avenir un adolescent si ses parents ne cessent de se plaindre de surmenage, de leurs difficultés professionnelles, du poids des impôts ou des sacrifices qu'ils font pour leurs enfants ? Pas de quoi avoir envie de suivre leurs traces ! On comprend, dès lors, que l'enfant se replie sur lui-même et, en même temps, recherche un peu d'évasion, grâce à la télévision par exemple...

On a parfois conseillé aux parents de ne pas parler de leur travail à la maison. Il me semble, au contraire, qu'une anecdote racontant vos satisfactions professionnelles peut être encourageante. Ce sont les lamentations qui, trop répétitives, donnent de l'univers du travail une vision négative. Or nous tirons tous, malgré les difficultés, intérêt et bénéfice de notre activité professionnelle. Faites part de ces apports positifs à votre enfant plutôt que de l'ennuyer avec vos soucis. Parlez-lui du bonheur que vous avez eu à l'élever, de l'amour que vous avez pour lui, des plaisirs que la vie vous offre, de tout ce qui peut lui donner confiance en son avenir.

La téléphonite aiguë

Un beau jour – la transition est souvent brutale – votre enfant qui, auparavant, se plaignait lorsque vous étiez au téléphone, s'enferme à son tour avec le combiné et bavarde de longs moments avec ses amis.

Vous ne parvenez plus à donner à temps les coups de fil indispensables, ou encore à joindre votre domicile : le téléphone est toujours occupé. La facture grimpe et le rendement scolaire baisse. Tout cela pour des conversations qui vous paraissent dérisoires (moqueries au sujet des professeurs, petites histoires entre camarades, etc.).

Réjouissez-vous ! Voilà le signe que votre enfant s'exerce aux relations avec autrui et apprend les règles de la communication. La meilleure solution, si elle est réalisable, consiste à utiliser le système double appel ou à le responsabiliser en lui offrant une carte de téléphone.

Apprenez-lui à utiliser raisonnablement le téléphone : fixez avec lui la durée d'une communication en installant un réveil à côté du combiné, en imposant des coupures pour libérer la ligne. Convenez que vous lui montrerez chaque relevé pour qu'il ait une idée du coût des communications.

Je vous ai déjà parlé de l'intérêt du magnétoscope, de l'ordinateur... voilà maintenant que je vous parle d'un budget téléphonique ! Je ne vous conseille pas là de vous ruiner et de gâter votre enfant, mais peut-être d'envisager avec lui les économies à faire dans d'autres secteurs, ou bien de grouper les dons de son anniversaire, pour privilégier l'achat de ces instruments d'accès à la communication qui multiplient les capacités d'apprentissage aussi bien social que scolaire.

La question des sorties

Cette question très délicate se réglera en fonction de la personnalité de votre enfant – chacun évolue à son propre rythme – et de vos rapports avec lui, empreints de plus ou moins d'autorité ou de complicité.

Il, ou elle, est encore très jeune pour sortir le soir, vous disent vos amis ou certains membres de la famille, ceux-là mêmes, souvent, qui vous encourageaient à laisser votre bébé à la crèche pour le rendre autonome. Ne vous laissez pas trop influencer par votre entourage, agissez comme vous le croyez bon.

Le désir de sorties exprimé par cet adolescent est le signe que sa maturité sociale et affective suit le rythme de sa maturité physique, et vous ne pouvez que vous en réjouir.

Instaurer la confiance

L'essentiel est le rapport de confiance que vous avez pu établir avec votre enfant dès ses premières années. S'il vous dit spontanément où il va, à quelle heure il rentre et quels sont ses amis (sans que vous ayez besoin de jouer les inquisiteurs), vous aurez toute confiance. Même si vous ne le faisiez pas à son âge, il est tout à fait naturel que votre fille ou votre fils passe des soirées avec ses amis. L'important est de savoir où va votre adolescent, de l'aider à organiser ses sorties, et surtout ses retours de sorties, dans de bonnes conditions.

Le respect que vous avez manifesté à votre enfant tout au long de ses jeunes années lui permet aujourd'hui d'avoir une certaine complicité avec vous. Cette complicité le pousse à vous demander conseil, à vous parler de ses amis, de ses déceptions et de ses joies. Les bonnes relations ainsi établies ne doivent pas être compromises par les problèmes de sorties.

Présence et tolérance

● *Les sorties inquiètent toujours les parents.* Pendant que votre fille ou votre fils s'amuse et se demande pourquoi les parents sont si compliqués, vous, vous ne dormez que d'un œil : « Et s'il rencontre des personnes de mauvaise influence ? », « Aura-t-il le temps de travailler son contrôle ? », « S'il était tenté de monter sur la moto d'un copain pour rentrer ? », « Et si on lui propose de la drogue ? » *(voir page 288)*.

> ☞ **Imposer une autorité factice risque de le pousser à vous mentir et à sortir sans votre accord, c'est-à-dire sans aucun soutien matériel ni moral.**

La spontanéité avec laquelle votre enfant se confie à vous, amène ses amis à la maison, l'intérêt qu'il garde pour son travail scolaire sont les meilleurs indices de sa capacité à s'occuper de lui-même. Mais il reste toujours une part d'incertitude, et, comme l'a dit si justement Françoise Dolto, on n'élève pas un enfant sans risques. Ces risques sont d'autant plus limités qu'il sait pouvoir se confier à vous sans entendre aussitôt un discours moralisateur, et vous appeler à l'aide en cas de problème, quelle que soit l'heure.

En revanche, si votre enfant est plutôt renfermé, ne vous parle plus de sa vie personnelle, ne vous présente pas ses amis et ne vous tient pas au courant de ce qu'il fait en classe, tentez de rétablir rapidement et gentiment la communication, car les sorties se font alors en dehors de tout contrôle. Si le mur de silence est trop lourd, n'hésitez pas à demander un entretien avec son pédiatre (qui reste souvent son confident privilégié) ou avec votre médecin. Un psychologue pourra parfois se révéler indispensable pour l'aider.

● *Tolérance ne veut pas dire laisser-aller.* Même si vous ressentez les bienfaits de votre tolérance envers votre adolescent, restez très présent, sans être pesant, au cours de ces années de métamorphose. Partir en week-end ou faire un voyage d'une semaine en le laissant seul ne peut être envisagé que de façon exceptionnelle et en prenant, dans tous les cas, certaines précautions.

● *Si vous avez des rapports d'autorité.* Ce peut être une autorité naturelle, acceptée sans discussion par votre adolescent. N'en abusez pas : c'est à cette époque de la vie que, par les sorties avec les amis, on découvre l'importance de la qualité des rapports avec les autres. L'intelligence scolaire n'est pas la seule qu'il faille développer, l'intelligence relationnelle lui sera tout aussi utile dans la vie. Votre autorité naturelle vous rend la vie plus simple, mais vous devez faire attention à ne pas étouffer la personnalité de votre enfant.

● *S'il ne veut pas sortir avec des amis.* Il peut arriver que le désintérêt manifesté par votre adolescent pour les sorties, voire son refus de se rendre à une fête alors que ses camarades y vont, vous rende soucieux.

Respectez son rythme. Peu importe qu'il commence à sortir à 14 ans ou à 18 ans, l'essentiel est qu'il développe sa personnalité propre. Votre enfant est peut-être particulièrement réfléchi et sélectif sur le choix des distractions et des amis, pourquoi s'en plaindre et le pousser à sortir ?

Cependant, s'il s'enferme, passe tout son temps libre devant la télé, ou s'il se trouve laid, peut-être est-il un peu déprimé. Rassurez alors votre enfant sur lui-même. Par exemple, aidez-le à maigrir si son excédent de poids le complexe. Là encore, un entretien avec son médecin peut être très utile ; un soutien psychothérapique peut aussi se révéler bénéfique, pourvu qu'il soit commencé assez tôt.

● *Pas de principes imposés, mais un commun accord.* Tout dépend donc des conditions de sorties, des amis que fréquente votre enfant, de sa maturité, de son sens des responsabilités, de votre autorité naturelle et des rapports de confiance qui se sont établis entre vous. Pour l'adolescent, sortir sans permission l'expose plus tard à la perte de votre confiance, très pénalisante. Mieux vaut attendre le feu vert des parents. Il doit comprendre que ceux-ci cherchent à protéger leur enfant. S'ils se montrent vraiment trop stricts, l'adolescent peut essayer de les convaincre : l'intérêt des sorties vaut bien de se donner cette peine...

☛ Ne confondez pas autorité et autoritarisme. Édicter des règles qui seront systématiquement contournées risque de laisser votre enfant sans secours en cas de difficulté.

Drôle de façon de s'habiller

● *Les vêtements sont le symbole extérieur de la revendication d'identité.* En choisissant une tenue que vous ne pouvez que désapprouver, votre enfant se démarque, résolument, aux yeux de tous. En conformant son apparence à celle de ses camarades, il marque son appartenance au groupe. S'il éprouve en outre des complexes physiques, il recherchera les pulls amples et la mèche tombante, qui cache une partie du visage. Ne vous étonnez donc pas si votre fille, par exemple, s'obstine à rester en jogging alors que vous avez des amis à dîner, et si elle va au collège avec un jean troué alors qu'elle a une garde-robe bien fournie.

● *Laissez le conformisme de côté.* Donnez-lui confiance en lui chaque fois que vous le pouvez. Même si vous lui laissez entendre que vous ne trouvez pas ses tenues vestimentaires seyantes, laissez votre enfant s'habiller à son goût, sans critiques incessantes. Cette crise passera d'autant mieux que vous lui permettrez de faire ses expériences vestimentaires.

Le sport

Pratiquer un sport correspond à un besoin physique chez l'adolescent, mais cela va surtout lui permettre d'avoir une meilleure image de lui-même.

● *C'est un sportif passionné.* À peine arrivé à la maison, il ne rêve que de mettre ses chaussures de foot, elle est pressée d'aller monter à cheval. Tant mieux. Le sport, outre les avantages que je vous décris page suivante, est précieux pour l'adolescent. Il offre :

– une meilleure image de soi, à un âge où l'on doute de son corps ;
– un rôle à jouer vis-à-vis des autres, empêchant le repli sur soi ;
– la possibilité d'échanges avec d'autres adultes que les parents et les professeurs ;
– la maîtrise de l'agressivité.

Le sport est, à cet âge plus qu'à tout autre, une excellente école de la vie.

☞ **Un impératif pour le jeune sportif : respecter sa fatigue. Le forcing abîme le cœur et les os, et risque d'imposer de longues périodes d'interruption.**

● *C'est un sportif peu enthousiaste.* Trouvez alors le moyen d'encourager votre enfant, par exemple en l'inscrivant au même club que ses amis. Même s'il n'est pas un champion, le travail des muscles, la recherche d'un progrès développeront ses qualités et le rendront à l'aise dans son corps.

● *Certains refusent toute activité sportive régulière.* Ce sont souvent des adolescents qui aiment l'étude et la réflexion, toujours plongés dans un livre ou penchés sur un jeu d'échecs, par exemple. Ils fuient autant le groupe que le sport lui-même. Pourquoi pas ? À chacun sa personnalité !

D'ailleurs, vous trouverez toujours une activité physique qui plaira à l'adolescent : la natation l'été, le ski l'hiver, des randonnées à vélo...

La lecture du paragraphe suivant l'encouragera peut-être à chercher lui-même le sport susceptible de lui plaire.

● *Les bienfaits du sport à l'adolescence :*

– il rend le corps plus musclé, donc plus ferme ;

– il procure un maintien élégant par le renforcement des muscles du dos ;

– il améliore l'oxygénation du cerveau et facilite donc les performances intellectuelles ;

– il stimule la construction osseuse ;

– il permet au cœur, exercé à l'effort, de travailler mieux en se fatigant moins ;

– il donne l'occasion de se faire de nouveaux amis.

L'examen médical avant l'inscription annuelle à un sport est plus que jamais nécessaire chez l'adolescent. Le système cardiaque, le squelette sont en pleine métamorphose, et de nouvelles contre-indications à certains sports peuvent survenir.

Votre médecin surveillera particulièrement son dos, une attitude scoliotique *(voir page 459)* pouvant réclamer une gymnastique appropriée.

S'il commence à fumer

Même si votre enfant s'est farouchement opposé à la cigarette, devenu adolescent, il est possible qu'il se mette à fumer. Cela vous préoccupe et vous inquiète toujours, ce qui est bien légitime. Vous savez qu'il regrettera d'avoir commencé à fumer, mais comment l'en dissuader ?

● *Les dangers du tabac.* Le tabac est extrêmement nocif à long terme, mais beaucoup moins à court terme. Là est le problème, car l'adolescent vit pour le lendemain, tout au plus pour le mois qui vient... Vous pouvez toujours lui décrire les risques de cancer, tout cela est bien loin, puisqu'il faudra plusieurs décennies avant que les dégâts apparaissent.

D'autres méfaits du tabac le retiendront peut-être davantage :
– la vilaine toux du fumeur, due à une bronchite chronique ;
– le teint gris de la peau, qui se flétrit prématurément ;
– les doigts et les dents jaunis ;
– l'haleine tabagique ;
– l'altération des vaisseaux entraînant un risque d'hypertension si la cigarette est associée à la pilule ;
– les risques pour la fécondité : moins de facilité à être enceinte le moment venu ;
– les risques pour les futures grossesses : fœtus plus maigre, maladies sanguines qui semblent nettement plus fréquentes chez le futur bébé d'une mère fumeuse.

Oui, la liste est longue des fléaux liés au tabac. Vous le savez et pourtant peut-être fumez-vous vous-même. Votre garçon ou votre fille qui vous ont si souvent demandé d'arrêter n'écoute pas ces avertissements. Pourquoi ?

● *Les raisons pour lesquelles un adolescent commence à fumer*
Marquer son passage au statut d'adulte. Braver les interdits parentaux, se conformer au groupe des autres jeunes en fumant la cigarette est une manière d'affirmer qu'on n'est plus un enfant. Mais il y a aussi un processus d'imitation si les parents sont fumeurs, le risque pour les enfants de se mettre à fumer sera logiquement plus important. Ils ont surtout tendance à imiter leur mère, les statistiques le montrent.

L'effet coupe-faim. Les jeunes filles se donnent vite le mot : lorsqu'on fume, on mange moins. Voilà pourquoi il faut aider votre fille, si elle se trouve un peu ronde, en lui proposant un menu approprié *(voir pages 274 et 432)*.

☛ **Ne vous affolez pas si vous ne parvenez pas à l'empêcher de fumer dans l'immédiat, l'essentiel est de l'avoir mis en garde. À la première occasion de sa vie d'adulte, il (ou elle – je pense aux grossesses) arrêtera.**

● *Ce que vous pouvez lui dire.* Informer l'adolescent des maladies provoquées par le tabac sera peut-être bénéfique plus tard, lorsque devenu adulte, ses motivations seront plus pressantes. Vous ne perdez donc pas du tout votre temps en l'informant ; le collège et la télévision devraient d'ailleurs relayer plus activement votre discours, avec films à l'appui.

Dans l'immédiat, deux arguments se montrent étonnamment efficaces :

– les arguments esthétiques évoqués plus haut ;

– les arguments écologiques et commerciaux : les adolescents sont très sensibles à l'exploitation que font d'eux les puissances d'argent. Si vous expliquez à votre enfant qu'en incitant à prendre une cigarette très jeune, les marchands de tabac espèrent conditionner un client pour la vie, que c'est aussi une ressource pour l'État, vous touchez une corde très sensible : sa revendication de liberté personnelle.

Le risque de la drogue

L'information sur la drogue doit commencer très tôt. Il faut absolument que l'adolescent sache qu'il n'existe pas vraiment de drogue douce, même si certaines sont moins rapidement nocives pour l'organisme.

Même les joints de haschisch, si banalisés aujourd'hui, ralentissent progressivement les fonctions cérébrales : la pensée devient moins rapide, le cerveau fonctionne bientôt au ralenti. Cet effet est d'autant plus profond et irréversible que la consommation d'« herbe » dure plus longtemps. Bien sûr, quelques joints de façon exceptionnelle ne sont pas vraiment inquiétants. Mais qui peut prétendre ne pas devenir progressivement esclave d'un produit qui, par définition, crée une dépendance ?

☛ **La drogue, par définition, crée toujours une dépendance.**

Quant à la cocaïne et l'héroïne, leur toxicité pour le cerveau est plus rapide.

Le crack présente le danger de rendre « accro » dès la première prise, et peut faire commettre à celui qui le consomme des actes irraisonnés et d'une grande violence.

● *Tous les parents sont concernés,* même ceux qui se croient à l'abri de ce genre de surprise. Parmi les lycéens, 26 % des garçons et 16 % des filles disent (selon une étude de l'Inserm) avoir fait au moins une fois l'essai d'une drogue illicite. La moitié d'entre eux continue ensuite à en consommer régulièrement... Même des enfants apparemment sans problème particulier peuvent se trouver dans une situation où il leur sera difficile de dire non.

● *Les signes devant lesquels vous devez vous alarmer*
Une modification bizarre du comportement :
– le repli sur soi ;
– l'insomnie ;
– l'impossibilité de se réveiller le matin ;
– l'absentéisme scolaire ;
– le vol ;
– la fugue.

☛ **Il arrive qu'un adolescent laisse traîner une seringue ou un joint fumé dans sa chambre : il s'agit là d'un véritable appel à l'aide.**

Des signes visibles si vous êtes observateur :
– les yeux rouges ;
– l'air hagard ;
– les pupilles dilatées ;
– un parler hésitant ;
– un état désabusé, un peu ivre ;
– des traces de piqûre sur les bras.
● *Ce que vous ne devez pas faire :*
– penser que des sanctions, un « bon savon », un rapide séjour

à l'hôpital vont résoudre la question : la consommation de drogue révèle un malaise profond ;

– fermer les yeux en vous disant qu'« ils fument tous », que « les joints ce n'est rien » ;

– faire tourner la vie de la famille autour de cette question, qui deviendrait alors le principal centre d'intérêt.

● *Ce que vous pouvez faire.* Après une éventuelle cure de désintoxication à l'hôpital, donnez à l'adolescent les moyens de rompre avec le milieu de la toxicomanie qui l'entoure généralement. S'il vous semble bon d'organiser un séjour chez un parent, n'hésitez pas. Il est essentiel de ne pas le laisser dans l'environnement qui a participé à sa dépendance. L'aide d'un psychothérapeute se révèle souvent indispensable et décisive. Accompagnez votre enfant dans sa guérison, sans craindre de lui confier vos propres angoisses ni de remettre en question vos rapports avec lui.

Ne vous sentez pas exagérément coupable, mais sachez accepter une réflexion commune. Vous l'aiderez avec toute l'ouverture d'esprit possible, ce qui lui fera dire plus tard, comme je l'entends assez souvent : « Mes parents ont été formidables ! »

Quelques situations particulières

La naissance d'une famille différente.

L'âge des parents

Chaque naissance est une belle histoire qui n'appartient qu'aux parents et à l'enfant. Quelles que soient les considérations matérielles ou d'âge, chaque bébé désiré est une merveille que tout l'entourage doit protéger.

Être mère après 40 ans

De plus en plus de femmes ont un bébé à 40 ans ou plus ; certaines craignent de ne pouvoir assumer leur rôle aussi bien qu'une jeune mère. Et pourtant l'espérance de vie des femmes est bien plus élevée aujourd'hui qu'au siècle dernier. Une femme de 40 ans est, de nos jours, en pleine forme physique et intellectuelle. De plus, elle a souvent atteint un équilibre dans sa vie professionnelle et conjugale, qui lui permettra d'élever son enfant dans la sérénité. Sur le plan médical, les grossesses tardives faisant désormais l'objet d'une surveillance étroite, les problèmes de santé sont beaucoup plus rares.

Il faut veiller à ne pas surprotéger l'enfant, à le laisser vivre comme les autres enfants de son âge. Si vous êtes attentive à ses demandes, vous le rendrez heureux en partageant le plus de choses possible avec lui, en étant gaie et sereine. Pour qu'il soit fier de vous, vous resterez pleine d'énergie : c'est votre premier devoir.

Quant aux situations exceptionnelles où une femme porte un enfant – à l'âge où elle pourrait être grand-mère – conçu par procréation médicale assistée, il s'agit d'une démarche qui révèle une grande difficulté à s'accepter. Il y a tant d'enfants qui ont besoin d'amour, pourquoi vouloir le sien en prenant de si grands risques ? La majorité des femmes rejettent cette idée de maternité après l'âge naturel.

Avoir un compagnon âgé

Si l'on considère la maternité comme tardive dès lors que la mère a plus de 40 ans, on accorde un délai plus important au père du fait qu'il conserve plus longtemps ses capacités de procréation. Cependant, lorsque le père atteint la cinquantaine à la naissance de l'enfant, on peut qualifier la situation de « particulière ». Un père âgé ne doit pas oublier que son enfant aura besoin de sécurité affective et matérielle, d'un modèle paternel et d'un guide bien après ses 20 ans. C'est pourquoi il doit veiller sur sa propre santé, assurer, si possible, une solide protection financière à la mère, passer suffisamment de temps avec son enfant et lui offrir une image paternelle forte.

Être mère à 15 ans

Avoir un bébé avant 18 ans, alors que vous sortez à peine de l'adolescence, vous rend plus dépendante que toute autre de l'aide de votre entourage et de la société. Si votre famille ou si le père de votre enfant, peut-être aussi jeune que vous, ne sont pas en mesure, pour des raisons matérielles ou morales, de vous épauler, n'hésitez pas à vous adresser à la PMI (Protection maternelle et infantile). Vous y trouverez des gynécologues particulièrement attentifs à votre grossesse, des pédiatres, des assistantes sociales, des puéricultrices prêts à vous aider. Apprendre à vous occuper de votre enfant, savoir à qui le confier pendant que vous chercherez un emploi ou reprendrez vos études demande un minimum de soutien. Ne doutez pas de vous : vous serez tout aussi capable qu'une femme plus âgée de vous occuper avec compétence de votre bébé. Ne pleurez pas votre jeunesse perdue : lorsque votre enfant aura 20 ans, vous en aurez 38 et serez à la force de l'âge.

Vous allez, certes, avoir besoin de courage, de croire en vos capacités pour continuer à progresser personnellement, socialement et professionnellement tout en élevant votre enfant, mais, grâce à la protection sociale de notre pays, vous ne serez pas seule. Vous trouverez plus d'informations sur les prestations auxquelles vous avez droit dans *Attendre mon enfant aujourd'hui*.

L'enfant né après
un traitement anti-stérilité

Plusieurs dizaines de milliers de bébés naissent chaque année en France après une FIV (fécondation in vitro), une IAD (insémination artificielle) ou une méthode encore plus sophistiquée de procréation assistée. Vont-ils grandir différemment ? Avec maintenant dix années de recul, je n'ai pas constaté de différence significative dans leur développement psychologique : ces enfants n'ont pas d'insomnies particulières ni de troubles du comportement et ont la même efficience scolaire qu'un enfant conçu naturellement. Qu'ils aient été informés ou non des conditions de leur procréation, ils ont la même joie de vivre que les autres. Leur particularité est évidemment d'être des enfants très désirés, dont les parents, souvent assez âgés, ont tendance à la surprotection. Rien de vraiment négatif.

L'enfant né prématurément
ou hypotrophique

En vingt ans, l'avenir des prématurés s'est considérablement transformé dans notre pays.

La véritable naissance du prématuré suit un bien plus long chemin, depuis l'accouchement jusqu'à la sortie du centre néonatal. L'anxiété vous accompagne tout au long de ces journées, dans une atmosphère d'autant plus médicalisée que la prématurité est plus grande. Bien comprendre les explications des médecins et garder son sang-froid n'est pas toujours facile.

● *À partir de quel terme considère-t-on le nouveau-né comme prématuré ?* Est prématuré un enfant né avant la trente-septième semaine après le premier jour des dernières règles (8 mois).

Le prématuré peut aussi être hypotrophe, c'est-à-dire avoir un poids inférieur au poids normal pour son terme. Nous avons vu dans *Attendre mon enfant aujourd'hui* les principales raisons pour

LE POIDS ET LA TAILLE DU NOUVEAU-NÉ SELON LE TERME			
TERME	**Poids en kg**	**Taille en cm**	**Périmètre crânien en cm**
28 semaines	1,1	36	26
32 semaines	1,8	40	29
36 semaines	2,5	45	32
40 semaines	3,3	51	35

lesquelles votre enfant a pu naître prématurément, et les premiers gestes effectués pour assurer sa viabilité.

Plus le nouveau-né est prématuré, plus il risque d'avoir besoin d'être assisté dès la naissance, en particulier pour respirer : intubation immédiate et ventilation artificielle, perfusion, maintien de la température. Cette assistance est maintenue jusqu'à l'arrivée de l'équipe pédiatrique assurant son transfert sans interruption des soins.

● *Pourra-t-il rester dans votre chambre à la maternité ?* Si votre bébé atteint le terme de 34 semaines (7 mois et demi), il pèse généralement plus de 2 kilos et a toutes les chances de rester près de vous : il est souvent capable de téter par petits repas fractionnés et n'a besoin que d'un peu plus de chaleur supplémentaire en incubateur ou tout contre vous (méthode kangourou). Le pédiatre essaie le plus possible de laisser votre enfant avec vous. Mais il se peut que votre nouveau-né ait besoin de soins spécialisés au centre de prématurés.

Les soins au centre de prématurés

Si votre petit doit être transféré au centre de prématurés, une ambulance avec un incubateur, est à sa disposition, sous le contrôle d'un infirmier spécialisé si le prématuré ne demande que des mesures simples. Un pédiatre-réanimateur est indispensable si le bébé a besoin d'une assistance vitale : le SAMU pédiatrique, avec ses équipes mobiles, répond 24 heures sur 24 dans toute la France. Les gestes techniques sont ainsi assurés depuis la maternité jusqu'à l'arrivée dans le service des prématurés. Les paramètres vitaux sont mesurés et notés par tous les médecins qui se relaient. Une analyse *a posteriori* permet une réflexion et un perfectionnement constant de l'organisation mise au service des prématurés. On ne dira jamais assez le remarquable travail accompli par les équipes du SAMU pédiatrique.

En vingt ans, les progrès concernant les prématurés ont été immenses et la transparence des informations qui vous sont données est totale. Le centre de prématurés a ouvert ses portes aux parents.

● *Il peut être nécessaire d'assister chaque fonction*

Les organes vitaux sont immatures : pour que les alvéoles pulmonaires se déplissent, un produit sécrété par les poumons du fœtus, le surfactant, est indispensable. Avant 34 semaines, il est souvent en quantité insuffisante ; un dépôt se fait alors sur les alvéoles pulmonaires, une détresse respiratoire s'installe, le thorax se creuse dans les 24 heures qui suivent la naissance et une ventilation artificielle peut s'imposer : c'est la maladie des membranes hyalines. D'autres causes peuvent entraver la respiration : l'inhalation de liquide amniotique, une immaturité ou une souffrance des centres nerveux commandant la respiration.

Même en l'absence de ces complications, le grand prématuré souffre souvent d'irrégularités respiratoires entraînant de petites pauses de respiration. La surveillance par monitoring permet d'être alerté dès que la pause se prolonge dangereusement.

Les vaisseaux capillaires du prématuré sont particulièrement fragiles.

Le risque de jaunisse est augmenté par l'immaturité du foie pendant les 6 premiers jours ; aussi verrez-vous parfois votre bébé installé sous lumière bleue qui détruit la bilirubine.

La fonction de succion n'est pas prête jusqu'au terme de 32 semaines, parfois plus tardivement. Le prématuré doit alors être perfusé, puis gavé. Le lait maternel est le meilleur aliment qu'il puisse recevoir, surtout le vôtre, dont la constitution est particulière à votre terme. Sinon, on utilisera le lait donné par d'autres mères au lactarium.

Le cerveau est immature : ne vous étonnez pas si votre nouveau-né est très somnolent. Des signes précis à l'examen neurologique permettent d'apprécier la normalité des réflexes et du tonus en fonction du terme. Des tests d'évaluation, sans cesse perfectionnés, permettent une étude de plus en plus fine de l'état du système nerveux. L'échographie à travers la fontanelle, et le scanner, permettent de visualiser le cerveau.

☞ **N'hésitez pas, si vous le pouvez, à tirer votre lait pour le donner au centre de prématurés.**

Votre vie pendant cette si longue naissance

Une naissance prématurée est une épreuve pour vous. Peu préparée à la venue si précoce de votre enfant, vous voilà d'abord seule à la maternité, entendant souvent les autres bébés pleurer, vous demandant si on vous a bien « tout dit ». Je tiens à vous rassurer sur ce point : après plus de vingt ans de travail en maternité, je peux affirmer que les pédiatres ont choisi depuis longtemps de dire la vérité aux parents. Votre information est très importante, car votre collaboration, si nécessaire à ceux qui soignent votre bébé, en dépend. Les éléments de certitude vous sont tous communiqués. Mais souvent, les parents souhaitent un pronostic immédiat et s'inquiètent de l'éventualité de séquelles alors que le pédiatre n'est pas encore à même de répondre avec précision. Il est aussi anxieux que vous, il est même inquiet par définition puisque son rôle est de prévoir le pire pour l'éviter, pour prendre toutes les mesures préventives à temps. Mais à vous faire part de ses propres réflexions, il risque de vous inquiéter à tort ; or trop d'angoisse nuit à la communication entre votre bébé et vous, communication si précieuse pour l'éveil de votre enfant. La patience, pendant le séjour au centre, est de mise. Tant de nourrissons nous étonnent !

Le rôle du père est très important pendant cette période. C'est lui qui fait le lien entre votre bébé, au centre de prématurés, et vous, à la maternité. Il est aussi inquiet et sa participation au travail de l'équipe soignante est, pour lui, le meilleur moyen de comprendre ce qui se passe et d'être confiant.

Le jour de la sortie

Combien de temps mon bébé va-t-il être hospitalisé ? C'est évidemment la première question que vous vous posez. Il est difficile de prévoir cette durée car tout va dépendre du poids du bébé et de son besoin d'assistance. Le retour à la maison se décide en général lorsque le bébé pèse entre 2,2 et 2,5 kg. Mais il faut surtout que l'enfant n'ait plus besoin de chaleur supplémentaire en incubateur, ni d'assistance respiratoire et qu'il tète bien au sein ou au biberon. Votre savoir-faire pour le nourrir et le soigner est bien sûr important ; c'est pourquoi la participation des parents aux soins et aux tétées, leur compréhension des éléments de surveillance expliqués par le personnel facilitent le retour à la maison.

☞ À la maison, la tenue d'un petit cahier de bord consignant les quantités de lait bues, les vomissements ou diarrhées éventuels, aidera le pédiatre à faire le point huit jours après votre sortie.

Le passage quotidien d'une puéricultrice à domicile durant les premiers jours vous permettra de prendre confiance en vous, hors du cadre sécurisant de la maternité. N'hésitez pas à téléphoner au centre de prématurés ou à votre pédiatre chaque fois que vous aurez besoin d'un conseil.

Le suivi d'un ancien prématuré

Pour apprécier l'évolution d'un enfant né prématurément, pendant les deux premières années on tiendra compte de son âge réel. Les parents ont souvent tendance à oublier que leur bébé de 5 mois n'en a en réalité que 3 s'il est né au terme de 7 mois. Cette distinction entre l'âge civil et l'âge réel est pourtant très importante : il faut 9 mois pour qu'un fœtus atteigne sa pleine maturité, et le phénomène ne peut pas s'accomplir miraculeusement en 7 mois ! L'évaluation du développement psychomoteur se fait donc pendant les deux premières années d'après l'âge calculé depuis la conception.

● *La santé des prématurés s'est considérablement améliorée en France.* La surveillance de la grossesse et les progrès de la réanimation néonatale ont considérablement diminué le risque de séquelles, dont la plupart sont prévisibles rapidement grâce aux techniques d'exploration cérébrale de plus en plus poussée chez les nouveau-nés. Mais il existe parfois des séquelles imprévisibles, que l'on pourra évaluer à l'examen du neuvième mois et surtout vers l'âge de 2 ans, en cas de retard de la marche ou du langage. Dans le cas où les troubles sont minimes, c'est vers 8 ans qu'un ultime bilan peut détecter des difficultés d'apprentissage scolaire. Il est important de suivre avec clairvoyance le développement de l'enfant. En effet, plus tôt vous saurez qu'il a une difficulté dans tel ou tel apprentissage, plus tôt vous pourrez mettre en œuvre les aides nécessaires (rééducation orthophonique, psychomotricité, etc.) et stimuler des réseaux de neurones compensatoires.

Vous avez des jumeaux

Le nombre des grossesses multiples augmente en France en raison de la progression des techniques de stimulation ovarienne (plusieurs ovules ont été émis) et de fécondation in vitro (plusieurs œufs ont été réimplantés). Dans tous les cas, l'échographie vous permet de vous y préparer.

Les tétées et les biberons

S'il est, en général, physiologiquement possible d'allaiter entièrement des jumeaux sans complément au biberon – les nourrices du début du siècle allaitaient jusqu'à trois bébés –, cela paraît aujourd'hui difficilement réalisable. Donner le sein aux deux bébés, voilà qui n'est pas simple, même si vous essayez de respecter un semblant d'horaire, et peu compatible avec nos schémas culturels. Mais, si vous êtes vraiment décidée et si vos proches vous aident, vous pouvez allaiter complètement vos deux bébés.

La plupart d'entre vous, mères de jumeaux, choisissent l'allaitement mixte : vous allez donner une fois le sein, une fois le biberon, tour à tour à chaque tétée. Et petit à petit, vous nourrirez vos bébés entièrement au biberon. La personne qui vous aide donnera le biberon en alternance à chaque enfant. Le rythme des tétées doit vous permettre d'organiser votre emploi du temps, mais l'allaitement à la demande est toujours recommandée. Comme tout bébé, le jumeau se réglera vite de lui-même.

Vous organiser

Les jumeaux exigent évidemment un équipement particulier :
- 2 stérilisateurs et 14 biberons ;
- la layette en double ;
- 2 transats ;
- 2 couffins ;
- une poussette pour jumeaux ;
- environ 400 couches par mois...
- ...mais un seul parc.

Si vous êtes quelque peu débordée au début, vous parviendrez vite à vous organiser. C'est la période où les jumeaux ont entre 1 et 3 ans qui est très difficile pour les parents, car c'est à cet âge que les enfants déambulent, touchent à tout et font des colères. Une inscription en halte-garderie tous les matins sera probablement la bienvenue si les jumeaux ne vont pas à la crèche.

Favoriser l'épanouissement de chaque personnalité

Certains parents aiment habiller et coiffer leurs jumeaux de la même façon. Cette similitude peut poser des problèmes d'identité aux vrais jumeaux : vos amis et les membres de votre famille vont les appeler « les jumeaux », sans nommer chaque enfant par son prénom, puisque rien ne permet de les distinguer. Je ne saurais trop vous conseiller de les coiffer et de les habiller différemment afin que l'on puisse toujours les identifier : cela les aidera à exprimer leur propre identité vis-à-vis des autres, de la famille, à la garderie puis à la maternelle. Demandez que vos jumeaux soient placés dans des classes ou des groupes différents, pour que l'on s'adresse à chacun d'eux individuellement.

☞ Ne cultivez pas le côté original de la gémellité, mais considérez au contraire que vous avez deux fois un enfant. À chaque grande étape de leur vie, il sera important pour eux de réagir comme une personne autonome.

Le langage des jumeaux

Les jumeaux sont souvent moins précoces que les autres enfants dans l'acquisition du langage. Ils communiquent entre eux par l'intermédiaire d'un jargon qui leur est propre, éprouvent moins le besoin de s'adresser aux adultes et ne s'ennuient pas. La tâche de leurs parents consiste donc, en se montrant particulièrement attentifs à chacun d'eux, à les encourager à s'ouvrir sur le monde extérieur et à développer individuellement leurs capacités intellectuelles : raconter, par exemple, une histoire à chaque enfant séparément, aller en promenade avec l'un ou avec l'autre et pas toujours avec les deux ensemble, jouer avec l'un ou bien avec l'autre. Il est évidemment nécessaire que le père ou les grands-parents participent.

L'enfant déficient

Devant un bébé différent, les parents ont un besoin extrême de comprendre et d'être soutenus.

La maladie se déclare dès la naissance ou plus tard ; il peut s'agir d'une maladie congénitale ou acquise au cours de la vie. L'enfant peut être atteint d'un handicap purement moteur ou d'un handicap psychomoteur plus complexe : en France, plusieurs dizaines de milliers d'enfants souffrent d'une déficience intellectuelle.

Comprendre
● *À la naissance*
Le **handicap est parfois patent** : le nouveau-né est à l'évidence atteint d'une maladie congénitale entraînant de façon certaine un handicap important. Même lorsque le diagnostic est immédiat, dire la vérité aux parents exige une grande prudence. En effet, quelle est cette « vérité » ? Le pronostic d'un handicap, sur le plan moteur ou sur le plan intellectuel, est toujours difficile. L'évolution des maladies les mieux étudiées comporte une part d'inconnu. Face aux questions légitimement pressantes des parents, le pédiatre se doit donc de transmettre ses certitudes mais non ses doutes. La voie est donc étroite entre un pessimisme exagéré et un optimisme trompeur.

La présence et les propos de chaque membre de l'équipe médicale sont très importants. Demandez qu'ils viennent vous voir tous les jours et n'hésitez pas à poser des questions afin de comprendre le plus exactement possible la maladie dont votre bébé est atteint. Si vous connaissez mieux son handicap, si vous êtes bien informés sur les traitements possibles et sur les équipes aptes à les prescrire, vous permettrez à votre enfant d'exprimer le meilleur de lui-même.

Votre famille proche peut aussi rencontrer le pédiatre car une bonne information est nécessaire pour que la solidarité de votre environnement soit efficace.

Le **handicap peut être seulement probable** : il n'est pas toujours possible d'établir un diagnostic formel dès la naissance. Des examens complémentaires, par exemple un caryotype, sont parfois nécessaires. Vous devrez en attendre le résultat pendant au moins 8 jours. Même si cette attente est longue dans cette période de vulnérabilité du post-accouchement, évitez de presser quotidiennement les médecins de questions auxquelles ils vous disent ne pas pouvoir répondre. Votre impatience de savoir pourrait susciter des réponses prématurées, qui ne feraient que vous inquiéter.

● *Après la naissance.* L'enfant peut être tout à fait normal pendant plusieurs mois ou plusieurs années avant que le handicap apparaisse. Il peut en effet s'agir d'une maladie dont l'évolution est très progressive : c'est le cas de la plupart des myopathies, de certaines dégénérescences de la moelle épinière ou d'encéphalopathies progressives. L'examen obligatoire du neuvième mois est souvent déterminant pour le diagnostic de ces maladies.

Selon leur sensibilité, les parents réagissent de façon très différente. Certains sont très vite alarmés devant la pauvreté des réactions de leur bébé, et ils alertent le pédiatre avant même que l'examen médical révèle le handicap. D'autres ont tendance à nier l'évidence. Le médecin doit alors leur faire progressivement prendre conscience que leur enfant est différent et les aider à l'accepter. C'est un parcours difficile et douloureux, mais il est important d'être lucide le plus tôt possible : un bilan à la recherche d'une cause curable et une rééducation adaptée doivent être entrepris précocement pour donner toutes ses chances à l'enfant d'exprimer au maximum ses potentialités. L'enfant porteur d'un handicap physique, mental ou sensoriel a besoin d'être stimulé, un repli sur lui-même risquant d'aggraver son état.

Renoncer à avoir un bébé comme les autres est d'autant plus difficile que notre société n'offre pas une solidarité suffisante. Des progrès ont cependant été faits, et certaines associations de parents apportent une aide précieuse.

● *Le bilan doit être le plus complet et le plus précoce possible*

Le bilan recherche la cause du handicap. On ne parvient pas toujours à identifier la cause des handicaps, qu'ils soient moteurs ou psychomoteurs. Mais une étude complète doit toujours être pratiquée car certaines maladies sont curables.

Ce bilan est orienté par l'examen du pédiatre : l'histoire de la maladie et l'étude attentive des réflexes, des possibilités motrices et des performances psychiques permettent de sélectionner les examens nécessaires. Le bilan d'une insuffisance psychomotrice peut passer par l'étude du caryotype (voir *Attendre mon enfant aujourd'hui*), l'étude du métabolisme avec examen des acides aminés sanguins, l'analyse des hormones thyroïdiennes, une étude de la conduction nerveuse dans le cerveau (électroencéphalogramme) ou dans le muscle (électromyogramme), un examen du fond d'œil et de la vision, un scanner cérébral, et bien d'autres examens encore. Ils seront choisis selon les symptômes que présente l'enfant. Au terme de ce bilan, un tiers des handicaps avec arriération mentale verront leur cause identifiée. Certains seront sensibles à un traitement, telles l'insuffisance thyroïdienne, la phénylcétonurie ou d'autres maladies du métabolisme, certaines compressions par tumeur cérébrale, et aujourd'hui certaines formes rares de myopathies (les travaux sont encore balbutiants). Vous trouverez plus d'informations sur chacune de ces maladies dans le chapitre XIV, *page 359.*

Le bilan fait le point précis du développement psychomoteur en vue d'entreprendre une rééducation bien adaptée. Lorsqu'il n'existe pas de traitement permettant d'agir sur la cause elle-même, il y a malgré tout des dispositions à prendre pour aider l'enfant à développer ses capacités. Si l'on veut prendre des mesures appropriées à son état particulier, il faut d'abord évaluer le handicap en mesurant les capacités intellectuelles. L'expérience du psychologue chargé des tests et le choix de tests spécifiquement adaptés à l'enfant sont importants pour une évaluation riche en informations. Je vous ai déjà dit combien le QI était sujet à critiques parce qu'il n'évalue qu'un aspect des facultés intellectuelles et risque de « coller une étiquette » à l'enfant, mais il présente l'intérêt de déterminer ses capacités d'apprentissage scolaire, ce qui permettra de mieux évaluer ce que l'on peut demander à l'enfant. Il ne faut pas considérer le résultat comme une vérité intangible. Les tests de QI s'accompagnent d'évaluations plus fines des possibilités particulières dans des domaines variés : capacité à s'adapter, à fixer son attention, à manifester un comportement positif envers autrui, permettant à l'enfant handicapé d'acquérir une certaine autonomie.

Si l'enfant souffre de troubles du comportement importants, avec une tendance à l'opposition et une instabilité difficile à maîtriser, la prise en charge sera plus complexe.

Le regard des autres

Il peut faciliter ou compliquer la vie de la famille. Si l'enfant handicapé est bien accueilli par le groupe familial et par les amis de ses parents, ceux-ci seront mieux armés pour l'élever et stimuler toutes ses potentialités. À l'inverse, un rejet de la part de l'entourage, comme cela arrive trop souvent, conduit les parents à se replier sur eux-mêmes. Ils se trouvent alors seuls pour affronter les difficultés. Le rôle des associations de parents et des centres de rééducation est alors fondamental pour éviter l'isolement et la dépression.

L'éducation

L'éducation de l'enfant handicapé suppose une approche compétente. J'ai pu remarquer combien la compréhension des troubles dont souffre leur enfant aide les parents à le soigner et à le rééduquer de façon optimiste et efficace.

Une équipe pluridisciplinaire est indispensable : pédiatre, kinésithérapeute, psychomotricien, orthophoniste, psychologue coordonnent leur action pour aider l'enfant à épanouir ses compétences particulières. De leur côté, les parents, en participant au travail de l'équipe soignante, apprennent à mieux connaître les possibilités de leur enfant.

● *Les structures d'aide et d'accueil*

Les services de consultation et de soins spécialisés : les CMP (Centres médico-pédagogiques), les CMPP (Centres médico-psychopédagogiques), les CAMSP (Centres d'action médico-sociale précoce) et les CESAP (Comités d'étude et de soins aux arriérés profonds) sont là pour effectuer le bilan du handicap et organiser les différents rendez-vous thérapeutiques.

● *L'entrée en milieu scolaire.* S'il s'agit d'un enfant handicapé moteur avec une intelligence normale, il faut l'inscrire dans une école normale, équipée de dispositifs permettant de l'aider sur le plan physique (classe au rez-de-chaussée, appareillage facilitant la déambulation, plans inclinés pour circuler, ordinateur pour écrire). Les autres enfants apportent presque toujours spontanément leur amitié et leur aide.

En général, les parents préfèrent laisser le plus longtemps possible leur enfant dans une structure scolaire traditionnelle. Cependant, il faut qu'ils analysent sérieusement leur décision, car une structure spécialisée peut souvent permettre de plus grands progrès à un âge où le cerveau de l'enfant est capable d'adaptation. Dans certains cas, plus on tarde à le confier aux soins d'une équipe spécialisée dans son type de handicap, plus on risque de le laisser s'enfermer dans ses difficultés.

– Certaines écoles disposent de classes d'adaptation qui offrent à l'enfant la possibilité de progresser à son propre rythme. Les groupes de niveau sont créés dans ce sens.

– Les classes de perfectionnement permettent de maintenir en milieu scolaire normal des enfants dont la déficience intellectuelle est légère. L'admission dans ces classes est décidée par la commission médico-pédagogique. Certains collèges disposent, dans le même esprit, de sections d'éducation spécialisée (SES).

– Les classes d'intégration scolaire (CLIS), officialisée par une circulaire datant de 1991, ont pour ambition de proposer un véritable projet éducatif à l'enfant handicapé, en utilisant des techniques adaptées à son handicap, dans une classe de douze élèves.

– Les instituts médico-éducatifs (IME) fonctionnent en externat (EMP ou externat médico-pédagogique). Ils mettent à la disposition des enfants handicapés mentaux légers et moyens des éducateurs et des spécialistes médicaux.

– Les instituts médico-professionnels (IM Pro) et les CAT (Centres d'aide par le travail) offrent des ateliers protégés pour aider les adolescents à s'insérer dans la vie professionnelle.

– Les internats médico-pédagogiques (IMP) sont plus spécialement adaptés aux handicapés difficilement éducables dans leur famille, ainsi qu'aux encéphalopathes profonds.

– L'hôpital de jour accueille les enfants de plus de 6 ans ayant des troubles de la personnalité.

☛ **Comment choisir au bon moment le meilleur établissement ? La Commission départementale d'éducation spéciale (CDES) a pour rôle de vous proposer les établissements adaptés à votre enfant.**

Vous pouvez, avec l'aide du pédiatre et du psychologue, être un partenaire actif des décisions prises ; des recours sont à votre disposition.

La prévention des handicaps
C'est le souci premier de l'obstétrique et de la pédiatrie modernes. La prévention des handicaps passe par l'information des parents. Les progrès au cours des dernières décennies ont considérablement diminué le nombre d'enfants souffrant d'un handicap grave, grâce, entre autres :
– à la surveillance médicale de la grossesse ;
– au dépistage et au traitement de la toxoplasmose durant la grossesse ;

– à la césarienne en cas de difficultés obstétricales ;
– aux techniques de dépistage anténatal ;
– aux techniques de réanimation néonatale ;
– au dépistage obligatoire des maladies métaboliques à partir de la prise de sang en maternité ;
– aux vaccinations protégeant contre les maladies pouvant atteindre le cerveau : rubéole, rougeole, méningite à hémophilus B, par exemple ;
– au traitement des méningites purulentes ;
– au conseil génétique ;
– à la lutte contre les accidents domestiques ;
– à la lutte contre les mauvais traitements à enfants.

Il reste encore beaucoup à faire pour prévenir les handicaps comme pour aider au mieux l'enfant handicapé et sa famille.

Vous trouverez dans le chapitre XIV, *page 359*, des informations concernant les maladies précises pouvant occasionner un handicap.

Les difficultés familiales

Protéger votre enfant vous donnera force et courage pour traverser les turbulences de la vie.

La séparation des parents, le divorce

Un homme et une femme décident de se quitter. Qu'ils soient mariés ou concubins, ils ne seront jamais réellement séparés s'ils ont eu ensemble un enfant. Ils ont conçu à deux cet être humain, et existeront toujours tous deux en lui.

Bien réfléchir

Le divorce s'est considérablement banalisé : un couple sur trois se sépare aujourd'hui. La situation d'enfants de divorcés est en effet devenue assez commune et ressentie moins douloureusement par ces enfants sur le plan social, en particulier à l'école, qu'il y a une vingtaine d'années. Il n'en reste pas moins qu'ils préfèrent presque toujours que leurs parents restent unis.

Pour vous aussi, la vie ne va généralement pas être simple. Tourmentés par la crainte d'effets négatifs sur vos enfants et par un sentiment de culpabilité, la plupart des parents font généralement tout pour leur éviter désagrément et souffrance, et leur offrir la vie la plus agréable possible. C'est alors souvent la vôtre qui deviendra très compliquée. En voulant protéger vos enfants, il ne vous sera pas très facile d'organiser une nouvelle vie. Ne croyez pas que je veuille vous dissuader par un discours moralisateur : ce n'est pas mon propos. Je voudrais seulement vous mettre en garde contre l'illusion qui consiste à croire que le divorce ne peut que simplifier votre vie. Autrement dit, se séparer, lorsqu'on a des enfants, exige réflexion et motifs sérieux. Mais si la vie commune est devenue insupportable, mieux vaut ne pas subir ce sort plus longtemps, car alors votre situation n'est pas un exemple de vie pour votre enfant. Vivre seul(e) sera sans doute difficile, mais sûrement moins qu'une vie à deux totalement insatisfaisante.

☞ **Pesez bien votre décision, le divorce est une épreuve pour les enfants et n'apporte pas forcément le bonheur et la sérénité aux parents.**

●*La ligne de fracture du couple.* C'est souvent la période qui tourne autour des 3 ou 4 ans de votre enfant. Voilà en effet plus de trois ans que votre bébé nourrit vos conversations, emplit vos soirées, et parfois votre lit, émaille vos week-ends de ses « pourquoi ? », de ses pleurs et de ses rires. Vous vous êtes émerveillés de ses progrès, vous lui avez consacré toute votre énergie en laissant peu de temps à votre intimité de couple. Vous avez ensuite peut-être eu un deuxième enfant. Vous leur avez consacré tout votre temps libre, comme je vous avais moi-même encouragé à le faire. Mais vous n'avez sans doute pas été assez aidés. Vous n'avez peut-être pas pu appliquer mon conseil de dîner en tête-à-tête, des grasses matinées à deux le dimanche, d'une semaine de vacances en couple de temps en temps. Prescription bien difficile à suivre, mais qui permet tant de fois de concilier la joie unique d'être parents et la complicité amoureuse. Les soucis professionnels ajoutés à la fatigue expliquent que votre couple soient sur une ligne de fracture.

Aujourd'hui, vous voilà désemparé(e) car la communication avec votre conjoint n'existe plus. Ne serait-il pas encore temps de vous parler vraiment, de sortir tous les deux, de pleurer une bonne fois, au lieu de tout casser, pour recommencer en plus compliqué ? Oui, vraiment, réfléchissez bien !

Essayez de rester des amis

●*Le divorce est vécu différemment par la mère et par le père.* Il est, huit fois sur dix, plus contraignant pour la femme qui, ayant souvent la garde de l'enfant, n'a pas toujours quelqu'un pour partager les astreintes quotidiennes (devoirs du soir, courses, etc.).

Quant au père, il est dans la majorité des cas partiellement séparé de ses enfants et en souffre beaucoup. Il risque de ressentir cet éloignement comme injuste, surtout si un autre homme a pris sa place au foyer.

Vous vivez également différemment le divorce selon la manière dont la décision a été prise. Si vous avez décidé de divorcer d'un commun accord, vous ferez alors tout pour que vos enfants n'en soient pas perturbés et vous essaierez de rester dans les meilleurs termes possibles. Si, en revanche, l'un des parents se considère comme laissé-pour-compte, il va exprimer presque inéluctablement sa détresse devant ses enfants, accuser son conjoint, prendre tout son entourage à témoin. Cette réaction est douloureuse pour les enfants, qui se sentent coupables de sa souffrance, ne comprennent pas ce qui, dans leur attitude, n'a pas retenu l'autre, et peuvent être amenés à le rejeter. Mais un enfant ne peut rejeter la moitié de lui-même sans graves conséquences. D'autant que, souvent, il passe de bons moments avec « l'autre » parent, mais sans en parler. Des rapports tendus entre parents séparés sont pénibles pour les enfants qui, culpabilisés, tiraillés entre leur père et leur mère, peuvent devenir tyranniques et déprimés tout à la fois. Si vous évitez que vos contentieux affectifs pèsent ainsi sur votre enfant, vous lui offrirez un développement psychologique équilibré.

☛ **L'analyse objective de nos comportements permet en général de dépasser les problèmes passionnels et de continuer à construire celui que l'on a désiré à deux : l'enfant.**

• *Une relation amicale entre les parents.* C'est un grand réconfort pour les enfants. Que vous restiez des amis, au-delà du simple devoir de rapports polis dû à votre petit, voilà ce qui est important pour lui. Que ses parents continuent à utiliser la même voiture en se la prêtant, voilà, par exemple, qui est formidablement rassurant pour un enfant : ses parents ne vivent pas dans la rancune, mais s'entraident. Avoir été conçu par eux a réellement un sens et apporte à l'enfant la sensation de sécurité dont il a besoin. Dans ces conditions, il pourra grandir dans l'insouciance propre à l'enfance. Il saura qu'il ne peut pas jouer sur la séparation de ses parents pour échapper aux règles de la politesse, aux devoirs scolaires ou aux horaires de sorties ; qu'il ne peut pas servir de surenchère à l'un et l'autre. Il pourra ainsi mieux se construire. En revanche, si chacun des parents ne téléphone que pour parler à son fils ou sa fille, sans un mot pour l'autre, il est fréquent que l'enfant ne se dérange même pas pour lui parler : il n'a pas grand-chose à dire.

Comment devenir de bons parents séparés

Il va vous falloir un bon sens de l'organisation pour rester aussi disponible qu'avant : la mère est assaillie de problèmes nouveaux, doit se consacrer davantage à sa vie professionnelle qui est maintenant le garant de sa sécurité matérielle. Le père, même s'il découvre plus intimement ses enfants pendant les périodes où il est seul avec eux, n'est pas toujours habitué à faire la cuisine, à aider les petits dans leur toilette ou à raconter des histoires. Il recherche souvent l'aide de sa propre mère ou d'une famille amie.

Rester de bons parents demande donc un certain talent, beaucoup d'amour et un grand respect pour les enfants. Il faut veiller à :
  – garder le même intérêt pour leur vie scolaire ;
  – parler positivement de l'autre parent, ne pas l'accuser d'incompétence éducative ;
  – ne pas manifester de mépris à l'autre ;
  – garder les meilleures relations possibles avec ses beaux-parents.

Il est très important pour un enfant de se sentir toujours aimé par ses deux parents, et d'avoir la certitude que son père et sa mère sont unis malgré tout, par l'amour qu'ils ont éprouvé l'un pour l'autre et par une solidarité indéfectible.

☞ **Lorsqu'on a eu un enfant ensemble, il faut savoir abandonner les rancœurs.**

Que dire à votre enfant ?

On a beaucoup dit qu'il ne fallait pas mentir aux enfants. Il reste qu'annoncer à un petit de 4 ans par exemple que ses parents vont divorcer n'est pas si simple.

Car dire la vérité, ce n'est pas nécessairement dire la vérité passionnelle des adultes. « Nous divorçons » a une connotation dramatique, péjorative et définitive – le divorce suppose une démarche de justice – qui n'échappera pas à votre petit. Or, quelle que soit, sur le moment, votre impression d'incompréhension définitive, vous ne pouvez imaginer ce que seront vos rapports de couple, demain et dans l'avenir.

Le mot divorce ou celui, moins dur, de séparation, recouvre bien des situations : des parents qui, six mois plus tard, se retrouvent ; un projet de séparation qui en reste au stade de la réflexion ; des parents qui restent les meilleurs amis du monde en conservant entre eux une solidarité précieuse ; et, malheureusement aussi, ceux qui se déchirent douloureusement. Vous ne pouvez pas savoir comment évoluera votre situation. Annoncer à l'enfant le divorce sur un ton de catastrophe, ce serait anticiper (dangereusement) sur une situation alors que l'évolution des choses reste inconnue. Il n'est pas nécessaire non plus d'embellir la situation (« C'est bien mieux, tu auras deux maisons... »). Votre enfant sentirait tout de suite que vous lui cachez quelque chose.

● *Évitez de parler de séparation définitive.* Restez dans le provisoire : « Papa et maman sont fatigués » (c'est souvent vrai : j'attribue la plupart des divorces à un épuisement nerveux comme je l'ai expliqué plus haut). « Pour se reposer, chacun a besoin d'être tranquille. Aussi nous allons avoir chacun notre appartement. »

Même si vous souhaitez une solution définitive, mieux vaut que chacun s'habitue progressivement à un nouveau mode de vie. Si, sagement, vous n'avez pris que des dispositions de transition, il vous sera plus facile de faire marche arrière. Tout ce qui peut être préservé dans l'intérêt de l'unité familiale mérite un effort, non seulement pour le bien de l'enfant, mais aussi pour celui de chacun des adultes.

● *Parfois, une séparation radicale s'impose.* Certains drames familiaux peuvent en effet aboutir à une situation insupportable, si ce que l'un des parents fait subir à l'autre devient inadmissible. Sachez que, dans ce cas, vous avez le droit de demander au tribunal une procédure d'urgence, vous permettant de partir avec votre enfant. Expliquez alors à votre petit que « papa (ou maman) est très fatigué(e) » et ne contrôle plus ses actes ni ses paroles. On se met à l'abri, mais on parle tout de même de l'autre avec une certaine tendresse. Peut-être ira-t-il (elle) mieux dans quelque temps...

La garde de l'enfant, les visites, les vacances

● *Que de combats, encore, pour la garde de l'enfant !* Elle est trop souvent vécue, à tort, comme un privilège, un pouvoir octroyé à celui qui l'obtient et un affront, un déni de ses capacités de parent, pour celui à qui elle n'est pas accordée.

Avoir la garde de son enfant, ce n'est pas en avoir la propriété. Sachez préserver le lien qui l'attache à l'autre parent. Il en aura besoin. L'enfant n'appartient à personne. Si vous êtes trop possessif, vos rapports risquent de se dégrader quand il deviendra adolescent.

☞ **Ne faites pas de la garde une question d'amour-propre. Cherchez plutôt à l'organiser pour le bien-être de votre enfant.**

Idéalement, on pourrait souhaiter un emploi du temps partagé de façon égale entre les parents, moitié chez l'un, moitié chez l'autre.

Mais un enfant a besoin d'avoir un cadre de vie prédominant. D'ailleurs, la garde, plus qu'un droit prioritaire pour l'un des parents à vivre avec l'enfant, correspond essentiellement à un ensemble de devoirs envers cet enfant. Actuellement, dans 80 % des cas, et presque toujours si l'enfant a moins de 5 ans, c'est la mère qui est estimée par les tribunaux la plus apte à le garder ; au grand chagrin des pères, qui se sentent privés brutalement de leur enfant à cause d'une situation qu'ils n'ont, le plus souvent, pas voulue (la grande majorité des divorces est demandée par les femmes).

La répartition de la garde peut donc sembler injuste. Pourtant, dans notre société, la mère, même depuis la génération des « nouveaux pères », s'occupe des enfants 90 % du temps. Au moment de la séparation, elle apparaît généralement comme le plus solide soutien éducatif et la plus apte à s'organiser rapidement en toute circonstance. Lorsque le père revendique la garde de son jeune enfant, il doit avoir conscience que ce sera pour lui une contrainte importante, dans notre société où ce n'est pas habituel. De plus en plus de pères s'organisent remarquablement ; d'autres confient quelques mois plus tard les problèmes éducatifs quotidiens à une nouvelle femme, ou à une grand-mère.

La garde initiale n'est attribuée que pour une période indéterminée. Il est toujours possible de la remettre en question si vous avez des arguments en faveur d'un changement d'organisation.

● *Restez proche de votre enfant lorsque vous n'en avez pas la garde.* Je m'adresse particulièrement aux pères : vous ne « perdrez » pas votre enfant, surtout si vous appliquez les principes suivants :

– restez en bons termes avec sa mère, soyez-en le protecteur (les enfants n'ont pas grande estime pour les pères qui deviennent des ex-maris hostiles) ;

– réglez la pension alimentaire : votre participation financière est un moyen essentiel d'exprimer votre soutien, elle impose le respect (« papa assure ») ;

– soyez présent : utilisez pleinement votre droit de visite, n'oubliez aucun week-end, aucun mercredi ;

– élargissez ce droit de visite en proposant à la mère, si vous avez conservé de bonnes relations avec elle, de garder l'enfant certains soirs, week-ends ou vacances supplémentaires, si elle a besoin de disponibilité ; l'éducation d'un enfant est lourde pour une personne seule, offrir de la partager dans un respect mutuel sera vite apprécié ;

– essayez de choisir votre nouvel appartement proche de celui où habitent vos enfants : la simplicité des déplacements favorisera l'assouplissement du droit de garde, surtout lorsque votre enfant deviendra capable de circuler tout seul ;

– si vous êtes loin de vos enfants, utilisez le courrier et le téléphone pour diminuer les distances : de petits cadeaux, des cartes postales amusantes, une collection que vous commencez pour l'enfant, une cassette vidéo, des vacances sympathiques, Noël : tout peut être source d'échange et de joie ; et n'oubliez ni leur anniversaire ni leur fête.

La pension alimentaire

Le paiement d'une contribution raisonnable, proportionnée aux revenus du père (ou de la mère si la garde est confiée au père), fait découvrir à l'enfant la part de responsabilité paternelle et l'habitue à respecter son père. Réciproquement, ce père soutenant financièrement la personne qui s'occupe de ses enfants abandonnera moins volontiers ses fonctions paternelles. Il aura plus d'autorité sur le foyer. Ne pas partager les frais qu'occasionne l'éducation des enfants, c'est, d'une certaine façon, s'exclure de leur environnement : une mère qui demande une participation financière raisonnable à son ex-mari reconnaît implicitement la place légitime du père dans l'éducation de ses enfants.

Par ailleurs, si le père n'accepte pas le partage des dépenses courantes, c'est la mère qui devra en assumer l'entière charge. Or, si elle a de faibles ressources, il lui faudra travailler davantage, ce qui signifie moins de temps et de sérénité pour ses enfants. Un père attentif à leur bonheur doit donc faire en sorte que sa compagne ne soit pas submergée par les tâches professionnelles et domestiques, et qu'elle ait du temps à consacrer à ses enfants. Il doit donc souhaiter participer à leur éducation dans la mesure de ses moyens.

☛ **Ne démissionnez pas de votre fonction de parent même si vous n'avez pas la garde de votre enfant, et même s'il est loin de vous.**

Quand votre famille se recompose

● *Devenir belle-mère, beau-père.* C'est sans conteste un rôle difficile, qui demande beaucoup de générosité. Vous allez désormais vivre avec des enfants que vous n'avez pas élevés et qui guettent vos réactions. Une fois de plus, tout va dépendre des rapports entre les parents d'origine : si, de votre côté, vous êtes resté(e) en bons termes avec votre « ex », s'il est lui-même heureux et accepte bien votre nouvelle vie, si les grands-parents s'appliquent à mettre « du baume sur les plaies », vous avez toutes les chances de faire accepter à vos enfants votre nouveau conjoint et ses propres enfants. En revanche, s'il y a de l'animosité entre les foyers, le climat familial s'en ressentira, surtout si les grands-parents, dont l'attitude a une grande importance, expriment eux aussi de l'aigreur.

Ne cherchez pas à éduquer (ou à rééduquer) selon vos principes vos « beaux-enfants ». Montrez-vous indulgent : leur éducation n'est pas de votre ressort, ils ont déjà deux parents de naissance. Chaque fois que vous n'aurez pas pu éviter une remarque désobligeante envers l'un d'eux, compensez votre critique par une démarche positive : emmenez-le faire quelque chose d'intéressant avec vous, racontez-lui une histoire, intéressez-vous à lui.

☞ **Un principe de base : ne jouez pas les « fausses-mères » ou les « faux-pères » selon l'expression des enfants eux-mêmes !**

Cette tolérance doit, bien sûr, être réciproque, et les enfants de votre nouveau conjoint devront, eux aussi, respecter votre domaine, vos habitudes.

Parvenir à ces rapports de respect mutuel peut être, pour vous, une source de grande richesse affective : vos « beaux-enfants » pourront plus tard, lorsqu'ils seront adultes, vous apporter un soutien important.

Il vous faudra aussi veiller aux relations qui vont s'établir entre votre nouveau compagnon et votre enfant. Vous aurez souvent l'impression qu'il ne comprend pas ce petit, dont il n'a connu ni les joies ni les pleurs. L'enfant, de son côté, cherche à s'assurer de votre tendresse pour être certain de ne pas vous perdre, et provoque involontairement des situations de crise. À vous, adultes, d'être assez forts pour répliquer avec humour.

● *Ne faites foyer commun avec votre nouveau compagnon que si vous estimez cette relation durable.* Des changements fréquents sont un facteur de déséquilibre pour un enfant. À l'inverse, réussir à reconstituer un nouveau couple, source de bonheur pour vous, sera très épanouissant pour votre enfant : des parents heureux sont le meilleur exemple de vie !

● *En toute circonstance, vous devez protéger votre enfant.* Si votre nouveau compagnon (ou compagne) lui fait subir de mauvais traitements – ce qui arrive malheureusement –, sachez vous y opposer et demander de l'aide à votre entourage familial, à vos amis, au dispensaire de PMI (Protection maternelle et infantile) le plus proche.

● *Demi-sœurs et demi-frères.* Ces nouveaux enfants peuvent donner à votre foyer la chance de former une grande famille. Chacun va apprendre à respecter la personnalité de l'autre, à comprendre ses difficultés particulières. Ne dramatisez pas les dissensions : les enfants aiment se chamailler, se bousculer. Veillez simplement à ce que les rapports ne soient pas systématiquement inégalitaires, à ce que l'un des petits ne soit pas le souffre-douleur des autres ! Vous aurez alors le plaisir et la satisfaction de voir tous ces enfants se considérer à l'âge adulte comme d'authentiques frères et sœurs.

La loi et le divorce

Les textes juridiques ont été modifiés de façon à permettre aux parents de se séparer sans trop de heurts. Ainsi, le divorce peut-il se faire par consentement mutuel, et la garde peut-elle être conjointe ou même alternée ?

Les procédures classiques, tel le « divorce pour faute », restent parfois de mise lorsqu'aucun accord raisonnable n'a été trouvé. En cas d'événements graves ayant une répercussion préjudiciable au bon équilibre et au développement de l'enfant, le juge aux affaires familiales peut prendre des mesures exceptionnelles, concernant l'autorité parentale. Vous pouvez demander qu'un bilan de l'état psychologique de votre enfant soit fait par un psychologue assermenté auprès des tribunaux. Vous devez donc savoir que vous disposez de recours lorsque vous pensez que votre situation familiale présente un danger pour votre enfant.

Vous trouverez toutes les informations sur vos droits et devoirs en matière juridique dans le livre de Violette Gorny (voir bibliographie).

Élever seul(e) un enfant

Les raisons de votre situation

Il est rare de décider délibérément d'avoir un bébé sans vivre avec son père, sans même le lui faire connaître parfois. La situation peut paraître simple pendant les premières années de la vie de l'enfant ; elle deviendra plus complexe au moment de son adolescence. Je vous conseille de tout faire pour garder un lien avec son père, ou au moins une trace : votre enfant aura besoin de connaître son histoire.

Si vous êtes seul(e) avec votre enfant après une séparation, le mieux est de continuer à partager son éducation avec l'autre parent. Si c'est irréalisable et quel que soit le différend qui vous sépare, n'oubliez pas que l'autre vous a donné la joie d'avoir cet enfant à aimer. Pensez-y lorsque vous parlez de lui (ou d'elle). Donner à l'enfant une image positive des relations entre un homme et une femme est nécessaire à un développement affectif et sexuel harmonieux.

Le décès de l'un des parents peut également être la cause d'une telle situation. Il pose alors des problèmes particuliers : le deuil et l'absence vécus par l'enfant resurgiront régulièrement, à chaque moment important de son développement *(voir aussi page 254)*. Si chaque membre de la famille parvient à parler naturellement du parent disparu, de sa personnalité et de ses origines, son absence sera mieux supportée. Former éventuellement un nouveau couple heureux est bénéfique pour permettre à votre enfant de vivre en famille, entouré d'affection.

Joies et difficultés

Lorsqu'il est seul, le parent a parfois tendance à surprotéger son petit et à en faire le centre de sa vie. Ce comportement risque de peser lourdement sur l'enfant : il se refusera le droit de décevoir une mère qui donne tout pour lui, aura des scrupules à vouloir sortir ou à passer un week-end chez des amis en la laissant seule. Or éduquer un enfant consiste à l'amener à être autonome. Plutôt que de l'élever dans une atmosphère de sacrifice, mieux vaut donc lui montrer, en ayant vous-même une vie personnelle intéressante, que l'existence est riche de joies.

Il est important pour l'enfant seul d'avoir un substitut maternel ou paternel. Ainsi, un membre de la famille – le grand-père, l'oncle – ou un ami peuvent donner au garçon un modèle masculin. En outre, l'enfant sait qu'il peut compter sur eux, ce qui est très rassurant pour lui, au cas où le parent seul viendrait à disparaître. Vivre dans un climat de précarité ou d'insécurité représente un lourd handicap pour le développement mental de l'enfant.

☛ **Un parent seul doit éviter de laisser son enfant dormir avec lui, même s'il est très jeune. Cette habitude rendra, en outre, douloureuse la venue d'un nouveau compagnon.**

Vos droits

L'allocation de parent isolé tend à vous assurer un revenu minimum, le temps de trouver un logement, un emploi et de vous organiser à la suite de la rupture. (Vous trouverez toutes les aides auxquelles vous avez droit dans *Attendre mon enfant aujourd'hui*).

L'adoption

Adopter un enfant est un acte de générosité. Il symbolise le désir de donner son énergie vitale, son amour, ses valeurs, sa culture à un enfant abandonné et démuni.

Le processus de l'adoption légale

Vous pouvez choisir :

– l'adoption plénière, qui donne à votre enfant le même statut qu'un enfant légitime : il perd tout lien juridique avec sa famille d'origine. Elle est aujourd'hui possible jusqu'à 20 ans ;

– l'adoption simple, qui donne à votre enfant une double filiation : il conserve ses liens avec sa famille d'origine. Il figure sur votre livret de famille.

● *Les conditions requises pour adopter un enfant sont très strictes.*

– Si vous êtes mariés sans enfants, il vous faut être mariés depuis plus de 2 ans et désirer tous les deux adopter un enfant – ou du moins avoir le consentement de votre conjoint – et être âgés de 28 ans minimum.

– Si vous avez déjà des enfants, il sera vérifié que l'arrivée d'un nouveau venu ne paraît pas leur être préjudiciable.

– Si vous êtes célibataire, homme ou femme, âgé de plus de 28 ans, vous pourrez adopter un enfant après une étude attentive de votre équilibre psychologique et de votre situation sociale.

– L'écart d'âge entre le parent adoptif le plus jeune et l'enfant ne doit pas dépasser 45 ans.

● *À qui s'adresser pour adopter un enfant ?* La DRASS de votre région vous communiquera la liste des organismes agréés pour l'adoption. Le délai sera peut-être long entre votre demande d'adoption et l'enquête de la DRASS vérifiant que vous présentez toutes les garanties morales, psychologiques et matérielles pour élever un enfant.

En France, vous pourrez être aidé par :

– La Fédération Enfance et familles d'adoption (tél. : 01 45 26 90 73) ;

– Les Nids (tél. : 01 43 43 25 38).

Si vous recherchez un bébé à l'étranger, vous devrez faire les mêmes démarches auprès de la DRASS pour obtenir l'agrément. Vous pouvez être aidé par une association privée à but non lucratif contrôlée par le ministère des Affaires étrangères, une OAA (Organisme Agréé pour l'Adoption). Elle se chargera de vos démarches en toute légalité.

– Mission de l'Adoption internationale (tél. : 01 43 17 89 34) ;

– Médecins du monde (tél. : 01 44 92 15 15).

Pour connaître toutes les conditions moralisant l'adoption à l'étranger, vous pouvez ouvrir le site Internet du ministère des Affaires étrangères :

http://www.france.diplomatie.fr/mai/index/html.

☛ **4 500 enfants sont adoptés chaque année par des parents français. La France occupe la première place dans le monde pour le nombre d'enfants adoptés en proportion de sa population.**

Lorsque vos démarches aboutissent, l'enfant vous est confié en « placement en vue d'adoption », sorte d'épreuve probatoire qui dure six mois. Après cette période, vous pourrez présenter votre requête aux fins d'adoption devant le tribunal de grande instance, qui s'assurera que les conditions légales sont bien remplies, et que l'adoption est conforme à l'intérêt de l'enfant et à l'équilibre de votre famille.

● *Le délai maximal pour obtenir l'agrément de la DRASS est fixé à 9 mois,* qu'il s'agisse d'une adoption nationale ou internationale. L'agrément reste valable 5 ans, mais vous devez confirmer chaque année votre projet d'adoption.

Les enfants en situation d'adoption

● *Adopter un bébé.* Plus jeune est l'enfant recueilli par sa famille adoptante, plus facile sera son adaptation affective et culturelle. Aussi les parents adoptent-ils généralement un nourrisson. Or, aujourd'hui, dans les pays occidentaux, du fait, notamment, de la contraception, la plupart des nouveau-nés sont désirés par des parents capables de les élever. Il y a donc très peu de bébés en situation d'adoption.

Les couples qui veulent adopter se tournent alors vers des pays plus lointains, où de nombreux enfants souffrent de la guerre ou de difficultés matérielles et morales.

● *Adopter un grand enfant.* C'est une démarche particulièrement altruiste, car l'enfant est porteur d'un passé, souvent malheureux, source parfois de difficultés psychologiques et/ou physiques. Ces enfants, qui ont le plus besoin d'affection et de soutien, sont cependant les plus nombreux à attendre une famille.

● *Adopter un enfant handicapé.* Des couples généreux adoptent des enfants handicapés. Leur générosité devra s'appuyer sur un bon équilibre psychologique et familial.

Cultiver les racines propres à l'enfant

Je vous encourage donc vivement à vous intéresser à la famille d'origine de votre bébé lorsque la mère de naissance n'a pas accouché dans le secret (« sous X »). Beaucoup de parents adoptants évitent les questions précises et redoutent que la famille génitrice s'immisce plus tard dans leur vie. Ils craignent peut-être que le bébé ne devienne pas vraiment leur propre enfant. Mais tout parent, adoptant ou géniteur, doit savoir que l'enfant ne lui appartient pas et qu'il s'échappera de l'orbite familiale à la puberté. Le lien qu'il gardera avec ses parents sera d'autant plus vif qu'il se sera tissé en toute liberté, dans le respect de sa propre culture, de ses origines et de son histoire.

● *Gardez des traces de son histoire.* Même si cette démarche est difficile au moment de l'adoption, vous ne la regretterez pas, plus tard, lorsque, à la puberté, vous aurez besoin d'accompagner votre enfant dans la découverte de sa propre identité. Si vous avez la possibilité de connaître la mère naturelle, essayez de prendre contact avec elle, de comprendre ses mobiles, sa situation.

C'est une entreprise psychologiquement difficile, mais très importante pour avoir la certitude que l'enfant ne pouvait pas, dans son pays, bénéficier de conditions de vie normales et pour savoir pourquoi il a été mis en adoption. Vous pourrez ainsi informer votre enfant lorsqu'il voudra comprendre les raisons qui ont empêché sa mère de l'élever.

Si vous avez mené votre enquête concernant les débuts de la vie de votre enfant, gardez-en des traces : la photo de la religieuse de l'orphelinat qui l'a accueilli, de son village d'origine...

Il est souhaitable d'élever votre enfant dans sa double culture : un petit Colombien qui connaît l'histoire de son pays d'origine, sa langue, sa musique, qui s'y rendra peut-être un jour avec vous, sera plus épanoui que l'enfant élevé totalement à la française en se sachant venu d'ailleurs. Biculturel, il élargira votre propre univers. Voilà qui est beaucoup plus enrichissant qu'une monoculture française, occultant toute origine et empêchant l'enfant de trouver sa complète identité.

Le bilan à effectuer

Maintenant qu'il vous a offert son sourire, que vous êtes tout attendris de le prendre dans vos bras, il vous faut penser à sa santé. Voici les premiers examens à faire pour lui donner un bon départ :

– une numération formule sanguine, pour vérifier l'absence d'anémie ;

– un dosage du fer dans le sang, pour s'assurer qu'il n'en manque pas ;

– une électrophorèse de l'hémoglobine, pour dépister une éventuelle anomalie congénitale ;

– une sérologie de l'hépatite B et du sida ;

– une radiographie du thorax, pour traiter une éventuelle infection pulmonaire ;

– un test tuberculinique, pour dépister une éventuelle tuberculose.

D'autres recherches et traitements peuvent être nécessaires en fonction de son état de santé. C'est pourquoi l'examen par un pédiatre est plus que souhaitable.

La période d'adaptation

C'est une période délicate pour lui et pour vous. Comme tout parent, vous pouvez connaître le « baby blues ». Même si vous vous étiez depuis longtemps préparée à la venue de cet enfant, vous êtes troublée par cette nouvelle responsabilité. Vous avez besoin de faire connaissance avec votre bébé.

Quant à lui, on peut penser, sans grande exagération, qu'il vit un véritable séisme... Les intonations de la langue qu'il entend ne lui sont souvent pas familières, les odeurs, les visages sont différents. Il faut donc lui offrir un environnement sécurisant, des rythmes réguliers, et l'entourer de tendresse et de joie.

L'adaptation alimentaire est délicate au début : le bébé a peut-être été mal nourri, il peut avoir des troubles digestifs et des diarrhées. Prenez conseil auprès de votre pédiatre, qui vous guidera dans l'introduction de menus progressivement variés, selon l'état de santé de votre nourrisson.

Ce qu'il faudra lui dire

Autrefois, la plupart des enfants adoptés croyaient être les enfants naturels de leurs parents. Lorsqu'ils découvraient un jour ou l'autre, inéluctablement, leur origine, ils se sentaient très seuls et se construisaient une identité à partir des bribes de ce qu'ils imaginaient, en s'opposant, parfois violemment, à leur famille adoptive. Il est maintenant admis que l'on ne doit pas cacher la vérité à l'enfant adopté. On l'informera dès l'âge de 3 ou 4 ans, au moment où les enfants posent naturellement des questions sur les bébés et sur la mort.

● *Mais quelle vérité ?* Lui dire seulement « tu as été adopté », ne répondra pas à la question essentielle qu'il se pose : « Pourquoi mes parents de naissance n'ont-ils pas pu – ou voulu – me garder ? » C'est pour cette raison que je vous ai conseillé *(voir page 316)* de connaître les raisons de la mise en adoption. Nombreux sont, en effet, les enfants qui viennent à la DRASS, vers l'âge de 15 ans, demander des renseignements sur leur mère naturelle, chercher des traces.

En cas d'accouchement anonyme (« sous X »), la loi prévoit enfin que des renseignements, non identifiants, sur la mère et le père puissent être recueillis à la naissance. Ils concernent l'âge, le poids, la taille, la couleur des cheveux et des yeux... Une femme, lorsqu'elle a porté un bébé 9 mois, ressent toujours une grande douleur à confier son enfant. Ses raisons sont certainement très graves : si elle avait pu garder son bébé, elle l'aurait fait, voilà ce que l'enfant doit savoir. Un adolescent est à même de le comprendre. Il pourra désormais prendre connaissance des informations recueillies après accord de son représentant légal s'il est mineur.

☛ **« Il est certainement dans l'ordre des choses qu'un être humain cherche à connaître le commencement. »**
D. W. Winnicott

● *Les aides fiscales et sociales, liées à la naissance, sont étendues à l'adoption.* Vous pourrez bénéficier :

– du congé d'adoption, calqué sur le congé maternité post-natal (voir *Attendre mon enfant aujourd'hui, pages 362 et suivantes*) ;

– de l'« allocation pour jeune enfant » (voir *Attendre mon enfant aujourd'hui, page 364*) à partir de l'arrivée de votre enfant dans votre foyer ;

– de l'« allocation parentale d'éducation » (voir *Attendre mon enfant aujourd'hui, page 365*) qui débutera à la fin de votre congé d'adoption.

Portraits psychologiques d'enfants

Quelques exemples pour mieux les comprendre.

L'enfant nerveux

Votre enfant ne tient pas en place. Sa nervosité vous surprend ou vous inquiète : simple mouvement d'humeur ou hyperactivité ?

Cet enfant, plus souvent un garçon qu'une fille, ne marche pas, court. À table, il ne s'assoit pas, mais se tient sur les genoux. Même si vous lui demandez de se calmer, ses jambes continueront de s'agiter tout au long du repas, distribuant quelques coups de pied.

Incapable de tenir en place, il se voit reprocher à l'école un « manque de concentration » : il mordille le capuchon de son stylo qu'il finit par broyer, se lève plusieurs fois pour aller faire pipi. La nuit, il a un sommeil très agité, et vous pouvez le retrouver le matin la tête au pied du lit, les draps entortillés. Un enfant nerveux est très fatigant pour son entourage. On peut difficilement l'emmener au restaurant ou chez des amis parce qu'il ne tient pas en place ; ses parents ont du mal à le concentrer sur ses devoirs parce qu'il papillonne sans arrêt d'un endroit à l'autre. On peut dire, d'une certaine façon, qu'à tout instant de la vie il zappe...

En terme de pédiatrie, on parle d'instabilité psychomotrice. Entre 18 mois et 3 ans, cette instabilité de l'enfant est tout à fait normale, mais elle persiste souvent chez le garçon, parfois jusqu'à l'âge de 12 ans.

Comment savoir si l'hyperactivité de cet enfant est vraiment pathologique ou si son comportement n'a rien d'anormal, du moins pendant une certaine période de sa vie ? Il est difficile d'estimer réellement l'hyperactivité : ce qui vous apparaît comme une évidence chez l'enfant du voisin, souvent considéré comme un petit instable, sera beaucoup moins perceptible dans le cas de votre propre enfant, puisque naturellement vous l'acceptez mieux.

Ainsi, les enquêtes qui cherchent à établir le nombre d'enfants hyperactifs dans les écoles primaires offrent-elles des chiffres très variables, selon que l'on aura demandé leur avis aux enseignants ou bien aux parents. Certaines enquêtes affirmeront qu'un enfant d'âge scolaire sur 100 est hyperactif, d'autres 10 sur 100. Ce qui est certain, c'est qu'il y a quatre fois plus de garçons instables que de filles.

● *L'hyperactivité est-elle congénitale ou acquise ?* Les deux causes sont liées, les conséquences d'un système moteur congénitalement hyperactif pouvant être accentuées par une carence en affection, un manque d'occupation, une absence de motivation. L'enfant se trouve alors dans l'incapacité de percevoir l'intérêt réel des activités qu'on lui propose.

Certes, on constate qu'un jeu vidéo ou un écran de télévision captent facilement son attention, mais ses difficultés de concentration sont évidentes lorsqu'il s'agit d'apprendre à lire, à écrire, à compter, ou d'appliquer les règles de grammaire. Mal perçu par ses enseignants ou ses parents, qui lui reprochent en outre son mauvais caractère puisqu'il s'énerve facilement, l'enfant hyperactif risque peu à peu de se trouver en situation d'échec. La souffrance causée alors par cet échec aggrave encore l'instabilité et les difficultés d'attention.

● *Que faire face à un enfant nerveux ?* Éviter les erreurs d'éducation vis-à-vis d'un petit hyperactif est utile ; c'est en effet grâce à un bon accompagnement que l'enfant, reprenant confiance en lui, parvient ensuite à canaliser son énergie vers des activités positives et à exercer petit à petit sa concentration.

Veillez très tôt à ne pas l'enfermer dans l'échec tout en l'aidant et en essayant de comprendre ses difficultés : voilà qui devrait rapidement permettre à cet enfant d'avoir un comportement cohérent et le porter vers des activités de réflexion.

Il est également nécessaire que vous vous adressiez au psychologue, aux enseignants, au pédiatre, à l'orthophoniste pour leur demander un bilan général : les entretiens et les tests, permettront, en effet, d'évaluer son niveau de compréhension, sa perception auditive (une baisse auditive, due par exemple à des otites répétées, peut provoquer un comportement hyperactif), ses capacités de mémoire, sa façon de gérer ses émotions ou encore de développer son langage, un retard du langage étant fréquent chez les hyperactifs.

On pourra mieux agir si l'on a ainsi cerné l'ensemble de sa personnalité.

En tant que parents, il vous faudra particulièrement entourer l'enfant hyperactif de chaleur et d'affection. Cet enfant est nerveux ? En vous observant vous-même, vous remarquerez peut-être que vous êtes irritable et que vous réagissez souvent par la colère à ses comportements, ce qui aggrave son état. Les parents doivent être les premiers à donner l'exemple du calme, car ces enfants ont essentiellement besoin de stabilité, de régularité dans leur vie et de repères précis. Il leur faut donc des limites bien établies, un horaire suivi (pour le lever, le coucher, les devoirs), des repas réguliers en famille. Il faut en outre leur permettre d'avoir des activités personnelles, gratifiantes pour eux, et aussi leur donner l'occasion de rendre de petits services à la maison, pour leur montrer l'utilité de leur participation.

Dans le cas d'un enfant hyperactif, il est particulièrement déconseillé d'avoir recours aux punitions et aux fessées : cet enfant a surtout besoin d'être encouragé. Il faut donc récompenser ses réussites et les souligner pour qu'il prenne confiance en lui-même. De la même façon, pour ce qui est du soutien scolaire, il sera préférable, et plus efficace, de faire appel à un orthophoniste soucieux de développer les facultés de concentration de l'enfant, que de le confier à un répétiteur qui poursuivra les méthodes pratiquées à l'école.

● *Y a-t-il une solution médicale à l'hyperactivité ?* Les traitements par médicaments sont controversés. Aux États-Unis, on utilise paradoxalement des psychostimulants, comme des amphétamines à faible dose, mais les effets secondaires que peuvent avoir ces médicaments n'engagent pas les pédiatres français à les utiliser, même modérément et sur de courtes périodes.

Si vous adaptez votre comportement en suivant mes conseils, si vous gardez confiance en votre enfant et si vous l'encouragez, l'évolution sera très sensible vers 10-12 ans. La plupart des enfants hyperactifs deviennent même tellement calmes qu'au moment de la puberté on a plutôt tendance à les bousculer un peu pour les sortir de leur nonchalance. L'évolution de l'enfant se fera d'autant mieux que vous aurez soigneusement structuré son environnement familial.

L'enfant qui manque d'autonomie

Vous êtes peut-être surpris de voir votre petit, entre 18 mois et 3 ans, fondre en larmes lorsque vous le laissez à la halte-garderie, refuser de quitter vos bras, même pour ceux de sa grand-mère ou, s'il s'agit d'un enfant plus grand, refuser de rester à un anniversaire alors que tous les invités lui sont familiers. Manque-t-il réellement d'autonomie ?

J'ai remarqué que la plupart de ces enfants étaient souvent des enfants très précoces (ils ont parlé de bonne heure). Ils sont souvent l'aîné de la famille et ont donc une très grande complicité avec leurs parents. Dans ce cas, l'enfant trouve tellement plus de bonheur à être avec vous, plus d'écoute, plus d'échanges qu'il préfère votre compagnie à celle des enfants de son âge, dont les jeux lui paraissent parfois un peu stupides.

Qu'un enfant désire rester avec ses parents plutôt qu'avec d'autres petits n'est donc pas forcément un phénomène anormal, pathologique ou un signe de mauvaise éducation.

L'autonomie, qu'on voudrait inculquer dès les premières années, viendra en fait d'elle-même. Grâce à l'échange que vous aurez eu avec votre enfant quand il était petit, vous lui aurez transmis vos valeurs et vos principes. Il paraîtra autonome plus tard : il sera tout à fait capable de sortir seul dès l'âge de 15 ans par exemple, et cela comportera moins de risques qu'avec des petits intrépides. Ainsi, je connais des enfants qui ne quittaient pas leurs parents aussi facilement que les copains et qui, à l'adolescence, pouvaient sortir le soir sans danger parce qu'ils connaissaient les règles élémentaires de prudence et savaient choisir leurs amis. Je dirai donc que la dépendance des premières années n'empêchera pas l'autonomie ultérieure, au contraire ! Il faut laisser le temps à votre enfant d'acquérir sa maturité.

L'enfant hypersensible

L'hypersensibilité est un phénomène fréquent chez les filles. Plus rare chez les garçons, elle inquiète alors d'autant plus les parents. Ceux-ci s'alarment devant les réactions de leur enfant, qui pleure facilement ou qui s'effraie dans des situations pourtant familières.

Ainsi, à l'âge de 6 ou 7 ans, certains enfants ont peur de rester seuls dans leur chambre, ne veulent pas aller seuls aux toilettes au bout du couloir, même en pleine journée, ou refusent de dormir loin de leurs parents. Il faut savoir qu'en général cette frayeur a une cause bien précise : l'enfant a entendu dire qu'un cambriolage avait eu lieu dans la maison ou dans celle des voisins ; ou bien quelqu'un a malencontreusement éteint la lumière des toilettes, déclenchant ainsi une grande frayeur chez le petit.

Il ne sert à rien d'essayer de faire surmonter sa peur à l'enfant en lui expliquant qu'il n'y a pas de monstre dans les toilettes ni dans sa chambre. Ne cherchez pas davantage à comprendre la raison exacte de ses craintes car, souvent, l'enfant l'a oubliée ou est incapable de l'exprimer avec des mots. Expliquez-lui simplement que sa peur n'a rien d'exceptionnel, qu'elle n'est pas quelque chose de grave ni d'anormal. Plus tard, elle disparaîtra, et c'est même lui qui installera un verrou pour être tranquille dans sa chambre. Ne prenez pas les choses au tragique, cela augmenterait son angoisse.

Ne traitez pas non plus votre enfant à la légère et ne ridiculisez pas sa peur. Donnez-lui simplement la permission d'aller dormir près de son frère ou de sa sœur ou dans la salle de séjour, tout en gardant sa chambre, au moins pour y faire ses devoirs. De même, vous pouvez lui proposer de laisser la porte ouverte et une veilleuse allumée ; ou bien de l'accompagner quand il va aux toilettes en restant derrière la porte. Si vous n'allez pas à l'encontre de ses frayeurs, vous verrez la situation se résoudre dans une période d'environ 6 mois.

Dans la plupart des cas, ce sentiment de peur est transitoire chez l'enfant ; il s'apaisera d'autant plus vite que les parents auront une attitude appropriée et éviteront les erreurs que je viens d'évoquer. Mais lorsque l'angoisse finit par être pesante, par envahir la vie de l'enfant, on parle de phobie infantile : l'enfant a peur d'avoir peur. L'aide d'un pédopsychiatre devient alors indispensable.

L'hypersensibilité de l'enfant n'est pas toujours liée à des situations d'angoisse. Le petit est peut-être simplement émotif : il supporte mal, par exemple, de voir mourir un animal. Il arrive aussi qu'il ressente de manière particulièrement forte l'injustice, au point que cela provoque chez lui détresse, profond bouleversement, sans que les adultes aient le temps de comprendre sa réaction. Il peut alors se mettre à pleurer, à se replier sur lui-même ou à bouder, pour la simple raison que la situation lui paraît illogique, qu'elle ne correspond pas à ce que vous lui avez appris.

Comme vous ne pouvez pas toujours maîtriser l'environnement de votre enfant et les événements qui le touchent, la meilleure solution est de lui expliquer succinctement les causes et les circonstances de ces injustices, et leur remèdes possibles. Montrez-lui l'exemple en prenant un certain recul devant des situations sans gravité réelle et gardez le sens de l'humour.

L'enfant qui ne participe pas en classe

« Votre enfant ne participe pas » : telle est souvent la complainte des instituteurs auprès des parents.

Face à ce comportement, il vous faudra envisager deux possibilités :

– si l'enfant participe peu tout en obtenant de bons résultats, on peut penser qu'il est attentif en classe, mais réservé. Si son comportement est normal à la maison, s'il communique bien en famille et avec ses amis, pourquoi faire un défaut de cette réserve en classe ? C'est un enfant appliqué, très perfectionniste peut-être, mais qui n'éprouve pas le besoin de se mettre en avant ou de foncer tête baissée. Il faut plutôt s'en réjouir et ne pas chercher à le faire entrer dans un moule standard ;

– si les résultats scolaires sont mauvais, il s'agit plus probablement d'un enfant qui ne participe pas en classe parce qu'il préfère jouer avec les autres : il est agité, il se disperse ; son comportement est en fait proche de celui de l'enfant hyperactif ; reportez-vous dans ce cas au portrait de l'enfant nerveux souffrant de troubles de concentration.

C'est en adaptant vos réactions selon ces deux cas de figure et en lui redonnant le goût de participer que, petit à petit, vous verrez votre enfant s'intéresser aux activités de la classe.

L'enfant précoce

L'enfant précoce est celui qui a commencé à parler très tôt, en faisant souvent des phrases dès l'âge de 18 mois, en sachant reconnaître les couleurs avant 3 ans. Dès sa troisième année il est capable de réflexions pertinentes.

Ses parents sont naturellement satisfaits de la rapidité de ses progrès, fiers de voir l'instituteur leur proposer de faire prendre à l'enfant un peu d'avance dans sa scolarité. Même s'ils savent qu'il leur faut modérer cette fierté, ils se sentent rassurés pour l'avenir de leur petit, et heureux de constater ses facilités de compréhension et d'expression.

● *La précocité de l'enfant est-elle un risque pour lui?* Lorsqu'un enfant se montre précoce – je ne parle pas ici du véritable surdoué, *voir page 228* –, il s'expose à être mal perçu par certains adultes, un peu interloqués par ses réflexions ou ses réactions. L'enfant risque alors de se trouver en porte à faux vis-à-vis de ces personnes qui ont du mal à le comprendre.

La période pubertaire peut être particulièrement étonnante. Dès lors qu'il a été précoce pour apprendre à lire au cours préparatoire, il le sera aussi dans ses relations avec les autres et au moment de ses premières sorties. Il arrive souvent qu'il demande des permissions pour aller au cinéma ou à des soirées plus tôt que d'autres. Alors que vous avez toujours été son complice, que vous avez partagé ses interrogations, ses émotions, vous risquez de vous effrayer et de vouloir exercer une autorité soudaine qu'il ne comprendra pas. Il peut alors tout d'un coup se mettre à transgresser les interdits, à ne plus communiquer avec vous, le risque étant qu'il traverse seul la crise d'adolescence.

☛ **Si vous restez conscient de la précocité de votre enfant, non seulement à l'école, mais aussi dans ses relations avec les autres, son adolescence se passera de façon beaucoup moins conflictuelle.**

À la différence du surdoué, brillant intellectuellement mais souvent timide en société, l'enfant précoce se montre généralement doué dans tous les domaines. Au moment de sa puberté, il faut donc vous préparer à le traiter non pas comme un enfant encore immature, mais comme une personne responsable. Tous les conflits ne seront pas évités, mais ils deviendront moins douloureux.

Les vaccinations

Des vaccins sans cesse améliorés et mieux supportés offrent une protection de plus en plus efficace, selon un calendrier simplifié.

Pour que votre enfant n'ait pas peur des vaccinations

● *Pendant les premiers mois.* Donnez-lui un biberon de lait dans la salle d'attente, avant la vaccination, même si ce n'est pas tout à fait l'heure : un bébé repu sent beaucoup moins la douleur et se console plus vite.

● *Entre 1 et 3 ans.* Ne lui mentez pas mais ne lui parlez pas de la vaccination longtemps à l'avance. C'est le médecin qui annonce l'injection, en disant par exemple : « Un petit moustique va venir te piquer. Ensuite, nous allons le jeter. » Tenez bien votre enfant pour que l'injection soit faite rapidement. Il arrive qu'il pleure, mais voir le médecin jeter la seringue le console aussitôt, surtout si vous lui donnez un petit jouet pour le distraire après la piqûre.

☞ Après le vaccin, félicitez votre enfant pour son courage, même s'il a pleuré.

● *À partir de 3 ans.* Là encore, ne lui en parlez pas trop longtemps à l'avance. Vous pouvez lui expliquer à quoi sert le vaccin, les désagréments que provoque la maladie contre laquelle il va être immunisé, et comme c'est heureux que des chercheurs aient trouvé ce vaccin. Au moment de l'injection, évitez de lui dire : « Ne regarde pas ! », comme si l'injection était un geste terrible. Lorsque un enfant a compris l'intérêt de la vaccination, il sourit bravement en regardant la fine aiguille pénétrer dans sa peau pour y introduire le liquide qui le protégera. Si, malgré les explications, l'enfant est anxieux et ne veut pas se laisser faire, évitez de longs atermoiements, qui augmenteraient son angoisse. Vous avez alors le choix entre :

– le tenir fermement pendant que le médecin fait l'injection ; l'enfant reconnaît alors, en général, qu'il a eu peur mais pas très mal ;

– revenir lorsqu'il sera prêt, après lui avoir bien expliqué le rôle du vaccin (je ne connais aucun enfant qui ne soit revenu de bon gré quelques jours plus tard).

Le principe et l'efficacité des vaccinations

La vaccination a représenté l'un des plus grands progrès de l'histoire de la médecine. Elle permet une diminution considérable de la mortalité infantile dans les pays où les programmes sont correctement appliqués.

Le principe de la vaccination

La vaccination consiste à inoculer dans l'organisme une substance d'origine microbienne (virale ou bactérienne) privée de sa virulence. Cette substance, riche en antigènes portés par le microbe, provoque dans l'organisme la formation des anticorps correspondants et stimule les cellules de défense, de façon à lui faire acquérir une immunité contre le microbe. On utilise soit des virus ou des bactéries tués ou bien à virulence atténuée, soit des agents pathogènes voisins de l'agent de la maladie, mais ne provoquant pas la maladie elle-même.

Un nouveau progrès du génie génétique permet d'obtenir des antigènes extrêmement purifiés, n'entraînant que des réactions secondaires bénignes.

☞ **Pour être efficace, un vaccin doit être conservé au réfrigérateur entre + 4 °C et + 8 °C. Les vaccins les plus fragiles sont les vaccins vivants, comme le BCG ou le vaccin contre la rougeole.**

L'efficacité des vaccinations

La plupart des vaccinations, pratiquées en respectant les dates du calendrier, sont efficaces à 90 ou 95 %. Rares sont donc les enfants qui risquent de contracter la maladie malgré la vaccination. Plus une vaccination est pratiquée à large échelle dans un pays, plus la maladie se raréfie et plus les enfants non vaccinés du pays considéré sont eux-mêmes indirectement protégés. Pour savoir si votre enfant est bien immunisé par ses vaccinations, vous pouvez demander un dosage sanguin de ses anticorps contre les maladies considérées. Pour le BCG, le contrôle de l'efficacité se fait grâce aux tests tuberculiniques *(voir page 276)*.

Les différentes vaccinations

● *Si vous êtes en retard sur le calendrier des vaccinations,* il n'est pas nécessaire de recommencer tout le programme, mais simplement de le reprendre là où il a été arrêté. Le seul inconvénient du retard est que l'enfant n'est pas protégé tant que la vaccination n'est pas complète.

☞ **Revacciner un enfant qui aurait déjà reçu le programme complet de vaccinations (par exemple si vous avez perdu son carnet de santé) est sans danger.**

● *Vous pouvez grouper certaines vaccinations.* Ainsi, un enfant peut recevoir le même jour (mais à deux endroits différents) le vaccin DT Coq Polio et le vaccin contre l'hépatite B ; ou le vaccin contre la rubéole et celui contre l'hépatite B.

D'autres vaccins peuvent même être mélangés dans la même seringue, comme le DT Polio et le vaccin contre la rubéole. Mais d'autres ne doivent pas être injectés le même jour, comme le vaccin contre le choléra et contre la poliomyélite.

Contre la diphtérie, le tétanos, la coqueluche et la poliomyélite

La vaccination contre ces maladies se fait en général de façon groupée (Tetracoq® ou DTCP®), grâce à trois injections à un mois d'intervalle (à 2 mois, 3 mois, 4 mois) suivies d'un rappel au bout d'un an. On y ajoute la protection contre une cinquième maladie, la méningite à Hæmophilus B *(voir plus loin)*, c'est le Pentacoq® ou le Pent-HIBest®. Les rappels suivants ont lieu tous les 5 ans jusqu'à la puberté et comportent le rappel anticoquelucheux à 11 ans. À l'âge adulte, le vaccin tétanos-poliomyélite relance l'immunité tous les 10 ans.

On préfère aujourd'hui la vaccination antipoliomyélitique par injection parce qu'il s'agit d'un vaccin tué alors que le vaccin buvable est un vaccin vivant.

● *Quelles réactions provoquent le Pentacoq® et le Pent-HIBest® ?* Le bébé peut avoir une réaction fébrile pendant les deux jours qui suivent l'injection vaccinale : la fièvre peut commencer environ 6 heures après la vaccination et durer 48 heures, avec environ 38 °C. Elle peut exceptionnellement s'élever jusqu'à 39 °C ou 40 °C. Votre médecin vous donnera donc systématiquement une ordonnance de traitement contre la fièvre *(voir page 347)*, à entreprendre dès lors que la température atteint 38 °C. La vaccination peut aussi provoquer une crise d'énervement avec des pleurs intenses pendant les heures qui suivent. Là aussi, un suppositoire ou un sirop atténuera la réaction.

Ces effets secondaires sont surtout causés par le vaccin anticoquelucheux. On a réussi à le fabriquer par génie génétique, ce qui amoindrit considérablement les réactions, mais ce nouveau vaccin (InfanrixPolio-HIB®) n'est actuellement utilisable qu'en rappel, à partir de 16-18 mois. Le vaccin anticoquelucheux classique doit être évité chez un enfant ayant des antécédents de convulsions. Dans les pays où l'on a essayé de le supprimer complètement, on a vu réapparaître des épidémies de coqueluche, avec des encéphalites beaucoup plus graves que les effets secondaires du vaccin. C'est pourquoi cette vaccination continue d'être recommandée en France pour tout enfant ne présentant pas une contre-indication particulière *(voir aussi page 341)*.

Ces vaccins provoquent parfois une réaction locale, avec induration au point d'injection qui peut aboutir, exceptionnellement, à un petit abcès laissant s'écouler un liquide purulent sans microbes et qui guérit toujours, au besoin grâce à des compresses alcoolisées. Dans l'ensemble, ces réactions sont extrêmement bénignes. En trente ans, je n'ai moi-même jamais constaté de séquelles consécutives à ces vaccinations.

Contre la rougeole, les oreillons et la rubéole (ROR-Vax®-Trimovax®)

La vaccination contre la rougeole est recommandée, pour tous les enfants, vers l'âge de 1 an. Avec un rappel entre 3 et 6 ans.

La vaccination ROR-Vax® est facultative, mais vivement conseillée. En effet, malgré leur réputation de bénignité, ces maladies peuvent se compliquer d'encéphalites graves, alors que le vaccin ne provoque pas de complications cérébrales génératrices de séquelles. La première injection peut entraîner de la fièvre, avec, quelquefois, des boutons. Cette réaction post-vaccinale survient entre le sixième et le douzième jour après la vaccination. Il n'y a donc pas lieu de donner un traitement systématique le soir de l'injection, mais une ordonnance doit être prévue au cas où l'enfant aurait de la fièvre. Il est important de bien respecter l'ordonnance, car la fièvre la plus bénigne, après un simple vaccin, peut occasionner, chez le jeune enfant, des convulsions.

● *Pour les enfants qui vivent en collectivité,* il est préférable de vacciner contre la rougeole dès 9 mois. Un rappel à l'âge de 1 an et de 3 ans associera les vaccins contre la rubéole et les oreillons (ROR-Vax® ou Trimovax®). S'il y a un cas de rougeole à la crèche, tous les enfants de plus de 9 mois peuvent être vaccinés contre cette maladie. Si la vaccination est pratiquée dans les 72 heures suivant le contact, elle est généralement efficace. Ce délai dépassé, on préférera les gammaglobulines.

☛ Il n'y a aucun risque à vacciner par le ROR-Vax® un enfant ayant déjà eu la rubéole, la rougeole ou les oreillons. Cette précision est importante car ces maladies se manifestent parfois si discrètement, qu'elles peuvent passer inaperçues.

La vaccination contre la rubéole, chez les jeunes filles qui n'ont pas reçu le vaccin dans leur enfance est indispensable. Si elle a été faite en début de grossesse, alors que celle-ci était ignorée, cela ne justifie pas l'interruption de la grossesse : jusqu'à présent, aucun cas de rubéole congénitale n'a pu être imputé à la vaccination. Cependant, il est préférable, par prudence, d'éviter toute grossesse pendant les deux mois qui suivent la vaccination.

Contre la méningite à Hæmophilus B (Act HIB® et HIBest®)

Récent en France, ce vaccin est pratiqué depuis de nombreuses années aux États-Unis. Il est recommandé d'effectuer la vaccination le plus tôt possible car la méningite à Hæmophilus est d'autant plus fréquente et redoutable que le nourrisson est jeune.

Le nombre d'injections dépend de l'âge de votre enfant :

– si votre bébé a moins de 6 mois : 3 injections à 2, 3 et 4 mois, avec un rappel à 18 mois ;

– s'il a entre 6 mois et 1 an : 2 injections à 1 mois d'intervalle, avec un rappel à 18 mois ;

– s'il a entre 1 et 4 ans : une seule injection.

Ce vaccin ne provoque, en général, aucune réaction secondaire. On peut le grouper avec les DTCP (Pentacoq®, Pent-HIBest®, InfanrixPolio-HIB®). Il est inutile après l'âge de 5 ans.

Contre la tuberculose (BCG)

Le BCG (bacille de Calmette et Guérin) est un extrait de bacille tuberculeux atténué. La vaccination est obligatoire pour l'entrée en collectivité (crèche ou halte-garderie) ou à l'école primaire (6 ans), mais elle peut se pratiquer dès la naissance. L'intérêt est alors de protéger le nouveau-né d'une tuberculose méconnue dans son entourage.

● *La vaccination par le BCG.* Elle peut se faire de différentes façons :

– par scarifications, mais l'imprécision de cette méthode la fait délaisser ;

– par multipuncture (dite par « bague » ; cette technique a l'avantage d'introduire le vaccin à une profondeur précise dans le derme) ; le nombre de pressions faites avec la bague dépend de l'âge de l'enfant ; le médecin fera deux impacts chez les bébés de moins de 6 mois, trois impacts de 6 mois à 3 ans, quatre impacts de 3 à 9 ans et cinq impacts de 10 à 15 ans ; il appliquera ensuite un pansement sec qu'il ne faut pas mouiller pendant 48 heures pour bien permettre l'imprégnation du vaccin ;

– par intradermoréaction : cette méthode est peu pratiquée car elle présente un inconvénient si l'aiguille, trop profondément introduite, pénètre le derme ; il peut alors se former un petit abcès qui, parfois, suppure et grossit jusqu'à la taille d'un œuf de poule, et peut ensuite s'ouvrir à la peau et couler ; l'abcès s'accompagne de ganglions situés au-dessus de la zone du vaccin. Il guérit mais laisse une cicatrice.

Demandez à votre médecin de faire le BCG en un endroit du corps où la petite cicatrice éventuelle sera peu visible.

Les réactions secondaires au BCG par bague sont insignifiantes. Le BCG ne donne pas de réactions secondaires généralisées, ni fièvre, ni fatigue, sauf si l'enfant souffre d'un déficit immunitaire.

● *Les tests tuberculiniques.* Ils mettent l'organisme en contact avec un produit inerte sécrété par le bacille tuberculeux, la tuberculine. Le test est négatif chez l'enfant sain non vacciné, légèrement positif chez l'enfant vacciné ; il est très fortement positif chez l'enfant ayant contracté la tuberculose. Si vous faites vacciner votre enfant après l'âge de 3 mois, il faut vérifier auparavant, grâce à un test tuberculinique, qu'il n'a pas été contaminé par la tuberculose. Ces tests servent aussi au contrôle du BCG.

☞ **La positivité au test tuberculinique après BCG doit être vérifiée chaque année pendant toute l'enfance.**

Le timbre. C'est une pratique qui a été supprimée.

La bague tuberculinique. C'est une méthode par multipuncture. La bague comporte des petits piquants qui baignent dans un capuchon contenant la tuberculine. On frictionne une plage de peau, par exemple sur l'avant-bras, avec de l'éther. On exerce une forte pression avec la bague. Après avoir entouré l'endroit piqué d'un cercle au stylo bille, on laisse sécher quelques minutes. L'enfant peut être baigné. Le résultat est lu après 48 heures, de préférence par un médecin, car il n'est pas toujours facile d'estimer la positivité. Il doit y avoir un petit nodule, nettement palpable (comme une piqûre de moustique), pour que la réaction soit positive.

La cuti-réaction : elle consiste à faire, sur le bras de l'enfant, une scarification à la plume – elle ne doit être ni trop superficielle, ni trop profonde – sur laquelle on dépose une goutte de tuberculine. L'imprécision de cette méthode la fait délaisser au profit de la précédente.

L'intradermoréaction : elle introduit la tuberculine dans le derme, d'où son nom. Une aiguille très fine est enfoncée à l'intérieur de la peau. L'injection doit provoquer la formation d'un petit nodule. La lecture se fera 2 à 3 jours plus tard. La dose de tuberculine instillée par cette méthode est extrêmement précise (1/10 de millilitre). La lecture sera aussi très précise, chiffrée en millimètres :

– en dessous de 8 millimètres, c'est une positivité modérée, signe généralement de l'immunité provoquée par le BCG ;

– au-dessus de 10 millimètres, c'est une réactivité forte faisant suspecter une contamination par le BK, donc une tuberculose.

● *Le contrôle de l'efficacité du BCG.* Il doit être fait régulièrement par les tests tuberculiniques. L'ensemble de ces tests est négatif tant que l'enfant n'a pas été contaminé par le BK, ni mis en contact avec le BCG. Lorsqu'il est vacciné par le BCG et que celui-ci est efficace, les tests deviendront positifs trois mois plus tard. Il est donc extrêmement important de vérifier l'efficacité du BCG trois mois après la vaccination. Sinon, au cas où votre enfant serait en contact avec un tuberculeux, vous ne sauriez pas si sa positivité au test est le résultat d'une contagion ou du BCG. Un BCG peut très bien donner des réactions positives assez faibles, qui vont devenir négatives au fil des contrôles. On peut alors sans inconvénient recommencer la vaccination, surtout s'il existe un fort risque de contamination dans l'entourage de l'enfant. Pourquoi les réactions au BCG sont-elles toujours négatives chez certaines personnes ? C'est un mystère.

Les rappels à l'adolescence

N'oubliez pas le rappel contre la diphtérie, la poliomyélite et le tétanos vers 12 ans. On en profite maintenant pour adjoindre un rappel anticoquelucheux car les épidémiologistes ont constaté que l'immunité des injections des premières années s'effaçait à l'adolescence. On fera donc un rappel DTCoqPolio®, ou Infanrix-Polio®.

Les adolescentes doivent recevoir le vaccin contre la rubéole (Rudivax®), si elles n'ont pas été protégées par le vaccin lorsqu'elles étaient petites.

Les garçons non vaccinés contre les oreillons et n'ayant pas eu la maladie de façon certaine doivent être vaccinés par un ROR-Vax® complet.

La vaccination contre l'hépatite B est-elle dangereuse ?

Une campagne OMS a demandé aux médecins de vacciner les bébés du monde entier, dans l'espoir de voir disparaître cette terrible maladie virale : l'hépatite B. Mais cette vaccination inquiète certains parents français car des rumeurs ont attribué à ce vaccin le risque de déclencher les poussées d'une terrible maladie : la sclérose en plaques (SEP). D'où viennent ces rumeurs ? De ce que tout vaccin excite les fonctions immunitaires de l'organisme. Les maladies de l'immunité pourraient peut-être anticiper leur survenue chez des patients prédisposés...

Qu'en est-il exactement ? La Direction générale de la santé (Agence du médicament) a publié un communiqué le 13 décembre 1996 précisant : « Les fréquences observées de sclérose en plaques chez les vaccinés ne sont pas supérieures à celles attendues dans la population générale. » La recommandation officielle est donc de continuer la vaccination généralisée, en la personnalisant pour éviter les familles prédisposées aux maladies neurologiques d'origine immunitaire. Les vaccinations collectives au collège, impersonnelles, ont été arrêtées.

Est-il bien indispensable de vacciner votre nourrisson ? Le risque d'attraper l'hépatite B pour un bébé n'est important que dans les situations suivantes : contamination à la naissance par une mère porteuse du virus (il faut alors tout de suite vacciner le nouveau-né) ; ou transfusion, acte chirurgical contaminant. Théoriquement, l'hépatite B peut aussi se transmettre par la salive. Mais en trente années de pratique, je n'ai jamais vu de bébé porteur du virus autrement que dans les deux premières situations. Alors mon conseil :

– faites vacciner votre enfant si vous portez le virus ; si vous vivez en pays exotique ; s'il est adolescent (risque de contamination sexuelle) ;

– faites vacciner votre nourrisson s'il n'y a pas de maladies neurologiques dans votre famille, d'autant plus que les premières années de la vie sont les années de moindre risque de complication neurologique ;

– si vous êtes réservée, attendez quelques années. D'ici là, nous pourrons être encore plus formels sur l'absence de risques !

Faut-il vacciner les enfants contre la grippe ?

On admet que seuls les enfants atteints de maladies fragilisantes pour le système respiratoire (mucoviscidose, cardiopathie congénitale, asthme important) doivent recevoir le vaccin contre la grippe. L'inconvénient de ce vaccin est, en effet, de devoir être répété tous les ans parce que le virus subit des mutations.

La vaccination de l'enfant voyageur

Il faut d'abord vérifier que votre enfant est à jour des vaccinations recommandées en France, éventuellement celle de l'hépatite B *(voir plus haut)*. Mais, en cas de voyage à l'étranger, il peut bénéficier de vaccinations exceptionnelles.

● *Le vaccin contre la méningite à méningocoque A et C.* Il peut se pratiquer à partir de 3 mois pour le type A, 18 mois pour le type C, à raison d'une injection avec un rappel tous les 5 ans. L'efficacité est de 90 à 95 %. Ce vaccin est surtout intéressant pour protéger l'enfant dans une zone où l'on signale des cas de méningite de ces types. Une rougeur locale est rare.

● *Le vaccin contre la fièvre jaune.* Son administration est préconisée par l'Institut Pasteur à partir de l'âge de 6 mois, à raison d'une injection, avec un rappel tous les dix ans. Il protège à 85 %.

LE CALENDRIER OFFICIEL DES VACCINATIONS

Âge	Vaccins obligatoires	Vaccins conseillés
1 mois	BCG (si le bébé est inscrit à la crèche)	BCG, si une contagion par tuberculose est possible
2 mois	Diphtérie, tétanos, polio	Coqueluche, méningite à Hæmophilus B + hépatite B
3 mois	Diphtérie, tétanos, polio	Coqueluche, méningite à Hæmophilus B + hépatite B
4 mois	Diphtérie, tétanos, polio	Coqueluche, méningite à Hæmophilus B + hépatite B
6 mois		Test tuberculinique si le bébé a reçu le BCG
9 mois		Rougeole (si l'enfant est en crèche)
12 mois		Rougeole, oreillons, rubéole
18 mois	Diphtérie, tétanos, polio	Coqueluche, méningite à Hæmophilus B, test tuberculinique + hépatite B
3 ans		Rougeole, oreillons, rubéole
6 ans	Diphtérie, tétanos, polio, BCG	Test tuberculinique
12 ans		Coqueluche, oreillons (pour les garçons non immunisés), rubéole (pour les filles), hépatite B (3 injections à un mois d'intervalle, rappel 1 an plus tard)
17 ans	Diphtérie, tétanos, polio	Rubéole (pour les filles)
22 ans	Tétanos, polio	Rubéole (pour les femmes non immunisées, jusqu'à 45 ans)

Il est souhaitable de vérifier les tests tuberculiniques chaque année.

Cette vaccination ne peut être effectuée que dans un centre agréé. Elle est obligatoire pour se rendre en Afrique tropicale, en Amérique tropicale et en zone d'endémie de fièvre jaune. Elle est contre-indiquée en cas de grossesse et en cas de déficit immunitaire ou d'allergie certaine à l'œuf.

● *Le vaccin contre la typhoïde.* Il est déconseillé avant l'âge de 6 ans et impose de vérifier que l'enfant n'a pas d'albumine dans les urines. On l'administre à raison de 3 injections à quinze jours d'intervalle, avec un rappel un an plus tard. Ce vaccin ne protège que dans 50 à 80 % des cas. Il peut provoquer des réactions générales importantes avec fièvre, maux de tête, courbatures et même, exceptionnellement, un état de choc. Il est contre-indiqué de façon absolue avant 2 ans, après 40 ans, en cas de grossesse et en cas de maladie rénale ou d'infection évolutive.

● *Le vaccin contre le choléra.* Il est exigible dans certains pays. Il ne doit pas être administré avant l'âge de 1 an et n'assure qu'une protection inconstante.

● *Le vaccin contre l'hépatite A.* Il est recommandé pour l'enfant qui voyage à partir de 1 an. Il ne provoque pas d'effets secondaires importants.

Les vaccins du futur

● *Le vaccin contre la varicelle.* Mise au point au Japon, la vaccination contre cette maladie y est largement pratiquée. Apparemment efficace et sans danger, ce vaccin est actuellement utilisé en France chez les enfants pour lesquels la varicelle peut être très grave (enfants atteints de leucémie, de déficit immunitaire congénital ou acquis, de tumeur maligne ou devant être soumis à un traitement prolongé à la cortisone).

● *Le vaccin contre le paludisme.* Il fait encore l'objet de recherches, mais soulève de grands espoirs.

Les inconvénients des vaccinations

Les parents, mais aussi le médecin qui pratique la vaccination, redoutent toujours les accidents graves. Ceux-ci, précisons-le, sont exceptionnels.

Les incidents pouvant survenir à la suite des vaccinations sont en général tout à fait minimes : ce sont de petites manifestations fébriles et parfois cutanées (par exemple après la vaccination contre la rougeole).

Le risque de convulsions fébriles est estimé aujourd'hui de 1 à 2 pour 100 000 enfants âgés de 6 à 18 mois. Vous pourrez, en général, les éviter par un traitement contre la fièvre *(voir page 347)* et, au besoin, un anticonvulsivant *(voir page 489)*, si la réaction à la première injection était forte.

On ne connaît pas la cause du syndrome du cri persistant, qui survient chez environ 3 % des enfants vaccinés, en particulier après la première injection de vaccin anticoquelucheux. Le bébé est très énervé, avec des cris continus, quelques heures après l'injection. Là aussi, un traitement sédatif peut protéger et calmer le nourrisson.

Les très exceptionnelles encéphalopathies et accidents paralytiques sont particulièrement redoutés à cause des séquelles qu'ils provoquent, même si elles sont infiniment plus rares que les complications de la maladie évitée par le vaccin. On craint surtout les encéphalopathies après la vaccination contre la coqueluche. L'incidence, dans ce cas, est estimée par la plupart des neuropédiatres à une encéphalopathie pour 1 million de vaccinations. Ce chiffre varie selon l'origine des statistiques, mais il est très faible. Il n'en demeure pas moins qu'il faut prendre certaines précautions chaque fois que l'on vaccine un enfant. Respectez scrupuleusement l'ordonnance et le traitement à observer à la suite du vaccin : association de fébrifuges et de sédatifs à donner systématiquement le soir de la vaccination, ou même quelques heures avant en cas d'agitation inhabituelle du bébé, et à renouveler éventuellement le lendemain si la température dépasse 38 °C *(voir page 347)*.

Si l'enfant a montré une réaction fébrile importante lors de l'injection précédente, on donnera un sirop antihistaminique pendant les deux jours qui précèdent l'injection suivante. Ces précautions prises (mais est-ce grâce à elles...), je n'ai, pour ma part, observé aucune véritable complication de vaccination.

Les contre-indications
● *Les contre-indications communes à tous les vaccins*
Les contre-indications temporaires concernent :
– les enfants atteints d'une infection aiguë ou en convalescence d'une maladie aiguë ;
– les enfants fébriles ;
– les enfants porteurs d'une infection de la peau ou d'un eczéma en poussée ;
– les enfants ayant eu un virage spontané de leur réaction tuberculinique avant trois mois ;
– la femme en période de grossesse et d'allaitement, pour certaines vaccinations (voir *Attendre mon enfant aujourd'hui*).

Les contre-indications concernent les enfants atteints de maladies chroniques évolutives, en particulier de maladies déprimant l'immunité.
● *Les contre-indications selon le type de vaccin*
Les vaccins bactériens ou viraux inactivés, comme le DTCP, sont contre-indiqués chez les enfants ayant une maladie infectieuse fébrile, aiguë ou subaiguë en évolution.

Le vaccin contre l'**hépatite B** doit être évité s'il y a des cas de sclérose en plaques ou de maladies auto-immunes dans votre famille *(voir page 337)*.

Les vaccins vivants atténués, comme le ROR-Vax®, sont généralement contre-indiqués :

– chez les enfants ayant une fièvre ou une maladie infectieuse aiguë évolutive ;

– chez les enfants ayant un déficit congénital ou acquis de l'immunité, les enfants atteints de leucémie, d'une infection cancéreuse maligne, sous traitements immunodépresseurs, sous corticothérapie, sous radiothérapie ;

– pendant la grossesse.

☞ **La vaccination anticoquelucheuse est contre-indiquée chez tout enfant atteint d'encéphalopathie et chez les enfants ayant des antécédents de convulsion ou d'épilepsie.**

● *La vaccination des allergiques.* Il faut éviter de vacciner un enfant allergique lors d'une poussée évolutive de sa maladie. Il est préférable d'attendre une rémission.

On n'utilisera pas un vaccin contenant un antibiotique auquel l'enfant serait allergique, tel que la pénicilline ou la streptomycine. Lorsqu'il y a suspicion d'allergie à l'œuf, les vaccins cultivés sur œufs embryonnés sont contre-indiqués (grippe, rougeole, oreillons, fièvre jaune).

Un sirop antihistaminique sera donné le jour de la vaccination et les 10 jours suivants. Une épreuve de tolérance peut être effectuée chez le grand allergique. Elle consiste à injecter préalablement à l'administration du vaccin des doses diluées de ce vaccin.

Les vaccinations peuvent-elles déprimer l'immunité ?

Certains opposants à la vaccination se sont demandé si les enfants vaccinés ne seraient pas plus sensibles aux infections, en particulier respiratoires.

Telle n'a pas été mon expérience. J'ai suivi beaucoup d'enfants qui n'avaient pas été vaccinés, en particulier lorsque j'exerçais en Océanie, et je n'ai pas noté qu'ils avaient moins d'otites, de rhinopharyngites, d'asthme ou de bronchites que les petits Occidentaux vaccinés de bonne heure. Les enfants n'ont jamais été si peu malades et les hommes n'ont jamais vécu en si bonne santé et si longtemps que depuis la pratique des vaccinations.

Les dosages d'anticorps présents dans le sang montrent que l'immunité générale est renforcée lors d'une vaccination : non seulement l'injection entraîne une augmentation du taux des anticorps qui luttent contre l'agent infectieux dont on cherche à se protéger, mais bien souvent, par effet d'entraînement, la production d'autres anticorps se trouve stimulée.

Les peurs irrationnelles à l'encontre des vaccins semblent liées, en fait, à la disparition des maladies : lorsqu'on ne craint plus la poliomyélite, on peut s'interroger sur la nécessité du vaccin. Mais lorsqu'un fléau est répandu, le vaccin est très bien accepté. Ce sera, par exemple, le cas du vaccin contre le sida dès qu'on le découvrira.

Il faut cependant bien connaître les risques particuliers pour chaque enfant ; c'est pourquoi seul un médecin est habilité à pratiquer la vaccination : l'injection en elle-même peut être faite par une infirmière, mais le médecin doit auparavant s'assurer que votre enfant est apte à la vaccination.

● *Les vaccins et l'homéopathie.* La plupart des médecins homéopathes recommandent la vaccination contre le tétanos, la diphtérie et la poliomyélite, mais conseillent assez peu le BCG et la vaccination contre la coqueluche. Il faut cependant être bien informé de la recrudescence de la tuberculose et du danger vital de la coqueluche chez le nourrisson, avant de décider de ne pas faire vacciner votre bébé.

Les gammaglobulines

Les gammaglobulines utilisées en thérapeutique sont des concentrés d'anticorps obtenus à partir de sérum humain.

Le mode de préparation des gammaglobulines commercialisées en France suppose un fractionnement à l'alcool, puis une montée à haute température. Les gammaglobulines ainsi fabriquées n'ont donc jamais été incriminées dans la transmission des virus, comme celui du Sida ou de l'hépatite B.

Cependant, leur origine sanguine en a fait limiter l'usage à la pratique hospitalière. Elles sont toujours utilisées avec un grand bénéfice dans les situations suivantes :

– si votre enfant a un déficit congénital ou acquis de l'immunité ;
– s'il existe une incompatibilité entre votre groupe rhésus (négatif) et celui de votre nouveau-né (positif). C'est alors vous qui recevrez les gammaglobulines dans les quarante-huit heures suivant votre accouchement (voir *Attendre mon enfant aujourd'hui, page 204*).

Votre enfant est malade

Affection bénigne ou maladie grave? Comment faire sagement la part des choses.

Comprendre pour bien soigner : virus et bactéries

Les enfants souffrent de fréquentes maladies infectieuses. L'organisme livre en effet, dès la naissance, un combat permanent contre des agents infectieux (principalement virus et bactéries) se trouvant dans son environnement.

Les bactéries sont visibles au microscope optique ; les virus, beaucoup plus petits, ne sont visibles qu'au microscope électronique. Les réactions du système immunitaire à ces antigènes sont complexes : certains types de globules blancs fabriquent des anticorps qui neutralisent les microbes, alors que d'autres globules blancs s'attaquent directement aux particules infectantes et les détruisent.

Les infections bactériennes et virales sont donc très courantes chez l'enfant. Elles peuvent se traduire par des poussées fébriles (au moment de la fabrication des anticorps) pouvant durer 24 heures, souvent 3 jours, parfois 10 jours ou plus. La fièvre peut être le seul symptôme.

Les infections virales peuvent provoquer des rhinopharyngites, des bronchites, des éruptions, comme celles de la rougeole, de la varicelle ou de la roséole. Certaines peuvent passer inaperçues : de nombreux virus sont éliminés sans même avoir provoqué de fièvre.

La plupart des maladies virales sont d'une grande bénignité, l'organisme chassant le virus grâce à ses anticorps. Exceptionnellement, une infection virale peut s'avérer grave, c'est le cas de la poliomyélite, des encéphalites virales, du sida. Très peu de médicaments sont actifs contre les virus. Les vaccins, lorsqu'ils existent, sont une excellente prévention.

Devant une fièvre infantile, le médecin essaie de déterminer s'il s'agit d'une infection bactérienne, qui peut nécessiter des antibiotiques, ou d'une infection virale, contre laquelle les antibiotiques sont inefficaces. Mais, en dehors des cas d'éruption typique (lors d'une rougeole ou d'une varicelle par exemple), le diagnostic d'une infection virale est difficile à poser, d'autant plus qu'une infection bactérienne peut surinfecter l'infection virale initiale. Vous ne devez donc pas vous étonner si votre médecin demande à voir l'enfant plusieurs fois, s'il prescrit parfois des examens de laboratoire (le nombre des globules blancs dans le sang diminue généralement en cas d'infection virale alors qu'il augmente en cas d'infection bactérienne). En cas d'infection bactérienne manifeste, des antibiotiques sont généralement prescrits.

Que faire lorsque votre enfant a de la fièvre ?

L'élévation thermique facilite le travail des globules blancs, la fièvre augmente leur mobilité, leur capacité à tuer les bactéries et à produire des anticorps. Mais la fièvre peut être mal supportée, surtout chez le nourrisson, si elle n'est pas maintenue dans des limites raisonnables.

Pourquoi votre enfant a-t-il de la fièvre ?

Le niveau de la température ne témoigne pas systématiquement de la gravité de sa cause.

Identifier la cause de la fièvre demande une observation méthodique de la part des parents : quand la fièvre a-t-elle commencé ? est-elle associée à un écoulement nasal, à une toux, à de la diarrhée, à des vomissements ? l'enfant a-t-il récemment été vacciné ? quel traitement a-t-il suivi ? L'examen de l'enfant (entièrement déshabillé) peut révéler des petits boutons, une infection de la gorge ou des tympans, une infection pulmonaire ou, exceptionnellement, des signes méningés. Les causes les plus fréquentes de la fièvre sont les maladies infectieuses bactériennes ou virales. Lorsque la fièvre est bien tolérée et sa cause évidente, le médecin la traite sans avoir besoin d'examens complémentaires.

À l'inverse, lorsqu'elle se prolonge sans cause déterminée, un bilan (numération formule sanguine, examen cytobactériologique des urines, radiographie du thorax) est souvent nécessaire. En cas de fièvre mal tolérée, une hospitalisation avec recherche d'infection par analyse de sang et ponction lombaire est parfois indispensable. Ce bilan permet la mise en route d'urgence d'un traitement adapté à la cause.

☛ **Ne donnez jamais d'antibiotiques sans avis médical pour soigner une fièvre.**

Comment prendre sa température

La température rectale est celle qui rend compte le plus exactement de la température interne du corps. Il est important d'avoir toujours un thermomètre fiable à la maison. Je vous conseille le thermomètre électronique, beaucoup moins fragile et plus rapide que le thermomètre en verre, à mercure.

☛ **Une fièvre modérée se situe entre 38 °C et 38,5 °C, une fièvre élevée entre 38,5 °C et 40 °C, l'hyperthermie au-dessus de 40 °C.**

À partir de l'âge de 3 ans, on peut prendre la température dans la bouche ou sous le bras (il faut alors ajouter un demi-degré pour connaître la température anale). On peut aussi utiliser un thermomètre frontal (pour dépister, par exemple, une hyperthermie chez un nourrisson qui dort). Le thermomètre tympanique est une nouveauté intéressante : simplement appliqué à l'entrée de l'oreille, il donne la température interne avec une assez bonne précision. Mais rien ne vaut le contrôle de la température par le thermomètre rectal dès que la fièvre monte.

Apprécier la tolérance de la fièvre

Les critères de bonne tolérance sont un faciès rouge avec des yeux brillants, un état de conscience normal, un cri vigoureux, une peau chaude et qui se recolore bien après la pression du doigt.

Il faut, en revanche, s'inquiéter en présence des signes suivants :
– pâleur du visage et légère cyanose (coloration bleutée) ;
– état somnolent ;
– cri plaintif ;
– quelques marbrures sur le corps ;
– extrémités froides.

En effet, la fièvre peut se compliquer, surtout lorsque l'élévation thermique est brutale et importante.

Les complications de la fièvre

● *Les convulsions fébriles.* Elles sont le plus souvent bénignes. Chez l'enfant de moins de 4 ans, le système nerveux central est particulièrement sensible aux fortes températures (et surtout aux variations brutales de température). De ce fait, une fièvre élevée (supérieure à 38,5°C) ou qui monte rapidement peut entraîner des convulsions.

Les convulsions fébriles touchent 5 % des enfants de moins de 5 ans *(voir page 382).* C'est pourquoi il est important de connaître le moyen de prévenir les convulsions et leur traitement d'urgence *(voir plus loin).*

● *La déshydratation.* C'est aussi un risque de complication de la fièvre si :
– la température extérieure est élevée ;
– l'enfant est trop couvert ;
– on ne lui donne pas suffisamment à boire.

Elle se manifeste par une sécheresse de la langue, une soif, un pli persistant lorsqu'on pince la peau, une fontanelle et des yeux creux.

● *L'hyperthermie majeure.* Elle correspond à une température de 41°C ou 42°C, souvent chez un enfant trop couvert et qu'on ne fait pas boire suffisamment. C'est un syndrome extrêmement grave pour tous les organes. L'hyperthermie peut entraîner une chute de tension et une mauvaise vascularisation du foie, des reins, des muscles et du cerveau.

☞ **Le traitement de la fièvre est important chez le nourrisson et chez l'enfant de moins de 4 ans.**

Quand et comment faire baisser sa température

● *Si votre enfant a une fièvre peu élevée (entre 38 et 38,5°C).* Cette fièvre ne doit pas obligatoirement être traitée car elle est un moyen de défense de l'organisme. Il faut, par contre, en chercher la cause si elle persiste, même faible, pendant plusieurs jours.

● *Si votre enfant a une fièvre supérieure à 38,5°C.* Vous devez prendre des mesures simples :
– dévêtir votre enfant au maximum ;
– ne pas le couvrir (ni couverture ni édredon) ;
– lui donner un bain – dont la température sera de 2 °C au-

dessous de la température corporelle de l'enfant – pendant 15 à 20 minutes ;

– pratiquer des enveloppements humides (draps mouillés autour du corps).

Ces moyens sont valables quelle que soit l'origine de la fièvre.

☞ **Indiquez à la personne qui s'occupe de votre enfant en votre absence ce qu'elle doit faire en cas de fièvre.**

Il faut appeler le médecin ou aller à l'hôpital si l'enfant :
– a moins de 3 mois ;
– présente une éruption (apparition de rougeurs cutanées, ecchymoses, marbrures) ;
– vomit ou paraît trop endormi ;
– a une fièvre élevée ne cessant pas en 24 heures.

● *Les médicaments qui font baisser la température (antipyrétiques).* On dispose de deux molécules, l'aspirine et le paracétamol.

L'**aspirine**. Pratique et efficace, c'est le médicament le plus utilisé par les familles. Mais elle peut parfois avoir des effets secondaires dangereux *(voir page 491)*.

Le **paracétamol**. Préféré à l'aspirine, il peut y être associé. Les doses recommandées pour le paracétamol ont récemment été revues à la hausse *(voir page 498)*.

● *La lutte contre la déshydratation.* Il faut proposer au bébé des liquides (eau, jus de fruits, lait) à raison de 100 ml/kg/24 h au minimum, afin de compenser les pertes dues à la fièvre. Le nourrisson est particulièrement sensible à la déshydratation.

● *Chez l'enfant de plus de 4 ans.* Vous n'avez plus à craindre que la fièvre entraîne convulsions et déshydratation. Vous pouvez donner à l'enfant du paracétamol, de préférence à l'aspirine *(voir page 498)*.

● *La prévention des convulsions.* Le traitement de la fièvre par les mesures indiquées précédemment semble suffisant pour les fièvres modérées. Si l'enfant fait des poussées fébriles supérieures à 39 °C alors qu'il est sujet aux convulsions, on peut administrer un traitement préventif *(voir page 489)*.

La fièvre prolongée

On parle de fièvre prolongée quand la température reste élevée, sans possibilité de diagnostic, pendant plus de 4 à 5 jours chez le nourrisson et de 8 à 14 jours chez l'enfant. Il faut alors réaliser une courbe de la température, prise trois fois par jour. Si l'examen ne révèle pas une cause évidente, votre médecin demandera un bilan sanguin, un examen cytobactériologique des urines et un cliché du thorax. Des signes respiratoires, digestifs ou articulaires, une fatigue générale orientent vers des examens plus précis.

On trouve ainsi en général la cause de la fièvre :

– il s'agit souvent d'une fièvre infectieuse, bactérienne ou virale ;

– plus rarement, il s'agit d'une allergie médicamenteuse, d'une maladie inflammatoire, d'une maladie du collagène ou d'une maladie hématologique ;

– exceptionnellement, on pourra, après avoir éliminé toutes les autres hypothèses, vérifier qu'il ne s'agit pas d'une simulation de la part de l'enfant qui aurait, par exemple, placé le thermomètre sous l'eau chaude pour le chauffer, pendant l'absence de l'adulte. La température est alors normale lorsque vous la prenez vous-même. Cette simulation (pathomimie) est un signe de détresse lancé par un enfant qui a des sujets d'angoisse, par exemple de mauvais résultats scolaires, et qui craint les réprimandes. Dans ce cas-là, n'humiliez pas votre enfant, mais essayez de comprendre où sont ses difficultés pour pouvoir l'aider. La pathomimie est exceptionnelle avant l'âge de 8 ans.

Les bains et les sorties du petit malade

● *Le repos au lit.* Il est moins souvent nécessaire qu'autrefois, depuis que la médecine dispose de médicaments efficaces. Il est rare aujourd'hui que le médecin impose un repos absolu au lit, difficile à supporter, même pour un enfant malade et fatigué. Le repos au lit n'est indispensable que lorsque la marche présente un risque (par exemple en cas de lésion osseuse) ou lorsqu'il y a du sang dans les urines (le rein doit être mis au repos physique). Il faut alors proposer à l'enfant des occupations et lui faire faire ses devoirs, afin qu'il ne soit pas trop déconnecté du rythme scolaire.

En général, il suffit, en cas de maladie aiguë, d'observer un simple repos à domicile en évitant les promenades au vent, la marche prolongée, les attentes debout, le piétinement dans un magasin. L'enfant peut déambuler dans la maison ou regarder la télévision.

L'enfant malade a surtout besoin qu'on respecte son rythme. Il doit pouvoir manger de façon variée et selon son appétit, se reposer à son gré et être entouré d'affection. Lorsque sa vitalité revient, il faut le laisser jouer et sortir.

● *Le bain*. Il est toujours possible si l'enfant n'est pas trop fatigué. Il peut aider la fièvre à tomber *(voir page 347)*. On le déconseille en cas de varicelle : une simple douche est alors préférable pour ne pas faire tomber les croûtes prématurément.

● *Les sorties*. Un enfant malade peut toujours sortir, bien couvert et porté si besoin est. N'hésitez donc pas à lui faire faire une radiographie, à le conduire au laboratoire d'analyses, chez son pédiatre ou à l'hôpital. L'essentiel, c'est qu'il soit examiné et soigné rapidement.

S'il a de la fièvre, cela ne vous interdit pas de l'emmener en voiture chez sa grand-mère ou chez sa nourrice, mais vous devez éviter les grandes promenades à pied, surtout si le vent est fort.

Quant au grand malade atteint d'une maladie chronique, il faut rendre ses conditions de vie le plus normales possible : plus il vit comme les autres, poursuivant sa scolarité à domicile, fréquentant des petits camarades, fêtant des anniversaires, se déplaçant à l'extérieur selon ce que lui permet son énergie, mieux il supporte sa maladie. S'il n'a pas été coupé trop longtemps du processus scolaire et de ses amis, il lui sera beaucoup plus facile de retrouver son rythme de vie antérieure.

Si votre enfant doit être hospitalisé

Un enfant sur deux est hospitalisé au moins une fois avant l'âge de 15 ans. Malgré la relative banalité de cette situation, une mère est presque toujours angoissée à l'idée que son enfant aille à l'hôpital, ce mot étant souvent synonyme pour elle de gravité et d'épreuves.

L'hospitalisation des enfants a beaucoup évolué

Les séjours sont de plus en plus courts, certains hôpitaux ont même ouvert des centres de diagnostic rapide où le maximum d'examens est fait en quelques heures. On accepte de plus en plus que les parents restent auprès de leur enfant.

● *Comprendre pourquoi votre enfant est hospitalisé est primordial*. Si, par exemple, votre bébé vomit tout le lait de ses biberons, savoir que, à l'hôpital, on va pouvoir l'hydrater grâce à une perfusion et déterminer la cause des vomissements, à l'aide notamment de radiographies, vous aidera à supporter cette épreuve. Vous pourrez même être soulagée de le savoir ainsi soigné.

Par ailleurs, certains mots font toujours peur aux familles. Ainsi, lorsqu'un jeune enfant est fébrile sans raison, le médecin peut vouloir s'assurer, par une ponction lombaire (cet examen, qui est très utile, n'est pas plus douloureux qu'une piqûre intramusculaire), qu'il ne s'agit pas d'un début de méningite. Vos craintes s'apaisent lorsque vous saurez que :

– soit (le plus souvent) la ponction élimine l'hypothèse d'une méningite : il s'agit alors d'une maladie virale bénigne ;

– soit la ponction confirme la méningite : prise à temps, celle-ci va guérir en une à deux semaines grâce à une perfusion d'antibiotique.

• *Votre enfant a, lui aussi, besoin de comprendre pourquoi il doit rester à l'hôpital.* Si vous lui expliquez qu'il est soigné dans un hôpital bien équipé, capable de faire un diagnostic rapide de la maladie à traiter, si vous commentez en termes simples symptômes, recherches et traitements, il participera et supportera plus facilement les désagréments dus aux examens et aux perfusions. On constate ainsi que ceux qui doivent mener un long combat contre la maladie apprennent très vite à en connaître les caractéristiques et les traitements. Les enfants diabétiques font eux-mêmes leurs analyses et leurs injections quotidiennes d'insuline dès l'âge de 8 ans !

• *L'hôpital de jour.* C'est une formule de plus en plus répandue, qui permet de faire un bilan ou une cure thérapeutique sans garder l'enfant à l'hôpital la nuit : les bilans de croissance, la désensibilisation aux protéines du lait de vache, par exemple, peuvent se pratiquer en hospitalisation de jour. C'est une bonne solution.

• *L'hospitalisation mère-enfant.* Elle devrait toujours être proposée aux familles. C'est une grande carence de notre pays d'avoir si peu de chambres mère-enfant : ce système est beaucoup plus développé dans les pays anglo-saxons.

Les avantages

– Elle évite à l'enfant l'inquiétude d'être séparé de ses parents, surtout la nuit, et surtout lorsque les infirmières, qu'il connaît peu, viennent lui faire des examens, parfois douloureux, dont il ne comprend pas le sens.

– Les parents comprennent mieux l'importance des examens et des traitements lorsqu'ils voient les médecins et les infirmières travailler devant eux. Ils participent plus activement, et apprennent à faire les soins, à donner les médicaments avec ponctualité.

– Les parents aident parfois l'infirmière à nourrir et à soigner leur enfant, lorsqu'elle doit aussi s'occuper d'une urgence ou consoler un enfant seul.

Les inconvénients de cette formule expliquent pourquoi elle est difficile à installer.

– Les parents sont rapidement très fatigués, car il est difficile de prendre quelques heures de repos au sein d'un service de pédiatrie. En outre, leurs occupations professionnelles et familiales ne leur permettent pas toujours de rester auprès de leur enfant hospitalisé.

– Les parents peuvent créer, à leur insu, une surcharge de travail et de fatigue pour les soignants en les appelant de façon parfois injustifiée et en exigeant des attentions constantes, oubliant que d'autres malades ont besoin de soins plus urgents.

L'hospitalisation mère-enfant est importante, surtout pendant les trois ou quatre premiers jours. Une fois que l'enfant et ses parents connaissent bien le personnel, que les examens les plus pénibles sont faits, les parents peuvent s'absenter avec moins d'appréhension.

● *De retour à la maison.* Ne vous étonnez pas de voir votre enfant agité, capricieux et grognon. Plusieurs jours sont indispensables à sa réadaptation.

Le SAMU

Le SAMU (service d'aide médicale d'urgence) constitue l'un des plus grands progrès de la médecine de ces vingt dernières années. Les équipes pédiatriques du SAMU assurent en permanence une prise en charge et une protection fondamentales lors des urgences. C'est une véritable unité de réanimation ambulante, qui se rend très rapidement auprès des malades. Tous les soins prodigués à un enfant lors d'un déplacement du SAMU sont consignés dans un rapport, étudié ensuite par l'équipe de réanimation. Les pédiatres et le personnel de réanimation, présents 24 heures sur 24 dans ces unités mobiles, méritent toute notre admiration.

● *Quand faut-il faire appel au SAMU ?* Les cas les plus courants sont :
– une convulsion ;
– une gêne respiratoire majeure ;

– une électrocution ;
– une noyade ;
– un accident domestique avec perte de connaissance ;
– un malaise grave ;
– une brûlure ;
– l'inhalation brutale d'un corps étranger.

☞ **Lorsque vous appelez le SAMU, indiquez l'heure et les circonstances de l'accident et les symptômes qui vous alarment. Donnez clairement votre adresse et votre numéro de téléphone.**

Le pédiatre du SAMU jugera parfois que la situation ne nécessite pas le déplacement de l'équipe. Il pourra alors vous conseiller. Sa vocation de conseil est extrêmement précieuse, son temps aussi... Brièveté et précision sont donc de mise.

Les examens de laboratoire

Lorsque ses parents comprennent l'utilité et la signification des examens, l'enfant les supporte mieux.

Les analyses de sang

Pour que votre enfant ne craigne pas la prise de sang

Ne lui mentez pas, mais ne le préparez pas trop longtemps à l'avance non plus. S'il est en âge de comprendre, expliquez-lui à quoi sert un laboratoire d'analyses médicales et combien, pour son cas, il est intéressant de pouvoir observer les globules de son sang ou de rechercher le microbe qui est à l'origine de sa fièvre. Expliquez-lui ce qu'est un microscope, cette énorme loupe qui permet de voir tout ce qui se trouve dans les prélèvements. Il comprendra alors pourquoi on a besoin de prendre quelques gouttes de son sang et sera bien plus serein au moment de la ponction.

L'utilité de la prise de sang

● *La numération formule sanguine (NFS).* L'interprétation des résultats dépend de l'âge de votre enfant. Vous ne pouvez donc pas les comparer exactement avec les valeurs normales indiquées sur la feuille de résultats ; seule compte l'interprétation de votre médecin. Je vous propose ici quelques informations qui vous aideront à comprendre ensuite ses prescriptions.

Les globules rouges (hématies) et l'hémoglobine. La diminution du taux d'hématies est le signe d'une anémie, c'est-à-dire d'une diminution de la quantité d'hémoglobine, constituant principal des globules rouges. L'anémie peut être due à une hémorragie ou à une fabrication défectueuse des globules rouges, le plus souvent à cause d'un manque de fer, plus rarement de vitamine B12, très exceptionnellement à cause d'une maladie du sang (vous trouverez tous les détails sur l'anémie, *page 362*).

LA NUMÉRATION FORMULE SANGUINE VARIE EN FONCTION DE L'ÂGE

	Premiers jours	Vers 18 mois	Vers 5 ans	Adulte
Hémoglobine (g/100 ml)	14,6	11,7	13,4	14,5
Hématies (millions/mm³)	4,2	4,3	4,4	4,6
Hématocrite (%)	43	36	40	43
Leucocytes (par mm³)	12 000	11 000	8 000	7 000
Polynucléaires (%)	31	40	60	65
Lymphocytes (%)	63	54	34	29
Monocytes (%)	6	6	6	6
Plaquettes (par mm³)	300 000	300 000	300 000	300 000

Les globules blancs (leucocytes). La diminution de leur taux traduit, en général, une maladie virale. Il peut aussi s'agir de maladies plus rares, comme le paludisme. Certains médicaments peuvent abaisser le taux des globules blancs de façon dangereuse.

L'augmentation modérée de leur taux (15 000 à 30 000/mm³) traduit en général une infection bactérienne.

L'augmentation importante de leur taux (300 000/mm³ par exemple) révèle (c'est exceptionnel) une maladie du sang *(voir page 419)*.

Les plaquettes sanguines. Elles jouent un rôle essentiel dans la coagulation. Leur taux peut être abaissé lors de certaines maladies virales ou de certaines maladies du sang.

● *La vitesse de sédimentation (VS).* Elle est normalement inférieure à 10/25 (10 mm de sédimentation des globules après 1 heure, 25 mm après 2 heures). Elle peut être légèrement élevée, par exemple égale à 25/60, en cas de réaction contre une infection virale ou bactérienne : la situation reste assez banale. Si elle est très élevée (80 mm par exemple), elle traduit un phénomène inflammatoire intense, par exemple un rhumatisme articulaire aigu à traiter d'urgence. La CRP *(voir plus bas)* est aussi un bon indicateur de l'inflammation.

● *Les principaux constituants chimiques du sang.* Leur taux peut être très élevé lors de certaines maladies, ainsi :

– la glycémie, en cas de diabète sucré ;

– la bilirubinémie, en cas de jaunisse (ictère) ;

– les transaminases SGPT, en cas d'hépatite ;

– l'urée, en cas d'insuffisance rénale ;

– la C-réactive protéine (CRP), la fibrine, sont des molécules

LES PRINCIPALES CONSTANTES BIOLOGIQUES DU SANG
chez l'enfant à partir de l'âge de 6 mois

	Taux normal
Glycémie	1 g/l
Bilirubine totale	2 à 8 mg/l
Bilirubine conjuguée	0 à 3 mg/l
Calcium total	100 mg/l
Protides totaux	55 à 78 g/l
Transaminases SGPT	5 à 70 UI/ml
Transaminases SGOT	3 à 40 UI/ml
Urée	0,10 à 0,20 g/l
CRP	moins de 5 mg/l
Fibrine	1,80 à 4,50 g/l

normalement présentes dans le sang, mais que l'organisme produit en excès lors d'une inflammation ou d'une infection.

Ces chiffres doivent être estimés en fonction de l'examen du malade par le médecin. C'est pourquoi, quelles que soient les indications que vous donne le laboratoire, seul votre médecin est habilité à prescrire ces analyses et à en interpréter le résultat.

Les antistreptolysines (ASLO). Ce sont les anticorps fabriqués par l'organisme pour lutter contre le streptocoque. Leur taux ne doit pas, normalement, dépasser le chiffre de 200 unités/ml. Lorsque ce taux est plus élevé, il peut traduire une situation de défense contre le streptocoque, par exemple en cas d'angine avec risque de rhumatisme articulaire aigu ou de glomérulonéphrite. Mais certains enfants peuvent garder un taux élevé d'ASLO sans aucune complication. Faut-il leur faire suivre un traitement de fond contre le streptocoque ? C'est à votre pédiatre d'en décider, selon le bilan et l'état clinique de l'enfant.

Les IgE. Ce sont les anticorps fabriqués contre les allergies. Un taux de 150 UI/l traduit un terrain allergique probable. Des tests plus spécifiques permettent d'identifier précisément les allergènes auxquels l'enfant est sensible *(voir page 361)*. Toutefois, un enfant peut être allergique sans que le taux de ses IgE s'élève.

Les analyses d'urines

Le recueil stérile des urines. Il est indispensable pour que les résultats soient fiables. Faites dans tous les cas une toilette sérieuse au niveau du sexe : le mieux est de donner un bain, puis de faire couler du Dakin® non dilué, de le rincer et, enfin, d'essuyer.

Après cette toilette :

– si votre enfant est assez grand pour uriner sur commande, demandez-lui de le faire dans un flacon stérile que vous donnera le pharmacien ; il est recommandé, dans la mesure du possible, de ne pas recueillir le début du jet, mais seulement l'urine qui suit ;

– si votre enfant est très jeune, vous collerez, après désinfection locale, une poche stérile, pour fille ou pour garçon, vendue en pharmacie. Vous devez porter les urines aussitôt émises au laboratoire, en gardant la poche dans des glaçons. Souvent, le laboratoire préfère que la poche soit posée sur place ; prévoyez alors de la lecture et un biberon car votre nourrisson ne fera pas pipi sur commande ! C'est entre 18 mois et 3 ans que recueillir les urines est le plus difficile car l'enfant ne contrôle pas encore l'émission d'urine et, troublé par la poche collée, il peut se retenir très longtemps.

● *La présence d'albumine (albuminurie).* Normalement, il n'y a pas d'albumine dans l'urine. Une bandelette très sensible peut en détecter des traces, et le résultat doit alors être confirmé par un examen de laboratoire. On peut mesurer la quantité d'albumine *(voir aussi page 360)*, ou plus exactement de protéines, éliminée au cours d'une journée en recueillant soigneusement toutes les urines émises par l'enfant pendant 24 heures.

La protéinurie peut être un signe de maladie rénale – glomérulonéphrite *(voir page 404)*, syndrome néphrotique *(voir page 431)*, infection urinaire *(voir page 414)*.

● *La présence d'hématies (globules rouges).* Leur taux ne doit pas excéder 3 000/mm³. Au-delà, on comptera le nombre d'hématies émises par minute. On parlera d'hématurie microscopique si la présence de globules rouges ne teinte pas les urines, et d'hématurie macroscopique si les urines sont rouges (mais l'urine peut être colorée si l'enfant a mangé des betteraves).

Une hématurie peut révéler une infection urinaire, une glomérulonéphrite aiguë.

● *La présence de leucocytes altérés.* Elle signifie qu'il y a une émission de pus, donc une infection. Normalement, les urines ne contiennent pas plus de 3 000 leucocytes (globules blancs) par mm^3, non déformés. Leur nombre est élevé et ils sont « altérés » en cas d'infection.

● *L'examen bactériologique.* L'examen direct des urines au microscope peut révéler immédiatement des bactéries. C'est le signe d'une infection urinaire, surtout si le même type de bactéries est retrouvé sur tout le champ du microscope. Le médecin est alors prévenu rapidement, tandis que le biologiste met les urines en culture.

La culture des urines. Elle se fait sur des boîtes contenant des milieux adaptés à la pousse des microbes. Chaque jour, le biologiste observe les boîtes. Dès que les germes poussent, il les identifie et compte le nombre de colonies présentes par mm^3. Si la même bactérie a poussé sur tout le milieu de culture en nombre supérieur à 10 000, l'infection est certaine. Si les bactéries sont de différentes sortes ou si le nombre de colonies est inférieur à 10 000, cela peut signifier qu'il y a eu souillure des urines lors du prélèvement et qu'il faut recommencer l'analyse. C'est pourquoi la technique de prélèvement des urines est très importante.

Petites et grandes maladies

Pour savoir comment soigner un petit bobo, réagir en cas d'urgence, et comprendre, en parent informé, les explications de votre médecin.

A

Abcès. L'abcès est une poche contenant du pus. Il peut se situer dans n'importe quel tissu de l'organisme, sous la peau bien sûr, au niveau du poumon, du cerveau, ou bien dans l'os. Il est le plus souvent dû aux streptocoques et aux staphylocoques.

Lorsque l'abcès se forme, les microbes, entrés par une brèche de la peau ou d'une muqueuse, se multiplient. La défense de l'organisme par les globules blancs entraîne une inflammation autour de l'endroit où sont localisées les bactéries. Au début, la zone infectée est simplement rouge. Les compresses alcoolisées peuvent encore aider à sa résorption, mais un traitement antibiotique est plus sûrement efficace à ce stade pour éviter une dissémination de l'infection.

En l'absence de traitement, l'infection continue d'évoluer, les globules blancs qui détruisent les microbes meurent et forment une poche de pus. Le tissu, par exemple la peau, devient tendu sur cette poche, l'enfant souffre, la douleur est souvent pulsatile (il sent son pouls battre à l'intérieur de cette zone abcédée). Le pus formé doit alors être évacué par le chirurgien. Si on laisse encore évoluer la situation sans traitement, l'abcès se fistulise, c'est-à-dire s'ouvre, soit à travers la peau, soit à l'intérieur de l'organe où il est situé. Cette évolution spontanée n'est pas souhaitable et tout abcès doit être traité très sérieusement, surtout chez le nourrisson, car les staphylocoques ont un tropisme (une préférence) pour ses os *(voir Ostéomyélite aiguë, page 436)* et ses poumons. L'infection peut alors laisser des séquelles graves. Grâce aux antibiotiques, ces complications sont devenues très rares.

Acétone, crise d'. Les crises d'acétone sont de deux sortes.

La crise d'acétone simple. Votre enfant vomit, est fatigué, son haleine sent l'acétone, elle a l'odeur de la pomme de reinette. La coloration d'une bandelette, type Acétest®, plongée dans ses urines indique une forte présence d'acétone. Le plus souvent, la crise d'acétone n'est que la conséquence d'une maladie à identifier. L'enfant a une rhino-pharyngite, une otite, ou une gastroentérite, il est à jeun, il vomit : n'ayant alors plus assez de sucre à la disposition de son organisme, il brûle ses graisses, dont l'acétone est le produit de dégradation, libéré en particulier par la respiration, d'où l'odeur de son haleine, témoin de l'état de jeûne. L'important est de rechercher la maladie de départ, en général une maladie bénigne, de façon à donner le traitement adéquat.

Plus exceptionnellement, la libération d'acétone peut révéler un diabète *(voir page 388)*.

La maladie des vomissements acétonémiques. Dans ce cas, les crises d'acétone se répètent. Nous ne connaissons pas la cause de cette maladie. Le traitement comprend des médicaments contre les vomissements, des sédatifs légers, des boissons sucrées. Le coca-cola est souvent recommandé, mais je préfère les pots de compote pour bébé qui sont plus naturels et toujours appréciés, même lorsque l'enfant est assez grand. Dès que le sucre revient dans l'organisme et que les vomissements sont enrayés, la crise disparaît.

Acné. C'est une maladie inflammatoire des follicules pileux caractérisée par la formation de comédons, de papules rouges, parfois de kystes et de pustules.

L'acné du nouveau-né. De cause inconnue, elle pourrait être due à l'imprégnation par les hormones maternelles. Les boutons régressent spontanément en quelques semaines. Lorsque l'acné est très importante, le médecin peut prescrire une pommade anti-inflammatoire dont il faut se servir très modérément.

L'acné de l'adolescent. Elle ne doit plus être considérée comme un fléau inéluctable car les traitements dermatologiques actuels sont très efficaces. La consommation excessive de chocolat et de sucre peut augmenter le nombre de boutons, mais le facteur déterminant est une mauvaise hygiène de la peau. L'adolescent doit se laver régulièrement le visage avec de l'eau et un pain dermatologique matin et soir. Donnez cette habitude à votre enfant avant même l'adolescence, en continuant d'insister quand il atteint 12 ou 13 ans, âge où les glandes de la peau sécrètent davantage de sébum. Si l'acné s'installe, votre médecin prescrira souvent une crème à base de vitamine A acide. Votre enfant doit bien comprendre comment l'utiliser : il faut en appliquer très peu, de façon espacée tous les 3 jours, puis rapprocher petit à petit les applications. S'il commence de façon trop enthousiaste, sa peau réagira en rougissant et en pelant, et il renoncera au traitement. En cas d'échec de ces crèmes locales, on peut donner un antibiotique par voie buccale (la tétracycline

par exemple) à petite dose pendant plusieurs semaines, et exceptionnellement de l'isotrétinoïne, qui représente un progrès considérable dans le traitement des acnés graves, mais ne doit être indiquée qu'en cas d'échec des traitements locaux. Cette molécule entraîne des effets secondaires, en particulier sur le fœtus. On ne l'utilise donc chez l'adolescente que si elle pratique une stricte contraception.

Grâce à ces mesures d'hygiène et à ces traitements, l'acné ne doit plus gâcher les années de l'adolescence.

Adénite. *Voir Ganglions.*

Albuminurie. C'est la présence d'albumine dans les urines. En fait il s'agit de protéinurie (présence de protéines). Normalement le rein n'élimine pas de protéines dans les urines. Dans certaines circonstances comportant un risque d'atteinte rénale, le médecin peut détecter la protéinurie avec une bandelette ; il faut savoir que celle-ci se colore même pour de simples traces n'ayant pas toujours une valeur significative. On ne conclut donc à une véritable protéinurie qu'après analyse au laboratoire. Vous devrez dans ce cas recueillir les urines pendant 24 heures de façon très stricte, ce qui permettra de doser précisément la quantité de protéines éliminée par le rein. Seule une quantité supérieure à 0,6 g par jour constatée sur plusieurs dosages permet d'affirmer qu'il s'agit bien d'une protéinurie.

Pourquoi le rein élimine-t-il de l'albumine ? Soit il s'agit d'un trouble de fonctionnement seulement en position debout : c'est l'*albuminurie orthostatique*, qui s'observe chez l'adolescent ; elle est bénigne et régresse spontanément ; soit l'enfant est atteint d'infection urinaire *(voir page 414)*, de glomérulonéphrite aiguë *(voir page 404)* ou de néphrose *(voir page 431)*.

Aussi, lorsqu'une protéinurie est confirmée par le dosage au laboratoire, elle nécessite un bilan rénal pour permettre à l'enfant de conserver une fonction rénale normale.

Allergie (*voir aussi Asthme, Diarrhées, Eczéma*). L'allergie est une réaction d'hypersensibilité à des molécules étrangères qu'on appelle allergènes. L'enfant allergique fabrique lors d'un premier contact avec l'allergène des anticorps spécifiques, en particulier des IgE (immunoglobulines de type E).

Votre enfant risque d'être allergique :
– s'il a des antécédents d'allergie du côté paternel et du côté maternel : le risque d'allergie est alors pour lui d'environ 50 % ;
– s'il a des antécédents d'allergie seulement du côté paternel ou seulement du côté maternel : le risque est d'environ 30 %.
On constate en outre que 13 % des enfants sont allergiques sans qu'il y ait d'antécédents familiaux.

Votre enfant peut être allergique à une substance qu'il a parfaitement tolérée auparavant. En effet, l'allergie ne survient qu'après au moins un premier contact sensibilisant pendant lequel aucun phénomène n'est apparu. C'est ainsi qu'un enfant peut tolérer le poisson ou un antibiotique pendant plusieurs années et y devenir ensuite allergique.

☛ L'allergie ne se manifeste que par rapport à une molécule précise. Vous ne devez donc pas dire par exemple : « Mon enfant est allergique à tous les antibiotiques. »

Les principales allergies
● *L'allergie digestive.* Elle peut se manifester dès les premiers mois de la vie par une diarrhée aiguë et des vomissements, ou se traduire plus sournoisement chez le grand enfant par des maux de ventre récidivants.
● *L'allergie respiratoire.* Elle peut être responsable de rhumes, de rhino-pharyngites, d'otites, de bronchites. Le symptôme le plus évocateur de l'allergie est la gêne respiratoire sifflante de type asthmatique et la toux sèche quinteuse. La pathologie respiratoire allergique se révèle parfois dès les tout premiers mois. Elle peut être déclenchée à l'occasion d'une infection par un virus respiratoire : ainsi, l'apparition d'un asthme peut faire suite à une bronchiolite (*voir page 374*). Lorsqu'il y a récidive, il est nécessaire de faire pratiquer un bilan allergologique et de donner un traitement pour calmer la sensibilité allergique.
● *L'allergie cutanée.* Elle provoque surtout l'eczéma atopique (*voir page 396*), mais il peut aussi s'agir d'urticaire, plus ponctuelle, avec moins de tendance à la chronicité.

Les principaux allergènes sont :
– les acariens (petits parasites vivant dans les poussières) ;
– les phanères d'animaux : plumes, poils de chat, de chien, de cheval ;
– les pollens ;
– certains allergènes alimentaires : protéines de lait de vache, fraises, poisson, œuf, arachide.

Le bilan médical
● *La prise de sang permet :*
– le dosage des IgE sériques qui sont élevées dans 20 % des maladies allergiques ;
– le dosage des IgE particulières à chaque allergène respiratoire ou cutané.

☛ Tout produit étranger à l'organisme de votre enfant peut devenir un jour un allergène.

● *Les tests cutanés* révèlent la présence d'IgE fabriquées par la peau. Les plus utilisés sont les prick-tests, fiables essentiellement après l'âge de 1 an.
Mais c'est surtout à partir de 3 ans que le diagnostic allergologique peut être précis.

Les traitements antiallergiques
● *La cortisone.* Elle est souvent nécessaire en cas d'urgence, par exemple pour une crise d'asthme intense (*voir page 366*) ou une piqûre d'abeille (*voir page 445*).

● *Les sirops antihistaminiques.* Ils doivent parfois être donnés plusieurs mois durant pour calmer l'hypersensibilité. Ils sont aujourd'hui de plus en plus actifs et comportent de moins en moins d'effets secondaires.

● *La désensibilisation.* Elle consiste à injecter sous la peau des quantités de l'allergène incriminé, extrêmement diluées au départ, puis croissantes de façon à habituer l'organisme à tolérer l'allergène.

● *Les mesures préventives.* Vous devez tout mettre en œuvre pour que votre enfant ne soit pas exposé à l'allergène auquel il est sensible :
– en organisant un environnement hypo-allergénique *(voir page 369)* avec pulvérisation d'aérosols détruisant les acariens ;
– en excluant totalement un allergène alimentaire éventuel pendant plusieurs mois, voire plusieurs années.

Ambiguïté sexuelle (hermaphrodisme).

On parle d'ambiguïté sexuelle ou d'hermaphrodisme quand l'anatomie des organes génitaux ne permet pas de préciser le sexe de l'enfant. L'hermaphrodisme peut être provoqué par une maladie hormonale du fœtus ou une anomalie des chromosomes. Il est alors nécessaire de savoir si l'enfant est génétiquement garçon ou fille grâce au caryotype (voir *Attendre mon enfant aujourd'hui*). Ce n'est qu'après avoir ainsi déterminé le sexe génétique qu'on pourra orienter, dans le bon sens, le sexe physique par des traitements, d'autant plus efficaces que le diagnostic est précoce.

Amblyopie *(voir aussi Vue, troubles de la, page 476).* C'est une diminution de l'acuité visuelle. Elle peut être la cause d'un strabisme. Je vous conseille un dépistage des troubles de la vue :
– en cas de strabisme, même chez un bébé ;
– systématiquement à 4 ans, 6 ans et 10 ans.
Le pourcentage de récupération de l'amblyopie est d'autant plus fort que le traitement est plus précoce.

Anémie. L'anémie est la diminution de la quantité d'hémoglobine sanguine, en général associée à la diminution du nombre des globules rouges *(voir page 354).* L'enfant anémique est pâle, fatigué, parfois essoufflé, il n'a pas d'appétit, son cœur bat vite. À l'examen, le médecin découvre souvent un petit souffle cardiaque ; les ganglions, le foie et la rate peuvent être hypertrophiés. Si l'examen médical est normal, s'il n'y a pas de modification du taux des plaquettes et du taux de globules blancs, si la vitesse de sédimentation est normale, il s'agit seulement d'une anémie isolée.

● *Le manque de fer est la cause la plus fréquente d'anémie chez le nourrisson et le jeune enfant.* La plupart des laits infantiles et des laits de croissance sont donc maintenant supplémentés en fer. On peut trouver un complément de fer dans la viande.

Le diagnostic. Pour savoir si l'anémie est liée à une carence en fer, le médecin demandera :
– une numération formule sanguine (NFS) : le nombre de globules rouges est alors normal ou un peu diminué, mais le taux d'hémoglobine et l'hématocrite sont fortement abaissés ;
– un dosage du fer dans le sang (sidérémie), qui est bas ;
– un dosage de la ferritine, qui apprécie l'état des réserves en fer de l'organisme.

Le traitement. Il se présente sous forme de sirop, suspension, gélules ou poudre chocolatée. On ne peut donner des doses quotidiennes importantes car le fer provoque parfois des troubles digestifs. Le traitement est donc assez long, d'une durée moyenne de 2 mois, et doit être complété par des vitamines. Il faut contrôler la remontée du taux d'hémoglobine en fin de traitement.

La correction de l'anémie par manque de fer est indispensable au bon développement de votre enfant. Mais il faut vérifier que votre enfant n'a pas de saignements, dus par exemple à un reflux gastro-œsophagien *(voir page 450)*.

Exceptionnellement, une anomalie congénitale des globules rouges ou de l'hémoglobine, une maladie de la moelle osseuse peuvent être en cause.

Angine. C'est une inflammation aiguë des amygdales. Les angines sont surtout fréquentes entre 3 et 8 ans, mais elles peuvent survenir plus tard. Votre enfant se plaint de difficultés à avaler sa salive et d'une douleur de la gorge souvent accompagnée de fièvre.

Les angines rouges. Elles ont essentiellement deux origines.

● *L'angine est le plus souvent due à un streptocoque.* Elle doit être reconnue et bien traitée en raison de la possibilité de complications graves. La gorge est rouge, douloureuse, la fièvre est généralement élevée, on perçoit souvent des ganglions dans le cou. Les streptocoques responsables, isolés par prélèvement au niveau des amygdales, sont très sensibles à la pénicilline. En cas d'allergie à la pénicilline, on donne un macrolide *(voir page 488)* afin d'éviter les complications graves telles que le rhumatisme articulaire aigu *(voir page 454)* et ses atteintes cardiaques, ou la glomérulonéphrite aiguë *(voir page 404)*.

● *L'angine virale.* Elle n'est pas très différente de la précédente à l'examen des amygdales, mais elle est associée à un rhume ou à une bronchite, avec parfois des aphtes dans la bouche. La difficulté à faire la différence entre une angine streptococcique et une angine virale conduit très fréquemment à donner par prudence un antibiotique antistreptococcique.

Les angines blanches (érythémato-pultacées). Les amygdales sont recouvertes de plaques blanches purulentes. Ce sont des angines particulièrement douloureuses, dues en général à des bactéries et qui peuvent nécessiter un antibiotique à plus large action que la pénicilline simple, par exemple l'amoxicilline.

Faut-il enlever les amygdales (amygdalectomie) ? Grâce à l'efficacité des antibiotiques, cette opération est de moins en moins nécessaire de nos jours. Il faudra néanmoins se résigner à l'ablation des amygdales si :
– les angines se répètent toutes les 3 semaines malgré des traitements bien suivis ;
– les amygdales se rejoignent sur la ligne médiane et gênent la respiration.

L'opération se pratique en général après l'âge de 4 ans.

☞ **Il n'y a plus aujourd'hui de saison particulière pour enlever les amygdales.**

Angiomes. Ce sont des taches rouges qui s'effacent lorsqu'on appuie avec le doigt et qui se recolorent rapidement. Dues à des dilatations congénitales des petits vaisseaux situés dans la profondeur de la peau, elles peuvent se trouver sur n'importe quel point du corps. Les angiomes sont très fréquents chez le nourrisson, il en existe plusieurs sortes, dont l'évolution est tout à fait différente.

L'aigrette du front. Présente dès la naissance, elle se situe au milieu du front et s'étend sur les deux paupières supérieures. Souvent associée à un angiome situé sur la nuque, à la racine des cheveux, cette tache rose saumon va disparaître au cours des premiers mois de la vie dans 90 % des cas, elle ne nécessite donc aucun traitement particulier.

Les angiomes tubéreux. Ce sont des angiomes épais, bombés. Ils apparaissent quelques mois après la naissance, grossissent un peu puis se résorbent spontanément vers l'âge de 2 ans en commençant par s'éclaircir en leur centre. Lorsqu'ils sont assez petits, ils ne laissent aucune trace.

Les angiomes plans. Ils sont situés dans 85 % des cas sur le visage : ce sont des plaques rouges présentes dès la naissance, sur une joue ou un membre par exemple. Ils sont généralement assez rouges pendant le premier mois, pâlissent ensuite, mais ne disparaissent habituellement jamais. Lorsque l'enfant grandit, la paroi vasculaire des petits vaisseaux s'épaissit par un processus de fibrose, ce qui peut redonner une teinte un peu plus foncée.

Le laser à colorant pulsé permet aujourd'hui un traitement précoce des angiomes dès l'âge de 3 à 6 mois.

Anorexie. L'anorexie est le manque d'appétit. Il faut distinguer l'anorexie du nourrisson et du jeune enfant, et l'anorexie de l'adolescente.

L'anorexie du nourrisson et du jeune enfant. Elle est fréquente chez les enfants de 1 à 4 ans. Dans la très grande majorité des cas, il s'agit d'un petit en bonne santé, qui grandit et grossit normalement, qui est très vif. Mais le jeune enfant a un goût très sélectif : parfois il n'aime plus le lait, ou refuse les légumes verts, ou la viande, ou le poisson. Il est bien difficile alors d'appliquer les conseils des menus types, d'autant plus que le jeune enfant préfère aller et venir tout en grignotant, il n'est pas encore à l'âge où l'on reste à table. Si votre enfant grandit et grossit harmonieusement, si son état de santé est bon, restez sereine et suivez les conseils que je vous ai donnés plus haut *(voir page 103)*.

En revanche, si votre enfant ne prend pas de poids et grandit peu depuis plusieurs mois, votre pédiatre cherchera des causes d'anorexie organique :

– une infection traînante, par exemple une infection urinaire, ou pulmonaire ;

– une maladie digestive, avec des selles molles et assez nombreuses chaque jour *(voir Diarrhées chroniques, page 391)* ;

– des erreurs de régime alimentaire, par exemple si vous imposez à l'organisme de votre enfant en pleine croissance un régime végétarien ;

– plus rarement une maladie générale.

L'anorexie psychologique du nourrisson et du jeune enfant. Après avoir éliminé toutes les causes précédentes, le pédiatre en viendra au diagnostic d'anorexie psychologique. Cette anorexie s'installe en général vers 1 an, parfois plus tôt, dès le sixième mois, et pratiquement toujours lorsqu'on a forcé l'enfant à manger. Celui-ci devient opposant, angoissé par rapport à la nourriture, face à des parents très anxieux du respect de la quantité, de la variété alimentaire, ou des horaires. Sachez que toutes les manœuvres autoritaires pour alimenter un enfant sont vouées à l'échec et qu'alors la nourriture peut devenir symbole de conflit.

● *Ce qu'il ne faut pas faire :*

– ne forcez jamais un enfant à manger s'il n'en a pas envie ;

– ne laissez pas un enfant tout seul devant son assiette : le fait de participer à vos repas en famille lui ouvrira certainement l'appétit si vous n'insistez pas pour qu'il mange ;

– ne remplissez pas l'assiette de façon à ne pas devoir forcer l'enfant à terminer ;

– évitez de laisser l'enfant grignoter après le repas pour compenser ce qu'il n'a pas mangé à table ;

– ne parlez pas de son appétit devant des tierces personnes ;

– ne manifestez pas une satisfaction exagérée quand il a bien mangé : il ne doit pas s'alimenter pour vous faire plaisir (ni pour vous punir), mais simplement parce qu'il a faim.

● *Ce qu'il faut faire :*

– laisser votre jeune enfant aller et venir pendant les repas pour que ceux-ci ne deviennent pas une corvée ;

– lui proposer les aliments qu'il aime, même si ses goûts sont répétitifs ;

– le faire participer à vos repas dans une athmosphère conviviale ;

– ne pas hésiter à compléter un dîner frugal par un biberon ou un bol de lait tiède.

L'anorexie mentale de l'adolescente. Elle touche très rarement les garçons. Elle débute entre 12 et 14 ans et devient évidente vers 15 à 17 ans.

Il s'agit d'une grave perturbation du comportement alimentaire, qui se traduit par une obsession de la minceur et une importante perte de poids. L'adolescente refuse de s'alimenter tout en niant sa maladie. L'anorexie s'accompagne d'une absence de règles (aménorrhée), d'un amaigrissement et d'une hyperactivité.

• *L'absence de règles* est l'un des premiers symptômes. Elle est associée à la perte de poids, ou même la précède.

• *L'amaigrissement* est important, l'adolescente perd 30 % de son poids et même parfois 50 %, devenant d'une maigreur extrême.

• *L'hyperactivité :* sa maigreur ne l'empêche pas de faire d'excellentes études ou de pratiquer un sport sans rechigner.

Ces jeunes filles semblent refuser la féminité et les transformations de leur corps liées à la puberté. Leur désir sexuel est inhibé.

Il est bien difficile pour les parents d'aider eux-mêmes leur fille, et leurs efforts sont presque toujours vains. Une jeune fille anorexique est en danger, il est indispensable pour elle de trouver un médecin avec lequel elle puisse établir une relation de confiance afin d'engager un processus de guérison, toujours assez long. Le succès dépendra de la qualité et de la précocité de la prise en charge médicale et de l'attitude des proches.

L'évolution sera en général positive, bien que les rechutes soient fréquentes. Mais, chez certaines de ces jeunes filles, la nourriture et les questions de poids resteront un problème toute leur vie.

Il arrive que la maladie nécessite une hospitalisation, ce qui permet une coupure totale avec l'environnement familial. Une psychothérapie est couplée à la réalimentation progressive.

Si l'anorexique est prise en charge trop tardivement, sa maladie peut mettre sa vie en péril. C'est dire combien le traitement et l'accompagnement médical de ces adolescentes sont importants.

Antéversion de la hanche.
Voir Pieds, anomalies des.

Anthrax.
Voir Furoncle.

Aphtes. Ce sont de petites ulcérations sur la muqueuse de la bouche. Lorsqu'ils sont isolés, sans fièvre, ils guérissent généralement en quelques jours. Cette guérison est facilitée par la prise de vitamines et de comprimés stimulant l'immunité locale.

Les aphtes peuvent aussi être le symptôme d'une maladie infectieuse aiguë parfois fébrile, la stomatite, souvent provoquée par le virus de l'herpès *(voir page 409)*.

Appendicite. C'est l'inflammation de l'appendice, petit diverticule de l'intestin appendu à l'extrémité du côlon appelée le cæcum. Elle touche le plus souvent les enfants âgés de 6 à 12 ans, rarement les nourrissons.

Il faut particulièrement la suspecter devant les signes suivants :
– douleur au niveau de la fosse iliaque droite ;
– langue blanche, nausées ;
– température de 38 °C environ ;
– tension de la paroi des muscles abdominaux lorsqu'on y enfonce doucement la main ;
– douleur irradiant vers la cuisse, augmentée lorsque l'enfant tousse ou saute.

Le diagnostic n'est pas toujours simple : l'enfant peut se plaindre de douleurs vagues du ventre, la température peut rester à 37 °C ou dépasser 38 °C. Seul un palper très attentif peut alors mettre en évidence la prédominance des signes dans la fosse iliaque droite.

La numération formule sanguine montre en général une augmentation du taux des globules blancs *(voir page 355)*.

L'échographie, sans être formelle, permet parfois de détecter l'inflammation.

Quand le diagnostic d'appendicite est certain, l'enfant doit être opéré dans les heures qui suivent pour éviter la complication majeure : la péritonite *(voir page 440)*.

Ascaridiose. C'est l'infestation par les ascaris, vers blanc rosé, longs de 15 cm à 35 cm et larges de 3 mm à 6 mm. On les reconnaît facilement lorsqu'ils sont éliminés dans les selles.

Les embryons d'ascaris se développent dans la terre. L'enfant se contamine en portant à la bouche ses mains ou des aliments souillés par la terre.

Une fois dans l'intestin de l'enfant, l'œuf libère la larve qui traverse la paroi intestinale pour gagner le foie, puis le cœur et enfin les poumons. Elle monte le long de la trachée, repasse dans l'œsophage, dans l'estomac, puis dans l'intestin pour se développer en ver adulte. À nouveau la femelle pond un œuf qui recommence ce cycle à travers l'organisme.

Quels troubles provoquent la présence des ascaris ? Le passage de la larve dans les poumons entraîne une toux traînante et une gêne respiratoire. La radiographie peut montrer des opacités pulmonaires.

Quand il se trouve dans l'intestin, l'ascaris adulte provoque parfois un manque d'appétit, des douleurs abdominales, des vomissements, des diarrhées, de la nervosité. Dans tous les cas, l'enfant peut avoir des réactions allergiques avec urticaire, crise d'asthme, démangeaisons. Exceptionnellement, les ascaris peuvent entraîner une occlusion intestinale, une appendicite, la formation d'obstacles à différents niveaux du tube digestif.

Le diagnostic. Comment le médecin fait-il le diagnostic ? Quand le parasite est à l'état de larve, l'examen parasitologique des selles est négatif, mais la prise de sang peut montrer une augmentation du taux des globules blancs éosinophiles (*voir page 354*).

Au stade de ver adulte, c'est le rejet d'un parasite dans une selle qui révèle en général l'ascaridiose ; l'examen parasitologique des selles peut, devant des troubles intestinaux, mettre en évidence des œufs d'ascaris.

Le traitement. Il est très simple aujourd'hui. La plupart des médicaments ne se prennent que pendant quelques jours, ils détruisent les vers sans imposer de purge. Pour prévenir l'infestation, il faut expliquer à l'enfant qu'il doit se laver les mains avant de passer à table et veiller à ce que les crudités soient bien lavées.

Asphyxie. *Voir Asthme, Corps étrangers, Laryngite.*

Asthénie. C'est une fatigue générale. Si votre enfant s'allonge souvent, s'il a les yeux cernés, s'il se plaint d'être fatigué, demandez un examen à votre médecin. La visite médicale permet d'orienter le bilan biologique, destiné à vérifier l'absence de maladie organique, d'infection, de parasitose, ou d'autres maladies qui imposeraient un traitement.

Si le bilan est normal, on peut incriminer le surmenage scolaire, source fréquente de fatigue. Le manque de sommeil, des conditions de vie difficiles en famille, l'anxiété, l'inadaptation à l'école aggravent la sensation de fatigue. L'asthénie peut révéler un véritable état dépressif, beaucoup plus fréquent qu'on ne le croit chez l'enfant (*voir Dépression, page 387*).

Asthme. L'asthme est caractérisé par des crises de gêne respiratoire avec obstruction bronchique. Cette gêne peut disparaître partiellement ou totalement entre les crises, qui commencent le plus souvent entre 1 an et 5 ans (l'asthme du nourrisson est toutefois de plus en plus fréquent).

Comment reconnaître la crise d'asthme ?
● *La crise d'asthme typique* est une gêne respiratoire caractérisée par des râles sifflants. L'expiration de l'air est difficile, lente et prolongée. La crise est souvent accompagnée d'une toux sèche, quinteuse et de maux de ventre. Le petit malade est soulagé en position assise. Lorsque la crise d'asthme est installée depuis plusieurs heures, les quintes de toux ramènent des crachats blancs. Rhume et conjonctivite surviennent fréquemment, les yeux sont rouges et le siège de démangeaisons. Certains enfants s'affolent et réclament des médicaments pour que leur respiration

soit libérée ; d'autres tolèrent sans se plaindre une gêne respiratoire assez importante. Il faut donc être vigilant et ne pas se fier seulement à ce qu'exprime l'enfant. Les crises d'asthme durent généralement plusieurs jours ; elles peuvent s'aggraver, au point d'entraîner une cyanose (bleuissement des mains et des lèvres) et une fatigue intense. L'hospitalisation d'urgence est alors indispensable.

● *L'asthme du nourrisson* peut provoquer rapidement des signes de détresse respiratoire imposant l'hospitalisation en urgence. Il fait souvent suite à une bronchiolite *(voir page 374)*.

● *L'asthme d'effort* débute après un exercice physique, au moment où l'enfant récupère. Il cède en quelques minutes. Cette gêne respiratoire sifflante après l'effort doit être différenciée d'un essoufflement banal. Toutes ces formes d'asthme méritent d'une part un traitement d'urgence et d'autre part un traitement du terrain allergique pour prévenir les crises. Un asthme bien traité évoluera favorablement, un asthme insuffisamment traité peut être grave. Vous devez donc absolument comprendre la maladie asthmatique, en connaître les causes, savoir pourquoi on prescrit tel ou tel médicament, et suivre le traitement de façon rigoureuse.

Les causes de l'asthme. L'enfant asthmatique est généralement allergique *(voir page 361)*, c'est-à-dire qu'il sécrète des anticorps IgE dirigés contre des molécules étrangères à son organisme et présentes dans son environnement. Ce terrain allergique entraîne une hyperréactivité des bronches : lorsque l'enfant inspire les allergènes auxquels il est sensible, la bronche se spasme à l'expiration. Dépister ces allergènes et les éliminer le plus possible de l'environnement de l'enfant s'impose. Certains médicaments, tels que le cromoglycate de sodium par exemple, agissent en faisant écran dans les bronches contre les allergènes inhalés.

● *L'environnement.* Causes fréquentes d'asthme, les principaux allergènes sont :

– les poussières de maison, plus précisément les acariens qu'elles contiennent (minuscules insectes se trouvant dans les literies, les moquettes, les tissus d'ameublement, les peluches, se développant en atmosphère chaude et au-dessous de 1 500 m d'altitude) ;
– les phanères d'animaux (plumes, laine, poils, crins) ;
– les moisissures (dans les conduits d'eau et d'aération, sur les plantes vertes) ;
– les pollens (graminées surtout).
Le climat influence l'asthme de façon indéniable :
– les vents entraînent une arrivée de poussières ;
– à l'inverse, les anticyclones font stagner les poussières des villes ;
– l'humidité, la pollution atmosphérique (les gaz d'échappement des voitures, les déchets industriels) augmentent le nombre de crises d'asthme.

● *Les infections* du nez, des bronches, des sinus, les infections dentaires peuvent, en entretenant une présence microbienne, déclencher des crises d'asthme à répétition ; mais c'est le virus VRS (virus respiratoire syncytial) qui est le plus souvent responsable de l'asthme chez les nourrissons vivant en crèche *(voir Bronchiolite, page 374)*.

● *Les causes psychologiques.* Le stress joue un rôle certain dans les crises d'asthme : la coïncidence entre la crise et la contrariété est très fréquemment constatée. Il faut cependant se garder de limiter la cause de l'asthme à des difficultés affectives : ce peut être à l'inverse l'asthme qui entraîne, par la suffocation, des perturbations de l'équilibre psychologique. Si votre enfant est asthmatique, l'hypothèse d'une hyperémotivité ne doit donc pas vous faire délaisser le bilan allergologique et le traitement médical, même si un soutien psychologique est également nécessaire.

Les examens utiles chez l'asthmatique
● *La radiographie pulmonaire* vise à éliminer une complication (pneumonie).
● *La numération formule sanguine* peut

faire apparaître une augmentation du taux des globules blancs éosinophiles.

● *Le bilan allergologique sanguin* se révèle utile car le taux des IgE sériques (anticorps en cause dans la pathologie allergique) est souvent élevé.

● *La recherche de l'allergène* responsable par un test spécifique (RAST) et le test de dégranulation (TDBH) permettent généralement de préciser les allergènes auxquels l'enfant est le plus sensible *(voir Allergie, page 361).*

● *Une fibroscopie* permet de visualiser l'intérieur des bronches et d'y rechercher un corps étranger (petit jouet ou particule alimentaire inhalés).

● *Les épreuves fonctionnelles respiratoires* mesurent la quantité d'air retenue par les poumons au moment de l'expiration. Elles permettent de suivre l'évolution de l'affection et d'estimer l'efficacité du traitement.

L'évolution de la crise d'asthme. Elle peut régresser seule ou grâce au traitement, mais elle risque aussi de s'aggraver.

● *L'état de mal asthmatique* est une crise d'asthme qui se prolonge et s'intensifie, avec une respiration de plus en plus rapide, une oppression de plus en plus importante, l'impossibilité de tousser ou de cracher, une coloration bleue des lèvres et des doigts, des battements cardiaques très rapides et des troubles de la conscience. Cet état de mal asthmatique est extrêmement grave, il peut entraîner une défaillance cardiaque. À l'hôpital, l'étude de l'oxygénation du sang montrera un syndrome d'asphyxie. Le traitement doit être pratiqué d'urgence : l'enfant, transporté par le SAMU, sera installé en réanimation, l'intubation et la respiration artificielle peuvent être nécessaires.

● *La surinfection de la crise d'asthme.* Elle est fréquente. Révélée par l'apparition d'une toux très grasse avec de la fièvre et parfois par un foyer pulmonaire à la radiographie, elle nécessite un traitement antibiotique.

● *Une déformation du thorax et du dos* peut être la conséquence de difficultés respiratoires chroniques. L'enfant asthmatique dont les crises se répètent sur une longue période a un aspect maigrichon, avec un bombement du sternum, un thorax creusé sous les mamelons, un dos bombé. Sa croissance en taille peut en être ralentie, surtout si chaque crise entraîne la prise de cortisone, sans traitement préventif correctement appliqué.

● *Les conséquences psychologiques* sont importantes lorsque l'asthme devient chronique, les crises entraînant un absentéisme scolaire et une angoisse chez l'enfant comme chez les parents.

L'évolution de la maladie. À la puberté, sur trois cas d'asthme, l'un s'aggrave, l'autre disparaît spontanément et le troisième reste identique. J'ai constaté que les traitements actuels permettent le plus souvent une guérison en quelques années, lorsque les parents les ont bien compris et apprennent à leur enfant à les appliquer correctement.

Le traitement de la crise d'asthme

● *Le traitement médicamenteux* a fait des progrès considérables. Son application correcte demande une bonne connaissance des différentes familles de médicaments et de leur action. Les médicaments qui dilatent les bronches et luttent contre le spasme bronchique se prennent en sirop mais surtout en inhalation *(voir page 484).* L'utilisation d'une chambre d'inhalation permet leur administration dès la première année de la vie.

– Les anti-inflammatoires : les effets favorables de la cortisone *(voir page 492)* sur l'asthme sont largement utilisés en cas d'urgence. On peut alors, pour un traitement de courte durée, injecter des doses importantes de cortisone. Si la crise est d'importance moyenne, on utilisera la cortisone par voie buccale. Mais il est absolument déconseillé d'en donner régulièrement et longtemps pour des crises se répétant de façon rapprochée car ses effets sur le développement et la croissance de l'enfant seraient redoutables.

– Les antibiotiques *(voir page 485)* sont souvent nécessaires lors de la crise, étant donné les risques de surinfection au niveau du nez, des sinus et des bronches. Il ne faut pas hésiter à en faire une cure pendant environ 10 jours.

● *Le traitement de fond.* Il est extrêmement important.

– La protection contre les allergènes peut être assurée par le cromoglycate disodique (Lomudal®, *voir page 484).* Ce produit n'a aucune toxicité, il ne traite pas la crise mais empêche les allergènes d'être captés par les cellules réactives des bronches. L'enfant asthmatique doit l'inhaler, tous les jours pendant plusieurs mois, pour espérer voir ses crises s'espacer. Seule une telle utilisation permet d'obtenir un espacement des crises suffisant pour que l'enfant consomme beaucoup moins de cortisone, de bronchodilatateurs et autres médicaments, plus dangereux.

⋯⋯⋯⋯⋯⋯⋯⋯⋯⋯⋯⋯⋯⋯⋯
☞ **Le traitement préventif est important : même en dehors des périodes de crise, l'asthmatique doit se traiter.**
⋯⋯⋯⋯⋯⋯⋯⋯⋯⋯⋯⋯⋯⋯⋯

– Les antihistaminiques *(voir page 484)* : ils diminuent l'hyperréactivité bronchique. Là encore les traitements doivent être prolongés, une imprégnation thérapeutique étant indispensable pour voir diminuer la fréquence et l'intensité des crises.

– La cortisone par voie locale en spray a une action préventive autant que curative. L'effet bénéfique n'apparaît qu'après plusieurs semaines de traitement, avec une diminution du nombre et de la force des crises. Ce traitement a l'avantage de pouvoir être appliqué pendant plusieurs mois sans inconvénient majeur.

– Le traitement de l'environnement : éviter le plus possible la présence des allergènes est la première mesure à prendre lorsqu'un enfant est asthmatique. Vous devez donc traiter son environnement avec une bombe aérosol anti-acariens et lui installer une chambre hypoallergénique (sans moquette, sans rideaux, sans trop de jouets en peluche). Les plumes, le crin et tous les allergènes doivent être supprimés, non seulement de son lit, mais aussi du vôtre et de celui de ses frères et sœurs.

Vous devez avoir chez vous l'adresse de l'hôpital le plus proche : si la gêne respiratoire s'aggrave, votre enfant pourra bénéficier d'aérosols puissants (et éventuellement de techniques de réanimation indispensables en cas de crise grave).

Ces traitements, lorsqu'ils sont bien compris, permettent aujourd'hui à l'enfant asthmatique de suivre une scolarité normale, d'avoir un équilibre psycho-affectif harmonieux et de vivre comme tous les autres avec un espoir très important de guérison.

Les vaccinations chez l'enfant asthmatique. La plupart des vaccins peuvent être faits chez un enfant asthmatique, sauf lorsqu'il est en pleine crise. Les vaccins BCG et rubéole sont parfaitement supportés. Le vaccin DT coq polio injectable peut être proposé.

Certains vaccins peuvent cependant provoquer des réactions lorsque l'enfant est allergique au blanc d'œuf : vaccins contre la grippe, la poliomyélite (forme buccale), la rougeole et les oreillons. Si l'on suspecte une réaction allergique, on peut effectuer la vaccination de manière progressive. En règle générale, les asthmatiques peuvent être vaccinés et l'hypothèse selon laquelle les vaccins usuels, avec ces précautions, pourraient aggraver un asthme n'a jamais été statistiquement démontrée. En revanche, un enfant asthmatique atteint de coqueluche ou de tuberculose serait encore plus gêné qu'un autre. C'est pourquoi on ne peut que recommander de vacciner normalement un enfant asthmatique.

L'enfant asthmatique peut partir en vacances comme les autres. Les séjours en montagne lui sont particulièrement bénéfiques puisque les acariens ne vivent pas en altitude. Les séjours au bord d'une mer chaude comme la Méditerranée sont en général très bien supportés.

Astigmatisme. *Voir Vue, troubles de la.*

Atrésie de l'œsophage. C'est une interruption congénitale de l'œsophage qui survient une fois sur 4 000 naissances. Cette malformation est rare mais grave puisque, en l'absence de diagnostic à la naissance, l'alimentation du nouveau-né ferait une fausse route dans l'arbre respiratoire.

Elle est parfois suspectée pendant la grossesse du fait d'un excès de liquide dans la poche des eaux (hydramnios). La vérification de l'œsophage est systématique pour tout nouveau-né : la sage-femme ou le pédiatre enfile pour cela une sonde par la bouche du bébé jusque dans son estomac. Le nouveau-né atteint d'une atrésie de l'œsophage est immédiatement transporté dans un service de chirurgie néonatale pour y être opéré. Le pronostic dépend alors surtout de l'existence et de la gravité des anomalies éventuellement associées (cœur, voies urinaires, système nerveux central).

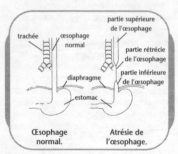

trachée — œsophage normal — partie supérieure de l'œsophage — partie rétrécie de l'œsophage — diaphragme — partie inférieure de l'œsophage — estomac

Œsophage normal. — Atrésie de l'œsophage.

Autisme. Il s'agit d'une maladie mentale caractérisée par une perturbation du contact avec le monde extérieur. Les autistes sont enfermés dans leur univers intérieur, ils sont hermétiques à la communication, refusant tout contact avec l'autre. On a longtemps considéré que l'autisme était une forme de schizophrénie infantile, mais actuellement on a tendance à penser qu'il s'agit d'un trouble distinct.

Quelle est la cause de l'autisme ? Deux théories s'affrontent.

● *La théorie psychiatrique.* On a longtemps pensé que c'était la perturbation précoce de la relation mère-enfant qui rendait l'enfant autistique, le bébé se retranchant dans son monde intérieur pour se protéger d'une mère anxieuse, froide, hostile (ou parfois d'un père rigide). Cette théorie est aujourd'hui contestée : ce serait, à l'inverse, le comportement étrange de l'enfant qui déclencherait chez les parents des réactions inappropriées.

● *L'hypothèse d'une atteinte organique du cerveau* fait l'objet de nombreux travaux de recherche : l'enfant souffrirait d'un dysfonctionnement cérébral depuis sa vie fœtale, ou depuis sa naissance. Beaucoup d'encéphalopathies dont la cause organique est évidente (par exemple une souffrance néonatale) s'accompagnent, en plus de l'infirmité cérébrale, d'un état autistique.

L'autisme peut donc avoir une cause organique. On s'oriente de plus en plus vers la recherche d'une substance biochimique nécessaire au fonctionnement des neurones qui serait peut-être génétiquement défaillante chez les enfants autistiques. Mais pour l'instant aucune de ces recherches n'a abouti.

Quels sont les signes qui doivent faire redouter un autisme ? Les symptômes se manifestent généralement avant l'âge de 30 mois.

– Les possibilités de communication sont altérées. Le nourrisson ne sourit pas. À 8 mois, il n'a pas peur des étrangers. À la fin de la première année, le langage reste absent ou réduit à des vocalises pauvres. Même si l'expression verbale a pu s'organiser sous forme d'écholalie (l'enfant répète simplement les mots entendus comme un écho) ou de langage métaphorique, il est très difficile de le comprendre. La communication non verbale n'est pas adaptée non plus : le regard reste vide, absent, les mimiques et les gestes n'existent pas, ou bien n'expriment rien qui puisse établir un échange avec l'autre.

– Les réactions à l'environnement sont inadaptées. L'autiste refuse tout changement extérieur, même mineur, il ne supporte pas par exemple que l'on change un meuble de place, et réagit alors par une crise d'anxiété.

– Sur le plan moteur, son comportement est très répétitif, avec des gestes toujours identiques, des mouvements de balancement du tronc et de la tête. Il bat souvent des mains, tape des doigts, sautille, effleure les objets, imite les gestes d'une personne à côté de lui (échopraxie), joue toujours de la même façon avec les mêmes objets.

– Il n'entre pas en contact en tendant la main et ne s'intéresse pas physiquement aux autres personnes ou bien alors seulement à une partie de leur corps, toujours la même, le visage ou le bras par exemple.

– La perturbation intellectuelle est fréquente. Déficient devant les tests habituels, il peut surprendre par une excellente compréhension de certaines situations.

– La labilité de l'humeur se manifeste par des crises de colère ou d'anxiété survenant de façon inadaptée à la situation et entrecoupées d'accès d'hilarité.

Tous ces signes sont généralement patents vers 2 ans. Rétrospectivement, on se rend compte que le bébé était particulièrement calme, facile, semblait heureux tout seul, ne réclamait pas la présence d'un adulte et ne répondait à aucune tentative de communication.

Comment évolue généralement l'enfant autiste ? On peut distinguer deux types d'évolution.

Si l'enfant acquiert les bases du langage et si son quotient intellectuel est proche de la moyenne, il pourra accéder à une certaine autonomie et à une socialisation satisfaisante, avec même la possibilité d'une activité professionnelle. Dans les cas défavorables où ces deux éléments ne sont pas réunis, il lui sera très difficile de s'intégrer socialement. Seul un institut spécialisé pourra l'aider à se développer.

La thérapeutique. Elle nécessite des équipes spécialisées permettant une prise en charge socio-éducative qui comprend une psychothérapie et une rééducation par des orthophonistes et des psychomotriciens.

Les parents participent au traitement : ils s'impliquent d'autant mieux qu'ils sont considérés non pas comme responsables de la maladie, mais comme des partenaires indispensables au développement de leur enfant. La thérapeutique peut être appliquée soit grâce à un placement dans un établissement spécialisé, soit en hôpital de jour. Son but est d'améliorer le langage, de développer l'autonomie de l'enfant (lui apprendre à s'habiller, à s'alimenter, à faire quelques courses) et, si le quotient intellectuel est suffisant, de tenter un apprentissage professionnel. Le traitement a d'autant plus de chances d'être efficace que la psychothérapie et la rééducation sont entreprises de bonne heure.

L'utilisation de médicaments psychotropes stimulant la pensée fait l'objet de discussions. Les neuroleptiques (Haldol®) peuvent être utiles dans le cas d'une agitation importante.

Vous trouverez également des informations utiles *page 300*.

B

Bec-de-lièvre. Il peut être simple, ne concernant que la lèvre supérieure (fente labiale) ou total, associé à une fente du palais (division palatine). C'est une malformation congénitale, parfois héréditaire. La découverte d'une fente labiale ou palatine à l'échographie incite à proposer une amniocentèse pour vérifier l'absence d'anomalie chromosomique associée.

Le traitement

● *La fente du palais peut être fermée chirurgicalement* à partir de l'âge de 3 mois, cette fermeture précoce ayant l'avantage d'habituer l'enfant à bien se servir de son voile du palais. Mais il faut suivre l'avis du chirurgien et accepter d'attendre si la fente est trop importante pour être opérée sur un bébé si petit.

• *La fente de la lèvre est généralement opérée* entre 3 et 6 mois. Si elle est bilatérale, on opère en deux temps séparés par un intervalle de 3 mois; ce calendrier est soumis à variations selon l'importance de la malformation et la technique du chirurgien.

Ces interventions de chirurgie plastique ont bénéficié de progrès considérables en ce qui concerne le résultat esthétique et le délai d'intervention.

En attendant le premier temps opératoire, le bébé est alimenté avec une tétine à plateau, c'est-à-dire une longue tétine munie d'une sorte de palais en caoutchouc, pour éviter le reflux de lait par le nez. La patience est de mise pour nourrir ces nourrissons mais l'évolution est rapidement satisfaisante. Une prise en charge orthophonique peut être nécessaire dès l'apparition du langage. Les appareils d'orthopédie dentaire sont souvent utilisés très tôt, dès l'âge de 3 ans et jusqu'à 12 ans, pour que les arcades dentaires soient bien articulées au moment de l'adolescence. En fin de traitement, on obtient en général aujourd'hui une esthétique satisfaisante, une bonne phonation et un articulé dentaire fonctionnel.

Bégaiement.
On distingue deux types de bégaiement.

• *Le bégaiement clonique* est la répétition de syllabes.

• *Le bégaiement tonique* est la difficulté à émettre la première syllabe, avec un blocage de la respiration pendant lequel l'enfant devient rouge, transpire parfois, puis se met à prononcer quelques mots de façon explosive.

Le bégaiement est généralement un mélange de ces deux difficultés d'élocution. Il est plus fréquent chez les garçons.

L'évolution dépend en grande partie de l'attitude de la famille : si vous restez calme et patient devant un petit de 3 ou 4 ans qui commence à bégayer, lui manifestant simplement une gentillesse attentive sans moquerie, sans faire remarquer son trouble d'élocution, sans feindre de l'ignorer mais sans lui demander de se reprendre, l'enfant est rassuré et le bégaiement disparaît généralement en quelques mois. À l'inverse, si l'enfant est l'objet de moqueries, si on lui demande de faire des efforts pour parler normalement, l'anxiété est amplifiée et le bégaiement peut persister. Un bégaiement qui dure plus de 6 mois nécessite une rééducation orthophonique, parfois des entretiens de psychothérapie et une modification du comportement de la famille visant à respecter l'écoute et l'expression de l'enfant.

Boiterie.
C'est un défaut de la marche caractérisée par une inclinaison du corps d'un côté ou une alternance d'inclinaison d'un côté et de l'autre.

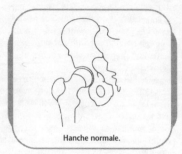

Hanche normale.

Il faut d'abord vérifier qu'il n'y a pas eu une blessure du pied (écharde, morceau de verre, chaussure mal adaptée) ou un traumatisme (entorse, fracture). En dehors de ces causes, le problème peut être orthopédique ou révéler, plus rarement, une maladie du système nerveux ou une maladie des muscles.

Le rhume de la hanche (synovite transitoire de la hanche). C'est la cause la plus fréquente de boiterie : il s'agit d'une inflammation, bénigne et transitoire, de l'enveloppe de l'articulation (la synoviale) probablement due à un virus. Son apparition s'accompagne parfois de fièvre. La douleur siège au creux inguinal, elle est majorée par la mobilisation de la hanche ;

les autres examens sont normaux. La prise de sang est rassurante. La radiographie est aussi tout à fait normale, éliminant les troubles de croissance de la hanche. L'échographie peut parfois montrer un petit épanchement dans l'articulation.

L'évolution est favorable en 2 ou 3 jours. Le repos au lit fait disparaître la douleur. La marche peut être reprise le troisième jour. Une radiographie de contrôle 4 à 6 semaines plus tard est indispensable pour s'assurer que, même si la boiterie a disparu, il ne s'agissait pas d'un début d'ostéochondrite *(voir plus loin)*.

Si l'enfant a une forte fièvre, on pense à une infection de l'os (*ostéomyélite*) ou à une infection de l'articulation (*arthrite ulguë de la hanche*) : en position allongée, l'enfant tient sa jambe fléchie vers l'intérieur, tout mouvement de la hanche est douloureux.

L'infection est généralement due à un staphylocoque. C'est une urgence. Le diagnostic peut être aidé par la radiographie, l'échographie, la ponction articulaire. La recherche des staphylocoques dans le sang est positive dans 50 % des cas. Le traitement consiste à immobiliser la jambe malade par un plâtre et à donner une forte dose d'antibiotiques le plus précocement possible afin d'éviter toute séquelle. Si les signes de guérison ne sont pas évidents vers le dixième jour, une intervention chirurgicale peut être indispensable.

Lorsque le traitement n'est pas appliqué suffisamment tôt et avec les soins nécessaires, un trouble ultérieur de croissance peut entraîner une boiterie définitive.

Si l'enfant n'a pas de fièvre, il peut s'agir d'une *ostéochondrite primitive de la hanche (maladie de Legg-Perthes-Calvé)* : la hanche est irriguée par une seule artère qui peut devenir insuffisante si la croissance est très rapide. La tête du fémur a alors tendance à se détériorer.

Cette maladie touche essentiellement les garçons entre l'âge de 4 et 10 ans. Elle se révèle par des douleurs à la marche qui, de façon trompeuse, peuvent sembler venir de la cuisse ou du genou. Lorsque le médecin fait bouger la jambe, il n'y a d'abord qu'une discrète limitation des mouvements de la hanche ; la radiographie n'est alors pas toujours parlante. La scintigraphie ou le scanner permettent aujourd'hui un diagnostic précoce.

Lorsque le membre inférieur est immédiatement mis en décharge par un plâtre ou une traction par poulie, la tête fémorale soulagée se reconstitue. Plus le traitement est précoce, plus les risques de séquelles sont écartés. L'absence de traitement peut amener à une altération de la tête du fémur avec boiterie irréversible.

L'épiphysiolyse de la hanche : c'est une urgence. C'est un glissement de la tête fémorale qui se décolle du fémur. Il survient juste avant la puberté, surtout chez le garçon qui grandit rapidement, et surtout s'il prend du poids de façon excessive. Il se manifeste par une petite douleur de la région inguinale ou parfois du genou, avec

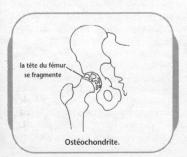

la tête du fémur
se fragmente

Ostéochondrite.

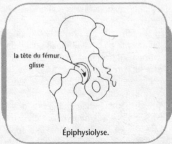

la tête du fémur
glisse

Épiphysiolyse.

une boiterie progressive et une limitation des mouvements de la hanche, la jambe ayant tendance à tourner vers l'extérieur. La radiographie de la hanche permet de confirmer le diagnostic en montrant au début de petits signes faisant deviner la tendance au glissement. Si le diagnostic est tardif, le déplacement du noyau de croissance de la tête du fémur est visible. Le traitement est urgent. Il faut fixer chirurgicalement le noyau de la tête fémorale. Le résultat fonctionnel dépend de la précocité du traitement. Si celui-ci est tardif, l'enfant peut garder des séquelles avec une boiterie et des douleurs pour la vie.

Boulimie. Comme l'anorexie, elle est beaucoup plus fréquente chez les adolescentes que chez les adolescents. La jeune fille boulimique a des accès d'appétit incontrôlables, s'adonne à de véritables orgies alimentaires, ingérant très rapidement, souvent en cachette, des quantités considérables de nourriture très riche, ce qui provoque des maux de ventre et des accès de somnolence. Elle se sent ensuite triste, dégoûtée d'elle-même. La boulimie alterne avec des tentatives pour perdre du poids par le jeûne, des vomissements provoqués, des prises de laxatifs ou de diurétiques. La jeune fille boulimique n'est donc pas forcément grosse ; elle est sujette à des fluctuations pondérales pouvant atteindre 5 kg. Elle est excessivement préoccupée par son poids et par la peur de ne pas pouvoir s'arrêter de manger. Elle passe sans cesse de la gaieté à la tristesse, un état dépressif est souvent à craindre.
Le traitement. Il est difficile du fait de l'impulsivité de ces jeunes filles qui interrompent parfois de façon intempestive leur suivi médical. Il semble que les meilleurs résultats thérapeutiques observés soient obtenus avec la psychothérapie comportementale, qui apprend progressivement à la patiente à s'autocontrôler. Il peut être intéressant d'y associer des antidépresseurs.

Bourses volumineuses. Deux situations sont possibles.
● *Si la bourse n'est pas douloureuse.* Il s'agit le plus souvent d'une hydrocèle *(voir page 411)*, d'un kyste du cordon *(voir page 418)*, ou d'une hernie inguinale non étranglée *(voir page 409)*.
● *Si la bourse est douloureuse et tendue.* Il peut s'agir d'une torsion du testicule *(voir page 468)*, d'une orchite *(voir page 435)* ou d'une hernie étranglée *(voir page 409)*.

Bouton de fièvre. C'est l'apparition, généralement au bord de la lèvre, d'une plaque de vésicules qui démangent puis se transforment en croûtes. Le bouton de fièvre est dû à la résurgence du virus de l'herpès *(voir page 409)*, dont la première manifestation avait souvent provoqué une stomatite. Le bouton peut réapparaître, lors d'une grande fatigue ou sous l'effet du soleil. L'application d'une crème antivirale, dès les premiers symptômes, diminue considérablement l'évolution.

Bronchiolite. C'est l'inflammation des petites bronches, les bronchioles. C'est une infection fréquente, surtout l'hiver chez les nourrissons vivant en collectivité. Le premier responsable est le virus respiratoire syncytial (VRS), très répandu dans les crèches. On peut le mettre en évidence par un prélèvement nasal. La bronchiolite se manifeste par une gêne respiratoire avec expiration lente et sifflante, comme dans l'asthme (bronchite dite asthmatiforme). Elle s'accompagne parfois d'un rhume, souvent d'une otite et d'une fièvre plus ou moins élevée.
Lorsque le bébé peine pour faire entrer l'air dans ses poumons, vous pouvez voir se creuser son thorax, entre les côtes, au-dessus et au-dessous du sternum. C'est ce qu'on appelle un tirage.
L'auscultation permet de confirmer le diagnostic : des râles s'entendent dans les bronches des deux côtés. Le médecin vérifie que le nourrisson supporte bien la

bronchiolite en auscultant son cœur, son foie, et en vérifiant la coloration de sa peau. La radiographie n'apporte pas d'éléments déterminants, elle confirme la distension du thorax; les parois bronchiques sont un peu épaissies.

● *Le traitement est alors urgent.* Il peut utiliser :

– des antibiotiques pour lutter contre une surinfection par des bactéries (mais le virus lui-même n'est pas sensible aux antibiotiques, *voir page 485*);

– un matelas incliné permettant de coucher l'enfant la tête un peu surélevée;

– la kinésithérapie respiratoire pour l'aider à dégager ses bronches;

– des sirops dilatant les bronchioles;

– des gouttes anti-inflammatoires;

– un traitement contre le reflux gastro-œsophagien, souvent associé *(voir page 450)*.

Généralement, la bronchiolite est bénigne et bien supportée, mais il arrive que le bébé soit en détresse respiratoire. Il doit

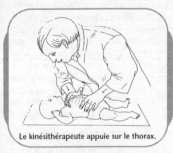

Le kinésithérapeute appuie sur le thorax.

La kinésithérapie respiratoire.

Le mouvement chasse
les sécrétions bronchiques.

alors recevoir des aérosols et une oxygénothérapie à l'hôpital; une mise sous perfusion peut être nécessaire lorsqu'il n'arrive pas à s'alimenter. Dans des cas très rares, une respiration artificielle peut s'imposer.

● *L'évolution* est souvent longue, des râles sifflants et une gêne respiratoire pouvant persister pendant plusieurs semaines. Il est important de veiller à établir pour ces enfants une prophylaxie de l'asthme, car le virus respiratoire syncytial est l'un des responsables de l'asthme; il faut donc limiter autant que possible les allergènes dans l'environnement de l'enfant *(voir Allergie, page 361)*, éviter les contaminations bactériennes et virales répétées et parfois interrompre au moins pendant quelques semaines la vie en crèche, si cela est possible.

Bronchite. C'est une inflammation des bronches provoquée par des virus (rhinovirus, adénovirus, virus influenzæ, virus de la rougeole, de la grippe et autres virus non identifiables) ou des bactéries, qui peuvent être d'emblée en cause ou bien surinfecter une bronchite virale.

☛ **La bronchite est une maladie très banale et généralement tout à fait bénigne chez le jeune enfant.**

Bronchite aiguë. Elle se manifeste par une toux parfois accompagnée de fièvre. Souvent sèche au début, parfois quinteuse, elle devient grasse. Cette toux peut persister pendant plusieurs jours, parfois plusieurs semaines. La phase aiguë de la bronchite dure en général 2 à 3 jours, puis la température se normalise. Les sécrétions nasales deviennent jaunâtres lorsque la bronchite est surinfectée, puis s'éclaircissent sous l'effet du traitement.

● *Le traitement.* Pour un bon usage des sirops pour la toux, *voir page 501*.

Le traitement antibiotique n'est souvent prescrit que pendant 8 jours; il est complété par des sirops fluidifiants, des antihistaminiques, des stimulants de l'immunité et parfois une kinésithérapie respiratoire.

Dans la mesure où la gêne respiratoire n'est pas importante, où la toux n'empêche pas l'enfant de dormir ou de s'alimenter, il faut un peu de patience.

Bronchites à répétition. Lorsque les bronchites se répètent, il faut pratiquer un bilan sérieux afin d'en rechercher la cause. Le médecin pourra ainsi s'orienter vers :

– un corps étranger dans une bronche : la radiographie pratiquée devant une gêne respiratoire importante ou devant une bronchite qui traîne peut révéler un petit objet inhalé obstruant une bronche *(voir page 383)*;

☛ **Un corps étranger dans les bronches est très dangereux, le découvrir est vital.**

– un reflux gastro-œsophagien *(voir page 450)*;

– une hypertrophie des végétations si l'enfant est gêné pour respirer par le nez et si des otites accompagnent souvent la bronchite;

– une allergie, surtout si la bronchite est accompagnée d'urticaire, d'eczéma, si le bébé ne supporte pas bien le lait industriel, si les membres de sa famille sont allergiques; le médecin demandera alors un dosage des anticorps de l'allergie, les IgE, et un bilan spécifique à la recherche de l'allergène *(voir Allergie, page 361)*;

– un déficit de l'immunité : insuffisance en immunoglobulines ou en fer sérique (la carence en fer fragilise le système immunitaire de l'enfant);

– plus rarement, une mucoviscidose, si les bronchites sont associées à des diarrhées et si l'enfant se développe mal; on fera alors un examen de la sueur.

● *Le traitement* d'une bronchite récidivante dépend donc de sa cause. Les prescriptions antibiotiques sont mûrement réfléchies selon chaque situation. Elles peuvent être nécessaires à plusieurs reprises : juguler les poussées de surinfection évite une détérioration irréversible des cils qui tapissent la muqueuse bronchique. La kinésithérapie respiratoire est également très utile.

Grâce à une surveillance régulière et des traitements bien respectés, les bronchites ne laissent généralement pas de séquelles. Exceptionnellement certaines bronches resteront dilatées et hypersécrétantes.

Brûlures. La gravité d'une brûlure dépend essentiellement :

– de son étendue : une brûlure est grave si elle touche plus de 10 à 15 % de la surface du corps;

– de sa profondeur;

– de l'endroit où elle siège : les brûlures de la face, de la main, du périnée sont particulièrement graves.

☛ **Toute brûlure doit être signalée au médecin.**

Les premiers gestes

● *En cas de brûlure peu étendue :* lavez l'endroit brûlé à l'eau froide jusqu'à ce que la douleur cesse. S'il y a une phlyctène (bulle), la peau décollée doit être découpée avec des ciseaux désinfectés à l'alcool. Appliquez si possible une pommade antiseptique (type Cétavlon®), puis du tulle gras, enfin une compresse stérile et une bande de tulle protégeant soigneusement la brûlure. L'application de pomme de terre ou d'huile est à proscrire. Il ne faut pas changer souvent le pansement, contrairement à une idée répandue, mais il faut le laisser en place pendant au moins 48 heures, afin de ne pas risquer d'arracher la peau rosée qui commence à se renouveler. Les pansements sont ainsi refaits pendant 8 à 10 jours jusqu'à cicatrisation totale.

● *En cas de brûlure de la main* (l'enfant a posé la main sur le fer à repasser ou sur la plaque de la cuisinière) : vérifiez que la brûlure n'atteint pas les plis de flexion; si c'était le cas, la peau pourrait en effet se rétracter en cicatrisant et empêcher ensuite une extension parfaite des doigts et de la main.

• **En cas de brûlure au niveau des yeux :** lavez à grande eau, même si l'eau n'est pas stérile.

• **En cas de vêtements enflammés :** empêchez l'enfant de courir, plaquez-le au sol, enroulez-le dans une couverture pour éteindre le feu, puis inondez-le d'eau froide.

• **En cas d'électrocution** (voir page 397) : coupez tout de suite l'électricité, faites au besoin un massage cardiaque et un bouche-à-bouche (voir page 441).

• **En cas de brûlure étendue** sur plus de 10 % du corps chez un enfant de moins de 2 ans et sur plus de 15 % chez celui de plus de 3 ans, il faut transporter l'enfant dans un centre spécialisé pour les brûlés. Le risque est vital lorsque les brûlures recouvrent plus de 30 % du corps.

Les vêtements doivent être enlevés immédiatement, sauf s'il s'agit de vêtements synthétiques qui adhèrent à la peau après s'être consumés. Vous devez donner à boire (uniquement de l'eau) à l'enfant et l'envelopper dans une couverture pour qu'il n'ait pas froid en attendant l'arrivée des secours.

À l'hôpital, le premier pansement est fait après un bain antiseptique et sous calmants, parfois sous anesthésie légère. La peau recouvrant les bulles est excisée, puis la zone brûlée est couverte d'un produit cicatrisant maintenu par un bandage occlusif. L'enfant reçoit des médicaments de type aspirine et un tranquillisant pour calmer son angoisse. Une perfusion est installée pendant plusieurs jours. Le fonctionnement des reins est surveillé, car les brûlures entraînent la libération de produits toxiques. Des antibiotiques sont souvent administrés pour éviter tout risque d'infection.

En fonction de l'évolution, on évoquera l'éventualité de traitements chirurgicaux et de greffes. La greffe est envisagée lorsque la perte de substance dépasse 1 cm^2 ; elle est pratiquée entre le quinzième et le vingtième jour après l'accident. La cicatrisation s'étend ensuite sur des mois, voire des années. Elle peut être améliorée par des massages, des cures thermales et, éventuellement, une chirurgie plastique.

☞ **Il faut éviter, pendant un an, l'exposition au soleil des zones brûlées.**

Vous pouvez limiter les risques de brûlures. De nombreux enfants sont brûlés chaque année et une centaine d'entre eux meurent des suites de leurs brûlures. Il est donc impératif de respecter en permanence certaines précautions lorsque l'on vit avec un jeune enfant :

– ne laissez jamais un petit enfant seul dans une cuisine ;

– ne laissez jamais un enfant s'approcher d'une tasse brûlante (attention au plateau de petit déjeuner posé sur le lit, à portée de main de l'enfant) ;

– ne laissez jamais dépasser les poignées des casseroles posées sur le feu ;

– ne vous servez pas de vieilles casseroles dont les poignées tournent ;

– pour les fritures, utilisez les plaques du fond de la cuisinière et non celles du bord extérieur ;

– ne laissez pas d'allumettes ou de briquet à la portée des enfants, préférez l'allume-gaz ;

– fermez l'arrivée du gaz après usage ;

– faites attention à l'ouverture des cocotte-minute ;

– ne laissez pas les enfants s'approcher des cheminées, ni jouer avec le feu ;

– mettez un pare-feu devant la cheminée ;

– ne permettez pas aux enfants de jouer avec des bougies ;

– éteignez les cigarettes ;

– si le téléphone sonne alors que vous êtes en train de cuisiner, mettez tout de suite le petit enfant dans son parc ;

– faites très attention a[...] (c'est l'une des cau[...] fréquentes chez l'e[...]

– ne laissez pas l'en[...] barbecue, responsab[...] tié des brûlures par f[...]

jamais d'alcool à brûler ou d'essence sur un barbecue ;

– ne vaporisez pas de produits insecticides sans avoir éteint le gaz ;

– ne détachez pas des vêtements avec un produit volatil dans une pièce fermée, surtout dans la cuisine ;

– installez des mélangeurs d'eau ; lorsque vous faites couler un bain, commencez toujours par l'eau froide et ajoutez progressivement de l'eau de plus en plus chaude.

C

Cardiopathies congénitales. La plupart des malformations du cœur se révèlent par un souffle cardiaque, parfois par une cyanose (couleur bleutée de la peau), une gêne respiratoire ou une difficulté à téter les biberons.

Ces malformations sont situées au niveau des cavités cardiaques ou des gros vaisseaux qui partent du cœur. Elles peuvent être minimes, ou au contraire perturber la fonction cardiaque dès les premiers jours de la vie. Au moment de la naissance se produit un véritable bouleversement de la circulation sanguine. Le trou de Botal (communication entre les deux oreillettes) et le canal artériel (reliant l'artère pulmonaire à l'aorte) se ferment en quelques heures. Chez un nouveau-né porteur d'une malformation du cœur, ce bouleversement peut provoquer un état de détresse vitale.

Aujourd'hui, les cardiopathies congénitales sont souvent détectées avant la naissance par l'échographie du troisième trimestre de la grossesse. Sinon l'état du nouveau-né et l'auscultation de son cœur permettent le diagnostic.

La plupart des cardiopathies congénitales sont opérables, mais elles peuvent nécessiter des techniques de soins intensifs et de chirurgie complexe.

Pour une description de chacune de ces cardiopathies, reportez-vous à *Communication interventriculaire (page 380)*, *Coarctation de l'aorte (page 380)*, *Persistance du canal artériel (page 441)*, *Tétralogie de Fallot (page 467)*, *Trilogie de Fallot (page 470)*, *Transposition des gros vaisseaux (page 469)*.

Carie dentaire. La carie est une infection de la dent. Les bactéries dégradent les glucides de l'alimentation en produisant des acides qui forment, avec les débris alimentaires, la plaque dentaire. Les acides attaquent l'émail des dents et des cavités minuscules se forment, par lesquelles s'infiltrent les microbes. En l'absence de traitement, la carie se propage à la pulpe, avec des douleurs provoquées par le chaud, le froid et les aliments sucrés, puis jusqu'à la racine de la dent. Elle peut atteindre le maxillaire et les tissus autour de la gencive. Elle provoque parfois un abcès ou un kyste.

La prévention des caries. Vous devez absolument apprendre à votre enfant :

– à brosser correctement ses dents deux fois par jour ;

– à prendre son fluor *(voir pages 30, 137, 200)* régulièrement jusqu'à 16 ans, de préférence en suçant les comprimés (ce traitement peut être complété par une application locale de fluor deux fois par an par le dentiste) ;

– à ne pas manger trop souvent de bonbons, de caramels, de pâtes de fruit ou à se laver les dents tout de suite après.

Une nouvelle méthode peut compléter cette prévention efficace : votre dentiste applique un film protecteur en résine (le « sealant ») à l'âge de 8 ans et de 12 ans.

Le traitement des caries. Il consiste à supprimer les tissus cariés. Le traitement se fait de préférence sous antibiotiques si la dent est mortifiée. Du fait de la peur qu'éprouve l'enfant devant les soins dentaires, il faut le préparer : n'hésitez pas à l'emmener avec vous lors de vos propres traitements chez le dentiste, pour l'habituer à ce que le praticien regarde sa bouche sans lui faire mal et lui explique ses techniques. L'enfant qui comprend ce qu'on lui fait et l'utilité du traitement est beaucoup moins angoissé.

Les parents ont parfois tendance à négliger les caries quand elles n'atteignent que les dents de lait. Cet état d'esprit est néfaste car, d'une part, une dent cariée est une source d'infection et, d'autre part, il faut que l'enfant connaisse et utilise le plus tôt possible les moyens de prévention de la carie.

Céphalée. *Voir Maux de tête.*

Chalazion. C'est un kyste de la paupière pouvant faire suite à un orgelet. Le traitement consiste à appliquer très tôt une pommade antibiotique et anti-inflammatoire. Si le traitement n'est pas efficace, l'ophtalmologiste peut être amené à enlever chirurgicalement le chalazion.

Chutes. C'est un accident fréquent dans la vie d'un enfant. Bien que les chutes soient généralement sans gravité, tout doit être fait pour en diminuer le nombre car certaines peuvent avoir de graves conséquences.

La première chute survient souvent vers l'âge de 4 mois. Le nourrisson est sur la table à langer et la personne qui le change croit pouvoir disposer de quelques secondes pour prendre un paquet de couches posé à distance, mais le bébé se retourne pour la première fois et tombe. Il arrive aussi qu'il tombe de sa chaise haute si elle est instable, ou dans l'escalier, ou d'une fenêtre, et même de vos bras ou d'une poussette.

Si l'enfant est tombé de plus d'un mètre de haut, le risque de fracture est important, surtout s'il a atterri sur un sol dur.

En cas de chute sur la tête. Il faut se méfier des vomissements, surtout s'ils surviennent quelques heures après la chute, alors que l'enfant semblait aller bien. Des accès de pâleur, des maux de tête, des troubles de l'équilibre ou une perte de connaissance nécessitent une consultation urgente et une surveillance stricte durant quelques heures à l'hôpital. La radiographie recherchera une fracture, le plus souvent de l'os pariétal du crâne. La fracture du crâne peut être sans gravité. Mais un hématome intracrânien peut se former en l'absence de toute fracture. La radiographie du crâne n'est donc qu'un élément d'appréciation parmi les autres : après une chute, le plus important est d'exercer une surveillance pour dépister à temps un hématome intracrânien *(voir page 405)*.

● *Si l'enfant a une blessure cutanée :* les bords de la plaie doivent être rapprochés pour éviter une cicatrice disgracieuse. Le Stéri-Strip®, petit papier collant, est parfois suffisant, mais on n'hésitera pas à faire quelques points de suture (dans les 6 à 12 heures qui suivent la chute). Il faut vérifier que l'enfant est à jour de sa vaccination antitétanique.

● *Si la région de l'œil a été heurtée :* l'ophtalmologiste s'assurera, en cas de heurt violent, qu'il n'y a pas de lésion interne du globe oculaire.

● *En cas de douleur d'un membre liée à une chute :* une radiographie sera nécessaire pour rechercher une éventuelle fracture qui imposerait la réduction et l'immobilisation par un chirurgien.

Pour éviter les chutes :
– ne vous éloignez jamais de la table à langer, même pour prendre un produit proche ;
– choisissez une chaise pour bébé avec un empiétement très large, très stable et vérifiez que le plateau est bien fixé ;
– placez une barrière en haut de l'escalier ;
– mettez des grillages aux fenêtres et aux balcons ;
– choisissez un lit à barreaux ; si votre enfant est capable d'escalader les barreaux, couchez-le dans un lit bas ;
– attachez-le bien lorsqu'il est dans son transat ou dans sa poussette.

Chute de cheveux. *Voir Pelade.*

Cinquième maladie.
Voir Mégalérythème épidémique.

Coalescence des petites lèvres. C'est la réunion des petites lèvres par une membrane transparente. Le pédiatre peut les désunir mais la coalescence a tendance à se reconstituer. L'application d'une pommade à base d'œstrogène pendant quelques jours peut éviter la récidive.

Coarctation de l'aorte. C'est un rétrécissement de l'aorte. Les battements du cœur ne sont pas perceptibles au pouls de l'artère fémorale, au niveau de l'aine du nouveau-né. Cette malformation peut provoquer une insuffisance cardiaque au deuxième ou au troisième jour de la vie : le bébé a du mal à boire ses biberons, à respirer, il devient pâle et gris. Le traitement comporte l'administration rapide d'un tonicardiaque et une intervention chirurgicale.

Coliques néphrétiques. C'est une crise douloureuse intense, provoquée par la distension des voies urinaires et généralement due à la présence de calculs, c'est-à-dire d'organites calcifiés à l'intérieur des voies urinaires. La colique néphrétique est rare chez l'enfant. Elle peut être soulagée en urgence grâce à des médicaments antispasmodiques. Un bilan recherchant la cause permet d'éviter les récidives et les conséquences néfastes pour le rein.

Colobome congénital.
Voir Vue, troubles de la.

Communication interventriculaire (CIV). C'est la persistance d'un trou dans la paroi qui sépare les deux ventricules du cœur. Elle se révèle en général par la perception d'un souffle lors de l'auscultation. Cette anomalie, le plus souvent bénigne, se ferme progressivement avant l'âge de 4 ans. On prend la précaution de donner des antibiotiques en cas d'infection, même bénigne, de la gorge ou du nez, car les bactéries ont tendance à se fixer sur le cœur.

Si la communication interventriculaire est large, elle peut entraîner des signes de défaillance cardiaque imposant une opération pour fermer le trou.

Conjonctivite. C'est une inflammation de la conjonctive (membrane qui recouvre le globe oculaire). L'œil est rouge et coule. La conjonctivite du nouveau-né était autrefois très grave mais, depuis l'instillation automatique de gouttes dès la naissance, elle a disparu.

Les conjonctivites d'origine virale. Les sécrétions sont claires, la conjonctive est rouge, l'enfant peut avoir de la fièvre, mal à la gorge, de petits ganglions dans le cou. Le responsable est souvent un adénovirus, mais d'autres virus (celui de la varicelle, de la rougeole, de l'herpès) peuvent atteindre la conjonctive. Un collyre décongestionnant et désinfectant permet en général une guérison rapide. Exceptionnellement, la persistance d'une rougeur et d'un larmoiement après quelques jours de traitement impose la consultation de l'ophtalmologiste, qui recherchera des ulcérations de la cornée.

Les conjonctivites bactériennes. L'infection de la conjonctive peut être d'emblée bactérienne, mais les bactéries peuvent aussi surinfecter une conjonctivite virale. Les sécrétions sont franchement purulentes, les yeux sont souvent collés, en particulier le matin au réveil, une boule de pus se forme à l'angle interne de l'œil. Les collyres antibiotiques sont généralement efficaces. L'essentiel est de pratiquer les instillations très fréquemment, toutes les 2 heures. Pour mettre les gouttes dans l'œil d'un bébé, abaissez la paupière inférieure. La nuit, on peut appliquer une pommade ophtalmique. Lorsqu'elle récidive, la conjonctivite purulente impose la vérification de la perméabilité du canal lacrymal.

L'obstruction du canal lacrymal. Le canal lacrymal conduit les larmes de l'œil vers le nez. C'est parce que ce canal existe que, lorsque vous pleurez, votre nez coule. Chez le nouveau-né, le canal lacrymal peut être imperforé ou trop étroit. Les larmes stagnent dans l'œil et ont tendance à s'infecter. L'infection de la conjonctive est d'autant plus rebelle que le canal est obstrué, mais elle prend part elle-même au rétrécissement et à l'obstruction du canal. Outre les gouttes à instiller toutes les 2 heures si possible, et une pommade antibiotique pour la nuit, le médecin prescrira éventuellement un antibiotique en sirop. Même parfaitement traitée, la conjonctivite peut récidiver. En reprenant le traitement par gouttes dès le début de chaque récidive, en massant le canal avec vos doigts lorsque vous instillez ces gouttes pour qu'elles pénètrent bien, vous éviterez peut-être un drainage.

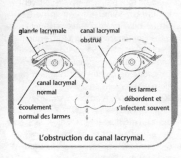

glande lacrymale
canal lacrymal obstrué
canal lacrymal normal
écoulement normal des larmes
les larmes débordent et s'infectent souvent

L'obstruction du canal lacrymal.

Si la conjonctivite est récidivante avec un débordement permanent de larmes infectées, le lavage du canal lacrymal, ou même le sondage avec un fin cathéter, sera indiqué et pourra entraîner une guérison complète.

Les conjonctivites allergiques. Elles se reconnaissent à la démangeaison des yeux, très rouges et larmoyants. L'enfant se protège de la lumière. Vous pouvez utiliser un collyre décongestionnant associé à un sirop antihistaminique. On peut traiter plus énergiquement par des gouttes de cortisone, mais seulement après un contrôle de la cornée par un ophtalmologiste : s'il s'agissait d'un virus herpétique, la cortisone aggraverait la conjonctivite et il y aurait un risque de complications graves.

☛ **Vous ne devez jamais mettre un collyre à base de cortisone dans l'œil de votre enfant sans l'avis d'un ophtalmologiste.**

Le traitement préventif des rechutes utilise le collyre de cromoglycate, qui fait écran aux allergènes. Pour une efficacité certaine, ces gouttes doivent être mises au moins trois fois par jour pendant plusieurs mois. Lorsque l'on connaît l'allergène en cause, on peut entreprendre une désensibilisation (*voir Allergie, page 361*).

Constipation. C'est la diminution de la fréquence des selles. C'est le plus souvent un état banal et transitoire sans aucune gravité. On parle de constipation :
– chez le bébé nourri au lait maternel lorsqu'il a des selles moins de deux fois par jour (encore que certains bébés allaités puissent rester 3 à 4 jours sans émettre de selles et avoir ensuite une débâcle diarrhéique, ce qui n'est pas toujours significatif de problèmes intestinaux);
– chez le bébé nourri au lait artificiel lorsqu'il a des selles moins de trois fois par semaine;
– chez l'enfant plus grand : lorsqu'il va à la selle moins de deux fois par semaine.
La constipation peut s'accompagner d'un manque d'appétit, de douleurs à l'émission des selles, de fissures de l'anus et de saignements rouges dans les selles.

La constipation du nourrisson. Il faut vérifier qu'elle n'est pas le symptôme d'un trouble grave. Il peut s'agir d'une occlusion intestinale aiguë (*voir page 434*) ou d'une maladie de Hirschsprung (*voir page 410*). En dehors de ces situations, la constipation du nourrisson est bénigne; vous trouverez tous les conseils vous permettant d'aider votre bébé à s'en débarrasser *page 59*.

La constipation du grand enfant. Elle peut être due à :
– une erreur de régime : l'enfant ne boit pas suffisamment, mange trop de féculents et de sucre et pas assez de fibres;

– une baisse d'appétit, un séjour prolongé au lit ;

– une occlusion intestinale aiguë ;

– très rarement une maladie telle l'hypothyroïdie *(voir page 413)* ou une malnutrition.

Mais la cause la plus fréquente de la constipation de l'enfant est psycho-affective. La retenue des selles peut alterner avec leur émission par la culotte : c'est l'encoprésie *(voir page 397)*.

Le traitement de la constipation. Il comporte la suppression des sucreries, la réduction des féculents, du riz, l'augmentation de l'eau, des jus de fruits, des légumes verts, des fruits non farineux, l'adjonction de céréales au son. On pourra aider le transit intestinal par des laxatifs huileux (Laxamalt®), des mucilages ou des cures de lactulose (Duphalac®). Rarement, quand l'enfant est complètement bloqué, un lavement (Microlax®) peut être nécessaire.

En cas d'encoprésie, une aide psychologique de l'enfant et de la famille ainsi que des mesures de rééducation sphinctérienne doivent être mises en œuvre.

Convulsions. Ce sont des contractions musculaires paroxystiques, rythmiques, saccadées, survenant par crises, fréquentes chez le jeune enfant, en particulier lors de poussées fébriles. Le début de la crise est brutal, l'enfant se raidit, ses yeux se révulsent, on n'en voit plus que le blanc. Puis le corps est animé de secousses rythmées, c'est la phase clonique. L'enfant devient ensuite hypotonique, pâle, parfois un peu bleu. L'ensemble ne dure que quelques minutes.

Après la crise, l'enfant reprend conscience, puis s'endort profondément pour se réveiller ensuite dans son état normal. Un côté de son corps peut être provisoirement paralysé pendant 1 ou 2 jours. Exceptionnellement, la crise peut dépasser 20 minutes.

Si les convulsions se succèdent, on parle d'état de mal convulsif, ce qui nécessite un traitement d'urgence : plus la convul-

sion dure longtemps, plus il y a de risques de séquelles.

La crise est en général spectaculaire, mais il existe des mini-crises larvées pouvant passer inaperçues, en particulier la nuit : juste quelques secousses d'un membre, un tout petit accès de pâleur accompagné de raideur et d'une révulsion oculaire durant quelques secondes.

La plupart des convulsions du nourrisson surviennent entre 3 mois et 5 ans, avec une fréquence maximale au cours de la deuxième année. Si la convulsion est due à une montée brutale de fièvre, on parle de convulsion hyperpyrétique. On peut ne découvrir la fièvre qu'au moment de la crise, c'est pourquoi les convulsions fébriles ne sont pas toujours prévisibles.

Un enfant ayant eu une convulsion risque-t-il d'avoir d'autres crises ? Oui. Dans l'année qui suit la première crise, 1 enfant sur 2 aura une deuxième convulsion et 1 enfant sur 4 aura 3 crises ou plus. Ce risque de récidive est d'autant plus élevé que l'enfant est jeune.

Les convulsions fébriles laissent-elles des séquelles ? Dans la grande majorité des cas, elles n'en laissent pas. Cependant 2 % des enfants ayant eu des convulsions fébriles resteront épileptiques. Ce risque est d'autant moins probable que :

– la crise est survenue lors d'un accès de fièvre ;

– la crise ne s'est pas répétée ;

– les crises sont de courte durée, il n'y a pas d'état de mal épileptique.

C'est dire l'importance des gestes thérapeutiques préventifs et curatifs.

Le traitement

● *Pendant la crise.* Il faut administrer le plus vite possible du Valium® par voie intrarectale, grâce à une petite canule *(voir page 489)*.

● *Après la crise.* S'il s'agit d'une première crise et si l'électro-encéphalogramme est normal, on se contente d'un traitement préventif lorsque la fièvre monte, avec une ordonnance pour le cas de convulsion. S'il s'agit d'une deuxième crise ou si l'électroencéphalogramme montre un risque de récidive, l'enfant reçoit un traitement (acide valproïde, par exemple) continu et de longue durée (parfois pendant 2 ans).

Coqueluche. Cette maladie infectieuse est due au bacille de Bordet-Gengou. Elle se rencontre principalement chez les bébés n'ayant pas reçu la vaccination, soit parce qu'ils sont trop jeunes, soit par retard dans le calendrier de vaccinations, soit parce que leurs parents refusent le programme vaccinal. L'incubation dure de 7 à 14 jours. Durant les premiers jours, devant une rhinobronchite apparemment banale, sans fièvre élevée, il est difficile de penser à la coqueluche. La maladie se déclare ensuite nettement par une toux très tenace, quinteuse, avec des spasmes prédominant la nuit et conduisant souvent à des vomissements. Les quintes sont caractéristiques avec des secousses prolongées, suivies d'une reprise de l'inspiration sifflante, imitant le chant du coq.

Comment affirmer qu'il s'agit d'une coqueluche ? À la numération des globules blancs, les lymphocytes sont en nombre assez élevé. Pour garantir le diagnostic, on peut rechercher le bacille dans le prélèvement nasal, mais les résultats les plus fiables sont obtenus par un dosage des anticorps dans le sang, qui demande plusieurs jours de délai.

L'évolution de la coqueluche est longue. L'intensité des quintes est maximale au bout de 3 semaines. Elle diminue de la quatrième à la sixième semaine. La coqueluche du tout petit est caractéristique, avec des quintes asphyxiantes. Des syncopes peuvent les accompagner. La coqueluche est d'autant plus grave que l'enfant est jeune.

La coqueluche peut se compliquer de surinfections respiratoires ou d'une méningoencéphalite, surtout chez le nourrisson de moins de 6 mois. On parle de coqueluche maligne lorsqu'elle s'accompagne de convulsions ; elle peut alors laisser des séquelles cérébrales.

Le traitement. Il consiste à donner un antibiotique (la spiramycine, par exemple) durant 15 jours, des sédatifs pour la toux et des calmants pour prévenir les convulsions.

Le traitement des coqueluches graves du nourrisson se fait en hôpital, à proximité d'un service de réanimation. Le bébé est surveillé par un appareil détecteur de ralentissement cardiorespiratoire. L'intubation trachéale et la ventilation artificielle peuvent être nécessaires. Pour éviter les vomissements, on peut être amené à alimenter le bébé par une sonde de gavage ou par perfusion.

La prévention. Toujours d'actualité, elle est assurée par la vaccination, qu'il faut pratiquer dès que le bébé atteint 2 mois *(voir page 332)*. En cas de risque de contamination par l'entourage, on peut immuniser rapidement le bébé par 2 injections de gammaglobulines anticoquelucheuses à 48 heures d'intervalle. L'action immédiate de ces anticorps doit être relayée par la vaccination.

☞ La durée d'éviction scolaire obligatoire est de 15 jours après le début des quintes de coqueluche.

Corps étrangers
Dans les voies respiratoires
● *Lorsque le corps étranger a été inhalé.* Le passage d'un petit objet dans la trachée (bille, pièce de monnaie, bout d'os, etc.) est un accident fréquent chez les enfants de 6 mois à 6 ans, mais il survient surtout au cours de la deuxième année. Il peut être flagrant : en plein jour, l'enfant joue et se met soudain à suffoquer et à tousser. Sa respiration se bloque, il devient bleu, puis survient une inspiration bruyante suivie d'une forte toux. L'incident est très impressionnant.

Il faut faire appel immédiatement au médecin, même si, ce qui est le cas le plus fréquent, tout rentre dans l'ordre en quelques minutes. Un bilan s'impose : un examen radiologique et une endoscopie (à l'aide d'un tube à fibres optiques, on recherche le corps étranger aux différents niveaux de l'arbre respiratoire) permettront de s'assurer que le corps étranger a bien été rejeté.

Parfois l'inhalation du corps étranger est plus sournoise, ou bien vous n'étiez pas présent lorsque l'accident a eu lieu. C'est la toux qui domine à la suite de l'inhalation, et vous pouvez croire que votre enfant a simplement une bronchite infectieuse. C'est pourquoi il faut toujours être vigilant devant une toux survenant par accès, sans rhume évident et sans contexte infectieux certain.

● *Les signes sont différents selon l'endroit où s'est fixé le corps étranger.*

– Si le corps étranger se bloque dans le larynx, il provoque une gêne respiratoire, avec une extinction de la voix et des accès de suffocation. Il faut faire pratiquer d'urgence une endoscopie.

– Le corps étranger peut aussi rester bloqué dans la trachée, s'il est assez petit pour franchir le larynx mais trop gros pour pénétrer dans une bronche. Il peut, en général, encore bouger. Aussi les signes sont-ils intermittents, variables selon l'endroit où se trouve le corps étranger : on observe tantôt une gêne respiratoire et une modification de la voix, tantôt une respiration sifflante. Cette situation est dangereuse car le corps étranger peut brusquement, lors d'un accès de toux, se trouver coincé sous la glotte.

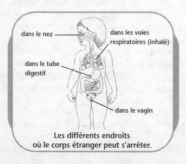

dans le nez

dans les voies respiratoires (inhalé)

dans le tube digestif

dans le vagin

Les différents endroits où le corps étranger peut s'arrêter.

– Le plus souvent, le corps étranger est bloqué dans une bronche. Il peut, dans ce cas, n'entraîner aucun signe, laissant une partie de l'air circuler ; mais il peut aussi former une soupape, révélant sa présence de façon brutale et dangereuse : l'air entre, mais l'expiration est bloquée.

● *La radiographie montre-t-elle le corps étranger inhalé ?*

– Oui, si c'est un corps étranger opaque, métallique ou en verre.

– Non, si c'est un corps étranger non opaque, en plastique ou alimentaire. Mais on peut parfois observer sur la radiographie pulmonaire des signes indirects : le lobe ventilé par la bronche apparaît alors plus opaque que le reste du poumon, ce qui laisse supposer un obstacle sur la bronche concernée. Si le corps étranger n'est obstructif que par intermittence et s'il n'est pas opaque, la radiographie peut être parfaitement normale. C'est pourquoi, au moindre doute, le médecin ORL pratiquera une endoscopie.

● *Quels sont les premiers gestes à faire en cas d'inhalation d'un corps étranger ?* Il faut immédiatement pratiquer la manœuvre de Heimlich : asseyez l'enfant sur vos genoux face en avant, mettez vos mains sous ses dernières côtes, juste au-dessus de la taille, et pressez très énergiquement avec les poings de bas en haut, pour chasser d'un coup tout l'air des poumons et tenter de faire sortir le corps étranger des voies respiratoires.

Cette manœuvre peut être renouvelée 5 ou 6 fois. Si vous ne voyez pas sortir le corps étranger et si votre bébé est en asphyxie, faites-lui du bouche-à-bouche, pendant que votre entourage prévient le SAMU.

Même s'il y a seulement suspicion de passage d'un corps étranger dans les voies respiratoires, une endoscopie d'urgence est indispensable en vue d'une vérification et d'une extraction éventuelle avant que ne survienne un accident dramatique. Le SAMU ou les pompiers transporteront votre enfant dans un service d'ORL ou de réanimation.

La manœuvre pour faire
expulser un corps étranger.

Dans les voies digestives

Lorsque le corps étranger a été avalé, on peut observer deux situations.

● *Le corps étranger était suffisamment petit* pour que l'enfant n'ait pas souffert en l'avalant : s'il est opaque, une radiographie révélera son emplacement dans l'estomac ou dans l'intestin. Vous pourrez le rechercher dans les selles mais sachez qu'il met souvent 10 à 15 jours à franchir le tube digestif. Rien d'inquiétant donc si l'objet n'a pas été rejeté au bout de 48 heures.

● *Parfois, le corps étranger est trop gros* pour franchir l'œsophage en son endroit le plus étroit, là où il est rétréci par la compression de l'aorte. L'enfant peut, dans ce cas, ressentir une grande douleur et pleurer beaucoup. Une radiographie simple permet de localiser l'objet s'il est opaque. Sinon, il faut faire une œsophagoscopie, c'est-à-dire un examen de l'œsophage à l'aide d'un instrument optique.

Extraire un corps étranger œsophagien est un geste difficile comportant un risque de perforation de l'œsophage. Cette extraction impose donc une surveillance postopératoire de l'enfant en milieu hospitalier. Lorsque le corps étranger est parvenu dans l'estomac, il est rare qu'on l'extraie, sauf s'il mesure plus de 6 cm de long ou si l'on craint une perforation du tube digestif (l'extraction se fait alors par chirurgie ou endoscopie).

Particulièrement dangereuses, les petites piles-boutons peuvent brûler la muqueuse œsophagienne et la perforer. Leur ingestion nécessite donc une hospitalisation immédiate et une endoscopie pour faire le bilan des lésions digestives.

Dans le nez

Vous ne devez pas faire souffler l'enfant, ni lui demander de se moucher : il pourrait alors inhaler l'objet dans la trachée. Conduisez-le chez le médecin ORL qui extraira le corps étranger.

Mais, généralement, vous ignorez que votre enfant a introduit un objet dans sa narine. La présence de ce corps étranger dans le nez entraîne des sécrétions purulentes : c'est souvent à cause d'un rhume rebelle au traitement que le médecin finira par le découvrir dans une narine.

Dans le vagin

Il arrive que les petites filles introduisent un petit objet dans leur vagin. Sa présence se manifeste alors par des pertes purulentes récidivantes. Un examen avec un petit spéculum adapté permet alors d'extraire le corps étranger.

Coup de chaleur. Votre enfant risque un coup de chaleur s'il est exposé trop longtemps au soleil ou s'il reste dans une chambre sous les toits, dans une voiture fermée, ou même dans un landau dont la capote est relevée.

Plus l'enfant est jeune, plus le coup de chaleur est grave, car le bébé est très sensible à la déshydratation, son système d'adaptation aux variations de température manquant encore de souplesse : la fièvre peut ainsi être très élevée, dépassant 41 °C. Le bébé devient somnolent, abattu, perd de l'eau par vomissements et diarrhée. Si on laisse la situation se prolonger plusieurs heures, un coma et des convulsions peuvent apparaître.

Pour prévenir les coups de chaleur, ayez toujours des moyens d'hydratation à portée de main, surtout lorsque vous êtes en voiture : par exemple, un produit en sachet à diluer dans un biberon d'eau, qui apporte non seulement l'eau nécessaire, mais aussi les éléments minéraux permettant une bonne conservation des milieux liquides de l'organisme. Donnez souvent à boire à votre bébé quand il fait chaud, sans attendre le moment où, complètement abattu, il n'aura même plus l'envie de boire et aggravera sa perte d'eau par des vomissements et des diarrhées.

Un enfant victime d'un coup de chaleur doit être emmené rapidement à l'hôpital, où une perfusion permettra de corriger la perte d'eau et de faire remonter sa tension artérielle.

Coup de soleil. C'est une brûlure du premier degré (la peau est simplement rouge) ou du deuxième degré (des cloques apparaissent). La peau du nourrisson est si sensible que le coup de soleil peut se produire par simple réverbération alors que le bébé est assis au bord de la mer, même à l'ombre d'un parasol.

Cette brûlure est d'autant plus regrettable chez le jeune enfant que l'altération très précoce de la peau par les coups de soleil constitue, si elle est intense et répétée, un préjudice à long terme.

Le coup de soleil n'est pas immédiat : il ne débute qu'entre 4 à 12 heures après l'exposition et disparaît en 3 à 8 jours selon l'importance de la brûlure cutanée.

Que faire lorsque votre enfant a un coup de soleil ? Évitez les remèdes « de bonne femme » (application de pomme de terre ou de beurre frais). Mieux vaut rincer immédiatement à l'eau fraîche et percer avec une aiguille flambée les bulles qui apparaissent, s'il s'agit d'une brûlure du second degré, puis appliquer un antiseptique et une pommade cicatrisante.

Comment éviter les coups de soleil ? Il faut protéger la peau le mieux possible. Chez le nourrisson, rien ne vaut une chemise en tissu très fin, un bermuda et un chapeau à larges bords.

Lorsque l'enfant grandit et souhaite rester sur la plage, vous devez utiliser des crèmes ou des laits solaires filtrants, de préférence pour bébés : en général, ils assurent une bonne protection.

Certains médicaments et certains produits contre-indiquent l'exposition au soleil. C'est le cas de l'acide nalidixique, de certains sulfamides, de la griséofulvine. Le risque de photosensibilisation est précisé sur la notice.

Craniosténose. C'est une ossification prématurée des sutures du crâne. Le cerveau se développe rapidement chez les nourrissons. La souplesse normale des sutures permet l'extension de la boîte crânienne en fonction de la croissance du cerveau. Lorsque les sutures sont ossifiées prématurément, les structures cérébrales peuvent souffrir. C'est pourquoi on mesure chaque mois le périmètre crânien du nourrisson. S'il n'augmente pas, le palper du crâne peut montrer une hypertrophie des sutures suggérant la craniosténose. L'expansion du cerveau est alors possible grâce à une opération créant une nouvelle suture. On opère très précocement, si possible dès l'âge de 3 mois, pour sauvegarder les fonctions cérébrales, en particulier visuelles.

Cryptorchidie. *Voir Ectopie testiculaire.*

Cystite. C'est une inflammation de la vessie, le plus souvent provoquée par une infection urinaire *(voir page 414)*. Elle se traduit par une sensation de brûlure lors de l'émission d'urines.

D

Déficit de l'immunité. Les défenses immunitaires de l'enfant contre les bactéries et les virus *(voir page 344)* sont de différentes origines :
– les globules blancs, appelés polynucléaires neutrophiles et macrophages, sont des cellules tueuses qui dévorent les microbes ;
– les globules blancs, appelés lymphocytes T, produisent des substances comme l'interféron activant ces cellules tueuses ;
– les lymphocytes B produisent des anticorps : les IgA au niveau des muqueuses et

les IgG dans l'ensemble de l'organisme qui neutralisent les bactéries et les virus.

Le déficit immunitaire léger et partiel. Il est très fréquent pendant les premières années de la vie. Le déficit en IgA peut entraîner des diarrhées et des infections des muqueuses. Le déficit partiel en IgG (hypogammaglobulinémie) entraîne des infections fréquentes, en particulier respiratoires. Il est généralement bénin et transitoire. Des médicaments immunostimulants (*voir page 503*) peuvent espacer les récidives. Lorsque l'enfant a des otites à répétition avec risque de séquelles auditives, on peut injecter des gammaglobulines (*voir pages 343 et 494*).

Les déficits immunitaires graves. Ils peuvent être congénitaux, se manifestant dès la période néonatale par des infections cutanées ou bronchopulmonaires à répétition. Il y a alors un risque à vacciner ces enfants par des vaccins vivants comme le BCG ou le vaccin antipoliomyélite buvable. Le diagnostic de ces déficits immunitaires congénitaux nécessite un bilan sanguin spécialisé. Le traitement cherchera à compenser les éléments de défense manquants. C'est parfois l'indication d'une greffe de moelle osseuse.

Le déficit immunitaire peut aussi être provoqué par un état de malnutrition entraînant un manque de protéines ou par une maladie qui déprime l'immunité, tel le sida (*voir page 460*), ou encore par un traitement immunosuppresseur, en particulier une chimiothérapie. Toutes ces circonstances nécessitent la mise à l'abri de toute source de contagion, parfois en atmosphère stérile.

Démangeaisons (prurit). Elles sont le plus souvent provoquées par un eczéma (*voir page 396*). Elles peuvent aussi être dues à une urticaire ou à une parasitose visible sur la peau, comme la gale (*voir page 403*). Il peut n'y avoir aucune lésion de la peau, par exemple en cas d'hépatite. Il arrive enfin qu'on ne trouve aucune cause au prurit de l'enfant. Le prurit est,

dans ce cas, traité par un sirop antihistaminique administré sur une longue période.

Dépression. Chez l'enfant, la dépression est moins rare qu'on ne le croit. Difficile à reconnaître, elle est souvent une réaction à un environnement familial ou scolaire inadapté. Vous devez y penser lorsque votre enfant paraît triste, pleure très facilement, se désintéresse de tout, n'a pas envie de jouer, semble indifférent à sa famille ou à ses camarades. Il est fatigué, s'isole, s'allonge souvent. L'enfant déprimé s'autodéprécie, il n'est pas content de ce qu'il fait, pense qu'il ne mérite pas d'être aimé, est réveillé la nuit par des cauchemars. Il se plaint souvent de maux de tête, de douleurs abdominales. Il mange en général peu ou, à l'inverse, grignote en passant son temps libre devant la télévision. Il n'a pas envie de travailler, son niveau scolaire baisse. Il ne faut pas alors l'accuser d'être paresseux, mais vous devez comprendre ses difficultés d'attention et de concentration dans cet état dépressif plus général.

Les moments d'apathie peuvent alterner avec des accès d'irritabilité, d'agressivité. S'il est rare que l'enfant se suicide, ses appels à l'aide n'en sont pas moins éloquents ; la moindre allusion à l'éventualité de mettre fin à ses jours est un cri d'alarme qu'il faut absolument prendre au sérieux et qui impose rapidement la consultation d'un psychologue.

Déshydratation aiguë. C'est l'une des causes les plus importantes d'hospitalisation chez l'enfant. Elle est d'autant plus grave que l'enfant est jeune car le corps du bébé contient 70 % d'eau à 6 mois, celui de l'adulte seulement 54 %.

Les causes de déshydratation du nouveau-né :
– généralement, la déshydratation est due aux diarrhées et aux vomissements accompagnant une gastroentérite aiguë ;
– la déshydratation aiguë peut aussi être

due à une fièvre, à un coup de chaleur, à des brûlures ou à une insuffisance d'apport hydrique ;
– beaucoup plus rarement, elle est due à une perte excessive d'eau dans les urines, en cas de diabète ou de maladie rénale.
La déshydratation provoque des anomalies biochimiques et une chute de la tension artérielle. Les organes sont alors mal irrigués et le sang est plus acide, ce qui entraîne une souffrance des cellules.

Les signes de déshydratation :
– soif vive ;
– sécheresse de la langue ;
– somnolence ;
– fièvre ;
– yeux cernés et creux ;
– pli cutané ayant perdu son élasticité et persistant lorsqu'on pince la peau.
L'appréciation de la perte de poids est très importante. La surveillance du poids doit donc être régulière chez un nourrisson, car elle permet de savoir si la déshydratation est encore modeste (le bébé a perdu moins de 5 % du poids de son corps) ou si elle impose une hospitalisation urgente. Dans ce cas, la perte de poids atteint 10 %, le pli de la peau est généralement net. Des examens biologiques sont nécessaires (un ionogramme sanguin et une étude de l'oxygénation du sang) ; l'ensemble de ce bilan guidera le médecin dans la décision de perfusion et surtout dans l'ajustement des apports d'eau et d'éléments minéraux. Si la perte de poids atteint 15 %, c'est une extrême urgence. Lorsqu'elle est précocement traitée, la déshydratation aiguë évolue favorablement.
Actuellement, dans la majorité des cas, l'information des parents permet d'éviter la déshydratation grâce à des mesures de prévention, dès que le bébé vomit ou a une diarrhée. Ces mesures permettent d'arrêter les pertes d'eau et de les compenser rapidement.

Comment réhydrater votre enfant ?
● *Lorsque le nourrisson peu déshydraté accepte de boire, il faut :*
– arrêter les vomissements grâce à des gouttes ou même une injection intramusculaire d'un médicament antiémétique ;
– arrêter d'urgence toute absorption de lait et nourrir le bébé avec des substituts du lait *(voir Diarrhées, page 390)* ;
– stopper la diarrhée avec des médicaments à base de charbon et un pansement intestinal ;
– faire boire le bébé pour compenser l'eau perdue par les vomissements et la diarrhée : vous trouverez en pharmacie des substances de réhydratation que vous ferez boire au bébé, en dépassant largement la ration quotidienne habituelle (un sachet pour 100 g d'eau) pour lui apporter tous les éléments perdus dans les selles ; ces liquides peuvent être donnés dans le biberon ou à la petite cuillère, par administrations répétées.
● *Lorsque l'enfant refuse de boire, vomit, ou si la perte de poids est supérieure à 10 %,* l'hospitalisation pour perfusion s'impose. L'évolution vers la guérison se manifeste par une émission correcte des urines. Il est devenu aujourd'hui exceptionnel que la déshydratation soit compliquée par une anurie (arrêt de l'émission d'urines) ou par des convulsions faisant craindre une complication cérébrale.

Diabète. Chez l'enfant, on parle en général du diabète insulinodépendant.
Le mécanisme. Le diabète est dû à une insuffisance de la sécrétion d'insuline par les cellules des îlots de Langerhans situées dans le pancréas. L'insuline permet au glucose du sang de pénétrer dans les cellules et de leur apporter l'énergie nécessaire. Lorsqu'il n'y a plus d'insuline, le sucre s'accumule dans le sang (hyperglycémie), alors que les cellules en manquent. L'organisme souffre, consomme ses réserves en graisse pour remplacer le sucre manquant et libère un sous-produit des graisses, l'acétone. À partir d'un certain seuil d'hyperglycémie (au-delà de 1,80 g/l), on trouve du sucre dans les urines.

Les causes. Plusieurs facteurs peuvent intervenir :

– des facteurs génétiques fragilisant les cellules du pancréas : l'étude de jumeaux a montré que la maladie peut atteindre les deux enfants à quelques mois d'intervalle ;

☛ **Le taux normal de sucre dans le sang (glycémie) est de 1 g/l.**

– le diabète est une maladie auto-immune : l'enfant produit des anticorps dirigés contre son propre tissu pancréatique qu'ils détruisent. Ces anticorps peuvent être détectés dans le sang avant même que le diabète se révèle. Leur dosage peut permettre le diagnostic de prédisposition au diabète dans la famille d'un malade connu.

Les signes révélateurs. Certains sont causés par l'augmentation du sucre dans le sang : polyurie (émission d'une grande quantité d'urine, les reins diluant le sucre en excès) et polydipsie (besoin permanent de boire pour diluer le taux de sucre dans le sang). D'autres signes sont liés au manque de sucre à l'intérieur des cellules : grande fatigue, amaigrissement très rapide, troubles de la conscience dus à l'acidité du sang par excès d'acétone. Devant ces signes, le médecin confirme un diabète par l'analyse des urines : une bandelette ou un comprimé réactif au glucose révèlent la présence de sucre (glucosurie); une bandelette réactive à l'acétone indique la cétonurie. La prise de sang révèle un taux de sucre élevé (plus de 2 g/l).

● *Si les signes initiaux n'ont pas été reconnus, l'aggravation des perturbations métaboliques entraîne l'acidocétose diabétique :* la diminution de la vigilance peut aller jusqu'à la perte de connaissance. La déshydratation provoque un pli cutané, une sécheresse de la bouche, une chute de la tension. La respiration s'accélère et des douleurs abdominales apparaissent. Le bilan biologique montre l'hyperglycémie et l'acidité sanguine. Le traitement est

alors extrêmement urgent : l'insuline est injectée par voie intraveineuse au moyen d'une pompe, une perfusion permettant la correction de la déshydratation et de l'acidose du sang. Les injections sous-cutanées d'insuline prennent le relais lorsque l'enfant va mieux.

Les complications sont d'autant plus à redouter que le diabète a commencé tôt dans la vie et qu'il est mal équilibré par le traitement. Elles peuvent ne se manifester qu'au bout de 10 ans ou plus tardivement encore : rétinopathie diabétique (atteinte de la rétine), néphropathie diabétique (atteinte du rein et de la fonction rénale), complications cardiovasculaires avec hypertension, complications cérébrales. Un traitement bien contrôlé permet de protéger l'organisme.

Le traitement à long terme. L'insulinothérapie est un traitement pour la vie. Les injections d'insuline seront quotidiennes, parfois pluriquotidiennes. L'injection se fait perpendiculairement à la peau, dans les zones sous-cutanées facilement accessibles : les cuisses, les bras, les épaules, le ventre, les fesses. Il faut varier d'un jour à l'autre le site de l'injection pour éviter la constitution d'amas graisseux inesthétiques.

On utilise une insuline semi-lente ou un mélange d'insuline ordinaire et d'insuline semi-lente. L'injection quotidienne doit permettre de ne pas rester de façon prolongée à un seuil de glycémie trop élevé préjudiciable pour le système vasculaire, sans atteindre non plus un seuil trop bas entraînant des pertes de connaissance. Or la dose d'insuline n'est jamais constante d'un jour à l'autre (le pancréas sain fait un ajustement permanent). L'enfant diabétique doit suppléer à la défaillance de son pancréas en adaptant quotidiennement sa dose d'insuline. Le diabète est bien équilibré lorsque la glycémie ne connaît pas d'extrême et qu'il n'y a pas d'acétone dans les urines.

Le traitement est adapté grâce à des analyses de sang, au bout du doigt, et d'urine pluriquotidiennes. L'enfant diabétique doit consigner 2 à 3 fois par jour la quantité de sucre et d'acétone trouvée dans ses urines, la quantité d'insuline qu'il s'injecte, ainsi que les malaises éventuels. Il doit recevoir une alimentation variée et un apport calorique sans restrictions, mais sans excès de glucides.

Les malaises hypoglycémiques. Ils doivent être bien connus de l'enfant et de sa famille car ils sont souvent prévisibles et évitables.

Une fatigue, des maux de tête et des modifications du comportement (agressivité inhabituelle ou, au contraire, apathie), somnolence, maux de ventre, tremblements, bouffées de rougeur ou de pâleur du visage sont souvent annonciateurs d'une hypoglycémie. Si le diabétique et sa famille ne savent pas reconnaître ces signes, les troubles de la conscience peuvent aller jusqu'à une perte de connaissance avec chute. Lorsqu'une hypoglycémie est suspectée, il faut tout de suite absorber des sucres rapides (le diabétique doit toujours avoir des morceaux de sucre dans sa poche) et des sucres lents (par exemple des biscuits). Si l'hypoglycémie s'accompagne d'une perte de connaissance, on injecte une ampoule de glucagon d'urgence en intramusculaire. Il faut rechercher la cause de ces malaises (absence de petit déjeuner, effort intense). Le lendemain, la dose d'insuline sera diminuée.

Les malaises hyperglycémiques. Ils peuvent se traduire par un épisode acidocétosique souvent déclenché par le stress ou une maladie intercurrente, et qui aurait demandé une dose d'insuline supérieure à celle que l'enfant s'est injectée. Devant des troubles de la conscience accompagnée d'une cétonurie importante, on n'hésite pas à injecter 4 à 6 unités d'insuline ordinaire en supplément.

L'enfant diabétique bien équilibré peut mener une vie normale lorsqu'il a appris à reconnaître les prémices des incidents aigus et à effectuer les gestes préventifs.

La vie sportive n'est pas limitée, sous certaines conditions :
– ne pas oublier d'avoir sur soi des morceaux de sucre ou des gâteaux, ainsi qu'une ampoule de glucagon ;
– ne pas injecter l'insuline dans la région qui sera sollicitée par l'effort ;
– baisser un peu la dose d'insuline juste avant les efforts importants, qui diminueront les besoins en insuline.

Les jeunes diabétiques peuvent exercer la plupart des métiers, mais la loi leur interdit de pratiquer certaines professions (aviateur, chauffeur de taxi ou conducteur d'engins, etc.), et l'accès à certaines grandes écoles (Polytechnique, ENA, Saint-Cyr, Eaux et Forêts) ne leur est pas permis. Ils éviteront des métiers qui demandent vigilance et équilibre comme celui de grutier, ainsi que les travaux sur échafaudage ou ceux qui exigent une acuité visuelle parfaite (horloger).

Le risque de transmettre le diabète est indéniable, mais il est seulement de 1 % à 8 % selon les études. On peut le préciser grâce à l'étude des types sanguins HLA du futur couple. La connaissance de facteurs de risques de transmission n'entraîne pas une contre-indication absolue à la procréation.

Diarrhées. C'est l'un des troubles les plus fréquents chez le jeune enfant.

Les diarrhées aiguës. Elles sont généralement dues à une bactérie (colibacilles, salmonelles…) ou un virus (le plus répandu est le rotavirus). Il s'agit de l'émission brutale et fréquente de selles liquides et abondantes, contenant parfois du sang ou des glaires purulentes. La couleur verte n'a pas de signification alarmante, elle ne traduit que l'accélération du transit ; beaucoup de bébés reçoivent du lait enrichi en fer, qui donne normalement une couleur verte aux selles. L'association de vomissements à la diarrhée est très fréquente.

La diarrhée aiguë risque de provoquer une déshydratation qui peut devenir grave en quelques heures *(voir page 387)*. Plus sournoisement, des selles simplement nombreuses et molles pendant une durée assez prolongée peuvent entraîner une dénutrition et une stagnation du poids. Il arrive, rarement, que l'infection se généralise, les microbes franchissant la barrière intestinale pour pénétrer dans le sang.

Sont particulièrement exposés aux complications des diarrhées : les enfants de moins de 3 mois (particulièrement les nouveau-nés et les prématurés), les enfants ayant un déficit immunitaire, les enfants mal nourris souffrant de carence protéique et les bébés dont l'intestin est sensibilisé par une intolérance au lait de vache.

Une analyse de selles (coproculture) peut être utile si la diarrhée est fébrile.

● *Le traitement.* Dans les formes sévères (perte de plus de 10 % du poids), l'alimentation est arrêtée et une perfusion de réhydratation installée d'urgence. Dans les formes moins sévères, on donne en abondance une solution de réhydratation et on arrête le lait pendant 3 jours en le remplaçant par un lait spécial qui n'irrite pas l'intestin. Chez les enfants plus grands, les régimes antidiarrhéiques comportent du riz, de la viande, de la pomme, de la banane et de la carotte pendant 3 jours. Dans un deuxième temps, l'objectif est la réintroduction du lait. Chez le nourrisson de moins de 3 mois, on utilise de préférence un lait hypoallergénique, particulièrement digeste. Quand l'intestin est bien cicatrisé et les selles normales, on peut réintroduire un lait standard.

Les traitements par médicaments ne sont pas forcément indiqués. Les antibiotiques en particulier sont inutiles dans les diarrhées d'origine virale. L'ampicilline est néanmoins justifiée pour certaines diarrhées fébriles, peut-être d'origine bactérienne. Le lopéramide (Imodium®) permet d'arrêter la déperdition d'eau dans les selles en diminuant les sécrétions intestinales. Il est cependant aujourd'hui contre-indiqué avant l'âge de 2 ans, car il peut avoir l'inconvénient de faire pulluler l'infection bactérienne.

● *La prévention des diarrhées chez le nouveau-né.* La mesure préventive la plus importante est l'alimentation au sein. Même si vous ne pouvez allaiter votre bébé qu'une semaine, vous lui assurez déjà une bonne protection, à un moment où la diarrhée serait particulièrement dangereuse. L'hygiène est très importante, la stérilisation des biberons doit être poursuivie même lorsque vous commencez à donner des aliments à la cuillère. Le fond d'un biberon lavé avec une brosse qui contient de minuscules particules de lait est un milieu bien plus favorable au développement des bactéries que l'assiette ou la cuillère, qui sèchent entièrement. Dans les collectivités, l'hygiène des mains du personnel est fondamentale, ainsi que l'isolement des enfants diarrhéiques.

Les diarrhées chroniques. C'est l'émission pendant plus de 3 semaines de selles liquides ou semi-liquides. La diarrhée chronique évolue souvent par poussées de selles liquides plus ou moins glaireuses, alternant avec des selles à peu près normales. Elle peut retentir sur le développement de la taille et du poids avec une diminution de la couche de graisse des muscles, une pâleur, une finesse de la peau et des cheveux, ainsi que des accès de tristesse.

La diarrhée chronique peut avoir diverses causes : la maladie cœliaque *(voir page 422)*, ou l'intolérance aux protéines de lait de vache *(voir page 416)*, plus fréquemment une colite, due à une perturbation de la flore par une alimentation mal équilibrée (excès de sucre et de farine). Ce dernier cas est fréquent entre 1 an et 3 ans. Les selles sont molles ou mousseuses. Cette diarrhée n'a en général aucune conséquence sur la courbe de poids. Le régime exclut les jus d'orange, le lait, les fromages frais ; il réduit les légumes verts crus, les biscuits, le pain et les féculents et enrichit la ration en graisses végétales, en légumes verts très cuits, tendres, bien mixés, en fruits (pommes ou poires cuites de préférence), en viande, poisson, œufs et fromage (uniquement à pâte fermentée). Le riz et les carottes sont réservés aux poussées aiguës. Il faut éviter des régimes draconiens, inutiles et difficiles à supporter. L'évolution vers une guérison et une normalisation du régime se fait entre 2 ans et 4 ans. Une tendance à la colopathie pourra parfois persister chez le grand enfant et chez l'adulte.

Dilatation des bronches. C'est une maladie chronique. Elle est diffuse, ou localisée à un segment du poumon. Elle peut être due à une malformation congénitale des bronches, mais le plus souvent elle est secondaire à une bronchite virale ou bactérienne, par exemple la coqueluche, ou à l'inhalation d'un corps étranger retiré trop tardivement. On la suspecte devant la récidive des infections pulmonaires, se manifestant par une toux grasse, abondante et purulente, accompagnée de fièvre, parfois de sang dans les crachats. Les radiographies pulmonaires révèlent la persistance d'une image opaque toujours dans la même région du poumon. Une désinfection énergique et le recours à la kinésithérapie sont nécessaires. Exceptionnellement, on peut être appelé à enlever chirurgicalement un corps étranger.

Diphtérie. Elle est devenue exceptionnelle grâce à la vaccination généralisée : tout au plus en observe-t-on 1 cas par an en France. Le bacille diphtérique sécrète une toxine qui entraîne des paralysies du système nerveux.

La diphtérie commence par des symptômes ordinaires : rhume, fièvre légère, gorge un peu rouge. Mais en quelques heures apparaissent sur les amygdales les fausses membranes, enduit blanchâtre caractéristique. L'état général de l'enfant se dégrade rapidement, la fièvre monte jusqu'à 39 °C, des ganglions apparaissent dans le cou et les fausses membranes s'étendent jusqu'à la luette et au fond de la gorge. L'atteinte du larynx provoque une toux rauque, avec une gêne respiratoire appelée le croup. La toxine provoque des paralysies extensives atteignant la gorge, puis les yeux, enfin les membres. Aujourd'hui, les antibiotiques et le sérum antidiphtérique permettent de détruire le bacille diphtérique. Si le diagnostic est fait tardivement, au stade du croup, une ventilation artificielle peut être nécessaire. Cette maladie autrefois redoutable est aujourd'hui curable, mais la rapidité de son évolution laisse le vaccin antidiphtérique toujours d'actualité.

Douleurs abdominales. Les maux de ventre sont d'une extrême banalité et généralement bénins, cependant certains signes imposent un examen et un traitement rapides.

Les douleurs aiguës. Elles peuvent être dues à une invagination intestinale *(voir page 417)*, une occlusion *(voir page 434)*, une torsion du testicule *(voir page 468)*, une appendicite *(voir page 365)* mais il existe de nombreuses autres causes.

• **Si l'enfant est fébrile,** il peut tout simplement s'agir d'une angine ou d'une pneumonie. S'il souffre de diarrhées, ce peut être une gastro-entérite. S'il a une sensation de brûlures en urinant, ce peut être une infection urinaire. Si ses selles sont décolorées alors que ses urines sont foncées, on pensera à une hépatite virale.

• **Si l'enfant n'est pas fébrile,** il peut s'agir d'une crise d'acétone *(voir page 359)* ou d'une constipation importante, d'une douleur prémenstruelle chez la fillette, d'une parasitose (oxyurose, ascaridiose), plus rarement d'une inflammation du pancréas.

On ne peut pas toujours déterminer au premier examen la cause de la douleur, c'est pourquoi le palper doit parfois être renouvelé le lendemain et complété par une prise de sang (pour numération formule sanguine), une radiographie du thorax et de l'abdomen, une recherche de sucre et d'infection dans les urines.

Devant des maux de ventre aigus et persistants, vous devez analyser les symptômes, prendre régulièrement la température, regarder les urines et surveiller le transit intestinal. Les douleurs abdominales aiguës de l'enfant nécessitent une vigilance particulière pour éliminer toute cause chirurgicale.

Les douleurs chroniques. Elles sont souvent d'origine psychologique mais, avant de l'affirmer, il faut éliminer toute hypothèse de maladie organique.

L'examen clinique permet de déterminer le siège de la douleur et d'évaluer l'état de santé de l'enfant. Le médecin vérifie qu'il n'y a ni sang ni pus, ni parasites dans les selles, qu'elles ne sont pas décolorées, que les urines ne sont pas infectées ou foncées, que la tension artérielle est normale ; une numération formule sanguine et la vitesse de sédimentation vérifient l'absence de signes d'infection. Lorsque ce bilan est normal, on n'hésite pas aujourd'hui à le compléter par une échographie (c'est un examen précieux pour vérifier l'état des organes abdominaux).

Un abus de chocolat, de sucreries, de jus de fruits, de boissons aromatisées ou de lait risque de majorer les maux de ventre. Un régime comprenant davantage de fibres peut améliorer la symptomatologie. Mais il s'agit souvent de spasmes dus à l'anxiété. Les visites médicales sont l'occasion d'analyser avec les parents le climat psychologique dans lequel vit l'enfant. On tâchera de détendre l'atmosphère, en particulier sur les plans scolaire ou familial, car il s'agit souvent d'enfants soumis à des consignes éducatives trop fortes. Lorsque l'écolier place son niveau d'exigence scolaire trop haut, au point d'avoir des douleurs abdominales avant ses contrôles, il est nécessaire d'en parler avec lui et de le réconforter.

Douleurs de croissance. Beaucoup d'enfants âgés de 5 à 12 ans se plaignent de douleurs au niveau des cuisses et des jambes, surtout pendant la nuit. On peut parler de douleurs de croissance si elles restent vagues et ne sont jamais localisées au même endroit ni accompagnées de fièvre, de rougeurs, d'inflammation des articulations, de boutons, tous signes qui imposent un bilan médical pour rechercher un rhumatisme articulaire aigu ou une maladie osseuse. Une petite dose d'aspirine (pour son effet antalgique et anti-inflammatoire) diluée dans un verre d'eau sucrée fait généralement tout rentrer dans l'ordre, jusqu'au prochain épisode.

Down, syndrome de. *Voir Trisomie 21.*

Drépanocytose. Cette maladie héréditaire de l'hémoglobine se rencontre surtout dans la race noire, mais également autour du bassin méditerranéen.

Dans la forme homozygote *(voir Hémoglobinopathies, page 407)*, la drépanocytose se manifeste par une anémie accompagnée de fièvre et de douleurs. L'enfant est sensible aux infections et sujet à des complications nerveuses dues à des thromboses veineuses. Ces complications (crises drépanocytaires) sont entrecoupées de phases stationnaires pendant lesquelles l'enfant peut mener une existence normale et avoir un développement staturo-pondéral et psychomoteur normal.

La pâleur conduit le médecin à palper le ventre (le volume de la rate est souvent augmenté) et à demander une numération formule sanguine qui indique une anémie. Le taux élevé de réticulocytes (précurseurs des globules rouges) montre que l'anémie est due à une fragilité des hématies, qui sont trop rapidement détruites (hémolyse). Ces hématies ont la forme d'une faux (hématies falciformes) et l'hémoglobine qu'elles contiennent est appelée hémoglobine S. L'enquête familiale révèle en général que les parents sont hétérozygotes, atteints de la forme mineure, avec chacun une petite proportion d'hémoglobine S. Les frères et sœurs peuvent être indemnes, atteints d'une forme mineure ou d'une forme majeure. Le traitement de la drépanocytose majeure consiste à protéger des surinfections par une antibiothérapie, en particulier contre le streptocoque ; cette antibiothérapie peut être prolongée pendant des années sans effets secondaires si l'enfant n'est pas allergique. On y adjoint une vitamine, la foldine, pour stimuler la régénération globulaire. Il faut être attentif au calendrier des vaccinations de l'enfant atteint de drépanocytose, étant donné sa sensibilité aux infections : les vaccinations contre l'hépatite B et contre l'Hæmophilus sont particulièrement recommandées.

Les complications peuvent imposer une hospitalisation pour :
– une transfusion si l'hémoglobine descend au-dessous de 6 g à 7 g/100 ml ;
– une antibiothérapie puissante en cas d'infection ;
– une réhydratation et des analgésiques en cas de crise drépanocytaire ;
– et parfois même un remplacement du sang lorsqu'il y a une thrombose grave.

Les adolescents atteints de drépanocytose doivent être informés sur le risque de transmission héréditaire de la maladie.

Dyslexie. C'est un trouble de l'acquisition de la lecture qui atteint 5 % à 10 % des enfants d'âge scolaire. Le défaut de compréhension du langage écrit est souvent associé à une difficulté de l'expression écrite (dysorthographie). La dyslexie n'implique pas de retard intellectuel, ni de déficit auditif, ni de trouble patent de la personnalité. L'utilisation de tests standardisés permet de quantifier le retard d'acquisition de la lecture, le bilan orthophonique recherche les difficultés linguistiques associées. La forme la plus pure de dyslexie semble d'origine génétique, portée par le chromosome 6 : une anomalie se produirait dans l'établissement des dominances hémisphériques pendant la vie intra-utérine, entraînant un dysfonctionnement des centres du langage. La rééducation orthophonique doit commencer dès que le diagnostic est évoqué, durer plusieurs années et être parfois associée à un soutien psychologique. La dyslexie peut aussi faire partie d'un ensemble de troubles plus complexes, troubles de la perception visuelle et auditive, perturbation psycho-affective.

☞ **Un dépistage précoce (dès la maternelle) peut permettre une rééducation afin d'éviter l'installation d'une dyslexie trop avancée.**

Si aucun dépistage ni aucune rééducation ne sont entrepris précocement, c'est au début du CE1 que la dyslexie deviendra évidente : l'enfant inverse l'ordre de certaines lettres ou syllabes et confond les lettres phonétiquement voisines (« bar » peut être lu « rab », « pal », « lap ») ; il oublie certains sons (« fil » peut être lu « il ») ou en ajoute (« escapade » peut devenir « cascapade »). La lecture est hachée, hésitante et l'enfant a du mal à comprendre le texte. Un texte-test, le test du Poucet, permet, en comptant le nombre d'erreurs faites au cours de la lecture et le temps de lecture, de comparer le niveau de l'enfant par rapport à son âge.

La dyslexie n'est pas une fatalité. Votre enfant a de bonnes chances de surmonter cette difficulté si vous demandez conseil à votre pédiatre dès que vous constatez un retard de langage (voir page 452) ; si vous demandez un bilan orthophonique alors que l'enfant est encore à la maternelle ; si vous lui parlez beaucoup et si vous lui racontez beaucoup d'histoires.

Reportez-vous au texte sur l'apprentissage de la lecture (voir page 238) pour éviter de faire des erreurs, de dégoûter votre enfant, de le mettre en échec.

Lorsque la dyslexie est installée. Elle est souvent associée à d'autres difficultés : troubles d'orientation dans l'espace et le temps, de perception du rythme de la lecture, inversion des phonèmes. Des troubles affectifs, des réactions psychologiques d'agressivité ou de passivité face à l'école, une sensation d'échec et de découragement risquent de s'installer peu à peu.

La rééducation orthophonique. Elle peut utiliser la voix humaine, mais aussi la musique, le jeu, l'expression corporelle sur un mode rythmique.

Les séances d'orthophonie ont lieu plusieurs fois par semaine ; vous devez y participer régulièrement afin de comprendre la démarche de l'orthophoniste. La rééducation peut durer plusieurs années, jusqu'à ce que l'enfant sache lire couramment et avec plaisir.

Dysorthographie. C'est un trouble de l'acquisition de l'orthographe, généralement associé à la dyslexie. Les erreurs ne sont pas dues à de pures erreurs grammaticales mais elles sont dues à l'impossibilité qu'a l'enfant de considérer la phrase comme un ensemble organisé. Il a du mal à comprendre les sons, à analyser ce qu'il entend alors que son audition est normale. Il fait les mêmes erreurs lorsqu'il écrit et lorsqu'il lit, en confondant certaines lettres et certaines syllabes, en les inversant, en faisant un mauvais découpage des mots. Son vocabulaire est pauvre et son organisation spatio-temporelle défectueuse.

Les difficultés scolaires sont souvent très lourdes lorsque la dysorthographie est installée, d'où la nécessité d'un dépistage précoce.

La rééducation orthophonique. Des cours du soir seront peu productifs tant que la difficulté de base n'a pas été résolue par l'orthophoniste. L'aide des parents et du pédiatre est nécessaire pour pallier l'échec scolaire.

Dyspnée. *Voir Gêne respiratoire.*

E

Ecchymoses. Ce sont les bleus qui apparaissent après un choc.

Chez le nouveau-né. Des ecchymoses peuvent apparaître à l'intérieur des conjonctives, autour de l'iris, ou sur le front et le cuir chevelu après un accouchement prolongé ou à la suite de l'application des forceps. Ces ecchymoses sont généralement superficielles et se résorbent spontanément.

Chez le jeune enfant. Les bleus surviennent lorsqu'il se cogne, tombe ou joue brutalement avec d'autres enfants. Les ecchymoses sont donc très fréquentes, en particulier à la face antérieure des tibias. Elles disparaissent naturellement, après être passées du bleu au jaune, puis au vert. On perçoit parfois un petit hématome sous-cutané, par exemple en cas de bosse sur le front. Pour accélérer la résorption, vous pouvez appliquer tout de suite de la glace, qui limitera l'hémorragie sous-cutanée, puis de la teinture d'arnica. Il faut absolument éviter de masser les hématomes : ils se résorberaient plus lentement et pourraient même s'enkyster sous la pression du massage, en laissant une bosse définitive.

Si des ecchymoses surviennent sans cause évidente, à des endroits du corps où il n'y a pas eu de choc, il faut soupçonner la présence d'une maladie perturbant la coagulation et montrer d'urgence l'enfant à votre médecin, qui prescrira alors un bilan sanguin.

Ectopie testiculaire (cryptorchidie). C'est l'absence d'un testicule, parfois des deux, dans le scrotum.

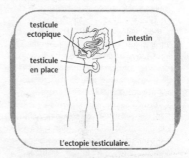

L'ectopie testiculaire.

Il ne faut pas confondre le testicule ectopique et le testicule oscillant, capable de descendre et de rester en bonne place (spontanément ou sous la pression de la main). Pour faire la différence, il faut examiner l'enfant dans de bonnes conditions : l'idéal est de l'asseoir, de s'assurer qu'il est bien détendu musculairement, de lui faire écarter et plier les cuisses et de l'examiner, les mains tièdes. Le testicule oscillant est alors palpable ; il ne requiert aucun traitement. Si l'ectopie testiculaire est confirmée, si la bourse est vraiment vide, on vérifie qu'il n'y a pas d'autre anomalie locale, hernie ou kyste du cordon par exemple *(voir page 418)*.

Lorsque les deux testicules sont absents, un bilan complet est utile pour vérifier qu'il n'y a pas de trouble hormonal ou chromosomique.

Les conséquences. La cryptorchidie n'entraîne jamais à elle seule un mauvais fonctionnement hormonal. La puberté et la virilité seront normales, mais le risque d'infertilité est possible si le testicule n'est pas mis en place suffisamment tôt. Ce risque est d'autant plus grand que la cryptorchidie est bilatérale, la position des testicules haute et le traitement trop tardif. À partir de l'âge de 15 ans, si rien n'a été fait, se rajoute la difficulté à surveiller médicalement la glande intra-abdominale. On a donc beaucoup avancé le moment du traitement. On considère aujourd'hui que les ectopies testiculaires doivent être traitées au cours de la deuxième année de la vie. **Traitement hormonal ou traitement chirurgical ?** Les gonadotrophines chorioniques (HCG) donnent des résultats incertains. Il semble qu'elles soient efficaces en injection intramusculaire 1 à 3 fois par semaine, dans un tiers des cas, au-dessous de 6 ans, mais ce traitement comporte des risques d'effets secondaires, aussi la chirurgie est-elle souvent décidée d'emblée. Elle consiste à abaisser le testicule et à le fixer dans la bourse. Pratiquée vers 2 ans ou 3 ans, elle permet la sauvegarde la plus sûre des fonctions du testicule.

Eczéma. On dit aussi eczéma atopique, eczéma constitutionnel ou dermatite atopique. C'est une affection fréquente qui atteint environ 3 % des enfants et qui peut évoluer par poussées pendant toute la première enfance. L'eczéma ne survient gé-

néralement pas avant l'âge de 3 mois. Mieux vaut invoquer auparavant un autre diagnostic.

L'eczéma est caractérisé par des lésions cutanées très sèches, rouges, rugueuses, le plus souvent groupées sur le visage chez le nourrisson, et plutôt dans les plis de flexion des coudes et des genoux chez l'enfant plus âgé. Les démangeaisons sont très fortes et le grattage peut modifier l'aspect des lésions (stries de grattage).

Un enfant eczémateux a souvent une famille atteinte d'allergies : asthme, rhinite allergique ou eczéma sont fréquemment retrouvés chez les parents ou les grands-parents. L'asthme est d'ailleurs très souvent associé à l'eczéma.

La prise de sang recherche une augmentation du nombre des polynucléaires éosinophiles et des anticorps de l'allergie, les IgE (encore que 1 eczémateux sur 5 puisse avoir un taux normal d'IgE). Le bilan peut chercher à préciser plus finement les allergies de l'enfant *(voir Allergie, bilan médical, page 361)*.

Le traitement. Il faut d'abord éviter que l'eczéma ne se surinfecte en impétigo, grâce à des bains quotidiens, à l'application sur les lésions de pommades antiseptiques, à une antibiothérapie en sirop lorsque les lésions sont très infectées.

● *Pour calmer les poussées d'eczéma,* les seuls produits qui ont vraiment fait la preuve de leur efficacité à court terme sont les pommades et crèmes à base de cortisone, mais elles ne doivent pas être utilisées de façon étendue et permanente car elles pourraient alors être absorbées par la peau et entraîner des effets secondaires. Vous trouverez des précisions concernant ces produits *page 500*.

Il faut éviter le contact avec une personne porteuse d'herpès, car le virus de l'herpès est particulièrement virulent sur une poussée d'eczéma. Un traitement antiherpétique doit alors être entrepris d'urgence.

● *Le traitement de fond* permet la diminution des récidives. On utilise des bains d'amidon, la peau étant nettoyée au savon surgras, puis l'application de crèmes antiseptiques et lubrifiantes pour relayer l'action de la cortisone.

Le terrain allergique peut être calmé par des antihistaminiques donnés pendant plusieurs mois. La détermination de l'allergène permettra parfois de pratiquer une désensibilisation.

L'eczéma ne contre-indique aucune vaccination : on évite cependant de vacciner pendant les poussées. Il faut vérifier l'absence d'allergie aux produits utilisés pour la préparation de certains vaccins (œuf, antibiotiques, *voir page 342*).

Électrocution. L'électrocution, c'est-à-dire le contact avec le courant électrique, provoque un état de choc.

L'électrocution peut entraîner :
– un état de mort apparente avec un arrêt de la respiration par une contracture des muscles ;
– un arrêt de la circulation sanguine dû à une fibrillation du ventricule cardiaque (le cœur se met à battre très vite, mais très faiblement : l'enfant entre dans le coma, on n'entend plus battre son cœur).

Les gestes à faire en cas d'électrocution. Si vous trouvez votre enfant crispé, en contact avec un appareil électrique ou une prise de courant, il faut couper tout de suite le courant ou, à défaut, prendre un objet isolant en bois ou en plastique (un balai, par exemple) pour le dégager. Si vous n'entendez pas les battements de son cœur, faites immédiatement un massage cardiaque et un bouche-à-bouche *(voir page 441)*. L'enfant doit être confié au SAMU ou aux pompiers le plus vite possible. L'électrocution ne porte parfois que sur une partie de l'organisme, par exemple la bouche lorsque l'enfant a sucé une rallonge électrique branchée. Les dégâts causés à la langue et aux lèvres peuvent alors poser des problèmes esthétiques importants.

Comment prévenir les électrocutions :
– installer les prises électriques en hauteur ou les munir de cache-prise à clef ;
– ne jamais laisser de rallonges branchées sans appareil au bout ;
– ne pas laisser un appareil électrique branché lorsque ce n'est pas indispensable ;
– ne pas utiliser un appareil électrique dont les fils sont dénudés.

Encéphalite aiguë. C'est une inflammation du tissu cérébral, en général d'origine virale. Les virus les plus courants (celui des oreillons, de la rougeole, de la varicelle) peuvent provoquer une encéphalite. L'herpès ou le virus des inclusions cytomégaliques touchent particulièrement le nouveau-né. Bien souvent, il est impossible d'identifier le virus responsable.

Les symptômes. Ce sont la fièvre, des paralysies, des convulsions ou des troubles de la conscience. La ponction lombaire montre souvent que l'inflammation s'étend aux méninges. Le tracé électrique du cerveau enregistré sur l'électroencéphalogramme est perturbé.

L'évolution se fait généralement vers une guérison spontanée totale. Mais l'encéphalite peut aussi entraîner un coma profond et des paralysies importantes, compromettant la vie de l'enfant et pouvant laisser des séquelles.

Encoprésie.

C'est la défécation involontaire, chez un enfant de plus de 3 ans, dans la culotte ou dans le lit, en l'absence de toute maladie organique. L'encoprésie apparaît le plus souvent après une période de propreté, presque toujours pendant la journée. Elle est beaucoup plus fréquente chez les garçons. La fuite des selles alterne avec la constipation. Il se produit un blocage psychologique par rapport à l'émission des selles, que l'enfant retient inconsciemment jusqu'à avoir très mal au ventre. Il ne faut pas confondre l'encoprésie avec une incontinence physique du sphincter anal, pouvant survenir après une intervention ou lors d'une maladie neurologique avec paralysie.

Au fur et à mesure que l'enfant développe

ce blocage, les selles stagnent dans l'intestin, se déshydratent, deviennent dures, constituant des fécalomes qui rendent leur émission de plus en plus douloureuse. Il en résulte une distension du côlon appelée mégacôlon fonctionnel.

L'encoprésie est considérée comme un trouble grave par les psychiatres et les psychanalystes. Elle est difficile à soigner si elle est installée depuis longtemps : vous devez donc en parler au pédiatre dès les premiers signes.

Les erreurs à ne pas commettre. Il faut, pour les éviter, comprendre le mécanisme psychologique de l'encoprésie : émettre une selle ou, à l'inverse, la retenir (donc faire plaisir à sa mère ou la contrarier) donne à l'enfant un pouvoir qu'il peut prendre goût à utiliser de façon négative à l'âge d'opposition. Il faut donc éviter de manifester trop de joie lorsque l'enfant a fait une selle dans le pot. La maman ne doit pas non plus être trop attentive à la moindre constipation de son enfant et vouloir l'aider par des suppositoires, des lavements : ces attentions focalisent l'enfant sur le travail de son sphincter anal et ont tendance à l'inciter à en jouer dans ses rapports avec autrui. Quelques petits problèmes de constipation doivent être traités de préférence par voie buccale, par des sirops lubrifiants et ne pas entraîner mille aides qui feraient perdre à l'enfant toute autonomie sur le contrôle de son sphincter. La discrétion et la simplicité sont donc de rigueur entre parents et enfants au sujet des matières fécales.

Quand l'encoprésie est installée. Je conseille d'inciter l'enfant à s'asseoir soit sur son pot, soit aux toilettes pendant environ 20 minutes après chaque repas, avec des jeux, de petits albums, tout ce qui peut l'intéresser et le détendre. Dans cette position, le travail intestinal inconscient fait progresser les matières, même si elles ne sont pas émises.

Ne demandez pas à votre enfant s'il a fait une selle, mais dites-lui qu'il doit rester aux toilettes par mesure d'hygiène pour son intestin. S'il vient vous voir en vous disant qu'il a très mal, je pense que vous devez lui dire de régler son problème lui-même aux toilettes ; ne vous en mêlez pas si c'est possible et évitez toutes les interventions locales. De même, lorsqu'il s'agit à l'évidence d'une encoprésie psychologique et non pas d'une incontinence sphinctérienne par anomalie anatomique, le pédiatre évitera les examens complexes comme le lavement baryté avec contrôle des pressions du rectum et du sphincter, car tous ces gestes pourraient enliser l'enfant dans sa situation d'encoprétique. C'est donc plutôt une rééducation psychologique qui va pouvoir régler la situation.

Si ces mesures et une détente familiale au sujet du problème ne permettent pas à l'enfant d'être parfaitement propre en quelques semaines, une psychothérapie s'impose car l'encoprésie installée est le signe de perturbations psychologiques profondes.

☛ Il ne faut jamais punir ou humilier un enfant qui salit sa culotte.

Enfants battus.
Voir Silverman, syndrome de.

Entorse (foulure). Elle survient souvent à la cheville. C'est une distension des ligaments faisant suite à une chute ou à un faux mouvement : il n'y a pas de déplacement de l'articulation ni de fracture. L'enfant boite après être tombé ; sa cheville, par exemple, est chaude et enflée. Avant de conclure à une simple entorse, le médecin prescrira une radiographie comparative des deux pieds pour vérifier l'absence de déplacement ou d'un petit trait de fracture qui nécessiterait un traitement plus important que pour une entorse simple.

L'entorse simple. On applique une pommade anti-inflammatoire et, pendant 5 jours, on immobilise la cheville avec de l'élastoplast ou une bande plâtrée. Les anti-inflammatoires par voie buccale peuvent permettre une guérison plus rapide. L'enfant ne doit pas courir ou sauter tant que l'œdème et la douleur n'ont pas complètement disparu.

L'entorse grave. On parle d'entorse grave lorsque l'un des ligaments maintenant l'articulation est rompu. L'immobilisation est alors la même que pour une fracture.

Énurésie. C'est l'émission d'urine dans la culotte ou dans le lit après l'âge de 3 ans, le jour, et de 5 ans, la nuit. L'enfant énurétique émet ses urines de façon normale, complète, mais involontairement, le plus souvent la nuit. En cas d'énurésie, il n'y a aucune lésion organique de l'appareil urinaire ni de l'appareil nerveux. L'énurésie atteint 15 % des enfants avec une nette prédominance chez les garçons. L'énurésie nocturne s'accompagne souvent d'une énurésie diurne, la culotte étant souvent mouillée par de petites fuites avant la miction. Elle s'associe parfois à une encoprésie *(voir page 397)*.

Il ne faut pas :
– humilier l'enfant qui fait pipi au lit ;
– punir ou donner des fessées ;
– être totalement complaisant.

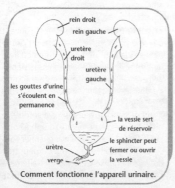

Comment fonctionne l'appareil urinaire.

rein droit
rein gauche
uretère droit
uretère gauche
les gouttes d'urine s'écoulent en permanence
la vessie sert de réservoir
urètre
verge
le sphincter peut fermer ou ouvrir la vessie

Il est important de distinguer :
– l'énurésie primaire, de loin la plus fréquente (l'enfant n'a jamais été propre, a toujours mouillé son lit), due à une im-

maturité du contrôle sphinctérien ; elle n'est généralement pas d'origine psychologique même si elle a des conséquences sur l'équilibre affectif de l'enfant ;
– l'énurésie secondaire (après une période de propreté complète d'au moins 1 an, l'enfant se remet à faire pipi au lit).

☞ **Il faut s'assurer par une analyse d'urine que l'enfant qui fait pipi au lit n'est pas sujet à un début de diabète ou à une infection urinaire.**

L'énurésie primaire. Lorsque l'enfant est jeune, le traitement commence par des entretiens avec le pédiatre, portant sur le fonctionnement de l'appareil urinaire. La tenue d'un calendrier mictionnel permet à l'enfant de prendre conscience de son problème et de participer à son traitement. Si ce soutien éducatif échoue, on peut avoir recours à un traitement médicamenteux. On dispose de trois sortes de produits.

Certains agissent surtout sur la capacité et la motricité vésicale (oxybutynine) ; ils sont indiqués pour les énurésies avec fuites dans la culotte le jour. D'autres médicaments agissent essentiellement sur la vigilance et la profondeur du sommeil (imipramine). Une troisième thérapeutique agit sur la quantité d'urine émise (desmopressine en spray).

Ces traitements imposent une participation de l'enfant et de sa famille, un bon suivi médical, un respect scrupuleux des horaires de prise des médicaments, des doses et de la durée (toujours de plusieurs mois), ainsi qu'un accompagnement psychologique. Une visite est indispensable chaque mois, l'enfant apportant son calendrier mictionnel.

Lorsque ces traitements sont inefficaces, il faut y renoncer provisoirement, mais une nouvelle tentative sera souvent fructueuse l'année suivante, lorsque l'enfant aura acquis une plus grande maturité fonctionnelle et psychologique.

L'utilisation des appareils type « stop-pipi »

est à déconseiller : l'association d'une alarme ou d'une stimulation électrique à l'émission d'un liquide par les voies génito-urinaires fait craindre des perturbations de la sexualité pour la vie adulte.

L'énurésie secondaire. Elle est presque toujours d'origine purement psychologique, un événement ayant perturbé l'équilibre affectif de l'enfant. Une psychothérapie est alors nécessaire.

Épilepsie. C'est une affection chronique caractérisée par la répétition de crises, dues à l'activation subite d'un nombre important de cellules cérébrales.

Les différents types de crises d'épilepsie. Suivant le siège des neurones concernés dans le cerveau, leur décharge peut s'exprimer de différentes façons.

● *La crise de grand mal.* Elle comporte successivement :

– une perte de connaissance brutale, avec ou sans cri, provoquant une chute ;

– une phase de raidissement généralisé du corps, d'une durée de 10 à 20 secondes : l'enfant rejette sa tête en arrière, serre ses mâchoires, et parfois se mord la langue ;

– puis pendant 30 à 40 secondes, un relâchement intermittent de la contracture musculaire, qui entraîne des secousses diffuses des membres, s'espaçant progressivement, tandis que le visage est cyanosé ;

– enfin, après un retour bruyant de la respiration, un état prolongé de somnolence profonde.

Au décours de la crise, on s'aperçoit parfois que l'enfant a perdu ses urines.

Revenu à la conscience, le petit malade ne se souvient de rien, mais un interrogatoire soigneux peut l'aider à se rappeler une impression de malaise qu'il reconnaîtra comme les prémices des crises ultérieures éventuelles : c'est l'aura.

● *Les absences ou petit mal.* Les crises ne comportent pas de mouvements et surviennent parfois de façon très rapprochée (plusieurs par jour). L'enfant n'entend plus ce qu'on lui dit et interrompt ses occupations, son regard est vide, la crise est brève

(moins de 30 secondes) et la reprise de l'activité se fait au point où l'absence l'avait interrompue.

● *Les crises partielles.* Elles n'altèrent généralement pas l'état de conscience, du moins au début. Ce sont des mouvements saccadés d'un membre, ou bien d'une partie de la face, ou des crises sensorielles, l'enfant ayant l'impression d'entendre des sons bizarres ou de voir des lumières, de sentir des odeurs ou bien des saveurs étranges. Il peut avoir une impression de vertige. Une crise partielle peut ensuite se généraliser.

Quelles sont les causes de l'épilepsie ? Il est rare qu'une crise d'épilepsie ne récidive pas. Elle nécessite de toute façon un bilan à la recherche de sa cause. Les progrès de la technique médicale permettent de trouver une cause dans bien des cas :

– une souffrance cérébrale subie par le fœtus in utero (toxoplasmose, rubéole) ;

– une souffrance néonatale (mauvaise oxygénation, accouchement difficile) ;

– une maladie génétique (maladie du métabolisme des acides aminés, neurofibromatose de Recklinghausen) ;

– une malformation congénitale du cerveau ;

– une tumeur cérébrale ;

– un accident avec traumatisme crânien ;

– une méningite, une encéphalite.

Si aucune de ces maladies n'est à l'origine des crises, il s'agit d'épilepsie essentielle, qui provoque surtout des absences ou des crises de grand mal. C'est une maladie en soi, sans cause identifiable.

Les premiers gestes à faire. Il est important de garder son sang-froid. Il faut installer l'enfant sur le côté, avec un mouchoir dans la bouche pour éviter une morsure.

Une injection intrarectale de Valium® à la dose de 0,5 mg/kg est en général rapidement efficace. Le médecin doit être appelé. Notez bien les circonstances de l'apparition de la crise et les parties du corps concernées : ce seront des informations précieuses pour le médecin.

Les examens nécessaires

● *L'électroencéphalogramme* enregistre le courant émis par le cerveau. Il permet de confirmer qu'il s'agit bien d'une crise épileptique. Il permet aussi de diagnostiquer le type de crise, ce qui peut orienter le traitement.

● *Le fond d'œil* vérifie l'état de la rétine, recherchant en particulier un œdème du cerveau.

● *Un bilan sanguin* vérifie le taux de sucre et de calcium et recherche d'autres désordres métaboliques éventuels.

● *La ponction lombaire* est très souvent pratiquée chez le nourrisson, la crise pouvant révéler une méningite.

● *L'examen au scanner ou par résonance magnétique (IRM)* a des applications de plus en plus larges et permet de rechercher des anomalies cérébrales organiques : malformations, hématomes traumatiques.

Le traitement. C'est celui de la maladie responsable lorsqu'elle a été déterminée. L'épilepsie essentielle est traitée grâce à un arsenal thérapeutique de plus en plus large. Le but du traitement est de permettre à l'enfant de mener une vie normale et de disposer d'une vigilance et de capacités d'apprentissage normales. L'arrêt des crises est le premier impératif car chacune d'entre elles réveille le foyer épileptogène et entretient la maladie. Les médicaments antiépileptiques ont moins d'effets secondaires néfastes que la répétition des crises. C'est pourquoi vous devez suivre le traitement prescrit par votre pédiatre sans craindre de conséquences sur le développement psychique de votre enfant. Le traitement antiépileptique ne doit jamais être brutalement interrompu, sous peine de déclenchement d'une crise. Ayez toujours une ordonnance sur vous pour le cas où vous auriez oublié d'emporter les médicaments de votre enfant.

Vous trouverez tous les détails sur les médicaments antiépileptiques page 490.

L'épileptique peut-il guérir ? Certains enfants ne feront qu'une seule crise dans leur vie, ou une seule par an, et mèneront une vie tout à fait normale. Environ 40 % à 50 % des épilepsies nécessitent un traitement prolongé, parfois à vie. Les cas les plus rebelles auront des crises fréquentes peu sensibles aux traitements. Elles sont alors parfois accompagnées de modifications de la personnalité imposant une prise en charge spécialisée sur le plan socio-éducatif.

Les sports et la vie scolaire de l'enfant épileptique. Les sports sont autorisés, avec simplement la nécessité d'une surveillance pendant la natation. Dans la majorité des cas, l'enfant épileptique est scolarisé normalement si les crises sont rares.

Épistaxis. *Voir Saignement de nez.*

Érythème fessier. Il est très fréquent chez le bébé du fait de sa fragilité cutanée et de la proximité des orifices naturels favorisant l'irritation et l'infection. Il peut être dû à la fermentation ammoniacale des selles et des urines dans la couche, à des bactéries comme le staphylocoque doré, ou bien au champignon responsable du muguet (Candida albicans). Certains produits, comme le talc ou le lait de toilette, peuvent entraîner une sensibilisation de la peau.

De petites lésions en collerettes, à la périphérie de l'érythème ou en érosions, souvent associées à une inflammation de l'anus, évoquent une origine mycosique. L'érythème fessier non traité s'étend souvent pour former un érythème en culotte montant jusqu'à la taille et dessinant la forme de la couche. Il peut être associé à des lésions rouges du cuir chevelu, des aisselles et du cou : c'est la maladie de Leiner-Moussonus.

Le traitement. Il faut maintenir le plus possible le siège au sec. S'il fait chaud, vous pouvez laisser votre bébé les fesses à l'air, par exemple sur une serviette éponge dans son parc. Si vous êtes obligée de l'habiller, changez-le le plus souvent possible en choisissant plutôt des changes complets *(voir page 14)*.

Il faut lutter contre les facteurs d'irritation, donc ne pas talquer le siège et éviter tous les produits irritants. Après avoir lavé la peau avec un savon antiseptique, vous pouvez appliquer de l'éosine aqueuse à 2 % ou du permanganate de potassium à 1/10 000. L'inconvénient de ces colorants est de tacher le linge, de façon parfois indélébile.

Évitez surtout l'infection : à chaque change, l'idéal est de rincer abondamment les fesses du bébé à l'eau tiède et de les savonner avec un savon antiseptique, ce qui est beaucoup plus efficace qu'un morceau de coton imprégné de lait. Ensuite, vous pouvez appliquer une pommade antiseptique cicatrisante.

Si l'érythème du siège a l'aspect en collerette évoquant le muguet et s'il s'accompagne d'un dépôt blanc à l'intérieur des muqueuses de la bouche, un traitement antimycosique du siège et du tube digestif doit être associé.

☞ Le traitement de l'érythème du siège suppose celui d'une diarrhée éventuelle car l'atteinte de la peau est souvent due à l'acidité de selles liquides ou semi-liquides.

Ethmoïdite. C'est en quelque sorte la sinusite du nourrisson. Chez le bébé, les sinus ne sont pas remplis d'air. Ils sont constitués de petites cavités. L'ethmoïdite aiguë est l'inflammation et l'infection de cette région osseuse située de chaque côté du nez.

Elle se traduit par une fièvre élevée, une grande fatigue, un nez purulent des deux côtés, un œdème des paupières prédominant à la paupière supérieure et à l'angle interne de l'œil. Les bactéries responsables peuvent être le staphylocoque ou Hemophilus influenzae. On a recours d'urgence à une antibiothérapie, généralement en milieu hospitalier.

Évanouissements.
Voir Pertes de connaissance.

Exanthème subit. *Voir Roséole.*

F

Fractures
La fracture d'un membre. On la craint après un traumatisme, lorsque l'enfant souffre, évite de se servir de son bras, par exemple, ou boite.

● *Comment différencier un endolorissement sans lésion et une fracture ?* En cas de fracture, la gêne persiste quelques heures après le choc et une ecchymose se forme. Toute douleur intense, toute impotence ou toute claudication doivent faire suspecter une fracture. Il faut alors rassurer l'enfant, immobiliser le membre, de préférence avec une attelle. Le médecin prescrira une radiographie en urgence.

En cas de fracture, l'orthopédiste est consulté pour le traitement. Les os de l'enfant se fracturent souvent « en bois vert », c'est-à-dire sans déplacement, car ils sont souples et peuvent plier sans rompre. Lorsque la fracture est située au milieu d'un os long, elle est le plus souvent bénigne chez l'enfant : les déformations se rectifieront généralement avec la croissance.

La fracture est particulièrement grave lorsqu'elle atteint les articulations où siègent les zones de croissance.

La fracture du crâne. Lorsqu'un enfant est tombé sur le crâne, la radiographie peut faire apparaître un trait de fracture. Le risque est avant tout celui d'un hématome intracrânien associé (vous trouverez tous les éléments sur la surveillance des traumatismes crâniens *pages 379 et 405*). Si la fracture du crâne ne s'accompagne pas d'un hématome, elle guérit alors sans traitement.

Lorsqu'un enfant est l'objet de traumatismes multiples, de fractures répétées, il faut toujours se demander s'il est bien traité par la personne qui le garde. Parfois, ce sont les parents eux-mêmes qui battent leur enfant. Ils doivent en parler et se faire aider (voir Silverman, syndrome de, *page 460*).

Furoncle. C'est une infection du follicule pileux provoqué par le staphylocoque doré. Lorsque plusieurs follicules pileux sont infectés, il s'agit d'un *anthrax*. Le furoncle doit être traité dès qu'il se forme avec une pommade antistaphylococcique locale. Il ne faut jamais presser un furoncle. Si le traitement n'est pas rapidement actif, si le furoncle est très enflammé et s'étend, s'il en apparaît d'autres, on associe un traitement antibiotique par voie générale.

Le furoncle de l'aile du nez est particulièrement dangereux car le staphylocoque peut s'étendre : c'est la staphylococcie maligne de la face, qui nécessite un traitement d'urgence par antibiothérapie majeure.

La furonculose est constituée par des poussées de furoncles à répétition ; elle impose de rechercher un diabète, qui favorise le développement du staphylocoque. Des cures d'antibiotiques ayant très peu d'effets secondaires peuvent être nécessaires pendant plusieurs mois. Les vaccins antistaphylococciques par voie buccale ou en injection sous-cutanée peuvent compléter ce traitement.

G

Gale. C'est une parasitose cutanée provoquée par un acarien, le sarcopte (on l'appelle aussi scabiose). La gale se manifeste par une éruption de vésicules, légèrement bombées, le long de sillons grisâtres, sur la face antérieure des poignets, entre les doigts, sur la plante des pieds, dans le dos et sur les fesses, ainsi que dans le pli entre les fesses.

La gale est très prurigineuse : l'enfant ne peut s'empêcher de se gratter, surtout la nuit.

La gale est contagieuse mais on n'observe de gales familiales que lorsqu'on a laissé longtemps évoluer le premier cas. La gale peut s'attraper dans un lieu public, dans le métro, chez une nourrice ayant d'autres enfants parasités, à la crèche, à l'école, dans toutes les collectivités.

Le traitement. Il est aujourd'hui simplifié par des produits rapidement actifs. Vous disposez en pharmacie d'un spray à pulvériser après le bain, sur la peau encore humide, à partir du cou jusqu'aux pieds. Vous laissez sécher et ne rincez que le lendemain matin. La literie, les vêtements, les chaussures doivent être enfermés dans un sac en plastique pendant 24 heures avec une poudre antiparasitaire et lavés le lendemain. On peut donner un sirop antihistaminique et appliquer une pommade corticoïde afin de diminuer le prurit qui peut persister encore pendant une semaine. La guérison est en général rapide. Les lésions cutanées peuvent se surinfecter, nécessitant alors un traitement antibiotique.

Ganglions. L'inflammation des ganglions (adénite) est très fréquente chez les enfants. Les ganglions sont de petites masses arrondies de tissu lymphoïde, riche en globules blancs participant à l'immunité. Les plus apparents sont situés dans le cou, sous les bras et à l'aine. Vous devrez signaler au médecin :
– la date à laquelle vous avez remarqué cette tuméfaction ;
– les traitements ou les vaccinations que l'enfant a reçus récemment.
– si le ganglion est douloureux ;
– si votre enfant a eu une plaie ou une griffure de chat dans la région du ganglion ;
– si vous le sentez fatigué ;
– s'il a maigri ces derniers temps.
Le médecin vérifie non seulement les adénopathies que vous avez remarquées, mais examine toutes les zones où se trouvent des ganglions. Il recherche une porte d'entrée de bactéries dans la région du ganglion (par exemple une plaie ou une griffure de la main pour un ganglion qui se situe sous le bras), vérifie l'état de la gorge, des dents, des oreilles et des autres organes comprenant des cellules de défense : le foie, la rate. Il regarde si l'enfant est pâle, s'il est porteur d'ecchymoses de façon anormale. Orienté par cet examen, le mé-

decin demande éventuellement des analyses biologiques, une numération formule sanguine avec vitesse de sédimentation et dosage de la C réactive protéine, et souvent un dosage d'anticorps contre la toxoplasmose et la mononucléose.

D'autres examens peuvent être nécessaires ; il arrive que l'on doive ponctionner le ganglion pour en étudier les cellules ou rechercher une bactérie en cause.

Les causes des adénites. La plupart du temps, il s'agit de petits ganglions bénins d'origine virale, accompagnant un rhume par exemple et guérissant spontanément. Les infections bactériennes peuvent donner une fièvre élevée. Le traitement actuel par les antibiotiques permet une évolution généralement tout à fait favorable.

L'adénite du BCG est bénigne. Elle se forme 6 semaines à 10 semaines après la vaccination. Le ganglion siège à la racine du membre qui a reçu le vaccin, par exemple au creux axillaire si le vaccin a été fait au bras. Elle est plus fréquente lorsque la vaccination a été faite par voie intradermique et chez les jeunes nourrissons. Le ganglion peut se ramollir et se fistuliser. Il guérit au bout de quelques mois sans traitement. Le BCG par multipuncture (bague) ne provoque pratiquement jamais d'adénite.

Les autres causes d'adénite peuvent être : la mononucléose infectieuse *(page 426)*, la rubéole *(page 456)*, le sida *(page 460)*, la toxoplasmose *(page 469)*, la maladie des griffures de chat *(page 405)*, la tuberculose *(page 471)*. Beaucoup plus rarement : la leucémie *(page 419)*, la maladie de Hodgkin *(page 410)*.

Gêne respiratoire (dyspnée). Très fréquente chez l'enfant, elle peut être due à une laryngite, un asthme, une bronchite, une infection pulmonaire, mais le premier danger à éliminer d'urgence est celui de l'inhalation d'un corps étranger *(voir page 383)*. Observez bien votre enfant :
– si la gêne respiratoire se manifeste à l'inspiration avec une respiration lente : c'est un signe d'obstruction des voies aériennes supérieures *(voir Laryngite, page 419 ou Corps étrangers, page 383)* ;
– si la gêne respiratoire se fait à l'expiration, longue et sifflante, la respiration pouvant être lente ou au contraire très rapide et un geignement creusant l'intervalle entre les côtes chez le nourrisson : il s'agit plutôt d'asthme *(voir page 366)* ou d'une obstruction des bronchioles *(voir Bronchiolite, page 374)*.

Toute gêne respiratoire impose un examen médical, souvent complété par une radiographie du thorax. S'il y a des signes de gravité (pauses respiratoires, cyanose, extrémités froides, sueurs, troubles de la conscience), le traitement peut être très urgent.

Genu varum, Genu valgum.
Voir page 141.

Giardiase. *Voir Lambliase.*

Glaucome congénital.
Voir Vue, troubles de la.

Glomérulonéphrite aiguë (GNA).
Cette maladie du rein est due à l'inflammation des glomérules situés à l'intérieur du tissu rénal. Elle se déclare 3 semaines environ après une infection par le streptocoque bêta hémolytique A (angine, otite, scarlatine, infection du poumon ou de la peau). Le streptocoque déclenche une réaction immunitaire avec production d'anticorps. Ceux-ci forment des molécules complexes provoquant une inflammation au moment où elles sont filtrées par les glomérules des reins.

Quels en sont les signes ? C'est avant tout un œdème : le visage est bouffi, la balance accuse une prise de poids très rapide. Les urines sont moins fréquentes et se colorent en rouge par l'élimination de sang. L'enfant a souvent mal au ventre, vomit. Si la glomérulonéphrite aiguë n'est pas dépistée à temps, une convulsion peut survenir par œdème cérébral, ou bien un déficit de la vue provoqué par la montée de la tension artérielle. Lorsque votre enfant a des urines rouges et les yeux gonflés, le médecin examine rapidement ses urines : une bandelette trempée dans quelques gouttes d'urines montre la présence de sang et de protéines, en particulier d'albumine. Le bilan sanguin permet de confirmer le diagnostic. Le streptocoque lui-même n'est pas toujours retrouvé dans la gorge car la glomérulonéphrite survient bien après l'infection streptococcique.

Comment évolue la glomérulonéphrite aiguë ? En général, c'est une maladie bénigne. Le rein reprend progressivement son fonctionnement, les urines se clarifient en 2 à 3 semaines, la tension artérielle se normalise en 1 semaine, l'albumine disparaît des urines, le bilan sanguin redevient normal au bout d'un mois. Il faudra parfois attendre plus d'un an pour que l'analyse des urines soit parfaitement normale. L'évolution est donc tout à fait favorable spontanément, mais il est prudent de donner à l'enfant un régime sans sel pendant plusieurs semaines s'il a des œdèmes importants. Le traitement comprend des antibiotiques pour débarrasser l'enfant du streptocoque et, éventuellement, des médicaments faisant baisser la tension.

La difficulté, cependant, est d'être sûr qu'il s'agit d'une glomérulonéphrite aiguë banale, et donc bénigne, car il y a d'autres maladies du glomérule rénal qui n'évoluent pas toujours aussi favorablement. Si l'enfant n'urine pas, si la protéinurie est très élevée et si l'évolution n'est pas rapidement favorable, on fait une ponction-biopsie rénale pour examiner les glomérules au microscope. Le traitement de ces maladies glomérulaires plus complexes nécessite l'hospitalisation dans un service spécialisé en néphrologie infantile.

Griffes du chat, maladie des.

Elle se manifeste par l'hypertrophie d'un ganglion siégeant dans la zone de la griffure d'un chat. Elle n'est pas douloureuse, mais elle est accompagnée parfois d'une fièvre légère. On s'en méfie devant une augmentation du taux des globules blancs lymphocytes et devant la positivité de l'intradermoréaction à la maladie des griffures de chat. La ponction du pus dans le ganglion est souvent nécessaire : elle peut éviter que le ganglion ne se fistulise spontanément vers la peau et coule pendant plusieurs mois. Les traitements antibiotiques semblent raccourcir l'évolution de la maladie.

Grippe. Maladie infectieuse des bronches et des poumons, elle s'accompagne d'une fatigue, de frissons, de courbatures, d'une toux sèche. La fièvre décrit souvent un V caractéristique, le « V grippal » : elle tombe pour remonter au bout de quelques jours. La grippe est généralement bénigne chez l'enfant. Elle peut être grave chez le nourrisson, chez lequel elle entraîne parfois des difficultés respiratoires importantes.

La grippe est une maladie qui ne peut être affirmée que par une prise de sang prouvant que le virus de la grippe est en cause. Il ne faut donc pas appeler « grippe » toutes les infections à virus respiratoire, toutes les bronchites fébriles. Il y a plusieurs virus de la grippe, qui se modifient à chaque épidémie, c'est pourquoi le vaccin n'est pas systématiquement préconisé. On préfère réserver la vaccination aux enfants ayant une fragilité particulière, par exemple ceux qui sont atteints d'une maladie du cœur ou d'une mucoviscidose. Le traitement peut recourir, en plus des sirops pour la toux *(voir page 501)*, aux antibiotiques en cas de surinfection par des bactéries.

H

Hématémèse. *Voir Hémorragie digestive.*

Hématome intracrânien. L'hématome est un épanchement de sang qui peut se former à l'intérieur du crâne. Le cerveau est entouré d'une enveloppe, la dure-mère.

Selon que le sang s'écoule à l'extérieur ou à l'intérieur de la dure-mère, on parle d'hématome extradural ou d'hématome sous-dural.

L'hématome extradural. Il est dû à un traumatisme crânien *(voir page 379)*. Il peut n'y avoir aucun signe dans les heures qui suivent le traumatisme, les symptômes apparaissant plusieurs heures, voire 1 jour ou 2 jours après le choc initial. Si l'hématome est diagnostiqué à temps, l'intervention permettant de l'évacuer sera salvatrice. C'est pourquoi vous devez bien connaître les éléments de surveillance.

La notion d'intervalle libre entre la chute et les symptômes est donc particulièrement évocatrice d'un hématome intracrânien : l'enfant a eu un choc, a pu avoir une brève perte de connaissance, puis il s'est réveillé dans son état normal. Quelques heures plus tard apparaissent des vomissements, parfois des troubles de la conscience, une asymétrie des pupilles, une diminution de mobilité d'un membre ou d'un côté de la face. L'hématome est alors fortement suspecté et l'enfant doit être hospitalisé d'urgence. Il y a des variantes à cette évolution : l'épanchement sanguin peut être beaucoup plus rapide et provoquer un coma sans délai, ou au contraire être beaucoup plus lent et se manifester seulement au bout de quelques semaines. La radiographie du crâne incite à la vigilance s'il y a un trait de fracture, mais n'élimine pas la possibilité de constitution d'un hématome si la voûte osseuse est intacte. Le scanner est souvent utile pour établir rapidement le diagnostic.

L'hématome sous-dural du nourrisson. Il se constitue entre la dure-mère et la surface du cerveau. Il peut être d'origine traumatique mais également le fait d'une méningite purulente, d'une déshydratation grave ou d'un trouble de la coagulation. Il se forme en plusieurs jours ou semaines. Il se révèle par des vomissements, des accès de pâleur, une altération de l'état général, une fièvre et, chez le nourrisson, un bombement de la fontanelle avec augmentation du périmètre crânien. C'est pourquoi la mesure régulière de celui-ci est si importante. Si le diagnostic n'est pas fait précocement, une asymétrie de la motricité du corps peut apparaître, ainsi que des convulsions, un cri très aigu, un coma. L'examen du fond d'œil peut révéler des hémorragies au niveau de la rétine. Mais c'est le scanner qui sera déterminant pour faire le diagnostic.

Le traitement recourt à des ponctions ; une valve est parfois posée pour dévier le liquide dans la circulation générale. L'évolution est alors rapidement favorable si le diagnostic a été précoce. Sans traitement un hématome sous-dural risque d'entraîner des séquelles intellectuelles et motrices importantes par compression du tissu cérébral.

Hématurie. C'est l'élimination d'un nombre de globules rouges anormal dans les urines. Devant la couleur rouge des urines, le médecin fait une recherche avec une bandelette pour confirmer qu'il s'agit de sang (il faut s'assurer en particulier que ce n'est pas une coloration par des betteraves ou des bonbons riches en colorant). L'hématurie peut être due à différentes maladies du rein, avant tout une infection urinaire, une glomérulonéphrite aiguë, un calcul rénal, très rarement une blessure au niveau de l'urètre par un corps étranger ou lors d'un choc, un traumatisme au niveau des reins, une tumeur du parenchyme rénal, une malformation, une tuberculose des reins.

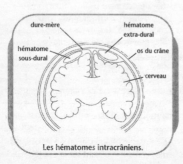

dure-mère

hématome extra-dural

hématome sous-dural

os du crâne

cerveau

Les hématomes intracrâniens.

Hémoglobinopathies. Ce sont les anomalies héréditaires de l'hémoglobine. Leur transmission génétique est autosomale récessive (voir *Attendre mon enfant aujourd'hui*).

On distingue deux formes principales :
– la forme homozygote se rencontre lorsque les deux parents sont porteurs du gène anormal : c'est forme majeure de la maladie ;
– la forme hétérozygote est une forme mineure, un seul parent étant porteur du gène. L'enfant n'a alors que très peu de troubles cliniques. Mais, si son conjoint est porteur lui aussi de la forme hétérozygote, il peut à son tour transmettre la maladie sous sa forme majeure.

Les principales hémoglobinopathies sont la drépanocytose *(voir page 393)* et la thalassémie *(voir page 467)*.

Hémophilie. C'est un déficit héréditaire en facteur de coagulation qui atteint très rarement les filles : la fréquence est de 1 sur 5 000 naissances environ, presque toujours des garçons. Il y a en France 3 500 à 4 000 hémophiles.

On distingue deux formes principales d'hémophilie : l'hémophilie A et l'hémophilie B, 5 fois moins fréquente. En fonction de l'intensité du déficit biologique, l'hémophilie est dite majeure si le taux de facteur antihémophilique est inférieur à 1 %, modérée entre 1 % et 4 %, atténuée entre 5 % et 30 %. L'hémophilie se révèle en général lorsque l'enfant commence à marcher, par des hémorragies provoquées par des traumatismes minimes pouvant passer inaperçus.

La particularité de ces hémorragies n'est pas tant liée à leur abondance qu'à leur caractère persistant et récidivant. Ce sont des bleus, des hémorragies persistantes au niveau de petites plaies ou des hémorragies au niveau des articulations (hémarthroses), exceptionnellement des hémorragies internes. Ces hémorragies peuvent provoquer une anémie grave et un raidissement des articulations.

Comment se transmet l'hémophilie ? La transmission est héréditaire récessive liée au chromosome X (voir *Attendre mon enfant aujourd'hui*), ce qui explique pourquoi seuls les garçons, ou presque, en sont atteints. Dans une même famille, l'hémophilie est toujours de même type (A ou B) et toujours de même intensité biologique.

Une fille peut être exceptionnellement hémophile, en cas d'union entre un homme hémophile et une femme conductrice, mais 25 % à 30 % des hémophiles n'ont aucun hémophile dans leurs antécédents familiaux : il s'agit alors d'une mutation génétique.

Peut-on faire le diagnostic de l'hémophilie avant la naissance ? Oui, lorsque le risque d'hémophilie est connu dans la famille.

On peut proposer pendant la grossesse aux femmes conductrices une ponction de sang fœtal dans le cordon sous échographie afin de déterminer si le fœtus est hémophile. Encore faut-il savoir si la future mère est conductrice. Des données cliniques, génétiques et biologiques permettent de supposer ce caractère. Elles ne sont cependant pas fiables à 100 %.

Le traitement. Il faut traiter à la fois les hémorragies et les hématomes. Le traitement de l'hémophilie est pris en charge à 100 % par la Sécurité sociale et organisé par un centre spécialisé. L'éducation du malade et de sa famille permet de plus en plus le traitement à domicile et normalise la vie sociale et professionnelle de l'hémophile.

● *Le traitement des hémorragies* apporte le facteur de coagulation manquant extrait du sang de donneurs. Il a comporté le risque de transmission des virus, en particulier de l'hépatite et du sida mais les moyens de détection mis en place pour minimiser ces risques sont aujourd'hui très efficaces.

● *Le traitement local* a recours à la compression au niveau des plaies ou des hématomes et à l'application sur les plaies de médicaments agissant sur la coagulation.

● *Certaines précautions sont indispensables* chez l'hémophile :
– ne pas prendre la température dans le rectum ;
– ne pas faire d'injection intramusculaire ;
– ne pas prendre d'aspirine.

Hémorragie. *Voir Saignement.*

Hémorragie digestive. Un vomissement de sang (hématémèse) est le plus souvent dû à une œsophagite compliquant un reflux gastro-œsophagien *(voir page 450)*, plus rarement à des troubles de la coagulation.
Les hémorragies dans les selles sont constituées de sang rouge, lorsqu'elles proviennent du rectum et de la portion terminale du côlon, et de sang noir (digéré) lorsqu'elles proviennent de la partie haute de l'intestin, suivant parfois un vomissement sanglant. La présence de sang dans les selles peut provenir de différentes causes :
– il peut s'agir d'une gastro-entérite, en particulier une infection intestinale due à des salmonelles ou des rotavirus : l'enfant est alors souvent fiévreux et a une diarrhée avec des glaires sanglantes ;
– l'association de douleurs abdominales paroxystiques fait craindre une invagination intestinale aiguë, qui nécessite un traitement urgent *(voir page 417)* ;
– un polype du rectum, un trouble de la coagulation (hémophilie par exemple), un purpura rhumatoïde *(voir page 449)* sont des causes beaucoup plus rares.

Hépatite virale. Appelée aussi jaunisse, c'est une inflammation du foie due à divers virus. Les conjonctives, les paumes des mains, les plantes des pieds, le dessous de la langue sont jaunes (ictère). Les urines sont foncées. L'enfant a des nausées, des vomissements, des diarrhées, des maux de ventre, il est très fatigué, a tendance à s'allonger, pleure lorsqu'on le fait marcher longtemps. Son foie est assez gros et douloureux.
Un bilan biologique s'impose : la prise de sang évalue la rétention de bilirubine, l'importance de la destruction des cellules du foie par le virus, et recherche plus précisément le type de virus en cause.
L'hépatite A. En général, elle est bénigne et guérit sans séquelles, après une phase aiguë. Mais la possibilité exceptionnelle d'une forme grave avec ictère flamboyant et troubles de la conscience et de la coagulation incite à prendre des mesures de protection : le vaccin contre l'hépatite A n'est pas encore largement utilisé, on le pratique néanmoins pour les jeunes voyageurs qui se rendent en zone d'endémie (Asie, Afrique, Amérique latine).
L'enfant est contagieux pendant plusieurs semaines, le virus étant longtemps éliminé dans les urines et la salive. Il est donc souhaitable de vacciner les membres de sa famille.
L'hépatite B. Elle est plus grave que l'hépatite A, et aussi plus sournoise. En général, elle ne commence pas sur un mode aigu : on observe seulement une fatigue progressive, des urines foncées ; le foie augmente de volume. C'est souvent à l'occasion d'une prise de sang systématique, par exemple chez un enfant qui a reçu des dérivés sanguins non inactivés contre les virus ou qui a séjourné en pays d'endémie, que l'on dépiste l'hépatite B.
Le danger de l'hépatite B est en particulier le passage à la chronicité (1 cas sur 10). Voilà pourquoi la découverte dans le sang du virus (antigène HBS) impose une surveillance prolongée pendant plusieurs années.
Le risque de contamination de l'entourage existe pendant plusieurs mois. Lorsque l'antigène HBS se trouve encore dans le sérum après 6 mois, c'est l'évolution à la chronicité avec risque de cirrhose et, à long terme, de cancérisation. Cette évolution est impossible à prévoir, c'est pourquoi on ne peut aujourd'hui que conseiller la vaccination de toutes les personnes en contact avec l'enfant.
● *L'hépatite B en cours de grossesse* impose certaines précautions (voir *Attendre*

mon enfant aujourd'hui). Avant 3 mois, une fausse couche est possible.

Il existe d'autres hépatites (C, delta, E), qui présentent le même risque de passage à la chronicité que l'hépatite B.

Hernie

Hernie de l'ovaire. L'un des ovaires est descendu dans la région inguinale : on aperçoit sur le pubis, au-dessus d'une des grandes lèvres, une tumeur de la taille d'un noyau d'olive. Le risque est la torsion des vaisseaux venant de l'abdomen vers l'ovaire, qui devient gros et enflammé. Si cette torsion de l'ovaire est diagnostiquée tardivement, on peut être obligé d'enlever la glande. C'est pourquoi la hernie de l'ovaire est l'indication d'une opération rapide.

Hernie ombilicale. C'est une petite saillie au niveau de l'ombilic. Elle est due à un écartement des muscles droits de l'abdomen qui ne se rejoignent pas complètement au niveau de l'ombilic. Lorsqu'on appuie avec le doigt, les gargouillements font percevoir la partie d'intestin contenue dans la saillie. Elle est favorisée par une hypotonie des abdominaux et par des crises de pleurs prolongées du nouveau-né. Elle est bénigne, l'étranglement de l'intestin dans la hernie ombilicale est exceptionnel. Elle pose plutôt un problème esthétique ; dans la majorité des cas, elle disparaît spontanément vers l'âge de 5 ou 6 ans. Une pièce de monnaie maintenue par un sparadrap ou le port d'une ceinture spéciale peuvent aider à la guérison (il est toutefois difficile de maintenir la compression en place).

Le meilleur moyen pour obtenir la régression rapide d'une hernie ombilicale est d'éviter le plus possible les crises de pleurs prolongées. Si elle ne régresse pas spontanément, ce qui est rare, une petite intervention peut être réalisée pour des raisons esthétiques, dès l'âge de 2 ans.

Hernie inguinale. L'intestin fait irruption dans la bourse au-dessus du testicule lorsque l'enfant tousse ou saute. Avec les doigts, vous percevez le gargouillis intes-

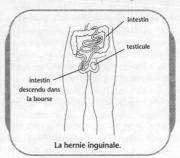

La hernie inguinale.

tinal. Vous pouvez vérifier que la hernie n'est pas étranglée : grâce à une pression douce lorsque l'enfant est calme, vous arrivez à réduire la petite tuméfaction, l'intestin rentrant dans l'abdomen. Si la hernie inguinale est récente et indolore, vous pouvez espérer que l'orifice abdominal va se fermer en quelques semaines et que la hernie ne réapparaîtra plus. Mais si elle est très importante et permanente, si elle persiste après plusieurs semaines, mieux vaut la confier au chirurgien plutôt que de risquer un étranglement herniaire, qui imposerait alors une intervention urgente.

● *Hernie étranglée.* L'intestin fait hernie dans la bourse et ne peut plus être réintégré à l'intérieur de l'abdomen par une légère pression des doigts. En général les parents savent que l'enfant est porteur d'une hernie, mais elle était jusque-là indolore et on arrivait à faire remonter son contenu dans l'abdomen. Parfois la hernie est ignorée et on la découvre à l'occasion de l'étranglement herniaire. C'est une urgence chirurgicale car l'intestin risque de se nécroser si l'étranglement est installé depuis plusieurs heures et s'accompagne de signes d'occlusion (arrêt de l'émission de selles et vomissements).

Herpès. Il faut distinguer chez l'enfant deux situations tout à fait différentes.

L'herpès dans la bouche. C'est la primo-infection herpétique banale du nourrisson et du grand enfant. Le premier contact avec le virus de l'herpès HSV 1 provoque une inflammation des muqueuses buccales, qui se déclare progressivement par un manque d'appétit et des douleurs pour avaler. On observe des vésicules ressemblant à des aphtes sur l'intérieur des joues, le voile du palais et les gencives, qui sont rouges et tuméfiées (stomatite). Ces lésions buccales s'accompagnent de ganglions et souvent de fièvre. Il faudra dans certains cas 10 jours pour que cette stomatite, très fatigante, douloureuse et qui coupe l'appétit, évolue vers la guérison spontanée. Parfois l'infection atteint les conjonctives, un larmoiement d'un côté impose un contrôle par l'ophtalmologiste, qui dispose d'un collyre antiviral. Le traitement consiste à donner une alimentation liquide, non irritante et à faire des bains de bouche désinfectants et apaisants. Dans le cas d'un nourrisson refusant de s'alimenter ou de boire, on peut exceptionnellement être conduit à l'hospitaliser pour le perfuser, et à donner un traitement antiviral par voie buccale (aciclovir). **La maladie herpétique du nouveau-né.** Elle est due à une contamination par le virus de l'herpès HSV 2, au cours de l'accouchement ou immédiatement après. C'est pourquoi il importe de prendre des mesures préventives : lorsqu'on apprend qu'une mère est porteuse d'herpès génital, des précautions draconiennes sont prises pour que le nouveau-né ne puisse pas être contaminé. Des prélèvements systématiques sont effectués avant la naissance ; très souvent, le gynécologue décide de pratiquer une césarienne pour éviter la contamination du nouveau-né au passage de la filière génitale. L'herpès pourrait entraîner une inflammation du foie, une atteinte pulmonaire, au pire une méningite herpétique avec encéphalite. Le nouveau-né est traité par l'aciclovir.

Herpès circiné. *Voir Mycoses.*

Hirschsprung, maladie de. On l'appelle aussi *mégacôlon congénital*. Plus fréquente chez les garçons, elle est due à une absence de plexus nerveux dans la paroi intestinale, sur une zone qui s'étend de l'anus à quelques centimètres au-dessus. Les mouvements intestinaux sont alors absents. L'intestin ne peut plus évacuer le bol fécal. Au-dessus de ce blocage, le côlon se dilate, c'est pourquoi on parle de mégacôlon.

Le diagnostic de la maladie de Hirschsprung peut être évoqué chez le nouveau-né devant un retard de l'évacuation du méconium, une occlusion ou une péritonite. Mais il est souvent fait un peu plus tard, devant une constipation du nourrisson. En interrogeant la mère, on se rend compte que le méconium a été éliminé trop tard et que l'enfant a des selles rares depuis sa naissance. L'intestin réagit à ces périodes de constipation en sécrétant du liquide provoquant des diarrhées.

Les enfants atteints de la maladie de Hirschsprung grandissent mal, sont pâles, vomissent souvent et ont un très gros ventre. Parfois le diagnostic ne sera fait que très tardivement en présence d'une constipation chronique. Le diagnostic est fait grâce à la radiographie (lavement baryté) et à la biopsie rectale.

Lorsque la forme n'est pas majeure, d'emblée compliquée par une occlusion ou une péritonite, on peut essayer d'aider le transit intestinal avec un régime facilitant l'évacuation des selles pauvres en fibres et en résidus. Mais le plus souvent, vers 8 mois ou 10 mois, on propose une intervention chirurgicale consistant à couper la zone anorectale rétrécie et à joindre les zones intestinales saines. La partie de l'intestin privée de cellules nerveuses est supprimée et la perméabilité peut être restituée de façon normale.

Hodgkin, maladie de. Elle se caractérise par la prolifération de cellules malignes dans les ganglions. Elle peut se révéler par des ganglions au niveau du cou ou au-dessus des clavicules. Un amaigrissement et des poussées de fièvre inexpliquées sont fréquentes.

La maladie de Hodgkin est une forme de cancer des ganglions mais, actuellement, la guérison est obtenue dans un très grand pourcentage de cas, grâce à des protocoles thérapeutiques très actifs.

Hydrocèle. Il s'agit d'un excès de liquide dans l'enveloppe qui entoure le testicule. Une lumière électrique placée sous la bourse montre la transparence de la poche liquidienne dans laquelle on voit flotter le testicule. L'hydrocèle est banale chez le nourrisson et se résorbe en général spontanément. Lorsqu'elle est importante et persiste plusieurs mois sans aucune tendance à la résorption, la chirurgie est souhaitable. C'est une affection sans danger pour le testicule.

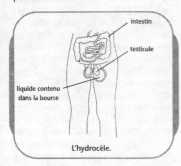

L'hydrocèle.

Hydrocéphalie. C'est un excès de liquide à l'intérieur du crâne, dû à une perturbation de la circulation du liquide céphalo-rachidien dans les méninges qui enveloppent le cerveau.
Les signes faisant craindre une hydrocéphalie. C'est d'abord l'augmentation globale et symétrique du crâne, décelée par la surveillance du périmètre crânien. Cette surveillance débute dès la vie intra-utérine par la mesure du diamètre bipariétal lors des échographies, puis chez le pédiatre, pendant la période post-natale, par la mesure mensuelle du périmètre crânien, dont les valeurs sont soigneusement notées sur le carnet de santé.
La fontanelle est trop tendue, les sutures du crâne se disjoignent, les veines du cuir chevelu deviennent très apparentes, le regard de l'enfant évoque un coucher de soleil. Si la situation évolue, des examens complémentaires, en particulier un scanner, montrent la dilatation des ventricules et jugent de l'évolutivité de la maladie.
Les causes. Il peut s'agir d'une hémorragie des méninges, surtout chez le prématuré et chez l'enfant qui a connu des difficultés à l'accouchement. L'échographie à travers la fontanelle du nouveau-né à risques dépiste de plus en plus souvent cette hémorragie et le risque d'évolution vers l'hydrocéphalie.
L'hydrocéphalie post-infectieuse est une séquelle de méningite du nourrisson (voir page 424) : les méninges deviennent fibreuses et gênent la circulation du liquide. La cause peut aussi être parasitaire, en particulier lors d'une toxoplasmose ; elle est alors souvent associée à une atteinte du fond de l'œil et à de petites calcifications dans le cerveau.
Des malformations cérébrales peuvent être révélées par le scanner : un spina bifida (voir page 461), une malformation du cervelet, du quatrième ventricule ou d'autres malformations plus complexes.
L'origine tumorale est rare dans les premières années de la vie. Le plus souvent, la cause est inconnue.
Certaines hydrocéphalies peuvent se stabiliser, mais il est important de surveiller les bébés dont le périmètre crânien augmente vite, car l'hydrocéphalie peut entraîner une souffrance du cortex cérébral par la pression excessive du liquide sur le cerveau.
Le traitement a beaucoup progressé. Il comprend le traitement de la cause, mais aussi la dérivation du liquide grâce à une valve qui l'évacue dans une cavité naturelle où il pourra se résorber, par exemple dans le cœur ou dans le péritoine. Ces valves permettent un développement psychomoteur normal chez la plupart des nourrissons traités pour hydrocéphalie.

Hypermétropie.
Voir Vue, troubles de la.

Hypertension artérielle. Elle est rare chez l'enfant.

La tension artérielle normale de l'enfant se situe autour de 10/7. Elle peut normalement atteindre 12/9, par exemple si l'enfant est énervé.

La cause de l'élévation anormale de la tension artérielle peut être congénitale (*Coarctation de l'aorte* par exemple, *voir page 380*), mais plus souvent elle est le signe d'une souffrance rénale (*Glomérulonéphrite*, par exemple, *voir page 404*). Le rein sécrète normalement une hormone, la rénine, qui fait monter la tension artérielle. C'est pourquoi, en cas d'hypertension, on pratique un bilan rénal avec examen des urines, examen de la fonction rénale par prise de sang, échographie, urographie intraveineuse.

Le traitement de l'hypertension de l'enfant. Il passe par le traitement de sa cause (réparation de l'anomalie de l'aorte ou traitement de la maladie rénale par exemple), mais la cause n'est pas toujours déterminée : on parle alors d'hypertension essentielle. Des médicaments spécifiques et un régime sans sel diminueront la tension artérielle.

Hypoglycémie. C'est la baisse du taux de sucre dans le sang. On peut mesurer très rapidement la glycémie en posant une goutte de sang prélevée par une piqûre sur un papier réactif. L'hypoglycémie n'a pas la même origine chez le nouveau-né et chez l'enfant.

L'hypoglycémie du nouveau-né. Le nouveau-né peut avoir une hypoglycémie lorsqu'il est :

– prématuré ou post-terme ;

– hypotrophe, c'est-à-dire trop maigre par rapport à son terme ;

– de mère diabétique ;

– en état d'infection ou de souffrance vitale.

Dans toutes ces situations, on surveille très régulièrement la glycémie à la naissance et pendant les jours qui suivent. Ne vous étonnez donc pas de voir votre bébé soumis à des prélèvements de sang répétés. L'hypoglycémie peut provoquer des ralentissements respiratoires et une hyperexcitabilité.

● *La prévention et le traitement.* Le meilleur moyen de prévention de l'hypoglycémie est l'alimentation précoce du nouveau-né, parfois par gavage s'il ne veut pas s'alimenter ou par perfusion de glucose quand il est malade. En cas d'hypoglycémie confirmée, le traitement recourt en urgence à une perfusion de sérum glucosé.

L'hypoglycémie de l'enfant. On estime qu'un enfant est en hypoglycémie lorsque son taux de sucre dans le sang est inférieur à 0,6 g/l.

L'hypoglycémie entraîne une fatigue et des maux de tête au réveil, une agitation la nuit, une baisse de température au lever. Dans la journée, le comportement est modifié : l'enfant est agressif ou apathique avec, en alternance, des accès d'énervement et de somnolence. Il peut avoir des maux de tête, des maux de ventre, de petits tremblements, des accès de pâleur, des bouffées de rougeur. Il peut perdre connaissance, mais cela est rare. Souvent l'hypoglycémie survient et passe inaperçue.

● *Dès que l'on soupçonne une hypoglycémie, il faut :*

– mesurer si possible le taux de sucre sur une goutte de sang grâce à une bandelette spéciale vendue en pharmacie ;

– faire consommer rapidement du sucre ou une boisson sucrée, avec un biscuit ou un morceau de pain ;

– rechercher la cause de cette chute de glycémie : il peut s'agir d'un enfant qui n'a pas pris son petit déjeuner, ou bien d'un enfant diabétique qui a absorbé trop d'insuline ;

– exceptionnellement, le malaise peut révéler une hépatite débutante (le foie n'arrive plus à libérer ses réserves en sucre) ou une maladie hormonale.

C'est pourquoi, lorsque l'hypoglycémie est confirmée, un bilan biologique poussé est nécessaire pour traiter la cause.

Hypospadias. C'est une malformation de la verge. La verge se constitue à partir d'un tissu en forme de plaque qui s'enroule en gouttière pour former le canal de l'urètre. Cet enroulement se produit de la racine de la verge vers l'extrémité. Pour des raisons inconnues, parfois génétiques, il peut ne pas être complet, l'orifice de l'urètre ne se trouvant pas au bout de la verge, mais à différents niveaux, selon les enfants. En cas d'hypospadias majeur, le bébé urine par un petit orifice situé à la racine de la verge ; le prépuce forme une sorte de gros capuchon ouvert. Mais l'hypospadias peut être minime, l'orifice urétral se situant sur le gland, à la base du prépuce qui n'est pas complètement formé : c'est l'hypospadias balanique.

Cette malformation est curable chirurgicalement. Le bon emplacement des testicules est vérifié pour s'assurer qu'il ne s'agit pas d'une maladie plus complète des organes génitaux et des voies urinaires.

Hypothyroïdie. La glande thyroïde est située devant la trachée, au niveau de la base du cou. Elle est stimulée par l'hypophyse et sécrète les hormones thyroïdiennes, qui agissent sur le fonctionnement du cerveau, le rythme du cœur, le péristaltisme de l'intestin, sur la régulation de la température et sur la croissance. Cela explique combien une carence en hormones thyroïdiennes (hypothyroïdie) affecte le développement d'un enfant.

L'hypothyroïdie est due :
– soit à une absence congénitale de glande thyroïde ;
– soit à un défaut de fabrication des hormones thyroïdiennes à l'intérieur de la glande ;
– soit, plus exceptionnellement, à une insuffisance de stimulation de la glande thyroïde par l'hypophyse.

Le dépistage de l'hypothyroïdie congénitale. Il est fait systématiquement, en même temps que le test de Guthrie, sur quelques gouttes de sang prélevées au talon du nouveau-né avant la sortie de la maternité. Si le dépistage n'a pas été précoce, le diagnostic est évoqué chez un bébé de 3 mois à 5 mois trop calme, indifférent à son environnement, apathique, pleurant rarement, constipé, hypotonique. Son cri est rare et rauque, sa langue est grosse, son visage bouffi et peu expressif, ses lèvres épaisses et ses joues rondes, sa fontanelle reste ouverte, sa peau est froide et son teint un peu cireux. Sa taille croît lentement mais son poids est normal. Devant ces signes, le pédiatre demande :
– la radiographie du squelette, qui montre un retard de l'ossification ;
– le dosage des hormones thyroïdiennes dans le sang, ainsi que de l'hormone stimulant la thyroïde, la TSH.

Le diagnostic d'hypothyroïdie étant établi, on pratique un test de fixation de l'iode radioactif pour visualiser une anomalie éventuelle de la glande thyroïde. Elle peut cependant être anatomiquement normale et ne pas synthétiser d'hormones thyroïdiennes.

Le traitement. Il consiste à donner des hormones thyroïdiennes, quotidiennement, pendant toute la vie. La dose est adaptée chaque matin non seulement en fonction des éléments biologiques, mais aussi en fonction des signes que les parents observeront : en cas de surdosage, l'enfant a de la diarrhée, il est agité, son cœur bat trop vite. Le pronostic dépend de la précocité de ce traitement. Lorsque celui-ci est commencé dès les premières semaines de la vie, le développement psychomoteur est normal.

I

Impétigo. C'est une maladie de peau fréquente et contagieuse qui survient en général pendant la saison chaude. On observe d'abord des bulles dont le contenu devient louche ; les lésions ressemblent à des brûlures de cigarettes. Ces bulles sont très fragiles, elles laissent rapidement place à une croûte en forme de médaillon, couleur miel. Bulles et croûtes sont généralement situées sur le visage, en particulier sur le nez et la bouche, ou sur les mains. Lorsque l'infection siège dans les plis (derrière les oreilles par exemple), on parle d'*intertrigo*. Le prélèvement bactériologique fait apparaître un staphylocoque doré, parfois l'association d'un staphylocoque et d'un streptocoque. La grande contagiosité de l'impétigo oblige l'enfant à ne pas rester en collectivité et à ne pas s'approcher d'un nourrisson.

Le traitement. Il est très rapidement efficace grâce à une désinfection locale par un savon antiseptique ajouté au bain et à l'application d'une crème antibiotique deux fois par jour sur les boutons. Une antibiothérapie par voie buccale est souhaitable car le staphylocoque peut provoquer une infection des os et des poumons ou entraîner une glomérulonéphrite aiguë.

L'impétigo peut atteindre une peau saine, mais peut aussi compliquer une maladie de peau sous-jacente, par exemple un eczéma. On doit alors traiter à la fois l'impétigo et la maladie sous-jacente.

Inclusions cytomégaliques.

La maladie des inclusions cytomégaliques est une maladie virale due au cytomégalovirus. Certaines femmes non immunisées peuvent être contaminées au cours de leur grossesse. Le plus souvent, il n'y a aucune conséquence pour le fœtus, mais exceptionnellement la transmission par voie sanguine à travers le placenta entraîne la maladie des inclusions cytomégaliques : le bébé naît petit, avec des troubles neurologiques et une jaunisse grave. S'il survit, les séquelles neurologiques peuvent être lourdes.

Les cellules contaminées (que l'on peut retrouver dans les urines du fœtus) contiennent dans leur noyau une grosse inclusion, d'où le nom de la maladie.

Incontinence.
Voir Encoprésie et Énurésie.

Infection urinaire. Elle est facile à reconnaître chez le grand enfant grâce aux signes d'emblée évocateurs : mictions pénibles, douloureuses, fréquentes, douleurs abdominales.

Chez le nourrisson on pense à une infection urinaire en présence d'une fièvre inexpliquée, de troubles digestifs, d'un manque d'appétit, de vomissements, de diarrhée, d'une altération de la courbe de poids. Lorsque l'infection atteint le tissu rénal, la fièvre devient supérieure à 38,5 °C, parfois oscillante, avec des frissons ; l'enfant a mal dans la région lombaire, la palpation peut faire percevoir un gros rein. Les signes infectieux sont alors présents non seulement à l'examen d'urine mais aussi à la prise de sang.

Une infection urinaire peut aussi ne provoquer aucun symptôme.

L'examen cytobactériologique des urines prouve l'infection urinaire. Chez le nourrisson, il est difficile de faire un prélèvement correct des urines. Il faut soigneusement baigner le bébé, désinfecter son sexe avec un produit tel que le Dakin® (qui n'a pas besoin d'être dilué), le rincer et recueillir l'urine dans une poche stérile qui doit être changée toutes les 30 minutes. Les urines doivent être portées immédiatement au laboratoire pour éviter une pullulation microbienne qui fausserait le résultat. Si le trajet est long et si vous ne pouvez pas les porter aussitôt, le recueil doit être conservé au réfrigérateur et transporté dans un récipient contenant des glaçons. L'idéal est de poser la poche sur le bébé au laboratoire, où vous attendez l'émission des urines pour une analyse immédiate. Chez l'enfant plus grand, le recueil doit se faire au milieu du jet.

● *Comment interprète-t-on l'examen cytobactériologique des urines ?* Le laboratoire fait d'abord un examen direct dont il peut vous donner le résultat dans les 2 heures. Mais si l'infection urinaire n'est pas importante, on doit attendre la culture des urines pour mettre en évidence un nombre de bactéries supérieur ou égal à 100 000 par millilitre. S'il y a plusieurs sortes de microbes, si le nombre de bactéries se situe entre 100 et 10 000 par millilitre, le résultat est douteux. Il faudra alors refaire un examen dans d'excellentes conditions avant d'affirmer qu'il s'agit bien d'une infection urinaire.

L'infection urinaire peut n'avoir aucune cause évidente, mais elle peut être le signe d'une anomalie anatomique des voies urinaires (bassinet, uretère ou vessie). L'échographie rénale et l'opacification de la vessie (cystographie) sont pratiquées entre 8 jours et 15 jours après le début du traitement (voir Voies urinaires, page 476).

Le traitement. Il doit être très rigoureux, car une infection urinaire mal traitée risque de provoquer des rechutes sournoises, nocives pour le tissu rénal.

Le traitement antibiotique peut être commencé dès que les urines ont été prélevées dans de bonnes conditions. L'antibiogramme, c'est-à-dire l'étude de la sensibilité de la bactérie aux différents antibiotiques, permet d'adapter ensuite le traitement. S'il s'agit d'une rechute, en particulier chez un enfant souffrant d'une malformation urinaire, le choix de l'antibiotique dépend des infections urinaires passées.

On sait que l'antibiotique est efficace lorsque l'enfant n'a plus de fièvre, plus de brûlures pour uriner et lorsque les urines examinées 48 heures après le début du traitement sont stériles.

● *La durée du traitement dépend de l'infection.* S'il s'agit d'une infection bénigne, le traitement doit durer entre 10 jours et 15 jours. Il est prolongé de 3 à 4 semaines si une pyélonéphrite est associée.

S'il s'agit d'une récidive ou si un obstacle mécanique fait craindre une rechute, des cures alternées d'antibiotiques et d'antiseptiques urinaires doivent être suivies pendant les 6 mois qui suivent le traitement initial.

Un examen cytobactériologique mensuel s'impose pendant plusieurs mois, même en l'absence de tout symptôme.

Infirmité motrice cérébrale. Elle peut être congénitale (héréditaire ou acquise in utero), due à une souffrance cérébrale au moment de la naissance (prématurité, insuffisance d'oxygénation par exemple) ou consécutive à une atteinte postnatale (méningite, traumatisme, maladie métabolique).

L'examen montre fréquemment une contracture des muscles, des mouvements lents et involontaires des extrémités, des troubles de l'équilibre. L'intelligence peut être normale ou déficiente ; des troubles caractériels, une épilepsie, un déficit auditif, visuel, un trouble du langage peuvent être associés à l'infirmité motrice cérébrale à des degrés divers.

Le diagnostic. Il est parfois possible dès la période néonatale en présence de convulsions, de troubles de la succion et de la déglutition, de mouvements anormaux, en particulier une anomalie du tonus des globes oculaires. Les réflexes archaïques (réflexe de Moro, grasping) sont incomplets ou abolis. L'hypotonie est globale, entrecoupée d'accès d'hypertonie.

Aujourd'hui, le scanner cérébral permet souvent d'évaluer les dégâts anatomiques ; l'IRM (imagerie par résonance magnétique) est encore plus précise ; l'EEG (électroencéphalogramme) détecte la tendance épileptique. Lorsque l'infirmité motrice cérébrale est discrète, c'est souvent au cours du neuvième mois que les signes deviennent évidents, d'où l'intérêt de l'examen obligatoire à cet âge. Le bébé est alors incapable d'accomplir certaines performances habituellement acquises à cet âge : il ne peut prendre un objet entre le pouce et l'index, il ne se tient pas assis et il n'écarte pas les bras pour se protéger lorsqu'on le penche brutalement vers l'avant.

La prise en charge thérapeutique. Elle est différente selon le niveau d'intelligence. Quand celui-ci est normal, l'enfant peut s'intégrer en milieu scolaire si on lui fournit une rééducation parallèle. Quand ce niveau est bas et qu'il existe un déficit du langage, de l'audition ou de la vision, il faut confier l'enfant à une équipe médico-pédagogique qui lui donnera un enseignement adapté à ses facultés mentales, tout en lui permettant de développer ses capacités physiques grâce à la kinésithérapie, la rééducation psychomotrice, l'ergothérapie, l'électrothérapie. L'orthophonie est essentielle pour ces enfants *(voir page 394)*.

Inhalation de corps étrangers.
Voir Corps étrangers

Intertrigo. *Voir Impétigo.*

Intolérance au gluten.
Voir Maladie cœliaque.

Intolérance aux protéines du lait de vache.
Elle touche 1 % à 5 % des enfants. En général, elle apparaît de façon brutale chez le nouveau-né ou le tout jeune nourrisson, ou bien au moment du sevrage : dans les 2 heures qui suivent l'absorption de lait industriel fabriqué à partir de lait de vache, le bébé a des vomissements spectaculaires et souffre en même temps d'un malaise avec pâleur. Il a ensuite une débâcle de diarrhée et parfois une éruption de boutons, voire une chute de tension. Il arrive aussi que l'intolérance soit plus sournoise, se manifestant seulement par une diarrhée chronique. On l'observe parfois dans un contexte d'allergie familiale.
L'analyse de sang peut confirmer l'allergie.
Le traitement. Il consiste à supprimer toutes les protéines du lait de vache (beurre, farines lactées, biscuits et pâtisseries au lait, fromages…). On utilise des laits spéciaux (Alfaré®, Prégestimil®, Nutramigen®, Peptijunior®).

Intoxications accidentelles.
Elles surviennent le plus souvent chez les enfants entre 1 an et 5 ans, en particulier chez les garçons. Quelques instants d'inattention suffisent pour que l'enfant fouille, par exemple, dans votre sac et y prenne un comprimé de somnifère, ou bien découvre dans un tiroir de table de nuit les tonicardiaques qu'utilise son père.
Prenez d'urgence un avis médical. Rapidité et précision sont essentielles : chaque minute qui s'écoule entraîne une absorption plus importante du toxique. Si vous trouvez votre enfant près d'une boîte de comprimés ou d'un flacon ouvert, la difficulté est évidemment de savoir quelle quantité de produit il a absorbée. Essayez alors d'estimer, par exemple, le nombre de comprimés manquants. Gardez l'emballage et téléphonez à votre médecin. Si vous ne pouvez pas le joindre immédiatement, appelez le centre antipoison ou le SAMU *(voir page 352)* si l'état de l'enfant est d'emblée alarmant (il respire mal, perd connaissance, a des convulsions).
Lors de cet appel, précisez :
– le nom du produit ;
– l'heure à laquelle l'enfant a pu en absorber ;
– la quantité probablement absorbée ;
– les symptômes qu'il manifeste ;
– son poids ;
– l'heure de son dernier repas.
Ayez avec vous un papier et un crayon pour noter les directives.
Les gestes à ne pas faire
– Ne faites pas vomir l'enfant sans l'accord du médecin : certains caustiques ou produits volatils ne doivent pas passer une deuxième fois par l'œsophage. En outre, les vomissements sont dangereux si l'enfant n'est pas conscient.
– Ne lui faites pas boire de lait : le lait ralentit le passage du produit et risque d'augmenter la quantité de toxique absorbée.
Les premiers gestes qui sauvent
– Les vomissements, dans certains cas : si la nature du toxique ne contre-indique pas les vomissements, ils doivent être provoqués dans un délai de 6 à 8 heures après

l'ingestion du produit toxique. On peut utiliser du sirop d'ipéca. Le médecin peut faire une injection d'apomorphine, plus efficace.

– Le charbon pur activé en poudre, à raison de 2 cuillères à soupe : il absorbe presque tous les produits chimiques restant dans le tube digestif.

– Le transport à l'hôpital : il est nécessaire dès que l'on juge dangereuse la dose absorbée. Le transport par le SAMU est indispensable si l'enfant est dans un état inquiétant. L'équipe de réanimation pédiatrique le mettra éventuellement sous perfusion, respiration assistée et surveillance cardiaque pendant le transport.

À l'hôpital, l'évacuation de l'estomac pourra être complétée par un lavage gastrique, qui consiste à introduire un tube dans l'estomac afin de le remplir puis de le vider plusieurs fois avec de l'eau et du sérum physiologique. L'enfant est ensuite mis sous surveillance. De nombreux toxiques peuvent déclencher des convulsions, déprimer la respiration ou modifier le rythme cardiaque. Chacun de ces effets est éventuellement contrecarré par des perfusions, une assistance respiratoire et des antidotes du toxique. Heureusement, l'enfant n'a, le plus souvent, ingéré que peu de produit. Mais le risque de lésions graves est tel que l'on est obligé d'agir en fonction de la prise maximale probable.

La prévention des intoxications. Vous trouverez tous les conseils pour votre armoire à pharmacie et pour le rangement des produits ménagers *pages 187 et 479.* Dès lors qu'un enfant a été victime d'une intoxication accidentelle, même s'il avait absorbé très peu de produit et que tout s'est bien terminé, ses parents doivent redoubler de vigilance et réorganiser leurs rangements. Les intoxications répétées ne sont pas rares ; elles montrent qu'il y a des failles dans l'organisation de la maison. Les fabricants de produits toxiques ont essayé d'en rendre le conditionnement plus sûr, par exemple grâce à des bouchons spéciaux difficiles à ouvrir. Mais une vigilance constante reste indispensable pour assurer la sécurité des enfants.

Invagination intestinale aiguë. Lorsqu'un segment de l'intestin s'introduit brutalement dans la partie suivante de l'intestin, cela peut entraîner une occlusion intestinale et un étranglement des vaisseaux irriguant la paroi intestinale. L'invagination intestinale aiguë exige donc un diagnostic précoce et un traitement d'urgence. Elle survient surtout chez le nourrisson entre le quatrième et le neuvième mois, plus souvent chez le garçon. Le bébé était jusque-là en très bonne santé ; parfois il est en période de poussée dentaire ou enrhumé, ce qui peut provoquer l'inflammation des ganglions autour de l'intestin, inflammation jouant un rôle important dans l'invagination. Après l'âge de 2 ans, on doit rechercher une cause anatomique, comme des polypes, un angiome ou une tumeur de l'intestin.

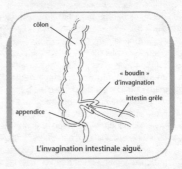

L'invagination intestinale aiguë.

L'invagination intestinale concerne en général la fin de l'intestin grêle qui s'engage dans l'intestin sous-jacent. Il se forme un boudin d'invagination comportant trois couches concentriques d'intestin, parfois plus. La tête du boudin peut franchir la jonction entre l'intestin grêle et le côlon et s'engager dans le gros intestin où elle progresse sous l'effet des contractions intestinales. Cette progression est favorisée chez le nourrisson par le fait que l'intestin n'est pas encore bien maintenu en place par ses membranes.

L'invagination intestinale aiguë provoque des douleurs abdominales par crises. Le bébé plie ses jambes, pleure, est très agité, puis tout rentre dans l'ordre jusqu'à la crise suivante. Les crises sont souvent accompagnées de vomissements, de refus du biberon. Entre les crises, l'enfant est anxieux et pâle mais il peut aussi avoir un aspect tout à fait normal. Par une palpation très douce et patiente avec les mains réchauffées, le médecin peut percevoir le boudin d'invagination. Même s'il n'y parvient pas, les crises douloureuses paroxystiques doivent à elles seules faire soupçonner l'invagination intestinale aiguë.

Si l'invagination continue d'évoluer, une partie de l'intestin peut souffrir, émettant des glaires sanglantes dans les selles ; puis c'est l'occlusion, accompagnée d'une péritonite avec un affaiblissement de l'état général.

L'échographie de l'abdomen peut montrer le boudin. L'examen essentiel est le lavement baryté. Il est fait à proximité d'une salle d'opération. De la baryte tiède est introduite dans le rectum sous faible pression et sous contrôle télévisé par une sonde non traumatisante. On voit alors une image typique « en pince de homard » ou « en cocarde » qui gêne la progression de la colonne opaque. Sous la pression douce du lavement, la baryte repousse le boudin dont on suit le recul jusqu'à la désinvagination. Le lavement baryté est alors curatif. On contrôle sur l'écran que chaque partie de l'intestin est bien en place à la fin du lavement. On peut alors se contenter de surveiller l'enfant en essayant de surseoir à un geste chirurgical, mais celui-ci reste parfois nécessaire, soit parce qu'on n'a pas obtenu une désinvagination totale, soit du fait d'une rechute immédiate. En outre, le lavement baryté est contre-indiqué lorsque l'invagination est reconnue à un stade tardif ; l'enfant doit dans ce cas être opéré d'emblée. Le traitement chirurgical est simple lorsque le

diagnostic a été précoce : on désinvagine le boudin et on en profite en général pour enlever l'appendice. On peut être obligé, après avoir assuré par une perfusion un bon état général de l'enfant, d'enlever un morceau d'intestin. Les récidives sont aujourd'hui plus rares grâce à la précocité du diagnostic et à la qualité des examens radiologiques.

J

Jaunisse (ictère). *Voir Hépatite virale.*

Jaunisse du nouveau-né.
Se reporter à *Attendre mon enfant aujourd'hui.*

K

Kyste du cordon. C'est une petite boule dure, indolore, que l'on sent rouler sous les doigts au-dessus du testicule. Il se résorbe souvent spontanément. S'il persiste, on peut l'enlever chirurgicalement. Il est sans danger et ne nécessite pas un geste urgent.

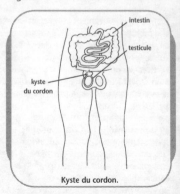

Kyste du cordon.

L

Lambliase (giardiase).
C'est une parasitose bénigne mais qui mérite d'être traitée étant donné les maux de ventre et la fatigue qu'elle provoque. Les lamblias sont amenées dans la bouche par les mains ou par des aliments souillés.

Les troubles digestifs sont discrets : il s'agit rarement d'une gastro-entérite aiguë, mais plus souvent de douleurs modérées, d'une baisse d'appétit et de selles molles et fréquentes. Certaines terreurs nocturnes ou certains états d'irritabilité peuvent être dus à la lambliase.

L'examen parasitologique des selles doit être fait dans de bonnes conditions : soit les selles sont émises au laboratoire, ce qui est souvent difficile à obtenir d'un enfant, soit elles sont portées très rapidement après l'émission. Ce parasite est sensible au métronidazole.

Laryngite. C'est une inflammation du larynx. Le larynx, situé à l'entrée de la trachée, est l'emplacement des cordes vocales. Aussi la laryngite se manifeste-t-elle par une voix et une toux rauques, évoquant l'aboiement d'un chien. L'air ayant des difficultés à entrer dans les voies respiratoires, la laryngite entraîne une gêne à l'inspiration. La laryngite survient brutalement, en général en pleine nuit, chez un enfant entre 2 et 7 ans, qui était simplement enrhumé. La gêne respiratoire peut être rapidement impressionnante, par son intensité et par le bruit typique qu'elle provoque.

Le traitement. Il est urgent. On recourt à un sédatif léger, mais surtout à l'administration d'un anti-inflammatoire souvent à base de cortisone. Il peut être efficace par voie buccale si la gêne respiratoire n'est pas majeure. Une injection de cortisone est souvent nécessaire en urgence, la nuit même, si l'enfant inspire avec difficulté.

La laryngite guérit aussi soudainement qu'elle est survenue, en quelques jours. Certains enfants ont tendance à récidiver pendant leurs premières années, aussi leurs parents doivent-ils avoir à leur disposition une ordonnance d'urgence.

Dans les cas les plus graves (épiglottite d'origine bactérienne), l'enfant est très fébrile et refuse de s'allonger (il risquerait alors un malaise). L'appel du SAMU est alors indispensable. L'intubation de la trachée permet à l'air de rentrer dans les voies respiratoires.

Legg-Perthes-Calvé, maladie de. *Voir Boiterie.*

Leucémie aiguë. La leucémie est une prolifération maligne des globules blancs anormaux au sein de la moelle osseuse, de la rate et des ganglions lymphatiques (organes où se forment les cellules sanguines). Cette prolifération maligne des globules blancs entrave la formation des plaquettes et des globules rouges, ainsi que les défenses immunitaires. La leucémie de l'enfant est en général une leucémie aiguë.

On distingue deux grands types de leucémies aiguës, selon le type de globules blancs anormaux.

● *Les leucémies aiguës lymphoblastiques* (80 % des leucémies aiguës de l'enfant) peuvent se déclarer à tout âge mais surtout entre 3 ans et 4 ans.

● *Les leucémies aiguës myéloblastiques* sont beaucoup plus rares chez l'enfant et leur pronostic est plus lourd.

Comment apparaît une leucémie ? En général le début est assez brutal. En l'espace de 8 à 10 jours, l'enfant devient très pâle, très fatigué, il a des poussées de fièvre et surtout des hémorragies sous la peau, hématomes ou ecchymoses.

Parfois l'installation est progressive : il faut 1 mois à 3 mois pour que des épisodes d'infection, des douleurs articulaires ou abdominales, une pâleur progressive, une hypertrophie des ganglions fassent suspecter une leucémie.

Le médecin, devant la pâleur due à l'effondrement du taux des globules rouges, recherche les autres signes : hémorragies dues à la diminution du nombre des plaquettes (ecchymoses, saignements de nez, des gencives, petits points rouges sous la peau ou purpura, hémorragies digestives, hémorragies de la rétine), augmentation du volume des ganglions (adénopathies) au niveau du cou, des aisselles, de l'aine, dans le thorax ou l'abdomen, augmentation du volume de la rate et du foie. Ces adénopathies sont dues à l'infiltration de la moelle osseuse par les cellules tumorales. Des douleurs osseuses peuvent entraver la marche, réveiller l'enfant, le faire boiter. La localisation dans les méninges peut provoquer des maux de tête et la paralysie de certains nerfs.

Le diagnostic

● *La numération formule sanguine montre :*
– une diminution importante du nombre des globules rouges ;
– une diminution du nombre des plaquettes (thrombopénie) ;
– des anomalies des globules blancs (leucocytes) : leur nombre est le plus souvent en forte hausse et leur aspect particulier ; le pourcentage des cellules tumorales est variable ; dans certaines leucémies, les cellules malignes sont difficilement détectables dans le sang et ce sont les autres perturbations de la formule qui engagent à demander un myélogramme.

● *Le myélogramme* est l'étude des cellules de la moelle osseuse. Il impose une ponction de moelle osseuse, généralement dans l'os du bassin. Au microscope, les frottis de moelle montrent l'infiltration par les cellules tumorales. L'étude des cellules leucémiques permet de différencier les leucémies lymphoblastiques des leucémies myéloblastiques.

Le traitement.
Il est adapté au type de leucémie aiguë et fondé sur la chimiothérapie utilisant plusieurs médicaments antimitotiques (qui empêchent les mitoses, c'est-à-dire la multiplication des cellules). La première étape du traitement (induction) vise à obtenir une rémission complète. Il est suivi d'un traitement de consolidation durant quelques semaines à quelques mois, puis d'un traitement d'entretien pour éviter les rechutes pendant 2 à 3 ans (le risque est maximal au cours de la première année). Ces traitements très puissants ont des effets secondaires : perte totale (mais réversible) des cheveux,

douleurs abdominales avec diarrhées, vomissements, absence totale d'appétit.

La collaboration étroite de l'enfant ainsi que celle de sa famille sont extrêmement importantes car le traitement dure plusieurs années et nécessite une surveillance intensive et des examens pénibles.

Le comportement courageux et lucide de ces enfants, et leur étonnante compréhension des démarches thérapeutiques, suscitent toujours l'admiration. Grâce aux progrès scientifiques, à la participation de l'enfant et de sa famille, le pourcentage de guérison sans cesse croissant (plus de 50 % aujourd'hui) permet les plus grands espoirs.

Leucorrhée. *Voir Pertes vaginales.*

Loucherie. *Voir Vue, troubles de la.*

Luxation congénitale de la hanche.
Une luxation de la hanche est une perte de contact entre les os dans l'articulation : l'os de la cuisse (la tête du fémur) roule dans la cavité du bassin appelée cotyle.

Si la position de la jambe durant la vie in utero n'a pas permis à la tête du fémur de se placer correctement dans le cotyle, le toit de celui-ci ne se creuse pas bien et ne couvre pas la tête du fémur qui est alors instable dans sa cavité : c'est ce qu'on appelle la hanche luxable. À un stade plus avancé, elle est déjà en position luxée, c'est-à-dire hors de la cavité. Si, lors des manipulations, elle entre et sort, il s'agit d'une hanche luxée réductible.

Le dépistage de la luxation de hanche, qui atteint 5 filles pour 1 garçon, fait partie de tout examen du nouveau-né à la naissance. Le pédiatre recherche un ressaut de la tête du fémur à l'intérieur de sa cavité. Cette recherche est particulièrement attentive si le bébé s'est présenté par le siège ou s'il a des antécédents familiaux de maladie luxante de la hanche. Cette manœuvre, qui permet au pédiatre de reconnaître la luxation, n'est pas toujours probante. Aussi, en cas de présentation par le siège, on n'hésite pas aujourd'hui à demander une échographie à la fin du premier mois.

La stabilité des hanches continue d'être vérifiée à chaque palpation clinique, contrôlée en cas de doute par une radiographie des hanches vers l'âge de 4 mois. C'est à cet âge que la radiographie montre si le toit du cotyle est suffisamment couvrant et si le fémur est bien en place. Une anomalie minime des cotyles pourrait entraîner ultérieurement une arthrose de la hanche. Il ne faut pas différer cette radiographie car, si l'anomalie n'est détectée que vers l'âge de 9 ou 10 mois, quand le bébé marche à quatre pattes, il supporte beaucoup moins bien d'être langé en abduction (cuisses écartées), alors que cette position est nécessaire pendant plusieurs mois pour corriger la luxation. Lorsqu'on décide de le langer en abduction, le bon positionnement du lange est extrêmement important, aussi la surveillance clinique et radiologique est-elle confiée à un orthopédiste.

● *Si votre bébé a des ascendants bretons ou auvergnats,* vous serez d'autant plus attentive aux mesures de dépistage proposées par votre pédiatre car une prédisposition héréditaire à la luxation de la hanche a été démontrée dans ces régions.

Les mesures de dépistage précoce et de mise en abduction permettent d'éviter une intervention chirurgicale et des séquelles (arthrose, douleurs, boiterie) autrefois très fréquentes.

Lyme, maladie de.
C'est une maladie provoquée par une piqûre de tique. Lorsque cet insecte pique la peau, il peut inoculer une bactérie. L'infection se signale par un petit abcès local, parfois une légère poussée de fièvre avec augmentation de volume des ganglions, elle peut aussi ne provoquer aucun symptôme au début. C'est plusieurs semaines ou plusieurs mois plus tard qu'une grande fatigue apparaît, avec des douleurs articulaires semblables à celles d'un rhumatisme ; cette situation

peut conduire au bout de quelques années à une impotence généralisée. Il s'agit donc d'une maladie sournoise plus facile à traiter dès le début, en pleine période infectieuse, qu'une fois l'état chronique installé.

La conduite à tenir en cas de piqûre de tique. Vous voyez que l'enfant a été piqué en découvrant la tique, petite boule noire de 2 mm de diamètre, agrippée à la peau par son rostre enfoncé dans le derme. Il ne faut surtout pas tenter d'arracher la tique car vous risquez alors d'inoculer le contenu de son abdomen, donc les bactéries. Une application d'éther permet de détacher l'insecte, si possible avec son rostre. Aussitôt la plaie doit être désinfectée. Un traitement antibiotique systématique est parfois appliqué à titre préventif. On peut faire 2 prises de sang à 15 jours d'intervalle pour rechercher les anticorps dirigés contre la bactérie et donc savoir si l'enfant a été contaminé.

M

Mal des transports. Il se manifeste par des nausées suivies de vomissements, une pâleur et une angoisse lors des trajets en automobile ou en bateau, surtout chez les enfants de 3 à 10 ans. Il est exceptionnel avant l'âge de 2 ans.

Origine du mal des transports. C'est une hypersensibilité aux mouvements de la tête. Ces mouvements sont perçus par les canaux semi-circulaires, situés dans l'oreille interne, emplis de liquide et munis de cils vibratoires qui enregistrent les déplacements de la tête dans les trois dimensions : en avant ou en arrière, de gauche à droite et de haut en bas. L'information parvient au cerveau qui déclenche en particulier les réactions de l'estomac, par exemple lors de virages répétés, de coups de frein, d'oscillations d'un bateau. Le système nerveux déclenche une pâleur avec nausées et vomissements, parfois même une impression de mort imminente. Le mal des transports est pénible. On ne sait pas pourquoi certains enfants ou certains adultes y sont plus sensibles que d'autres; on les dit neurotoniques.

Prévention. L'enfant ne doit pas prendre la route à jeun, mais plutôt après un repas riche en sucre car la baisse du taux de sucre sanguin aggrave le mal des transports; il est donc recommandé de se munir de biscuits et de confiseries. Il existe aujourd'hui des médicaments très efficaces contre le mal des transports *(voir page 490)*.

Maladie cœliaque (intolérance au gluten).

Le gluten est une protéine contenue dans les céréales. Son absorption entraîne chez certains bébés une irritation des villosités intestinales, se traduisant par une diarrhée chronique particulièrement évocatrice : les selles sont volumineuses, souvent pâteuses ou graisseuses. L'enfant a peu d'appétit. Parfois il vomit, son abdomen est ballonné, sa progression en poids et en taille ralentit. L'analyse des selles montre un excès de graisses (stéatorrhée). La prise de sang révèle parfois une anémie avec une carence en fer, un taux de protéines bas. Le diagnostic peut être affirmé par la fibroscopie et la biopsie de l'intestin grêle, qui montre l'atrophie des villosités de l'intestin. Mais c'est surtout le régime d'exclusion qui le confirme : le principe est de supprimer complètement le gluten de l'alimentation en compensant les carences en protéines et en vitamines.

L'exclusion du gluten suppose l'exclusion de tous les aliments et plats contenant du blé et ses dérivés (le seigle, l'orge, l'avoine).

Doivent être en particulier interdits :
– le pain, les biscottes, les pâtisseries ;
– la semoule de blé, les flocons d'avoine ;
– les pâtes alimentaires et leurs dérivés ;
– les saucissons et les saucisses du commerce ;
– les purées, les sauces, les plats cuisinés, les potages et les desserts tout préparés et toutes les conserves industrielles ne comportant pas la mention « sans gluten » ;
– les médicaments contenant du gluten.

Sont autorisés :
– le lait et le fromage blanc ;
– les viandes, les poissons frais ou surgelés non cuisinés, les œufs ;
– le beurre, les margarines, les huiles ;
– le jambon cru et le jambon cuit ;
– les légumes verts, frais ou surgelés nature ;
– les fruits, les confitures, le miel ;
– les farines de riz, maïs, tapioca, soja, sarrasin pur ;
– les pâtes et biscuits sans gluten ;
– les farines et les pots du commerce pour nourrisson comportant la mention « sans gluten ».

Un tel régime permet de normaliser l'appétit en quelques jours, les selles en quelques semaines et de faire progressivement remonter le poids.

La biopsie deviendra normale au bout de 12 à 18 mois ; on pourra essayer une réintroduction du gluten au bout de 2 ans. Il est rare que l'on assiste à une rechute et que le caractère chronique de l'intolérance au gluten conduise à proposer un régime d'exclusion à vie.

Maltraitance
Voir Silverman, syndrome de.

Malvoyance. *Voir Vue, troubles de la.*

Mastoïdite.

C'est l'infection de la muqueuse des cavités mastoïdiennes, et même parfois de l'os mastoïde lui-même. Conséquence d'une otite suppurée traînante, elle est devenue rare depuis que les otites sont traitées par les antibiotiques. On y pense face à une otite qui ne guérit pas dans les délais habituels et qui s'accompagne de troubles digestifs (diarrhées et vomissements) avec une fièvre persistante, une stagnation de la courbe de poids et un tympan qui ne redevient pas normal.

Si la mastoïdite n'est pas traitée à temps, un abcès peut se former derrière le pavillon de l'oreille et au-dessus. Le traitement est alors chirurgical : le médecin ORL doit pratiquer une mastoïdectomie, c'est-à-dire ouvrir l'os et le curer pour enlever le pus. Un traitement antibiotique très énergique et prolongé est toujours associé.

Maux de tête (céphalées). Ils sont généralement bénins chez l'enfant; il faut toutefois s'assurer que leur cause n'impose pas un bilan rapide.

Les maux de tête s'accompagnant de fièvre : les maux de tête accompagnent souvent les maladies infectieuses bénignes, comme une angine ou une rhino-pharyngite. Après l'âge de 3 ans, une sinusite peut être visible sur une radiographie des sinus. Mais les maux de tête inquiètent les parents qui pensent à une méningite. C'est effectivement le premier diagnostic à vérifier, car il impose un traitement urgent *(voir page 424).*

La méningite peut être associée à une infection cérébrale : c'est la méningo-encéphalite *(voir Encéphalite, page 397).* Seul le médecin, en recherchant des signes méningés, pourra faire la différence entre ces situations. C'est pourquoi tout enfant fébrile ayant mal à la tête doit faire l'objet d'un examen médical.

Les maux de tête sans fièvre : la recherche des causes s'oriente différemment.

● *Le traumatisme crânien :* il impose de rechercher des signes pouvant témoigner d'un hématome extradural ou sous-dural *(voir page 405)* qui nécessiterait des mesures d'urgence.

● *L'intoxication oxycarbonée :* lorsque les céphalées touchent plusieurs membres de la famille sans cause apparente, il faut penser à une intoxication oxycarbonée et vérifier qu'il n'y a pas de fuite de gaz dans les installations de la cuisine ou de la salle de bains.

● *Une hypertension intracrânienne,* c'est-à-dire une augmentation de la pression à l'intérieur du crâne, est envisagée devant des maux de tête chroniques. Les céphalées apparaissent alors pendant la deuxième partie de la nuit ou le matin au réveil, et s'accompagnent de vomissements qui les soulagent.

Le fond d'œil, la radiographie du crâne, l'électroencéphalogramme et surtout aujourd'hui le scanner et la résonance magnétique nucléaire permettent de faire le point. On peut ainsi s'assurer qu'il n'y a pas de tumeur bénigne du cerveau ou des méninges, comme un angiome ou un kyste bénin, ou même une tumeur maligne (mais cela est exceptionnel). Un traitement en service de neurochirurgie s'impose alors rapidement.

● *La migraine.* Le diagnostic de migraine est posé devant des crises de maux de tête séparées d'intervalles pendant lesquels l'enfant ne se plaint de rien.

La migraine est souvent déclenchée par certaines circonstances : une contrariété, une forte exposition au soleil, un temps prolongé dans un lieu bruyant, un manque de sommeil, l'ingestion de certains aliments comme le chocolat. Elle débute brutalement, et évolue par crises durant une à plusieurs heures pendant lesquelles l'enfant est très fatigué, s'allonge, fuit la compagnie des autres et recherche l'obscurité. Souvent unilatérale, pulsative, elle s'accompagne d'une envie de vomir et de douleurs des yeux.

On traite la crise de migraine par un médicament calmant la douleur *(voir page 491).* Exceptionnellement chez l'enfant, on peut être amené à donner des médicaments plus actifs comme les bêta-bloquants, lorsque la migraine s'accompagne de périodes de confusion ou de troubles moteurs.

● *La céphalée d'origine psychique.* Ce n'est qu'après avoir éliminé tous les diagnostics précédents que l'on peut évoquer une céphalée d'origine psychique, particulièrement chez l'enfant entre 7 et 15 ans. Elle prédomine sur le front ou derrière l'occiput et provoque une sensation de pesanteur ou de tête lourde. Elle atteint surtout les enfants souffrant de difficultés scolaires ou familiales; elle peut révéler un véritable état dépressif. Une conversation avec le pédiatre, ou avec le psychologue, permettra aux parents d'adapter leur comportement à la sensibilité de leur enfant. Ces quelques entretiens sont souvent plus bénéfiques que tous les médicaments. Il est rare d'avoir à donner un anxiolytique léger.

Maux de ventre.
Voir Douleurs abdominales.

Mégalérythème épidémique (cinquième maladie).
C'est une maladie éruptive provoquée par un virus, le parvovirus B19. Elle atteint surtout les enfants entre 4 et 12 ans, qui sont dès lors immunisés. Après une période d'incubation de 6 à 15 jours, l'éruption débute sur le visage, la rougeur s'étend symétriquement de part et d'autre du nez et aux membres, où se forment des plaques rouges. Elle ne provoque pas de démangeaison. Elle peut persister pendant 5 à 25 jours. Le soleil, les bains, les émotions, les efforts peuvent l'exacerber. Elle disparaît spontanément, sans que la peau pèle. L'enfant peut avoir un peu de fièvre (38 °C), être fatigué, avoir un léger mal de tête, un rhume, des selles molles.

Cette maladie bénigne guérit sans traitement. Une prise de sang n'est pas nécessaire pour vérifier le diagnostic, sauf si l'enfant est en contact avec une femme enceinte. Le parvovirus B19 ne semble pas responsable de malformations congénitales ; exceptionnellement, il est accusé de provoquer des fausses couches.

Méningite.
C'est l'infection du liquide céphalorachidien (LCR) situé entre les deux enveloppes (méninges) du cerveau et de la moelle épinière. Elle impose un diagnostic urgent.

Les signes qui font suspecter une méningite

● *Chez le grand enfant,* le syndrome méningé est habituellement franc et facile à reconnaître ; il comprend :

– des maux de tête intenses, exacerbés par la lumière, rebelles aux médicaments de la douleur ;

– des vomissements importants dans 80 %

des cas, dits « en fusée », survenant particulièrement lors des changements de position ;

– parfois une constipation.

☞ **L'enfant atteint d'une méningite n'a pas mal à la nuque spontanément. C'est le médecin qui, par son examen, met en évidence la raideur méningée.**

La raideur méningée est le signe majeur. L'attitude de l'enfant peut déjà l'évoquer lorsqu'il se couche spontanément en chien de fusil, recroquevillé, les jambes fléchies, le dos tourné à la lumière. Le médecin recherche cette raideur en examinant l'enfant allongé sur le dos. La flexion de la nuque entraîne une flexion des genoux et du dos : l'enfant ressent des douleurs lombaires qui lui font plier immédiatement les jambes. Cette raideur douloureuse traduit l'inflammation des méninges le long de la colonne vertébrale, depuis la tête jusqu'au sacrum.

L'apparition d'une éruption de plaques rouges ne s'effaçant pas à la pression (purpura), associées à des ecchymoses, est un signe de gravité qui peut annoncer une forme fulminante de méningite bactérienne. Si le traitement en service de réanimation n'est pas alors immédiatement entrepris, les fonctions vitales peuvent être atteintes.

● *Chez le nourrisson,* le diagnostic de méningite est beaucoup plus difficile. On le suspecte devant un bébé qui geint, vomit, a de la fièvre et un teint un peu gris. La nuque est plus souvent molle que raide. Le signe principal est la tension permanente de la fontanelle, qui ne se creuse pas, même lorsque le bébé est calme.

La découverte d'un syndrome méningé impose de vérifier l'état de conscience de l'enfant, de s'assurer qu'il n'a pas eu de convulsions, qu'il n'a pas un strabisme soudain, une paralysie d'un des membres, que sa tension artérielle est stable.

Le diagnostic impose une ponction lombaire.

La ponction lombaire. Elle est effectuée par le pédiatre. C'est un geste simple et courant qui, fait par des mains exercées, n'est pas plus douloureux qu'une prise de sang. Il s'agit de recueillir du liquide méningé dans le cul-de-sac lombaire grâce à une aiguille insérée entre deux vertèbres. Le liquide est immédiatement confié au laboratoire. Dans l'heure qui suit, le résultat permet de distinguer trois situations.
– Si le liquide est normal, il s'agissait d'une simple réaction méningée : il n'y a pas de méningite.
– Si le liquide est transparent, si le résultat du laboratoire traduit une augmentation du taux d'albumine, un excès de lymphocytes et l'absence de bactéries, il s'agit d'une méningite virale. De nombreux virus peuvent la provoquer, par exemple ceux des oreillons, de la rougeole, de la varicelle, et bien d'autres virus n'entraînant pas d'éruption caractéristique.
– Si le liquide céphalo-rachidien jaillit en jet, s'il est trouble ou même purulent, si le laboratoire met en évidence une élévation nette du taux d'albumine et une baisse du taux de sucre ainsi que la présence de nombreux polynucléaires, il s'agit d'une méningite bactérienne, dite purulente.
● *Trois sortes de bactéries peuvent être trouvées dans le liquide :*
– le méningocoque : il s'agit de la méningite cérébro-spinale ;
– l'*Hœmophilus influenzæ* (contre lequel on peut aujourd'hui vacciner les nourrissons) ;
– le pneumocoque.
Le traitement. Il est différent selon le type de méningite.
● *Une méningite bactérienne* impose en urgence la mise sous perfusion d'antibiotiques. Une antibiothérapie par voie intraveineuse, précoce et spécifique du germe isolé, permet la guérison, généralement sans séquelles.
S'il s'agit d'une bactérie contagieuse, l'entourage familial sera protégé par une antibiothérapie prophylactique. La collectivité (école ou crèche) où est allé l'enfant les

jours précédents sera informée. Lorsque le traitement est tardif, des séquelles psychomotrices graves sont possibles.
Une méningite purulente peut être masquée par des antibiotiques. En effet, il est parfois difficile de mettre en évidence le syndrome méningé si l'enfant a reçu un sirop antibiotique donné « à l'aveugle » pour une fièvre isolée : la ponction lombaire ne permettra pas d'isoler le microbe. L'évolution peut alors être flamboyante, une détresse vitale apparaissant subitement ; elle peut aussi être plus sournoise et laisser des séquelles. Il est difficile d'adapter l'antibiothérapie dès lors qu'il est impossible d'isoler le germe. Vous ne devez donc jamais donner d'antibiotiques à votre enfant sans avis médical, même s'il est très fébrile.

☛ **Les antibiotiques représentent l'un des plus grands progrès de la médecine à condition qu'ils soient choisis avec pertinence et donnés à des doses judicieuses.**

● *En cas de méningite virale,* les virus ne sont pas sensibles aux antibiotiques *(voir page 344),* mais ces méningites sont en général bénignes et curables spontanément. Exceptionnellement, il peut y avoir des signes d'encéphalite alourdissant considérablement le pronostic *(voir page 397).* Une surdité peut persister après une méningite due aux oreillons. C'est pourquoi le vaccin contre les oreillons est utile malgré la réputation de bénignité de cette maladie.
● *Vacciner contre les méningites.* Il est possible de protéger les nourrissons et les jeunes enfants contre certaines méningites *(voir pages 334, 337).*

Métatarsus varus.
Voir Pieds, anomalies des.

Migraine. *Voir Maux de tête.*

Mongolisme. *Voir Trisomie 21.*

Mononucléose infectieuse. Elle est due au virus d'Epstein-Barr. Elle est rare avant l'âge de 2 ans, mais fréquente chez l'enfant et l'adolescent. La mononucléose se transmettant par la salive, elle est appelée la « maladie des amoureux ». C'est entre 30 et 50 jours après la contamination qu'apparaissent les signes de la maladie : mal de gorge, maux de tête, douleurs musculaires et fatigue. En quelques jours la fièvre peut s'élever, habituellement autour de 38 °C, mais parfois jusqu'à 40 °C. L'examen montre les amygdales très rouges, parfois recouvertes d'un enduit blanchâtre, des yeux rouges, un peu larmoyants, parfois une petite éruption de boutons roses, des ganglions dans le cou. Le foie et la rate sont souvent hypertrophiés. La numération formule sanguine indique une augmentation du nombre de globules blancs. L'examen sérologique permet d'affirmer la mononucléose infectieuse par la recherche d'anticorps contre le virus.

La mononucléose infectieuse est une maladie généralement bénigne ; elle peut, mais très rarement, entraîner une inflammation des méninges, une atteinte de certains nerfs avec des paralysies régressives, une petite hépatite, une inflammation des testicules ou du péricarde (enveloppe entourant le cœur). Parfois elle provoque une chute du nombre de plaquettes et de globules rouges. Toutes ces complications sont rapidement curables. Dans la majorité des cas, la maladie guérit spontanément sans traitement. Une suspicion de surinfection au niveau de la gorge peut faire prescrire un antibiotique. On ne choisit pas l'ampicilline, qui peut majorer l'éruption, mais plutôt un macrolide (voir page 488). Exceptionnellement, en cas de complications, un traitement par la cortisone peut être utile pendant une huitaine de jours. Elle ne nécessite pas une éviction de l'école.

Morsures de chien.
Le traitement

● *Les premiers gestes.* Il faut désinfecter la plaie avec un produit antiseptique ou de l'eau de Javel très diluée. La plaie par morsure n'est pas suturée mais on la laisse ouverte pendant 3 jours, pour que les micro-organismes ne pullulent pas. La plaie est recouverte de tulle gras antiseptique.
● *Le traitement chirurgical.* Il est nécessaire lorsque :
– la morsure est profonde : le chirurgien doit explorer la plaie pour rechercher une atteinte de l'articulation, d'un tendon, d'un vaisseau, de l'os ou d'un nerf ;
– la morsure a entraîné une perte de peau et de tissu musculaire : la blessure exige peut-être une greffe ;
– la morsure a atteint la face de façon profonde.

Pour éviter la rage
– Si le chien n'est pas vacciné et peut avoir transmis la rage, il est important de s'en assurer : il faut isoler l'animal responsable de la morsure et le conduire chez le vétérinaire, en évitant de se faire mordre et en se protégeant de sa salive.
– Il faut conduire l'enfant dans un centre de traitement contre la rage où il sera vacciné dans un délai de 48 heures à 72 heures.
● *Le traitement.* Le vaccin contre la rage comporte 6 injections pratiquées à intervalles précis, c'est-à-dire le jour de la morsure, puis 3, 7, 14, 30 et 90 jours après. L'injection de sérum contre la rage est associée au vaccin si l'enfant a été mordu gravement ou en plusieurs endroits : grâce à cette prévention, aucun cas de rage n'a été décrit chez un être humain, en France, depuis 1928.

La surveillance du chien par le vétérinaire est obligatoire, aux frais de son propriétaire. L'animal doit subir 3 examens successifs en 15 jours, mais la rage est très peu probable si le chien est normal au bout de 5 jours.

Morsures de serpents. Les vipères – leur tête est triangulaire – sont dangereuses, alors que les couleuvres sont inoffensives. On peut reconnaître une morsure de vipère grâce aux deux petits trous qu'elle laisse dans la peau, distants de quelques millimètres, et dont s'écoule un peu de sérosité sanglante.

La douleur apparaît environ 10 minutes après la morsure. Puis, dans les 2 heures qui suivent, la zone mordue enfle. Après 12 à 24 heures apparaissent des plaques gonflées sur la peau, avec des ecchymoses, tandis que les ganglions de l'aine s'hypertrophient. L'enfant devient pâle, agité ou abattu, et souffre de maux de ventre, de nausées, de vomissements.

Le traitement

● *Les gestes à faire immédiatement :*
– allonger l'enfant, le rassurer ;
– refroidir l'endroit de la morsure avec de la glace ;
– mettre un garrot modérément serré, que l'on desserre pendant environ 1 minute toutes les demi-heures, en amont de la blessure ;
– aspirer le venin grâce à une petite pompe vendue en pharmacie (qui devrait toujours figurer dans l'armoire à pharmacie, si l'on habite à la campagne) ;
– désinfecter la plaie avec un antiseptique. L'injection de sérum antivenimeux est aujourd'hui discutée. Cependant ce sérum (conservé au froid) semble efficace s'il est injecté dans un délai de 8 heures après la morsure.

● *Le traitement sera complété à l'hôpital* par la mise en place d'une perfusion, pour maintenir la tension artérielle, et l'administration éventuelle de médicaments agissant contre l'effet coagulant du venin de vipère ; cortisone et antibiotiques complètent généralement ce traitement.

Pour éviter les morsures de serpent. Ne laissez pas votre enfant se promener en pleine nature sans bottes ; ne le laissez pas dans une voiture garée, vitres ouvertes, dans la campagne.

Mort subite inexpliquée du nourrisson (MSIN).

La mort subite du nourrisson est un accident exceptionnel, mais ce drame est la hantise des parents et la préoccupation constante du pédiatre. Il s'agit du décès soudain d'un bébé, le plus souvent entre 1 et 7 mois, sans aucun signe d'alerte et qui demeure inexpliqué malgré les examens effectués *a posteriori*. La longue revue des causes envisagées n'est qu'une liste d'hypothèses.

Une cause infectieuse. Un virus dans les poumons et les voies respiratoires pourrait entraîner un arrêt de la respiration (le virus des inclusions cytomégaliques et le virus respiratoire syncythial sont particulièrement incriminés). Certains décès peuvent aussi être mis sur le compte d'une méningite fulgurante. Le plus souvent, cependant, on ne trouve aucun signe infectieux.

Une anomalie du contrôle respiratoire. Certains bébés décéderaient d'arrêt respiratoire prolongé ou de blocage des voies respiratoires. On pense de plus en plus que la position ventrale pendant le sommeil peut favoriser ce blocage. En effet, lorsque le nourrisson est couché à plat ventre, son thorax, comprimé, ne peut pas atteindre son ampliation maximale, et l'enfant respire de l'air mal brassé.

Une anomalie digestive. Le reflux gastro-œsophagien est de plus en plus souvent incriminé, car il peut entraîner soit un étouffement par régurgitation dans les voies respiratoires, soit plus probablement un arrêt du cœur et de la respiration par irritation des fibres nerveuses communes au bas de l'œsophage et au bloc cœur-poumon.

Une anomalie de contrôle du rythme cardiaque. Elle peut aboutir à un arrêt du cœur brutal sans signe d'alerte. Les apnées et les troubles cardiaques peuvent résulter d'un manque de maturation du système nerveux commandant le cœur et les poumons.

Les anomalies métaboliques telles qu'une hypoglycémie ou une anomalie des acides gras ont été tenues responsables de certaines morts subites.

Les causes toxiques. Exceptionnellement,

on a incriminé une intoxication par l'oxyde de carbone ou par des médicaments sédatifs donnés en excès (la phénothiazine a été mise en cause), mais en général on ne décèle aucun toxique.

Certains nourrissons doivent être particulièrement surveillés car ils semblent présenter une prédisposition à la mort subite, qui daterait de la vie intra-utérine ou de la période périnatale. Ce sont les bébés :
– dont un frère ou une sœur est décédé de mort subite ;
– dont la mère est âgée de moins de 20 ans ; dont la mère a présenté des grossesses rapprochées, mal suivies ou pendant lesquelles elle fumait ou se droguait ;
– dont le poids de naissance est inférieur à 1,8 kg ;
– qui ont fait un séjour prolongé en centre de soins néonatals ;
– dont la courbe de poids se développe très lentement ;
– ayant des anomalies du tonus ou une tendance aux apnées pendant les biberons ;
– sujets à des épisodes de pâleur pendant le sommeil.
Ces bébés feront l'objet d'un bilan soigneux, pouvant déboucher sur des mesures préventives (voir plus loin).

Le malaise grave inopiné du nourrisson. Le nourrisson est en arrêt respiratoire, bleu ou tout pâle, ou bien mou, suffoquant ou cherchant son souffle. Ses parents ont l'impression qu'il va mourir, ils sont très angoissés et parfois la description qu'ils font des symptômes est très alarmiste, alors qu'il ne s'est rien passé de grave. Il n'en demeure pas moins que ces accidents inopinés demandent une considération particulière. En effet, chez plus de la moitié des nourrissons examinés après un malaise grave, une cause médicale ou chirurgicale a été trouvée : infection, crise convulsive, reflux gastro-œsophagien ou trouble du rythme cardiaque.
Pour mieux surveiller les bébés à risque, on peut enregistrer pendant 24 heures en continu le rythme cardiaque et respira-

toire avec un appareil type Holter. Cet examen met parfois en évidence les épisodes de ralentissement du cœur et de la respiration qui amènent à munir ces enfants d'un détecteur électronique se déclenchant en cas d'arrêt de la respiration. La sonnerie prévient les parents qui, par quelques stimulations, aident le bébé à retrouver sa respiration.

Il est cependant très difficile de dire aujourd'hui si les nourrissons surveillés à domicile à l'aide de ce moniteur ont vraiment bénéficié de cette mesure qui peut perturber psychologiquement le milieu familial, les parents devenant dans certains cas trop anxieux du fait de fausses alarmes. La plupart des parents trouvent cependant que ce monitorage a plutôt un effet rassurant, même s'il s'agit d'une contrainte parfois stressante. Quand doit-on arrêter cette surveillance ? La réponse dépend du nombre d'alarmes enregistrées et des réactions des parents. La décision de pratiquer un monitorage comme de l'arrêter ne peut être prise qu'au cas par cas. Un numéro précieux : Fédération Naître et Vivre 02 38 53 62 95.

Un traitement contre le reflux gastro-œsophagien, ou contre les troubles du rythme cardiaque, peut aussi être indiqué.

Mucoviscidose. La mucoviscidose se caractérise par la viscosité du mucus des voies respiratoires et de l'appareil digestif. Elle entraîne d'une part l'obstruction des bronches par le mucus avec une gêne respiratoire, d'autre part une insuffisance digestive du pancréas : diarrhée et malabsorption des aliments. En même temps, il y a augmentation caractéristique de la quantité de sel dans la sueur (la peau du bébé est salée).

La mucoviscidose est une maladie héréditaire à transmission récessive (voir *Attendre mon enfant aujourd'hui*). Dans la race blanche, elle touche environ 1 enfant sur 2 000.

● *Chez le nouveau-né.* La mucoviscidose peut entraîner à la naissance une occlusion de l'intestin par le méconium, trop visqueux. L'attention peut aussi être attirée par un retard d'apparition du méconium (qui devrait être éliminé pendant les premières 48 heures).

On a proposé le dépistage systématique de la mucoviscidose par le dosage de l'albumine dans le méconium (BM test), mais celui-ci n'est pas toujours probant et risque même de donner des faux positifs, sources de bien des inquiétudes pour les familles. Aussi ce test n'a-t-il pas été généralisé.

● *Chez le nourrisson.* La mucoviscidose se traduit par des signes respiratoires et digestifs. Les épisodes de bronchite avec toux chronique se succèdent au point de distendre le thorax en faisant bomber le sternum, tandis que les selles sont anormalement abondantes, luisantes, graisseuses. Devant cette conjonction de bronchites répétitives et de diarrhées quasi permanentes, le pédiatre demande une radiographie pulmonaire, qui montre des troubles de ventilation au niveau des poumons, mais surtout le dosage du sel dans la sueur.

● *Chez le grand enfant.* La maladie se manifeste par des troubles respiratoires et digestifs plus discrets. L'association de bronchite chronique avec toux grasse et de diarrhées est cependant significative. Les bronchites provoquent une mauvaise oxygénation du sang, entraînant une déformation très particulière des doigts (hypocratisme digital), tandis que la diarrhée nuit au développement de la taille et du poids.

La mucoviscidose peut se manifester uniquement sous sa forme pulmonaire ou uniquement sous sa forme digestive, ce qui rend le diagnostic moins évident.

Au fil des années, la gêne respiratoire liée à l'obstruction bronchique s'aggrave; une insuffisance respiratoire chronique, plus ou moins importante selon les cas, s'installe et l'insuffisance pancréatique entraîne une malnutrition avec une cirrhose du foie.

Le diagnostic. Le test de la sueur consiste à doser le chlore présent dans la sueur. Un excès de chlore constaté à plusieurs reprises permet de confirmer le diagnostic. Le test doit être confié à un laboratoire spécialisé car il est difficile de recueillir une quantité de sueur suffisante avec un petit buvard posé sur le front de l'enfant.

Avant la naissance, on peut faire le diagnostic de mucoviscidose par amniocentèse (voir *Attendre mon enfant aujourd'hui*) lorsque l'attention a été attirée par l'existence d'un cas familial. Il est possible de dépister les personnes non atteintes mais porteuses du gène.

Le traitement

– On lutte contre l'obstruction bronchique grâce à la kinésithérapie respiratoire et au drainage des bronches. Les produits en aérosol protégeant la muqueuse bronchique sont très bénéfiques.

– On combat l'infection bactérienne, qui menace en permanence les bronches encombrées par le mucus. L'antibiothérapie doit être adaptée d'après les antibiogrammes faits sur les bactéries trouvées dans l'expectoration. Les vaccinations contre les maladies virales respiratoires, en particulier contre la grippe et la coqueluche, sont très importantes.

– On améliore la nutrition de l'enfant par un régime diététique.

Ce traitement est très contraignant et suppose un bon environnement familial et social. Le soutien psychologique est extrêmement important, comme pour toute maladie chronique. Il comprend un accompagnement psychologique de l'enfant et de sa famille, un soutien scolaire et une aide à l'intégration professionnelle.

L'évolution. Elle dépend de la précocité et de la qualité du traitement, ainsi que de la régularité des soins, mais aussi de la forme de la maladie : certaines s'aggravent rapidement, d'autres évoluent très lentement, permettant une vie presque normale.

Muguet. C'est une mycose due au champignon *Candida albicans*, atteignant les muqueuses et parfois la peau. Le muguet provoque la formation d'un enduit blanc collé en plaques à l'intérieur de la bouche (à ne pas confondre avec des résidus de lait, qui s'enlèvent facilement). À l'état normal, le champignon vit dans les muqueuses, mais un état de faiblesse immunitaire, ou de déséquilibre de la flore digestive après un traitement antibiotique prolongé, peut entraîner sa prolifération. Cette candidose se propage à tout le tube digestif, provoquant des selles molles, un manque d'appétit et des vomissements. S'y associe souvent un érythème du siège caractérisé par de petites papules en collerettes.

Le *Candida albicans* peut aussi provoquer un intertrigo derrière les oreilles, aux plis de l'aine, des aisselles ou aux commissures labiales.

☛ **Il est important de débarrasser le bébé du muguet car il lui coupe l'appétit et gêne sa prise de poids.**

Le traitement. Il recourt à un antimycosique *(voir aussi page 499)* non seulement local mais aussi par voie buccale (amphotéricine B ou miconazole). Sur l'érythème du siège, lorsque la peau est très enflammée, on applique une pommade spécifique. La bouche peut être nettoyée avec de l'eau de Vichy ou du gel buccal au miconazole. Si vous nourrissez votre bébé au sein, n'hésitez pas à appliquer ce gel sur vos mamelons entre les tétées. S'il est nourri au biberon, vous devez bien désinfecter la tétine, le biberon et la sucette.

Mycoses. Ce sont des maladies provoquées par des champignons parasites. Elles peuvent atteindre la peau, le cuir chevelu, les ongles ou les muqueuses *(voir aussi Muguet, ci-dessus)*.

Les teignes. Ce sont des mycoses du cuir chevelu. La contamination se fait à partir d'autres enfants ou d'animaux comme le chien ou le chat. La *teigne tondante* se rencontre après l'âge de 3 ans. C'est une plaque du cuir chevelu ronde, bien limitée, sur laquelle la peau pèle ; les cheveux tombent à quelques millimètres de leur racine. En l'absence de traitement, elle s'étend mais guérit ensuite et les cheveux repoussent. On peut la mettre en évidence grâce à la lumière de Woods, qui rend les cheveux malades fluorescents.

Dans la *teigne favique*, le cuir chevelu devient rouge et se couvre de croûtes jaune grisâtre, dans lesquelles se trouvent de petites cupules appelées godets faviques dont le centre est occupé par un cheveu qui s'arrache facilement, avec sa racine entourée d'une gaine blanchâtre.

L'herpès circiné. C'est une plaque sur la peau, ronde, rouge et pelante, bordée de petites vésicules plus foncées.

Les mycoses des ongles. Elles se caractérisent par l'aspect boursouflé et jaunâtre de l'ongle. Si elles ne sont pas traitées pendant plusieurs mois, elles peuvent aboutir à la chute de l'ongle, le nouvel ongle qui repousse étant à son tour atteint.

Le pied d'athlète. C'est une mycose des plis entre les orteils, favorisée par la transpiration dans les chaussures.

Le pityriasis versicolor. Il se manifeste par de petites taches blanches qui pèlent très finement sur le thorax et sur les bras et qui sont majorées par l'exposition au soleil. Elles s'étendent spontanément en l'absence de traitement.

Le traitement. Il permet une guérison complète aujourd'hui grâce aux antifungiques par voie orale, en spray pour la peau et les ongles, en pommade pour le cuir chevelu (après avoir coupé les cheveux très courts). Ce traitement doit être appliqué pendant 4 à 8 semaines avec une désinfection du linge et de la literie.

En cas de teigne, vous devez rechercher le contaminateur, en général un chat ou un autre enfant, et ne remettre l'enfant à l'école qu'après avoir déclaré la maladie et vérifié par 2 prélèvements à 8 jours d'intervalle la disparition du champignon.

Myopathies. Ce sont des maladies du muscle, qui se transmettent héréditairement et s'installent progressivement. Il en existe plusieurs formes, la plus fréquente étant la myopathie de Duchenne (8 cas sur 10), qui ne touche pratiquement que les garçons : elle est transmise par les femmes, comme l'hémophilie (voir *Attendre mon enfant aujourd'hui*) et atteint 3 garçons sur 10 000.

Comment se révèle une myopathie ? Ce sont parfois un retard du tonus ou un retard à la marche qui inquiètent d'abord, mais en général l'enfant a commencé à marcher à un âge quasi normal, et c'est entre 2 et 4 ans qu'on voit apparaître des difficultés pour sauter, monter un escalier; l'enfant tombe lorsqu'il court, a du mal à se relever lorsqu'il est à terre, il lui faut prendre appui sur ses cuisses avec ses mains. Les muscles de ses mollets sont très développés et sa démarche typique : il avance sur la pointe des pieds en se dandinant. Le diagnostic est alors immédiatement évoqué par le médecin. L'examen montre la présence des réflexes habituels, prouvant que c'est bien le système musculaire et non le système nerveux qui est atteint. L'enfant ne souffre pas. On remarque souvent un ralentissement de l'efficience intellectuelle.

Lorsque le diagnostic est envisagé, 3 examens fondamentaux peuvent le confirmer :
– le dosage des enzymes musculaires dans le sang ;
– l'électromyogramme ;
– la biopsie musculaire, qui confirme le diagnostic et permet de déterminer le type de myopathie.

Comment évolue la myopathie ? S'il s'agit d'une myopathie de Duchenne, l'état musculaire s'aggrave au fil des années entre l'âge de 4 et 14 ans. Petit à petit l'enfant devient incapable de se relever, de monter les escaliers, de courir, de sauter, puis de marcher, de s'asseoir, de rester assis. Ensuite les bras sont atteints. Les muscles s'atrophient de plus en plus, les tendons se rétractent. L'évolution est grave : à la fin de sa puberté, l'enfant est

souvent confiné dans son lit ou sur une chaise roulante. Les muscles respiratoires et le myocarde peuvent être atteints.

Dans les autres formes de myopathie, l'évolution peut être plus favorable, parfois sensible à un traitement.

Le traitement. Il est seulement palliatif et repose sur la rééducation fonctionnelle, l'appareillage, des interventions sur les articulations. Les centres spécialisés peuvent aider le malade autant sur le plan moteur que sur le plan psychologique.

Tout récemment, dans certaines formes métaboliques de myopathies, on a obtenu l'arrêt de l'évolution et même une amélioration par des régimes particuliers, mais ces cas sont très rares.

Le conseil génétique. Il permet d'informer les parents sur le risque d'avoir un autre enfant atteint de myopathie. En cas de myopathie de Duchenne, le risque est de 50 % à chaque conception d'un garçon. L'amniocentèse ne peut actuellement pas prévoir l'existence d'une myopathie mais, en déterminant le sexe de l'enfant, elle peut permettre de discuter de la poursuite de la grossesse.

Le dosage d'une enzyme musculaire chez la fille peut préciser si celle-ci est ou non porteuse de la maladie.

Myopie. *Voir Vue, troubles de la.*

N

Néphrose lipoïdique. On ne connaît pas la cause de cette maladie rénale, qui se déclare en général entre 1 an et 5 ans.

Les symptômes. La néphrose lipoïdique se révèle par des œdèmes : les yeux, le visage, le bas des jambes sont gonflés. Le médecin recherche une protéinurie importante *(voir page 357)*. Le taux sanguin d'albumine est très bas et celui de cholestérol est augmenté. Des troubles de la coagulation accompagnent ces modifications biologiques, il y a risque de formation de caillots. Si la néphrose se complique d'une hypertension artérielle, de sang dans les urines et de signes d'insuffisance rénale, une biopsie du rein est nécessaire pour connaître le degré d'atteinte des gloméules rénaux.

Le traitement. Il impose un régime sans sel strict avec restriction des apports en eau, parfois des médicaments diurétiques et des perfusions d'albumine, mais il repose surtout sur l'administration de cortisone. Les reins se remettent à fonctionner, les œdèmes se résorbent. La protéinurie disparaît en général au bout d'une dizaine de jours. On dit alors que la néphrose lipoïdique est corticosensible. Après un mois de traitement intensif, la cortisone est donnée de façon plus espacée, 1 jour sur 2, puis les doses sont diminuées par paliers tous les 15 jours. L'hospitalisation est indispensable au début de la maladie, on essaie ensuite de traiter au maximum l'enfant à domicile.

Ainsi la durée du traitement après la première poussée est-elle en général de 4 mois et demi. Un tiers des malades ne rechutent pas, les autres ont des rechutes successives, qui peuvent être espacées ou survenir dès l'arrêt des corticoïdes : on parle alors de néphrose lipoïdique corticodépendante. À chaque poussée, il faut reprendre la dose d'attaque pendant 1 ou 2 semaines, puis suivre un traitement dégressif. Le problème est de définir la dose efficace tout en évitant les effets secondaires habituels des traitements prolongés par la cortisone (arrêt de la croissance ou hypertension artérielle). Ce traitement discontinu doit parfois être prolongé pendant plusieurs années, mais en général la néphrose lipoïdique guérit. Dans les cas rares où la néphrose n'est pas sensible à la cortisone, elle risque d'évoluer vers une insuffisance rénale, mais on observe aussi des guérisons spontanées malgré la résistance au traitement.

Dans cette maladie d'évolution longue, on essaie le plus possible de maintenir un rythme de vie normal et une scolarité régulière.

Noyade. C'est malheureusement un accident de plus en plus fréquent, spécialement en été, du fait de la multiplication des piscines privées. Mais un enfant peut parfois se noyer dans sa baignoire, dans 20 cm d'eau.

Votre attention doit donc être permanente, en particulier si votre enfant a entre 1 an et 5 ans. Redoublez de vigilance lorsque vous êtes invité, l'été, chez des amis : mettez en garde votre enfant contre les dangers de la piscine et ne comptez pas sur les bouées ou les brassards pour remplacer cette surveillance.

Les gestes à faire si un enfant a failli se noyer :
– le retirer immédiatement de l'eau ;
– le mettre sur le côté, la tête plus basse que son corps, et chasser l'eau de sa poitrine en comprimant son thorax ;
– pratiquer aussitôt le bouche-à-bouche et le massage cardiaque *(voir page 441)* si vous ne percevez pas les battements de son cœur. Cette réanimation doit être poursuivie jusqu'à l'arrivée des secours (SAMU, pompiers), même si le délai vous paraît long : la baisse de température due à l'immersion dans l'eau protège le cerveau du manque d'oxygène pendant environ 20 minutes.

Les piscines privées devraient toujours être entourées d'une barrière grillagée, l'enfant ne pouvant avoir accès au bassin qu'accompagné d'un adulte.

O

Obésité. Aujourd'hui, les parents se soucient du poids de leur enfant dès les premières années. La mode n'est plus au gros bébé que l'on gavait de farine et de petits gâteaux. Il n'en reste pas moins que certains enfants ont une tendance au surpoids. On parle d'obésité lorsque, sur les courbes *(voir pages 133, 134)*, le poids dépasse de deux écarts types (deux courbes) le poids moyen normal pour la taille.

Pourquoi un enfant devient-il trop gros ?
L'obésité est rarement due à un désordre hormonal, par exemple une maladie de la glande thyroïde. En revanche, un trouble

précoce de la régulation de l'appétit est souvent à l'origine de l'obésité. Il semble que les bébés nourris au biberon y soient plus prédisposés que les bébés nourris au sein. L'erreur diététique la plus commune est l'abus de farine dès les premiers mois puis, plus tardivement, l'excès de grignotage. L'habitude d'offrir un petit gâteau à l'enfant chaque fois qu'il pleure, la présence de bonbons et de friandises dans la maison conditionnent le goût de l'enfant et lui donnent l'habitude de rechercher une nourriture trop sucrée.

Le plus souvent, l'obésité s'installe chez un enfant dont le fonctionnement hormonal est normal; elle est alors dite commune. Elle s'accompagne d'une croissance staturale assez rapide et d'une précocité de la puberté. Elle a 75 % de risques de persister à l'âge adulte. La cause en est généralement psychologique : une vie sans joie, ennuyeuse, est source de boulimie.

L'obésité est pratiquement toujours due à une surconsommation de glucides et de lipides : les enfants trop gros ont tendance à manger beaucoup d'aliments contenant des graisses animales (charcuterie, fromage), trop de sucreries, de pain, de riz et de gâteaux, et à boire trop de boissons gazeuses sucrées alors qu'ils ne consomment pas assez de légumes et de fruits frais. Ils sont physiquement peu actifs.

● *Un enfant trop gros ne maigrira pas forcément à la puberté :* le surpoids de l'âge adulte est généralement constitué avant l'âge de 6 ans.

☛ **Plus l'obésité commence tôt, plus elle sera difficile à traiter.**

Le médecin vérifie l'absence d'anomalies hormonales, recherche des vergetures, un retard de croissance, une anomalie du développement pubertaire, une hypertension, des troubles de la statique des vertèbres, une déformation des jambes en X, des pieds plats et un essoufflement à l'effort.

Le traitement est essentiellement dié-

tétique. Il faut diminuer le nombre de calories absorbées. Préparez des quartiers de fruits et des morceaux de légumes crus pour remplacer le grignotage de sucreries. Essayez de répartir la nourriture sur 3 repas en allégeant particulièrement le goûter. Les produits allégés et le lait écrémé sont utilisables dès l'âge de 3 ans. Bien des enfants ont un rythme alimentaire qui les pousse à se nourrir plutôt en fin de journée; si, par principe, on les force à manger au petit déjeuner, leur régime devient hypercalorique. Le matin, un bol de lait écrémé avec des corn-flakes et un jus d'orange peut être tout à fait suffisant pour un enfant qui n'a pas très faim. Évitez de bourrer ses poches de biscuits.

Dès les premiers signes d'obésité chez un enfant, son poids doit être surveillé et noté sur une courbe chaque mois. Il faut chercher à le motiver et ne pas hésiter à consulter votre pédiatre régulièrement. L'activité physique ne fait pas maigrir mais elle raffermit les tissus, et surtout elle occupe l'enfant hors de la maison, lui évitant l'envie de grignoter. À l'inverse, le confinement à la maison avec des après-midi occupés à regarder la télévision pousse au grignotage et à l'embonpoint.

● *Y a-t-il des médicaments qui aident les enfants à maigrir ?* Un complément de vitamines et d'oligo-éléments peut permettre une meilleure répartition des aliments absorbés mais il n'existe pas de médicament miracle. Les anorexigènes, à base d'amphétamines, sont très dangereux pour l'enfant. Au moment de l'adolescence, les médecins préfèrent ne pas les utiliser : l'adolescent risque ensuite de vouloir faire de l'automédication, or ces médicaments peuvent entraîner une dépression réactionnelle. Le traitement de l'obésité est délicat car l'adolescent peut basculer dans l'anorexie : il faut donc se garder d'être trop exigeant dans ce domaine et de devenir obsédée par le poids de son enfant.

Le régime de l'enfant obèse

● *Au petit déjeuner :*
– 20 cl de lait écrémé avec une cuillère à

café de cacao pur non sucré, ou un yaourt à 0 % de matières grasses ;
– un fruit, une biscotte (aussi calorique que le pain, elle permet à l'enfant de mieux évaluer la quantité d'amidon qu'il mange) avec une légère couche de beurre allégé.

● *À midi :*
– des crudités avec une vinaigrette au citron ;
– une viande ou un poisson grillé, rôti, en papillote, poché au court-bouillon ou cuit au micro-ondes ; ou bien 2 œufs durs, à la coque, ou en omelette sans ajout de matière grasse ;
– une assiette de légumes verts cuits à l'eau, servis avec une petite noix de beurre allégé ;
– en dessert, un laitage sans sucre, de préférence allégé, ou un fruit.
Pour tout le repas, on autorisera une petite tranche de pain.
● *Au goûter :* 1 sorbet ou 2 yaourts allégés, et des fruits crus.
● *Au dîner :* le même repas qu'à midi, avec un potage de légumes.
Ces repas ne seront accompagnés que d'eau et non de boissons gazeuses ou de jus de fruits sucrés.
● *On peut utiliser à volonté :* herbes, cornichons, moutarde, vinaigre, sorbets.
● *À consommer en petite quantité :* ketchup, huile, crème fraîche allégée, fruits cuits.
● *Il faut éviter totalement :* pommes de terre, riz, pâtes, confiture, mayonnaise, fruits secs, noix, cacahuètes, noix de coco, noisettes, bananes, fruits au sirop, avocats, fromages à plus de 45 %, charcuterie, chips, plats en sauce, poissons gras (anchois, sardines), légumes secs, petits pois, bonbons, beignets, glaces.

Occlusion intestinale aiguë.
C'est une urgence imposant une opération rapide. Elle se manifeste par des maux de ventre, des vomissements et un arrêt des selles et des gaz. Elle représente un danger vital pour l'organisme et un danger local

pour l'intestin qui souffre. Plus elle dure longtemps, plus l'état général de l'enfant se dégrade, et plus une intervention chirurgicale lourde risque d'être nécessaire.

☛ **Lorsque votre enfant vomit ou a mal au ventre, observez s'il y a arrêt des selles et des gaz. Si le transit intestinal est interrompu, il faut s'inquiéter rapidement en envisageant l'occlusion.**

La radiographie de l'abdomen sans préparation montre la dilatation des anses intestinales au-dessus de l'obstacle digestif, avec des niveaux liquides à l'intérieur des anses. On décide d'opérer d'urgence, tout en cherchant à trouver les causes de l'occlusion.
● *Chez le nouveau-né.* L'occlusion intestinale est généralement le signe d'une malformation de l'intestin. Lorsque les vomissements prédominent sur les autres troubles, on pense à la sténose du pylore (*voir page 462*).
● *Chez l'enfant plus grand.* L'occlusion se produit le plus souvent sur une bride, c'est-à-dire un résidu cicatriciel au niveau de l'enveloppe de l'intestin, le péritoine ; autour de cette bride, les anses intestinales se tordent. L'occlusion sur bride survient souvent plusieurs années après une intervention chirurgicale (c'est une complication classique de l'ablation de l'appendice). L'occlusion peut aussi être provoquée par l'étranglement d'une hernie inguinale (*voir page 409*).
Le traitement. L'intervention chirurgicale consiste à détordre l'intestin après avoir placé l'enfant dans une bonne condition générale par une perfusion. Si l'occlusion a été diagnostiquée tardivement, le chirurgien peut être obligé d'enlever un morceau d'intestin nécrosé. Dans tous les cas, l'intervention est extrêmement urgente.

Œdème de Quincke.
C'est une réaction de type allergique consécutive à une piqûre d'insecte, ou à l'absorption d'un produit auquel l'enfant est hautement allergique (poisson, œuf, pénicilline…). Il se

manifeste par un gonflement du visage et un œdème de la glotte pouvant provoquer une gêne respiratoire intense. Il nécessite l'injection immédiate de cortisone et l'appel d'urgence du médecin. Exceptionnellement, l'enfant a besoin d'être intubé pour retrouver sa respiration.

Un tel accident impose une enquête allergologique pour rechercher l'allergène en cause, de façon à donner un traitement de fond (voir page 361).

☞ Lorsqu'un enfant est fortement allergique, vous devez toujours avoir sur vous une seringue de cortisone.

Ongle pincé.
Lorsqu'un ongle a été coincé dans une porte ou a subi un choc violent, il peut apparaître une petite tache rouge battante, très douloureuse, qui noircit progressivement. Le médecin peut évacuer cet hématome sous tension en perçant l'ongle avec un instrument stérile pointu. Il faut veiller à ce que l'hématome ne s'infecte pas et ne se transforme pas en panaris. N'hésitez pas à protéger l'ongle avec un pansement tant qu'il est fragile. Laissez-le tomber spontanément. Vous verrez alors repousser un ongle sain.

Orchite.
C'est une inflammation du testicule. Il s'agit d'une urgence. L'enfant a généralement de la fièvre. L'orchite peut être d'origine virale (par exemple les oreillons chez un adolescent) ou d'origine microbienne, ce qui implique un traitement antibiotique urgent.

Oreilles décollées.
Il y a deux sortes d'oreilles décollées : soit le pavillon est fin, large et non ourlé, soit le cartilage de l'oreille est épais et déporte le pavillon vers l'extérieur. Dans les deux cas, il s'agit d'une anomalie cartilagineuse, et coller l'oreille avec un sparadrap est totalement inefficace. Avec la croissance, l'os mastoïde situé en arrière du pavillon s'hypertrophie et peut alors combler l'espace derrière l'oreille, dont l'aspect devient normal. Si-

non, la chirurgie plastique permettra de rendre l'oreille plus discrète et plus esthétique. L'âge idéal de l'intervention se situe vers 7 ans. La Sécurité sociale prend les frais chirurgicaux en charge dès lors qu'on estime l'anomalie de l'oreille suffisamment importante pour perturber psychologiquement l'enfant. Si votre petit se plaint des moqueries de ses camarades ou cherche à cacher ses oreilles avec ses cheveux, n'hésitez pas à envisager une intervention chirurgicale, qui lui donnera une meilleure image de lui-même.

Oreillons.
C'est une maladie virale qui atteint les enfants âgés de plus de 2 ans. Elle est exceptionnelle avant cet âge.

Après 21 jours d'incubation en moyenne, les oreillons se déclarent par une parotidite, c'est-à-dire l'inflammation des parotides, qui sont les plus volumineuses des glandes salivaires situées juste sous les oreilles.

Pendant 24 à 48 heures, le virus se développe dans l'organisme en provoquant tout au plus une légère fatigue et une fièvre autour de 38 °C. Bientôt l'enfant se plaint de douleurs sous l'oreille, qui gênent la mastication, mais c'est surtout la tuméfaction parotidienne, en général bilatérale qui suggère le diagnostic. Les glandes sont douloureuses, leur hypertrophie est d'importance variable, comblant seulement le sillon derrière le maxillaire, ou au contraire faisant une saillie importante et repoussant le lobule de l'oreille. L'orifice du canal salivaire au niveau des prémolaires supérieures

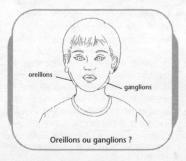

Oreillons ou ganglions ?

devient bien visible. La fièvre peut être élevée pendant plusieurs jours. La tuméfaction régresse en une dizaine de jours sans jamais suppurer.

Quand la parotidite n'est pas évidente, le diagnostic repose sur l'augmentation du taux sanguin des anticorps dirigés contre le virus.

On n'a jamais les oreillons 2 fois, car l'acquisition de l'immunité est définitive. Une nouvelle parotidite ne correspond donc pas à une récidive : son origine est différente.

Les complications. Une méningite bénigne accompagne 1 fois sur 2 la parotidite de façon cachée ; elle peut provoquer des maux de tête et devenir évidente en présence d'un syndrome méningé, c'est-à-dire des vomissements et une raideur méningée *(voir page 424)*. Si le diagnostic d'oreillons n'est pas évident, une ponction lombaire vérifie qu'il s'agit d'une simple méningite virale, guérissant sans traitement en quelques jours.

Les autres complications sont rares :
– une méningo-encéphalite avec atteinte cérébrale pouvant laisser des séquelles, en particulier une surdité définitive ;
– une atteinte du pancréas, qui guérit spontanément ;
– une atteinte des testicules *(voir Orchite, page 435)* après la puberté, en général 4 à 10 jours après le début de la parotidite : elle commence par des douleurs abdominales et une fièvre très élevée, puis régresse en quelques jours ; elle peut entraîner un mauvais fonctionnement du testicule atteint.

L'existence de ces complications justifie la vaccination pour tous les enfants.

Le traitement. Comme pour toutes les maladies virales, on ne dispose pas de médicaments spécifiques contre le virus. Le traitement agit seulement sur les symptômes, en calmant les maux de tête, la fièvre et les douleurs parotidiennes par des antalgiques, et les douleurs abdominales par des antispasmodiques. Des aliments fluides permettent à l'enfant d'avaler sans trop souffrir. En cas d'atteinte testiculaire,

l'immobilisation des bourses est bénéfique, ce qui suppose un repos au lit ainsi que l'administration d'anti-inflammatoires.

La contagion, la vaccination. Les oreillons sont contagieux pendant 6 jours avant la parotidite et 9 jours après. L'éviction scolaire est conseillée jusqu'à la guérison.

Comme toutes les maladies virales, les oreillons ne se transmettent pas par personne interposée. Si votre enfant est en contact avec la maman non atteinte d'un petit ayant les oreillons, il ne peut pas les attraper : il faut qu'il soit en contact direct avec le malade.

Le vaccin peut être administré seul ou associé aux vaccins contre la rougeole et la rubéole *(voir page 333)*.

Orgelet. C'est l'infection d'un des follicules pileux des cils de la paupière. Il se forme une sorte de furoncle de la paupière. Le traitement consiste à appliquer très tôt une pommade antibiotique et anti-inflammatoire. Si ce traitement n'est pas efficace, l'infection peut s'étendre à la paupière et s'enkyster, formant un chalazion que l'ophtalmologiste peut être amené à enlever chirurgicalement.

Osgood-Schlatter, maladie d'. C'est une maladie de croissance d'un os de la jambe, le tibia, dont l'extrémité supérieure se nécrose par insuffisance de vascularisation. Cette maladie survient surtout chez le garçon, vers l'âge de 10 à 14 ans. Elle provoque une tuméfaction douloureuse du tibia sous la rotule. La douleur peut exceptionnellement entraîner une boiterie. La suppression de toute activité sportive et la mise au repos pendant plusieurs mois permettent toujours la guérison, mais la tuméfaction osseuse peut persister longtemps. Il est rare de devoir immobiliser le genou quelques semaines dans un plâtre.

Ostéomyélite aiguë. C'est une infection osseuse provoquée par un staphylocoque. Sa gravité tient à l'atteinte du cartilage de croissance qui peut laisser des séquelles importantes. Le diagnostic doit donc être fait précocement.

Chez le grand enfant. Elle débute par une fièvre, une douleur importante dans un membre, dont l'enfant ne peut plus se servir spontanément. La douleur est réveillée lors de la palpation et s'étend généralement à l'articulation voisine. Ces symptômes font rechercher une plaie par laquelle le microbe a pu pénétrer, même minime, située par exemple sur le pied pour le membre inférieur ou sur un doigt pour le membre supérieur. Des examens complémentaires demandés en urgence prouvent l'existence d'une infection et d'une inflammation. Le staphylocoque est souvent présent dans le sang.

La radiographie de l'os concerné peut être normale au début, les signes radiologiques étant souvent retardés. L'échographie et le scanner sont parfois plus parlants.

Le traitement. Il est instauré en urgence : c'est une antibiothérapie intraveineuse adaptée au staphylocoque (l'idéal est de faire une ponction au niveau de l'os pour isoler le germe) et une immobilisation plâtrée du membre atteint.

Dix jours plus tard, le bilan montre généralement des signes de guérison : l'enfant n'a plus mal, les signes biologiques d'inflammation ont cédé, la radiographie reste normale ou montre un décollement de la couche externe de l'os, le périoste. La perfusion antibiotique est maintenue pendant 4 semaines, le traitement antibiotique étant ensuite prolongé par voie buccale pendant 4 mois environ. L'enfant ne reprendra son activité que très progressivement.

Parfois le bilan du dixième jour révèle un abcès osseux nécessitant un traitement chirurgical, la persistance d'une douleur et une augmentation du nombre des globules blancs. Exceptionnellement, les bilans successifs ne montrent pas d'amélioration, l'ostéomyélite devient chronique. Le traitement chirurgical s'impose, mais des séquelles sont alors possibles, en particulier des troubles de croissance.

Chez le nouveau-né et nourrisson, il s'agit souvent d'une ostéoarthrite. C'est une infection de l'os et d'une articulation, souvent la hanche, parfois le genou ou l'épaule. Les mouvements spontanés du membre atteint sont réduits et la mobilisation du membre est douloureuse. Les signes sont nets à la radiographie, surtout si le traitement n'est pas rapidement entrepris. La ponction articulaire permet d'identifier le germe responsable, le plus souvent un staphylocoque. Le traitement en urgence par le lavage de l'articulation, l'immobilisation par un plâtre et une antibiothérapie prolongée pendant plusieurs semaines donnent au bébé toutes les chances de guérir sans séquelles. L'atteinte évoluée de la hanche, particulièrement grave parce qu'elle peut laisser une boiterie due à une nécrose de la tête du fémur, est devenue rare.

Otites. Une otite est l'inflammation d'une partie de l'oreille.

L'oreille comprend trois parties :
– l'oreille externe, c'est-à-dire le conduit auditif qui va du pavillon jusqu'au tympan, membrane qui sépare l'oreille externe de l'oreille moyenne ;
– l'oreille moyenne, petite caisse de résonance contenant une sorte de chaîne haute fidélité formée du tympan et de 3 petits osselets qui conduisent le son jusqu'à l'oreille interne ; la trompe d'Eustache relie l'oreille moyenne à l'intérieur du nez ;
– l'oreille interne, qui transmet le son au nerf auditif jusqu'au cortex cérébral ; le cerveau peut ainsi interpréter ce qui a été entendu.

L'otite moyenne aiguë. C'est l'otite la plus fréquente. Il s'agit de l'infection de la partie moyenne de l'oreille, provoquée, lors d'un rhume, par des virus et des bactéries venant du nez et remontant par la trompe d'Eustache. L'otite moyenne aiguë se manifeste chez le nourrisson par des douleurs entraînant des pleurs, en particulier la nuit, une fièvre et parfois des troubles digestifs (diarrhées ou vomissements).

L'examen du médecin avec une loupe lumineuse (otoscope) montre différents degrés d'atteinte du tympan :

– lors d'une otite congestive, le tympan est rosé ou rouge vif, ses reliefs sont bien visibles;

– lors d'une otite suppurée, c'est-à-dire avec un écoulement purulent à l'intérieur de l'oreille moyenne, le tympan, rouge violacé ou blanc jaunâtre, est bombé et ses reliefs ont disparu; il arrive même qu'il se soit perforé spontanément sous la pression du liquide purulent : on voit alors le pus s'écouler par le conduit auditif externe, parfois jusqu'au pavillon de l'oreille. La complication la plus fréquente est le passage à la chronicité. L'otite devient alors sournoise et peut atteindre la fonction auditive (otite séreuse). Beaucoup plus exceptionnellement, l'infection peut s'étendre aux cellules osseuses situées derrière l'oreille *(voir Mastoïdite, page 422)*, aux méninges *(voir Méningite, page 424)* ou au cerveau (abcès du cerveau). Ces complications sont rares.

● *Le traitement.* En cas d'otite congestive, on peut se contenter de gouttes locales calmant la douleur, d'un peu d'aspirine et d'une désinfection soigneuse du nez. Si l'enfant est fébrile, les antibiotiques assurent une guérison plus certaine.

Lorsque l'otite est suppurée, l'antibiothérapie ne se discute plus, et doit être suffisamment prolongée pour entraîner une guérison totale. Elle est parfois associée à des anti-inflammatoires.

Le traitement antibiotique doit être administré correctement *(voir page 486)* et pendant au moins 8 à 10 jours. Les gouttes et les lavages d'oreilles sont bien moins efficaces dans l'otite moyenne que le traitement antibiotique. L'otite moyenne ne contre-indique pas les bains, sauf quand le tympan est perforé.

Si le tympan est bombé, recouvrant une poche de pus, le traitement sera bien plus efficace après évacuation du pus par paracentèse (l'incision du tympan permettant le drainage du pus et l'aération des cavités de l'oreille moyenne). La paracentèse entraîne la sédation très rapide de la douleur et permet le prélèvement du pus pour identifier le germe et tester sa sensibilité aux antibiotiques. L'indication de la paracentèse s'est considérablement raréfiée grâce à l'efficacité des traitements antibiotiques, mais elle reste nécessaire lorsque la douleur et la fièvre persistent, lorsque l'otite est extrêmement douloureuse, lorsqu'il y a une mastoïdite ou lorsque l'otite se répète et que le germe résiste aux antibiotiques.

☞ **Le choix des antibiotiques est extrêmement important dans le traitement des otites.**

Les réticences par rapport aux antibiotiques entraînent malheureusement sou-

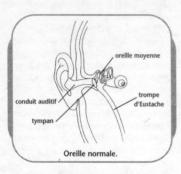

oreille moyenne

conduit auditif

tympan

trompe d'Eustache

Oreille normale.

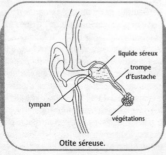

liquide séreux

trompe d'Eustache

tympan

végétations

Otite séreuse.

vent des traitements trop tardifs, écourtés, ce qui favorise les otites séreuses et la baisse d'audition.

Par ailleurs, la vie en collectivité dès la première année est à l'origine de nombreuses otites avec hypertrophie des végétations (voir page 473). L'idéal est de prévenir les rhino-pharyngites, qui évoluent souvent en otites, par des traitements préventifs stimulant l'immunité (voir page 503) dès la deuxième otite moyenne chez le nourrisson.

● *L'otite séreuse.* C'est souvent une complication des otites aiguës répétées chez un nourrisson allergique ou à l'immunité encore immature et vivant en collectivité. Elle est due à la présence d'un liquide plus ou moins visqueux, d'origine inflammatoire, accumulé derrière le tympan. On y pense lorsque l'on a l'impression que l'enfant entend mal après une succession d'otites aiguës. Le tympan est alors dépoli, rétracté et peu mobile.

L'otite séreuse diminue l'audition.

Le traitement a pour but de restaurer la perméabilité de la trompe d'Eustache pour permettre à l'oreille moyenne de s'aérer. On propose en général le curage des végétations (voir page 473) et la pose de drains aérateurs trans-tympaniques appelés yoyos. Ces drains restent en place de 6 mois à 1 an et s'éliminent souvent spontanément. L'antibioprophylaxie (antibiotique à petite dose pendant une durée prolongée, comme pour les infections urinaires récidivantes) donne aujourd'hui d'excellents résultats.

Ce traitement local ne saurait dispenser d'un traitement du terrain, souvent allergique (voir *Allergie*, page 361), et de l'administration d'immunostimulants (voir page 503).

Un contrôle régulier de l'audition pendant 1 an ou 2 ans, avec un audiogramme tous les 6 mois, s'impose pour vérifier que la fonction auditive est sauvegardée.

L'otite externe. Provoquée par l'inflammation du conduit auditif externe, elle est particulièrement fréquente chez les enfants qui se baignent souvent en piscine : l'eau perturbe la flore microbienne naturelle du conduit auditif, ce qui provoque une inflammation. Le tympan n'est parfois même pas visible tant les parois du conduit sont tuméfiées. Un traitement local par aspiration et instillation de gouttes, éventuellement associé à un traitement anti-inflammatoire, est en général efficace. L'otite externe due aux bains en piscine peut être prévenue par un bon séchage des oreilles à la sortie de l'eau et par le port de boules Quiès®.

Oxyurose. On estime que 6 enfants sur 10, en région parisienne, et plus encore à la campagne, sont touchés par les oxyures. Ce sont de petits vers de 5 mm à 15 mm, que l'on voit parfois remuer dans les selles. **Comment l'enfant attrape-t-il des oxyures ?** Les œufs se trouvent dans notre environnement : poussière, terre, sable. L'enfant en a donc souvent sur ses mains. Lorsqu'il porte la main à la bouche, les œufs d'oxyures entrent dans son tube digestif, où ils se transforment très rapidement en vers adultes qui s'installent dans la fin de l'intestin grêle, le côlon et l'appendice. Les femelles fécondées circulent jusque vers le rectum, se faufilent la nuit dans le sphincter anal, se fixent sur la marge de l'anus où elles pondent leurs œufs par centaines, ce qui entraîne des démangeaisons. L'enfant se gratte, il porte ensuite ses doigts à la bouche, il s'auto-infeste et le cycle recommence.

Il est très important d'apprendre aux enfants à se laver les mains consciencieusement avant chaque repas.

Comment s'apercevoir qu'un enfant a des oxyures ? Il faut y penser lorsqu'il est irritable, a mal au ventre, et surtout souffre de démangeaisons de l'anus. Ces crises de démangeaisons surviennent pendant des périodes de 4 jours, séparées par 3 semaines de latence. Le ver n'est pas toujours apparent sur les selles car le parasite adulte lui-même n'est éliminé qu'une fois par mois, aussi l'examen parasitologique des selles au laboratoire n'est-il pas vraiment probant. Le meilleur test est le scotch-test qui consiste à appliquer sur la région anale une bande de papier collant transparent le matin au réveil. Ce papier est ensuite posé sur une lame de verre et examiné au microscope, ce qui permet de voir les œufs des oxyures.

Le traitement. Les sirops ou comprimés contre les oxyures *(voir page 439)* sont très actifs à deux conditions :
– traiter toutes les personnes en contact avec l'enfant, c'est-à-dire chaque membre de la famille, mais aussi toute personne s'occupant de l'enfant ;
– faire deux cures médicamenteuses, la première pour détruire les vers adultes, la seconde 15 jours plus tard pour enrayer la nouvelle infestation provoquée par les œufs.

☞ **Certains médicaments contre les oxyures sont contre-indiqués en cas de grossesse.**

P

Panaris. C'est l'infection par des staphylocoques de la dernière phalange d'un doigt. Les bactéries pénètrent par une blessure souvent minime. Au début, le bout du doigt est simplement rouge, un peu tuméfié et douloureux. Vous devez alors le faire tremper dans un produit antiseptique pendant 10 minutes 3 fois par jour. Si, au lieu de régresser, la zone rouge et pulsatile s'étend, un traitement antibiotique immédiat permet généralement d'enrayer l'évolution.

La suppuration n'est cependant pas toujours évitable : la poche de pus formée par les leucocytes qui luttent contre les bactéries s'étend autour de l'ongle et provoque des douleurs pulsatiles. Le danger consiste en une atteinte de l'os. Le traitement doit être confié à un chirurgien, qui cure la poche infectée. Un panaris mal traité peut conduire à la perte de la phalange ; c'est dire l'extrême importance de montrer tout doigt malade au médecin et de désinfecter préventivement toute plaie.

Pelade. La pelade est une perte de cheveux. Elle peut être due à une teigne *(voir page 430)*. Mais, le plus souvent, la cause en est inconnue. La chute des cheveux laisse des plaques de peau fine, sans croûte ni squames. En général, la pelade reste limitée mais elle peut s'étendre à tout le cuir chevelu et même aux sourcils. Au bout de quelques semaines, un léger duvet repousse. La guérison est facilitée par l'application d'un produit qui dilate les vaisseaux du cuir chevelu. Comme elle peut être provoquée par un état anxieux ou une forte contrariété, un suivi psychologique de l'enfant est nécessaire, sous forme d'entretiens avec le pédiatre, au besoin avec un psychologue. La pelade peut aussi provenir de la trichotillomanie, tic qui consiste à tourner les cheveux autour d'un doigt et à les arracher. Un soutien psychologique peut être bénéfique.

Péritonite. C'est une infection du péritoine, c'est-à-dire de l'ensemble des membranes tapissant la cavité abdominale et l'intestin. La péritonite se manifeste par une douleur abdominale, des vomissements, un arrêt du transit intestinal. L'enfant n'émet plus ni selles, ni gaz. Les muscles abdominaux sont totalement contracturés (ventre de bois).

La péritonite de l'enfant a souvent pour origine un appendice infecté qui s'est rompu dans le péritoine. Chez le nouveau-né, la péritonite aiguë peut être due à une rupture de l'intestin compliquant une mucoviscidose *(voir page 428)* ou une occlusion consécutive à une malformation intestinale (voir Hirschsprung, maladie de, page 410, et Occlusion intestinale aiguë, page 434).

Le traitement. L'opération est toujours très urgente. L'état général de l'enfant doit être restauré grâce à une perfusion et à la réanimation, pour lui permettre de supporter l'intervention. Le chirurgien nettoie l'enveloppe péritonéale dans laquelle il trouve généralement une sérosité louche, voire purulente; l'ablation de l'appendice est systématique.

Persistance du canal artériel. Le canal artériel fait communiquer chez le fœtus l'artère pulmonaire et l'aorte. Normalement, il se ferme à la naissance chez le nouveau-né à terme, plus tard chez le prématuré. S'il persiste, en provoquant une hypertension artérielle pulmonaire et un souffle cardiaque, une intervention chirurgicale est nécessaire.

Pertes de connaissance. Elles imposent une attitude méthodique et du sang-froid.

Les premiers gestes. Il faut allonger l'enfant, surélever ses membres inférieurs, tourner sa tête sur le côté pour éviter les fausses routes dans les voies respiratoires, vérifier que les battements cardiaques et la respiration sont préservés.

Si la perte de connaissance s'accompagne d'un arrêt de ces fonctions, il faut immédiatement entreprendre une respiration artificielle, par le bouche-à-bouche, et si nécessaire un massage cardiaque. L'appel du SAMU peut être nécessaire mais, en général, la perte de connaissance est de courte durée.

● **Si la respiration et les battements cardiaques sont normaux.** Ne donnez pas à boire à l'enfant s'il est inconscient, dégagez les aliments ou la salive de sa bouche et couchez-le sur le côté, la tête légèrement penchée vers le bas pour éviter que les aliments, la salive ou la langue ne gênent sa respiration.

Le massage cardiaque s'impose si vous ne percevez pas les battements de son cœur. Il permet de faire circuler le sang lorsque le cœur est arrêté. L'enfant doit être allongé sur le dos, sur une surface dure (le massage cardiaque ne peut pas être fait sur un canapé). Le cœur se trouvant derrière le sternum, c'est là que votre main devra appuyer pour comprimer rythmiquement le cœur : chez le nourrisson, effectuez des pressions avec 2 doigts s'enfonçant de 1 cm; chez l'enfant de plus de 1 an, pratiquez des pressions avec la paume entière de la main s'enfonçant de 2,5 cm. Le rythme de pression doit être plus rapide chez le nourrisson que chez le grand enfant : 120 pressions par minute avant 2 mois, 100 par minute avant 2 ans, 80 par minute de 2 ans à 12 ans.

Le massage cardiaque doit toujours être associé à la respiration artificielle par le bouche-à-bouche.

● **Le bouche-à-bouche.** Il doit être pratiqué chez un enfant qui ne respire plus, ainsi que chez un enfant qui respire par saccades.

Si son cœur ne bat plus, faites en même temps le massage cardiaque et le bouche-à-bouche.

Si son cœur bat encore, faites seulement le bouche-à-bouche.

Pour pratiquer le bouche-à-bouche, il faut :
– débarrasser la bouche de l'enfant de toute particule alimentaire;
– faire basculer sa tête en arrière en plaçant un coussin sous son cou;
– tirer son menton vers le haut;
– placer votre bouche à la fois autour de sa bouche et de ses narines;
– insuffler de l'air vigoureusement dans les poumons en vérifiant que le thorax se soulève.

Lorsque vous retirez votre bouche, l'air est expiré automatiquement. Répétez l'insufflation toutes les 2 secondes chez l'enfant de moins de 2 ans, et toutes les 3 secondes chez l'enfant de 2 à 12 ans.

Si vous massez le cœur en même temps, faites 1 insufflation dans les poumons tous les 4 massages cardiaques. Si une autre personne vous aide, vous pourrez être encore plus efficace en faisant 1 insufflation dans les poumons pour 3 massages.

Pendant que vous pratiquez ces manœuvres, un témoin doit aller prévenir le SAMU ou les pompiers.

Le médecin demande aussitôt un bilan :
– dosage du sucre et du calcium sanguins ;
– électrocardiogramme ;
– électroencéphalogramme.

Les causes. Elles peuvent être :
– accidentelles (à la suite d'un accident de la circulation, par exemple) ;
– médicales.

Les syncopes vasovagales réflexes. Ce sont les plus fréquentes, elles sont bénignes. Il s'agit d'un ralentissement du cœur par hypersensibilité du système nerveux commandant les contractions cardiaques. La syncope survient plutôt lors d'une station debout prolongée dans un endroit chaud et confiné, ou bien après une grande émotion. L'enfant la sent venir par une impression de voile noir devant les yeux. Il ne doit alors pas rester debout immobile trop longtemps. Lorsqu'il prévoit un malaise, allongez-le avec douceur et rassurez-le.

La crise de spasmophilie. Elle est souvent précédée de maux de tête, de maux de ventre et de palpitations chez un enfant hypersensible. En frappant des doigts sur sa joue, on peut voir sa lèvre supérieure se contracter (c'est le signe de Chvostek). Pour confirmer la spasmophilie, on peut chercher une diminution du taux de calcium ou de magnésium dans le sang, mais cette diminution est inconstante. Un électromyogramme montre parfois des signes électriques anormaux du muscle.

L'hypoglycémie. Le taux de sucre dans le sang est inférieur à 0,6 g/l. La perte de connaissance est alors souvent précédée de sueurs, d'une pâleur associée à une sensation de faim, d'une impression de fatigue. Un apport immédiat de sucre s'impose, par la bouche si l'enfant est conscient, par voie veineuse s'il est in-conscient. Une injection de Glucagon® peut être faite chez l'enfant diabétique.

La crise convulsive (voir *Épilepsie*, *page 400*). Lorsque la perte de connaissance s'accompagne de secousses des membres, d'une révulsion des yeux avec éventuellement une morsure de la langue et une perte des urines, il s'agit d'une crise d'épilepsie. Le malaise n'est pas toujours évocateur, chacun de ces signes pouvant être isolé. L'électroencéphalogramme est indispensable pour dépister l'épilepsie.

La syncope cardiaque. C'est un ralentissement des battements cardiaques provoqué par un trouble de la conduction de l'influx nerveux qui commande les contractions du cœur (bloc auriculoventriculaire). On peut la reconnaître si le ralentissement du cœur au moment de la syncope est audible, mais c'est surtout l'électrocardiogramme qui objective ces troubles de la conduction du courant intracardiaque. Dans des cas exceptionnels, on peut être amené à poser un pacemaker pour relayer la commande nerveuse du cœur.

La perte de connaissance après un traumatisme crânien. Elle doit faire redouter l'existence d'un hématome intracrânien (voir page 405).

Pertes vaginales (leucorrhées). Elles sont assez fréquentes chez la petite fille. Elles révèlent une inflammation de la vulve (vulvite) ou une inflammation du vagin (vaginite). Les vulvites isolées sont beaucoup plus fréquentes chez la fillette que les vaginites.

Le médecin (de préférence une femme pour mettre la fillette en confiance) lui explique d'abord que l'examen est indolore et lui apprend à se placer en position gynécologique. La vulve est rouge, cette rougeur s'étendant vers l'anus ; la muqueuse peut être recouverte d'une sérosité louche. On observe éventuellement des pertes purulentes provenant du vagin. Il n'est pas souhaitable lors du premier examen de faire une exploration endoscopique, mais celle-ci est indispensable en cas de récidive ou s'il y a un saignement associé, pour rechercher la présence d'un corps étranger (petit jouet, morceau de coton) dans le vagin. Le médecin utilise alors un tout petit spéculum qui permet de respecter l'hymen. Des prélèvements bactériologiques sur les sécrétions recherchent les bactéries en cause. Le scotch-test permet de vérifier qu'il n'y a pas d'oxyurose *(voir page 439)*. **Le traitement de la leucorrhée de la petite fille est simple.**

– En cas d'inflammation de la vulve sans extension au vagin, une bonne hygiène est suffisante : la toilette se fait 2 fois par jour avec un savon acide ; le rinçage et le séchage doivent être soigneux. Il faut expliquer à votre fillette comment s'essuyer d'avant en arrière après chaque selle, de façon à ne pas entraîner des germes de la marge anale au niveau de la vulve.

– La vaginite nécessite une antibiothérapie. Le traitement antibiotique et antimycosique local peut être instillé par la maman dans le vagin à l'aide d'un compte-gouttes nasal, après la toilette, pendant 6 jours. Lorsque ce traitement local est impossible ou insuffisant, on peut être amené à prescrire une antibiothérapie par voie générale.

– L'association d'un traitement par œstrogènes locaux à faible dose peut être utile en cas d'infection récidivante, car ces hormones modifient l'acidité de la vulve.

– L'extraction d'un corps étranger s'impose lorsque l'examen a prouvé sa présence.

– Le traitement d'une éventuelle oxyurose ne doit pas être négligé. En cas de récidive malgré un bilan complet et un traitement bien conduit, on recherchera une malformation de l'appareil urinaire, notamment l'abouchement de l'urètre dans la vulve.

Phénylcétonurie.

C'est une affection héréditaire transmise sur le mode autosomique récessif (voir *Attendre mon enfant aujourd'hui*). Elle touche environ 1 enfant sur 15 000. On l'appelle aussi idiotie phé-

nylpyruvique car elle entraîne, en l'absence d'un diagnostic précoce et d'un traitement rapide, un retard mental, une épilepsie et des anomalies du comportement. Elle est due à l'absence d'une enzyme du foie, la phénylalanine-hydroxylase, qui permet la transformation d'un acide aminé présent dans l'alimentation, la phénylalanine, en un autre acide aminé, la tyrosine. En l'absence de cette enzyme, la phénylalanine devient toxique pour le cerveau. Il suffit de la supprimer de l'alimentation pour protéger le bébé et lui assurer un développement satisfaisant. Le test de Guthrie permet de dépister la maladie dès le troisième jour de vie (voir *Attendre mon enfant aujourd'hui*).

Pieds, anomalies des.

Les pieds plats. Chez le tout jeune enfant, la voûte plantaire n'est pas encore formée, on ne peut donc parler de pieds plats qu'après l'âge de 3 ans. Chez l'enfant observé de profil, la voûte plantaire du pied plat est totalement écrasée et adhère au sol. Vu de dos, le talon est souvent déjeté en dehors. Le pied plat est une

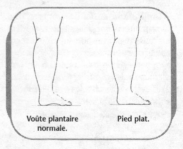

Voûte plantaire normale. Pied plat.

affection banale qui n'entraîne en général aucun trouble ultérieur (il n'est d'ailleurs plus un motif de réforme pour le service militaire). Cependant, il est certain que la démarche, en particulier pour la jeune fille qui porte des chaussures à talons hauts, est moins harmonieuse. Je vous ai déjà parlé de la prévention des pieds plats *(voir page 143)*.

Quand le pied plat est constitué, entre 4 et 7 ans, le port de semelles à voûte plantaire évite les douleurs de la marche et l'aggravation de l'affaissement, en particulier si l'enfant est atteint d'embonpoint. Mais il ne faut pas espérer que les semelles corrigeront le pied plat après l'âge de 7 ans.

Il est exceptionnel de proposer une intervention chirurgicale, en général peu efficace et très douloureuse.

Les pieds creux. À l'inverse du pied plat, la voûte plantaire est très marquée (cette caractéristique est souvent commune à plusieurs membres de la famille).

Dans les rares cas où les pieds creux provoquent des douleurs, des semelles plantaires apportent un soulagement. Les pieds creux peuvent être le signe d'une maladie musculaire ou neurologique.

Les pieds qui tournent en dedans. Si votre enfant marche avec la pointe des pieds en dedans, il faut chercher si cette rotation interne du pied vient du pied lui-même, de la jambe ou de la hanche. Pour le savoir, il suffit de coucher l'enfant sur le dos et de regarder ses pieds par-dessous.

• *Le metatarsus varus.* Si la plante du pied n'est pas rectiligne, l'avant-pied tournant en dedans par rapport à l'arrière-pied, l'anomalie vient du pied. Chez le nourrisson, cette déformation est banale, simplement due à la position in utero. Il faut alors éviter de coucher le bébé sur le ventre car cette position peut aggraver la rotation interne du pied. Vous pouvez stimuler le bord externe du pied, par exemple avec une brosse à dents, pour faire redresser les orteils vers l'extérieur. Une rééducation par un kinésithérapeute peut être utile. Il exerce une traction vers l'extérieur par un bandage adhésif, ou maintient la correction pendant quelques semaines par une attelle lorsque la déformation est importante. On peut, après l'acquisition de la marche, continuer la correction grâce à des chaussures spéciales à bord interne rectiligne, ou même en mettant la chaussure droite au pied gauche et vice versa, mais il faut demander l'avis d'un orthopédiste.

• *La torsion du tibia.* Sur votre enfant couché sur le dos, vous voyez que la plante des pieds est alors rectiligne; mais les pieds tournent en dedans alors que les rotules sont droites, face au plafond. Cette déformation, souvent d'origine familiale, se corrige en général avec la croissance. Le port de semelles adaptées peut progressivement orienter les pieds vers une position normale.

• *L'antéversion de la hanche.* Les pieds tournent en dedans, les rotules aussi; le problème est dû à une malposition au niveau de la hanche. Il n'existe pas de traitement, hormis une intervention sur le col du fémur, rarement indiquée.

Les pieds qui tournent en dehors. C'est une anomalie très fréquente chez les enfants qui ont dormi à plat ventre avec les pieds tournés en dehors. Elle se corrige en

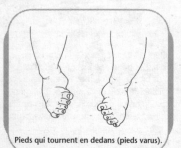

Pieds qui tournent en dedans (pieds varus).

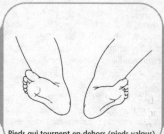

Pieds qui tournent en dehors (pieds valgus).

général avec la croissance. Quelques séances de kinésithérapie peuvent être bénéfiques.

Les pieds bots. À l'inverse des anomalies précédentes, il s'agit d'une réelle malformation. Le pied bot peut être dû à une malposition du pied du fœtus. Il peut aussi avoir une origine génétique ou être lié à une maladie du système nerveux ou du système musculaire. Il se caractérise par une déformation du pied, dont la pointe se porte en dedans, et qui ne repose pas sur le sol par les points d'appui normaux, accompagnée d'une atrophie des muscles du mollet qui sont durs, contractés.

La radiographie permet d'établir le bilan des anomalies osseuses éventuelles au niveau des pieds et des hanches. Le chirurgien orthopédiste infantile est consulté rapidement car le traitement doit être entrepris dès les premiers jours de la vie : il comporte d'abord des manipulations par un kinésithérapeute, plusieurs fois par jour, et la pose d'une attelle permettant la correction progressive de la position du pied. Ce traitement est parfois complété, dès l'âge de 3 ou 4 mois, par une intervention chirurgicale sur les tendons rétractés, ce qui permet leur extension, et par la pose d'un plâtre. Plus le traitement est précoce, meilleur sera le pronostic. La plupart des pieds bots retrouvent une morphologie et une mobilité normales. Mais, si l'anomalie est associée à une déficience importante des muscles du mollet et à des malformations osseuses, le résultat ne sera peut-être pas parfait en fin de croissance.

Pied d'athlète. *Voir Mycoses.*

Piqûres d'insectes.

Guêpe, frelon et abeille. Leurs piqûres sont relativement fréquentes.

● *La guêpe.* Elle peut piquer plusieurs fois car, son dard étant lisse, elle peut le retirer et piquer à nouveau.

● *Le frelon.* Il est très dangereux car son dard est long et peut injecter le venin directement dans les vaisseaux sanguins. Il peut également piquer plusieurs fois.

● *L'abeille.* Elle ne peut piquer qu'une fois. Son dard étant hérissé de barbes, elle meurt en voulant le retirer.

Si vous observez au point de piqûre la présence d'un dard, il s'agit donc d'une piqûre d'abeille. Vous devez alors enlever doucement le dard, sans le comprimer pour ne pas injecter le venin situé à sa base.

Lors de ces piqûres, la douleur est en général assez forte. Il se forme une plaque rouge provoquant des démangeaisons, puis tout rentre dans l'ordre en 1 heure ou 2 heures. Exceptionnellement, l'enfant peut entrer en état de choc, avec une respiration rapide, des vomissements et des troubles modérés de la vue. Un œdème de Quincke *(voir page 434)* peut gêner la respiration. Le coma, conséquence de l'état de choc ou de la gêne respiratoire, est rare, mais possible.

Dans le cas d'une réaction purement locale, il faut appliquer une pommade à base de cortisone et donner un sirop antihistaminique pour limiter la réaction allergique. Un état de choc impose d'urgence l'injection intramusculaire de cortisone. Le médecin pourra donner, en plus, du chlorhydrate d'adrénaline en injection sous-cutané ou intramusculaire.

Exceptionnellement, l'intubation trachéale ou même la trachéotomie seront pratiquées pour sauver un enfant qui s'étouffe.

Moustiques. En France, les piqûres de moustiques sont tout à fait bénignes. Pour les prévenir, installez une moustiquaire imprégnée de produit antimoustique sur le berceau de l'enfant lorsqu'il est dans le jardin, ou appliquez sur sa peau une crème ou une lotion faisant fuir les moustiques. Après la piqûre, une pommade calmante est généralement suffisante. Si le fait de se gratter provoque l'infection des piqûres, il faut appliquer des produits désinfectants. L'allergie aux piqûres de moustiques entraînant un œdème important est exceptionnelle. Dans ce cas, le médecin prescrira le même traitement que pour les allergies aux piqûres de guêpe ou d'abeille. Dans les pays où sévit le paludisme, il faudra appliquer les méthodes de prévention qui sont plus que jamais recommandées. **Tiques.** *Voir Lyme, maladie de.*

Pityriasis versicolor. *Voir Mycoses.*

Plaies et coupures. Devant toute plaie, si minime soit-elle, vous devez consulter le carnet de santé de votre enfant pour vous assurer que sa vaccination antitétanique est à jour *(voir page 332)*. En cas de doute quant à la date de la dernière vaccination, faire une injection supplémentaire ne présente aucun risque. Si la dernière vaccination date de plus de 5 ans, on effectuera le rappel et, en même temps, on injectera en un point différent du corps une dose de sérum antitétanique, c'est-à-dire d'immunoglobulines humaines spécifiques antitétaniques.

Le traitement. La plaie doit être soigneusement désinfectée. Il faut de plus s'assurer qu'aucun organe profond n'a été touché, en particulier aucun tendon. Par exemple, pour une plaie au doigt, vous devez vérifier que l'enfant peut le plier et que la sensibilité de la pulpe est normale. Dans le cas contraire, l'exploration immédiate de la plaie par un chirurgien pourra permettre la suture des filets nerveux ou du tendon, sauvegardant ainsi la fonction du doigt. La règle est bien sûr valable pour une plaie au niveau du genou, du talon, etc.

Après s'être assuré de l'absence de lésion profonde, il faut permettre une cicatrisation dans de bonnes conditions, en particulier sur le plan esthétique. Si la plaie est assez superficielle et ses bords assez nets, l'enfant calme et coopérant, vous pourrez vous contenter de fixer des petits collants pour suture cutanée : commencez par le milieu de la plaie en progressant vers les bords, les deux côtés étant bien rapprochés. La bonne adhésion de ces petits collants est importante, il faut donc faire comprendre à l'enfant qu'il ne doit pas y toucher.

Si sa coopération n'est pas assurée ou si la plaie est trop profonde, mieux vaut faire pratiquer des points de suture par un chirurgien, de façon à ce que la cicatrice soit le plus esthétique possible. Si la plaie n'est pas franche, si les tissus sont dilacérés, une exploration et un nettoyage s'imposent en service de chirurgie.

Une antibiothérapie est souvent nécessaire pour éviter une suppuration qui compromettrait la cicatrisation.

Si le doigt d'un enfant est coupé. Il faut aussitôt envelopper le morceau coupé dans une compresse, le mettre dans un sac contenant des glaçons et se rendre d'urgence à l'hôpital où l'enfant sera orienté vers un chirurgien spécialisé dans la plastie des doigts.

Pneumonie.
Voir Pneumopathies infectieuses.

Pneumopathies infectieuses. Ces infections du poumon, généralement bénignes aujourd'hui, peuvent être dues à des bactéries ou à des virus. Elles sont souvent associées à une atteinte des bronches, il s'agit alors de broncho-pneumopathies.

Les infections aiguës des poumons
● *La pneumonie à pneumocoque.* Elle est devenue rare et guérit rapidement.
Elle se révèle par une fièvre élevée et une respiration rapide associée à une petite toux sèche. Elle peut provoquer des maux de ventre qui la font confondre avec une appendicite, ou des maux de tête laissant croire à une méningite, car la toux n'est pas importante.
La radiographie montre un segment pulmonaire opaque ; l'analyse du sang indique une augmentation du nombre de globules blancs.
Le traitement est très simple aujourd'hui, le pneumocoque étant extrêmement sensible à la pénicilline et à l'érythromycine. En 24 à 48 heures, la fièvre chute, l'état de l'enfant s'améliore tandis que le foyer pulmonaire se résorbe en une dizaine de jours.
● *La staphylococcie pleuropulmonaire du*

nourrisson. Elle atteint surtout les bébés de 3 à 6 mois. Les staphylocoques ont pénétré par la peau ou par le nez. Le bébé est fébrile, très fatigué, son teint est souvent gris. Il est gêné pour respirer, sa respiration est rapide, son ventre est ballonné.

La radiographie montre une opacité arrondie dans un poumon et une atteinte de la plèvre (l'enveloppe des poumons). Très rapidement se forment des images de bulles multiples. La prise de sang révèle une augmentation du nombre des globules blancs, surtout des polynucléaires. Le staphylocoque peut être recherché soit dans le sang, soit par une ponction de plèvre pour étudier sa sensibilité aux antibiotiques.

L'évolution serait grave en l'absence de traitement : la tension artérielle peut baisser, des bulles peuvent se rompre dans la plèvre, entraînant une asphyxie aiguë. C'est pourquoi ces enfants sont placés en service de réanimation sous monitorage. Les images pulmonaires peuvent persister longtemps et s'étendre des deux côtés.

Le traitement est salvateur aujourd'hui grâce à une perfusion de plusieurs antibiotiques. Il est prolongé pendant 3 à 6 semaines. L'assistance respiratoire, le maintien de la tension artérielle et le drainage de la plèvre peuvent y être associés.

Les pneumopathies à mycoplasme. Elles entraînent une toux et de la fièvre. À la radiographie, des opacités pulmonaires peuvent s'accompagner de ganglions autour des grosses bronches. L'analyse du sang permet de faire le diagnostic.

Le traitement par l'érythromycine doit être poursuivi pendant 3 semaines.

D'autres germes peuvent provoquer des pneumopathies diffuses (la chlamydiæ).

Les bronchopneumopathies d'origine virale. Elles associent une pneumonie et une bronchite *(voir Bronchite, page 375)*. Elles sont généralement bénignes. La fatigue est légère, mais la prise de sang montre souvent une diminution du taux des globules blancs. L'identification du virus est difficile.

L'évolution peut être améliorée par les antibiotiques lorsqu'il y a surinfection par des bactéries, mais le virus responsable évolue pour son propre compte ; la guérison peut prendre plusieurs semaines.

Les infections pulmonaires chroniques ou récidivantes. Elles imposent un bilan pour rechercher :

– une dilatation des bronches si des opacités broncho-pulmonaires récidivant toujours dans le même territoire apparaissent sur les radiographies *(voir page 392)* ;

– un reflux gastro-œsophagien, les fausses routes alimentaires pouvant entraîner une fragilité des bronches *(voir page 450)* ;

– un terrain allergique *(voir Allergie, page 361)* ;

– plus rarement une mucoviscidose, surtout si l'infection est associée à des diarrhées (le diagnostic sera fait par le test de la sueur, *voir page 429*).

Poliomyélite. C'est une maladie virale entraînant des paralysies. Entre le contact avec le virus et l'apparition des signes, l'incubation dure une dizaine de jours. Le début de la maladie peut se révéler par des paralysies soudaines, mais celles-ci sont souvent précédées pendant 2 à 6 jours d'une fièvre légère, de maux de tête et de douleurs diffuses dans le dos, les membres, la nuque.

Les paralysies sont douloureuses et s'installent brutalement. Il peut s'agir :

– d'une tétraplégie : paralysie des quatre membres ;

– d'une paraplégie : paralysie des deux membres inférieurs ;

– d'une hémiplégie : paralysie de la moitié du corps ;

– de la paralysie d'un seul membre ;

– de la paralysie d'un seul groupe musculaire d'un membre.

Le membre atteint devient mou, ne répond pas aux tests de réflexes, ses muscles fondent brutalement. Les paralysies peuvent s'étendre aux muscles respiratoires – ce qui entraîne une impossibilité de respirer (sans assistance respiratoire, l'évolution se fait vers l'étouffement), et aux muscles de la déglutition, ce qui entraîne une impossibilité d'avaler, avec le risque d'inondation des poumons.

Au cours de la deuxième semaine, s'installe la phase de régression marquée par une récupération lente, qui ne permet pas de savoir rapidement quels muscles resteront paralysés.

Le bilan précis peut être fait après 2 ans d'évolution : certains enfants conservent des séquelles extrêmement importantes avec une nécessité d'assistance respiratoire à vie, d'autres ne garderont qu'une atteinte légère des abdominaux, des fessiers ou des muscles du mollet par exemple.

La poliomyélite peut n'entraîner qu'une méningite virale, ou peut même passer inaperçue : l'enfant porte simplement le virus et peut le transmettre, c'est un porteur sain. Les examens biologiques (ponction lombaire et dosage des anticorps sanguins) permettent d'identifier le type de virus (il existe plusieurs sortes de virus poliomyélitiques).

Le traitement, comme pour toute maladie virale, ne dispose d'aucun médicament actif sur le virus lui-même. On en combat les effets par une assistance respiratoire, une kinésithérapie et des appareillages orthopédiques.

Le vaccin contre la poliomyélite a réussi à faire quasiment disparaître cette maladie. Une dizaine de cas apparaît cependant chaque année en France, et la vigilance reste de mise. Vous devez faire vacciner régulièrement votre enfant (voir page 432). Il ne doit pas se baigner dans la mer ou en piscine collective tant que sa vaccination n'est pas complète.

Poux. Ce sont de petits insectes parasites qui se nourrissent du sang du cuir chevelu. Les poux de tête sont seuls en cause chez l'enfant (ce ne sont pas les mêmes que ceux du corps ou du pubis).

Ils prolifèrent très vite. La femelle pond 200 à 300 œufs en 6 semaines. Elle dépose chaque œuf dans un petit sac, la lente, collée sur le cheveu à quelques millimètres de la racine (alors que les pellicules, qui peuvent être confondues avec des lentes, tombent facilement). La lente éclôt au bout de 6 jours, libérant un pou qui vit en moyenne 1 mois.

Les poux sont parfois visibles, surtout au niveau de la nuque. On peut aussi les voir tomber en brossant les cheveux de l'enfant au-dessus d'un drap.

Les traitements disponibles sont très actifs, en particulier les aérosols, qui dissolvent les poux et les lentes en 30 minutes. Leur action est complétée par un shampooing spécifique et par le traitement des bonnets, foulards, brosses et peignes avec une poudre. Quand ce traitement échoue, c'est qu'il n'a pas été appliqué en même temps à tous les proches de l'enfant (famille, nounou, enfants de la classe). Tant qu'on n'est pas certain que la chaîne de contamination est rompue, il faut continuer jusqu'aux vacances suivantes à faire un shampooing anti-poux 2 fois par semaine.

Prurigo. C'est une maladie de peau qui entraîne des démangeaisons. La peau réagit à des parasites visibles : puces, punaises, moustiques, mais parfois invisibles, comme les acariens qui vivent dans les arbres ou dans les meubles des vieilles maisons. Les aoûtats piquent à la fin de l'été. Les boutons les plus typiques sont rouges et gonflés, mesurant plus de 3 mm de diamètre, avec une petite vésicule très dure au centre.

On peut confondre cette maladie avec la varicelle, mais les vésicules du prurigo et celles de la varicelle sont différentes :

– la vésicule de la varicelle repose sur une peau saine et mesure un bon millimètre de diamètre ; elle se flétrit et contient du liquide ;

– la vésicule du prurigo est beaucoup plus petite et repose sur une peau rouge et gonflée, formant un gros bouton.

Le traitement consiste à donner un sirop antihistaminique et à désinfecter les plaies au cas où le grattage les aurait surinfectées. Il faut essayer de prévenir les récidives en détruisant les insectes domestiques grâce à des aérosols anti-acariens pulvérisés dans la maison et dans la literie.

Prurit. *Voir Démangeaisons.*

Puberté précoce. On parle de puberté précoce lorsque les modifications pubertaires surviennent avant l'âge de 8 ans chez la petite fille et 10 ans chez le petit garçon.
Le bilan. Il doit être rigoureux. On pratique une échographie abdominale chez la fille pour vérifier le volume de l'utérus et des ovaires, et une radiographie du poignet et du bassin pour établir l'âge osseux : en cas de puberté précoce, l'âge osseux est toujours nettement en avance sur l'âge civil. La taille de l'enfant est supérieure à la moyenne pendant la première partie de l'évolution pubertaire, mais la taille définitive sera petite à cause de la soudure prématurée des cartilages.
Le bilan biologique confirme la puberté précoce par des dosages hormonaux et des tests de stimulation mesurant les réactions des glandes génitales. Le plus souvent, on ne retrouve aucune cause expliquant la puberté précoce. Mais parfois, surtout chez les garçons, la cause de la puberté précoce peut être identifiée par un scanner cérébral (détection d'une tumeur dans la région hypophysaire) et par des échographies (détection d'une tumeur des glandes surrénales ou des glandes génitales). Il peut encore s'agir des séquelles d'une méningite ou d'une autre maladie du système nerveux.
Le traitement. Il permet de traiter la cause, de freiner le développement pubertaire, d'éviter l'éventuelle apparition de règles chez la petite fille et de freiner la maturation osseuse pour améliorer la croissance. Il est en général efficace sur le développement pubertaire, mais son action sur la taille définitive dépend de l'âge osseux au moment de sa mise en route.

Purpura. C'est la formation sous la peau d'ecchymoses ou de petits points rouges (pétéchies) qui ne s'effacent pas à la pression. Cette diffusion de sang peut être associée à des hémorragies des muqueuses, à des saignements de nez, des saignements digestifs ou urinaires. La numération des plaquettes permet de distinguer deux formes.
Le purpura non thrombopénique : le taux de plaquettes est normal. C'est une inflammation des capillaires. Le plus fréquent est le *purpura rhumatoïde*, souvent bénin et qui touche principalement les enfants entre 4 et 7 ans. Sa cause est inconnue.
L'éruption prédomine au niveau des membres supérieurs (les pétéchies sont rares sur le tronc et la face). Des troubles digestifs et articulaires lui sont associés. Les grosses articulations, en particulier les chevilles et les genoux, sont douloureuses et parfois gonflées. L'atteinte digestive se manifeste par des hémorragies rectales ou des vomissements sanglants.
Les urines de l'enfant sont surveillées car l'éventualité de complications rénales conditionne le pronostic à long terme. Ces complications, qui peuvent survenir pendant les 3 mois qui suivent la maladie, se signalent par la présence de globules rouges et de protéines dans les urines. Il s'agit parfois d'un syndrome néphrotique *(voir page 431)*. Les symptômes, en général transitoires, peuvent toutefois évoluer vers une insuffisance rénale avec hypertension artérielle. La ponction-biopsie du rein permet d'évaluer la gravité des lésions rénales. Parfois apparaît une complication digestive, l'invagination intestinale aiguë, qui peut être détectée à temps grâce à l'échographie.
Le repos au lit est l'essentiel du traitement. Le purpura rhumatoïde guérit en général en 2 à 3 semaines sans laisser de séquelles.
Le purpura thrombopénique : le taux de plaquettes est abaissé (inférieur à 150 000/mm^3). Le plus souvent, sa cause est inconnue, il ne s'accompagne d'au-

cune affection grave et évolue spontanément vers la guérison, mais nécessite la surveillance du taux de plaquettes étant donné le risque d'hémorragies. Si ce taux est très bas, on a recours à l'injection intraveineuse de plaquettes, de gammaglobulines et à l'administration prolongée de cortisone.

Beaucoup plus rarement, le purpura thrombopénique apparaît dans un contexte fébrile, avec un syndrome méningé faisant craindre une *méningite à méningocoques* sous sa forme fulminante qui impose un traitement d'urgence par une équipe de réanimation.

Il peut aussi s'associer à une anémie : c'est le syndrome *hémolytique et urémique*, généralement bénin, mais qui peut exceptionnellement se compliquer d'une insuffisance rénale.

Enfin, il peut révéler une leucémie aiguë *(voir page 419)*.

R

Rachitisme. Il est dû à une carence en vitamine D, laquelle est nécessaire à la fixation du calcium sur le tissu osseux. Contrairement à une idée très répandue, l'enfant rachitique est non pas malingre, mais souvent plutôt gros et mou.

C'est en général entre 4 et 12 mois que l'examen systématique du médecin dépiste les anomalies squelettiques caractéristiques du rachitisme. Au niveau du thorax, ce sont de petites nodosités dues à l'hypertrophie de la jonction entre la côte et son cartilage. Au-dessus des articulations des poignets et des chevilles, l'os est boursouflé. Enfin, lorsque l'enfant marche, les membres inférieurs sont arqués. Chez le tout petit nourrisson, la palpation au niveau du crâne peut donner une sensation de balle de celluloïd. L'abdomen est ballonné du fait de l'hypotonie des muscles abdominaux.

La radiographie du poignet montre un élargissement des extrémités des os ; la radiographie du thorax montre un élargissement de l'extrémité antérieure des côtes.

La prise de sang met en évidence les conséquences du manque de vitamine D, qui perturbe le taux de calcium et de phosphore. Les enzymes jouant un rôle dans la fixation du calcium sur les os (phosphatases alcalines) ont un taux constamment en augmentation.

Le traitement. Il consiste en la prescription de vitamine D (à raison de 4 000 unités par jour pendant 2 mois ou 1 dose unique de 5 mg). Ce traitement ne doit être commencé qu'après l'administration de calcium si la calcémie est basse.

Il faut surtout prévenir le rachitisme par l'administration quotidienne de vitamine D à tous les nourrissons, car il est rare que cette vitamine soit synthétisée en quantité suffisante par la peau sous l'effet du soleil *(voir page 29)*.

Reflux gastro-œsophagien. C'est un problème extrêmement fréquent chez le nouveau-né et le nourrisson, dû à un défaut de fonctionnement du sphincter supérieur de l'estomac, le cardia.

Les aliments ont alors tendance à refluer de l'estomac dans l'œsophage. Les vomissements débutent généralement dès les premières semaines ; ils sont moyennement abondants et se produisent après les repas et lors des changements de position. Ils peuvent être striés de petites mucosités sanglantes dues à l'irritation de l'œsophage.

Les complications. Le reflux prolongé peut entraîner une inflammation du bas de l'œsophage *(œsophagite)*, qui présente un double risque : anémie due au saignement chronique et rétrécissement de l'œsophage dû à l'inflammation. Cette complication est sournoise, lente et très difficile à traiter. Il faut donc tout mettre en œuvre pour l'éviter.

Le reflux gastro-œsophagien a été incriminé dans les arrêts respiratoires du nourrisson. Il peut provoquer des fausses routes répétées dans les voies respiratoires, on le recherche systématiquement lors de bronchites traînantes et récidivantes.

Le diagnostic. Une petite sonde introduite jusqu'au bas de l'œsophage (pH métrie) permet de mesurer la fréquence et la durée du reflux. La fibroscopie informe sur l'état de la muqueuse œsophagienne. Le transit œsogastroduodénal peut révéler, après l'absorption d'un biberon de produit opaque, une éventuelle hernie de l'estomac dans le thorax. Ces examens sont réservés aux formes sévères qui résistent au traitement.

Le traitement. Afin d'éviter le reflux, on surélève la tête du bébé de 45 degrés s'il est couché sur le dos ou de 30 degrés s'il est couché sur le ventre.

On épaissit les biberons par des gels. Il existe aujourd'hui des laits épaissis, dits « AR » (antirégurgitation). On donne des médicaments antireflux 15 minutes avant la tétée et un pansement œsophagien à la fin du repas. Ce traitement est souvent poursuivi longtemps, puisque le reflux peut durer jusqu'à l'âge de 1 an. Il ne doit être interrompu que si la guérison est totale.

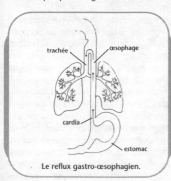

Le reflux gastro-œsophagien.

Reflux vésico-urétéral.

Voir Voies urinaires, malformations congénitales des.

Retard de croissance.

On parle d'un retard de croissance lorsque la taille est inférieure de plus de 2 déviations standard *(voir pages 133, 134)* par rapport à la moyenne d'âge.

On parle de nanisme pour les retards plus importants, c'est-à-dire au moins 3 déviations standard.

L'analyse de la courbe de croissance est déterminante : la situation n'est pas la même selon que votre enfant a toujours eu une petite taille ou qu'il grandit de moins en moins vite, la courbe s'infléchissant progressivement.

☛ **Le carnet de santé doit être régulièrement rempli, la taille bien consignée chaque année.**

Le bilan de croissance consiste en :
– une étude de la constitution familiale : taille des deux parents, des grands-parents, des autres enfants, taille et poids de naissance de l'enfant, habitudes alimentaires ;
– un examen de l'enfant : vérification du caractère harmonieux de son squelette et de la bonne santé de sa peau, de ses dents, prise de la tension artérielle ;
– la mesure de l'âge osseux grâce à une radiographie du poignet de la main gauche.
Les causes. Bien souvent, on ne trouve aucune cause, on parle alors de « retard de croissance constitutionnel ». Mais il faut avoir éliminé les maladies identifiables ; on recherche surtout un déficit hormonal : insuffisance de l'hormone de croissance par défaillance de l'hypophyse, insuffisance de la glande thyroïde, excès de sécrétion de cortisone.

Très rarement, le retard de croissance est lié à une anomalie génétique, par exemple l'achondroplasie : l'enfant a alors un visage et des membres tout à fait particuliers, aisément reconnaissables.

Il peut aussi être dû à une maladie du métabolisme (des sucres ou des lipides par exemple).

Il peut s'être constitué pendant la grossesse : c'est le nanisme intra-utérin.

Enfin, le retard de croissance peut avoir des causes psychosociales : l'enfant qui souffre de malnutrition et ne reçoit pas d'affection ne peut pas bien grandir.

Le traitement dépend de la cause.
Lorsque le retard de croissance est d'origine hormonale, le traitement permet la reprise de la croissance. Il est souvent efficace aussi pour les importants retards de croissance intra-utérins. Lorsque le retard de croissance est dû à une malnutrition, on peut aussi agir efficacement.
Lorsqu'il est constitutionnel, les décisions thérapeutiques sont difficiles, car le traitement par l'hormone de croissance n'est pas efficace actuellement.

Retard de langage. À quel âge peut-on parler de retard de langage ? Toutes les étapes du développement du langage sont précisées *page 144*. Ces étapes connaissent des variations individuelles. Un enfant normal finira toujours par parler, mais plus son expression est riche et précoce, plus sa communication est facile et plus sa capacité de réflexion se développe ; il lui sera ensuite d'autant plus facile d'intégrer les messages de son environnement, en particulier scolaire. C'est pourquoi le pédiatre ou la maîtresse d'école vous conseillent souvent de faire un bilan du langage sans attendre l'entrée au cours préparatoire.
Le retard de langage simple. Il se manifeste par le décalage net entre les acquisitions normales pour l'âge de l'enfant et ses possibilités d'expression, et ce sur trois plans :
– la prononciation des mots est réduite, parfois modifiée : l'enfant peut inverser les syllabes et continuer d'employer des onomatopées de façon prolongée, par exemple « ouah-ouah » pour le chien ;
– il a peu de vocabulaire, il est imprécis et il utilise des mots vagues comme « truc » ou « machin », il confond des mots de prononciation voisine ;
– ses phrases sont peu élaborées, les articles sont absents ou déformés.
Cet enfant comprend mieux qu'il ne parle, du moins les consignes simples et familières, mais, lorsqu'il s'agit d'un discours un peu complexe et abstrait, sa compré-

hension est insuffisante pour son âge. Ainsi, quand on lui demande, par exemple, de raconter l'histoire qu'il vient d'entendre, c'est pour lui une épreuve difficile, il manque de mots et de capacité de synthèse.
Traité précocement, le retard de langage simple se comble vers l'âge de 6 ans. Mais si on n'apporte pas à cet enfant l'aide adéquate, ce décalage avec la plupart des enfants de son âge va gêner ses acquisitions scolaires, ses progrès seront laborieux et il connaîtra des périodes de régression.
● *Les troubles de l'articulation* doivent être différenciés du retard de langage. L'enfant parle beaucoup, communique facilement, mais il déforme les sons. C'est le cas du zézaiement, qui est une fuite d'air entre les dents, et du chuintement où l'air fuit latéralement le long des joues.

☞ **Tout trouble articulatoire doit être rééduqué, s'il persiste au-delà de l'âge de 4 ans.**

Les retards de langage complexes. Il peut s'agir d'une *dysphasie* qui se caractérise par des troubles durables du développement du langage, persistant après 6 ans et entravant la scolarité de l'enfant bien qu'il ait une intelligence normale. Elle est le signe d'un trouble profond de la personnalité et elle devient un obstacle à son développement. La dysphasie non traitée résiste au temps. Elle risque de peser lourdement sur l'avenir scolaire de l'enfant en entraînant en particulier une dyslexie *(voir page 394)*.
Il peut s'agir d'une *audimutité*, c'est-à-dire une absence de langage liée à une perturbation de l'audition.
Un bilan doit être instauré.
● *Il faut d'abord vérifier l'audition.* L'enfant peut avoir un déficit auditif congénital : il n'entend pratiquement rien, et c'est le retard de langage qui révèle sa surdité. Il peut aussi s'agir d'un enfant qui a eu de nombreuses otites moyennes, évoluant vers une otite séreuse *(voir page 439)* avec

une diminution partielle de l'audition. Dans ce cas il parle, mais il est en retard et son langage est pauvre. L'enfant qui entend mal a toujours un comportement bruyant, il ne peut écouter les consignes et se fait souvent gronder. C'est dire l'importance de pratiquer un audiogramme au moindre doute pour éviter à cet enfant d'être malheureux et lui permettre de s'ouvrir à la communication, ce qui est indispensable au développement de la pensée.

● *La consultation du pédiatre.* Elle permet de vérifier que le retard de langage n'est pas la conséquence d'une maladie plus complexe. Le pédiatre recherche un trouble de latéralisation, de l'équilibre, une incoordination motrice, un déficit intellectuel. Lorsque toutes ces hypothèses sont éliminées, le bilan doit être encore affiné par un bilan orthophonique.

● *À quel âge demander le bilan orthophonique?* Un bilan est intéressant dès l'âge de 3 ans. C'est l'occasion de donner des conseils utiles à la famille, et de revoir l'enfant 2 fois par an. Il est toujours utile de faire un bilan plus approfondi quand l'enfant a 5 ans ou plus tard.

● *Un bilan psychologique.* Il doit également être fait car le retard de langage est souvent dû à des problèmes affectifs et/ou à un environnement insuffisamment stimulant ou valorisant : la personne qui s'occupe de l'enfant, nourrice ou jeune fille au pair, est parfois indifférente, ou peu communicative, ou de langue étrangère; les parents sont peut-être surmenés ou dépressifs; des conflits conjugaux ou familiaux peuvent être perçus douloureusement par l'enfant. Il ne faut pas hésiter à demander l'aide du pédiatre, de la famille, des amis, d'une assistante sociale le plus tôt possible.

Le traitement. Le retard de langage simple peut être comblé grâce à une attitude adéquate des parents et des proches et, si nécessaire, un soutien psychologique. L'enfant va s'ouvrir à la communication, ce qui favorisera la structuration de sa pensée. La dysphasie, dès lors qu'elle est dépistée

suffisamment tôt, doit bénéficier d'une rééducation orthophonique par des séances régulières et d'un soutien de la famille par le pédiatre et le psychologue. Il est très important que les parents assistent de temps en temps aux séances de rééducation. L'enfant doit se rendre à toutes les séances, d'autant plus régulières et fréquentes que le bilan a montré la nécessité d'une rééducation précoce.

Qu'il s'agisse d'un retard simple ou d'une dysphasie, c'est en étant entouré d'amour, en étant compris et encouragé que votre enfant pourra dépasser ses difficultés. Essayez d'être le plus disponible possible et soyez compréhensive.

Retard de la marche. Il impose un examen pédiatrique. S'il est isolé, si l'enfant est normalement éveillé, l'examen du système nerveux et du système musculaire ne révèle en général aucune anomalie : il s'agit d'une hypotonie constitutionnelle, souvent familiale. On peut aider l'enfant en le mettant dans un trotteur, mais de toute façon la marche va être acquise. L'enfant restera certainement moins alerte pendant quelques années, aura tendance à tomber pendant ses premières années, mais peut devenir un remarquable sportif.

Très rarement, le retard de la marche peut révéler une maladie musculaire ou une maladie du système nerveux.

Rétinopathie des prématurés.
Voir Vue, troubles de la.

Retour veineux pulmonaire anormal. Cette malformation cardiaque congénitale rare entraîne une gêne respiratoire et une cyanose, particulièrement lors de l'alimentation. Un bilan d'extrême urgence va permettre une opération palliatrice, une seconde intervention étant généralement nécessaire beaucoup plus tard.

Rhino-pharyngite. C'est une inflammation de la muqueuse des fosses nasales et de l'arrière-nez jusqu'au pharynx, due en général à un virus. Courante chez les enfants de 6 mois à 8 ans, elle est presque toujours bénigne. La surinfection par les bactéries est fréquente.

La rhino-pharyngite aiguë. Elle se manifeste par une obstruction nasale avec un écoulement muqueux ; chez le nourrisson, elle est parfois associée à une fièvre modérée, à quelques selles molles. Il y a souvent des petits ganglions des deux côtés du cou. La muqueuse nasale est gonflée et rouge. La rhino-pharyngite banale guérit en quelques jours.

La rhino-pharyngite s'accompagne parfois d'une fièvre élevée qui peut entraîner des convulsions. Le traitement de la fièvre s'impose donc.

La rhino-pharyngite peut aussi se compliquer d'une otite moyenne aiguë *(voir page 437)*, d'une bronchite *(voir page 375)*, d'une laryngite *(voir page 419)* ou d'une sinusite *(voir page 460)*.

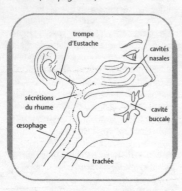

trompe d'Eustache

cavités nasales

sécrétions du rhume

cavité buccale

œsophage

trachée

● *Le traitement.* Il consiste à décongestionner les fosses nasales grâce à des gouttes de sérum physiologique ou à des gouttes décongestionnantes *(voir page 495)*, éventuellement associées à des antibiotiques locaux pour enrayer la surinfection éventuelle. Il faut humidifier modérément l'atmosphère et lutter contre la fièvre *(voir page 347)*. Les antibiotiques par voie buccale sont utiles en cas d'écoulement purulent ou d'otite de surinfection.

Les rhino-pharyngites récidivantes. Lorsque l'enfant est presque toujours enrhumé, il faut rechercher :
– un terrain allergique *(voir page 361)* ;
– une hypertrophie des végétations, qui entraîne un ronflement et une respiration bouche ouverte *(voir page 473)* ;
– un déficit de l'immunité ;
– une carence en fer.

● *Le traitement consiste à :*
– renforcer l'immunité par des vaccins antibactériens et des immunostimulants ;
– calmer la sensibilité allergique par des antihistaminiques et une suppression de l'allergène *(voir page 361)* ;
– donner du fer ;
– retirer momentanément l'enfant de la crèche car les surinfections répétées sensibilisent de plus en plus la muqueuse bronchique et exacerbent le développement des végétations.

Le curage des végétations (adénoïdectomie) s'impose lorsque celles-ci sont hypertrophiées *(voir page 473)*, l'enfant dormant en permanence la bouche ouverte et ronflant.

Rhumatisme articulaire aigu (RAA).

C'est une maladie inflammatoire atteignant les articulations et le cœur 8 à 30 jours après une angine fébrile à streptocoques. Grâce au traitement des angines par les antibiotiques, elle est devenue très rare, sauf dans les pays en voie de développement.

Le rhumatisme articulaire aigu commence par une fatigue et de la fièvre. L'enfant est pâle et transpire. Les grosses articulations sont touchées : les chevilles, les genoux, les poignets, les coudes sont douloureux et gonflés pendant 2 à 3 jours. L'atteinte peut être moins typique, ne touchant qu'une articulation, avec peu de signes d'inflammation. Exceptionnellement, au moment des poussées articulaires, il peut y avoir des éruptions cutanées de plaques rosées.

Le diagnostic. La responsabilité des streptocoques peut être mise en évidence par la présence du germe dans la gorge. L'analyse de sang confirme l'inflammation. L'électrocardiogramme et l'échographie permettent de savoir s'il existe une péricardite (inflammation de l'enveloppe du cœur) ou une myocardite (inflammation du muscle cardiaque), ou encore une endocardite (inflammation de la tunique interne du cœur) avec atteinte de la valve mitrale ou de la valve aortique.

L'évolution.

● *Non traité, le rhumatisme articulaire aigu peut être très grave.* La crise aiguë dure de 4 à 8 semaines, puis progressivement les signes inflammatoires au niveau des articulations et du cœur s'estompent. Le RAA risque d'évoluer vers une insuffisance cardiaque en quelques mois ou en quelques années. Les valves peuvent devenir perméables, laissant alors fuir le sang à chaque contraction du cœur, ou bien elles peuvent rétrécir.

Les rechutes sont très fréquentes et surviennent surtout pendant les 2 années qui suivent la première crise. Lorsque le cap des 5 ans est passé sans rechutes, cette probabilité devient très rare.

● *Une complication particulière : la chorée de Sydenham.* C'est une atteinte du système nerveux. Elle débute par des troubles de l'humeur, une maladresse. Puis apparaissent des mouvements anormaux, surtout à la racine des membres, exagérés par les émotions et calmés par le sommeil. La chorée de Sydenham évolue vers la guérison en 2 à 6 mois, mais elle peut laisser des séquelles au niveau du cœur.

● *L'évolution sous traitement est bien plus favorable.* Si les signes articulaires et la fièvre se calment en 48 heures et le bilan sanguin se normalise en 8 jours à quelques semaines. Si le traitement est suivi d'une prophylaxie correcte, il n'y aura pas de rechute. Les séquelles cardiaques sont devenues très rares dans les pays développés grâce au traitement des angines par les antibiotiques.

Le traitement. Il agit sur deux aspects du rhumatisme articulaire aigu. C'est d'abord le traitement anti-inflammatoire par la cor-

tisone à forte dose pendant 3 semaines, puis à des doses moindres pendant 6 à 8 semaines s'il n'y a pas d'atteinte cardiaque, et 12 semaines s'il y en a une. L'aspirine peut prendre le relais dans le cas où l'on observe une reprise des symptômes après arrêt de la cortisone.

Tout traitement prolongé par la cortisone affecte la croissance, mais un protocole correctement suivi ne laissera aucune séquelle.

Le traitement contre l'infection par le streptocoque recourt à la pénicilline, ou à l'érythromycine en cas d'allergie à la pénicilline. Pour la prophylaxie des rechutes, ce traitement est quotidien ou administré en injection toutes les 28 jours pendant 5 ans, voire toute la vie en cas d'atteinte cardiaque persistante.

Rhume. *Voir Rhino-pharyngite.*

Rhume de hanche. *Voir Boiterie.*

Roséole (exanthème subit ou sixième maladie). C'est une maladie d'origine virale qui touche fréquemment les enfants entre 6 mois et 2 ans. La période d'incubation est de 8 à 15 jours.

● *La phase fébrile :* la fièvre monte brutalement à 39 °C ou 40 °C. C'est une fièvre isolée. Tout au plus peut-on noter des selles un peu molles, une gorge rouge et un léger écoulement nasal clair. La caractéristique de cette fièvre est sa durée, très précise : 3 fois 24 heures. Le quatrième jour, elle chute brusquement en dessous de 37 °C.

● *La deuxième phase :* après la chute de la température, de petites taches rose pâle apparaissent sur le tronc et s'étendent vers les racines des membres. L'éruption n'atteint généralement pas le visage, ni les mains, ni les pieds. Elle dure 48 heures. L'enfant est grognon, un peu fatigué, puis tout rentre dans l'ordre.

La roséole est une maladie bénigne, mais la brutale montée de température entraîne un risque de convulsions; c'est pourquoi il faut traiter la fièvre *(voir page 347)*.

Le diagnostic. Il ne peut être établi qu'à l'apparition des boutons, après les 3 jours de fièvre. Tant que la fièvre n'a pas de cause décelable, il ne faut pas donner d'antibiotiques : non seulement ils seraient inefficaces contre le virus de la roséole, mais surtout ce traitement risquerait de masquer une autre maladie en incubation ; enfin, au moment de l'éruption, on ne saurait pas s'il s'agit d'une roséole ou d'une allergie à l'antibiotique donné abusivement. Il faut donc savoir patienter 3 jours, lorsque le médecin ne trouve aucune explication à la forte fièvre du nourrisson, quitte à faire réexaminer l'enfant par sécurité.

La contagion. La roséole est peu contagieuse, il est rare d'en observer plusieurs en même temps dans une famille. Il ne semble pas que le contact avec un enfant atteint de roséole soit dangereux pour une femme enceinte.

Rougeole. C'est une maladie virale, fréquente chez les enfants entre 2 ans et 4 ans, mais qui tend à se raréfier grâce à la généralisation de la vaccination. L'incubation dure 14 jours. La maladie se déclare par une montée de fièvre, une rhinopharyngite et une bronchite impressionnante par la toux qui l'accompagne.

Pendant les premiers jours de la maladie, la muqueuse des joues est parsemée de petits points blancs : c'est le signe de Köplick. L'éruption apparaît ensuite sur la peau, s'étend en 3 jours de la tête (derrière les oreilles) jusqu'aux membres inférieurs. Ce sont des boutons très rouges, chauds et qui ne provoquent pas de démangeaisons. Cette éruption pâlit vers le troisième jour, pendant que la fièvre tombe ; la peau pèle légèrement vers le septième jour.

Les symptômes ne sont pas toujours aussi nets : l'éruption peut être discrète ou, à l'inverse, en grosses plaques ecchymotiques. Dans les formes douteuses, le diagnostic peut être confirmé par l'étude du taux des anticorps dans le sang.

Les complications. Les plus banales sont dues à une surinfection par des bactéries qui provoque otite, laryngite, surinfection bronchique ou pulmonaire.

Plus rarement, la rougeole se complique d'une encéphalite aiguë, qui se déclare entre le quatrième et le septième jour, ou d'une encéphalite subaiguë, qui peut se révéler plusieurs années après une rougeole apparemment guérie.

Le traitement. Comme lors de toute maladie virale, il ne comporte pas de médicaments attaquant spécifiquement le virus. Il lutte contre les symptômes, en particulier la fièvre, la gêne respiratoire et la surinfection bactérienne grâce aux antibiotiques.

Étant donné le risque d'encéphalite, la vaccination est recommandée *(voir page 333)*. En cas de contagion dans une crèche, un enfant non vacciné peut être immédiatement protégé par une injection de gammaglobulines, particulièrement efficace pendant les 5 jours qui suivent le contact *(voir page 404)*. Elle doit être administrée en même temps que le vaccin, qui prendra le relais pour immuniser l'enfant. Un rappel de vaccin 3 mois plus tard assurera alors une protection complète.

La contagion. L'enfant rougeoleux est contagieux pendant les 6 jours qui précèdent l'éruption et les 4 jours qui suivent son apparition. Il doit être retiré de la crèche ou de l'école pendant les 6 jours suivant le début de l'éruption.

La rougeole est très peu dangereuse pour la femme enceinte (voir *Attendre mon enfant aujourd'hui*).

Comme toutes les maladies virales, la rougeole ne se transmet pas par personne interposée. Si votre enfant est en contact avec la maman, non atteinte, d'un petit ayant la rougeole, il ne peut pas l'attraper : il faut qu'il soit en contact direct avec le malade.

Rubéole. C'est une maladie virale bénigne chez les enfants mais préoccupante pour la femme non immunisée en début de grossesse : elle peut entraîner chez l'embryon et le fœtus des malformations graves. L'incubation dure 16 jours environ. Dans sa forme la plus typique, elle se manifeste par une éruption de petits boutons rouges sur le visage, s'étendant à tout le corps en quelques heures. Cette éruption ressemble d'abord à celle de la rougeole, puis à celle de la scarlatine. Elle disparaît en une semaine. La gorge et les conjonctives peuvent être rouges, de nombreux petits ganglions sont palpables le long de la nuque. La rubéole est cependant loin d'être toujours aussi typique : chez l'adolescent, la fièvre, les boutons, le mal de gorge peuvent être plus marqués ; à l'inverse, les formes discrètes sont très fréquentes. Dans 1 cas sur 2, la rubéole passe inaperçue.

Elle peut exceptionnellement entraîner des complications :

– un purpura avec une baisse du taux des plaquettes *(voir page 449)* ;

– des douleurs articulaires ;

– une méningite virale à liquide clair *(voir page 425)* ;

– très exceptionnellement, une encéphalite *(voir page 397)*.

Il est difficile de diagnostiquer une rubéole uniquement d'après l'aspect de l'éruption. Le diagnostic ne peut être certain que grâce au dosage des anticorps par 2 prélèvements sanguins à 15 jours d'intervalle. C'est pourquoi on ne se fonde pas sur un antécédent de rubéole supposée pour considérer qu'une jeune fille est immunisée : le vaccin contre la rubéole est systématique.

On ne dispose pas de médicament contre le virus. Le repos et le traitement éventuel de la fièvre sont suffisants.

La contagion. L'enfant rubéoleux est contagieux 8 jours avant l'éruption et pendant les 15 jours qui la suivent. Comme toutes les maladies virales, la rubéole ne se transmet pas par personne interposée. Si vous êtes en contact avec la maman, non atteinte, d'un enfant ayant la rubéole, vous ne pouvez pas l'attraper : vous ne courez un risque que si vous êtes en contact direct avec le malade.

La rubéole congénitale. Le virus est transmis à travers le placenta entre le septième et le quatorzième jour après la contamination de la mère. Le risque de malformations existe surtout pendant les deux premiers mois de la grossesse et disparaît au-delà de 20 semaines. La preuve de la maladie est apportée par l'augmentation du taux des anticorps dans le sang maternel (2 analyses à 15 jours d'intervalle). L'embryopathie porte essentiellement sur quatre organes qui peuvent être atteints simultanément ou isolément : le cœur, les yeux, l'appareil auditif, le cerveau.

Plus tardivement pendant la grossesse, le fœtus peut exceptionnellement être atteint d'un retard de croissance intra-utérin, de lésions hépatiques, osseuses, pulmonaires.

À la naissance, on diagnostique une rubéole chez un nouveau-né malformé ou atteint d'une rubéole viscérale, dont la mère a eu la rubéole en début de grossesse, en isolant le virus dans le pharynx du bébé, dans le liquide amniotique ou dans ses urines, et surtout en analysant le titrage des anticorps spécifiques dans le sang du bébé.

☛ **La vaccination de toutes les petites filles contre la rubéole doit progressivement amener chaque femme en âge de procréer à être immunisée.**

La surveillance des anticorps de grossesse permet de savoir si une femme séronégative est contaminée. L'injection de gammaglobulines peut alors être proposée mais leur efficacité est très discutée.

S

Saignement digestif,
Voir Hémorragie digestive.

Saignement de nez (épistaxis).
Sa cause est le plus souvent banale : une lésion due à un grattage, un corps étranger dans le nez, une infection rhino-pharyngée. Exceptionnellement, il révèle un

trouble de la coagulation (hémophilie, chute du taux des plaquettes).

Devant un saignement de nez, il faut rassurer l'enfant, l'asseoir tête penchée en avant pour éviter qu'il n'avale le sang. La compression des narines entre le pouce et l'index pendant 10 minutes entraîne généralement un arrêt rapide de l'hémorragie.

Si le saignement ne cesse pas, vous pouvez introduire dans les narines une mèche imbibée de produit coagulant. En cas d'échec, le médecin ORL pratique parfois un tamponnement avec une mèche introduite à l'arrière du nez. Il est exceptionnel qu'un saignement de nez s'accompagne de vomissements sanglants faits de gros caillots et de sang liquide ; cette situation impose un traitement d'urgence. Lorsque le saignement de nez récidive, il peut s'agir d'une fragilité vasculaire d'une zone de la muqueuse du nez particulièrement riche en vaisseaux (la tache vasculaire). La chaleur et le soleil peuvent favoriser ces saignements. Le médecin cautérise alors la tache vasculaire quand le saignement cesse.

☛ On ne peut utiliser des gouttes nasales contenant un vasoconstricteur qu'à partir de 3 ans.

Salmonellose intestinale. C'est une forme de gastroentérite due à des bactéries de la famille des salmonelles : on les recherche par coproculture en cas de diarrhée grave, souvent fébrile, et contenant des glaires sanguinolentes. L'enfant peut avoir été contaminé par un autre malade (par exemple lors d'une épidémie à la crèche ou à l'école) ou par des aliments peu cuits : viande de cheval, œufs, certains crustacés.

Le traitement. Il doit éviter la déshydratation, comme dans toute gastroentérite *(voir page 387)*. Un antibiotique est choisi selon l'antibiogramme, mais en général les salmonelles sont sensibles aux ampicillines.

Scarlatine. C'est une maladie due à une bactérie, le streptocoque bêta-hémolytique A. Elle est rare avant l'âge de 2 ans. La période d'incubation est de 3 à 5 jours. La forme typique de la scarlatine n'est pas actuellement très fréquente. Elle commence brutalement par une angine rouge avec une fièvre de 39 °C à 40 °C, des vomissements, des ganglions sous le menton. En 48 heures, une éruption progresse du visage vers les membres. Elle se traduit par de larges plaques rouges confluentes, soulignées par un pointillé plus foncé, prédominant aux plis de flexion et sur les joues. Elle s'associe à une éruption des muqueuses. L'aspect de la langue est particulièrement typique : blanche au début, elle pèle depuis les bords jusque vers le centre ; un V se dessine le quatrième jour ; le sixième jour, la langue est framboisée (gonflée et très rouge), dépapillée ; du huitième au dixième jour, elle est rouge vernissé pour ne retrouver un aspect normal qu'entre le douzième et le quinzième jour. On observe parfois un enduit blanc sur les amygdales. Enfin, la peau des mains et des pieds pèle « en doigt de gant ». L'état général s'améliore en 5 jours environ.

Aujourd'hui, la scarlatine est souvent très atténuée grâce à l'utilisation d'antibiotiques dès que l'angine se déclare. Le syndrome infectieux est discret, l'éruption peu intense, plutôt rosée, localisée au thorax, la desquamation est très légère. Seul l'aspect de la langue et de la gorge reste en général typique.

Les formes méconnues ou négligées peuvent être compliquées d'otites, de laryngites, mais surtout :
– d'une atteinte rénale qui se traduit par l'apparition de sang et d'albumine dans les urines ; cette glomérulonéphrite aiguë est généralement bénigne *(voir page 404)* ;
– d'une atteinte articulaire : si les douleurs articulaires sont simultanées au début de la maladie, elles sont presque toujours transitoires et bénignes ; si elles surviennent plusieurs jours ou plusieurs semaines après l'angine, il peut s'agir d'un rhumatisme

articulaire aigu avec ses risques de complications cardiaques *(voir page 454)*.
La possibilité de ces complications impose un diagnostic sûr et un traitement bien adapté.

Le diagnostic. Il repose sur le prélèvement de gorge pratiqué au début de la maladie pour détecter le streptocoque, sur l'élévation du taux des anticorps provoquée par cette bactérie et sur la recherche d'albumine et de sang dans les urines. Dans le doute, mieux vaut traiter l'enfant par la pénicilline ou l'érythromycine *(voir page 487)*. Grâce à ce traitement, les complications rénales et le rhumatisme articulaire aigu post-streptococcique sont devenus tout à fait exceptionnels.
On protège l'entourage d'une contamination en lui administrant les mêmes médicaments pendant 5 jours.
De nos jours, on ne met plus l'enfant atteint de scarlatine en quarantaine. Il peut réintégrer la collectivité 15 jours après le début de la maladie, à condition que 2 prélèvements de gorge successifs soient stériles.

Scoliose. C'est une incurvation latérale de la colonne vertébrale, qui s'accompagne parfois d'une rotation des vertèbres, entraînant alors une saillie de l'omoplate (gibbosité).
C'est souvent lors de la visite annuelle systématique de l'enfant que le pédiatre découvre la scoliose. Il faut différencier l'attitude scoliotique de la scoliose vraie.
● *L'attitude scoliotique.* La déviation latérale de la colonne vertébrale disparaît en position couchée. Lorsque l'enfant se penche en avant, il n'y a pas de saillie d'une des omoplates. Cette attitude scoliotique peut être la conséquence d'une inégale longueur des membres inférieurs. Lorsque la différence entre les membres inférieurs dépasse 1 cm, le port d'une talonnette à l'intérieur de la chaussure s'impose. L'attitude scoliotique peut aussi être la conséquence d'une mauvaise attitude de l'enfant lorsqu'il écrit : il doit rééquilibrer sa position

pour éviter des douleurs dorsales, mais les risques d'aggravation sont faibles.
● *La scoliose vraie.* Il faut la dépister avant la puberté. Le dos est particulièrement surveillé si d'autres membres de la famille sont atteints de scoliose, si l'enfant se tient mal, avec une asymétrie des épaules, s'il a déjà une anomalie connue des membres, des hanches ou un dysfonctionnement des muscles.

L'examen clinique. Il vérifie que les deux hanches sont à la même hauteur et apprécie, au besoin à l'aide d'un fil à plomb, la courbure de la ligne des vertèbres par rapport à l'axe du rachis. La position fléchie en avant permet de mettre en évidence la gibbosité d'une omoplate par rapport à l'autre, due à la rotation vertébrale. Il est alors important d'évaluer le stade de croissance de l'enfant (les scolioses connaissent une nette poussée à la puberté).

Le bilan radiographique. Il nécessite 3 grands clichés d'ensemble du rachis, depuis la base du crâne jusqu'au bassin, et une estimation de l'âge osseux. D'autres clichés pourront compléter le bilan, selon le type et la gravité de la scoliose. Ces clichés font la différence entre une attitude scoliotique et une scoliose vraie, apprécient le degré de courbure, qui conditionne le traitement, et permettent de vérifier le bon équilibre du bassin, l'absence de malformation ou de maladie des vertèbres. Ce bilan doit être annuel ou biannuel en période pubertaire.

Comment évolue la scoliose ? Plusieurs éléments permettent de faire un pronostic : l'âge d'apparition de la scoliose, son siège et l'évolution de sa courbure.
Le traitement tient compte de ces facteurs, de l'environnement familial (permettant un respect plus ou moins bon des prescriptions), du développement psycho-affectif de l'enfant et des conséquences éventuelles de la scoliose sur sa respiration. La surveillance et le traitement doivent être poursuivis jusqu'à la stabilisation complète et la fin de la maturation osseuse.

Les méthodes thérapeutiques. La rééducation a pour but d'assouplir le rachis et de renforcer les muscles paravertébraux. On y associe parfois une traction continue ou discontinue sur la colonne vertébrale, le port d'une coquille plâtrée la nuit et, dans les formes importantes, d'un corset plâtré. La chirurgie est exceptionnellement nécessaire pour réduire la scoliose. Le redressement peut être maintenu grâce à une opération fixant les vertèbres entre elles. Ces mesures permettent une réduction progressive de la scoliose et le maintien de la correction.

Sida (syndrome d'immunodéficience acquise). Il s'agit d'une déficience de l'immunité provoquée par un virus (VIH) qui s'attaque aux lymphocytes après une période d'incubation pouvant durer plusieurs années. Les défenses immunitaires sont progressivement détruites et le malade devient la proie des bactéries, des autres virus et des mycoses. Ces infections se répètent et des cellules cancéreuses peuvent se multiplier, en particulier sur la peau, formant des tumeurs cutanées.

– Le sida dû à une contamination par voie sanguine a frappé de nombreux enfants hémophiles avant que les produits antihémophiliques soient traités par la méthode d'inactivation des virus.

– La contamination peut aussi se faire in utero, ou lors de la naissance, ou par le lait maternel lorsque la mère est porteuse du virus. L'atteinte du fœtus semble concerner 1 cas sur 3. Quand seuls les anticorps maternels, et non le virus, ont été transmis, la séropositivité de l'enfant est passagère puisqu'il éliminera ces anticorps.

Silverman, syndrome de. C'est l'ensemble des symptômes présentés par les enfants battus : hématomes, plaies, fractures, brûlures, morsures, plaques de cheveux arrachées, troubles du comportement (apathie ou agressivité, avidité affective ou fuite effrayée), retard de croissance, maigreur, pâleur, pauvreté de la communication.

Si vous constatez des sévices infligés à des enfants, vous êtes légalement contraint d'en informer la police, la gendarmerie ou la DDASS.

Si vous confiez votre enfant à une nourrice, une colonie de vacances ou une autre institution, soyez toujours très attentif à ses plaintes éventuelles et ne les prenez pas systématiquement pour des affabulations.

Enfin, si vous vous rendez compte que vous êtes vous-même agressif, dépassé par vos pulsions, violent, n'hésitez pas à vous confier à votre médecin ou à un psychologue.

L'enfant maltraité n'est pas systématiquement retiré à sa famille. Si les parents se montrent coopératifs, acceptent de se soumettre aux contrôles et de recevoir un soutien psychologique, leur laisser l'enfant peut être souhaitable.

Sinusite. C'est l'inflammation des sinus, cavités creusées dans les os de la face, en communication avec les fosses nasales. Les sinus maxillaires ne sont bien développés que vers l'âge de 4 ans ; on parle donc non pas de sinusite chez le nourrisson, mais plutôt alors d'ethmoïdite aiguë (voir page 402).

L'infection des sinus est une complication de la rhino-pharyngite. Elle se traduit par de la fièvre, un écoulement nasal purulent prédominant d'un côté, une toux grasse la nuit ou en position couchée et des maux de tête.

Le traitement recourt aux décongestionnants pour le nez, aux antibiotiques et aux anti-inflammatoires si possible en aérosol. Il évite le passage à la sinusite chronique qui pourrait persister jusqu'à l'âge adulte.

● *La sinusite chronique* est souvent favorisée par un terrain allergique (voir page 361). Le curage des végétations est généralement utile (voir page 473), ainsi que les traitements antiallergiques (voir page 484) et stimulants de l'immunité (voir page 503). Dans les cas rebelles, les cures thermales peuvent être bénéfiques.

Sixième maladie. *Voir Roséole.*

Souffle cardiaque. Un enfant a un « souffle au cœur » lorsqu'on entend pendant l'auscultation un bruit continu inhabituel entre les deux bruits normaux des battements cardiaques. Mais il faut distinguer les souffles anorganiques (sans anomalie de l'organe du cœur) et les souffles organiques (avec anomalie du cœur).
Les souffles anorganiques. Ils sont assez fréquents entre l'âge de 3 et 7 ans; ils sont peu intenses, varient d'une consultation à l'autre, s'accentuent lorsque l'enfant est fébrile. Le médecin vérifie qu'il n'y a aucun signe fonctionnel de cardiopathie : pas d'essoufflement, pas de cyanose, pas d'hypertension artérielle. Le développement de la taille et du poids est harmonieux. Néanmoins, l'avis du cardiologue est toujours souhaitable; l'échographie confirme l'absence d'anomalie organique.
Les souffles systoliques organiques. Ils sont dus à une anomalie anatomique du cœur. Ils sont généralement plus intenses que les précédents, on les perçoit dans tout le thorax et ils sont constants d'une consultation à l'autre. Ces cardiopathies peuvent être congénitales *(voir page 378)* ou acquises après la naissance : la découverte d'un souffle cardiaque chez un enfant fébrile impose de vérifier qu'il ne s'agit pas de la localisation cardiaque d'un rhumatisme articulaire aigu *(voir page 454)* ou de l'atteinte bactérienne d'une valve cardiaque (endocardite bactérienne). Il est donc important de savoir si l'enfant avait un souffle auparavant ou si ce souffle est apparu soudainement. Un bilan infectieux et inflammatoire permet alors de traiter rapidement les causes.

Spasmes en flexion, maladie des (syndrome de West). Cette maladie touche le nourrisson vers l'âge de 6 mois et se manifeste par des secousses caractéristiques. Brutalement, la tête, le tronc et les membres se projettent en avant; le regard est fixe, les yeux sont parfois révulsés, la crise s'accompagne souvent d'un cri aigu. Ces secousses se succèdent pendant environ 1 minute (10 à 30 secousses) et se répètent plusieurs fois par jour. L'électroencéphalogramme montre un tracé tout à fait typique. Le diagnostic ainsi précisé permet d'entreprendre un traitement par la cortisone, qui peut donner d'excellents résultats s'il est commencé très tôt. Sans traitement, la maladie entraîne une encéphalopathie avec épilepsie et régression intellectuelle.

Spasme du sanglot. C'est un malaise bénin toujours consécutif à une crise de pleurs chez un enfant âgé de 5 mois à 3 ans.
La différence entre le spasme du sanglot et la convulsion est nette : le spasme survient toujours après une violente colère et ne provoque pas de secousses des membres. L'électroencéphalogramme confirme éventuellement le tracé normal du courant cérébral, contrairement à celui d'une épilepsie ou d'une convulsion.
La forme bleue. C'est la plus fréquente : au cours d'une colère, l'enfant perd son souffle, reste la bouche ouverte sans pouvoir émettre un son, devient de plus en plus bleu (cyanose), sa respiration s'arrête pendant quelques secondes et il peut perdre brièvement connaissance.
La forme pâle. Elle est plus rare : après une contrariété, l'enfant devient tout blanc, perd connaissance, puis il reprend conscience au bout de quelques secondes et se met à pleurer.
Que faire ? En aucun cas, il ne faut s'affoler, ni donner des gifles à l'enfant, ni l'asperger d'eau froide. Il faut l'allonger calmement et surélever ses pieds. Lorsqu'il est assez grand, il faut lui apprendre à le faire lui-même dès qu'il sent venir le spasme, ce qui lui permet de gérer lui-même ses réactions et de ne pas jouer du pouvoir que ses crises peuvent lui donner sur ses parents.
L'évolution. Le spasme du sanglot cesse au plus tard à l'âge de 6 ou 7 ans, mais il re-

tentit sur les rapports de l'enfant avec ses parents : ceux-ci, dans la crainte des crises, risquent de tout accepter de leur enfant qui peut devenir ainsi très exigeant. Pour éviter cet engrenage, le médecin, lorsque les spasmes se répètent trop souvent, prescrit un traitement sédatif et encourage les parents à réagir sereinement aux crises.

Spasmophilie. Voir Tétanie.

Spina bifida. Ce terme signifie « épine fendue ». C'est une malformation congénitale de la colonne vertébrale due à un défaut de soudure de certaines vertèbres.
Le diagnostic. Il est parfois fait in utero grâce aux échographies et aux prélèvements sanguins maternels.
À la naissance, le spina bifida, s'il est important, se révèle par la présence d'une masse arrondie de tissu nerveux au milieu du dos, siégeant habituellement dans la région des vertèbres lombaires et du sacrum.
Il peut entraîner une paralysie flasque, une absence de sensibilité des deux membres inférieurs et des troubles des sphincters anal et vésical. Une paralysie résiduelle des membres peut être définitive lors des grands spina bifida.
Parfois, il est minime et la radiographie montre une petite division vertébrale qui n'a aucun retentissement sur la moelle épinière.
Le traitement. Il est complexe et peut porter sur les voies urinaires, le squelette ou les méninges. Le spina bifida s'accompagne parfois d'un trouble de circulation du liquide céphalo-rachidien, qui entraîne une hydrocéphalie qui peut être opérée dans un premier temps.

Sténose du pylore. C'est le rétrécissement du canal reliant l'estomac au duodénum (premier segment de l'intestin grêle).
Cette maladie atteint surtout les garçons et se manifeste vers l'âge de 1 mois par des vomissements abondants, en jet, qui s'ag-

gravent à chaque tétée. Le nourrisson est affamé, déshydraté, constipé, sa courbe de poids fléchit rapidement.
Exceptionnellement, la sténose du pylore peut s'accompagner d'une persistance de l'ictère (la jaunisse) du nouveau-né et de vomissements sanglants.
Le traitement est chirurgical : il faut élargir le pylore par une incision. La guérison est rapide. Quelques vomissements persistent pendant la période de cicatrisation. La cicatrice est généralement peu visible.

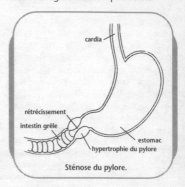

cardia

rétrécissement

intestin grêle

estomac

hypertrophie du pylore

Sténose du pylore.

Strabisme (loucherie). C'est un défaut de parallélisme qu'il faut dépister et traiter précocement afin d'éviter, outre le défaut esthétique, la baisse de l'acuité visuelle dont sont menacés 60 % des enfants atteints de strabisme.
Presque tous les nouveau-nés ont par moments les yeux qui convergent. Ce strabisme intermittent est dû à une immaturité des facultés d'accommodation. Au fur et à mesure que le nourrisson règle sa vision de près et de loin, le strabisme disparaît. Cependant, certains strabismes précoces demandent d'emblée un examen ophtalmologique : ce sont les strabismes importants et les strabismes permanents. Il faut alors vérifier l'absence de malformation congénitale d'un œil et l'absence de maladie de la rétine qui mériterait un traitement rapide.

L'enfant ne louche pas.

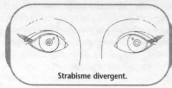

Strabisme divergent.

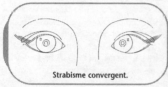

Strabisme convergent.

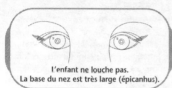

L'enfant ne louche pas.
La base du nez est très large (épicanthus).

Les tests. Plusieurs tests sont à la portée des parents.

– Le test d'occlusion consiste à cacher tour à tour l'un des deux yeux. Le bébé se met à pleurer chaque fois que l'on cache l'œil qui fonctionne bien, ce qui peut signifier qu'il voit mal avec l'autre.

– Le test du reflet cornéen consiste à présenter une petite lumière face au nourrisson. Le reflet se trouve normalement au centre de chaque pupille. Si ce reflet est dévié vers l'intérieur sur l'un des yeux, le strabisme est divergent ; s'il est dévié vers l'extérieur, le strabisme est convergent. Ce test permet généralement de déceler un épicanthus (sorte de troisième paupière fréquente chez les nourrissons), qui peut donner l'impression d'un défaut de convergence, et de faire la différence avec un vrai strabisme.

– Le test de l'écran est précieux lorsque le strabisme est peu évident. Après avoir repéré sur la cornée le reflet d'une lumière tenue à 1 m de l'enfant, on place un petit carton devant un œil, puis devant l'autre. Quand on enlève le carton, l'œil normal garde la fixation, le reflet reste au centre ; l'œil dévié ne fixe pas, la lumière ne se projette pas au centre de sa pupille.

Le traitement. Le rétablissement de la vision binoculaire conditionne le résultat esthétique. L'acuité visuelle doit être stimulée pour chaque œil, le plus tôt possible, parfois dès l'âge de 6 mois. On incite le bébé à se servir de l'œil déficient, par exemple en collant du papier translucide sur le verre de lunette correspondant à l'œil normal.

Entre l'âge de 2 et 6 ans, on apprend aux muscles de l'œil à réduire l'amplitude du strabisme ; c'est le rôle de l'orthoptie, complétée par des lunettes à secteurs. On peut aussi utiliser des collyres qui évitent l'effort d'accommodation.

Le traitement chirurgical n'est intéressant qu'après la correction maximale du déficit visuel. Il est proposé quand l'enfant a 5 ou 6 ans. Après l'intervention, la surveillance orthoptique et le port de lunettes restent nécessaires dans la plupart des cas pendant quelque temps.

Lorsque le diagnostic est précoce et le traitement bien suivi, on obtient le plus souvent une correction quasi totale du strabisme.

Stridor. Fréquent chez le nourrisson, le stridor congénital est un bruit en provenance des voies respiratoires hautes. Rythmé par la respiration, il augmente lorsque le bébé est agité ou prend un repas. Son intensité croît souvent pendant les premiers mois de la vie, puis se stabilise pour disparaître ensuite.

Le stridor est généralement dû à une mollesse du cartilage du larynx, qui se corrige peu à peu à partir de l'âge de 6 mois. Il s'associe parfois à des troubles de la déglutition (le bébé a tendance à avaler de travers). Le médecin ORL vérifie qu'il n'y a pas de lésion du larynx, par exemple un angiome, ou un vaisseau du thorax en position anormale, comprimant la trachée.

Surdité. Les troubles de l'audition perturbent non seulement l'acquisition du langage, mais aussi l'ensemble du développement de la personnalité.

● *Les surdités congénitales.* Ce sont des surdités de perception dues à une atteinte de l'oreille interne. La perte d'audition est toujours importante. Les causes sont diverses :

– une transmission héréditaire qui peut venir d'un grand-parent ou d'un arrière-grand-parent : la surdité héréditaire n'a aucune chance de régresser ;

– l'absorption de certains médicaments par la femme enceinte (voir *Attendre mon enfant aujourd'hui*) ;

– l'atteinte du fœtus par le virus de la rubéole : elle est exceptionnelle aujourd'hui grâce à la vaccination ;

● *Les surdités acquises.* Elles peuvent être dues à :

– une insuffisance d'oxygénation du cerveau ou un ictère grave à la naissance ;

– une atteinte définitive du nerf auditif, conséquence des oreillons, d'une méningite ou d'une encéphalite.

Plus tard, il s'agit de surdités de transmission, dues en général à une atteinte de l'oreille moyenne par des otites répétées. Elles sont le plus souvent partielles et curables.

Les symptômes. Il faut demander une vérification de l'audition :

– lorsque le bébé ne réagit pas au son de la voix ;

– lorsqu'il ne babille plus après l'âge de 6 mois (les enfants sourds gazouillent pendant les premiers mois) ;

– devant un retard d'acquisition du langage *(voir page 452)* ;

– devant une nervosité excessive : l'enfant fait beaucoup de bruit avec ses jouets, il est à la fois coléreux et agressif ;

– lorsque l'enfant se replie sur lui-même, semble très souvent dans ses pensées ;

– lorsqu'il existe une surdité dans la famille ;

– lorsque la mère a contracté pendant la grossesse une maladie pouvant entraîner une surdité de l'enfant ;

– lorsque l'enfant a souffert d'otites répétées.

Si la surdité n'a pas été dépistée systématiquement à la naissance, le bilan du neuvième mois permet de faire le point par l'étude du comportement de l'enfant vis-à-vis des sons. À l'âge de 2 ans, la fonction auditive est évaluée plus précisément grâce à l'étude du niveau du langage.

Les tests d'audition. Dès la naissance, on peut utiliser la réaction à un stimulus sonore d'intensité bien définie : le nouveau-né cligne des yeux, écarte les bras, tourne la tête ou les yeux, change de comportement. Ces réactions doivent être estimées par une personne spécialisée : selon que le bébé est plus ou moins éveillé pendant le test, le résultat change. Il est souvent nécessaire de le renouveler plusieurs fois.

● *L'audiométrie de conditionnement.* Elle utilise dès l'âge de 5 mois des jouets sonores permettant des épreuves calibrées dans une cabine spéciale. Entre 1 an et 3 ans, on utilise le réflexe conditionné, l'enfant associant l'apparition d'un jouet avec la survenue d'un son émis par un haut-parleur. Entre 3 et 6 ans, on se sert d'un test d'images : l'enfant est dans une cabine insonorisée sur les genoux de sa mère, un casque sur la tête, et doit montrer les images dont le nom est prononcé dans le casque à des intensités étalonnées. Le « peep show » utilise le même principe, l'enfant appuyant sur une manette pour faire apparaître une image lorsqu'il entend un son précis.

● *L'impédancemétrie* mesure la souplesse du tympan. C'est un examen indolore qui permet de vérifier l'intégrité de la membrane tympanique.

● *L'audiométrie objective,* plus précise que l'audiométrie de conditionnement, est très utile surtout chez les nourrissons et les très jeunes enfants. Elle consiste à enregistrer les courants cérébraux lors d'envoi de sons étalonnés. Elle ne peut être pratiquée chez le bébé que durant un sommeil naturel après un biberon, et éventuellement après une prémédication calmante.

Les traitements

● *La chirurgie* est particulièrement efficace sur les surdités de transmission, avec la pose d'aérateurs à travers le tympan (yoyos), le curage des végétations et parfois la greffe du tympan lorsque celui-ci a été détruit par une suppuration de l'oreille. Les surdités de perception peuvent aujourd'hui être traitées chirurgicalement par implant cochléaire, c'est-à-dire par l'implantation dans l'oreille d'électrodes s'articulant avec les premières terminaisons du nerf auditif. Cette opération suppose que le nerf auditif comporte encore des fibres indemnes. Une antenne dissimulée dans une branche de lunettes est reliée à un synthétiseur porté en bandoulière. Cette technique demande une bonne participation du malade.

● *L'appareillage* permet à l'enfant malentendant de percevoir la voix des autres et surtout la sienne, mais le sourd profond ne perçoit les sons que partiellement. Le reste du traitement, en particulier la rééducation, demeure indispensable.

☞ L'appareillage doit être précoce, le mieux étant d'équiper les nourrissons entre 6 mois et 1 an.

Le bébé doit s'habituer à porter sa prothèse auditive toute la journée. Lorsqu'il la refuse obstinément, on peut penser que l'appareillage est mal adapté. Une relation de confiance entre les parents et le prothésiste auditif est primordiale.

La rééducation. Elle a pour but de permettre à l'enfant de communiquer le plus tôt possible avec son entourage car le développement de sa pensée et de son affectivité en dépend. C'est pourquoi le dépistage précoce est si important. L'ap-

prentissage de la communication des malentendants par les gestes ou par la lecture labiale est l'objet de nombreux débats. Aujourd'hui, on a tendance à habituer les petits sourds aux deux méthodes de communication, c'est l'éducation « bilingue ».

● *L'enfant malentendant apprend à lire les mots sur les lèvres de l'interlocuteur* et s'habitue à percevoir le maximum de sons. Il apprend ainsi à utiliser au mieux ses capacités auditives, à tirer parti de la lecture labiale et à communiquer avec l'environnement entendant. Cette éducation doit être confiée à un orthophoniste spécialisé ou à un professeur pour malentendants. Plus elle est précoce, plus l'enfant arrivera à communiquer.

● *La langue des signes,* qui consiste à s'exprimer par gestes, est la plus spontanée chez les enfants sourds. Elle leur permet une communication facile dans une communauté de malentendants.

L'idéal pour un enfant malentendant est d'allier la langue orale et la langue des signes. Sa scolarisation doit se faire dans une classe spécialisée, soit à l'intérieur d'une école normale, soit dans un établissement pour enfants malentendants. Un environnement familial et éducatif stimulant et une rééducation précoce permettent à ces enfants d'accéder à un métier et à une vie normale.

Syncope. *Voir Pertes de connaissance.*

Syndrome de la jonction.
Voir Voies urinaires, malformations congénitales des.

T

Tæniase. *Voir Téniase.*

Teigne. *Voir Mycoses.*

Téniase. Les ténias (vers solitaires) se trouvent sous forme de larves dans la viande de bœuf ou de porc. L'enfant peut être contaminé par de la viande insuffisamment cuite. En 3 mois, la larve se transforme en ténia adulte qui se développe à l'intérieur de l'intestin grêle. Le ver peut mesurer jusqu'à 9 mètres et vivre 35 ans à l'intérieur de l'intestin. Il n'est pas retrouvé entier dans les selles, mais de temps en temps se détachent des anneaux qui ressemblent à de grosses nouilles plates, et c'est souvent leur découverte dans les selles ou la culotte qui révèle la téniase. Un examen des selles doit être fait pour un enfant dont l'appétit passe par des extrêmes, qui dort mal, souffre de maux de tête, de maux de ventre ou de crises d'urticaire. La prise de sang montre une augmentation du nombre de certains globules blancs. Le traitement fait appel au niclosamide qui détruit le ver (il ne s'élimine pas visiblement dans les selles).

Terreurs nocturnes. Elles surviennent au cours du sommeil chez l'enfant entre 3 et 5 ans. Quelques heures après s'être endormi, l'enfant se met brusquement à hurler, il est pâle, couvert de sueur, son cœur bat vite, son regard est hagard, il ne reconnaît pas ses parents et tout dialogue est impossible.

Cette conduite hallucinatoire différencie la terreur nocturne du cauchemar. La crise dure quelques minutes, puis l'enfant se rendort. Lorsqu'il se réveillera, il ne se souviendra de rien.

Pour les psychanalystes, les terreurs nocturnes sont l'expression d'une angoisse due à des conflits, des traumatismes, des peurs, des chagrins dont l'enfant n'a pas su ou n'a pas osé parler pendant la journée, et qui peuvent parfois paraître dérisoires aux adultes. Les parents doivent alors être plus attentifs et compréhensifs et encourager leur enfant à s'exprimer quand il en manifeste le désir, et plus encore s'il est replié sur lui-même. Si les terreurs nocturnes persistent, quelques entretiens avec un psychologue pourront aider l'enfant à se libérer de son angoisse, et les parents à mieux comprendre son imaginaire *(voir pages 161, 234)*.

Tétanie (spasmophilie). C'est une hyperexcitabilité des nerfs et des muscles, déclenchant des accès de symptômes divers. On pense qu'elle est due à un trouble de l'utilisation du calcium par les cellules. **Chez le nourrisson.** La tétanie est la conséquence d'un taux de calcium bas dans le sang, ce qui déclenche des contractions des mains et des pieds pouvant durer quelques minutes, s'étendre au larynx, et provoque exceptionnellement un risque d'arrêt respiratoire et de convulsions.

C'est dire l'importance d'assurer au nourrisson un bon taux de calcium sanguin, ce à quoi concourt en particulier l'apport quotidien de vitamine D.

Chez l'enfant. On parle plutôt de spasmophilie, les crises ayant tendance à se répéter et le taux de calcium sanguin étant généralement normal. Les signes sont des fourmillements et des crampes des doigts, des orteils et de la bouche, associés à une impression d'oppression respiratoire. Ces enfants sont souvent hypersensibles, irritables, très émotifs. La spasmophilie peut s'accompagner d'une sensation de boule dans la gorge, de douleurs abdominales, de tics et, rarement, de pertes de connaissance.

On retrouve plus souvent le signe de Chvostek chez l'enfant spasmophile que chez l'enfant normal : bouche entrouverte et lèvres relâchées, la percussion de la peau au niveau de la joue déclenche une contraction de la lèvre supérieure vers le côté percuté.

C'est surtout l'électromyogramme qui permet d'affirmer la spasmophilie. Il enregistre le courant électrique passant dans les fibres musculaires. L'épreuve du garrot (mise en place d'un garrot stoppant la circulation dans le bras pendant 10 minutes) permet de déclencher, au niveau des muscles, des anomalies électriques caractéristiques.

Le traitement. Il consiste à donner du calcium, du magnésium et de la vitamine D. Pour stopper rapidement une crise, on peut faire respirer l'enfant en atmosphère close, par exemple dans un sac fermé devant la bouche. Cette manœuvre ne doit se pratiquer que sous surveillance.

Tétanos. C'est une infection bactérienne dont l'agent est un bacille présent dans la terre sous forme de spores qui peuvent pénétrer dans une plaie, même mineure, et y libérer les bacilles, qui libèrent à leur tour la toxine tétanique. Celle-ci atteint le système nerveux par voie sanguine ou par voie nerveuse.

Les symptômes apparaissent quelques jours après la blessure. On observe d'abord des contractures des mâchoires (le trismus) qui gênent l'enfant lorsqu'il parle, mange ou boit. En 2 à 3 jours, les contractures s'aggravent et l'enfant ne peut plus s'alimenter. Elles deviennent très douloureuses et gagnent tous les muscles, dont la moindre excitation déclenche des spasmes. Les contractures des muscles du thorax provoquent des arrêts respiratoires et une cyanose.

La maladie est particulièrement grave chez le nouveau-né (le tétanos peut être inoculé au moment de la coupure du cordon avec un instrument souillé).

Le traitement. Lorsque la contracture des mâchoires apparaît, il faut conduire d'urgence l'enfant à l'hôpital dans un service de réanimation. Le traitement a deux buts :
– détruire le bacille et neutraliser sa toxine grâce aux antibiotiques et au sérum antitétanique, d'autant plus efficace que l'injection est faite tôt ;
– calmer les contractures en mettant l'enfant en coma thérapeutique et en assurant une ventilation artificielle, les muscles étant détendus par des médicaments.

Cette réanimation dure tout le temps de l'évolution de la maladie, c'est-à-dire environ 3 semaines. Le tétanos peut aujourd'hui être évité grâce au traitement correct de toute plaie *(voir page 446)* et à la vaccination. Si, lors d'une blessure, le dernier rappel n'a pas encore été fait, il faut injecter du sérum antitétanique humain en même temps que le vaccin antitétanique.

Tétralogie de Fallot. Cette malformation cardiaque congénitale associe un rétrécissement de l'artère pulmonaire, une communication interventriculaire, une hypertrophie du ventricule droit et une mauvaise position de l'aorte. Elle provoque une cyanose très importante mais pas de défaillance cardiaque ni de souffle. L'évolution est très rapidement mal tolérée, c'est une urgence chirurgicale.

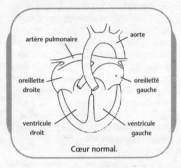

Cœur normal.

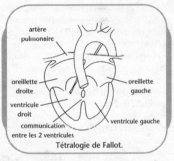

Tétralogie de Fallot.

Thalassémie. Cette maladie héréditaire de l'hémoglobine atteint surtout les habitants originaires du bassin méditerranéen, mais elle peut se rencontrer aussi chez les Noirs ou les Asiatiques. Elle se transmet sur le mode autosomique récessif (voir *Attendre mon enfant aujourd'hui*). La forme majeure (homozygote) est envisagée devant un enfant très pâle qui grandit mal. Le foie et la rate sont hypertrophiés, le crâne souvent volumineux. La numération indique une anémie majeure (le taux d'hémoglobine pouvant tomber jusqu'à 2 g/100 ml). Les réticulocytes (précurseurs des globules rouges) sont en nombre élevé. L'étude de l'hémoglobine par électrophorèse révèle une élévation de l'hémoglobine F (hémoglobine fœtale). L'enquête familiale montre que les deux parents ont des anomalies de l'hémoglobine et des anomalies de forme des globules rouges. Le traitement recourt aux transfusions régulières, pour maintenir le taux d'hémoglobine en permanence au-dessus de 10 g/100 ml, et aux vaccinations, en particulier contre l'hépatite B. Les transfusions ont pour inconvénient d'apporter un excès de fer à l'organisme ; il faut donc y adjoindre un médicament éliminant le fer. On est parfois obligé d'enlever la rate de ces enfants car elle détruit souvent les globules rouges fragiles. Ces malades ont besoin d'un soutien psychologique particulièrement attentif.

Tics. Ce sont des mouvements rapides, involontaires et répétitifs d'un groupe de muscles : tics moteurs (clignement des yeux, mouvement répétitif de l'épaule, de la tête), tics vocaux, toux, raclements de la gorge, grognements. Il peut s'agir de tics plus complexes, l'enfant répétant des mots ou des segments de phrases (coprolalie). L'enfant peut parvenir à supprimer ses tics pendant quelques minutes ou quelques heures, mais ils réapparaissent inévitablement. Ils peuvent varier d'intensité, l'émotion ou l'extrême concentration augmentant leur fréquence.
L'enfant a toujours tendance à nier ses tics en prétextant que sa gorge le gratte ou que ses yeux sont irrités. Une observation objective de la part des parents est cependant profitable car les tics ont d'autant plus de chances de disparaître qu'ils sont traités précocement.
Le traitement. Il peut recourir aux neuroleptiques, en général efficaces. L'avantage du traitement médicamenteux est d'habituer l'enfant à ne plus vivre avec son tic, mais ce traitement doit absolument être

accompagné d'un comportement familial adéquat. Faire remarquer à l'enfant son tic, lui en faire prendre conscience est important pour la guérison, mais lui répéter plusieurs fois par jour qu'il doit arrêter est au contraire nocif parce que générateur d'angoisse : un petit exercice est souvent efficace : proposer à l'enfant de répéter tout seul son tic dans la salle de bains pendant des séances de 20 minutes 2 fois par jour, volontairement. Une psychothérapie peut être utile. On ne parle de guérison que si l'état d'inquiétude que révèle le tic est lui-même apaisé. L'enfant tiqueur, comme celui qui ronge ses ongles, est généralement un enfant très gentil, voulant faire plaisir à ses parents, s'imposant un comportement parfait. Les parents doivent alors comprendre qu'il leur faut diminuer leurs exigences dans tous les domaines.

Torsion du testicule. C'est une urgence. Vous envisagerez la torsion du testicule si votre nourrisson pleure de façon inconsolable et si vous découvrez en le changeant que l'une des bourses est rouge, gonflée, tendue et extrêmement douloureuse au moindre effleurement. Il faut immédiatement montrer le bébé au chirurgien. Le testicule sera opéré en urgence : il n'est plus vascularisé et peut se nécroser dans un délai de 6 heures. On en profite pour le fixer, ainsi que l'autre testicule, car l'anomalie est souvent bilatérale. Le prématuré et l'enfant en période prépubertaire sont particulièrement exposés à la torsion testiculaire.

Toux. C'est l'effort produit par les muscles de la cage thoracique pour expulser les sécrétions ou particules encombrant les bronches. La muqueuse des bronches est en effet tapissée de petits cils qui bougent en permanence pour chasser les poussières inhalées et le mucus sécrété. Lorsque ces substances sont trop abondantes, la toux survient.
Le caractère et les circonstances de la toux orientent déjà vers sa cause :

– un corps étranger bronchique doit être évoqué et recherché en urgence lorsque la toux survient brutalement chez un jeune enfant n'ayant ni rhume ni fièvre *(voir page 383)*;

– une toux très rauque survenant la nuit, avec une gêne pour inspirer l'air, évoque une laryngite à traiter rapidement *(voir page 419)*;

– lorsque la toux est grasse et s'accompagne de fièvre, on recherche une bronchite *(voir page 375)*, fréquente et bénigne, ou une infection pulmonaire plus sérieuse *(voir page 446)*.

La radiographie du thorax est une aide précieuse.

Des quintes rapprochées chez un enfant non vacciné font craindre la coqueluche, redoutable chez le jeune nourrisson *(voir page 383)*.

Le traitement de la toux dépend de sa cause. Une toux grasse doit être respectée car elle a pour fonction de chasser les sécrétions encombrant les bronches. On peut même avoir à compléter son action par des massages de kinésithérapie *(voir page 375)*. C'est pourquoi il ne faut pas demander un sirop contre la toux sans diagnostic, mais il est utile de comprendre l'action des médicaments pour la toux *(voir page 501)*.

Le traitement antibiotique est souvent utile pour une guérison rapide. Rarement, l'infection demande un traitement prolongé, en cas de tuberculose par exemple *(voir page 471)*.

Toxoplasmose. C'est une maladie parasitaire due à un protozoaire transmis par les excréments de chat ou une viande peu cuite. L'infestation est le plus souvent latente. Elle peut cependant être décelable par la présence de ganglions dans le cou, chez un enfant fatigué, un peu pâle, légèrement fébrile.

La toxoplasmose du nouveau-né. La plupart des femmes en âge de procréer ont déjà eu la toxoplasmose sans le savoir, elles sont donc protégées par des anticorps.

Les autres risquent d'être contaminées. La surveillance sérologique des femmes enceintes et les traitements spécifiques de la toxoplasmose pendant la grossesse ont considérablement diminué le nombre de bébés atteints de toxoplasmose congénitale grave.

Cette attitude rigoureuse doit être poursuivie chez le nouveau-né : rappelez au moment de l'accouchement que vous avez été contaminée pendant la grossesse. On analyse alors le sang du cordon et le placenta pour savoir si le bébé a été contaminé : dans ce cas, il sera protégé par un traitement, d'une durée adaptée aux résultats de ces analyses et des dosages d'anticorps. Son fond d'œil sera surveillé pour vérifier l'absence d'atteinte oculaire par le toxoplasme (choriorétinite). Grâce à cette surveillance et à ce traitement, la toxoplasmose congénitale est devenue exceptionnelle dans sa forme grave, avec atteinte cérébrale.

La toxoplasmose de l'enfant. Elle est bénigne. On l'évoque devant des ganglions hypertrophiés dans le cou. Le dosage des anticorps sanguins montre une élévation des immunoglobulines IgG mais surtout IgM, témoignant d'une infection récente. Deux dosages à 15 jours d'intervalle peuvent être nécessaires pour vérifier qu'il s'agit d'anticorps récents.

La toxoplasmose de l'enfant guérit sans traitement. Un médicament antiparasitaire n'est donné que dans l'éventualité, rare, d'une atteinte oculaire.

Transposition des gros vaisseaux. C'est l'une des malformations cardiaques congénitales les plus fréquentes. L'aorte et l'artère pulmonaire sont inversées. Le sang venant du corps circule sans passer par les poumons, donc sans être oxygéné. Chaque moitié du cœur tourne en circuit fermé. La transposition des gros vaisseaux ne permet pas la survie sans geste chirurgical. Il faut donc en urgence rétablir une communication entre les deux systèmes. La transposition des gros vaisseaux se traduit dès la naissance par une cyanose (coloration bleue) intense et continue. L'échographie permet un diagnostic immédiat. L'enfant doit être transféré dans un centre de chirurgie infantile dans les heures qui suivent sa naissance. Une communication est établie entre les deux systèmes sanguins. L'amélioration obtenue permet à l'enfant de reprendre une coloration quasi normale, qui témoigne d'une bonne oxygénation. Plus tard, le chirurgien fera une correction plus complète en mettant en communication l'aorte avec le ventricule gauche et l'artère pulmonaire avec le ventricule droit.

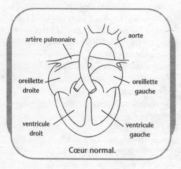

Cœur normal.

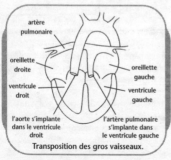

Transposition des gros vaisseaux.

Trilogie de Fallot. Cette malformation cardiaque congénitale associe un rétrécissement de l'artère pulmonaire, une communication interauriculaire et une hypertrophie du ventricule droit. Elle atteint les filles 2 fois plus souvent que les garçons.

Elle se révèle dès la naissance par une cyanose permanente, un souffle à l'auscultation, des poumons très clairs et un cœur très gros à la radiographie. L'échographie confirme le diagnostic. La trilogie de Fallot entraîne une insuffisance cardiaque en quelques heures ; le nouveau-né est transféré d'urgence dans un centre de chirurgie infantile. L'intervention porte essentiellement sur la valvule pulmonaire.

Trisomie 21. C'est la maladie chromosomique la plus fréquente. On l'appelle aussi mongolisme ou syndrome de Down, du nom du médecin anglais qui l'a décrite.

On parle de trisomie 21 parce que l'enfant mongolien a 1 chromosome 21 en trop, il a donc 3 chromosomes 21 (voir *Attendre mon enfant aujourd'hui*). Cette anomalie résulte d'une mauvaise distribution des chromosomes lors de la division de l'œuf. Lorsqu'elle se produit tardivement, certaines cellules de l'enfant seront trisomiques, d'autres indemnes ; c'est une trisomie en mosaïque : l'enfant est alors moins atteint.

Cette mauvaise distribution chromosomique peut survenir brutalement dans une famille qui n'avait aucune anomalie chromosomique dans ses antécédents ; plus rarement, l'anomalie est transmise par l'un des parents, elle est alors héréditaire. Plus la mère est âgée, plus le risque d'avoir un enfant trisomique est important.

L'amniocentèse est proposée à toutes les femmes à risques, c'est-à-dire celles qui ont des antécédents familiaux et celles qui ont plus de 37 ans. Elle permet le diagnostic prénatal de la trisomie 21 et, si la femme le désire, une interruption de grossesse (voir *Attendre mon enfant aujourd'hui*).

À quoi reconnaît-on le nouveau-né atteint de trisomie 21 ? Le bébé trisomique est de petite taille. Son regard rappelle celui des Mongols, avec des fentes palpébrales obliques, un petit repli à l'angle interne de l'œil (épicanthus) et des taches blanches sur l'iris. Sa nuque est plate, ses oreilles petites et implantées bas, sa langue est grosse et tend à sortir. Il est mou, avec un gros ventre, parfois une petite hernie ombilicale. Ses mains, surtout, sont caractéristiques : à l'intérieur de la paume, les deux plis horizontaux sont fusionnés en un seul. Ces signes peuvent se retrouver chez des enfants n'ayant aucune anomalie chromosomique, il faut donc être prudent avant d'affirmer ce diagnostic, même si l'ensemble est très évocateur. Devant ces particularités anatomiques, on demande une étude des chromosomes, le caryotype (voir *Attendre mon enfant aujourd'hui*).

La trisomie 21 entraîne des conséquences médicales pour l'avenir. L'enfant est fragile, parfois atteint d'une cardiopathie congénitale ou d'une malformation de l'œsophage. Il sera davantage sujet aux infections ORL, aux bronchites et même aux leucémies.

L'enfant mongolien est sociable, gentil, très sensible. Son développement psychomoteur est retardé. En moyenne, il se tient assis vers 1 an et marche vers 2 ans. Il commence à parler vers 4 à 5 ans. Intellectuellement instable, il pourra apprendre les rudiments de la lecture et du calcul. Son quotient intellectuel *(voir page 224)* est inférieur à la moyenne : il se situe autour de 60 mais peut atteindre 80 lorsque l'environnement familial est affectueux et stimulant. La scolarité peut se faire à l'école maternelle normale jusqu'à l'âge de 5 ou 6 ans, puis en institut médico-pédagogique, plus adapté au petit trisomique pour l'apprentissage d'un métier manuel et l'acquisition de la meilleure autonomie possible.

Apprendre à des parents que leur nouveau-né est trisomique est extrêmement difficile. Le pédiatre craint toujours de ne pas trouver les mots adéquats. Le désarroi des parents demande une grande solidarité familiale et sociale, dont on peut dire qu'elle est loin d'être suffisante dans notre pays *(voir page 300)*.

Tuberculose. Cette maladie est devenue rare grâce à la vaccination, au suivi attentif des réactions tuberculiniques et au traitement qui empêche sa dissémination. Il n'en reste pas moins qu'actuellement le nombre annuel de cas de tuberculoses est en recrudescence, réveillant la vigilance des parents et des pédiatres.

La tuberculose est due au bacille de Koch (BK). La contamination se fait par la salive propagée par la toux de personnes tuberculeuses, par du lait provenant d'animaux malades. Lorsque le bacille est respiré, l'infection tuberculeuse provoque une petite lésion sur une alvéole pulmonaire ; c'est le chancre d'inoculation, à partir duquel le bacille se propage par deux voies :
– par les vaisseaux sanguins, il gagne le foie, la rate et peut atteindre les os, les reins, le cerveau ;
– par les vaisseaux lymphatiques : c'est l'inflammation des ganglions, caractéristique de la tuberculose.

L'organisme réagit contre le bacille par une réponse immunitaire qui entraîne une sensibilité tuberculinique au niveau de la peau : les réactions tuberculiniques deviennent positives dans un délai de 6 semaines en moyenne après le contact infectant par le bacille de Koch.

La primo-infection tuberculeuse. Elle peut rester latente, sans signes cliniques ni radiologiques. On la diagnostique simplement par le virage des réactions tuberculiniques étudiées à titre systématique *(voir page 335)*. En l'absence de traitement, elle risque de se transformer au cours des années suivantes de façon sournoise en tuberculose.

La tuberculose patente. Elle se manifeste par une fièvre élevée et prolongée avec une toux de bronchite traînante, des crachats sanglants, parfois une conjonctivite ; des nodosités peuvent apparaître sur le tibia (érythème noueux). Elle peut être plus insidieuse, avec un état subfébrile autour de 38 °C, une fatigue générale, un amaigrissement et des signes de bronchite. Elle peut aussi ne se révéler qu'au stade de méningite tuberculeuse ou de pleurésie.

Le diagnostic. Il repose surtout sur l'étude des réactions tuberculiniques qui virent chez une personne auparavant négative. Ces réactions tuberculiniques *(voir page 335)* peuvent se faire par cutiréaction, par bague ou par intradermoréaction, plus précise et qui permet de différencier la positivité due au BCG et celle due à une contamination tuberculeuse : on peut affirmer la tuberculose lorsque l'enfant n'a pas reçu le BCG et que l'induration, au bout de 72 heures, a un diamètre supérieur à 9 mm.

Les autres examens ont pour but de rechercher des localisations caractéristiques.
– La radiographie du poumon peut être normale mais, dans la primo-infection tuberculeuse, elle montre souvent un petit nodule à l'intérieur du poumon, le chancre d'inoculation, avec de gros ganglions autour du cœur. Il peut s'y associer un épanchement de la plèvre ou des opacités plus étendues dans les poumons.
– Les tubages de l'estomac et parfois la ponction d'un ganglion recherchent le bacille.
– La vitesse de sédimentation sanguine est en général modérément élevée.
– L'examen du fond d'œil vérifie qu'il n'y a pas d'atteinte de la rétine.
– La ponction lombaire peut être nécessaire pour dépister une méningite.
– Le scanner du cerveau peut rechercher un abcès en formation.

La famille et les personnes qui s'occupent de l'enfant doivent subir un bilan comportant une intradermoréaction et une radiographie des poumons.

L'évolution de la tuberculose aujourd'hui. Il est prudent de traiter la primo-infection par des antibiotiques antituberculeux pendant 6 mois en moyenne. Au stade de tuberculose patente, la guérison est pratiquement certaine, dans la mesure où le traitement est correctement appliqué. Celui-ci utilise plusieurs antituberculeux associés selon la sensibilité du bacille, pendant 9 à 12 mois au minimum ; on

ajoute parfois de la cortisone. Les radiographies, à raison de plusieurs clichés chaque trimestre, et un contrôle par tubage gastrique permettent de vérifier la disparition du bacille.

Les mesures préventives doivent être appliquées par tous les parents. La vaccination par le BCG n'est obligatoire qu'à partir de 6 ans mais elle est souhaitable aujourd'hui dès les premiers mois de la vie dans la mesure où l'enfant n'a pas de déficit immunitaire *(voir Vaccination, page 335)*.

U

Urticaire. D'origine allergique, c'est une éruption de papules gonflées, roses, formant des placards ressemblant à ceux que provoquent les piqûres d'orties, et entraînant des démangeaisons caractéristiques. L'urticaire peut se compliquer d'un œdème de Quincke *(voir page 434)* et de problèmes respiratoires. C'est pourquoi elle nécessite un traitement antihistaminique et éventuellement de la cortisone si la crise est intense.

Lorsque l'urticaire récidive fréquemment, il faut essayer de savoir à quoi elle est due, mais ce n'est pas toujours facile étant donné la diversité des allergènes éventuellement en cause : poisson, crustacés, chocolat, cacahuètes, mais aussi antibiotiques, pénicilline, colorants alimentaires, ou encore pollen, poils d'animaux, piqûres d'insectes, froid ou chaleur, soleil, et même émotions. Il faudra dans la mesure du possible éviter le contact avec l'allergène en cause et appliquer un traitement antiallergique précis *(voir page 361)*.

V

Valves urétrales.
Voir Voies urinaires, malformations congénitales des.

Varicelle. Elle est due à un virus de la famille des herpès. Elle est très contagieuse et procure une immunité définitive. La période d'incubation est de 14 jours. Au cours des deux premiers jours de la maladie, les symptômes sont discrets (fièvre légère, peau légèrement rouge). Ensuite apparaissent sur le visage, le thorax, le cuir chevelu, dans la bouche, sur les muqueuses génitales, des petites taches rouges surmontées d'une vésicule dont le contenu, d'abord clair, devient ensuite trouble. Après 3 jours d'évolution, les vésicules diminuent de volume et se recouvrent d'une croûte qui tombe entre le sixième et le dixième jour. C'est surtout au stade des croûtes que les démangeaisons sont importantes (chez l'enfant de 6 à 18 mois, la varicelle provoque peu de démangeaisons). La varicelle peut être discrète, avec quelques boutons seulement, ou au contraire se manifester intensément, par une température de 40 °C et des vésicules quasi confluentes. Dans une fratrie, la varicelle du second est souvent la plus forte. On observe parfois des troubles transitoires de l'équilibre ou un syndrome fébrile qui peut être aggravé par l'aspirine. Le diagnostic est généralement suffisamment clair devant l'éruption pour ne pas nécessiter d'examens complémentaires. Dans les cas limites, le dosage sanguin des anticorps est utile, surtout si l'enfant est en contact avec une femme en fin de grossesse ou avec un enfant immunodéprimé, ou sous cortisone en traitement prolongé, ou sous chimiothérapie : chez ces enfants, les vésicules peuvent devenir hémorragiques et confluentes, et des troubles viscéraux graves apparaître.

La varicelle du nouveau-né. Elle peut aussi être grave. Le nouveau-né doit donc être séparé de sa mère si elle a eu la varicelle dans les 5 jours précédant la naissance. Le bébé reçoit immédiatement 3 injections d'immunoglobulines à 24 heures d'intervalle. On ne laissera pas non plus rentrer à la maison un nouveau-né si l'un de ses frères et sœurs est atteint de la varicelle.

Le traitement. On ne dispose pas de médicaments spécifiques puisqu'il s'agit d'une maladie virale, excepté une pommade antivirale qui semble freiner l'évolution des vésicules. Les sirops antihistaminiques et les applications antiseptiques sur les boutons soulagent les démangeaisons. Il faut encourager l'enfant à ne pas se gratter. Une antibiothérapie peut être nécessaire si les vésicules se surinfectent. Les produits colorants rouges ou bleus sont inutiles.

On peut laver l'enfant, mais il vaut mieux lui donner des douches rapides, surtout quand les croûtes se sont formées car le trempage entraînerait leur chute prématurée et les cicatrices seraient plus nombreuses.

Dans des formes graves, avec vésicules confluentes ou complications, on peut utiliser l'aciclovir.

La contagion. La varicelle est très contagieuse, dès l'apparition de la première vésicule et jusqu'à la chute des croûtes. Comme toutes les maladies virales, la varicelle ne se transmet pas par personne interposée. Si votre enfant est en contact avec la maman non atteinte d'un petit ayant la varicelle, il ne peut pas l'attraper : il faut qu'il soit en contact direct avec le malade.

Végétations adénoïdes, inflammation des.
Les végétations adénoïdes sont des amas de tissus de défense riches en lymphocytes, situés à l'arrière du nez.

Elles constituent une barrière naturelle contre les microbes en sécrétant des anticorps locaux freinant l'évolution des rhinopharyngites.

Si l'enfant a un bon terrain immunitaire, s'il n'est pas allergique, s'il n'est pas en contact avec de trop nombreux virus et bactéries dès ses premiers mois, ces petits amas lymphoïdes fonctionnent normalement. Mais si l'enfant est exposé à de nombreux virus dès son troisième mois, les végétations se développent, deviennent hypersécrétantes en permanence et gênent la respiration.

Quand doit-on envisager d'enlever les végétations ? L'ablation est surtout proposée pour l'enfant qui dort la bouche ouverte et ronfle, même en dehors des poussées aiguës de rhino-pharyngite, car il peut alors souffrir d'un défaut d'oxygénation du cerveau pendant le sommeil et de pauses respiratoires avec une reprise de respiration bruyante. À long terme, cette respiration par voie buccale peut déformer le visage, modifier la position de la

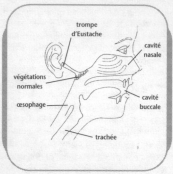

Les végétations.

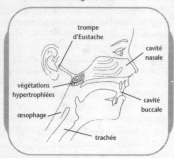

langue et l'articulé dentaire. La répétition d'otites peut être due à la présence de végétations à la base de la trompe d'Eustache gênant l'aération de ce conduit; leur curage diminue la fréquence des otites.

L'ablation. L'anesthésie est légère et l'intervention dure peu de temps. L'enfant peut être ramené chez lui le jour même. L'opération doit être accompagnée d'un renforcement de l'immunité et d'un traitement de l'allergie *(voir page 361).* Lorsque ces mesures ne sont pas prises, toute nouvelle infection peut faire « re-

pousser » les végétations. De même, il faut souvent administrer un traitement antibiotique car, si le curage est fait sur une muqueuse infectée, la cicatrisation risque d'être mauvaise.

L'ablation des végétations entraîne en général un réel progrès : libération de la respiration, diminution de la fréquence des otites et des rhino-pharyngites, reprise de la croissance. Cependant, le résultat peut être décevant si les troubles sont dus à une infection généralisée des muqueuses plutôt qu'à un obstacle au niveau de l'arrière-nez. Si le terrain est allergique et s'il n'y a pas d'obstacle, l'ablation peut aggraver la tendance aux bronchites en supprimant la barrière contre les bactéries et les virus.

Il arrive exceptionnellement que l'opération entraîne un nasonnement qui peut nécessiter une rééducation orthophonique durant parfois plusieurs années.

Verrues. Elles sont dues à des virus. Ce sont de petits bourgeons un peu croûteux, arrondis, de couleur grisâtre, qui ont tendance à s'étendre. Elles se situent souvent sur la peau des mains, au pourtour des ongles ou sous la plante des pieds, où elles sont douloureuses. Il arrive que l'organisme s'en débarrasse subitement sans traitement; mais il ne faut pas trop compter sur ce genre d'évolution car, dans la majorité des cas, la verrue a tendance à grossir et à se disséminer. Les verrues sont contagieuses, il ne faut pas les laisser se répandre.

Le traitement. Il consiste à appliquer un produit dissolvant, la kératine, sous un pansement occlusif renouvelé chaque jour, pendant un mois. Des cures de magnésium semblent augmenter le taux de guérison. Si aucun résultat n'est obtenu, il faudra faire appel au dermatologue qui pourra cureter la verrue, la traiter par la neige carbonique ou la brûler par électrocoagulation.

Voies urinaires, malformations congénitales des. Elles peuvent se situer aux différents étages de l'arbre urinaire :

– à la jonction entre le bassinet et l'uretère : c'est le syndrome de la jonction *(voir page 475)*;

– au niveau de l'orifice de l'uretère s'abouchant dans la vessie : cet orifice peut être rétréci, ou ne pas jouer son rôle de clapet au moment où la vessie se vide, l'urine remonte alors dans l'uretère : c'est le reflux vésico-urétéral *(voir page 475)*;

– au niveau de l'urètre : l'existence de valves urétrales peut gêner l'écoulement de l'urine *(voir Valves urétrales, page 475)*.

Tous ces obstacles contribuent à une distension des voies urinaires en amont. Lorsque cette distension est importante et prolongée, elle comprime le tissu rénal qui devient de plus en plus fin au fil des années et le fonctionnement rénal est perturbé. Le diagnostic d'une malformation des voies urinaires doit donc être précoce et son traitement rigoureux pour sauvegarder le fonctionnement des reins.

Le diagnostic. De plus en plus souvent aujourd'hui, le diagnostic est fait avant la naissance : l'échographie du fœtus peut déjà montrer une hydronéphrose, c'est-à-dire une dilatation des cavités urinaires à l'intérieur du rein, une dilatation de l'uretère ou une grosse vessie. On attend alors la naissance pour refaire le point. Exceptionnellement, on pratique la chirurgie in utero sur les voies urinaires du fœtus, mais il n'est pas encore démontré que cette chirurgie précoce sauvegarde vraiment la fonction rénale.

Si aucune dilatation n'a été décelée par l'échographie pendant la grossesse, la malformation urinaire peut se révéler au cours des premières années par une infection urinaire *(voir page 414)* : lorsque l'urine stagne, les bactéries se multiplient; un bilan complet est donc nécessaire devant toute infection urinaire.

Plusieurs examens permettent de visualiser les voies urinaires :

– l'urographie intraveineuse injecte un produit opaque dans une veine : ce produit est filtré par les reins, il opacifie les bassinets et les uretères qui sont ainsi bien visibles; le produit emplit ensuite la vessie, puis l'urètre au moment où l'enfant urine;

– l'échographie permet de visualiser les reins et les dilatations éventuelles des voies urinaires;

– la cystographie : c'est l'opacification de la vessie éventuellement par une petite sonde introduite dans l'urètre.

Reflux vésico-urétéral. Cette malformation congénitale se manifeste par un reflux de l'urine dans l'uretère lors de la miction. Ce reflux est mis en évidence grâce à l'urographie intraveineuse ou à la cystographie. Le danger est l'atteinte du rein soit par l'infection, soit par la stase de l'urine. Si le reflux persiste, même après désinfection, il faut opérer. On pratique une plastie anti-reflux pour protéger le rein.

Syndrome de la jonction. C'est un rétrécissement congénital au niveau de la jonction entre le bassinet et l'uretère. Il entraîne des poussées de fièvre et des maux de ventre. L'urographie intraveineuse montre la dilatation du bassinet et des calices.

Le traitement consiste à couper chirurgicalement cette jonction et à réimplanter le bassinet dans la partie saine de l'uretère sous-jacent.

Valves urétrales. Cette malformation congénitale atteint surtout le garçon. Le

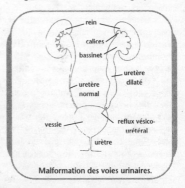

Malformation des voies urinaires.

jet d'urine est anormal, l'infection urinaire souvent très précoce, dès les premières semaines de vie. L'insuffisance rénale peut s'installer rapidement si la valve entraîne une stase importante. L'échographie montre une dilatation des calices et des uretères des deux côtés, ainsi qu'une grosse vessie.

Le meilleur examen pour situer l'obstacle est la cystographie sus-pubienne : le radiologue injecte directement le produit opaque dans la vessie, visualisant ainsi une dilatation de la partie postérieure de l'urètre. L'urologue doit aussitôt drainer la vessie et détruire les valves par endoscopie. Plus le diagnostic est précoce, meilleur est le résultat.

Grâce aux techniques chirurgicales, le nombre d'adultes atteints d'insuffisance rénale par malformation des voies urinaires non diagnostiqués dans l'enfance a considérablement diminué.

Vomissements. Ce sont des rejets alimentaires abondants provenant de l'estomac (à la différence des régurgitations qui sont de petits rejets mêlés de salive).

● *Les caractéristiques des vomissements* aideront le médecin dans son diagnostic : combien de temps surviennent-ils après le repas ? Sont-ils bilieux ? Contiennent-ils des traces de sang ?

● *Il faut apprécier la tolérance des vomissements :* s'ils sont répétés, ils peuvent entraîner une déshydratation. Une perfusion peut alors être nécessaire. À long terme, ils peuvent empêcher l'enfant de grossir.

Les causes des vomissements sont très nombreuses. Voici les plus fréquentes.

● *Chez le nourrisson,* on pense avant tout au reflux gastro-œsophagien *(voir page 450).* Si les vomissements surviennent après un premier mois sans rejets et s'ils sont importants, il peut s'agir d'une sténose du pylore *(voir page 462)* ; si les vomissements sont accompagnés de diarrhées, ils évoquent une intolérance au lait de vache ou une gastro-entérite. Avec fièvre, il peut s'agir d'une otite. Plus rarement, on recherchera une malformation du tube digestif chez le nourrisson ; une infection urinaire ou une méningite s'il s'agit d'un nourrisson fébrile.

● *Chez l'enfant,* les vomissements accompagnés de fièvre et de diarrhées orientent vers une gastro-entérite, mais il peut s'agir de vomissements acétonémiques *(voir page 359).*

Beaucoup plus rarement, une douleur abdominale du côté droit fait penser à une appendicite ; des urines brunes à une hépatite ; une forte fièvre avec des maux de tête à une méningite ; des douleurs abdominales avec un arrêt des selles à une occlusion ; un antécédent de chute sur la tête à un hématome intracrânien.

C'est après avoir éliminé toutes ces possibilités qu'on parle de vomissements d'origine psychologique qui feront rechercher les raisons du mal-être de l'enfant.

Le traitement. Il est à chaque fois celui de la maladie en cause. Mais il faut savoir aussi arrêter rapidement les vomissements eux-mêmes. Pour cela, on dispose de médicaments très puissants *(voir page 490).*

Vue, troubles de la. Le nouveau-né voit dès sa naissance, contrairement à ce que l'on croit communément *(voir page 41).* Certains troubles visuels sont détectables dès les premières semaines.

Les signes d'un problème de vision.

● *Le nystagmus.* C'est un mouvement d'oscillation des deux yeux qui semblent se balancer de façon extrêmement rapide, soit horizontalement, soit verticalement. Sa présence dès les premiers jours doit faire suspecter une anomalie visuelle bilatérale importante.

● *Le strabisme.* Voir page 462.

● *La pupille blanche.* C'est le signe d'une opacité sur le cristallin, la cataracte. Elle est parfois présente dès la naissance, souvent associée à un nystagmus ou à un strabisme. La cataracte peut être due à une maladie virale ou métabolique ayant débuté pendant la grossesse.

La pupille blanche peut aussi faire craindre

une maladie de la rétine, le rétinoblastome, dont le traitement doit être très rapide.

● *Si vous avez été atteinte par la rubéole ou la toxoplasmose pendant votre grossesse*, l'examen de la rétine du bébé est systématique au cours du premier mois et renouvelé pendant la première année. Il est presque toujours rassurant.

À partir de quel âge peut-on mesurer l'acuité visuelle ? Lorsque le déficit de l'acuité visuelle (amblyopie) est important, l'examen ophtalmologique peut le dépister dès la première année. Jusqu'à l'âge de 2 ans, on doit utiliser, pour que l'observation soit précise, l'enregistrement électrique d'un courant au niveau de la rétine et des zones visuelles du cerveau ; cet examen nécessite une prémédication calmante de l'enfant. Dès l'âge de 2 ans, des images d'animaux et d'objets permettent de chiffrer l'acuité visuelle d'un enfant coopératif. Ces tests sont présentés de loin et de près, œil par œil, puis avec les deux yeux. Dès l'âge de 6 ans, lorsque l'enfant sait lire, on peut utiliser les tests de lecture pour adultes.

Les troubles de la réfraction. Myopie, hypermétropie, astigmatisme sont les motifs de consultation les plus fréquents en ophtalmologie pédiatrique. Un enfant de moins de 15 ans sur 5 est atteint d'un trouble de la fonction visuelle.

Un dépistage précoce et un traitement rapide permettent d'éviter des difficultés scolaires ou relationnelles. L'examen ophtalmologique devrait être systématique à l'âge de 2 ans.

● *L'hypermétropie.* Elle se traduit par une vision floue à toute distance, que l'enfant compense par une possibilité d'accommodation considérable. Lorsque l'hypermétropie est importante, elle peut provoquer des maux de tête et des picotements dans les yeux. Lorsqu'il n'y a pas de signes fonctionnels, on peut s'abstenir de faire porter des lunettes à l'enfant, à condition de le montrer à l'ophtalmologiste 2 fois par an pour vérifier que l'hypermétropie ne

s'aggrave pas. Si l'effort est trop pénible, l'hypermétropie devient gênante, un strabisme peut apparaître par excès de convergence. Une correction par des verres hypercorrecteurs est alors indispensable.

● *La myopie.* Elle entraîne une vision floue de loin mais nette de près. Elle se révèle souvent vers 6 ans, l'âge de la lecture. L'enfant plisse les paupières pour régler son accommodation. La myopie semble moins évolutive lorsque l'enfant porte régulièrement ses lunettes, avec des verres correcteurs adaptés au fur et à mesure de la croissance. Elle a tendance à s'aggraver jusqu'à la fin de l'adolescence.

● *L'astigmatisme.* C'est un trouble de la vision très répandu, provoqué par des irrégularités de la courbure de la cornée : la vision est plus ou moins floue, la lecture fatigue les yeux. Ce défaut peut être corrigé par des lunettes.

Les autres anomalies de la vision sont beaucoup plus rares.

● *Le colobome congénital.* C'est une fente de la partie inférieure de l'iris. C'est une malformation bénigne, sauf si la fissure se prolonge jusqu'à la rétine et au nerf optique ; elle s'accompagne alors d'un trouble de la vision.

● *Le glaucome congénital.* C'est une anomalie d'évacuation de l'humeur aqueuse qui entraîne un excès de pression dans le globe oculaire. Les cornées s'agrandissent alors et l'œil prend un aspect globuleux. Seule une intervention chirurgicale peut sauvegarder la vision.

● *La rétinopathie des prématurés.* Elle est due à un surdosage en oxygène pendant plus de 24 heures chez un prématuré de moins de 34 semaines. Elle est devenue rarissime grâce à la surveillance de la concentration en oxygène du sang de ces bébés pendant leur séjour en centre néonatal.

L'enfant malvoyant ou aveugle. C'est un enfant dont l'acuité visuelle se situe au-dessous de 4/10, même après correction. Il s'agit souvent d'une malformation congénitale de l'œil, héréditaire ou acquise. La malvoyance est généralement diagnostiquée très tôt par la famille. Il faut alors aménager l'environnement de l'enfant, éviter les obstacles dangereux lorsqu'il apprend à marcher et l'aider à développer ses autres capacités sensorielles : ouïe, toucher, odorat, sens de l'espace. La scolarisation peut se faire dans des instituts spécialisés pour jeunes aveugles. L'orientation professionnelle permet aujourd'hui l'accès à des métiers de plus en plus nombreux. L'enfant malvoyant, comme l'enfant malentendant, doit être entouré d'affection et stimulé afin que toutes ses capacités compensatoires se développent.

W

West, syndrome de.
Voir Spasmes en flexion, maladie des.

X

X fragile, maladie de l'. C'est une anomalie chromosomique découverte récemment, qui apparaît soudainement par mutation sur le chromosome X. C'est la première cause de déficience intellectuelle après la trisomie 21. Elle touche 1 garçon sur 1 500 et 1 fille sur 2 500. Elle peut atteindre plusieurs membres d'une même famille et se transmet héréditairement. Elle ne se manifeste pas sur le plan physique. Le retard dans l'apparition du langage est souvent le premier signe d'alerte. L'enfant est de tempérament agité, très actif ou parfois isolé du monde environnant, adoptant un comportement autistique. Au fil des années, la déficience intellectuelle s'affirme ; son importance est variable selon les enfants.
Son diagnostic est difficile. Un caryotype (voir *Attendre mon enfant aujourd'hui*) spécial est nécessaire sur des lymphocytes cultivés de façon particulière. On peut actuellement dépister les membres de la famille porteurs de l'anomalie.
Un environnement spécialisé (*voir page 303*) peut permettre à l'enfant d'accéder à un meilleur niveau intellectuel.

Y

Yeux, maladies des.
Voir Vue, troubles de la.

Z

Zona. Plus rare chez l'enfant que chez l'adulte, le zona est dû au même virus que celui de la varicelle. C'est une résurgence localisée de la varicelle, que l'enfant a eue parfois plusieurs années auparavant. Après la guérison de cette varicelle, le virus est resté niché dans un ganglion nerveux de la moelle épinière cervicale, thoracique ou lombaire. Il reste là, sans se manifester, tout au long de la vie, mais peut resurgir lors d'un état de fatigue déprimant l'immunité de l'enfant : c'est le zona.
Le virus se propage alors dans le territoire de la racine nerveuse où il s'était logé. Par exemple, s'il s'agit d'un zona thoracique, il chemine d'arrière en avant, depuis la colonne vertébrale, le long de l'espace intercostal, jusque vers le sternum. Le long de ce trajet apparaît une bande de boutons ressemblant aux vésicules de varicelle, sur des placards rouges. L'enfant ressent une douleur et des démangeaisons quasi continues.
Le zona dure plusieurs semaines, entraînant des troubles du sommeil et un état grognon dans la journée. Le grattage peut entraîner une surinfection des boutons et laisser des cicatrices. Comme dans la varicelle, un sirop antihistaminique calme les démangeaisons et un antiseptique peut être appliqué sur les vésicules.
Si le diagnostic est fait dès le premier jour, l'aciclovir, médicament antiviral, administré à forte dose, peut être utile pour faire régresser rapidement le zona et diminuer le risque de récidives. Quand celles-ci se produisent, c'est toujours dans le même territoire.
Le zona est contagieux sous forme de varicelle : un enfant non immunisé, mis en contact avec un malade atteint de zona, pourra avoir la varicelle 14 jours plus tard.

Soigner
votre enfant

Mieux connaître les produits prescrits par votre médecin vous permet de mieux soigner votre enfant.

Votre armoire à pharmacie

● *La sécurité d'abord.* L'armoire à pharmacie doit être située dans un endroit frais et sec, hors de portée des enfants, c'est-à-dire en hauteur, avec un dispositif de fermeture simple mais inviolable par un petit de moins de 6 ans.

☛ **Les médicaments ne doivent pas être laissés dans votre sac à main ou sur votre table de nuit.**

La meilleure prévention contre les intoxications médicamenteuses consiste à éduquer votre enfant dès qu'il est en âge de parler : il faut qu'il comprenne que les médicaments sont dangereux et qu'il ne doit pas y toucher.

Après avoir énoncé cet interdit, ne le laissez pas contempler les pilules convoitées en lui tapant sur la main dès qu'il la tend vers la boîte : ce serait lui donner le goût des épreuves de force. Interdisez simplement qu'il touche le médicament, mettez-le hors d'atteinte, et détournez son attention vers un jouet ou un livre.

☛ **Mettez à jour votre armoire à pharmacie tous les 6 mois.**

● *Les instruments indispensables.* Vous devez avoir :
– un thermomètre ;
– une pince à épiler ;
– des petits ciseaux qui coupent bien.
● *Les produits de base*

À tout âge :

– une solution antiseptique, une pommade antibiotique ;

– des pansements, des compresses stériles, du sparadrap, deux bandes de gaz avec leurs attaches, du tulle gras pour les brûlures, des sutures adhésives pour les plaies, des compresses imbibées d'arnica pour la résorption des hématomes ;

– des mèches coagulantes contre les saignements de nez.

Les médicaments (qui ne sont à utiliser que selon les instructions précises de votre médecin) :

– de l'aspirine, du paracétamol (en sachets, sirop ou suppositoires) ;

– des gouttes décongestionnantes et désinfectantes pour le nez ;

– des gouttes contre les douleurs dans les oreilles ;

– un collyre désinfectant pour les yeux ;

– des gouttes buvables anti-inflammatoires en cas de piqûres de guêpe ou de laryngite ;

– des gouttes buvables contre les vomissements ;

– un sirop antihistaminique si votre enfant est sujet à des allergies ;

– une pommade anti-inflammatoire ;

– du sirop d'ipéca, du charbon pur activé en poudre (utiles, en urgence, en cas d'intoxication accidentelle, *voir page 416*).

Pour un enfant de moins de 2 ans :

– des sachets de réhydratation ;

– un substitut du lait en cas de diarrhées ;

– des gouttes buvables pour prévenir les convulsions, si votre bébé en a déjà eu.

Pour un enfant de plus de 2 ans :

– des suppositoires et des gouttes contre les vomissements ;

– des gouttes contre la diarrhée ;

– des comprimés ou un sirop contre le mal des transports.

Si vous vivez à la campagne :

– une petite pompe pour aspirer le venin des serpents ;

– des ampoules de corticoïde injectable (en cas de piqûre de guêpe).

Si vous partez loin, consultez mon ordonnance de voyage *(voir page 127)*.

● *Attention aux médicaments périmés !* La date de péremption des médicaments figure sur toutes les boîtes ; elle est valable tant que l'emballage n'a pas été ouvert.

Lorsque vous achetez un flacon de sirop ou de gouttes, demandez à votre pharmacien le temps de conservation à partir de son ouverture. Celui-ci doit généralement être jeté au bout de 7 à 15 jours.

☞ **Numéros à afficher près du téléphone :**
– 15 : le SAMU ;
– le numéro de votre centre antipoison ;
– le numéro de votre pédiatre.

Comment lui faire prendre ses médicaments

Donner correctement le traitement nécessaire est la première garantie d'une bonne guérison. Un certain savoir-faire et une bonne connaissance des modes d'administration des principaux médicaments vous seront d'une grande aide.

Le médecin indique avec précision sur l'ordonnance la quantité ou la dose des médicaments à prendre et la fréquence avec laquelle ils doivent être donnés, en fonction du poids de l'enfant et de sa maladie. Il faut donc respecter exactement ces prescriptions.

Les médicaments par voie buccale

● *Chez un nourrisson.* Le bébé prend assez facilement les remèdes, même lorsque leur goût est peu attrayant. Évitez de diluer le médicament dans le biberon de lait : votre enfant peut ne pas finir son biberon. Le plus sûr est d'introduire le produit directement dans sa bouche avec une cuillère ou une pipette. De plus en plus de médicaments pour nourrisson sont vendus avec une pipette, graduée par kilogramme de poids. Si le produit est présenté avec une mesurette ou si la posologie est indiquée en cuillerées, vous pouvez acheter une seringue de 5 ml pour introduire le médicament dans la bouche du bébé.

☞ **Vous ne devez pas introduire tout le liquide directement dans la gorge, mais glisser la pipette le long de la joue, à l'intérieur de la bouche, et faire couler doucement la quantité nécessaire.**

Si votre bébé aime bien son médicament, vous pouvez le diluer dans un peu d'eau, de jus de fruit ou de lait et le donner au biberon. L'essentiel est alors de le proposer dans très peu de liquide (moins de 30 g).

☛ **Sachez que :**
– **1 cuillerée à café rase = 5 ml ;**
– **1 cuillerée à dessert rase = 10 ml ;**
– **1 cuillerée à soupe rase = 15 ml.**

● *Chez un enfant âgé de 9 mois à 3 ans.* C'est la période la plus délicate pour faire prendre un médicament. L'enfant a déjà un goût très sélectif et il est en pleine période d'opposition. S'il refuse obstinément d'avaler le remède, restez calme : les punitions ou les promesses de récompense risquent d'aggraver son opposition.

Expliquez à votre enfant que le traitement est indispensable pour sa guérison et prenez-le fermement sur vos genoux. Son père, ou un autre membre de la famille, introduit alors la pipette dans sa bouche, le long de la joue, et fait couler doucement le liquide, sous sa forme la plus concentrée, en laissant la pipette en place pour éviter que l'enfant ne recrache. Lorsque le mouvement de sa glotte atteste qu'il a avalé, relâchez-le gentiment... et racontez-lui son histoire préférée.

☛ **N'hésitez pas à téléphoner à votre médecin si votre enfant ne peut avaler un médicament ou s'il le vomit.**

Si le médicament se présente en sachet, diluez-le dans un petit volume de liquide. Vous pouvez aussi demander une plus forte concentration pour que la quantité à avaler soit moins importante : une demi-mesure (2,5 ml) d'un antibiotique à 500 mg par mesure apporte la même quantité de produit actif qu'une mesure (5 ml) à 250 mg par mesure.

● *Chez un grand enfant.* Précisez au médecin les médicaments dont votre enfant n'aime pas le goût, et ses préférences. Mieux vaut une ordonnance décidée d'un commun accord avec l'enfant qu'un traitement mal suivi.

C'est en général vers 8 ans que l'enfant accepte d'avaler une gélule, le goût des sirops à la fraise, à la banane ou à l'abricot lui paraissant alors écœurant. Mais la maturité du pharynx n'est pas toujours suffisante à cet âge et la déglutition des gélules peut lui être désagréable. Dans ce cas, continuez à lui donner des médicaments liquides.

● *Avant ou après le repas ?* La plupart des médicaments sont administrés avant le repas. Mais certains (ceux qui empêchent les vomissements) doivent être pris 15 minutes avant. Lorsque la prise doit se faire pendant le repas ou juste après, la notice le précise.

Les suppositoires

Ils sont pratiques chez le nourrisson ou le petit enfant (quoi qu'en disent nos amis anglo-saxons qui ne les utilisent pratiquement pas). Il y a eu quelques polémiques fantaisistes sur le bout par lequel on doit introduire un suppositoire. Laissez parler votre bon sens : l'extrémité effilée permet de le faire entrer aisément dans le canal anal, le bout plat l'empêche d'en sortir.

L'avantage du suppositoire est sa rapidité d'absorption : la majeure partie du produit passe dans la circulation sanguine en une demi-heure (à condition, bien sûr, que le suppositoire ne soit pas rejeté). S'il est rejeté avec une selle dans les 30 minutes qui suivent, vous pouvez en réintroduire un autre aussitôt. Si la selle est émise après un délai de 30 minutes, l'efficacité est en grande partie assurée. Mais la posologie ne peut pas être vraiment exacte par cette voie. Aucun médicament dont la dose doit être précise (antibiotique, par exemple) ne peut donc être administré par suppositoire.

À partir de 4 ans, l'enfant n'aime généralement pas les suppositoires : là encore, il est souhaitable de respecter sa sensibilité. Il existe presque toujours une possibilité de traitement par voie buccale.

Les gouttes

● *Pour le nez.* Votre bébé ne les apprécie guère : l'instillation de liquide dans ses narines peut lui donner une impression d'étouffement car le nourrisson ne sait pas respirer par la bouche. N'utilisez les gouttes nasales que si votre pédiatre les conseille expressément.

Il est généralement prescrit de faire deux instillations de gouttes (la première chasse les sécrétions, la deuxième agit) dans chaque narine. Ne conservez pas le compte-gouttes et le flacon entamé plus de 6 jours.

● *Pour les oreilles.* L'enfant supporte mieux les instillations quand le liquide est tiédi. Mettre un morceau de coton dans le conduit auditif est inutile : la quantité de produit qu'il empêche de couler à l'extérieur est absorbée par l'ouate et n'agit donc pas. Mieux vaut incliner la tête de l'autre côté pendant 5 minutes.

● *Pour les yeux*. Soulever la paupière supérieure risque de provoquer une réaction de défense chez votre enfant, qui va fermer l'œil : abaissez plutôt la paupière inférieure. Il est parfois souhaitable d'effectuer des instillations fréquentes, les larmes évacuant rapidement le produit.

Votre petit dictionnaire des médicaments

Voici des médicaments couramment prescrits à l'enfant.

Je vous donne le nom chimique indiqué sur la boîte et, lorsqu'il est très courant, le nom commercial, plus familier. Il existe souvent plusieurs présentations pour la même formule chimique, qui offrent la même efficacité. Cette molécule de base est appelée « générique ».

Je vous indique également les doses moyennes utilisées en pédiatrie, mais votre médecin choisit parfois des doses différentes en fonction de la maladie.

Les antiallergiques et les antiasthmatiques

● *Les antihistaminiques* (Polaramine®, par exemple). Ils entraînent une diminution de la sécrétion d'histamine par les cellules de l'allergique. De nouveaux antihistaminiques sont aujourd'hui proposés : leurs effets secondaires, telle la somnolence, sont peu importants.

● *Le cromoglycate disodique*. Il agit préventivement contre la libération des substances de l'allergie au niveau des cellules, sans avoir d'effets secondaires notables à long terme. Il faut qu'il soit fixé sur la paroi des cellules avant la rencontre avec l'allergène : un asthmatique doit donc en respirer préventivement. Il s'élimine rapidement, aussi les prises doivent-elles être répétées plusieurs fois dans la journée. Cette astreinte est largement compensée par l'innocuité et l'efficacité préventive de ce médicament.

Le cromoglycate peut :

– se respirer en cas d'asthme, grâce à un inhalateur ; chez le bébé, la chambre d'inhalation est plus fiable ;

– se pulvériser dans le nez en cas de rhinite allergique ;

– s'instiller dans les yeux en cas de conjonctivite allergique ;
– se boire en ampoule en cas d'allergie digestive.

● *Les dilatateurs des bronches (bronchodilatateurs).*

La Ventoline®, la terbutaline et leurs dérivés sont des médicaments très utilisés en cas d'asthme, si possible en inhalation. L'enfant peut respirer directement le produit s'il a plus de 3 ans ; si c'est un nourrisson, on lui fera respirer le produit à travers une chambre d'inhalation.

Trois inhalations, simples ou doubles, par jour doivent suffire. Si l'enfant a besoin de plus de dix inhalations quotidiennes, il faut considérer que la crise est grave et appeler un médecin en urgence.

La théophylline et ses dérivés. La théophylline est un produit actif en cas de crise d'asthme : elle dilate les bronches, améliorant ainsi la respiration. La théophylline est dangereuse avant 30 mois. Les différentes formules de théophylline ne doivent donc être administrées qu'après cet âge, en respectant la dose prescrite par le médecin, dose parfois ajustée en fonction du taux sanguin de théophylline. Pour le grand asthmatique, les formes dites « retard » permettent une action prolongée.

Le Trentadil® est un dérivé de la théophylline qui peut être utilisé chez le nourrisson, en 2 prises quotidiennes (vous pouvez couper le suppositoire en deux).

Les antibiotiques les plus courants

Les antibiotiques détruisent les bactéries ou empêchent leur multiplication. Ils sauvent chaque jour des milliers d'enfants qui, sans eux, succomberaient à des méningites, des complications d'angines, comme le rhumatisme articulaire aigu, ou bien souffriraient de diminution de la capacité auditive après des otites prolongées.

Les parents en attendent beaucoup, tout en les redoutant, et posent de nombreuses questions à leur sujet.

● *Les antibiotiques représentent-ils le meilleur traitement de la fièvre ?* Non. Tout dépend de l'infection. Il y a deux sortes d'agents infectieux : les bactéries, qui sont sensibles aux antibiotiques, et les virus, sur lesquels les antibiotiques n'ont pas d'action *(voir page 344)*. Il faut donc un diagnostic précis d'infection bactérienne pour décider de donner un traitement antibiotique. S'il s'agit d'une maladie virale, la fièvre persistera, même sous antibiotiques.

● *Les antibiotiques diminuent-ils l'immunité?* Non, catégoriquement, pour deux raisons.

– Il n'y a aucune différence d'immunité, à l'âge de 7 ans, entre les enfants qui ont absorbé beaucoup d'antibiotiques et ceux qui n'en ont pas ou peu consommé.

– Ayant exercé dans des contrées écologiquement protégées (les îles du Pacifique), j'ai pu constater que les jeunes enfants de ces îles sont aussi sensibles aux infections que les petits Occidentaux, qui prennent beaucoup plus d'antibiotiques.

Il reste que les antibiotiques doivent être prescrits à bon escient.

● *Les antibiotiques sont-ils dangereux?* Les antibiotiques utilisés en pédiatrie courante sont très peu toxiques, moins que l'aspirine. Si, par exemple, votre nourrisson avale un flacon entier d'amoxicilline, le centre antipoison vous donnera des conseils rassurants. Tout au plus y a-t-il risque de diarrhée. Cependant, certains antibiotiques sont réellement toxiques, tels certains aminosides (comme la gentamicine), qui peuvent rendre un enfant définitivement sourd. Cette famille d'antibiotiques est généralement réservée aux maladies graves traitées à l'hôpital. Aux doses habituellement utilisées, sa toxicité auditive et rénale est exceptionnelle. Pour ma part, je n'ai pas rencontré de surdité due aux aminosides.

● *Un enfant peut-il être allergique à tous les antibiotiques?* Non. Aussi devez-vous bien noter sur le carnet de santé le nom exact de l'antibiotique auquel votre enfant est allergique, et le rappeler au médecin à chaque visite médicale. Il faut cependant faire la distinction entre une suspicion et une certitude d'allergie à un antibiotique. On croit souvent, devant une éruption de boutons, à une réaction allergique alors que l'éruption peut être due à un virus intercurrent. S'il s'agit seulement d'une suspicion d'allergie, on pourra en demander confirmation au laboratoire par un test sanguin spécifique.

● *Un enfant peut-il être allergique à un antibiotique jusque-là parfaitement supporté?* Oui. Il faut même qu'il en ait déjà reçu pour développer une allergie. Ce n'est généralement qu'au deuxième ou troisième traitement qu'apparaissent les réactions allergiques.

● *Quelle est la différence entre intolérance et allergie?* Si votre enfant vomit l'antibiotique, est pris de diarrhée, et s'il suffit de baisser la dose pour que ces troubles disparaissent, il s'agit d'une intolérance. Ce n'est pas le cas pour une allergie, qui survient quelle que soit la dose d'antibiotique, même minime.

● *Les antibiotiques peuvent-ils rendre les dents jaunes ?* Non, plus aujourd'hui. Cette coloration se produisait autrefois avec des produits de la famille des cyclines, dont la molécule se fixait définitivement sur l'émail dentaire. Cette classe d'antibiotiques n'est désormais plus prescrite chez la femme enceinte et chez l'enfant de moins de 8 ans. Aucun autre antibiotique ne modifie la couleur des dents.

● *Les antibiotiques fatiguent-ils votre enfant ?* En général, un bébé en état infectieux se remet à manger et à grossir dès qu'il est traité par antibiotiques : il se porte visiblement mieux, dort bien et ne montre aucun signe de fatigue. De même, le grand enfant retrouve sa joie de vivre. Aussi ne devez-vous pas attribuer la fatigue éventuelle à l'antibiotique mais plutôt à la maladie elle-même. Cependant, lorsque l'antibiotique est mal supporté sur le plan digestif (vomissements et maux de ventre), la fatigue est indéniablement aggravée. Mieux vaut alors en parler rapidement à votre médecin, qui changera, si possible, de formule antibiotique.

● *Les différents types d'antibiotiques utilisés en pédiatrie.* Un bon traitement antibiotique ressemble à la bonne exécution d'une partition de piano : il faut savoir choisir la note juste, taper avec la bonne force, pendant un temps précis.

Un traitement antibiotique est prescrit pour une durée d'au moins 6 jours, en général 8 à 10 jours, parfois plusieurs semaines. Ne l'arrêtez pas sous prétexte que la fièvre est tombée ou que le flacon est vide. Cet arrêt pourrait entraîner une sélection de bactéries résistantes, demandant ensuite des traitements plus agressifs.

Il est important de bien répartir les deux ou trois prises en général nécessaires. N'oubliez pas la prise intermédiaire lorsqu'elle est prescrite. Demandez deux flacons, un pour vous, un pour la crèche ou la nourrice. Conservez les flacons préparés au réfrigérateur. Jetez le sirop reconstitué en fin de traitement, même si la bouteille n'est pas terminée.

La famille des bêtalactamines

– La pénicilline simple est surtout le médicament des angines rouges à streptocoques. Elle peut être donnée pendant une longue période, en prévention du rhumatisme articulaire aigu *(voir page 454)*, par exemple.

☞ **La pénicilline n'a aucune toxicité mais peut déclencher de fortes réactions allergiques. Dans ce cas, on la remplace en général par de l'érythromycine.**

– L'ampicilline agit sur une gamme de microbes plus étendue que la pénicilline simple. Des bactéries sécrétant une enzyme, la bêtalactamase, parviennent cependant à lui résister.

– L'amoxicilline est une molécule plus active, mais certaines bactéries lui résistent.

Si ces antibiotiques sont inefficaces, on utilise des formules plus récentes.

– L'association amoxicilline-acide clavulanique déjoue la plupart des résistances, mais peut provoquer des vomissements et une diarrhée.

– Les céphalosporines sont classées selon l'époque de leur découverte. Les plus anciennes sont appelées céphalosporines de première génération. Les plus récentes – de deuxième et maintenant de troisième génération – sont de plus en plus efficaces et réservées aux germes résistants.

Elles agissent sur la membrane des bactéries et sont particulièrement actives contre les staphylocoques. Elles sont très peu toxiques.

Certains enfants sont allergiques à la fois à la pénicilline et aux céphalosporines, il faut alors opérer un troisième choix.

La famille des macrolides

– L'érythromycine est habituellement prescrite dans les infections à bactéries Gram+, comme les staphylocoques et les streptocoques.

– La josamycine a un spectre d'action plus large. Elle agit sur des bactéries de plus en plus souvent présentes dans les infections pulmonaires, les chlamydias et les mycoplasmes. Elle peut provoquer des nausées et des maux de ventre.

– La spiramycine est souvent utilisée contre la toxoplasmose.

Le Bactrim® et l'Eusaprim®. Ils associent un antibiotique et un sulfamide. Ils sont très utiles contre les infections urinaires. Le sulfamide peut provoquer des allergies, parfois graves.

La famille des aminosides (dont la gentamicine). Ces médicaments ne sont prescrits en injections que pour des infections à bactéries résistantes.

Les anticonvulsivants

Je classe sous ce nom les médicaments que l'on donne pour les convulsions fébriles. Les antiépileptiques proprement dits sont évoqués plus loin.

Le traitement de la fièvre chez l'enfant de moins de 4 ans *(voir page 347)* est la meilleure prévention des convulsions. Mais si votre bébé en a déjà eu, votre médecin vous donnera une ordonnance particulière.

● *Le principal anticonvulsivant d'urgence est le diazépam (Valium®).* C'est le médicament d'élection devant une convulsion. On peut administrer le Valium® par injection dans le rectum, grâce à une canule conçue pour cette utilisation, à la dose calculée par votre médecin en fonction du poids de votre bébé, de préférence en présence du SAMU ou des pompiers munis d'un matériel de ventilation artificielle prêt à utiliser, car le Valium® déprime la respiration.

Si votre enfant a déjà fait une convulsion fébrile, votre médecin pourra prescrire le Valium® par voie buccale à donner préventivement lorsque la température dépasse 39 °C. La dose pour 24 heures, répartie en quatre prises, doit être scrupuleusement respectée. Le diazépam n'a aucun effet sur la fièvre elle-même.

Les gouttes de Valium® sont amères. Le sucre, le miel ou la confiture n'y changent rien. Le seul moyen d'en diminuer l'amertume est de le donner froid (conservez le flacon dans votre réfrigérateur), dans une cuillerée de yaourt par exemple. Ne laissez pas le flacon à portée de votre enfant, ou d'une personne qui pourrait dépasser la dose.

● *Le phénobarbital est le plus ancien des anticonvulsivants.* Certains suppositoires en contiennent en association avec de l'aspirine, d'autres en association avec du paracétamol.

Les antidiarrhéiques

La diarrhée du nourrisson nécessite avant tout des mesures diététiques urgentes *(voir pages 56 et 390)* : remplacement du lait pendant 3 jours par un substitut, réhydratation avec des solutions d'électrolytes, perfusion éventuelle en milieu hospitalier. Ces mesures priment sur les traitements médicamenteux, qui ne sont pas toujours indispensables.

Il faut distinguer deux sortes de médicaments, dont l'action peut être complémentaire.

● *Les désinfectants intestinaux* sont utiles lorsqu'on suspecte une infection bactérienne.

Le **nifuroxazide** existe en suspension et en gélules pédiatriques. Le **tilbroquinol** se présente en granulés.

● *Les modificateurs du transit.*

Le **lopéramide (Imodium®)** diminue les contractions et les sécrétions intestinales, favorise l'absorption du chlore et du sodium.

Les gouttes de lopéramide ne sont plus conseillées avant l'âge de 2 ans. On les accuse de favoriser la pullulation des bactéries intestinales. Le lopéramide est cependant un produit bien utile en cas de diarrhées liquides profuses avec maux de ventre. Le traitement doit être arrêté dès que les selles ne sont plus liquides. Les doses sont de :

– 10 à 20 gouttes/kg/24 h en trois prises, chez le jeune enfant entre 2 et 8 ans ;

– 1 à 3 gélules/24 h, chez l'enfant de plus de 8 ans.

Les antiémétiques (contre les vomissements)

Il est préférable de les donner 15 à 20 minutes avant le repas.

● *Le métoclopramide (Primpéran®).* Il se donne à raison de 5 gouttes/kg/24 h, en trois prises.

● *La métopimazine (Vogalène®).* Elle se donne à raison de 10 gouttes/kg/24 h. On peut l'utiliser en suppositoire ou en injection intramusculaire si les vomissements ne permettent pas l'absorption par voie buccale.

● *La dompéridone (Motilium®).* Elle existe en suspension buvable : 1/2 mesure/5 kg, trois fois par jour.

● *Le cisapride (Prepulsid®).* Particulièrement efficace contre le reflux gastro-oesophagien *(voir page 450)*, il est présenté avec une pipette graduée qui permet de doser le produit en fonction du poids de l'enfant.

Les antiépileptiques

Ce sont des médicaments donnés en traitement de fond contre les crises d'épilepsie *(voir page 400)*. Ces médicaments ont-ils un retentissement sur le développement intellectuel de l'enfant ? L'expérience montre peu d'effets à long terme, alors que la répétition des crises d'épilepsie a des conséquences vérifiées.

D'une manière générale, le pédiatre essaie de faire disparaître les crises avec un seul médicament. L'efficacité du traitement peut être surveillée grâce au dosage des taux sanguins, qui vérifie que le médicament est correctement absorbé et permet d'adapter la dose au métabolisme particulier à chaque enfant.

Dans certaines épilepsies rebelles, l'association de deux anti-épileptiques est parfois nécessaire, imposant une surveillance encore plus étroite.

● *Le phénobarbital.* Encore très utilisé, il est actif dans la plupart des formes d'épilepsie, sauf le « petit mal » *(voir page 400).*

Il en existe de très nombreuses présentations. Les plus courantes sont :

– le Gardénal®,

– l'Alepsal®, en comprimés.

Les effets indésirables du phénobarbital peuvent consister essentiellement en une somnolence, qui conduit à diminuer la dose en associant éventuellement un autre médicament.

● *L'acide valproïque (Dépakine®).* Il est utilisé pour le traitement du « petit mal » et des absences, mais aussi dans beaucoup d'autres formes de convulsions.

Il se présente en soluté buvable – en sirop – ou en comprimés.

Les petits enfants traités longtemps par Dépakine® sont tout à fait éveillés. Les effets indésirables peuvent être une somnolence, une prise de poids excessive et une toxicité éventuelle pour les cellules du foie.

● *La carbamazépine (Tégrétol®).* Elle est active sur presque toutes les formes d'épilepsie. Elle se présente en suspension buvable. Elle est bien supportée, mais les effets indésirables peuvent être des modifications de la formule sanguine et une prise de poids excessive.

● *La phénytoïne (Di-hydan®).* Elle est active dans toutes les formes d'épilepsie, sauf le « petit mal ». Les effets secondaires peuvent être des troubles digestifs, un gonflement des gencives, des vertiges et des modifications de la formule sanguine (anémie, par exemple).

Il existe d'autres formes d'antiépileptiques plus récents, pour les épilepsies rebelles.

☞ **N'interrompez jamais la prise quotidienne d'un antiépileptique sans avis médical. Vous risqueriez de déclencher une crise épileptique due au sevrage.**

L'aspirine

L'aspirine (acide acétylsalicylique) agit à la fois contre la douleur, contre la fièvre et contre l'inflammation. On la donne aujourd'hui en seconde intention, en préférant le paracétamol *(voir page 498).* Bien qu'elle puisse présenter des effets indésirables, elle est délivrée sans ordonnance. Faites bien attention aux doses prescrites et n'utilisez surtout pas une présentation pour adulte !

● *Les présentations les plus courantes :*

– Catalgine® rose : enfant et nourrisson (100 mg par sachet) ;

– Aspégic® : enfant et nourrisson (180 mg par sachet) ;

– Juvépirine® (100 mg par comprimé à sucer ou à croquer) : à ne surtout pas laisser à la portée d'un enfant, car il pourrait facilement prendre les comprimés pour des bonbons.

La dose habituelle est de 25 à 50 mg/kg/24 h, répartie en trois à six prises.

Par exemple, si votre bébé pèse 8 kg, vous pouvez lui donner 1 sachet de Catalgine® enfant et nourrisson toutes les 6 heures (4 x 100 mg/24 h).

L'aspirine a été incriminée comme pouvant être l'un des facteurs d'origine du syndrome de Reye, avec aggravation secondaire de la fièvre. Ce syndrome, surtout rencontré aux États-Unis, est exceptionnel en France, mais ce risque a conduit à privilégier le paracétamol *(voir page 498)* chaque fois que celui-ci est suffisant.

L'aspirine peut entraîner, chez les enfants allergiques, des réactions d'hypersensibilité, comme l'aggravation d'une crise d'asthme. C'est essentiellement à haute dose que l'aspirine est toxique. C'est un acide (l'acide acétylsalicylique) qui peut entraîner un coma mortel. Il faut donc absolument respecter les doses prescrites, ne pas laisser le médicament à portée de l'enfant et ne pas donner des présentations pour adultes.

Enfin, l'aspirine a un effet anticoagulant et ne doit donc pas être utilisée s'il existe un risque hémorragique.

Cortisone et corticoïdes

Ce sont des médicaments précieux et salutaires, en traitements de brève durée, grâce à leur effet anti-inflammatoire, dans le cas d'une laryngite, d'un œdème allergique, d'une crise d'asthme ou d'un rhumatisme articulaire aigu.

Les corticoïdes en traitement court (quelques jours) ont peu d'inconvénients, c'est pourquoi vous pouvez en donner de vous-même à votre enfant en cas de laryngite nocturne, avec étouffement par exemple. Mais les traitements prolongés présentent des effets secondaires graves.

● *Par voie buccale ou injectable,* les présentations pour les urgences sont :

La bétaméthazone (Célestène®, par exemple). Elle se présente en solution de 0,5 mg pour 40 gouttes. La dose habituelle est de 8 à 16 gouttes/kg/24 h en traitement d'attaque, à adapter dès le troisième jour, avec votre médecin.

La dexaméthasone (Soludécadron®). Elle se présente en ampoules injectables.

La prednisone (Cortancyl®) est utilisée pour les traitements longs, souvent un jour sur deux.

● *Par voie locale.*

Les corticoïdes à inhaler. Ils sont très utiles pour traiter l'asthme si les crises sont fréquentes et graves, lorsque le cromoglycate *(voir page 484)* est inefficace. Les inhalations de corticoïdes ne font de l'effet qu'après plusieurs jours d'utilisation, sur des bronches désinfectées. C'est donc un traitement de fond, qui doit être poursuivi plusieurs semaines.

Les corticoïdes pour la peau : *voir page 500.*

● *Les effets secondaires des traitements prolongés par corticoïdes.* Il est important de bien les connaître car tout abus est dangereux.

– Ils arrêtent la croissance, qui reprend à l'arrêt de la corticothérapie. La récupération en taille dépend de l'âge, de la durée du traitement, des doses utilisées. Les traitements alternés (un jour sur deux) ont moins de retentissement sur la croissance.

– Ils entraînent une atrophie des os, des muscles, et la peau devient sujette aux vergetures, avec une hyperpilosité.

– Ils provoquent une élévation de la tension artérielle.

– Ils favorisent le diabète.

– Ils favorisent les infections en déprimant l'immunité : une varicelle chez un enfant sous cortisone peut être très grave.

Les indications des traitements corticoïdes prolongés sont donc toujours bien pesées. C'est en général une question vitale.

☛ **Tout traitement corticoïde de plus de 10 jours doit être arrêté progressivement, par paliers. Un sevrage brutal pourrait provoquer un état de choc.**

Le fer

Il est bien souvent utile aujourd'hui, où de nombreux bébés et enfants souffrent d'une carence en fer qui entraîne anémie, susceptibilité aux infections et perturbation de la croissance.

Le fer peut provoquer des troubles digestifs (vomissements ou diarrhées), il est donc impossible d'en donner de fortes doses. C'est pourquoi le traitement doit être de longue durée. Il peut se présenter en poudre chocolatée que l'on peut diluer dans un peu de lait, à prendre entre les repas (1 à 3 mesures chez le nourrisson) ; en sirop aromatisé au miel ou associé à de la vitamine C, qui favorise l'absorption du fer ; en gélules à diluer avant le repas dans un jus de fruits, du lait ou de la compote.

☞ **La prise de fer donne aux selles du bébé une couleur verte qui ne doit pas vous inquiéter.**

Les gammaglobulines

Deux types de gammaglobulines sont utilisés :

– les gammaglobulines standard contiennent tous les anticorps courants fabriqués par un adulte : elles protègent contre la rougeole et les virus respiratoires habituels et ont une action évidente sur les rhinobronchites ou otites à répétition de l'enfant en crèche ;

– les gammaglobulines spécifiques sont particulièrement concentrées en une catégorie d'anticorps précis : contre le tétanos, la varicelle, la coqueluche, l'hépatite B ou l'immunisation Rhésus par exemple.

Ce sont des concentrés d'anticorps qui apportent à l'enfant une immunité immédiate mais transitoire, car elles sont éliminées en trois semaines. Elles n'ont pas l'effet durable d'une vaccination, mais permettent une protection plus rapide.

Les gammaglobulines ne peuvent s'administrer qu'en injection intramusculaire. On fera soit une injection en cas de contamination (rougeole par exemple) parfois suivie d'une deuxième injection le lendemain, soit une série d'injections espacées de 15 jours à 3 semaines en cas d'infections ORL récidivantes chez un bébé allant à la crèche. L'injection est assez douloureuse car le produit est épais.

☞ **Ne menacez jamais votre enfant des piqûres que lui ferait le médecin « s'il n'est pas sage ». Un enfant doit savoir qu'un médecin ne fait pas une injection pour le punir, mais pour le guérir.**

Les gammaglobulines sont extraites du sang humain, aussi leur prescription fait-elle parfois peur aux parents. Mais il faut savoir que leur extraction se fait, en France, par chauffage du sérum à très haute température. À ma connaissance, leur injection n'a jamais transmis aucun virus. Vous pouvez donc être sereine si votre enfant a reçu des gammaglobulines préparées en France.

Les gouttes pour le nez

● *Le lavage de nez.* Il est utile lorsque votre bébé est très encombré. Il consiste à instiller des gouttes de sérum physiologique dans les narines, puis à les aspirer avec une poire en caoutchouc souple, appelée « mouche-bébé ». Les embouts doivent être soigneusement désinfectés chaque jour. Les séances de lavage de nez sont désagréables (l'enfant a l'impression d'étouffer), aussi faut-il les réserver aux encombrements manifestes. Ne vous étonnez pas si vous ne parvenez pas à libérer complètement la respiration : les sécrétions situées derrière les voies nasales sont inaccessibles. Elles se reproduisent dès que vous en avez dégagé une partie. L'essentiel est de traiter la cause du rhume, par exemple une infection bactérienne.

En général, l'instillation simple d'un peu de sérum physiologique dans chaque narine est suffisante en cas de rhume léger.

● *Les gouttes décongestionnantes.* Elles contiennent un produit anti-inflammatoire qui diminue la congestion des muqueuses. Attention : les vasoconstricteurs pour adultes qui dégagent un nez très obstrué en provoquant une contraction des vaisseaux, sont contre-indiqués chez l'enfant avant l'âge de 3 ans, car il peut y être très sensible et perdre connaissance.

● *Les gouttes désinfectantes.* Elles sont soit à base d'antiseptique, soit à base d'antibiotique, réservé à l'usage local, comme la néomycine.

☞ **Ne mettez jamais de gouttes huileuses dans le nez d'un enfant.**

● *Les gouttes antiallergiques*

– Le cromoglycate disodique joue un rôle préventif contre les allergènes. Si, par exemple, votre enfant doit aller dans une maison où vit un chat alors qu'il est allergique aux poils de chat, il faut lui mettre le spray avant de s'y rendre et 4 fois par jour pendant tout son séjour.

– Les gouttes de cortisone sont réservées aux grands allergiques en période de poussée, en général associées à un antibiotique. Évitez leur utilisation répétée.

Les gouttes pour les oreilles

Une otite infectieuse peut bénéficier d'un mélange d'antibiotique et d'anti-inflammatoire.

Une douleur aiguë se calme avec un anesthésique en gouttes auriculaires.

Un bouchon de cérumen peut être ramolli par des gouttes émollientes. Il est souvent nécessaire de faire ensuite aspirer le conduit auditif chez l'ORL.

Les gouttes pour les yeux

Le lavage des yeux se fait au sérum physiologique stérile :
– lorsque les paupières sont collées du fait d'une conjonctivite infectieuse ;
– lorsqu'un produit agressif a été en contact avec l'œil (mieux vaut même alors laver les yeux à grande eau).

Les gouttes peuvent être :
– décongestionnantes ;
– antiallergiques : le cromoglycate disodique permet de calmer la rougeur et les démangeaisons à condition d'être instillé 4 fois par 24 h et pendant tout le temps de l'exposition à l'allergène ;
– antiseptiques, comme le céthéxonium (Biocidan®) que vous pouvez utiliser au début d'une conjonctivite infectieuse ;
– antibiotiques ; utiles lorsque les sécrétions sont purulentes, elles font appel à des antibiotiques variés : la rifampicine, très active, est de couleur orange, ce qui permet d'être certain de ne pas avoir oublié de mettre les gouttes ; la gentamicine, aussi très efficace, a l'avantage d'être incolore et non irritante ; la néomycine pique un peu les yeux. La variété de ces préparations permet, en cas de conjonctivite récidivante, de changer de formule pour éviter les résistances des microbes à tel ou tel antibiotique.

Les gouttes qui dilatent la pupille servent généralement à l'examen de la rétine, au fond de l'œil pratiqué par l'ophtalmologiste. Elles sont parfois prescrites à l'enfant pour rééduquer une baisse de l'acuité visuelle.

L'homéopathie

De nombreuses familles se soignent par homéopathie et la trouvent efficace.

Le principe de l'homéopathie consiste à utiliser une molécule pouvant déclencher les symptômes dont se plaint le malade (une molécule qui fait vomir, par exemple, pour traiter des vomissements), mais diluée à des doses infinitésimales. La théorie veut qu'ainsi l'organisme réagisse positivement contre son symptôme.

Les arguments qui font discuter son efficacité : le problème est que les dilutions sont telles qu'en général on ne retrouve aucune molécule active dans les granules. Un chercheur a certes publié des travaux selon lesquels l'eau garderait la mémoire des molécules qu'elle a contenues, même dans le cas de dilutions telles que ces molécules ont disparu, mais ces travaux sont contestés.

Il n'en reste pas moins que beaucoup de familles se disent satisfaites de l'homéopathie. Qu'il s'agisse d'un phénomène psychologique ou pas, l'essentiel est le résultat. L'assurance, par ailleurs, que les produits homéopathiques ne peuvent pas être toxiques fait qu'aucun médecin ne déconseille leur usage.

L'utilisation de l'homéopathie étant assez complexe, les informations propres à chaque traitement méritent par elles-mêmes la consultation d'un ouvrage spécialisé *(voir bibliographie).*

Ne négligez ni les traitements de votre pédiatre ni les vaccinations si votre enfant est soigné par l'homéopathie. Ce serait là le seul danger de cette pratique. Combien ai-je vu d'otites tourner à la chronicité, avec une baisse de l'audition, parce que les parents ne suivaient plus le traitement ORL et ne donnaient que les petits granules ! Quant aux vaccinations, les responsables des trois plus grands laboratoires homéopathiques français, que j'interrogeais voici quelques années sur France-Inter, ont affirmé que l'homéopathie ne contre-indiquait aucune vaccination et qu'eux-mêmes faisaient vacciner leurs enfants.

L'ibuprofène

De plus en plus utilisé, l'ibuprofène a une puissante action contre la douleur. À la dose de 40 mg/kg/24 h, il est autorisé à partir de l'âge de 6 mois. Attention, il ne faut pas associer de l'ibuprofène avec de l'aspirine.

Les laxatifs

● *À base d'huile de paraffine.* Ils sont sans danger en usage modéré. Ils se donnent à raison d'1/2 à 2 cuillerées à café le matin. En gelée ou en sirop, on peut les ajouter au biberon, à raison d'une cuillerée à dessert.

L'huile de paraffine ne doit pas être utilisée sous forme liquide huileuse pure chez le nourrisson (risque de fausse route dans l'arbre respiratoire), ni de façon excessive (risque de fuites huileuses désagréables au niveau de l'anus).

● *À base de lactulose.* En solution ou en sachet, ils stimulent la fonction intestinale. Il ne faut pas en abuser afin de ne pas y habituer l'intestin. Ils sont contre-indiqués chez les nourrissons intolérants au galactose.

● *À base de plantes.* Le sirop de pommes de reinettes est un classique ; il se donne à raison de 1/2 à 2 cuillerées à café par jour. Vous trouverez aussi en pharmacie une gelée à base de pruneaux.

● *Les suppositoires et les lavements.* Il faut les éviter. Leur administration peut provoquer des fissures anales et des douleurs aggravant encore la constipation. Par ailleurs, un bébé ou un jeune enfant ne doit pas prendre l'habitude d'une assistance par voie basse pour aller à la selle. C'est donc seulement sur avis médical que vous aiderez l'évacuation du rectum avec des suppositoires de glycérine. Si vous devez y recourir souvent, un bilan médical est indispensable pour trouver la cause de cette constipation.

Le paracétamol

C'est aujourd'hui le médicament de prédilection contre la fièvre, étant donné les risques liés à l'usage de l'aspirine. Il se présente :

– sous le nom de Doliprane® : suppositoires nourrissons (80 mg), jeunes enfants (170 mg) et enfants (350 mg) ; sachets nourrissons (50 mg), jeunes enfants (125 mg) et enfants (250 mg) ;

– sous le nom d'Efferalgan® : soluté buvable accompagné d'une pipette doseuse.

La dose est de 60 mg/kg/24 h, en quatre prises.

Par exemple, si votre bébé pèse 8 kg, vous pouvez lui donner 2 sachets de Doliprane® nourrissons toutes les 6 heures (4 x 100 mg/24 h).

Les produits pour la peau

● *Les pommades contre l'érythème du siège.* Ce sont des pâtes décongestionnantes : Aloplastine®, Mitosyl®, Éryplast® par exemple. Elles ne sont actives que sur des fesses bien propres et souvent changées, en alternance avec un désinfectant coloré pour assécher. En cas d'échec, montrez le bébé à votre médecin pour trouver la cause de l'érythème (par exemple une mycose ou des selles acides de gastroentérite).

☛ **La pommade s'utilise de préférence pour la peau sèche, la crème lorsque les lésions sont suintantes.**

● *Les désinfectants*. Toute plaie doit être bien désinfectée, et la peau maintenue propre en cas de maladie traînante comme un eczéma. Mais il ne faut pas être obsédé par les microbes et appliquer quotidiennement des désinfectants sur la peau d'un enfant bien portant : ils modifieraient à long terme l'équilibre de la flore cutanée, favorisant la prolifération de mycoses.

Le savon de Marseille est bénéfique pour la plupart des soins de la peau.

Les savons liquides peuvent s'utiliser purs ou dilués dans le bain.

Les désinfectants liquides pour la peau :

– l'éosine (rouge) est en général utilisée en solution aqueuse à 2% ;

– le milian (bleu) a une action antimycosique et antibactérienne ;

– le permanganate de potassium en solution aqueuse au 1/10 000 est moins utilisé aujourd'hui du fait des difficultés pratiques (taches sur le matériel de toilette et le linge) ;

– le Dakin®, dérivé dilué de l'eau de Javel, est l'antiseptique le plus actif contre les virus ;

– l'hexamidine (Hexomédine®) se présente en solution simple, applicable sur les plaies, et en solution transcutanée qui ne doit s'utiliser que sur peau saine. C'est un désinfectant précieux car il n'est pas coloré et n'irrite pas la peau.

☛ **Le mercurochrome est toxique : son absorption par la peau peut entraîner des lésions rénales. Il n'est plus utilisé chez l'enfant.**

Les onguents désinfectants :

– les crèmes antiseptiques (Dermocuivre®, Dalibour®) sont suffisantes lorsque la peau n'est pas très infectée ;

– les pommades antibiotiques (Néomycine®, Staphylomycine®) sont indispensables pour une plaie qui suppure, et sont particulièrement efficaces sur les staphylocoques et les streptocoques.

● *Les crèmes à base de cortisone*. Elles sont particulièrement utiles en cas d'eczéma en poussée, appliquées sur une peau désinfectée.

Les corticoïdes puissants ne doivent être utilisés qu'au début d'une poussée forte :

– Betneval®, Diprosone®, Topsyne®, par exemple, sur le corps ;
– Locoïd® sur le visage.

Les corticoïdes de puissance moyenne sont préférables lorsqu'il s'agit d'une poussée ordinaire :

– Synalar® sur le corps ;
– Tridésonit® sur le visage.

Lorsque la poussée est juste débutante ou pour prendre le relais des produits précédents :

– Soludécadron® sur le corps ;
– Hydrocortisone® sur le visage.

Les produits cortisonés appliqués sur la peau sont très efficaces contre l'eczéma. Ils soulagent rapidement l'enfant de ses démangeaisons mais, lorsque les traitements sont abusifs, il y a un risque de complications :

– aggravation de l'infection cutanée ;
– atrophie et blanchiment de la peau ;
– corticodépendance avec rechute dès l'arrêt des applications ;
– ralentissement de la croissance lorsque l'application est si étendue et si prolongée que la peau absorbe une grande partie du corticoïde.

● *Le traitement de l'eczéma par les pommades cortisonées doit observer certaines règles de prudence.*

Applications dégressives, par exemple :

– 2 fois par jour pendant 1 semaine ;
– 1 fois par jour la deuxième semaine ;
– tous les 2 jours la semaine suivante, et ainsi de suite.

Traitements les plus brefs possible, surtout si vous utilisez des corticoïdes puissants :

– utilisation de produits non fluorés sur le visage ;
– relais le plus rapide possible par des crèmes lubrifiantes et antiseptiques ;
– traitement de fond antiallergique pour diminuer la sensibilité de l'organisme et éviter les rechutes d'eczéma *(voir page 396)*.

Les sédatifs (calmants)

Ils ne sont absolument pas une solution devant des troubles du sommeil, qui nécessitent une attitude éducative. En revanche, les calmants peuvent être utiles, de façon exceptionnelle, lors d'un long voyage ou avant un geste de petite chirurgie, de dentisterie ou une radiographie nécessitant que l'enfant soit calme.

● *Les sédatifs les plus courants*

– L'alimémazine (Théralène®). Ce sirop existe depuis longtemps. Son inconvénient est, paradoxalement, d'exciter certains enfants.

– La niaprazine (Nopron®). Elle déclenche beaucoup plus rarement le même effet secondaire que l'alimémazine. La dose est de 1 mg/kg/24 h, en une ou deux prises.

L'effet se fera sentir au bout d'une demi-heure environ.

Les sirops contre la toux

● *Les diverses sortes de toux.* Pour bien traiter une toux, il faut en déterminer la cause.

La toux infectieuse : c'est souvent une toux « grasse », l'enfant est fébrile, enrhumé, avec des sécrétions épaisses et jaunâtres (il a parfois les paupières un peu collées le matin). Dans ce cas, le meilleur médicament pour arrêter la toux est généralement un antibiotique. En guérissant l'infection, il guérira l'hypersécrétion bronchique et la toux s'arrêtera d'elle-même.

La toux « catarrhale » : des mucosités encombrent les bronches, souvent après une bronchite infectieuse. Cette toux est parfois d'origine virale et les antibiotiques ne guérissent pas complètement l'enfant qui reste encombré de mucus.

Dans ce cas, il ne faut surtout pas essayer de bloquer la toux car elle est productive, elle permet l'élimination des sécrétions bronchiques (l'enfant ne crache généralement pas, mais les glaires ne repartent pas dans les poumons : grâce à la toux, elles changent de direction, pour passer de la voie aérienne qu'elles encombraient à la voie digestive où elles seront détruites et éliminées). Le traitement utilise des sirops fluidifiant le mucus, éventuellement associés à la kinésithérapie *(voir page 375).*

La toux « sifflante » : l'enfant « siffle » en chassant l'air de ses poumons, comme le fait l'asthmatique. Il s'agit souvent de bronchites « asthmatiformes », courantes chez les jeunes enfants, qui sont dues à des virus : les petites bronches ou les bronchioles (c'est pourquoi on parle volontiers de bronchiolites) réagissent à la présence du virus en se contractant, leur lumière se pince, d'où le sifflement caractéristique. Le traitement sera essentiellement à base de médicaments dilatant les bronches *(voir page 485)*.

La toux rauque : semblable à un aboiement de chien, elle est caractéristique de la laryngite. Elle survient souvent de façon soudaine, en pleine nuit et rend la respiration bien difficile par œdème du larynx, organe où se trouvent les cordes vocales (d'où cette tonalité bizarre). Le meilleur remède est un médicament contre l'inflammation, parfois un corticoïde *(voir page 492)*.

La toux quinteuse : elle survient par salves, elle est sèche, douloureuse, répétitive. Aujourd'hui, grâce à la vaccination, elle est rarement due à la coqueluche, mais est le plus souvent d'origine allergique. Un sirop antihistaminique *(voir page 484)* fera le meilleur effet à long terme, mais un sirop antitussif pur trouve alors, enfin, sa réelle utilité.

● *Les dangers des médicaments contre la toux*

– La codéine est le produit le plus puissant contre la toux : elle est formellement contre-indiquée chez le jeune enfant car elle peut déclencher des convulsions. Lisez bien la composition de votre sirop et la limite d'âge avant d'en donner à votre petit.

– Les dilatateurs des bronches ont aussi un effet sur les vaisseaux et accélèrent le rythme cardiaque. Le risque d'abus existe surtout chez le jeune asthmatique, bien soulagé par son sirop ou ses inhalations. S'il a besoin de 2 bouffées de bronchodilatateur plus de 5 fois par jour, c'est que sa crise est grave : il faut alors appeler le médecin en urgence.

– La cortisone à avaler est nocive en traitement prolongé : elle fait fondre les muscles, rend le visage bouffi, freine la croissance et favorise les infections. Mais les traitements courts, très efficaces contre une laryngite ou une forte crise d'asthme, sont sans inconvénients, même à forte dose, pourvu qu'ils ne durent pas plus de 15 jours et ne se répètent pas souvent.

– Les sédatifs pour la toux risquent de provoquer un encombrement lorsque la toux sert à dégager les bronches : il faut les réserver quand la toux sèche empêche le sommeil ou provoque des vomissements dus à une toux sèche.

Les stimulants immunitaires

Renforcer l'immunité des jeunes enfants pour leur donner moins souvent des antibiotiques est l'un des objectifs les plus recherchés en pédiatrie ces dernières années. Nous avons évoqué la possibilité d'apporter très vite un supplément d'anticorps déjà formés, les gammaglobulines *(voir page 494)*, mais il paraît plus intéressant de stimuler les possibilités mêmes de l'organisme, par deux moyens : des vaccins et des stimulants.

Les vaccins polybactériens s'administrent par injections répétées.

Les stimulants des cellules immunitaires sont préparés à base de petites fractions des bactéries les plus courantes. Ils augmentent la capacité des globules blancs à tuer les microbes. Ils s'administrent par voie nasale, buccale ou en injection.

Ces mélanges de nombreuses particules de bacilles tués stimulent la résistance aux infections rhinopharyngées ; des rappels sont indispensables pour consolider les défenses.

Chez un enfant ayant souffert de nombreuses infections respiratoires l'année précédente, il faut les donner dès les premiers jours d'automne. Leur principal inconvénient est de s'administrer par séquences, ce qui peut entraîner des oublis. Notez bien les séquences sur votre agenda pour ne pas risquer de constater votre oubli au moment où votre enfant retombe malade !

PROTÉGEZ VOTRE ENFANT

Ce test vous permettra de lui apprendre à éviter
les rencontres dangereuses.

1. **Un monsieur qui a l'air poli et gentil te demande d'aller avec lui pour l'aider...**
   R - Tu l'accompagnes sans réfléchir.
   C - Tu as bien envie de l'aider mais tu hésites.
   L - Tu refuses poliment et tu lui dis de demander à une grande personne.

2. **Tu joues avec des copains. Un voisin vous invite pour vous montrer sa nouvelle console de jeux...**
   L - Tu en as très envie, tu cours demander à tes parents s'ils sont d'accord.
   C - Tu en discutes avec tes amis et vous y allez.
   R - Tu es curieux : tu y vas.

3. **Un adulte que tu aimes bien te fait des caresses QUI TE GÊNENT, et te demande de GARDER LE SECRET...**
   C - Pour être gentil, tu acceptes, même si tu n'aimes pas.
   L - Tu dis « non » et tu en parles très vite à un adulte qui te protégera.
   R - Tu as peur ou tu as honte et tu te tais.

4. **Dans la rue, tu as l'impression d'être suivi...**
   L - Tu entres dans un magasin, ou tu expliques ce qui t'arrive à un adulte qui n'est pas loin.
   C - Tu as peur et tu accélères le pas.
   R - Tu t'arrêtes pour voir ce qu'il veut.

5. **Une grande personne te propose de l'argent ou des cadeaux pour que tu te déshabilles ou pour que tu lui fasses des caresses...**
   R - Tu aimes les cadeaux et tu acceptes.
   L - On ne peut pas accepter des cadeaux de n'importe qui : tu refuses et tu pars.
   C - Tu hésites, mais tu restes sans trop savoir pourquoi.

6. **Un grand te fait peur et te menace pour t'obliger à faire ou à lui donner ce qu'il veut...**
   C - Tu te défends seul ou avec des copains.
   R - Tu te rends malade, tu te tais et tu obéis.
   L - Tu cours le signaler à une grande personne qui t'aidera.

7. **Tu racontes quelque chose de grave pour toi mais on ne te croit pas...**
   L - Tu cherches quelqu'un à qui en parler jusqu'à ce que tu trouves.
   C - Tu insistes un peu et tu finis par tout garder pour toi.
   R - Tu n'en parles plus à personne.

8. **Au cinéma, à la foire ou dans un jardin, un monsieur se colle à toi ou te montre son sexe...**
   R - Tu as trop peur et trop honte pour bouger.
   L - Tu lui cries très fort « Arrêtez » et tu appelles « Au secours ».
   C - Tu essaies de t'écarter, ou de t'enfuir.

9. **Tu es en retard. Une dame te dit qu'elle habite près de chez toi et te propose de te reconduire...**
   C - Tu n'es pas très sûr mais tu y vas.
   L - Tu refuses poliment et tu te diriges vers d'autres personnes.
   R - Tu acceptes et tu montes dans la voiture.

10. **Tu vas chercher ton vélo dans les sous-sols de ton immeuble. Un inconnu te propose de descendre avec toi pour t'aider...**
   L - Tu refuses fermement et tu préviens le gardien ou tes parents.
   R - Un vélo, c'est lourd ! tu acceptes, bien content.
   C - Tu lui demandes s'il sait où sont les caves.

11. **Un ami te montre des photos de sexe ou des films qui te choquent et t'invite à faire pareil, pour passer à la télé...**
   C - Tu ne sais pas quoi faire et tu restes figé.
   L - Tu dis « non, je ne veux pas » et tu en parles à un adulte.
   R - Cela te gêne, tu as honte mais tu acceptes.

12. **Au sport, tu es seul : un adulte te demande de prendre des poses pour te photographier...**
   R - Tu acceptes car cela ne te semble pas grave.
   C - Tu n'en as pas envie, mais comme tu le connais, tu acceptes.
   L - Tu refuses et tu en parles à un autre adulte.

AS-TU TON PASSEPORT POUR LE PAYS DE LA PRUDENCE ?

● **Tu as plus de R :**
Attention ! Te voilà au Pays de tous les Dangers...
Si tu veux être en sécurité, apprends à te protéger.
Parle à des grands qui pourront t'aider.
En attendant, repars au début de ton voyage et cherche pourquoi tu t'es mis en danger.

● **Tu as plus de C :**
Te voilà au Pays de l'Imprudence...
Tu n'es pas toujours sûr de toi ! Fais-toi confiance.
Discute avec quelqu'un qui t'aime et en qui tu as confiance et reprends ton voyage...
Tu pourrais bien arriver au Pays de Prudence.

● **Tu as plus de L :**
Te voilà à l'entrée du Pays de Prudence...
Tu sais presque toujours quels sont tes droits et comment les affirmer.
Mais parfois tu es passé sans t'en apercevoir près du danger.
Tu n'es pas bien loin ! Reprends ton parcours et trouve où tu t'es égaré !

● **Tu as 12 visas L :**
Te voilà un Héros du Pays de Prudence...
Tu sais te protéger, tu sais aussi à qui faire confiance et tu n'as ni peur,
ni honte de parler de ce qui te gêne.
Tu as gagné ton passeport ! Il y a quand même beaucoup d'adultes
qui aiment et respectent les enfants.

Test proposé par la Direction de l'Action sociale
et la Direction des Écoles

LA GÉNÉRATION CD-ROM

Selon une étude réalisée par Microsoft en janvier 1995, 77 % des parents pensent qu'il faut inciter les enfants à se servir le plus tôt possible d'un ordinateur. Je suis entièrement de l'avis des parents. Dès l'âge de 3 ans, votre enfant est capable de se servir d'un CD-Rom. À 6 ans, il est aussi à l'aise avec votre ordinateur que vous l'êtes devant votre télévision. Je vous propose d'aider cette nouvelle génération à choisir le meilleur et éviter le pire.

Pourquoi nos enfants sont-ils fascinés par le clavier et la souris de l'ordinateur ?
Sans savoir même encore lire, votre bout de chou de 3 ans est capable de se hisser sur la chaise, de cliquer sur la « pomme » et d'installer son CD-Rom préféré, alors qu'il ne sait même pas lire, bien sûr !
Pourquoi une telle attirance ? L'ordinateur est tout simplement un prolongement de notre cerveau humain. Les lois de l'informatique répondent aux mêmes modes de communication que nos neurones. Ainsi, votre enfant comprend-il naturellement le mode de fonctionnement de votre ordinateur. Il est même beaucoup plus à l'aise que vous car il l'expérimente sans crainte de se tromper ; il n'a pas encore été « complexé » par l'Éducation nationale, qui nous a formés à comprendre avant d'agir. Votre enfant, lui, agit avant de comprendre ; il tâtonne puis trouve la solution, pour lui c'est magique. Ainsi dispose-t-il d'un instrument de progrès extrêmement rapide, correspondant à son appétit de découverte, et compensant la faiblesse de ses autres capacités.
Je reprendrai volontiers l'histoire de Valentin, 8 ans, le « maître des ordinateurs* ». À l'âge de 2 ans, raconte son père, Valentin s'est mis au Macintosh, il utilisait la souris, savait cliquer, ouvrir et fermer les fenêtres, balader son curseur sur l'écran. Dès la maternelle, continue son papa, Valentin se levait plus tôt pour pouvoir jouer avec son Mac avant d'aller en classe. On a eu peur qu'il ne se renferme sur lui-même, on l'a freiné en

le poussant à s'extérioriser ; mais, au bout du compte, on a constaté que l'usage de l'ordinateur a développé sa capacité à résoudre tout seul ses problèmes. Pour surmonter ses difficultés, il fait preuve d'une imagination étonnante. Les deux premières années de maternelle ont été difficiles, il y avait un trop gros décalage avec les méthodes d'éducation traditionnelles. Valentin s'ennuyait, il ne parlait que de son ordinateur dans la cour de récréation. Aujourd'hui, Valentin entre en CE2, son point fort, ce sont les maths ! Ses camarades l'appellent « le maître des ordinateurs »…
* (*L'Événement du jeudi*, 21-09-1995.)

Les risques liés aux ordinateurs
● *Les risques pour leur santé*
Les crises d'épilepsie sont extrêmement rares. Dans ma pratique de pédiatre, je n'ai jamais observé de crises d'épilepsie en de telles circonstances, alors que, bien sûr, certains de mes petits patients jouent beaucoup aux jeux vidéo. On peut comprendre cependant que le défilé des images à grande rapidité provoque des crises d'épilepsie chez des sujets prédisposés. On a observé de tels phénomènes au Japon avec un dessin animé où un lapin envoyait des stimulations lumineuses intermittentes.
L'effet sur la vue de votre enfant est certainement le même que le risque pris en travaillant sur un bureau mal éclairé. Apprenez-lui à bien régler la luminosité de son écran. Le problème que j'ai le plus souvent observé, ce sont des maux de dos : lorsque

votre enfant n'est pas bien positionné. Veillez donc à la position de la chaise en face du clavier et de l'écran.

● *Le risque de repli sur soi-même*

C'est un réel danger. Il s'observe beaucoup plus avec les jeux vidéo qu'avec un logiciel créatif. Même lorsque les enfants jouent à plusieurs, il n'y a pas vraiment de communication entre eux. C'est pourquoi il faut limiter le temps de consommation des jeux vidéo et poser un sablier à côté de sa console de jeu ou de son ordinateur. Le temps ne doit pas excéder une demi-heure. Devenir maître de son propre jeu est un apprentissage. N'hésitez pas à installer l'ordinateur dans un meuble fermé à clef pour avoir vous-même la maîtrise du temps passé. C'est une éducation indispensable aujourd'hui.

Les logiciels éducatifs

La plupart des programmes de ces logiciels sont établis par des pédagogues. Ils alternent les exercices avec les jeux. Dès l'âge de 3 ans, votre enfant peut découvrir de façon ludique les notions de formes, de couleurs, d'orientation dans l'espace. Ensuite, les CD-Rom peuvent accélérer l'apprentissage de la lecture, de la compréhension, de l'écriture. C'est pourquoi je vous conseille de grouper l'achat de l'ordinateur avec celui de l'imprimante. Car ce qui est encourageant pour l'enfant, c'est la production écrite et non la fugacité de l'image à l'écran. Certains ont reproché à l'ordinateur d'empêcher la prise de conscience de l'écriture grâce au mouvement de la main. C'est un combat d'arrière-garde qui me rappelle le débat entre le porte-plume, le buvard, l'encrier et le stylo-bille : les premiers paraissaient absolument nécessaires à ma grand-mère pour apprendre à écrire. Mais j'ai constaté de nombreuses fois que l'enfant n'est pas retardé par le clavier et l'imprimante. L'écriture comporte deux étapes : la lecture et la compréhension des symboles que représentent les lettres, les syllabes et les mots. L'ordinateur facilite cette première étape.

La formation calligraphique des lettres à la main s'acquiert secondairement d'autant plus facilement que la première étape a été rapidement franchie. L'ordinateur favorise donc les apprentissages précoces ; un bon logiciel pédagogique est un excellent remède à l'échec scolaire comme l'a montré Rachel Cohen (docteur en Sciences de l'éducation de l'Université Paris-Nord) : « L'ordinateur stimule l'envie d'apprendre, d'écrire, de chercher l'information. C'est un outil qui donne la possibilité à un enfant en difficulté scolaire de se débarrasser de la phobie de l'échec. Il reprend confiance en lui parce que l'ordinateur ne le juge pas. Il n'a plus le blocage de la feuille blanche. Sur l'écran, il y a toujours un endroit où l'on peut cliquer pour qu'il se passe quelque chose. » Même l'élève qui écrit mal sort sur l'imprimante un travail impeccable. Il peut être affiché dans la classe, cela le valorise. Autre avantage : l'enfant qui supporte mal l'autorité du professeur accepte plus facilement de refaire l'exercice si c'est le logiciel qui le lui demande. Je me souviens d'un enfant qui refusait d'écrire. On l'a mis devant un ordinateur ; pour faire apparaître une maison sur l'écran, il devait écrire le mot « maison », il a réussi. Au bout d'un moment, il a dit à l'institutrice : « Je voudrais écrire l'histoire de la maison. » Il n'y a là rien de magique. Mon expérience de pédiatre qui cherche à soutenir de nombreux enfants en difficulté scolaire, aidée de psychologues et d'orthophonistes, m'a montré combien l'ordinateur est un remarquable média entre l'adulte et l'enfant. Mais votre enfant fera d'autant plus de progrès que vous resterez auprès de lui pour vous émerveiller de ses réussites. Il a besoin que vous partagiez ses découvertes, ses interrogations lors de ses recherches. Le logiciel pédagogique ne remplace donc ni le parent, ni l'enseignant, c'est simplement le prolongement de l'intelligence, il permet d'accélérer la pensée, et d'estomper la notion d'échec. Je ne peux donc que vous conseiller de participer au travail de votre enfant devant son ordinateur.

Comment sont testés les logiciels pédagogiques ?

La plupart des fabricants de logiciels pédagogiques font appel à des psychologues qui les aident à créer le personnage principal, à doser entre les moments où le personnage est gai et les moments où il se fâche un peu. Le logiciel est testé dans des écoles pilotes où l'on va tenir compte des observations des enseignants. Il est ensuite envoyé dans des familles et soumis à des grands qui font des commentaires, puis à des petits de trois ans : en cliquant de façon désordonnée, ils permettent de repérer les failles des logiciels et de les rectifier. C'est dire combien la plupart des logiciels pédagogiques sont étudiés et reconformés régulièrement pour aider votre enfant à progresser.

Encouragez votre enfant à faire ses devoirs sur traitement de texte

Un imprimé est apprécié des enseignants du primaire aux États-Unis. En France, malgré les divers « plans-informatique », notre Éducation nationale a un grand retard en équipements et en expérience multimédia. Nos maîtres ont encore peur de l'ordinateur parce que la conception même de l'interaction avec l'ordinateur fait déjà repenser le système éducatif. Car il n'est pas question de coller des élèves seuls devant des CD-Rom et de les laisser se débrouiller. Il faut les guider, les faire travailler par petits groupes de 2 ou de 3, favoriser leurs échanges, les laisser se tromper et recommencer. Il faut savoir étudier les erreurs des enfants de façon à mieux comprendre leurs hésitations, et poser ainsi le diagnostic de leurs difficultés. Mon rêve serait que les salles d'étude de toutes les écoles soient équipées d'un ordinateur pour deux enfants avec un enseignant qui en ait l'habitude.

L'inconvénient est que les enfants des familles qui ne peuvent pas s'équiper d'un ordinateur se trouvent défavorisés.

Les jeux vidéo : attention à la violence !

En tant que pédiatre, je suis régulièrement alertée par les mamans inquiètes face à la violence de plus en plus choquante des jeux vidéo. Plus la technique du virtuel se perfectionne, plus la violence inhérente à chaque enfant est commercialement exploitée de façon choquante et inquiétante pour la construction de son imaginaire. Ainsi, les petits personnages anodins du début des jeux vidéo sont maintenant des héros qui ont figure humaine. Lorsque l'enfant les atteint par le tir de la mitraillette, le sang éclabousse. Le joueur peut même régler l'intensité de sang qui gicle ! Et l'arme est de plus en plus réaliste. Il y a même des jeux vidéo où l'enfant lui-même peut s'inclure dans l'image grâce à un appareil photographique branché sur le jeu. Contrairement aux dessins animés de Walt Disney, dont les belles histoires aident l'enfant à mettre de l'ordre dans le chaos de ses émotions, le jeu vidéo n'a pas encore trouvé sa morale et exacerbe la violence chez l'enfant. C'est pourquoi nous devons encourager l'apparition de codes sur les jeux vidéo, permettant aux parents de repérer dès l'emballage le degré de violence. Je vous conseille de visionner le jeu vidéo avant l'achat. Bien sûr, vous ne pourrez pas toujours empêcher votre enfant de jouer aux jeux violents lorsqu'il ira chez ses camarades mais du moins pourrez-vous reculer l'âge d'entrée de la violence dans votre foyer.

Et Internet ?

Internet est une immense bibliothèque à la disposition de tous nos enfants. Nous devons applaudir cette entrée de la culture et de l'échange dans nos foyers, pourvu que là aussi elle puisse être contrôlée. Je pense que, dans l'avenir, des associations de parents et de pédiatres, dans le monde entier, se mobiliseront pour qu'il y ait des clefs d'accès permettant de sélectionner les canaux que nous voulons voir utiliser par notre enfant.

LES MENUS DE VOTRE BÉBÉ MOIS PAR MOIS, DE 3 MOIS À 3 ANS

Les menus proposés sur ces fiches détachables sont les mêmes que ceux que vous retrouverez dans le livre. Au fur et à mesure que votre bébé grandit, détachez les fiches et emportez-les dans votre cuisine.

SON MENU À 3 MOIS

La plupart des nourrissons de cet âge veulent 5 biberons ; certains sont déjà à 4 repas, d'autres en réclament encore un petit sixième… et cela peut aussi dépendre des jours, car c'est un âge de transition. Soyez souple dans vos horaires pour vous adapter aux besoins de votre bébé, qui est unique. De même, pour les quantités, 150 à 210 ml par biberon : à chacun son appétit !

L'adjonction de céréales n'est pas indispensable jusqu'à l'âge de 4 mois. Si votre bébé a faim, augmentez de préférence la quantité de lait.

Ne soyez pas étonnée si je n'introduis pas encore les légumes ou la compote de fruits : les différentes études sur la diversification alimentaire du nourrisson ont montré récemment que l'introduction précoce – avant 4 mois – d'aliments autres que le lait pouvait favoriser l'apparition ultérieure de manifestations allergiques.

<u>Le matin</u>
● Un biberon de 210 ml de lait premier âge.
● 2 cuillerées à café de céréales nature, sans gluten et sans vanille (facultatif).
<u>Deuxième repas</u>
● Un biberon de 210 ml de lait premier âge.
<u>Troisième repas</u>
● Un biberon de 210 ml de lait premier âge.
<u>Quatrième repas</u>
● Un biberon de 210 ml de lait premier âge ou une tétée.
<u>Cinquième repas</u>
● Un biberon de 210 ml de lait premier âge.
● 2 cuillerées à café de céréales nature (facultatif).

☞ *Si vous allaitez, sachez que l'allaitement au sein reste le meilleur nutriment et tout à fait complet jusqu'à 6 mois. Prenez vous-même des vitamines et, éventuellement, du fer.*

SON MENU À 4 MOIS

Vous pouvez continuer d'allaiter votre bébé au sein ou commencer le lait deuxième âge liquide ou en poudre, toujours à raison d'une mesure pour 30 g d'eau minérale pour nourrissons.

Premier repas
● Une tétée ou un biberon de lait aux céréales : 210 g de lait deuxième âge et 3 cuillerées à café de céréales sans gluten, éventuellement parfumées à la vanille ou aux fruits.
Dans la matinée
● Un jus de fruits : 50 g de jus de fruits pour bébé (sauf s'il régurgite).
Deuxième repas
● Un mélange de légumes au lait : 210 g de potage de légumes très peu salé (carottes, pommes de terre, petits pois, haricots verts, navets, persil, salade, tomates, épinards, poireaux… – ces deux derniers sont laxatifs), avec une noix de beurre ou une cuillerée à café de crème fraîche ; ou un pot de légumes, ou un potage instantané, additionné de 5 mesures de lait en poudre deuxième âge.
● Vous pouvez remplacer l'ensemble par un petit pot de légumes donné à la cuillère, ou dans un biberon, additionné de 100 g de lait pour nourrissons.
● Et un dessert de fruits : 50 g de compote de fruits (pommes, poires, pêches, abricots, fraises, bananes…) faite à la maison et très peu sucrée ; ou en petit pot (cocktail de fruits ou mélange fruits-céréales) ; ou encore 50 g de fruits mûrs écrasés, que vous donnerez à la cuillère ou dilués dans de l'eau au biberon.

☛ *Avant d'utiliser un petit pot :*
– vérifiez la date limite indiquée sur le pot ;
– lavez le couvercle avant de l'ouvrir ;
– écoutez bien le « pop » à l'ouverture du couvercle, c'est une garantie de fraîcheur.

Troisième repas
● Une tétée ou un biberon de lait de 210 g de lait deuxième âge.
Quatrième repas
● Une tétée ou un biberon de lait aux céréales :
– soit 210 g de lait avec 3 cuillerées à café de céréales sans gluten (céréales simples ou aux fruits, au miel, aux légumes) ;
– soit un « minipack » de céréales lactées à la banane ou au miel.

☛ *Je vous propose de grandes quantités de lait mais la moitié du biberon peut suffire à votre bébé, pourvu que sa croissance soit satisfaisante.*

SON MENU À 5 MOIS

Que bébé soit nourri au biberon ou au sein, c'est l'âge où il adore découvrir les goûts nouveaux, à la cuillère ou à pleines mains.

Premier repas
● Un biberon de lait aux céréales : 240 g de lait et 5 cuillerées à café de céréales variées (céréales « croissance », 5 céréales). Tous les parfums sont autorisés, même la vanille.

Dans la matinée
● Un jus de fruits : 50 ml de jus de fruits. Il en existe en mini-biberons tout prêts.

Deuxième repas
● Un potage avec, au choix, viande, poisson, fromage ou œuf :
– 200 g de potage de légumes préparé à la maison, ou en pot, ou en brique pour nourrissons, au biberon ou à la cuillère, selon la préférence du bébé ;
● Quatre fois par semaine : 10 g de viande maigre hachée de bœuf, veau, poulet ou agneau ;
– une fois par semaine : un demi-jaune d'œuf dur écrasé ;
– une fois par semaine : 10 g de gruyère râpé ;
– une fois par semaine : 10 g de poisson maigre haché (colin, limande, sole, daurade, merlan, truite, bar, cabillaud, carrelet, congre, églefin, raie) cuit au court-bouillon.
● Un dessert de fruits ou un laitage : 100 g de compote de fruits à la cuillère, ou 2 petits-suisses à 40 % de matières grasses, coupés d'un peu d'eau et légèrement sucrés.

Troisième repas
● Un biberon de lait ou un dessert :
– 240 g de lait deuxième âge ;
– ou, si le bébé préfère, un biscuit pour bébé et un petit pot de mélange fruits-céréales.

Quatrième repas
● Un biberon de lait aux céréales : 240 g de lait et 3 mesures de céréales deuxième âge simples ou aux fruits, au miel, aux légumes. Et pourquoi pas quelques tétées ?

☛ *Continuez d'utiliser l'eau minérale pour nourrissons jusqu'à 6 mois au moins.*

☛ *N'oubliez pas qu'il est très important que votre enfant prenne sa vitamine D parce qu'elle permet au calcium de se fixer sur les os.*

SON MENU DE 6 À 8 MOIS

Il est souhaitable de donner le lait deuxième âge jusqu'à l'âge de 1 an, car il est enrichi en fer, dont le bébé a grand besoin pour se protéger en particulier des infections, et sa composition en protéines évite la surcharge apportée par le lait de vache.

Petit déjeuner
● Un biberon de lait aux céréales : 240 g de lait et 5 cuillerées à café de céréales. Ou peut-être une tétée ?

Dans la matinée
● Un jus de fruits : 100 g de jus de fruits.

À midi
● Un repas de légumes et de viande, de poisson ou de jambon :
– 200 g de potage de légumes, ou une purée de pommes de terre (qui existe en sachets pour nourrissons) additionné(e) de 50 ml de lait deuxième âge, selon la préférence du bébé ;
– trois fois par semaine : 10 g de viande maigre hachée de bœuf, veau, poulet ou agneau ;
– une fois par semaine : un demi-jaune d'œuf dur écrasé ;
– une fois par semaine : 10 à 15 g de gruyère râpé ;
– une fois par semaine : 10 g de poisson maigre écrasé (colin, limande, sole, daurade, merlan, truite) cuit au court-bouillon ;
– une fois par semaine : du jambon maigre haché (évitez les jambons vendus prédé-coupés en sachet) ;
Vous pouvez aussi donner un pot de mélange légumes-viande ou légumes-poisson.
● Un dessert de fruits ou un laitage : 100 g de compote de fruits ou 2 petits-suisses à 40 % de matières grasses coupés d'un peu d'eau et légèrement sucrés.

Au goûter
● Un laitage ou un dessert :
– soit un yaourt au lait entier avec une demi-cuillerée à café de sucre, ou 2 petits-suisses à 40 % de matières grasses coupés d'eau et mélangés à de la compote si l'enfant préfère, ou 50 g de fromage blanc sucré ;
– soit un petit pot de céréales-fruits.

Au dîner
● Soit un potage de légumes épaissi et un dessert : un potage de légumes avec 30 g de vermicelles, de tapioca ou de floraline, ou une purée de pommes de terre additionnée de 50 ml de lait deuxième âge, et un dessert lacté. Et peut-être encore une tétée-câlin ?
● Soit un mélange de lait et de céréales à la cuillère, 200 g de lait liquide avec 2 cuillerées à soupe bombées de céréales à cuire ; ou au biberon avec 3 à 4 cuillerées de céréales instantanées.

☛ *Jusqu'à quel âge devez-vous stériliser les biberons ? En théorie, tant que vous en donnerez, car il reste toujours dans un biberon, même lavé, et dans la brosse de nettoyage, des particules microscopiques de lait (excellent milieu de culture pour les bactéries). Vous pouvez cependant cesser la stérilisation à partir de 6 mois, à condition de très bien laver le biberon, avec une brosse à biberon propre, et de le sécher parfaitement.*

SON MENU DE 8 À 10 MOIS

Au petit déjeuner
● Un biberon de lait aux céréales : 240 g de lait deuxième âge et 3 cuillerées à café de céréales deuxième âge. Vous pouvez utiliser des céréales au caramel ou au cacao pour préparer l'introduction prochaine du vrai petit déjeuner.

Au déjeuner
● Un plat principal avec de petits morceaux onctueux :
– 200 g de purée de légumes variés ou de pommes de terre, ou des petites pâtes avec du beurre ou une noix de crème fraîche ;
– et 20 g de viande hachée, ou de poisson maigre écrasé, ou un jaune d'œuf à la coque ; vous pouvez aussi donner un pot de légumes-viande avec morceaux.

☛ *Il faut éviter les graisses cuites et les fritures jusqu'à l'âge de 1 an.*

● Un dessert de fruits ou un laitage : une compote de fruits, ou des petits-suisses, ou un fromage à pâte molle, ou un entremets.

☛ *Un petit pot ouvert peut être conservé 48 heures au réfrigérateur.*

Au goûter
● Un biberon de lait ou un dessert : un biberon de lait deuxième âge si le bébé en manifeste toujours le besoin, ou une banane pochée et légèrement sucrée, ou 130 g de compote de fruits accompagnée de biscuits, ou un pot de céréales aux fruits.

☛ *Ne donnez pas à votre enfant l'habitude de grignoter entre les repas. Trois repas et un goûter sont généralement suffisants à partir de 8 mois.*

Au dîner
● Un potage ou un vrai repas :
– 250 g de potage au lait et un dessert ;
– ou un repas complet comme à midi.

☛ *Quelques « tétées câlins » sont encore souvent appréciées par certains bébés et leur maman.*

SON MENU DE 10 À 12 MOIS

Au petit déjeuner

● Un biberon de lait aux céréales : 240 g de lait et 4 cuillerées à café de céréales pour bébé, au cacao ou au caramel.

Quel lait ? L'idéal est le lait deuxième âge ou « de croissance », enrichi en fer, en acides gras essentiels et en vitamines, surtout si votre enfant est fragile ou de petit appétit. À défaut, vous pouvez utiliser du lait frais ou UHT demi-écrémé.

Au déjeuner

● Un vrai plat avec des petits morceaux fondants :
– soit une purée de légumes ou de pommes de terre, ou des petites pâtes, avec du bœuf haché, ou du foie grillé haché, ou un œuf à la coque ou du poisson maigre écrasé ;
– soit un petit pot de 200 g de légumes-viande avec morceaux ou une purée instantanée garnie avec morceaux.
● Un dessert de fruits ou un laitage :
– soit un petit-suisse ou un yaourt ;
– soit une compote de fruits, un fruit mûr écrasé ou un petit pot de fruits-céréales.

☛ *Les petits pots pour « grands » vous proposent des plats cuisinés complets avec des morceaux de plus en plus savoureux.*

Au goûter

● Des fruits ou un laitage :
– soit une banane pochée et légèrement sucrée, ou une compote de fruits peu sucrée, ou un pot de fruits ;
– soit un fromage blanc et un biscuit pour bébé, ou un biberon de lait.

Au dîner

● Des légumes :
– soit un potage de légumes fait maison ou en brique, épaissi avec des pâtes, du tapioca ou du riz ; vous pouvez utiliser les potages en briques ou en paillettes portant la mention « adapté à l'enfant » ;
– soit une purée agrémentée d'une cuillerée à café de gruyère râpé.
● Un dessert de fruits : des fruits en compote ou un petit pot de fruits-céréales.

☛ *Si votre enfant a besoin d'être apaisé pour s'endormir, vous pouvez, à cet âge, compléter le repas par un biberon de lait tiède au moment du coucher, ou le remplacer par une bouillie à prendre à la cuillère : 200 g de lait deuxième âge avec 2 cuillerées à soupe bombées de céréales à cuire. Ou une tétée, si vous continuez à l'allaiter.*

SON MENU DE 12 À 18 MOIS

Au petit déjeuner
● Du lait avec des céréales.
– du lait aromatisé avec un petit déjeuner spécial bébé, chocolaté ou à la vanille, accompagné de pain avec du beurre, de la confiture ou du miel ;
– ou des pétales de maïs ou de blé complet, sur lesquels vous versez le lait froid ; les préparations pour juniors facilitent la transition entre la bouillie de bébé et les corn-flakes des grands.

Dans la matinée
● Un jus de fruits.

Au déjeuner
● Un hors-d'œuvre :
– tomates, carottes, betteraves, salade verte, assaisonnés avec huile et citron.
● Un plat principal :
de la viande (pas plus de 30 g), vous pouvez maintenant introduire porc et lapin rôtis (mais non en ragoût) ;
– ou du poisson, excellent pour la santé ; si votre enfant l'aime, vous pouvez lui en proposer chaque jour ;
– ou un œuf : à la coque ou en omelette ; il n'est pas préjudiciable de manger un œuf frais tous les jours ;
– accompagné de légumes : offrez-en une grande variété à votre enfant pour former son goût.
Par exemple :
● Une fois par semaine :
– du chou-fleur accompagné d'une sauce béchamel ou en gratin ;
– des poireaux en salade (avec de l'huile et du citron) ou avec une sauce béchamel ;
– des courgettes et des aubergines en ratatouille, mais sans piment, ni ail ;
– des pommes de terre, le plus souvent bouillies, ou bien sautées ou frites.
● Une fois par mois :
– des petits pois frais ; des endives en gratin ou accompagnées d'une sauce béchamel ; des lentilles ; des pois cassés ; des haricots.
● Un fromage ou un dessert :
– un fromage fondant (le roquefort et le camembert sont permis) ;
– ou une compote de fruits.

Au goûter
– un verre de lait chaud, aromatisé ou non, accompagné de pain d'épices ou de pain avec de la confiture ou du beurre, ou bien de biscuits de boulangerie dits « à la cuillère » écrasés dans le lait ;
– ou une banane, ou une compote, ou une pomme cuite au four ;
– ou un fromage blanc à 40 % de matières grasses.

Au dîner
– un potage de légumes et un dessert lacté ;
– ou une soupe au lait, épaissie avec du tapioca, et une compote ;
– ou même encore un biberon de lait aux céréales pour bien dormir.
Si votre enfant n'aime pas le potage, vous pouvez choisir parmi les mêmes plats qu'au déjeuner.

SON MENU DE 18 MOIS À 3 ANS

Au petit déjeuner
– un bol ou un biberon de lait de « croissance » avec une poudre chocolatée ;
– ou des pétales de céréales au miel, au chocolat ou à la banane sur lesquels on fera couler du lait froid ;
– ou un jus d'orange avec un croissant, un pain au chocolat ou une tartine ;
– ou un fromage blanc à 40 % de matières grasses.

Dans la matinée
● Un jus de fruits frais (oranges ou autres fruits, jus de carottes ou de pommes). Évitez le grignotage : biscuits, pain…

Au déjeuner
● Des recettes variées pour le plat principal :
– un œuf poché et une purée de fonds d'artichaut ;
– ou un poisson en papillote avec du riz au beurre ou une purée de pommes de terre ;
– ou du jambon finement coupé avec une jardinière de légumes ;
– ou du veau rôti coupé en morceaux très fins avec une purée de céleri recouverte de fromage râpé ;
– ou un filet frais de cabillaud ou de sole avec une pomme de terre beurrée ou persillée ;
– ou du veau grillé avec une tomate et/ou des carottes cuites et persillées ;
– ou du rosbif ou du gigot d'agneau grillé avec de la purée, des légumes verts ou du riz.
● Un dessert :
– une banane cuite écrasée ;
– ou une pomme cuite au four sucrée à la confiture ;
– ou un yaourt et un biscuit sec ;
– ou un petit-suisse à 40 % de matières grasses mélangé à de la compote.

Au goûter
● Si votre enfant est de corpulence moyenne :
– des biscuits « à la cuillère » dans du lait ;
– ou un pain aux raisins, un pain au lait ou un pain au chocolat.
● Si votre enfant a tendance à l'embonpoint :
– un yaourt et une compote ;
– ou un petit-suisse à 40 % de matières grasses et un fruit.

Au dîner
● Un potage :
– un potage de légumes avec du beurre, ou une soupe au lait épaissie au tapioca ;
– ou un potage de légumes avec du vermicelle et une tranche de jambon ;
– ou une soupe aux légumes coupés en dés avec une cuillerée de crème fraîche.
● Un dessert :
– un yaourt à la gelée de groseilles, ou du gruyère ou du cantal ;
– ou une compote de pommes ou de poires fraîches, ou un gâteau de semoule au miel ;
– ou une poire pochée.

☛ *Votre enfant a encore besoin d'un biberon de lait pour s'endormir ? Laissez-lui ce plaisir, soit à la place, soit en complément du repas. Vos nuits n'en seront que meilleures.*

Bibliographie

Adolescence

Dr Boukris (S.), Dr Donval (E.), *L'Adolescence, l'âge des tempêtes*,
  Hachette, 1990.
Collectif, *Les 10-13 ans*, Autrement, 1991.
Pr Courtecuisse (V.), *L'Adolescence, les années métamorphose*,
  Stock/Pernoud, 1992.
Mandaras (L.), *À la découverte de mon corps*,
  Éditions de l'Homme, 1991.

Adoption

Azoulay (M.), Damiens (M.) *Comment adopter un enfant*,
  Nathan, 1992.
Brunet (M.), *L'Amour adopté*, Axel Noël, 1992.
Delaisi (G.), Verdier (P.), *Enfant de personne,* Odile Jacob, 1994.
Smith (D.), *Mère par alliance*, Nathan, 1990.

Alimentation

Courpotin (C.), *Alimentation du nourrisson de la naissance
  à 18 mois*, Flammarion, 1985.
Vermeil (G.), Dartois (A.-M.), Du Fraysseix (M.),
  L'Alimentation de l'enfant de la naissance à 3 ans, Doin, 1983.

Allaitement

Dr Antier (E.), *Mémoires d'un nouveau-né*, Nathan, 1990.
Thirion (M.), *L'Allaitement*, Ramsay, 1980.

Allergie

Pr Michel (F.-B.), Dr Bousquet (J.),
  Les Allergies, la fin d'une énigme, Hachette, 1986.

Anorexie

Gordon (R.A.), *Anorexie et boulimie*, Stock/Pernoud, 1992.

Autisme

Marti (R.), *Écouter et comprendre les enfants autistes*,
  ESF, 1991.
Tustin (F.), *Les États autistiques chez l'enfant*, Le Seuil, 1986.

Crèche
VIGNOLLES (B.), *Vive la crèche*, Nathan, 1991.

Croissance
COSTA MAGNA (M.), DR MAIDENBERG (M.),
   Peut-on grandir sur ordonnance ?, Bayard, 1992.

Dessins d'enfants
DR ANTIER (E.), *Pourquoi tous les enfants aiment Mickey*,
   Eshel, 1988.
SALOMON (S.), *Connaître l'enfant par ses dessins et son écriture*,
   Retz, 1984.

Divorce
GARBAR (C.), THEODORE (F.), *Les Familles mosaïque*,
   Nathan, 1991.
GORNY (V.), *Le Nouveau Divorce*, Hachette, 1992.

Éducation
COLLECTIF, *La Politesse*, Autrement, 1991.
LOUPAN (C. B.), *Tous les enfants sont doués*,
   Robert Laffont, 1996.
DR FITZHUGH DODSON, *Tout se joue avant 6 ans*,
   Robert Laffont, 1972.

Enfance maltraitée
ELKAIM (M.), *Si tu m'aimes, ne m'aime pas*, Le Seuil, 1989.
GRUYER (F.), FADIER-NISSE (M.), DR SABOURIN (P.),
   La Violence impensable, Nathan, 1991.
SCHWEIGHOFFER (N.), *J'avais douze ans*, Fixot, 1990.

Fratrie
DUNN (J.), PLOMIN (R.), *Frères et sœurs si différents*,
   Nathan, 1992.
KLAGSBRUN (F.), *Frères et sœurs*, Bayard Presse, 1994.

Grossesse multiple
PR PAPIERNIK, PR ZAZZO, DR PONS (J.-C.), ROBIN (M.),
   Jumeaux, triplés et plus, Nathan, 1992.

Guide pratique
DR COHEN-SOLAL (J.), *Comprendre et soigner son enfant*,
   Robert Laffont, 1990.
DR ROSSANT (L.), DR ROSSANT-LUMBROSO (J.), *Votre enfant*, 1987.

Handicap

DELLA-COURTIADE (C.), *Élever un enfant handicapé*,
  ESF, 1988 (tome 1), 1993 (tome 2).
DR GALLAND (A.), GALLAND (J.),
  L'Enfant handicapé mental, Nathan, 1993.
LAFON (M.), *Mon enfant, ma douleur, mon bonheur*, Acropole, 1989.

Homéopathie

DR HORVILLEUR (A.), *L'Homéopathie pour mes enfants*,
  Parents-Hachette, 1983.

Hôpital

ASSOCIATION APACHE, *Enfant à l'hôpital ? Suivez le guide*,
  Gallimard, 1992.
WEIL-HALPERN (F.), préface du PR LEDOVICI S.,
  Oubliés des fées, Calmann-Levy, 1991.

Langage

AIMARD (P.), *L'Enfant et la magie du langage*, Robert Laffont, 1984.
DOLLEY (M.-A.), *Je vais chez l'orthophoniste*, Press-Pocket, 1993.
GENOUVRIER (E.), *L'Enfance et la Parole*, Nathan, 1992.

Langue étrangère

DESHAYS (E.), *L'Enfant bilingue*, Robert Laffont, 1990.
MABILLE (V.), *Comment lui apprendre une langue étrangère*,
  Nathan/Enfants Magazine, 1992.

Lecture

BETTELHEIM (B.), ZELAN (K.), *La Lecture et l'Enfant*,
  Robert Laffont, 1983.
BRAHY-LOUPAN (C.), *Croire en son enfant*, Robert Laffont, 1987.
COHEN (R.), *L'Apprentissage précoce de la lecture*, PUF, 1977.
COHEN (R.), en collaboration avec GILABERT (H.), *Découverte
  et apprentissage du langage écrit avant 6 ans*, PUF, 1986.
DOMAN (G.), *J'apprends à lire à mon bébé*, Retz, 1978.
PENNAC (D.), *Comme un roman*, Gallimard, 1992.

Mère

COLLECTIF, *La Mère*, Autrement, 1987.

Mort

SHARKEY (F.), *Un cadeau d'adieu*, Robert Laffont, 1984.

Nouveau-né

D<small>R</small> A<small>NTIER</small> (E.), *Mémoires d'un nouveau-né*, Nathan, 1990.
M<small>ARTINO</small> (B.), *Le bébé est une personne*,
   TF1/Balland, 1985.

Ordinateur

C<small>OHEN</small> (R.), sous la direction de, *Les Jeunes Enfants,
   la découverte de l'écrit et l'ordinateur*, PUF, 1987.
C<small>OHEN</small> (R.), sous la direction de, *Quand l'ordinateur parle*,
   PUF, 1992.
L<small>OGICIELS PÉDAGOGIQUES</small> :
– ADI, 5, rue Jeanne-Braconnier, 92336 Meudon-la-Forêt ;
– Génération 5, 10, rue du Bon-Pasteur, 73000 Chambéry ;
– Nathan, 32, boulevard Saint-Germain, 75005 Paris.

Parent seul

C<small>OLLECTIF</small>, *Parents au singulier*, Autrement, 1993.
P<small>OUSSIN</small> (G.), S<small>AYN</small> (I.), *Un seul parent dans la famille*,
   Païdos/Centurion, 1990.

Père

C<small>OLLECTIF</small>, *Père et Fils*, Autrement, 1984.
D<small>R</small> N<small>AOURI</small> (A.), *Une place pour le père*,
   Le Seuil, 1985.

Psychologie

B. B<small>RAZELTON</small> (T.), C<small>RAMER</small> (B.), *Les Premiers Liens*,
   Stock/Pernoud, Calmann-Levy, 1991.
B. B<small>RAZELTON</small> (T.), *Points forts*, Stock/Pernoud, 1993.
B<small>ETTELHEIM</small> (B.), *Psychanalyse des contes de fées*,
   Robert Laffont, 1976.
B<small>ETTELHEIM</small> (B.), *Comment être des parents responsables*,
   Robert Laffont, 1988.
C<small>RAMER</small> (B.), *Profession bébé*, Calmann-Levy, 1989.
C<small>YRULNIK</small> (B.), *Sous le signe du lien*, Hachette, 1989 ;
   Les Nourritures affectives, Odile Jacob, 1993.
D<small>OLTO</small> (F.), *La Cause des enfants*,
   Robert Laffont, 1988.
P<small>R</small> L<small>EBOVICI</small> (S.), *En l'homme*, Eshel, 1992.
P<small>R</small> L<small>EBOVICI</small> (S.), *Le Nourrisson, la mère et le psychanalyste*,
   Païdos/Bayard, 1994.

Scolarité

A<small>RTHUR</small>, *Mon école buissonnière*, Fixot, 1991.

COLLECTIF, *La Maternelle*, Autrement, 1990.
RAMIANDROSA (J.), *La Méthode Arthur*, Fixot, 1992.

Sida

COLLECTIF, *Sida, enfant, famille*, Centre international de l'enfance, 1993.

Sommeil

DR CHALLAMEL (M.-J.), DR THIRION (M.), *Mon enfant dort mal*, Retz, 1993.
FERBER (R.), *Protégez le sommeil de votre enfant*, ESF, 1990.

Sport

DR MANDEL (C.), *A.B.C. du jeune sportif*, Hachette/Carrère, 1990.

Télévision

COLLECTIF, *La Relation enfant-télévision*, Centre international de l'enfance, 1991.
LURÇAT (L.), *Violence à la télé. L'Enfant fasciné*, Syros, 1989.
MARLET (F.), *Laissez-les regarder la télé*, Calmann-Levy, 1989.

Vaccination

DR AJJAN (N.), *La Vaccination*, Institut Mérieux, 1985.

Vidéos éducatives pour enfants

ORDY, *Les Grandes Découvertes* (collection de 26 cassettes vidéo en dessin animé), Éditions Globe Trotter, Network, 1994.

Index

Notes

Notes

Notes

Notes

Notes

Notes

Conception graphique et réalisation : Rampazzo et Associés

IMPRIMÉ EN FRANCE PAR BRODARD ET TAUPIN
La Flèche (Sarthe).
LIBRAIRIE GÉNÉRALE FRANÇAISE - 43, quai de Grenelle - 75015 Paris.

ISBN : 2 - 253 - 16512 - 3   ✠ 31/6512/3